Das Assoziationsverhältnis zwischen der Europäischen Gemeinschaft und der Türkei

Europäische Hochschulschriften
Publications Universitaires Européennes
European University Studies

Reihe II
Rechtswissenschaft

Série II Series II
Droit
Law

Bd./Vol. 3509

PETER LANG
Frankfurt am Main · Berlin · Bern · Bruxelles · New York · Oxford · Wien

Haci Can

Das Assoziationsverhältnis zwischen der Europäischen Gemeinschaft und der Türkei

PETER LANG
Europäischer Verlag der Wissenschaften

Die Deutsche Bibliothek - CIP-Einheitsaufnahme

Can, Haci:

Das Assoziationsverhältnis zwischen der Europäischen Gemeinschaft und der Türkei / Haci Can. - Frankfurt am Main ; Berlin ; Bern ; Bruxelles ; New York ; Oxford ; Wien : Lang, 2002
(Europäische Hochschulschriften : Reihe 2, Rechtswissenschaft ; Bd. 3509)
Zugl.: Heidelberg, Univ., Diss., 2002
ISBN 3-631-39875-1

D 16
ISSN 0531-7312
ISBN 3-631-39875-1

www.peterlang.de

VORWORT

Die vorliegende Arbeit wurde im Sommersemester 2002 von der Juristischen Fakultät der Ruprecht-Karls-Universität Heidelberg als Dissertation angenommen. Der Text war im Januar 2002 abgeschlossen.

Mein besonderer Dank gilt meinem Doktorvater, Herrn Prof. Dr. Dres. h.c. Jochen Abr. Frowein, für seine vielfältige Förderung, hilfreiche Betreuung und für die zügige Abwicklung des Promotonsverfahrens. Danken möchte ich ferner meinem Zweitkorrektor, Herrn Prof. Dr. Ulrich Beyerlin, dies nicht nur für die zügige Erstellung des Gutachtens, sondern auch für seine konstruktiv-kritischen Anmerkungen zu meiner Arbeit. Daneben möchte ich Herrn Prof. Dr. Andreas Zimmermann, der mich während seiner Tätigkeit am Max-Planck-Institut für ausländisches öffentliches Recht und Völkerrecht mit großem Interesse wissenschaftlich betreuert hat, für seine wertvollen Hinweise und Kritik danken, die die vorliegende Arbeit entscheidend mitgeprägt haben. Dankbar erwähnen möchte ich an dieser Stelle auch Dr. Ulrike Senger, Eva Klinger und Anna Sprechkelsen für das Korrekturlesen.

Dem Max-Planck-Institut für ausländisches öffentliches Recht und Völkerrecht, seinen Mitarbeiterinnen und Mitarbeitern sowie seinen beiden Direktoren Herrn Prof. Dr. Dres. h.c. Jochen Abr. Frowein und Herrn Prof. Dr. Dr. h.c. Rüdiger Wolfrum danke ich für die hervorragenden Arbeitsbedingungen am Institut, ohne die Erstellung dieser Promotion nicht möglich gewesen wäre. Unverzichtbar für die Entstehung der Arbeit war das mir vom Bildungsministerium der Republik Türkei bewilligte Stipendium, für das ich mich an dieser Stelle ebenfalls herzlich bedanke.

Die Arbeit ist meinen Eltern, Karaca und Sebahat Can, sowie meiner Frau Sezen Can gewidmet.

Kaman/Türkei, im Juni 2002 Haci Can

INHALTSVERZEICHNIS

Abkürzungsverzeichnis

Einleitung ... 19

Kapitel I: Institut der Assoziation ... 23

I. Begriff der Assoziation ... 23

II. Rechtsgrundlagen der Assoziation der Europäischen Gemeinschaft ... 25

A. Art. 182-188 EGV ... 25

B. Art. 310 EGV ... 26

III. Merkmale der Assoziation und deren Abgrenzung ... 28

IV. Formen der Assoziation ... 30

A. Entwicklungsassoziation ... 31

B. Freihandelsassoziation ... 32

C. Beitrittsassoziation ... 32

V. Überblick über die bisherige Assoziationspraxis der Europäischen Gemeinschaft ... 33

A. Assoziationsabkommen mit Griechenland ... 33

B. Assoziationsabkommen mit Malta und Zypern ... 34

C. AKP-Abkommen ... 34

D. EWR-Abkommen ... 35

E. Europaabkommen ... 36

Kapitel II: Grundlagen der Assoziation EG/Türkei ... 41

I. Assoziation EG/Türkei ... 41

A. Motive und Erwartungen ... 41

1. Aus türkischer Sicht ... 41

2. Aus europäischer Sicht ... 43

B. Gründungsphase der Assoziation ... 45

1. Verlauf der Verhandlungen ... 45

2. Unterzeichnung des Abkommens ... 47

3. Inkrafttreten des Abkommens ... 48

II. Grundzüge des Assoziationsabkommens EG/Türkei ... 48

A. Ziel des Abkommens ... 48

B. Phasen der Assoziation ... 51

1. Vorbereitungsphase ... 52

2. Übergangsphase ... 53

3. Endphase ... 53

C. Struktur des Abkommens ... 53

D. Inhaltliche Ausgestaltung des Abkommens ... 54

E. Grundpflichten der Vertragsparteien aus dem Abkommen ... 56

1. Assoziationstreue ... 56

2.Gleichbehandlung ... 57

III. Zusatzprotokoll ... 59

Kapitel III: Sachbereiche der Assoziation und deren Umsetzung **63**
I. Freier Warenverkehr im Rahmen einer Zollunion 63
A. Errichtungsprozeß der Zollunion 63
1. Vorbereitungsphase der Zollunion 63
2. Übergangsphase der Zollunion 65
a) Einleitung der Übergangsphase 65
b) Modalitäten der Zollunion im Zusatzprotokoll 66
c) Pflichten der Vertragsparteien 67
aa) Verpflichtungen der Europäischen Wirtschaftsgemeinschaft 67
bb) Verpflichtungen der Türkei 68
d) Verlauf der Übergangsphase 70
3. Endphase der Zollunion 74
a) Einleitung der Endphase 74
b) Vereinbarung über die Vollendung der Zollunion 75
c) Schwierigkeiten bei der Vollendung der Zollunion 76
aa) Haltung des Europäischen Parlaments 76
bb) Befürchtungen in der Türkei 77
d) Eintritt in die letzte Phase der Zollunion 80
B. Gegenwärtiger Zustand der Zollunion im Rahmen des Assoziationsratsbeschlusses (ARB)Nr. 1/95 81
1. Zu den Merkmalen des ARB Nr. 1/95 81
a) Durchführungsakt 81
b) Umfangreiche inhaltliche Ausgestaltung 82
2. Zollunion EG/Türkei 83
a) Geltungsbereich der Zollunion 83
aa) Zollgebiet 83
bb) Sachlicher Anwendungsbereich 83
b) Bedingungen der Zollunion 84
aa) Abschaffung der Zölle und zollgleicher Abgaben 84
bb) Abschaffung der mengenmäßigen Beschränkungen oder Maßnahmen gleicher Wirkung 86
cc) Gemeinsame Außenhandelspolitik 91
c) Zollunion im weiteren Sinne 93
aa) Wettbewerbsrecht 93
(1) Allgemeines 93
(2) Kartellverbot 95
(3) Mißbrauchsverbot 97
bb) Aufhebung staatlicher Beihilfen 98
cc) Schutz des geistigen, gewerblichen und Kommerziellen Eigentums 99
d) Rechtsangleichung durch die Türkei 100
e) Handelspolitische Schutzinstrumente und

Schutzmaßnahmen 103
3. Wirtschaftlicher Auswirkungen der Zollunion 104
a) Erwartungen und Bedenken 104
b) Zwischenbilanz 105
C. Vorübergehende Ausnahmen der Zollunion 107
1. Landwirtschaft 107
2. EGKS-Produkte 109
II. Personenverkehr 111
A. Einleitende Bemerkungen 111
B. Freizügigkeit der Arbeitnehmer 111
1. Entwicklung der Freizügigkeit der Arbeitnehmer 111
2. Grundlagen der Freizügigkeit der Arbeitnehmer 113
3. Umsetzung der Freizügigkeit der Arbeitnehmer 114
a) Assoziationsratsbeschluß Nr. 2/76 114
b) Assoziationsratsbeschluß Nr. 1/80 115
c) Assoziationsratsbeschluß Nr. 3/80 116
4. Zulässigkeit der Heranziehung des Gemeinschaftsrechts zur Auslegung der Freizügigkeitsbestimmungen des Abkommens 118
5. Assoziationsfreizügigkeit im Rahmen des Assoziationsratsbeschlusses Nr. 1/80 123
a) Ziel 123
b) Anwendungsbereich 123
aa) Personeller Anwendungsbereich 123
.bb) Sachlicher Anwendungsbereich 124
cc) Räumlicher Anwendungsbereich 124
c) Arbeitnehmerfreizügigkeit 125
aa) Voraussetzungen 125
(1) Arbeitnehmer 125
(2) Zugehörigkeit zum regulären Arbeitsmarkt 128
(3) Ordnungsgemäße Beschäftigung 130
bb) Rechte der Arbeitnehmer 137
(1) Recht auf Zugang zu wirtschaftlichen Beschäftigungen im Lohn- und Gehaltsverhältnis 138
(2) Recht auf Aufenthalt 141
(3) Recht auf Verbleibe und Wiederkehr 142
(4) Recht auf Familienzusammenführung 142
d) Regelungen bezüglich der Familienangehörigen 146
aa) Regelungszweck 146
bb) Voraussetzungen 146
(1) Familienangehörige 147
(2) Zugehörigkeit des Arbeitnehmers zum Arbeitsmarkt 148
(3) Familiennachzug 148
(4) Ordnungsgemäßer Wohnsitz 148

cc) Rechte der Familienangehörigen ... 150
e) Regelungen bezüglich der Kinder ... 151
aa) Regelungszweck ... 151
bb) Voraussetzungen ... 151
(1) Kind ... 151
(2) Ordnungsgemäße Beschäftigung eines Elternteils ... 152
(3) Berufsausbildung ... 153
(4) Familiennachzug ... 153
cc) Rechte der Kinder ... 156
f) Diskriminierungsverbot ... 156
g) Verschlechterungsverbot ... 157
h) Schranken der Assoziationsfreizügigkeit ... 158
aa) Vorbehalt der öffentlichen Ordnung, Sicherheit und Gesundheit ... 158
bb) Schutzmaßnahmen gegen ernste Störungen der Wirtschaft ... 160
k) Beendigung der Assoziationsfreizügigkeit ... 160
aa) Wegfall der Rechtsgrundlagen ... 161
bb) Ausscheiden aus dem Arbeitsleben ... 161
l) Ergebnis ... 162
B. Niederlassungsfreiheit und freier Dienstleistungsverkehr ... 162
1. Allgemeine Bemerkungen ... 162
2. Ausgestaltung der Niederlassungs- und Dienstleistungsfreiheit im Assoziationsverhältnis ... 163
III. Freier Kapital- und Zahlungsverkehr im Rahmen koordinierter Wirtschaftspolitik ... 165
IV. Finanzielle Zusammenarbeit ... 166
A. Zweck ... 166
B. Finanzhilfen der Gemeinschaftsseite ... 166
1. Finanzhilfen im Rahmen der Finanzprotokolle ... 166
a) Erstes Finanzprotokoll ... 167
b) Zweites Finanzprotokoll ... 167
c) Drittes Finanzprotokoll ... 167
d) Viertes Finanzprotokoll ... 168
2. Finanzhilfen im Rahmen der Zollunion ... 168
3. Finanzhilfen im Rahmen der MEDA-Programme ... 169
4. Finanzhilfen im Rahmen der Heranführungsstrategie ... 170
5. Sonstige Finanzhilfen ... 171
V. Zusammenfassung und Bewertung ... 172
Kapitel IV: Institutioneller Rahmen der Assoziation ... 173
I. Zur Problematik der völkerrechtlichen Natur der Assoziation ... 173
A. Zur Frage nach der Einordnung der Assoziation als internationale Organisation ... 173

B. Völkerrechtssubjektivität der Assoziation 175
1. Völkerrechtssubjektivität internationaler Organisationen 175
2. Untersuchung der Völkerrechtssubjektivität der Assoziation 177
3. Stellungnahme 181
II. Institutionelles Gefüge der Assoziation 182
A. Zur Stellung der Vertragsparteien 182
B. Insitutionelle Grundstruktur 183
C. Institutionen der Assoziation 183
1. Assoziationsrat 184
a) Zur Frage nach der Organeigenschaft des Assoziationsrates 184
b) Zusammensetzung und Arbeitsweise 184
c) Aufgaben und Zuständigkeiten 185
2. Assoziationsausschuß 187
3. Gemischter parlamenterischer Ausschuß 187
4. Zollkomitee 188
5. Wirtschafts- und Sozialausschuß 188
6. Gemischter Ausschuß 188
III. Streitschlichtungsmechanismen der Assoziation 189
A. Grundlagen der Streitschlichtung und Wege der Streitbeilegung 189
B. Bewertung 190
C. Stellung des EuGH in der Assoziation EG/Türkei 191
1. Assoziationsrechtliche Zuständigkeiten des EuGH 191
2. Gemeinschaftsrechtliche Zuständigkeiten des EuGH 193
a) Entscheidungszuständigkeit 193
b) Auslegungszuständigkeit 193
IV. Stellung der Türkei in der Gemeinschaft 195
Kapitel V: Wirkungen assoziationsrechtlicher Vorschriften 197
I. Recht der Assoziation 197
A. Einordnung des Assoziationsrechts 197
B. Quellen des Assoziationsrechts 198
1. Primäres Assoziationsrecht 199
2. Sekundäres Assoziationsrecht 199
II. Bindungswirkung assoziationsrechtlicher Vorschriften 203
A. Formelle Bindungswirkung 203
B. Materielle Bindungswirkung 207
III. Unmittelbare Anwendbarkeit assoziationsrechtlicher Vorschriften 211
A. Geltungsgrund völkerrechtlicher Verträge im innerstaatlichen Recht 212
1. Erfordernis eines staatlichen Durchführungsaktes 212

2. Innerstaatliche Geltung völkerrechtlicher Verträge nach dem Grundgesetz 213
3. Innerstaatliche Geltung völkerrechtlicher Verträge nach der türkischen Verfassung 214
4. Gemeinschaftliche Geltung völkerrechtlicher Verträge 215
a) Integrierender Bestandteil des Gemeinschaftsrechts 215
b) Rang völkerrechtlicher Verträge im Gemeinschaftsrecht 220
B. Unmittelbare Anwendbarkeit 221
1. Allgemeines 221
2. Voraussetzungen unmittelbarer Anwendbarkeit 222
a) Hinreichende Bestimmtheit 223
b) Inhaltliche Unbedingtheit 224
C. Untersuchung der unmittelbaren Anwendbarkeit assoziationsrechtlicher Vorschriften am Beispiel der Freizügigkeit der Arbeitnehmer 225
1. Problematik 225
2. Meinungsstand 227
a) Schrifttum 227
b) Rechtsprechung 229
3. Stellungnahme zur unmittelbaren Anwendbarkeit der Vorschriften von Art. 12 Ass.Abk. und Art. 36 ZP 230
a) Zur Bestimmtheit 230
b) Zur Unbedingtheit 233
c) Ergebnis 233
Kapitel VI: Problematik eines Beitritts der Türkei zur Europäischen Union 237
I. Überblick über die bisherige Entwicklung 237
A. Erneuter Beitrittsantrag der Türkei von 1987 237
B. Ausschluß der Türkei vom anstehenden Erweiterungsprozeß der EU 239
C. Reaktionen der Türkei 241
D. Bemühungen um den Wiederaufnahme von Beziehungen 243
1. Europäische Strategie für die Türkei 243
2. Einbeziehung der Türkei in die anstehende Erweiterung der EU 243
II. Beitrittsfähigkeit der Türkei 248
A. Beitrittsvoraussetzungen 248
B. Analyse der Verfassungsordnung der Türkei im Lichte der politischen Kriterien von Kopenhagen 253
1. Grundlagen der türkischen Verfassungsordnung 253
a) Geschichtlicher Abriß 253
b) Staatsform 259
c) Grundsätze der türkischen Verfassung von 1982 259
aa) Demokratieprinzip 259

bb) Rechsstaatsprinzip.. 262
cc) Nationalstaatsprinzip.. 264
dd) Einheitsstaatsprinzip.. 266
ee) Sozialstaatsprinzip.. 266
ff) Laizismusprinzip.. 266
d) Grundrechte und -freiheiten der Verfassung........................ 267
aa) Schutz der Grundrechte und -freiheiten........................ 267
bb) Grenzen des Schutzes der Grundrechte und -freiheiten.. 268
(1) Verbot des Mißbrauchs der Grundrechte und -freiheiten.. 268
(2) Einschränkung der Grundrechte und -freiheiten........................ 269
(3) Aussetzung des Gebrauchs der Grundrechte und -freiheiten.. 270
e) Sonderinstitutionen der Verfassung.. 271
aa) Nationaler Sicherheitsrat.. 271
bb) Staatssicheitsgerichte.. 272
C. Defizite der Türkei nach den politischen Kriterien von Kopenhagen.. 273
1. Demokratie und Rechtsstaatlichkeit.. 273
2. Menschen- und Minderheitenrechte.. 275
D. Allgemeine Bewertung.. 277
III. Rahmen des Beitrittsprozesses.. 278
A. Heranführungsstrategie.. 278
1. Beitrittspartnerschaft.. 278
2. Heranführungshilfe.. 281
3. Teilnahme an den Gemeinschaftsprogrammen........................ 282
B. Nationalprogramm der Türkei und dessen Umsetzung........................ 283
C. Durchsicht des gemeinschaftlichen Besitzstandes........................ 285
D. Europakonferenz.. 286
E. Überprüfungsverfahren.. 286
F. Beitrittsverhandlungen.. 287
IV. Aussichten eines EU-Beitritts der Türkei........ 301
Schlußbetrachtung.. 301
Literaturverzeichnis.. 307

ABKÜRZUNGSVERZEICHNIS

a.a.O. : am angegebenen Ort
abgedr. : abgedruckt
ABlEG : Amtsblatt der Europäischen Gemeinschaften
Abs. : Absatz
a.F. : alte Fassung
AJIL : American Journal of International Law
a.M. : andere Meinung
Anm. : Anmerkung
ARB : Assoziationsratsbeschluß
Art. : Artikel
Ass.Abk. : Assoziationsabkommen
Aufl. : Auflage
AuslG : Ausländergesetz
AÜHFD : Ankara Üniversitesi Hukuk Fakultesi Dergisi (Zeitschrift der Juristischen Fakultät der Universität Ankara)
AÜSBFD : Ankara Üniversitesi Siyasal Bilgiler Fakültesi Dergisi (Zeitschrift der Politikwissenschaftlichen Fakultät der Universität Ankara)
AVR : Archiv des Völkerrechts
AWD : Außenwirtschaftsdienst
BayVBl. : Bayerische Verwaltungsblätter
Bd. : Band
BGBl. : Bundesgesetzesblatt
BVerfG : Bundesverfassungsgericht
Bull. EG : Bulletin der Europäischen Gemeinschaften
Bull. EU : Bulletin der Europäischen Union
bzw. : beziehungsweise
ca. : circa
CD : Collection of Decions of the European Kommission of Human Rights (bis 1974)
COMECON: Council for Mutual Economic Cooperation
ders. : derselbe
dies. : dieselbe
d.h. : das heißt
Diss. : Dissertation
Dok. : Dokument
DÖV : Die öffentliche Verwaltung
DPT : Devlet Planlama Teskilati (Staatliches Planungsamt der Republik Türkei)
DuR : Demokratie und Recht
DVBl. : Deutsches Verwaltungsblatt
EA : Europaarchiv

EAG	: Europäische Atomgemeinschaft
EAGV	: Vertrag zur Gründung der Europäischen Atomgemeinschaft
ebd.	: ebenda
EEA	: Einheitliche Europäische Akte
EFTA	: Europäisches Freihandelsabkommen
EG	: Europäische Gemeinschaft
EGKS	: Europäische Gemeinschaft für Kohle und Stahl
EGKSV	: Vertrag über die Gründung der Europäischen Gemeinschaft für Kohle und Stahl
EGV	: Vertrag zur Gründung der Europäischen Gemeinschaft
endg.	: endgültig
EU	: Europäische Union
EIB	: Europäische Investitionsbank
EGMR	: Europäischer Gerichtshof für Menschenrechte
EMRK	: Europäische Konvention zum Schutze der Menschenrechte und Grundfreiheiten
EP	: Europäisches Parlament
EPZ	: Europäische Politische Zusammenarbeit
et al.	: und andere
etc.	: etcetera
EuGH	: Gerichtshof der Europäischen Gemeinschaften
EuGRZ	: Europäische Grundrechtezeitschrift
EuR	: Europarecht
EuZW	: Europäische Zeitschrift für Wirtschaftsrecht
EWGV	:Vertrag zur Gründung der Europäischen Wirtschaftsgemeinschaft
EWR	: Europäischer Wirtschaftsraum
f.	: folgende
FAZ	: Frankfurter Allgemeine Zeitung
ff.	: fortfolgende
Fn.	: Fußnote
FS	: Festschrift
GASP	: Gemeinsame Außen- und Sicherheitspolitik
GATT	: General Agreement on Tariffs and Trade
ggf.	: gegebenenfalls
GZT	: Gemeinsamer Zolltarif
Hrsg.	: Herausgeber
IGH	: Internationaler Gerichtshof
IKV	: Iktisadi Kalkinma Vakfi (Stiftung für wirtschaftliche Entwicklung)
ILM	: International Legal Materials
ILO	: International Labour Organisation
InfAuslR	: Informationsbrief Ausländerrecht
i.V.m.	: in Verbindung mit

JA	: Juristische Arbeitsblätter
JR	: Juristische Rundschau
Jura	: Juristische Ausbildung
JuS	: Juristische Schulung
JZ	: Juristenzeitung
KOM	: Dokumente der Kommission der Europäischen Gemeinschaften
KSE	: Kölner Schriften zum Europarecht
KSZE	: Konferenz für Sicherheit und Zusammenarbeit in Europa
Lfg.	: Lieferung
MOE	: Mittel- und Osteuropa
Mio.	: Million
Mrd.	: Milliarde
m.w.N.	: mit weiteren Nachweisen
NAFTA	: Nort American Free Trade Area
NATO	: Nort Atlantic Treaty Organization
n.F.	: neue Fassung
NJW	: Neue Juristische Wochenschrift
Nr.	: Nummer
NVwZ	: Neue Zeitschrift für Verwaltungsrecht
NZZ	: Neue Zürcher Zeitung
OECD	: Organisation für Wirtschaftliche Zusammenarbeit
OLG	: Oberlandgericht
OSZE	: Organisation für Sicherheit und Zusammenarbeit in Europa
OVG	: Oberverwaltungsgericht
ÖZaöRV	: Österreichische Zeitschrift für ausländisches öffentliches Recht und Völkerrecht
ÖZöRV	: Österreichische Zeitschrift für öffentliches Recht und Völkerrecht
PHARE	: Poland and Hungary Action for the Economy Protokoll
PKK	: Partiya Karkeren Kurdistans (Arbeiterpartei Kurdistans)
RG	: Resmi Gazete (Amtsblatt)
RIW	: Recht der Internationalen Wirtschaft
Rn.	: Randnummer
Rs.	: Rechtssache
Rsp.	: Rechtsprechung
S.	: Seite
SEF	: Stiftung, Entwicklung und Frieden
Slg.	: Sammlung
sog.	: sogenannt
SZ	: Süddeutsche Zeitung
TARIC	: tarif intégré communautaire
T.C.	: Türkiye Cumhuriyeti (Republik Türkei)
TOBB	: Türkiye Odalar ve Borsalar Birligi (Union der Kammern und Börsen der Türkei)

TRIPS	: Trade Related Intellectual Property Rights
UN	: United Nations
USA	: United States of America
u.a.	: unter anderem(n)
VerwArch	: Verwaltungsarchiv
VBlBW	: Verwaltungsblätter für Baden-Württemberg
VGH	: Verwaltungsgerichtshof
vgl.	: vergleiche
VO	: Verordnung
VR	: Verwaltungsrundschau
VRÜ	: Verfassung und Recht in Übersee
WTO	: World Trade Organisation
WVK	: Wiener Übereinkommen über das Recht der Verträge
WVKIO	: Wiener Übereinkommen über das Recht der Verträge zwischen Staaten und Internationalen Organisationen oder zwischen Internationalen Organisationen
ZAR	: Zeitschrift für Ausländerrecht und Ausländerpolitik
ZaöRV	: Zeitschrift für ausländisches öffentliches Recht und Völkerrecht
z.B.	: zum Beispiel
ZfRP	: Zeitschrift für Rechtspolitik
ZfRV	: Zeitschrift für Rechtsvergleiche
ZfS	: Zeitschrift für Sozialreform
ZfZ	: Zeitschrift für Zollrecht
ZIAS	: Zeitschrift für ausländisches und internationales Arbeits- und Sozialrecht
Ziff.	: Ziffer
ZP	: Zusatzprotokoll
ZVR	: Zeitschrift für vergleichende Rechtswissenschaft

Einleitung

Um ein vereinigtes Europa in der Vielfalt der Völker zu schaffen und dadurch auf diesem Kontinent Frieden zu wahren, hat der sich auf europäischem Territorium vollziehende Einigungsprozeß der durch die Verträge von 1951 („Pariser Vertrag“ zur Gründung der Europäischen Gemeinschaft für Kohle und Stahl, Montanunion) und 1957 („Römische Verträge“ zur Gründung der Europäischen Wirtschaftsgemeinschaft sowie zur Gründung der Europäischen Atomgemeinschaft, Euratom) gegründeten Europäischen Gemeinschaften bislang insgesamt beachtliche politische Fortschritte erzielt. Die Europäischen Gemeinschaften wuchsen nach mehreren Etappen in die Europäische Union (EU) hinein. Der Mastrichter Unionsvertrag vom 7. Februar 1992 hat den europäischen Einigungsprozeß durch die zwischenstaatliche Kooperation auf die gemeinsame Außen- und Sicherheitspolitik GASP sowie Zusammenarbeit in den Bereichen Justiz und Inneres, ZBJI[1]) ausgedehnt. Diese Politikfelder bilden neben den Europäischen Gemeinschaften die weiteren Pfeiler der EU und sollten dem Zusammenwachsen Europas dienen. Der mit Maastricht begonnene Weg wurde inzwischen mit dem am 2. Oktober 1997 unterzeichneten Vertrag von Amsterdam sowie mit dem am 26. Februar 2001 unterzeichneten Vertrag von Nizza fortgesetzt[2].

Zentrales Antriebsmoment des Einigungsprozesses in der EU ist die in die Europäische Gemeinschaft (EG) umgewandelte Europäische Wirtschaftsgemeinschaft (EWG). Die Tätigkeitsbereiche der EG gehen nunmehr weit über einen wirtschaftlichen Rahmen hinaus. Sie hat im Rahmen ihrer Außenbeziehungen neben der Außenhandels- und Wirtschaftspolitik immer auch eine grundlegende Assoziierungspolitik verfolgt und auf diesem Wege die entsprechenden Assoziierungsabkommen sowie ökonomische und politische Sonderbeziehungen zu Drittstaaten aufgebaut[3]. Sie unterhält derzeit vertraglich geregelte Beziehungen zu mehreren Staaten. Einer dieser Staaten ist die Türkei, die von Anbeginn des europäischen Einigungsprozesses das Ziel der Mitgliedschaft verfolgt. Sie wurde schon im Jahre 1963 durch ein Assoziationsabkommen mit der EWG verbunden. Die Assoziation sollte einen geeigneten Rahmen für eine schrittweise Integration der Türkei in die EWG schaffen. Seit der Unterzeichnung des Abkommens sind nahezu 40 Jahre vergangen. Die Parteien haben jedoch bisher überwiegend Beziehungen unterhalten, die sich als äußerst problematisch gestalteten. Die Assoziation entwickelte sich im Laufe der Zeit zu einem bloßen Vertragsverhältnis. Nach Sinn und Zweck des Abkommens hätte die Türkei bereits als Mitglied ihren Platz in der heutigen EU einnehmen sollen. Trotz langwieriger

---

[1] Die ZBJI wurde im Amsterdamer Vertrag von 1997 in die justitielle und polizeiliche Zusammenarbeit in Strafsachen umgewandelt.

[2] Mit diesen Verträgen wurden der Unionsvertrag sowie die Gemeinschaftsverträge teilweise erheblich modifiziert.

[3] Weidenfeld, Europa von A bis Z, S. 69.

Anstrengungen wurde der gemeinsame Wunsch beider Seiten nicht realisiert. Zwar wurden durch den Beitrittsantrag der Türkei von 1987, den Übergang zur dritten Phase der Assoziation bzw. die Vollendung der Zollunion von 1996 sowie durch aktuelle Sonderpakete zur intensiveren Zusammenarbeit in weiten Bereichen neue Impulse für die Beziehungen gesetzt. Es gab aber keine große Fortschritte in Richtung Integration der Türkei in die EU. Vielmehr waren die politischen Beziehungen zwischen der EU und der Türkei angesichts zahlreicher von der EU als kritisch eingestufter politischer Entwicklungen[4] stark belastet und infolgedessen immer wieder weitere Krisen nach sich gezogen hatten.

Erst nach einer langen Verzögerung der EU kam neuer Schwung in die Beziehungen. Der Europäische Rat revidierte auf dem Gipfel in Helsinki im Dezember 1999 seine Luxemburg- Entscheidung und bezog die Türkei in den anstehenden Erweiterungsprozeß der EU ein. Er verlieh der Türkei den Kandidatenstatus und beurteilte ihren Beitritt nach den gleichen Kriterien wie für die anderen Beitrittskandidaten. Die Türkei ist auf derselben Grundlage vollständig in die Heranführungsstrategie einbezogen. Diese Strategie bildet den Schlußpunkt der Bemühungen, die 1963 mit dem Assoziationsabkommen begannen. Die Integration der Türkei in die EU befindet sich in einer neuen und entscheidenden Phase[5].

Das Thema der "Beziehungen zwischen der EU und der Türkei" wurde bislang zumeist in politischer oder wirtschaftlicher Hinsicht behandelt. Diese Untersuchungen haben jedoch aufgrund jüngster Entwicklungen an Aktualität und Tragweite eingebüßt. Der Gesamtrahmen des Abkommens wurde in juristischer Hinsicht bislang nicht genügend behandelt, wenngleich zahlreiche wissenschaftliche Arbeiten zu Einzelaspekten des Assoziationsverhältnisses vorliegen. Zwar findet man auch mehrere juristischen Studien zu den Gerichtsurteilen, doch beschränken sich diese maßgeblich auf die Freizügigkeitsbestimmungen des Abkommens.

Die Auslegung und Anwendung des Assoziationsabkommens werfen Probleme von grundsätzlicher Bedeutung vor allem hinsichtlich des rechtlichen Status türkischer Staatsangehöriger in der EU auf. Die Problematik der Freizügigkeit türkischer Arbeitnehmer beschäftigt die Rechtsprechung und die diesbezüglichen Forschungsliteratur schon über Jahrzehnte hinweg. Der Europäische Gerichtshof (EuGH) hat sich bereits häufig aufgrund von Vorlagen deutscher Gerichte mit dem Assoziationsabkommen EG/Türkei befaßt und in diesem Bereich bisher über 20 Urteile gefällt. Als Folge der Rechtsprechung des EuGH erzeugten die Regelungen des Assoziationsabkommens EG/Türkei tiefgreifende Wirkungen in den Rechtsordnungen der EU. Die Regelungen des Assoziationsabkommens,

---

[4] Die EU bemängelte (bemängelt heute noch) vor allem den unzureichenden Demokratisierungsgrad der Türkei, Verletzung von Menschenrechten, den Umgang mit der Kurdenfrage.
[5] Sen, Aus Politik und Zeitgeschichte 2001, 28.

insbesondere die aus den ARB 1/80 und 3/80 hergeleiteten Ansprüche türkischer Arbeitnehmer und ihrer Familienangehörigen, haben mittlerweile dank der Rechtsprechung des EuGH in erheblicher Weise an Bedeutung gewonnen.

Die vorliegende Arbeit setzt es sich zum Ziel, die Grundlagen der Assoziation EG/Türkei gründlich zu analysieren und den somit eingeleiteten Annäherungsprozeß der Türkei zur EU zu diskutieren, wobei zentral auf Rechtsfragen der Assoziation eingegangen werden soll. Dabei macht sie es sich zur Aufgabe, den gegenwärtigen Rechtszustand des Assoziationsverhältnisses EG/Türkei näher zu erörtern. Obwohl politische und wirtschaftliche Aspekte im Verhältnis der Türkei zur EU eng miteinander verflochten sind, konzentriert sich die Untersuchung grundsätzlich auf die rechtlichen Aspekte der Assoziation.

Die Studie gliedert sich in sechs Kapitel. Das erste Kapitel soll in das Institut der "Assoziation" einführen und den rechtlichen Rahmen der Assoziation der Gemeinschaft erörtern. Schließlich wird ein Überblick über die bisherige Assoziationspraxis der Gemeinschaft gegeben.

Im zweiten Kapitel werden die Grundlagen des Assoziationsverhältnisses zwischen der EG und der Türkei behandelt, wobei auf das Assoziationsabkommen sowie auf dessen Zusatzprotokoll von 1970 eingegangen werden soll.

Das dritte Kapitel befaßt sich mit der Frage, inwieweit die Vorgaben des Abkommens bis zum gegenwärtigen Zeitpunkt umgesetzt wurden, und analysiert den bisherigen Verlauf und den aktuellen Zustand des Assoziationsverhältnisses. Dabei sollen auch die Problembereiche der Assoziation sowie deren Auswirkungen auf die europäisch-türkischen Beziehungen herausgearbeitet werden.

Das vierte Kapitel bezieht sich auf die institutionelle Ausgestaltung der Assoziation. Vorrangig wird sich dieses Kapitel mit der Frage nach der Rechtsnatur der Assoziation auseinandersetzen. Im Anschluß daran sollen das institutionelle Gefüge und die Institutionen der Assoziation sowie insbesondere die Arbeitsweise und die Zuständigkeit des Assoziationsrates dargestellt werden. Zudem werden die Streitschlichtungsmechanismen des Abkommens erwähnt, wobei den Kompetenzen des EuGH zum Assoziationsabkommen EG/Türkei eine besondere Bedeutung beigemessen wird. Schließlich wird auch die Frage nach der Stellung der Türkei als assoziierter Staat in der Gemeinschaft thematisiert und diskutiert.

Das fünfte Kapitel befaßt sich hauptsächlich mit den allgemeinen Rechtsfragen des Assoziationsverhältnisses. Dabei soll zunächst die Rechtsnatur des Assoziationsrechts sowie deren Inhalt dargestellt werden. Dann sollen die Bindung der Vertragspartner an das Abkommen sowie die Wirkungen der einzelnen Vorschriften in den jeweiligen Rechtsordnungen erörtert werden. Die Freizügigkeitsregelungen des Abkommens werden dabei besonders berücksichtigt.

Das sechste Kapitel ist der Problematik eines EU-Beitritts der Türkei gewidmet. In den Ausführungen dieses Kapitels wird zunächst die bisherige Entwicklung im Hinblick auf einen eventuellen EU-Beitritt der Türkei zusammengefaßt. Anschließend wird die Beitrittsfähigkeit der Türkei im Rahmen der Kriterien von Kopenhagen analysiert. Außerdem wird der aktuelle Rahmen des Beitrittsprozesses geschildert. Zuletzt wird die aktuelle Debatte um den möglichen Beitritt der Türkei zur Europäischen Union dargestellt und in diesem Zusammenhang die Frage aufgeworfen, wann die Türkei ihren Platz in der EU einnehmen kann. An dieser Stelle wird allerdings nicht auf die Frage nach Vor- und Nachteile einer türkischen Vollmitgliedschaft in der EU eingegangen. Vielmehr sollen in den politischen Kreisen sowie in der Literatur herrschende Meinungen mit eigenen Erwartungen verbunden dargelegt werden und wird somit versucht, einen weiteren Beitrag zur Diskussion über die Vollmitgliedschaft der Türkei in der EU zu leisten.

Kapitel I: INSTITUT DER ASSOZIATION

I. Begriff der "Assoziation"

Der Begriff der "Assoziation"[1] stammt wörtlich aus dem lateinischen Verbum "associare"[2]. In der deutschen Sprache ist darunter "verbinden", "vereinigen", "beteiligen" zu verstehen[3], während sie in die türkische Sprache als "Ortaklik" (wörtlich auf Deutsch "Teilhabe") übersetzt wird.

Im Völkerrecht wird der Begriff der "Assoziation" in unterschiedlichen Formen und für verschiedene Sachverhalte verwendet[4]. Darunter werden im allgemeinen besondere Verbindungsformen zwischen einem souveränen Staat bzw. einer internationalen Organisation und einem nicht souveränen Staat[5], einem vollsouveränen Staat und einer internationalen Organisation sowie zwischen internationalen Organisationen verstanden[6]. In der Praxis wurden Assoziationsabkommen am häufigsten zwischen Staaten und internationalen Organisationen abgeschlossen[7]. Gegenstand dieser Assoziationsverhältnisse ist im wesentlichen die Schaffung besonders enger Beziehungen zu einer internationalen Organisation. So nimmt der assoziierte Staat eine Sonderstellung in der assoziierenden internationalen Organisation ein und beteiligt sich an den Zielen der Organisation, ohne aber eine Vollmitgliedschaft zu erwerben. Es handelt sich hierbei zumeist um eine eingeschränkte Teilnahme des assoziierten Staats an den Institutionen der internationalen Organisation und um eine Teilhabe an beschränkten Rechten und Pflichten (die sog. assoziierte Mitgliedschaft)[8].

Die Assoziation der EG zielt darauf ab, bestimmte Staaten, Gebiete oder internationale Organisationen eng in ihr System einzubinden[9]. Der EG-Vertrag selbst enthält aber keine konkrete Aussage darüber, was genau unter Assoziation zu

[1] Synonym zum Begriff "Assoziation" wird in der deutschen Literatur auch die "Assoziierung" verwendet. Vgl. dazu Evtimov, Rechtsprobleme der Assoziierung, S. 26 f.; Hermann, Das Institut der Assoziierung, S. 58 ff.
[2] Evtimov, Rechtsprobleme der Assoziierung, S. 26.
[3] Ebd.
[4] Vgl. dazu Becker, in: G/B/T/E (Hrsg.), Kommentar zum EWG-Vertrag, 2. Aufl., Art. 238, Rn. 1; Gilsdorf, in: G/T/E (Hrsg.), Kommentar zum EWG-Vertrag, 4. Aufl., Art. 238, Rn. 2; Weber, in: G/T/E (Hrsg.), EUV/EGV, Kommentar, 5. Aufl., Art. 238 EGV, Rn. 5; Fischer, Das Assoziationsrecht, S. 4 ff.
[5] Diese Form der Assoziation schafft grundsätzlich ein Abhängigkeitsverhältnis des nicht souveränen Gebiets zu dem Staat bzw. der internationalen Organisation. Die Bundesrepublik Deutschland und Saarland waren jeweils bis 1951 und 1956 assoziiertes Mitglied des Europarates.
[6] Vedder, in: G/H (Hrsg.), EUV, Kommentar, Art. 238 EGV, Rn. 3.
[7] Seidl-Hohenveldern/Loibl, Das Recht der Internationalen Organisationen, Rn. 516.
[8] Geiger, EUV/EGV, Kommentar, 3. Aufl., Art. 310 EGV, Rn. 2.
[9] Vgl. Herdegen, Europarecht, Rn. 452.

verstehen ist[10]. In diesem Zusammenhang ist die Frage der Rechtsstellung des assoziierten Staates in der EG äußerst umstritten[11]. Nach Auffassung des EuGH[12] schafft das Assoziationsabkommen besondere und privilegierte Beziehungen der EG mit einem Dritten, der zumindest teilweise am Gemeinschaftssystem teilhaben muß. Diese Formulierung beantwortet allerdings nicht die Frage, worauf sich diese Teilhabe eines assoziierten Drittstaates oder Gebiets am Gemeinschaftssystem bezieht, und ob diese Privilegierung auch institutionell verstanden werden kann. Laut des Gutachtens 1/91 des EuGH zum EWR-Vertrag[13] gilt, daß nur die materiellen Regelungsbereiche des EG-Vertrages Gegenstand eines Assoziationsabkommens sein können, nicht dagegen eine Beteiligung an ihrer Organisationsstruktur oder ihrem Entscheidungssystem[14].

Nach einhelliger Auffassung[15] räumt der EG-Vertrag dem Vertragspartner weder einen vollen noch einen begrenzten assoziierten "Mitgliedschaftsstatus"[16] ein, obwohl er eine sehr weitgehende Teilnahme des Vertragspartners am Gemeinschaftssystem zuläßt, die dem Inhalt nach beinahe einer Mitgliedschaft gleichkommen kann[17]. Die Assoziation schließt trotz ihrer institutionellen Gestaltung keine Beteiligung des assoziierten Mitglieds an den Institutionen der Gemeinschaft und damit keinerlei direkte Mitwirkungsbefugnis ein[18]. In den vertraglichen Beziehungen der EG wurden auf der Grundlage des EG-Vertrages bislang lediglich externe Assoziationen hergestellt.

Abschließend soll eine der bisherigen Assoziationspraxis der EG entsprechende Begriffsbildung angeführt werden. Die Assoziation im Sinne des EG-Vertrages stellt ein dauerhaftes Vertragsverhältnis dar, welches besondere Beziehungen der EG zu einem Staat (eines Gebiets, einer Staatenverbindung oder einer inter-

---

[10] Vgl. Schön, Der rechtliche Rahmen für Assoziierungen, S. 4 ff.

[11] Vgl. Krück, Völkerrechtliche Verträge, S. 63; Everling, ZaöRV 1964, 462; Hummer, EuZW 1992, 368; Petersmann, ZaöRV 1973, 266.

[12] EuGH, Urteil vom 30. September 1987, Rs. 12/86 (Demirel), Slg. 1987, 3719, Rn. 9.

[13] EuGH, Gutachten 1/91 vom 12. Dezember 1991, Europäischer Wirtschaftsraum I, Slg. 1991, I-6079.

[14] Vgl. Geiger, EUV/EGV, Kommentar, 3. Aufl., Art. 310 EGV, Rn. 2.

[15] Vgl. Vedder, in: G/H (Hrsg.), EUV, Kommentar, Art. 238 EGV, Rn. 4; Krück, Völkerrechtliche Verträge, S. 63; Richter, Die Assoziierung osteuropäischer Staaten, S. 188 ff.; Everling, ZaöRV 1964, 462, 476 f.; Hummer, EuZW 1992, 368; Petersmann, ZaöRV 1973, 266.

[16] So auch Seidl-Hohenveldern/Loibl, Das Recht der Internationalen Organisationen, Rn. 515 ff.

[17] Gilsdorf, in: G/T/E (Hrsg.), Kommentar zum EWG-Vertrag, 4. Aufl., Art. 238, Rn. 18.

[18] Anderenfalls würde eine solche Möglichkeit Änderungen im institutionellen Gefüge der EU und damit eine Vertragsänderung nach Art. 48 EUV erforderlich machen. Dagegen ist die Teilnahme assoziierter Staaten an gewissen institutionellen Verfahren vorbereitender Art zulässig. Damit wird insbesondere die frühzeitige Koordinierung von Gemeinschaftsmaßnahmen und den vom assoziierten Staat zu treffenden Maßnahmen weitgehend ermöglicht. Vgl. dazu Gilsdorf, in: G/T/E (Hrsg.), Kommentar zum EWG-Vertrag, 4. Aufl., Art. 238, Fn. 20.

nationalen Organisation) schafft[19]. Die Assoziation gewährt dem Assoziationspartner teilweise die Möglichkeit, am Gemeinschaftssystem teilzunehmen. Die Verbindung mit der EG kann einer Mitgliedschaft nahe kommen. Sie begründet damit für den Vertragspartner jedoch weder eine Mitgliedschaft oder mitgliedschaftsähnliche Verhältnisse, noch ermöglicht sie ihm eine Mitbestimmung in den Organen der EG[20].

II. Rechtsgrundlagen der Assoziation der Europäischen Gemeinschaft

Der EGV regelt die Assoziation der EG in zweifacher Hinsicht: Zum einen in Art. 182 ff. EGV (konstitutionelle Assoziation), zum anderen in Art. 310 EGV (vertragliche Assoziation)[21].

A. Art. 182-188 EGV

Bis zum Inkrafttreten des EWG-Vertrages waren die Mitgliedstaaten, insbesondere Belgien, Frankreich und die Niederlande, noch völkerrechtlich zur autonomen Regelung der Angelegenheiten ihrer überseeischen Länder und Gebiete (ÜLG) befugt[22]. Die Assoziierungspolitik der EWG richtete sich zunächst auf diese Kolonialgebiete der Mitgliedstaaten. Ihren Niederschlag fand diese Bestrebung der Mitgliedstaaten in Art. 182 ff. n.F. (Art. 131 - 136 a a.F) E(W)GV. Diese Länder wurden durch das Assoziierungsverhältnis in die Gemeinschaft als Nachfolger ihrer Mitgliedstaaten aufgenommen. Dadurch wurde die Fortsetzung des Einflusses der Mitgliedstaaten in diese Gebiete gewährleistet.

Die Assoziation dieser Gebiete wurde daher im EG-Vertrag besonders geregelt. Im Gegensatz zur vertraglichen Assoziation nach Art. 310 EGV schafft die konstitutionelle Assoziation keine völkerrechtlichen Beziehungen mit Dritten. Vielmehr unterliegt sie ausschließlich dem Gemeinschaftsrecht[23] und weist einen dem herkömmlichen Begriff entsprechenden Charakter auf, selbst wenn eine Teilnahme des assoziierten Gebiets an den Institutionen der Gemeinschaft fehlt[24]. Sie begründet im wesentlichen die Entwicklungskooperation zwischen der EG und den Kolonialgebieten der Mitgliedstaaten, deren Merkmale insbesondere aus einseitigen Zollpräferenzen, der Zusicherung einer Stabilität von

---

[19] EuGH, Urteil vom 30. September 1987, Rs. 12/86 (Demirel), Slg. 1987, 3719, Rn. 9; Schmalenbach, in: C/R (Hrsg.) EUV/EGV, Kommentar, 1999, Art. 310 EGV, Rn. 11; Weber, in: G/T/E (Hrsg.) EUV/EGV, Kommentar, 5. Aufl., Art. 238 EGV, Rn. 11.
[20] EuGH, Gutachten 1/91 vom 12. Dezember 1991, Europäischer Wirtschaftsraum I, Slg. 1991, I-6079.
[21] Vgl. Art. 206 EGKS-Vertrag.
[22] Geiger, EUV/EGV, Kommentar, 3. Aufl., Art. 310 EGV, Rn. 1 und Art. 182 EGV, Rn. 4.
[23] Schön, Der rechtliche Rahmen für Assoziierungen, S. 132.
[24] Bleckmann, Europarecht, Rn. 1366.

Exporterlösen, Finanzhilfen und dem Diskriminierungsverbot bei Niederlassungs- und Dienstleistungsregelungen bestehen.

Diese Gebiete waren ursprünglich in Anhang Nr. IV zum EG-Vertrag aufgezählt. Die Vorschriften von Art. 182 ff. EGV haben jedoch weitgehend an Bedeutung verloren[25], weil die meisten der ÜLG inzwischen im Zuge der Dekolonialisierung unabhängig geworden sind[26]. Daraufhin wurde das konstitutionelle Assoziationsverhältnis durch das Abkommen von Lomé IV[27] sowie durch das Abkommen von Cotonou[28] neu geregelt. Im Gegensatz zu den früheren AKP-Abkommen (Abkommen von Jaounde[29] sowie Abkommen von Lomé I-III[30]) beruhen diese Abkommen nicht auf Art. 182 ff. EGV, sondern auf Art. 310 EGV[31].

B. Art. 310 EGV

Art. 310 EGV stellt im Hinblick auf die bestehenden Assoziationen der EG mit Drittstaaten eine einschlägige Vorschrift dar. In seinen Anwendungsbereich fallen nunmehr sowohl die Kooperationsabkommen mit den Mashrik- und den Maghrebstaaten als auch das AKP-Abkommen von Cotonou.

Laut Art. 310 EGV steht die gemeinschaftsinterne Befugnis zum Abschluß von Assoziationsabkommen formell ausschließlich der EG zu. Sie ist Trägerin der Kompetenz zum Abschluß von Assoziationsabkommen[32]. Ihre Kompetenzen umfassen die Festlegung von Regelungen des Assoziationsverhältnisses sowie die Errichtung von Institutionen zu deren Durchführung[33]. An dieser Stelle ent-

---

[25] Gilsdorf, in: G/T/E (Hrsg.), Kommentar zum EWG-Vertrag, 4. Aufl., Art. 238, Rn. 1; Schmalenbach, in: C/R (Hrsg.), Kommentar zu EUV/EGV, 1. Aufl. 1999, Art. 182 EGV, Rn, 1.

[26] Nunmehr sind diese Gebiete abschließend in Anhang II des Amsterdamer Vertrages aufgezählt (ABlEG 1997 Nr. C 340, 67). Vgl. auch Renner, Ausländerrecht in Deutschland, S. 210; Streinz, Europarecht, Rn. 612.

[27] Lomé IV vom 15. Dezember 1989 (ABlEG 1991 Nr. L 229, 1).

[28] Partnerschaftsabkommen zwischen den Mitgliedern der Gruppe der Staaten in Afrika, im Karibischen Raum und im Pazifischen Ozean einerseits und der Europäischen Gemeinschaft und ihren Mitgliedstaaten andererseits, unterzeichnet in Cotonou am 23. Juni 2000 (ABlEG 2000 Nr. L 317, 3).

[29] Jaounde I vom 20. Juli 1963 (ABlEG 1964, S. 1134); Jaounde II vom 29. Juli 1969 (ABlEG 1969 Nr. L 282, 2).

[30] Lomé I vom 28. Februar 1975 (ABlEG 1976 Nr. L 25, 2); Lomé II vom 31. Oktober 1979 (ABlEG 1980 Nr. L 347, 2); Lomé III vom 8. Dezember 1984 (ABlEG 1986 Nr. L 86, 3).

[31] Vedder, in: G/H (Hrsg.), EUV, Kommentar, Losebl. Ausg. 1999, Art. 238, Rn. 45.

[32] Die Mitgliedstaaten können deshalb im Anwendungsbereich des EG-Vertrages ohne Beteiligung der EG allein kein Assoziationsverhältnis mit Drittstaaten schaffen. Die Beteiligung der Mitgliedstaaten am Abschluß von Abkommen der EG mit Dritten ist allerdings nur insofern zulässig ggf. erforderlich, als ihnen das Abkommen neue, im EG-Vertrag nicht vorgesehene Verpflichtungen auferlegt.

[33] Fischer, Das Assoziationsrecht, S. 71.

hält Art. 310 EGV selbst aber keine konkrete Aussage darüber, inwieweit allein die EG mit Drittstaaten Assoziationsabkommen schließen kann. Er legt den möglichen Inhalt bzw. dic Tragweite von Assoziationsabkommen nicht ausdrücklich fest. Der Umfang des sachlichen Regelungsbereichs von Assoziationsabkommen der EG nach Art. 310 EGV ist deshalb nach wie vor umstritten[34]. Dabei ging es insbesondere um die Frage, welche Verpflichtungen die EG unter dem EG-Vertrag eingehen kann, d.h., ob Assoziationsabkommen alle Sachbereiche des EG-Vertrages erfassen können. Der EuGH[35] und die herrschende Auffassung im Schrifttum[36] sehen Art. 310 EGV als eine eigenständige Kompetenznorm an, die der EG die weitreichende Zuständigkeit einräumt, über alle vom EG-Vertrag erfaßten Bereiche Assoziationsabkommen zu schließen. Demgegenüber interpretiert die engere Auffassung[37] Art. 310 EGV als reine Verfahrensnorm. Diese Norm ermächtige die EG lediglich zusätzlich zur institutionellen Ausgestaltung der Assoziation und begründe darüber hinaus keine eigene Regelungskompetenz zum Abschluß von Assoziationsabkommen. So könne die EG nur in solchen Bereichen Assoziationsabkommen mit Drittstaaten schließen, in denen ihr bereits durch andere Vorschriften eine Kompetenz zum Vertragsabschluß zugewiesen werde. Anderenfalls sei die Beteiligung der Mitgliedstaaten erforderlich. Aufgrund dieses Meinungsstreites zur Regelungskompetenz der EG wurden die meisten Assoziationsabkommen der EG unter der Beteiligung der Mitgliedstaaten als gemischte Abkommen[38] abgeschlossen[39]. Die ge-

[34] Der materielle Regelungsbereich des Assoziationsabkommens EG/Türkei war umstritten. Insbesondere war fraglich, ob die Bestimmungen des Abkommens über die Freizügigkeit der Arbeitnehmer unter die Kompetenzbereiche der EG fallen und folglich dem Gemeinschaftsrecht angehören. Einer insbesondere von Hailbronner vertretenen Auffassung zufolge steht der EG keine Kompetenz für die Gewährung der Freizügigkeit an Anhörigen dritter Staaten zu, vielmehr treffen die Mitgliedstaaten allein die Freizügigkeitsverpflichtungen. Rang und Wirkung von Freizügigkeitsbestimmungen des Abkommens müssen insoweit nur nach allgemeinen Grundsätzen über die Wirkungsweise völkerrechtlicher Verträge im nationalen Recht beurteilt werden. So Hailbronner, EuR 1984, 54 ff.; ders., Ausländerrecht, Losebl., D. 5.4 Rn. 9; vgl. auch Krück, EuR 1984, 289 (295), Richter, Die Assoziierung osteuropäischer Staaten, S. 123, Weber, ZAR 1997, 25 ff.

[35] Vgl. dazu EuGH, Urteil vom 30. September 1987, Rs. 12/86 (Demirel), Slg. 1987, 3719, Rn. 9.

[36] Vgl. Fischer, Das Assoziationsrecht, S. 103; Krück, Völkerrechtliche Verträge, S. 64; Richter, Die Assoziierung osteuropäischer Staaten, S. 106 ff.; Petersmann, ZaöRV 1973, 266 (285).

[37] Vgl. dazu Hailbronner, EuR 1984, 60.

[38] Vgl. dazu näher Krück, Völkerrechtliche Verträge, S. 102 ff.; Richter, Die Assoziierung osteuropäischer Staaten, S. 194 ff.; Meessen, EuR 1980 36, 40 f.

[39] Die Mitgliedstaaten beteiligten sich jedoch nicht am Abschluß der Abkommen mit Malta und Zypern sowie der früheren Abkommen mit Marokko und Tunesien. Dazu Hernfeld, in: Schwarze (Hrsg.), EU-Kommentar, Art. 310 EGV, Rn. 3; vgl. auch Renner, Ausländerrecht in Deutschland, S. 211 m.w.N.

meinschaftsrechtliche Zulässigkeit derartiger Abkommen wurde vom EuGH in seiner Gutachten 1/76[40] anerkannt.

Die Kompetenz der EG zum Abschluß von Assoziationsabkommen unterliegt wiederum dem Prinzip der begrenzten Einzelermächtigung. In diesem Rahmen kann die EG selbst über alle vom EG-Vertrag erfaßten Bereiche Assoziationsabkommen schließen, in denen ihr sowohl ausschließliche als auch konkurrierende und parallele Zuständigkeiten eingeräumt sind[41], auch wenn sie nur interne Kompetenzen besitzt, also etwa hinsichtlich des Niederlassungsrechts, der Freizügigkeit der Arbeitnehmer oder des Kapitalverkehrs[42]. Die EG ist aber nicht in solchen Bereichen, die in die ausschließliche Zuständigkeit der Mitgliedstaaten fallen, zum Vertragsschluß befugt. In diesen Bereichen ist die Beteiligung der Mitgliedstaaten am Abschluß von Assoziationsabkommen erforderlich[43].

III. Merkmale der vertraglichen Assoziation und deren Abgrenzung

Für eine Assoziation verlangt Art. 310 EGV die Vereinbarung gegenseitiger Rechte und Pflichten[44], ein gemeinsames Vorgehen und besondere Verfahrensweisen. Die von der EG geschlossenen Assoziationsabkommen müssen diese Merkmale aufweisen.

Das Erfordernis gegenseitiger Rechte und Pflichten kennzeichnet zwar die meisten völkerrechtlichen Verträge und kann daher nicht als für Assoziationsabkommen charakteristisch gelten[45]. Art. 310 EGV bezweckt aber eindeutig,

---

[40] EuGH, Gutachten vom 26. April 1977, (Stillegungsfonds für die Binnenschiffahrt), Slg. 1977, 741, Rn. 6 und 7.

[41] Der EuGH hat bereits in der Rechtssache "AETR" die Parallelität von Innen- und Außenkompetenz anerkannt. Damit ist die EG überall dort auch zum Abschluß völkerrechtlicher Verträge berechtigt, wo ihr die Gemeinschaftsverträge Kompetenzen für den Innenbereich zuweisen. Vgl. dazu Urteil vom 31. März 1971, Rs. 22/70 Kommission/Rat (AETR), Slg. 1971, 263; vgl. auch Urteil vom 30. September 1987, Rs. 12/86 (Demirel), Slg. 1987, 3719, Rn. 9; Vedder, in: G/H (Hrsg.) EUV, Kommentar, Art. 238 EGV, Rn. 8; Krück, Völkerrechtliche Verträge, S. 58 ff.; Richter, Assoziierung osteuropäischer Staaten , S. 106 ff.

[42] Anders jedoch Hailbronner, EuR 1984, 54 ff.; Leyser, in: G/B/TE (Hrsg.), Kommentar zum EWG-Vertrag, 3. Aufl., Art. 238, S. 812.

[43] EuGH, Gutachten 1/78 vom 4. Oktober 1979 (Internationales Naturkautschuk-Übereinkommen), Slg. 1979, 2871, Rn. 60.

[44] Ein materielles Gleichgewicht der gegenseitigen Rechte und Pflichten im Sinne einer strengeren Reziprozität ist allerdings nicht erforderlich, sondern es genügt, wenn das Abkommen ein System von Rechten und Pflichten begründet hat. So EuGH, Urteil vom 5. Februar 1976, Rs. 87/75 (Bresciani), Rn. 20 ff., Slg. 1976, 129; vgl. auch Weber, in: G/T/E (Hrsg.) EUV/-EGV, Kommentar, 5. Aufl., Art. 238 EGV, Rn. 7; Oppermann, Europarecht, Rn. 1880.

[45] Vgl. Richter, Assoziierung osteuropäischer Staaten, S. 140 ff.

durch die Assoziation enge und privilegierte Beziehungen mit Dritten herzustellen, die zumindest teilweise am Gemeinschaftssystem teilhaben sollen[46]. Die Assoziation der EG schafft dabei allerdings kein Rechtsverhältnis der Über- oder Unterordnung, sondern erhält die souveräne Gleichheit zwischen der Gemeinschaftsseite und dem assoziierten Dritten aufrecht[47], *„wenngleich die materiellen politisch-wirtschaftlichen Gewichte ungleich zugunsten der EG verteilt bleiben“*[48]. Dementsprechend besitzt sie einen bilateral und paritätisch ausgeprägten Charakter. An den Organen der Assoziation haben die beiden Vertragsparteien gleichen Anteil.

Die Assoziation muß wiederum von den Handels- und Kooperationsbeziehungen abgegrenzt werden. Der Abschluß von Assoziationsabkommen erfolgt gemäß Art. 300 Abs. 3 EGV durch die Zustimmung des EP. Dieses Zustimmungserfordernis gilt dagegen nicht für Handels- und Kooperationsabkommen (Art. 133 EGV).

Während die Assoziation auch einen politischen Charakter aufweist[49], sind die Handelsbeziehungen grundsätzlich auf einen reinen Warenaustausch gerichtet. Dadurch beteiligt sich der jeweilige Handelspartner im Gegensatz zu einem assoziierten Staat gar nicht an den Zielen der EG.

Die Kooperationen können im Prinzip weit über die Handelsbeziehungen hinausgehen. Sie unterscheiden sich von der Assoziation durch ihre Zielsetzung und Ausgestaltung[50]. Im Unterschied zur Assoziation ist unter der Kooperation[51]

---

[46] EuGH, Urteil vom 30. September 1987, Rs. 12/86 (Demirel), Slg. 1987, 3719.
[47] Beck, Abgestufte Integration, S. 200 und 201.
[48] Oppermann, Europarecht Rn. 1878.
[49] Von Arnim, ZaöRV 1970, 499.
[50] Weidenfeld, Europa, S. 70.
[51] In der Praxis gestaltet sich eine exakte Abgrenzung zwischen Assoziation und Kooperation, insbesondere eine Abgrenzung umfassender Kooperation zu einfacheren Formen der Assoziation, jedoch schwierig. Die von der EG auf der Grundlage von Art. 310 EGV gegründeten Assoziationen werden derzeit aus politischen Gründen häufig als Kooperation bezeichnet, um die Vorstellung eines Minderstatus oder eines Abhängigkeitsverhältnisses zur EG zu vermeiden. So sind die Kooperationen in der Praxis sowohl auf der Grundlage des Art. 133 als auch des Art. 310 EGV errichtet worden. Die Bezeichnung des Abkommens allein kann aber nicht entscheidend sein, um die Einordnung der Beziehungen festzustellen. Vielmehr muß das Abkommen in seiner Gesamtheit (Zweck, Sinn, Aufbau sowie Vertragstext) bewertet werden. Danach ist die Frage zu klären, ob das Abkommen unter Berücksichtigung seiner Gesamtheit die Merkmale einer Assoziation im Sinne von Art. 310 EGV oder die Merkmale einer Kooperation aufweist. Vgl. hierzu Geiger, EUV/EGV, Kommentar, 3. Aufl., Art. 310 EGV, Rn. 3; Gilsdorf, in: G/T/E (Hrsg.) Kommentar zum EWG-Vertrag, 4. Aufl., Art. 238, Rn. 17; Herrnfeld, in: Schwarze (Hrsg.), EU-Kommentar, Art. 310 EGV, S. 2413, Rn. 3; Beck, Abgestufte Integration, S. 201; Oppermann, Europarecht, S. 815 Rn. 1879; vgl. auch VO 2211/78 zum Ab-kommen mit Marokko (ABlEG 1978 Nr. L 246, 1); Freihandelsabkommen mit den

lediglich die Vereinbarung einer wirtschaftlichen Zusammenarbeit zu verstehen[52]. *„Sie stellt einen Unterfall der Assoziation dar, in der Regel jedoch ohne Schaffung von Institutionen"*[53].

Die Assoziation unterscheidet sich ebenfalls vom Mitgliedschaftsstatus in der EG (insbesondere durch den persönlichen und räumlichen Geltungsbereich sowie durch die institutionelle und materielle Ausgestaltung)[54]. Denn die Assoziationsabkommen können nicht nur mit Staaten, sondern auch mit internationalen Organisationen geschlossen werden[55]. Ferner beschränkt sich der Kreis der potentiellen Assoziationskandidaten nicht auf die europäischen Staaten[56]. Schließlich beinhalten die Assoziationsabkommen auch nicht unbedingt dieselben vom EGV erfaßten Sachbereiche[57].

Im Ergebnis bleibt festzuhalten, daß ein Assoziationsverhältnis im Rahmen von Art. 310 EGV zwar unterhalb eines Mitgliedschaftsverhältnisses liegt, aber umfassende und dauerhafte Sonderverbindungen schafft, die über den Rahmen der üblichen Handels- und Kooperationsverhältnisse hinausgehen sollen[58].

IV. Formen der Assoziation

Die Assoziationen der EG sind durch je unterschiedliche Formen gekennzeichnet. Der inhaltliche Umfang des jeweiligen Abkommens ist nach der politischen, wirtschaftlichen sowie soziokulturellen Bedeutung des assoziierten Staates gestaltet. Der Gegenstand der Assoziation bewegt sich je nach den Sachbedürfnissen zwischen einer lockeren, im wesentlichen auf Konsultationspflichten beschränkten Zusammenarbeit[59] und einer Übernahme des gemeinschaftlichen Besitzstandes[60]. In diesem Rahmen kann sie *„sowohl 1 % als auch 99 % der Rechte und Pflichten"*[61] einer Mitgliedschaft enthalten.

EFTA-Staaten; die Antwort der Kommission auf die schriftliche Anfrage Nr. 732/77 (ABlEG 1978 Nr. C 88, 3).

[52] Schön, Der rechtliche Rahmen für Assoziierungen, S. 10.

[53] Ebd.

[54] Schweitzer/Hummer, Europarecht, Rn. 694.

[55] Ebd.

[56] Ebd.

[57] Ebd.

[58] Dies wurde vom ehemaligen Kommissionspräsidenten Walter Hallstein wie folgt beschrieben, daß Art. 238 a.F. (Art. 310 n.F.) E(W)GV „jedes Abkommen zwischen einem Handelsvertrag plus 1% und einem Beitritt minus 1%" umfasse. Zitiert nach Fischer/Kick, Europarecht, S. 649; vgl. auch Beck, Abgestufte Integration, S. 200; Opermann, Europarecht, Rn. 1877.

[59] Eine Assoziation dieser Art stellte das Abkommen EGKS/Großbritannien vom 25. August 1955 dar (BGBl. 1955 II, 838).

[60] Seidl-Hohenveldern/Loibl, Das Recht der internationalen Organisationen, Rn. 519.

[61] Renner, Ausländerrecht in Deutschland, S. 211; vgl. auch Seidl-Hohenveldern/Loibl, Das Recht der internationalen Organisationen, Rn. 515.

Auf der Grundlage des Art. 310 EGV können die Assoziationen nach ihrer Zielsetzung in verschiedene Gruppe eingeteilt werden bzw. im konkreten Zusammenhang unterschiedliche Funktionen erfüllen. Sie können allgemein wie folgt eingeordnet werden[62]:

- Entwicklungsassoziation (Assoziation zur Entwicklungsförderung),
- Freihandelsassoziation (Assoziation zur Herstellung besonders enger Wirtschaftsbeziehungen) sowie
- Beitrittsassoziation (Assoziation zur Vorbereitung eines späteren Beitritts).

A. Entwicklungsassoziation

Ziel der Entwicklungsassoziation ist im wesentlichen die Förderung der wirtschaftlichen und sozialen Entwicklung eines assoziierten Staates oder Gebiets[63]. Im Rahmen dieser Assoziation sind im Interesse des assoziierten Staates bzw. Gebiets häufig einseitige Zollpräferenzen sowie verschiedene Entwicklungsmaßnahmen (etwa Hilfsprojekte und finanzielle Transferleistungen) vorgesehen. Dadurch wird versucht, das wirtschaftliche Gefälle zwischen dem assoziierten Staat bzw. Gebiet und den Mitgliedstaaten der EG zu verringern.

Zur Gründung der Entwicklungsassoziation hat die EG bereits mehrere Abkommen mit Drittstaaten und Gebieten abgeschlossen (die Kooperationsabkommen mit den Mittelmeerländern[64], Ex-Jugoslawien[65] sowie die multilateralen Abkommen mit den Staaten aus dem afrikanischen, karibischen und pazifischen Raum (AKP-Staaten)[66].

---

[62] Seidl-Hohenveldern/Loibl, a.a.O., Rn. 521-522a.

[63] Zum Begriff der Entwicklungsländer siehe Zimmermann, in: G/TE (Hrsg.), EUV/EGV, Kommentar, 5. Aufl., Art. 130u EGV, Rn. 53 ff.

[64] Europa-Mittelmeer-Abkommen zur Gründung einer Assoziation zwischen der Europäischen Gemeinschaft und ihren Mitgliederstaaten einerseits und der Tunesischen Republik andererseits vom 30. März 1998 (ABlEG 1998 Nr. L 057, 1); Europa-Mittelmeer-Abkommen zur Gründung einer Assoziation zwischen der Europäischen Gemeinschaft und ihren Mitgliedstaaten einerseits und dem Königreich Marokko andererseits (ABlEG 2000 Nr. L 070, 2); Kooperationsabkommen zwischen der Europäischen Wirtschaftsgemeinschaft und der demokratischen Volksrepublik Algerien vom 26. April 1976 (ABlEG 1978 Nr. L 263, 1); Kooperationsabkommen zwischen der Europäischen Wirtschaftsgemeinschaft und der Arabischen Republik Ägypten vom 18. Januar 1977, (ABlEG 1978 Nr. L 266, 1); Koperationsabkommen zwischen der Europäischen Wirtschaftsgemeinschaft und der Haschemitischen Republik Jordanien vom 18. Januar 1977 (ABlEG 1978 Nr. L 268, 1); Kooperationsabkommen zwischen der Europäischen Wirtschaftsgemeinschaft und der Arabischen Republik Syrien vom 18. Januar 1977 (ABlEG 1978 Nr. L 269, 1); Kooperationsabkommen zwischen der Europäischen Wirtschaftsgemeinschaft und der Libanesischen Republik vom 3. Mai 1977 (ABlEG 1978 Nr. L 267, 1).

[65] Kooperationsabkommen zwischen der Europäischen Wirtschaftsgemeinschaft und Jugoslawien vom 2. April 1980 (ABlEG 1980 Nr. L 41, 1).

[66] Siehe oben II. A .

B. Freihandelsassoziation

Die Freihandelsassoziation dient als Kompensation für eine Nichtmitgliedschaft [67] und stellt zumeist besonders enge Wirtschaftsbeziehungen zu Dritten her. Sie kann bis hin zur Schaffung eines Gemeinsamen Marktes. Zu diesem Zweck werden insbesondere gegenseitige Befreiungen von Zöllen und Abgaben gleicher Wirkung im Bereich des Warenverkehrs gewährt[68]. In der Praxis wurden die Abkommen zur Gründung einer Freihandelszone mit Malta[69], Zypern[70], Israel[71] und jüngst mit den EFTA-Staaten[72] geschlossen.

C. Beitrittsassoziation

Diese Assoziation setzt es sich letztendlich zum Ziel, anderen europäischen Staaten die Annäherung an die EG zu ermöglichen. Das gesamte Assoziationsverhältnis ist als eine Vorbereitungszeit im Hinblick auf den späteren Beitritt konzipiert. Gleichwohl wurde für den assoziierten Staat jedoch kein Rechtsanspruch begründet, d.h. die Assoziation stellt keineswegs ein rechtlich zugesichertes "Wartezimmer" für den Beitritt dar[73].

Im Rahmen des Assoziationsverhältnisses wird häufig die schrittweise Errichtung eines gemeinsamen Marktes vereinbart, die eine präferenzielle Regelung umfaßt. Zu diesem Zweck werden dem assoziierten Staat von seiten der EG Finanzhilfen gewährt, um seine Wirtschaft dem Gemeinschaftsniveau anzugleichen.

In der Praxis wurden solche Assoziationsabkommen mit Griechenland[74], der Türkei[75] und jüngst mit einer Vielzahl der ost-mitteleuropäischen Staaten[76] abgeschlossen.

---

[67] Weidenfeld, Europa von A bis Z,, S. 69.

[68] Vgl. Weber, in: G/T/E (Hrsg.), EUV/EGV, Kommentar, 5. Aufl., Art. 238 EGV, Rn. 57 ff.

[69] Abkommen zur Gründung einer Assoziation zwischen der Europäischen Wirtschaftsgemeinschaft und Malta vom 5. Dezember 1970, (ABlEG 1971 Nr. L 61, 1).

[70] Abkommen zur Gründung eines Assoziationsabkommen zwischen der Europäischen Wirtschaftsgemeinschaft und der Republik Zypern vom 19. Dezember 1972 (ABlEG 1973 Nr. L 133, 1).

[71] Abkommen zwischen der Europäischen Wirtschaftsgemeinschaft und dem Staat Israel vom 11. Mai 1975 (ABlEG 1975, Nr. L 136, 3). Dieses Abkommen wurde später durch ein Zusatzprotokoll und ein Finanzprotokoll ergänzt (ABlEG 1978 Nr. L 270, 2).

[72] Abkommen über den Wirtschaftsraum (EWR-Abkommen) vom 2. Mai 1992 (ABlEG 1994 Nr. L 001, 3).

[73] Vgl. den Bericht des Politischen Ausschusses über die Erweiterung der EG und die Beziehungen zu anderen europäischen Ländern vom 26. März 1991, das Sitzungsdokument des EP Nr. PE 141.136/endg.

[74] Abkommen zur Gründung einer Assoziation zwischen der Europäischen Wirtschaftsgemeinschaft und Griechenland vom 9. Juli 1961 (ABlEG 1963, 294).

V. Überblick über die bisherige Assoziationspraxis der Europäischen Gemeinschaft

Die EG hat bislang auf der Grundlage des Art 310 n.F. (Art. 238 a.F.) EGV mehrere Abkommen mit Drittstaaten abgeschlossen. Gegenwärtig sind neben der Türkei auch Zypern und Malta, die AKP-Staaten, die Maghreb- und Mashrik-Staaten, die ostmitteleuropäischen Staaten sowie die EFTA-Staaten assoziiert[77].

Der Umfang der vorliegenden Untersuchung erlaubt es aber nicht, an dieser Stelle ausführlich auf die einzelnen Abkommen einzugehen. Im folgenden sollen lediglich einige Assoziationsabkommen kurz vorgestellt werden.

A. Assoziationsabkommen mit Griechenland

Das Assoziationsabkommen mit Griechenland wurde am 9. Juli 1961 unterzeichnet und trat 1962 in Kraft[78]. Dieses Abkommen wurde allerdings 1981 durch den Beitritt Griechenland zur Europäischen Gemeinschaften abgelöst. Die Assoziation zwischen der EWG und Griechenland bildete den ersten Fall einer Assoziation nach Art. 238 EWGV a.F. (Art. 310 EGV n.F.)[79]. Ziel des Abkommens war es, einen künftigen Beitritt Griechenlands zur EWG zu ermöglichen. Zu diesem Zweck sah das Abkommen die Errichtung einer über eine Zollunion hinausgehenden Wirtschaftsunion zwischen der EWG und Griechenland mit einem gemeinsamen Zolltarif und einem Abbau der Binnenzölle und der Kontingente vor[80]. Aufgrund der Schutzbedürftigkeit bestimmter Wirtschaftszweige Griechenlands war die Zollunion allerdings mit vielen Sonderregelungen zu-

---

[75] Abkommen zur Gründung einer Assoziation zwischen der Europäischen Wirtschaftsgemeinschaft und der Türkei vom 12. September 1963 (ABlEG 1964, Nr. 217, 3687).

[76] Europa-Abkommen zur Gründung einer Assoziation zwischen den Europäischen Gemeinschaften und ihren Mitgliedstaaten einerseits und der Republik Ungarn vom 16. Dezember 1991 (ABlEG 1993 Nr. L 347, 2), der Republik Polen andererseits vom 16. Dezember 1991 (ABlEG 1993 Nr. L 348, 2), der Tschechischen Republik vom 4. Oktober 1993 (ABlEG 1994 Nr. L 360, 1), der Republik Bulgarien vom 8. März 1993 (ABlEG 1994 Nr. L 358, 3), Rumänien vom 1. Februar 1993 (ABlEG 1994 Nr. L 357, 2), der Slowakei vom 4. Oktober 1993 (ABlEG 1994 Nr. L 359, 1), der Republik Estland andererseits vom 12. Juni 1995 (ABlEG 1998 Nr. L 68, 1), Lettland andererseits vom 12. Juni 1995 (ABlEG 1998 Nr. L 51, 1), der Republik Litauen andererseits vom 12. Juni 1995 (ABlEG 1998 Nr. L 26, 1) sowie Slowenien andererseits vom 10. Juni 1996 (ABlEG 1999 Nr. L 51, 3).

[77] Die Gemeinschaft lehnte aber den Antrag Spaniens auf Assoziierung vom 9. Februar 1962 aus politischen Gründen ab. Vgl. dazu den Bericht-Boano, Dok. des EP 164/70; den fünften Gesamtbericht über die Tätigkeit der EWG, Nr. 195.

[78] EGABl. 1963, 294.

[79] Schön, Der rechtliche Rahmen für Assoziierungen, S. 86.

[80] Oppermann, ZaöRV 1962, 504.

gunsten Griechenlands verbunden[81]. Das Abkommen bezog auch die Landwirtschaft und den Handel mit landwirtschaftlichen Erzeugnissen ein und regelte die meisten der im EWG-Vertrag enthaltenen Materien (z.B. Freizügigkeit, Niederlassung und Dienstleistungsverkehr, Wettbewerbsregeln und Steuerharmonisierung). Diesbezügliche Regelungen des Abkommens wurden gegenüber den entsprechenden Bestimmungen des EWG-Vertrages vereinfacht und sinngemäß angepaßt. Des weiteren wurde Griechenland eine Finanzhilfe für Investitionsvorhaben in Höhe von 125 Mio. Dollar innerhalb von 5 Jahren gewährt[82]. Die wichtigste Sonderregelung zugunsten Griechenlands war die Gewährung einer verlängerten Übergangszeit von 22 Jahren für eine Reihe von verarbeiteten Waren.

Im Hinblick auf ihre institutionelle Struktur wies die Assoziation einen streng bilateralen Charakter auf. Das Abkommen sah zur Anwendung und Entwicklung der Assoziation auch einen Assoziationsrat vor. Streitigkeiten sollte zunächst der Assoziationsrat beizulegen versuchen. Gelang dies nicht, dann entschied ein dreiköpfiges Schiedsgericht.

B. Assoziationsabkommen mit Malta und Zypern

Das Assoziationsabkommen mit Malta wurde am 8. August 1970 abgeschlossen[83], während das Assoziationsabkommen mit Zypern am 19. Dezember 1972 unterzeichnet wurde[84]. Die beiden Abkommen wurden allein von der Gemeinschaft abgeschlossen. Sie wurden allerdings durch spätere Zusatz- und Finanzprotokolle ergänzt. Die beiden Abkommen sahen wirtschaftliche und handelspolitische Zusammenarbeit vor und begründeten grundsätzlich eine Freihandelsassoziation zwischen der EWG und diesen Ländern, welche in eine Zollunion einmünden sollte[85].

C. AKP-Abkommen

Die Gemeinschaft hat bislang mit den AKP-Staaten mehrere Assoziationsabkommen geschlossen, die nach den Verhandlungsorten Jaundé, Lomé und Co-

---

[81] Vgl. die Schutzklausel sowie Sonderprotokolle zum Assoziationsabkommen EWG/-Griechenland.

[82] Vgl. das Protokoll Nr. 19 zum Assoziationsabkommen EWG/Griechenland.

[83] Abkommen zur Gründung einer Assoziation zwischen der Europäischen Wirtschaftsgemeinschaft und Malta vom 5. Dezember 1970, (ABlEG 1971 Nr. L 61, 1).

[84] Abkommen zur Gründung eines Assoziationsabkommen zwischen der Europäischen Wirtschaftsgemeinschaft und der Republik Zypern vom 19. Dezember 1972 (ABlEG 1973 Nr. L 133, 1).

[85] Hermann, Das Institut der Assoziierung, S. 241 ff.

tonou benannt wurden[86]. Das letzte AKP-Abkommen zwischen der EU und dem AKP-Staaten ist am 23. Juni 2000 in Cotonou unterzeichnet worden und soll für zwanzig Jahre gelten[87].

Ziel der AKP-Abkommen war es, eine gerechtere und handelspolitisch ausgewogenere Ordnung im Rahmen der Beziehungen zwischen der EG und den Kolonialländern und -gebieten der Mitgliedstaaten zu schaffen[88]. Die EG hat diesen Staaten weitreichende Präferenzen eingeräumt. Vor allem wurde für die Waren aus den AKP-Staaten weitgehend eine Einfuhr in die EG zugelassen, die frei von Zöllen und Abgaben gleicher Wirkung sein sollte. Mengenmäßige Beschränkungen und Maßnahmen gleicher Wirkung wurden abgeschafft. Darüber hinaus waren Bestimmungen über eine finanzielle und technische Kooperation sowie Investitionen, Kapitalverkehr, Niederlassungs- und Dienstleistungsfreiheit vorgesehen. In den Abkommen von Lomé IV sowie von Cotonou wurde die Zusammenarbeit zwischen der EG und den AKP-Staaten u.a. auf die Bereiche Umwelt, Tourismus, Transport und Kommunikation ausgedehnt[89].

Zur Durchführung der Assoziation wurde ein Ministerrat eingerichtet, der einerseits aus Vertretern von 71 AKP-Staaten und andererseits aus Vertretern der EG und deren Mitgliedstaaten besteht. Der Ministerrat wird vom Botschafterausschuß sowie von der paritätischen Versammlung unterstützt.

D. EWR-Abkommen

Das Abkommen über die Gründung eines Europäischen Wirtschaftsraums (EWR)[90] wurde am 2. Mai 1992 zwischen der EG und den EFTA-Staaten (außer der Schweiz[91]) unterzeichnet[92] und trat am 1. Januar 1994 in Kraft. Nachdem mittlerweile Österreich, Schweden und Finnland der EU beigetreten sind, beschränkt sich der Kreis der Vertragspartner auf Liechtenstein, Norwegen und Island. Das Abkommen ist grundsätzlich als Freihandelsabkommen konzipiert.

---

[86] Zu Einzelheiten siehe Zimmermann, in: G/TE (Hrsg.), EUV/EGV, Kommentar, 5. Aufl., Art. 130 u EGV, Rn. 11; Everling, ZaöRV 1964, 472 ff.

[87] Seidl-Hohenveldern/Loibl, Das Recht der internationalen Organisationen, Rn. 522a

[88] Geiger, EUV/EGV, Kommentar, 3. Aufl., Art. 310 EGV, Rn. 27.

[89] Seidl-Hohenveldern/Loibl, Das Recht der internationalen Organisationen, Rn. 522.

[90] Das EWR-Abkommen besteht neben dem Hauptabkommen mit 129 Artikeln, aus 49 Protokollen und 22 Anhängen.

[91] Die Schweiz hat im Dezember 1992 in einem Referendum den Beitritt zur EWR abgelehnt. Inzwischen wurden am 21. Juni 1999 sieben sektorielle Abkommen zwischen der EG und ihren Mitgliedstaaten einerseits und der schweizerischen Eidgenossenschaft andererseits unterzeichnet. Die Schweiz hat am 16. Oktober 2000 in Brüssel die Ratifikationsurkunde dieser Abkommen hinterlegt. Sie sind allerdings noch nicht eingetreten, da Ratifikationsverfahren auf der Seite der EU noch nicht abgeschlossen ist.

[92] ABlEG 1994 Nr. L 1, 3.

Der EWR hat zum Ziel, einen wesentlich verbesserten freien Handel zwischen den EU-Mitgliedstaaten und den EFTA-Staaten zu ermöglichen und sieht zu diesem Zweck die Errichtung eines binnenmarktähnlichen Verhältnisses durch die Beseitigung von Hemmnissen für den freien Waren-, Dienstleistungs- und Kapitalverkehr und die Freizügigkeit von Personen vor[93].

Zusätzlich zu den Regelungen der sogenannten vier Freiheiten sieht das EWR-Abkommen auch die Umsetzung der Wettbewerbsvorschriften sowie die Zusammenarbeit in den flankierenden und horizontalen Politikbereichen zur Stärkung des Binnenmarkts vor. Zu diesen Bereichen der Zusammenarbeit gehören u.a. Sozialpolitik, Verbraucherschutz, Umwelt, Erziehung und Bildung, Forschung und Entwicklung, Statistik, Tourismus, kleine und mittelständische Unternehmen, Kultur, Information und audiovisuelle Dienstleistungen[94]. In diesen Bereichen nehmen die EFTA-Staaten an den EU-Programmen teil und haben durch die Vertretung in den entsprechenden Ausschüssen ein Mitspracherecht bei deren Entwicklung und Anwendung.

Die EFTA-Staaten haben zwar den Großteil der binnenmarktrechtlichen Regelungen der EG übernommen. Damit wurde im Gegensatz zur EG jedoch weder ein vollständiger grenzenloser Binnenmarkt noch eine herkömmliche Zollunion geschaffen, weil eine Reihe von wichtigen Politikbereichen, etwa die Wirtschafts- und Handelspolitik gegenüber Dritten (gemeinsame Außenzölle, Anti-Dumping-Maßnahmen etc.), die Agrarpolitik und die Fischereipolitik sowie die indirekten Steuern (Mehrwertsteuer sowie Verbrauchs- Aufwandssteuern) vom Anwendungsbereich des EWR ausgenommen sind.

Im Hinblick auf seine institutionelle Struktur sieht das EWR-Abkommen verschiedene Organe vor. Eigene EWR-Organe sind ein EWR-Rat als oberstes Leitungsorgan, ein gemeinsamer EWR-Ausschuß als Hauptorgan zur Durchführung des Abkommens, ein gemeinsamer Parlamentarischer EWR-Ausschuß als Kontrollorgan, ein beratender EWR-Ausschuß als Konsultativorgan sowie ein Schiedsgericht. Darüber hinaus wurden im Abkommen der Europäischen Kommission und dem EuGH bestimmte Kompetenzen zugewiesen[95].

E. Europaabkommen

Aufgrund der Auflösung des Ostblocks kam es in den 90er Jahren zu tiefgreifenden politischen Veränderungen in Mittel- und Osteuropa. Das Ende des Kalten Kriegs führte zur Annäherung zwischen den östlichen und den westlichen Blöcken in Europa. Die EWG schloß zunächst im Juni 1988 ein Ab-

---

[93] Vgl. dazu näher Ettl, in: Röttinger/Weyringer (Hrsg.), S. 454 ff.
[94] Vgl. das Protokoll Nr. 31 zum EWR-Abkommen.
[95] Vgl. dazu im einzelnen Art. 99, 109 und 111 Abs. 3 des EWR-Vertrages.

kommen über Zusammenarbeit mit dem Rat für Gegenseitige Wirtschaftshilfe ab. Die gegenseitige Annäherung machte den Weg frei für die ersten bilateralen Beziehungen der EU zu den MOE-Staaten. Daraufhin nahm sie diplomatische Beziehungen mit diesen Staaten auf und schloß anschließend auf der Grundlage von Art. 113 a.F. (Art. 133 n.F.) EGV eine Reihe von Handels- und Kooperationsabkommen[96] ab[97].

Die Handels- und Kooperationsabkommen wurden später durch Assoziationsabkommen auf der Grundlage von Art. 238 a.F. (Art. 310 n.F.) EGV abgelöst, die weit umfassender und als rechtlicher und politischer Rahmen konzipiert worden sind. Die Assoziationsabkommen wurden seit 1991, zunächst mit den Visegrad-Staaten, Polen, Ungarn und Tschechoslowakei (jeweils am 16. Dezember 1993), dann mit Rumänien (am 1. Februar 1993), mit Bulgarien (am 8. März 1993) sowie mit Litauen, Estland und Lettland (jeweils am 12. Juni 1995) abgeschlossen. Diese Abkommen wurden als Europaabkommen bezeichnet, um die Besonderheiten der Beziehungen zu Mittel- und Osteuropa hervorzuheben[98]. Die mittel- und osteuropäischen Staaten befinden sich seit dem Zusammenbruch ihres kommunistischen Systems in einer Übergangsphase zu einer Staats- und Wirtschaftsordnung mit demokratischer und rechtsstaatlicher Ausrichtung. Die Europaabkommen sollten daher nicht nur der Stärkung der Beziehungen der EU sowie ihren Mitgliedstaaten zu diesen Ländern dienen, sondern auch der Förderung und Unterstützung der wirtschaftlichen und politischen Reformbemühungen in diesen Ländern[99]. Zu diesem Zweck wurde ferner ein Programm (sog. PHARE-Programm) vorgesehen. Dieses Programm umfaßte u.a. finanzielle Mittel der Gemeinschaft und verbesserte Kreditmöglichkeiten bei der Europäischen Investitionsbank und bildet heute noch das Hauptinstrument der technisch-finanziellen Unterstützung der EU gegenüber den Beitrittskandidaten im Erweiterungsprozeß.

Die Europaabkommen setzen es sich zum Ziel, die ost- und mitteleuropäischen Staaten in den europäischen Integrationsprozeß einzubeziehen. Sie liefern die entsprechende Grundlage und den Rahmen für eine breit angelegte Strategie strukturierter Beziehungen zur Vorbereitung des Beitritts dieser Staaten. Hierzu wurde in allen Europaabkommen eine Aussetzungsklausel verankert. Diese

---

[96] Die EWG unterzeichnete die Handels- und Kooperationsabkommen zunächst mit Ungarn (am 26. September 1988), dann mit Polen (am 19. September 1989), mit Tschechoslowakei (am 7. Mai 1990), mit Bulgarien (am 8. Mai 1990), mit Rumänien (am 22. September 1990), mit Albanien (am 11. Mai 1992) sowie mit Lettland, Estland und Litauen (sämtlich am 11. Mai 1992) und mit Slowenien (am 15. April 1993).

[97] Ausführliche Darstellung bei Kalbe/Bachmann, in: Röttinger/Weyringer (Hrsg.), S.488 ff.

[98] Vgl. den Bericht über ein allgemeines Schema für Assoziationsabkommen mit den Ländern in Mittel- Osteuropa vom 13. März 1991, das Sitzungsdokument des EP, PE 146.342/endg.

[99] Diesen MOE-Staaten wurde schon auf dem Kopenhagener Gipfel von 1993 eine künftige Mitgliedschaft zugesichert.

Klauseln verpflichteten die assoziierten MOE-Staaten auf die Achtung der Grundsätze der Menschenrechte, der Demokratie und der Rechtsstaatlichkeit sowie auf den Grundsatz der Marktwirtschaft. Für den Fall einer Verletzung dieser Prinzipien wären spezielle Maßnahmen bis zu einer möglichen Aussetzung der privilegierten Handelsbeziehungen mit den einzelnen MOE-Staaten zu ergreifen[100].

Die Europaabkommen haben einen im wesentlichen übereinstimmenden Inhalt[101]. Alle beinhalten Regelungen über einen institutionalisierten politischen Dialog, die Liberalisierung des Handels mit gewerblichen Waren sowie wirtschaftliche, finanzielle und kulturelle Zusammenarbeit[102]. Ein Kerngegenstand dieser Abkommen ist die Herstellung einer bilateralen Freihandelszone in einem Zeitraum von zehn Jahren[103], welche auf der Grundlage der Gegenseitigkeit beruht, aber in asymmetrischer Form angewandt wird, d.h. eine schnellere Lieberalisierung seitens der EU als seitens der assoziierten Länder vorsieht[104]. Dazu sollen für gewerbliche Produkte schrittweise auf beiden Seiten bestehende Einfuhr- und Ausfuhrzölle sowie mengenmäßige Einfuhr- und Ausfuhrbeschränkungen, einschließlich Maßnahmen gleicher Wirkung abgebaut werden.

Des weiteren enthalten die Europaabkommen umfangreiche Regelungen zu den übrigen Grundfreiheiten des gemeinsamen Marktes bzw. zur Liberalisierung des Personen-, Kapital-, Zahlungs- und Dienstleistungsverkehrs sowie zahlreiche Bestimmungen zu flankierenden Politiken[105]. Im Gegensatz zum EWR-Abkommen legen die Europaabkommen den assoziierten MOE-Staaten aber keine durchgreifende Verpflichtung zur Übernahme des gemeinschaftlichen Besitzstandes auf[106]. Vielmehr sollten sie sich, abgesehen von bestimmten Bereichen (wie etwa das geistige Eigentums- und Wettbewerbsrecht)[107], lediglich um eine schrittweise Übernahme des gemeinschaftlichen Besitzstandes bemühen[108].

Im Bereich der Freizügigkeit der Arbeitnehmer schaffen die Abkommen aber keine echte Freizügigkeit entsprechend den gemeinschaftrechtlichen Grundlagen, sondern beschränken sich hauptsächlich auf Diskriminierungsverbote beim

---

[100] Trautman, in: Clemens (Hrsg.), S. 43.
[101] Ausführliche Darstellung bei Kohlmann, Die Europaabkommen, S. 59 ff.
[102] Vgl. das Europaabkommen EG/Bulgarien Titel I, VI, VII und VII.
[103] Die Europaabkommen mit Ungarn und Tschechischen Republik traten bereits im Juni 2000 bzw. im Februar 2001 in ihre zweite Stufe. Die Kommission prüft derzeit Anträge auf Übergang zur zweiten Stufe durch folgende assoziierte Länder: Bulgarien, Polen, Rumänien, Slowakei. Siehe dazu Strategiepapier und Bericht der Kommission über die Fortschritte jedes Bewerberlandes auf dem Weg zum Beitritt 2001, S. 92 ff.
[104] Vgl. das Dokument der Kommission über die Europäische Union - Erweiterung 2000, S. 8.
[105] Herrnfeld, in: Schwarze (Hrsg.), EU-Kommentar, Art. 310 EGV, Rn. 10.
[106] Ebd.
[107] Vgl. dazu Art. 67 Abs. 1 des Europaabkommens EG/Ungarn.
[108] Herrnfeld, in: Schwarze (Hrsg.), EU-Kommentar, Art. 310 EGV, Rn. 10.

Zugang zum europäischen Arbeitsmarkt und überlassen es den Assoziationsräten, spätestens in der zweiten Phase des Abkommens (ab 1999) Empfehlungen zu Verbesserungen der Freizügigkeit der Arbeitnehmer abzugeben. Im Bereich der Niederlassungsfreiheiten erfahren Personen und Unternehmen annähernde Gleichbehandlung[109]. Der Dienstleistungsverkehr soll schrittweise durch Beschlüsse von Assoziationsräten liberalisiert werden[110]. Hinsichtlich des Kapital- und Zahlungsverkehrs sind die Parteien verpflichtet, alle Leistungsbilanzzahlungen in frei konvertierbarer Währung zu genehmigen, sofern sich diese Zahlungen auf den durch das Abkommen ermöglichten freien Waren- und Dienstleistungsverkehr oder die Arbeitnehmerfreizügigkeit beziehen[111].

In institutioneller Hinsicht weisen die Europaabkommen einen streng bilateralen Charakter auf. Sie sehen zur Anwendung und Entwicklung der Assoziation auch bestimmte Organe vor, nämlich Assoziationsräte, die einerseits aus Vertretern der Gemeinschaft und ihren Mitgliedstaaten und andererseits aus Vertretern des assoziierten Staates, bestehen[112]. Die Assoziationsräte besitzen Entscheidungsbefugnis. Sie können auch Streitfragen schlichten. Wenn ihnen dies nicht möglich ist, kann ein Schiedsgericht bestellt werden. Die Assoziationsräte werden regelmäßig von einem Assoziationsausschuß und einem parlamentarischen Assoziationsausschuß unterstützt.

---

[109] Vgl. Art. 44 des Europaabkommens EG/Ungarn.

[110] Vgl. Art. 55 des Europaabkommens EG/Ungarn.

[111] Vgl. Art. 59 des Europaabkommens EG/Ungarn.

[112] Im Gegensatz zu den AKP-Staaten sowie dem EFTA-Staaten haben die MOE-Staaten mit der EG kein multilaterales Abkommen, sondern die einzelnen bilateralen Abkommen unterzeichnet.

Kapitel II: GRUNDLAGEN DER ASSOZIATION EG/TÜRKEI

I. Assoziation EG/Türkei

A. Motive und Erwartungen

1. Aus türkischer Sicht

Die Türkei stellte am 31. Juli 1959 unter dem Einfluß des griechischen Assoziationsgesuchs einen Antrag auf Mitgliedschaft in der EWG[1], ohne sich ernsthaft darauf vorzubereiten und sich mit möglichen wirtschaftlichen und politischen Auswirkungen auf das Land ausreichend auseinanderzusetzen[2]. Der Wunsch der Türkei nach einer Mitgliedschaft in der EWG ergab sich jedoch als Folge eines langwierigen Annäherungsprozesses des Landes an Europa, dessen Beweggründe sowohl politischer als auch wirtschaftlicher Natur waren[3].

Dieser Schritt wurde hauptsächlich aus politischen Gründen vollzogen[4]. Die Gründung der türkischen Republik im Jahre 1923 lehnte sich prinzipiell an europäische Grundsätze an[5]. Die Westorientierung des Landes gestaltete in erheblichen Maße die Rechtsordnung, das politische System sowie die kulturelle soziale Ordnung. Sie strebte eine wirtschaftliche und politische Integration in Westeuropa an. So schloß sie sich europäischen Institutionen an. Daher wurde sie Mitglied in vielen westlichen Institutionen wie dem Europarat (seit 1949), der NATO (seit 1952) sowie der OECD (seit 1960)[6]. Auf dem Weg einer Westorientierung bedeutete eine Mitgliedschaft in der EWG für die Türkei die konsequente Fortsetzung dieses Reformkurses sowie einen effizienten Weg in Richtung Europa und zugleich eine Festigung ihrer Zugehörigkeit zu diesem Kontinent[7].

Das Interesse der Türkei an einem Anschluß an die EWG erwies sich als unbedingt notwendig. Denn nach dem Zweiten Weltkrieg führte die wirtschaftliche und insbesondere die politische und wirtschaftliche Lage in Europa dazu, daß die Türkei eine engere Zusammenarbeit mit Westeuropa und den USA suchen

---

[1] Vgl. DPT, Türkiye-Avrupa Birligi Iliskileri Özel Ihtisas Komisyonu Raporu, 2000, S. 3.
[2] Birand, in: Özak/Dagyeli (Hrsg.), S. 188; Kramer, Die EG und die Türkei, 1988, S. 31.
[3] Behringer, Die Mitwirkung der Gemeinsamen Versammlung, 1967, S. 154.
[4] Kramer, Die EG und die Türkei, S. 31 (32).
[5] Gumpel, in: Zieger/Lebahn (Hrsg.), S. 629.
[6] Vgl. Kramer, Die EG und die Türkei, S. 31; Ete, Probleme der Assoziierung der Türkei, 1963, S. 17.
[7] Birand, in: Özak/Dagyeli (Hrsg.), S. 188; Kramer, Die EG und die Türkei, S. 32; Ürgüplü, Die Auswirkungen einer Assoziierung, S. 53.

mußte[8]. Dadurch sollte ihr ermöglicht werden, die institutionelle Isolierung zu überwinden[9]. Auch die Türkei wäre vom Kalten Krieg außerordentlich betroffen gewesen. Für sie bestand keine andere Alternative dazu. Sie konnte aus politischen Gründen nicht der Gemeinschaft der Ostblockstaaten (Rat für Gegenseitige Hilfe, COMECON) beitreten, weil die Beziehungen zwischen der Türkei und der Sowjetunion nach dem Zweiten Weltkrieg völlig abgekühlt waren[10] und sie zugleich dem politischen und militärischen Bündnissystem des Westens angehörte. Die Mitgliedschaft in der EWG sollte angesichts des Kalten Krieges als Ergänzung zur NATO-Mitgliedschaft den Verbleib der Türkei im westlichen Bündnis festigen. Durch die politische und wirtschaftliche Unterstützung der EWG sollte auch die politische und militärische Abhängigkeit der Türkei von den USA ausgeglichen werden[11].

Des weiteren war die EFTA gegenüber der EWG in einer schwachen Position, weil sie lediglich die Errichtung einer Freihandelszone vorsah und deren Mitgliedstaaten sogar schon der EWG gegenüber ihren Beitrittswillen bekundet hatten. Der Integrationsprozeß der EFTA entsprach demnach nicht den Erwartungen der Türkei. Angesichts dieser Tatsache rechnete die Türkei damit, daß die EWG im Vergleich zur EFTA hinsichtlich der wirtschaftlichen Entwicklung der Türkei einen größeren Beitrag leisten könnte[12].

Neben diesen sicherheitspolitisch motivierten Überlegungen knüpfte die Türkei mit entwicklungspolitisch motivierten Überlegungen verschiedene Erwartungen an die Mitgliedschaft in der EWG und erhoffte sich dadurch neue Impulse für ihre Wirtschaftspolitik sowie eine rasche Änderung der Produktionsstruktur und erwartete vor allem, ihren wirtschaftlichen Modernisierungsprozeß weiter voranzutreiben[13]. Sie war nämlich zu Beginn der 60er Jahre auf dem Stand eines Entwicklungslandes[14], dessen wirtschaftliche Hauptprobleme eine hohe Arbeitslosigkeit, geringe industrielle Produktivität, ein geringes Bruttosozialprodukt[15] und ein Zahlungs- und Außenhandelsbilanzdefizit darstellten. Diese strukturel-

[8] Kilinc,Türkiye-AT, S. 29.
[9] Ungerer, Außenpolitik 1964, 689; Hermann, Das Institut der Assoziierung, S. 235.
[10] Nach dem zweiten Weltkrieg verlangte die Sowjetunion von der Türkei die Abtretung bestimmter östlicher Gebiete und die gemeinsame Kontrahierung der Bosporus. Vgl. dazu näher Cf. TASS-Mitteilung über die Erklärung der Sowjetunion an die Türkei, Kessing`s Archiv der Gegenwart, XV Jahrgang (1945), 147.
[11] Birand, in: Özak/Dagyeli (Hrsg.), S. 189.
[12] Ete, Probleme der Assoziierung, S. 16 ff.
[13] Yavuz, Das Verhältnis der Türkei zur EU, S. 1.
[14] In der Mitteilung der Kommission (500/PP/63-D, S. 8) wurde die Industrie der Türkei als „ein Musterbeispiel einer wenig entwickelten Wirtschaft" betrachtet; vgl. auch Birand, in: Özak/Dagyeli (Hrsg.), S. 189 ff.
[15] Das Pro-Kopf-Einkommen im Jahre 1961 betrug in der Europäischen Gemeinschaft 917 US-Dollar in Griechenland 364 US-Dollar und in der Türkei 180 US-Dollar. Vgl. dazu Wockenfoth, AWD 1963, 298.

len Defizite standen ihrer unzureichend entwickelten Wirtschaft als ernstzunehmende Hindernisse gegenüber[16].

Ein zusätzlicher wirtschaftlicher Grund für das Beitrittsgesuch seitens der Türkei war die Sicherung der Absatzmärkte in der EWG[17]. Die Türkei strebte danach, mit ausgewogenen Handelsbeziehungen diese wirtschaftlichen Nachteile zu begrenzen. Die Mitgliedschaft Italiens und der Assoziationsversuch Griechenlands hätten nachteilige Folgen für die Türkei auf dem EWG-Agrarmarkt haben können, weil Italien und Griechenland auf dem EWG-Agrarmarkt als Exportkonkurrenten der Türkei gegenüber standen und die vergleichbaren Exportstrukturen dieser Länder die Konkurrenz für die türkischen Exportgüter erheblich hätten verschärfen können. Es drängte sich daher um so mehr eine Assoziation mit der EWG auf, da die Türkei ihren Außenhandel überwiegend über die EWG-Mitgliedstaaten abwickelte, deren Ausfuhr überwiegend landwirtschaftliche Erzeugnisse ausmachte[18]. Der Anteil ihres Außenhandels mit der EWG betrug 35 % der gesamten Exporte der Türkei[19]. So hieß es, daß ohne einen Beitritt der Türkei zur EWG ihre Exportkonkurrenten den Markt der EWG hätten beherrschen können und es dadurch zu großen Exportverlusten für die Türkei hätte kommen können[20].

2. Aus europäischer Sicht

Die EWG wurde - wie die anderen europäischen Gemeinschaften, EGKS sowie EAG - angesichts der Notwendigkeit der Zusammenarbeit zwischen den europäischen Staaten nach dem Zweiten Weltkrieg gegründet. Dadurch wurde vorrangig die Intensivierung der Beziehungen auf wirtschaftlichem und politischem Gebiet angestrebt, um ein vereinigtes Europa in der Vielfalt der Völker zu schaffen und dadurch in Europa den Frieden dauerhaft zu wahren. Zu diesem Zweck verfolgte die EWG neben der Erweiterungspolitik auch eine grundlegende Assoziierungspolitik, die zum Ziel hatte, wirtschaftliche und politische Sonderbeziehungen zu Drittstaaten aufzubauen. Das Instrument der Assoziation sollte für eine wirtschaftliche und politische Annäherung von Drittstaaten an die EWG sorgen, so daß sich der Einflußbereich der Mitgliedstaaten auf internationaler Ebene ausdehnen könnte. Hinsichtlich der Konkurrenz mit der EFTA bedeutete die Gründung von Assoziationen mit europäischen Ländern für die

---

[16] Vgl. Eski, Wirtschaftspolitische Probleme der Assoziierung, 1977, S. 8 und 31; Yüksel, Assoziierung im europäischen Recht, S. 159.
[17] Vgl. Hermann, Das Institut der Assoziierung, S. 235.
[18] Vgl. Eski, Wirtschaftspolitische Probleme, S. 22 ff.; Ete, Probleme der Assoziierung, S. 18 ff.; Yüksel, Assoziierung im europäischen Recht, S. 159.
[19] Vgl. Esen, Die Beziehungen EG/Türkei, S. 15; Kramer, Die EG und die Türkei, S. 32.
[20] Vgl. Birand, in: Özak/Dagyeli (Hrsg.), S. 190; Karaca, Die Problematik des türkischen Beitritts, S. 58.

EWG, daß ihr junger Integrationsprozeß auf internationaler Ebene anerkannt wurde[21].

Darüber hinaus mußte die EWG als politisches Gewicht angesichts einer verschlechterten Lage in Europa nach dem Zweiten Weltkrieg die Entwicklungsländer Europas berücksichtigen und sie in allen Bereichen unterstützen, weil sie weder in der Lage waren, ihre Probleme allein zu überwinden, noch eine Vollmitgliedschaft mit Rechten und Pflichten zu übernehmen. Daher sollten Sonderbeziehungen mit diesen Ländern im Rahmen der Assoziationsvereinbarungen aufgenommen werden, so daß diese Länder an die EWG in allen Bereichen schrittweise herangeführt - gegebenenfalls voll integriert - werden konnten[22], um eine mögliche Annäherung dieser Staaten an die Ostblockstaaten zu verhindern. Auf diese Art und Weise wollten sie ihre Interessen in diesen unterentwickelten Ländern vertreten.[23]

Zu diesen Bestrebungen wurde die Assoziationsklausel in Art. 238 a.F. EWGV (Art. 310 n.F. EGV) niedergelegt. Gemäß dieser Klausel wurde es ermöglicht, die Beziehungen der EWG mit den Entwicklungsländern Europas zu festigen.

Die Motive der EWG, die letztendlich zur Assoziation mit der Türkei führten, lagen hauptsächlich in *„den sicherheitspolitischen Interessen der damaligen EWG-Mitgliedstaaten."*[24] *„Die EWG-Mitgliedstaaten ihrerseits waren sich der enormen geostrategischen Lage der Türkei bewußt und sahen sich vor die Aufgabe gestellt, die Einbindung der Türkei in die Allianz mit Gegenleistungen zu honorieren."*[25] Die Türkei befand sich in besonderem Maße in einem noch heute aktuellen Spannungsverhältnis zwischen dem Orient und dem Westen. Aus diesen Gründen machte die EWG ihrerseits den Integrationswunsch der Türkei zu ihrer eigenen Aufgabe und beabsichtigte daher durch die Aufnahme eines Assoziationsverhältnisses, die Anstrengungen der politischen Führung der Türkei mit dem Ziel der Europäisierung des Landes zu unterstützen, so daß die Türkei sich in Richtung Europa orientieren konnte[26].

Obwohl die Assoziation fast ausschließlich wirtschaftliche Instrumente vorsieht, hatten seitens der EWG wirtschaftliche Gründe für den Abschluß des Assoziationsabkommens mit der Türkei jedoch nur eine geringere Bedeutung, weil neben dem jungen Integrationsprozeß der Mitgliedstaaten untereinander eine weitere Integration der Türkei eine Reihe von Problemen hätte mit sich bringen

---

[21] Ebd.
[22] Bormann/Bormann/Stegger, Das Allgemeine Zollpräferenzsystem der EG, 1979, S. 159.
[23] Kramer, Die EG und die Türkei, S. 31 ff.
[24] Ebd.
[25] Gür, Das Türkeibild, S. 101.
[26] Dembinski, Bedingt handlungsfähig, 2001, S. 13.

können[27]. Außerdem belegte die Türkei in den Außenhandelsbeziehungen der EWG einen untergeordneten Platz.

Vor dem Hintergrund dieser Überlegungen reagierte die EWG auf den Antrag der Türkei positiv. Sie räumte damit der Türkei jedoch keinen Mitgliedschaftsstatus, sondern lediglich einen assoziierten Status ein[28]. Der Grund für ihre Zurückhaltung bestand in der Sorge um das große wirtschaftliche und soziale Gefälle zwischen den damaligen Mitgliedstaaten und der Türkei und schloß auch das außergewöhnliche Bevölkerungswachstum des Landes mit ein[29]. Deshalb sollte über einen Beitritt der Türkei erst nach einer Vorbereitung auf die Mitgliedschaft im Rahmen einer Assoziation nachgedacht werden.

B. Gründungsphase der Assoziation

1. Verlauf der Verhandlungen

Mit der Einreichung des Antrages der Türkei vom 31. Juli 1959 wurden die Beziehungen zwischen der EWG und der Türkei aufgenommen. Der Rat hatte den Antrag der Türkei anschließend auf dem Gipfel vom 11. September 1959 entgegengenommen und beauftragte die Kommission, den Antrag der Türkei zu bearbeiten. Bald darauf wurde die Türkei nach Brüssel eingeladen, wo die Verhandlungen zwischen den Parteien am 28. September 1959 eröffnet wurden.

Wie aus der Dauer der Verhandlungen[30] ersichtlich ist, erwies sich der Abschluß des Abkommens als sehr problematisch[31]. Die Gründe dafür lagen zum einen in der innenpolitischen und wirtschaftlichen Krise der Türkei[32], zum anderen in den während der Verhandlungen offenkundig gewordenen, unterschiedlichen Standpunkten der Parteien[33]. Es wurde heftig darüber diskutiert, in welcher Form sich das vertragliche Verhältnis zwischen der EWG und der Türkei gestalten sollte. Äußerst kontroverse Gegenstände der Diskussion waren zwei Positionen: Einerseits eine mögliche grundsätzliche Gleichstellung der Türkei mit Griechenland - andererseits ein ausschließliches Handelsabkommen mit der

[27] Ete, Probleme der Assoziierung, S. 17; Dembinski, Bedingt handlungsfähig, 2001, S. 12.
[28] DPT, Türkiye-Avrupa Birligi Iliskileri Özel Ihtisas Komisyonu Raporu, 2000, S. 3.
[29] Ebd.
[30] Eine ausführliche Darstellung bei Saracoglu, Müzakereler 1959-1963, S. 1 ff.
[31] Vgl. Kramer, Die EG und die Türkei, S. 33.
[32] Vor allem verzögert wurde der Beginn der Verhandlungen infolge des militärischen Putschs, der am 27. Mai 1960 in der Türkei geschah, so daß die Delegationen der beiden Seiten erst im Oktober 1960 zusammentreten konnten. Siehe dazu die Mitteilung der Kommission (500/PP/63-D, S.2 f.); vgl. auch Kramer, Die EG und die Türkei, S. 34.
[33] Zu Einzelheiten vgl. Ungerer, Außenpolitik 1964, 689 f.

Türkei. Daher wurden die Verhandlungen sehr oft unterbrochen[34] und dauerten dementsprechend lange. Insgesamt wurden zehn Verhandlungsrunden durchgeführt[35].

Trotz der gemeinsamen sicherheitspolitischen Interessen der EWG-Mitgliedstaaten war es sehr schwierig, innerhalb der EWG weitgehende Zugeständnisse an die Türkei durchzusetzen. „*Der Willensbildungsprozeß innerhalb der Gemeinschaft*[36] *hatte sich* (daher) *beim Zustandekommen des Abkommens mit der Türkei als außerordentlich langwierig erwiesen.*"[37]. Für die Gemeinschaft stellten sich zwei Hauptprobleme, zum einen Griechenland und die Türkei, deren Beziehungen sich aufgrund des Zypernkonflikts zunehmend zu verschlechtern begannen, „*möglichst auf dem selben Niveau zu halten und keines der Länder zu bevorzugen*"[38] und zum anderen der wirtschaftlichen und sozialen Rückständigkeit der Türkei Rechnung zu tragen[39]. Die Türkei hatte das griechische Abkommen als Präzedenzfall bewertet und forderte gleiche Behandlung[40], weil Griechenland im Assoziationsabkommen nicht nur die Zollunion zugestanden worden war, sondern auch zusätzlich erhebliche Vergünstigungen gewährt und seine spätere Mitgliedschaft in Aussicht gestellt worden waren. Die Türkei verlangte daher den freien Marktzugang für industrielle und landwirtschaftliche Erzeugnisse, eine Finanzhilfe von 500 Mio. US-Dollar und die Beteiligung an den Organen der EWG[41]. Diese Forderungen der

[34] Z.B. wurde vom Ministerrat der Kommission erst am 24. Juli 1962 ein Mandat für die Fortsetzung der Verhandlungen mit der Türkei erteilt. Dazu Loch/Hasenpflug, Die Assoziierungs- und Präferenzpolitik, S. 106.

[35] Eski, Wirtschaftspolitische Probleme der Assoziierung, S. 77.

[36] Obwohl die Kommission in ihrer Stellungnahme eine Assoziation der Türkei durch die EWG aus politischen und wirtschaftlichen Gründen befürwortete, nahmen Frankreich und Italien während der Verhandlungsphase gegenüber der Assoziation mit der Türkei ständig eine ablehnende Haltung ein. Vor allem bemühte sich Frankreich durch das Veto von 1960 zunächst um die Assoziierung ehemaliger oder noch bestehender Kolonien im Mittelmeerraum und in Afrika und vertrat zugleich den Standpunkt, daß die Türkei nicht zum europäischen Volkskreis gehöre und ihre Wirtschaftsstruktur schwach sei. Hingegen fürchtete Italien - mit einer zumindest potentiell ähnlichen Landwirtschaft in Süditalien - negative Auswirkungen der Assoziation mit der Türkei auf sein eigenes Land. Deswegen empfahlen sie für die Türkei anstelle der Assoziierung eine Zusammenarbeit den Abschluß eines Handelsvertrages. Die anderen Mitgliedstaaten insbesondere die Bundesrepublik Deutschland sprachen sich aufgrund ihrer Exportinteressen für den Abschluß eines umfangreichen Assoziationsabkommens mit der Türkei aus, in dem grundsätzlich dieselben Regelungen wie im griechischen Assoziationsabkommen vorgesehen werden sollten. Vgl. dazu näher Ete, Probleme der Assoziierung, S. 23; Loch/Hasenpflug, Die Assoziierungs- und Präferenzpolitik, S. 105; Yüksel, Assoziierung im europäischen Recht, S. 158; Dembinski, Bedingt handlungsfähig, 2001, S. 13; vgl. auch Bericht-Dehousse, Dok. des EP Nr. 94/63- 64.

[37] Loch/Hasenpflug, Die Assoziierungs- und Präferenzpolitik , S.107.

[38] Birand, in: Özak/Dagyeli (Hrsg.), S. 191; vgl. auch Kramer, die EG und die Türkei, S. 32.

[39] Bachl, Streitschlichtungsmechanismen, S. 47.

[40] Loch/Hasenpflug, Die Assoziierungs- und Präferenzpolitik, S.108; Dembinski, Bedingt handlungsfähig, 2001, S. 13.

[41] Birand, in: Özak/Dagyeli (Hrsg.), S. 192; Kramer, Die EG und die Türkei, S 33.

Türkei wurden jedoch von seiten der EWG nicht vollständig akzeptiert. Außerdem beharrte die Türkei auf der schriftlichen Garantie der Mitgliedschaft innerhalb eines Zeitraums von 22 Jahren und auf dem automatischen Übergang von der Vorbereitungs- zur Übergangsphase der Assoziation[42], so daß die abgestufte Integration der Türkei in die EWG automatisch erfolgen konnte. Die Türkei zielte dabei vor allem darauf ab, eine günstigere Verhandlungsbasis für die Zukunft zu schaffen[43]. Auch dieses Anliegen der Türkei wurde von seiten der EWG nicht berücksichtigt. Vielmehr behielt sich die EWG diesbezüglich eine *„Denkpause"* [44] vor, *„da die Gemeinschaft wußte, daß sie es mit der Türkei nicht leicht haben würde"*[45].

2. Unterzeichnung des Abkommens

Nach vier Verhandlungsjahren gelang es den Parteien, ein Abkommen zu schließen. So kam das Abkommen als Kompromißlösung der unterschiedlichen Vorstellungen der Parteien zustande[46]. Das Ergebnis der Verhandlungen wurde am 25. Juni 1963 in Brüssel paraphiert[47]. Daraufhin wurde am 12. September 1963 in Ankara ein Abkommen nach dem Muster des griechischen Assoziationsabkommens[48] - jedoch *„in einer wesentlich inhaltsärmeren Form"*[49] - unterzeichnet[50]. Angesichts der unterschiedlichen Standpunkte der Parteien während der Verhandlungen war es schwierig, Regelungen für jeden Einzelfall im Abkommen festzuschreiben[51]. So waren im Assoziationsabkommen im Gegensatz zum griechischen Assoziationsabkommen keine detaillierten Regelungen vor allem hinsichtlich der Errichtung der Zollunion vorgesehen[52]. Die Parteien einigten sich im Abkommen nur auf eine in drei aufeinander folgenden Phasen schrittweise zu verwirklichende Zollunion, auf eine Reihe von Grundsatz- und Programmbestimmungen sowie auf eine Finanzhilfe durch die EWG.

---

[42] Vgl. Ete, Probleme der Assoziierung, S. 22 ff.; Karluk, Avrupa Birligi ve Türkiye, 1998, S. 369 ff., Kramer, Die EG und die Türkei, S. 33 ff.

[43] Birand, in: Özak/Dagyeli (Hrsg.), S. 193.

[44] Ebd.

[45] Ebd.

[46] Loch/Hasenpflug, Die Assozzierungs- und Präferenzpolitik, S. 106.

[47] Der EWG-Ministerrat gab am 11. Juli 1963 seine Zustimmung zu dem paraphierten Abkommen.

[48] Abkommen zur Gründung einer Assoziation zwischen der Europäischen Wirtschaftsgemeinschaft und der Türkei (ABlEG 1963 Nr. 217, 294).

[49] Bachl, Streitschlichtungsmechanismen, S. 47.

[50] Behringer, Die Mitwirkung der Gemeinsamen Versammlung, S. 151; Hermann, Das Institut der Assoziierung, S. 236; Yüksel, Assoziierung im europäischen Recht, S. 35, Arslan, Zeitschrift für Gegenwartsforschung 2000, 328.

[51] Yüksel, Assoziierung im europäischen Recht, S. 86.

[52] Karaca, Problematik eines türkischen Beitritts, S. 88.

3. Inkrafttreten des Abkommens

Der Rat nahm nach der Stellungnahme des EP vom 28. November 1963[53] durch einen besonderen Beschluß[54] vom 23. Dezember 1963 den Abschluß des Abkommens an. Nach dessen Ratifizierung durch die Parlamente der sechs Mitgliedstaaten[55] und durch die Nationalversammlung der Türkei[56] trat das Assoziationsabkommen am 1. Dezember 1964 in Kraft. Die Türkei wurde mit dem Inkrafttreten dieses Abkommens nach Griechenland als zweites Land mit der EWG auf der Grundlage des Art. 238 a.F. (Art. 310 n.F.) E(W)GV assoziiert[57].

Die Assoziation mit der EWG ging als historischer Tag in die Geschichte der Türkei ein. Sie wurde wie Griechenland als potentieller Beitrittsstaat privilegiert. So wurde der erste Schritt einer vollständigen wirtschaftlichen und politischen Integration in Richtung Europa unternommen, womit die an Europa orientierten Entwicklungsbemühungen eine neue Dimension erlangten[58].

II. Grundzüge des Assoziationsabkommens EG/Türkei

A. Ziel des Abkommens

Im Hinblick auf das Ziel des Abkommens faßten die Parteien entsprechend dem Geist und Ziel des EWG-Vertrages weitgehende politische Zielbestimmungen zusammen, die sich grundsätzlich als allgemein formulierte Absichtserklärungen verstehen lassen. Die Assoziation sollte dazu dienen, *„immer engere Bande zwischen dem türkischen Volk und den in der Europäischen Wirtschaftsgemeinschaft vereinten Völkern zu schaffen."* (erste Begründungserwägung der Präambel). Zu diesem Zweck sieht das Abkommen in Art. 1 die Gründung einer Assoziation zwischen der Gemeinschaft und der Türkei vor, die eine beständige und aus-gewogene Stärkung der Handels- und Wirtschaftsbeziehungen zwischen den Vertragsparteien fördern soll (Art. 2 Ass.Abk.). Die wirtschaftliche Entwicklung der Türkei sollte durch wirtschaftliche und finanzielle Hilfen der Gemeinschaft unterstützt werden, so daß später der Beitritt der Türkei zur Gemeinschaft erleichtert wird (vierte Begründungserwägung der Präambel). Konkret findet dies seinen Ausdruck in Art. 28 Ass.Abk. Diese Sondervorschrift hat folgenden Wortlaut:

> *"Sobald das Funktionieren des Abkommens es in Aussicht zu nehmen gestattet, daß die Türkei die Verpflichtungen aus dem Vertrag zur Gründung der Gemeinschaft vollstän-*

---

[53] Vgl. die Entschließung des EP vom 28. Dezember 1963 (ABlEG 1963, 2906).
[54] Beschluß 64/732/EWG des Rates vom 23. Dezember 1963 (ABlEG 1964, 3685).
[55] Zustimmungsgesetz vom 13. Mai 1964 (BGBl. 1964 II, 509).
[56] Die Nationalversammlung der Türkei stimmte es durch das Gesetz vom 4. Februar 1964 Nr. 397 zu.
[57] Wockenfoth, AWD 1963, 298.
[58] Yavuz, Das Verhältnis der Türkei zur EU, S.1.

dig übernimmt, werden die Vertragsparteien die Möglichkeit eines Beitritts der Türkei zur Gemeinschaft prüfen."

Dieser vermerkt die Möglichkeit eines späteren Beitritts der Türkei in Form einer Vollmitgliedschaft[59]. Damit wurde die Türkei als europäisches Land qualifiziert und ihr frühzeitig ein "Sonderstatus" auf dem Wege zur Vollmitgliedschaft verliehen, was für sie von großer Bedeutung ist.

In diesem Sinne bildet die Assoziation folglich weder den entscheidenden Rahmen der Beziehungen EG/Türkei[60] noch eine Alternative zu einer Mitgliedschaft. Es handelt sich dabei vielmehr um eine abgestufte Integration der Türkei in die EG/EU, die sich schrittweise bis zur Vollmitgliedschaft vollziehen soll. Deshalb wurde das bestehende Assoziationsverhältnis zwischen den Vertragsparteien als "Beitrittsassoziation" konzipiert. Auf diesem Weg diente die Assoziation dazu, die Beziehungen der beiden Seiten immer enger zu gestalten, indem eine kontinuierliche und ausgewogene Verstärkung der Handels- und Wirtschaftsbeziehungen zwischen den Vertragsparteien gefördert werden sollte. Auch die Notwendigkeit sollte berücksichtigt werden, daß der beschleunigte Aufbau der türkischen Wirtschaft sowie die Hebung des Beschäftigungsstandes und der Lebensbedingungen des türkischen Volkes gewährleistet werden (Art. 2 Ass.Abk.).

Eine noch wichtigere Aufgabe der Assoziation besteht in der Vorbereitung der Türkei auf eine Vollmitgliedschaft in der EG/EU. Sie soll im Rahmen des Assoziationsverhältnisses stufenweise erfolgen. Die Türkei soll allmählich in die Lage versetzt werden, ihre Wirtschafts- und Rechtsordnung nach und nach derjenigen der EG anzunähern und anzupassen, so daß eine spätere Mitgliedschaft ohne große Probleme herbeigeführt werden kann[61]. Am Ende der Übergangsphase wird geprüft werden, ob sie in der Lage ist, alle Verpflichtungen des EG-Vertrages vollständig zu übernehmen. Dann wird die Möglichkeit eines Beitritts der Türkei zur EG untersucht.

Die Vertragsparteien interpretieren jedoch den Wortlaut des Art. 28 Ass.Abk. im Hinblick auf seine Verbindlichkeit unterschiedlich[62]. Es geht in dieser Frage darum, ob allein Art. 28 Ass.Abk. eine Rechtsgrundlage für den türkischen Beitritt bildet, d.h., ob durch Art. 28 Ass.Abk. für die Türkei eine Beitrittsperspektive im rechtlichen Sinne festgesetzt wurde.

---

[59] Im Gegensatz zum Assoziationsabkommen EG/Türkei enthalten die Europaabkommen keine solche Beitrittsklausel.
[60] Kramer, Die EG und die Türkei, S. 35.
[61] Vgl. Vedder, in: G/H (Hrsg.), EUV/EGV, Kommentar, Art. 238 EGV, Rn. 5 ff.; Bachl, Streitschlichtungsmechanismen, S 45.
[62] Esen, Die Beziehungen EG/Türkei, S. 37-38.

Unter Hinweis auf diese Vorschrift macht die Türkei geltend, daß das Assoziationsverhältnis rechtlich eine verbindliche Vorstufe eines späteren Beitritts ist. Demgegenüber sieht die EU diese nur als eine noch zu prüfende Möglichkeit an[63]. Nach Auffassung der EU räumt Art. 28 Ass.Abk. der Türkei kein konkretes Beitrittsrecht ein, sondern sieht lediglich vor, daß eine türkische Mitgliedschaft nur im Falle der Erfüllung aller Verpflichtungen und Bedingungen erfolgen kann[64]. Auch die herrschende Auffassung[65] im Schrifttum bezeichnet einen automatischen Beitritt nach Ablauf der Phasen der Assoziation nicht als ein Recht, denn die in Art. 28 niedergelegte Beitrittsfrage ist sehr zurückhaltend und vage formuliert. Hier werde lediglich von der "Möglichkeit" eines Beitritts gesprochen[66]. Nach dem Wortlaut dieses Artikels werde ferner die "Möglichkeit" eines türkischen Beitritts erst dann geprüft, wenn die Durchführung der Assoziation zeigt, daß die Türkei in der Lage sei, alle ihre Verpflichtungen gemäß dem EG-Vertrag vollständig zu übernehmen. Damit werde deutlich, daß ein künftiger Beitritt der Türkei zur EG an das Vorliegen konkreter Voraussetzungen gebunden sei und einer politischen Entscheidung der Vertragsparteien bedürfe[67].

Im Ergebnis steht fest: Laut Art. 28 Ass.Abk. müssen die Vertragsparteien die "Möglichkeit" eines türkischen Beitritts prüfen, sobald das Funktionieren des Abkommens es in Aussicht stellt, daß die Türkei die Verpflichtungen aus dem Vertrag zur Gründung der Gemeinschaft vollständig übernehmen kann[68]. Dies bedeutet aber nicht unbedingt, daß die Türkei dann Mitglied in der E(W)G bzw. EU werden muß. Dem Art. 28 Ass.Abk. ist vielmehr zu entnehmen, daß ein EU-Beitritt der Türkei einerseits an das Vorliegen konkreter Voraussetzungen gebunden ist, andererseits einer gemeinsamen Entscheidung beider Seiten bedarf.

---

[63] Ebd., S. 37.

[64] Yesilyurt, Die Türkei die EU, S. 38

[65] So auch Kramer, Die EG und die Türkei, S. 37; vgl. auch Vedder, in: G/E (Hrsg.), EUV/-EGV, Kommentar, Art. 238 EGV, Rn. 40c; Arslan, Zeitschrift für Gegenwartsforschung 2000, 328; Hailbronner, EuR 1984, 80; Krück, EuR 1984, 307.

[66] In diesem Sinne spricht Arslan von einer berechtigten Hoffnung auf die Möglichkeit eines Beitritts in die EWG. Dazu Arslan, Zeitschrift für Gegenwartsforschung 2000, 328.

[67] So auch Kramer, die EG und die Türkei, S. 37; vgl. auch Vedder, in: G/E (Hrsg.), EUV/-EGV, Kommentar, Art. 238 EGV, Rn. 40c; Arslan, Zeitschrift für Gegenwartsforschung 2000, 328; Hailbronner, EuR 1984, 80; Krück, EuR 1984, 307.

[68] Der Art. 28 des Ass.Abk. weist bei der Prüfung der Möglichkeit einer Mitgliedschaft der Türkei ausdrücklich auf die Bestimmungen des EWG-Vertrages hin. Damit sind zwar ausschließlich wirtschaftliche Verpflichtungen gemeint. Die Erfüllung solcher Verpflichtungen reicht heute aber für eine Mitgliedschaft nicht aus. Es geht nicht mehr um einen Beitritt zur EWG, sondern um einen Beitritt zur EU. Die EWG, die damals hauptsächlich in eine wirtschaftliche Integration konzipiert war, hat inzwischen politische Dimensionen erhalten. Die Türkei muß daher auch politische Voraussetzungen für eine Mitgliedschaft erfüllen, um sich diese Wertegemeinschaft anzupassen. Im Hinblick auf eine künftige Mitgliedschaft der Türkei müssen die gesamten Beitrittsvoraussetzungen (Art. 49 EUV, und Kopenhagener Kriterien) berücksichtigt werden.

Im Rahmen sachlicher Erwägungen haben die Vertragsparteien einen breiten Ermessensspielraum bzw. Beurteilungsspielraum, was eine rechtliche Überprüfbarkeit des Art. 28 Ass.Abk. erheblich einschränkt. Die in Art. 28 Ass.Abk. verankerten Beitrittsperspektive stellt als solche eher eine politische Zielsetzung der Vertragsparteien dar, obgleich die Frage nach einem Beitritt nicht allein der politischen Entscheidungsgewalt der EU unterliegt. Sie prüft nämlich die Möglichkeit eines türkischen Beitritts nicht allein, sondern zusammen mit der Türkei.

In Art 28 Ass.Abk. wurden die Bedingungen und Aussichten für einen späteren Beitritt festgelegt[69]. Diese Beitrittsperspektive qualifiziert die Türkei trotz ihres Kulturkreises als "europäischer Staat"[70] und gewährleistet ihr, daß sie später in der EU ihren Platz einnehmen dürfe. Daher kann die Vollmitgliedschaft der Türkei nicht wegen des strittigen Punktes, ob die Türkei ein europäischer Staat im Sinne des Art. 49 EUV ist, ausgeschlossen werden. Diese Frage steht nunmehr im rechtlichen Sinne außerhalb jeder Diskussion. Denn die Bestimmung des Art. 28 Ass.Abk läßt keinen Zweifel an der Zugehörigkeit der Türkei zu Europa. Anderenfalls könnte auch die Möglichkeit eines abgestuften Beitritts im Rahmen der Assoziation sonst nicht in Frage kommen[71]. Trotz dieses rechtlichen Gesichtspunkts ist nicht zu unterschätzen, daß ein türkischer Beitritt zur EU den politischen und kulturellen Wertmaßstäben der Europäer unterliegt. Das mag sein, daß ein türkischer Beitritt zur EU aus sozialen und politischen Überlegungen abgelehnt wird. Die Frage nach einer türkischen Mitgliedschaft bleibt in religiöser und kultureller Hinsicht weiterhin offen[72].

B. Phasen der Assoziation

Angesichts des wirtschaftlichen und sozialen Gefälles zwischen der Türkei[73] und den EWG-Mitgliedstaaten kamen nicht nur ein baldiger Beitritt, sondern auch die sofortige Errichtung einer Zollunion seitens der Türkei nicht in Betracht. Eine umfangreiche Rücksichtnahme auf die wirtschaftliche Schwäche des Landes erschien notwendig[74]. Die Türkei konnte nicht im gleichen Maße wie die Mitgliedstaaten Verpflichtungen kurzfristig übernehmen, sondern ihr war zu-

---

[69] Yesilyurt, Die Türkei und die EU, 36.

[70] Die Weiterleitung des Beitrittsantrages zur Stellungnahme durch die Kommission im Rahmen von Art. 237 EWGV bedeutete ebenfalls eine politische Bestätigung, daß die Türkei als europäisches Land nach dem EWG-Vertrag behandelt wurde, obwohl der größte Teil des Staatsgebiets der Türkei geographisch gesehen nicht zu Europa gehört. Die Zugehörigkeit der Türkei zu Europa wurde später von der EU mehrfach bestätigt.

[71] Kramer, Integration 1987, 151.

[72] Zur Zulässigkeit des türkischen EU-Beitritts vgl. Schön, Der rechtliche Rahmen für Assoziierungen, S. 97 ff.

[73] Die Türkei wies zu Beginn der 60er Jahre noch eindeutig die Merkmale eines Entwicklungslandes auf.

[74] Behringer, Die Mitwirkung der Gemeinsamen Versammlung, S. 152; Ertekin, Der türkische Beitritt zur EG, S. 135; Esen, Die Beziehungen EG/Türkei, S. 34.

nächst eine Vielzahl von Erleichterungen und Vergünstigungen zu gewähren[75]. Infolgedessen haben sich die Parteien - wie in der 4. Erwägung der Präambel und im Artikel 2 des Abkommens zum Ausdruck kommt - dazu entschlossen, diese politische Zielsetzung durch die Förderung der wirtschaftlichen und sozialen Entwicklung der Türkei, sowie durch den Ausbau der guten und engen wirtschaftlichen wie politischen Beziehungen im Annäherungsprozeß der ökonomisch schwach entwickelten Türkei zur EWG voranzutreiben. Auf diesem Wege sollte eine Verwirklichung dieser Zielsetzung und die zu erwartenden Schwierigkeiten bewältigt werden und zugleich die Türkei in die Lage versetzt werden, dem Integrationsprozeß mit der EWG standzuhalten. Somit sollte es der Türkei erleichtert werden, durch diese wirtschaftliche Kooperation sowie durch finanzielle Unterstützung seitens der EWG im Rahmen der Assoziation, wie etwa in Form von Erleichterungen und Vergünstigungen in den Handelsbeziehungen, zu einem späteren Zeitpunkt den vollen Beitritt zur EWG zu erreichen[76]. Die Assoziation wurde daher chronologisch in eine Vorbereitungsphase, eine Übergangsphase sowie eine Endphase unterteilt, deren jeweiligen Abschluß vom Erreichen bestimmter Vorgaben abhängig gemacht wurde[77].

1. Vorbereitungsphase

Diese Phase stellte die erste Periode der Assoziation EWG/Türkei dar. Das Hauptziel dieser Phase war es, die wirtschaftliche und soziale Entwicklung der Türkei voranzutreiben und damit die Verwirklichung der Ziele des Abkommens zu fördern. Die Türkei sollte mit Hilfe der EWG in die Lage versetzt werden, ihre wirtschaftliche Situation zu verbessern, um die in der Übergangs- und Endphase angestrebten Ziele verwirklichen zu können (Art. 3 Abs. 1 Ass.Abk.). Diese Phase sollte außerdem entsprechend der im Abkommen festgelegten Ziele zu dem Ausbau der Wirtschaftsbeziehungen und der Ausweitung des Handelsverkehrs zwischen den Parteien dienen.

Die Modalitäten der Vorbereitungsphase wurden nicht im Abkommen selbst, sondern in dessen vorläufigem Protokoll und Finanzprotokoll festgelegt[78]. Diese Phase sollte grundsätzlich fünf Jahre dauern und je nach den wirtschaftlichen Erfordernissen der Türkei höchstens bis zu zehn Jahren verlängert werden, wenn der Assoziationsrat dies fordern sollte. Letztendlich war nur für den Fall einer Verzögerung des Inkrafttretens des Zusatzprotokolls vorgesehen, die angesetzte Frist um ein Jahr zu verlängern.

---

[75] Trotz der Anstrengungen zur Modernisierung und Industrialisierung der türkischen Wirtschaft war der Agrarsektor der wesentliche und größte Sektor im Lande.
[76] Behringer, Die Mitwirkung der Gemeinsamen Versammlung, S. 154.
[77] Vgl. Gümrükcü, in: Lichtenberg et al. (Hrsg.), S. 32.
[78] Hermann, Das Institut der Assoziierung, S. 237.

2. Übergangsphase

In dieser Phase sollten die Parteien aufgrund gegenseitiger ausgewogener Verpflichtungen die schrittweise und gemeinsame Errichtung einer Zollunion und die Annäherung der Wirtschaftspolitik herbeiführen.

Das Assoziationsabkommen enthielt keine ausführlichen Bestimmungen über den Verlauf der Übergangsphase (Bedingungen, Modalitäten und Fristen usw.), sondern überließ dies den Protokollen (Art. 4 und 10 Ass.Abk.). Der rechtliche Rahmen der Übergangsphase wurde daher später in einem Zusatzprotokoll festgelegt.

3. Endphase

Die Endphase des Assoziationsverhältnisses beruhte auf der Einhaltung der Zollunion und schloß eine gemeinsame Wirtschaftspolitik der Parteien ein (Art. 5 Ass.Abk.), wobei die Türkei in der Lage sein sollte, die Verpflichtungen aus dem EWG-Vertrag vollständig zu erfüllen. Anschließend sollten die Parteien die Möglichkeit eines Beitritts der Türkei zur EWG prüfen (Art. 28 Ass.Abk.). Darüber hinaus standen einzelne Regelungen der Endphase im Abkommen nicht fest, sondern sollten in nachfolgenden Vereinbarungen näher geregelt werden.

C. Struktur des Abkommens

Das Abkommen besteht aus einem Vertragstext, der in 33 Artikel und in drei Kapitel gegliedert ist, einem vorläufigen Protokoll, einem Finanzprotokoll, einer Schlußakte sowie Erklärungen der Vertragsparteien. Im ersten Kapitel (Art. 1-7 Ass.Abk.) sind die Grundsätze der Assoziation festgelegt. Das zweite Kapitel, welches in drei Unterkapitel (Zollunion, Landwirtschaft sowie sonstige Bestimmungen wirtschaftlicher Art) gegliedert ist, bezieht sich auf die Durchführung der Übergangsphase (Art.8-21 Ass.Abk.). Das dritte Kapitel umfaßt allgemeine Regelungen und Schlußbestimmungen (Art. 22-33 Ass.Abk.).

Das Abkommen lehnt sich in seinen Zielen und konzeptionell erheblich an die Grundsätze des EWG-Vertrages an und zielt mit seinem Gesamtkonzept in erster Linie auf eine wirtschaftliche Integration der Türkei mit der EWG durch die Errichtung eines gemeinsamen Marktes ab, wie sie sich zwischen den Mitgliedstaaten vollzieht[79]. Es handelt sich um eine umfassende wirtschaftliche Verbindung der Türkei mit der EWG in Form einer über die Zollunion hinausgehenden Wirtschaftsunion. Infolgedessen beinhaltet der Vertragstext des Abkommens die grundlegenden Teile des EWG-Vertrages. Man spricht dabei aller-

[79] Eski, Wirtschaftspolitische Probleme der Assoziierung, S. 19; Gökdere, Gümrük Birligi, S. 142.

dings von einem „*EWG-Vertrag in vereinfachter Form*"[80], der schrittweise zu verwirklichen sei. Das Assoziationsabkommen weist nämlich hinsichtlich der materiellen Ausgestaltung große Unterschiede zum EWG-Vertrag auf.

Bei einer Gesamtbetrachtung des Abkommens in bezug auf seine Zielsetzung, seinen Ausbau und seine materielle Ausgestaltung wird ersichtlich, daß es grundsätzlich kein fertiges und abgeschlossenes Normwerk darstellt, sondern ein integrationspolitisches Programm konzipiert, das nach und nach zu verwirklichen ist. Es enthält nämlich allgemeine Grundlagen und beschreibt bestimmte grobe Mittel und Wege zur Erreichung der festgelegten Ziele der Assoziation, ohne daß allerdings Regeln aufgestellt werden, nach denen das Programm zu verwirklichen ist[81]. In rechtlicher Hinsicht wurde das Abkommen daher von der herrschenden Meinung[82] als "Rahmenabkommen" bezeichnet, das überwiegend die Einzelheiten der in den Protokollen festzulegenden Programmbestimmungen enthält[83]. Zu deren Anwendung bedarf es vielmehr sekundärer Assoziationsgrundlagen[84]. Die Grundsätze des Abkommens bilden jedoch den Rahmen des Assoziationsverhältnisses. Sinngemäß begründet das Abkommen selbst in seinem Artikel 7 die konkrete Verpflichtung der Vertragsparteien zur Vertragstreue, wonach sie dazu angehalten sind, durch positive Maßnahmen die Verwirklichung der Assoziationsziele zu fördern und jegliche diesen Zielen entgegenstehenden Maßnahmen zu unterlassen. Dementsprechend sollen die künftigen Einzelheiten der Sachbereiche der Assoziation der allgemeinen und spezifischen Zielsetzung des Abkommens folgen.

D. Inhaltliche Ausgestaltung des Abkommens

Gemäß des Ziels und Sinns des Abkommens ist es Aufgabe der Assoziation, einen gemeinsamen Wirtschaftsraum zu schaffen, in dem Waren, Leistungen, Kapital und Personen im Rahmen einer einheitlichen Wettbewerbsordnung frei zirkulieren können. Die schrittweise Einführung einer Zollunion bildet den Kernpunkt des Abkommens und zugleich die wesentliche Grundlage der Assoziation. Sie sollte in drei Stufen erfolgen und den freien Warenverkehr im industriellen Sektor ermöglichen. Zwar umfaßt das Abkommen neben dem in-

---

[80] Oppermann, ZaöRV 1962, 486.
[81] EuGH, Urteil vom 30. September 1987, Rs. 12/86 (Demirel), Slg. 1987, 3719 Rn. 16.
[82] DPT, Türkiye-Avrupa Birligi Iliskileri Özel Ihtisas Komisyonu Raporu, 2000, S. 4; Eski, Wirtschaftspolitische Probleme der Assoziierung, S. 89; Arat, AÜHFD 1995, 5.
[83] Neben diesem rechtlichen Charakter weist das Assoziationsabkommen auch die Merkmale eines Wirtschaftsabkommens auf, weil es weitgehend die Regelungen zu den Bereichen Zollunion, Landwirtschaft, Dienstleistung, Niederlassung, freier Kapitalverkehr, Industrie, Handel usw. beinhaltet. Ebenfalls stellt es aufgrund seiner Bestimmung zur Freizügigkeit beispielsweise der Arbeitnehmer auch eine Sozialvereinbarung dar. Hinsichtlich der Beitrittsperspektive besitzt es politische Merkmale.
[84] Arat, AÜHFD 1995, 5.

dustriellen Sektor auch den landwirtschaftlichen Sektor und den Handel mit dessen Erzeugnissen, doch kommen für diesen Bereich besondere Regeln zur Anwendung. Sie werden im wesentlichen eingeschränkt, um den besonderen Regelungen der gemeinsamen Agrarpolitik der Gemeinschaft Rechnung zu tragen (Art.11 Ass.Abk.). Von der Zollunion wurden auch EGKS-Produkte (Eisen, Stahl, Kohle) ausgeschlossen, weil in Art. 26 Ass.Abk. explizit festgelegt wurde, daß die Bestimmungen des Abkommens nicht für die Erzeugnisse gelten, die in die Zuständigkeiten der EGKS fallen. Den Bedürfnissen des EGKSSektors sollten in einem gesonderten Abkommen zur Geltung verholfen werden.

Ferner enthält das Abkommen in engem Zusammenhang mit den Grundsätzen des EWG-Vertrages Regelungen zur Freizügigkeit der Arbeitskräfte (Art. 12 Ass.Abk.), der Dienstleistungs- und Niederlassungsfreiheit (Art. 13 und 14 Ass.Abk.) und dem freien Kapital- und Zahlungsverkehr (Art. 20 Ass.Abk.). Diesbezügliche Bestimmungen finden sich im Abschnitt "sonstige Bestimmungen wirtschaftlicher Art". Verbunden wurden diese mit einem Diskriminierungsverbot (Art. 9 Ass.Abk.). Es untersagt jede Diskriminierung, d.h. Ungleichbehandlung, aus Gründen der Staatsangehörigkeit.

Zusätzlich zu den Regelungen dieser "vier Freiheiten des gemeinschaftlichen Binnenmarktes" umfaßt das Abkommen ebenfalls Regelungen bezüglich des Wettbewerbs und der Steuern sowie deren Rechtsangleichung der türkischen Vorschriften (Art. 16 Ass.Abk.) und der Verkehrs- und Wirtschaftspolitik (Art. 17 ff. Ass.Abk.) einschließlich der Außenhandelspolitik (Art. 21 Ass.Abk.). Mit diesen Regelungen zeigt das Abkommen eindeutig weitere Ansätze zu einer Wirtschaftsunion[85].

Aus institutioneller Sicht sieht das Abkommen die Einrichtung von Organen der Assoziation vor, um deren ordnungsgemäße Durchführung zu gewährleisten. (Art. 6 und 22 ff. Ass.Abk.). Zudem regelt es Lösungswege bei Streitigkeiten zwischen den Vertragsparteien. Zur Beilegung von Meinungsverschiedenheiten, die durch Konsultationen des Assoziationsrates nicht behoben werden können, wurde die mögliche Bestellung von Schiedsrichtern offengehalten (Art. 21 und 25 Ass.Abk.). Auf handelspolitischem Gebiet ist ein Konsultationsverfahren vorgesehen, das der Koordinierung der Handelspolitik gegenüber Drittländern, insbesondere bei weiteren Assoziierungen oder Beitritten, dient (Art. 21 Ass.-Abk.).

Da das Abkommen für unbestimmte Zeit geschlossen worden ist, enthält es keine Sonderregelungen zur Kündigung des Abkommens. Es ist sinnvoller, daß keine Kündigungsklausel im Abkommen vorgesehen ist, weil eine solche im

[85] Behringer, Die Mitwirkung der Gemeinsamen Versammlung, S. 153; Hermann, Das Institut der Assoziierung, S. 318.

Widerspruch zum Ziel des Abkommens stünde. So ist das Assoziationsabkommen nur in dem in Art. 28 Ass.Abk. festgelegten Fall vertragsgemäß zu beenden[86], wenn das endgültige Ziel des Abkommens eintritt. Somit steht nicht fest, wann es endet. Infolgedessen bleibt das Assoziationsabkommen im Prinzip bis zur Verwirklichung der Ziele des Abkommens *de iure* in Kraft[87].

E. Grundpflichten der Vertragsparteien aus dem Abkommen

1. Assoziationstreue

In 7 Ass.Abk. ist eine allgemeine Grundpflicht der Vertragsparteien zur Erfüllung des Abkommens normiert[88]. Diese Vorschrift ist Ausdruck des allgemeinen Rechtsgrundsatzes *pacta sunt servanda* und des Grundsatzes von *Treu und Glauben*, die das Verhalten der Vertragsparteien eines völkerrechtlichen Abkommens zu leiten haben[89]. Nach Art. 7 Abs. 1 Ass.Abk. sind die Vertragsparteien verpflichtet, von sich aus alle Maßnahmen zu ergreifen, die durch das Abkommen von ihnen verlangt werden. Darüber hinaus sind sie gemäß Abs. 2 verpflichtet, den Assoziationsrat bei der Erfüllung seiner Aufgaben zu unterstützen. Noch weitergehend müssen sie gemäß Abs. 2 in allen ihren Handlungen - unabhängig davon, ob diese in den Anwendungsbereich des Abkommens fallen - jede Gefährdung der Zielverwirklichung des Abkommens unterlassen. Sie dürfen keine Maßnahmen ergreifen oder aufrechterhalten, welche die praktische Wirksamkeit des Abkommens beeinträchtigen könnten[90]. Insbesondere ergibt sich aus diesen Vorschriften sowie aus Art. 22 Abs. Ass.Abk. die Pflicht der Vertragsparteien, die Beschränkungen zu beachten, die das Abkommen und die Beschlüsse des Assoziationsrates ihren eigenen Handlungskompetenzen auferlegen, um dem Assoziationsrecht im innerstaatlichen Rechtsraum Geltung zu verschaffen. Vollzug und Umsetzung assoziationsrechtlicher Normen durch die Vertragsparteien müssen so ausgestaltet sein, daß der Normzweck nicht gefährdet oder vereitelt wird. Diese allgemeine Vertragserfüllungspflicht der Vertragsparteien ist nicht nur lediglich politischer Natur, sondern begründet für die Vertragsparteien Pflichten[91]. Dabei handelt es sich nach Auffassung des EuGH[92] nur um eine allgemeine Verpflichtung der Vertragsparteien zur Verwirklichung der

---

[86] Die Vertragsparteien können das Abkommen aber nach den allgemeinen Regeln des Völkerrechts kündigen.

[87] Yüksel, Assoziierung im europäischen Recht, S. 34.

[88] Diese Vorschrift ist inhaltlich dem in Art. 10 EGV verankerten Grundsatz "Gemeinschafstreue" nachgebildet.

[89] EuGH, Urteil vom 10. Mai 2001, verb. Rs. T-186/97, T-187/97, T-190/97 bis T-192/97, T-210/97, T-211/97, T-216/97 bis T-218/97, T-279/97, T-280/97, T-293/97 und T-147/99; Rn. 237.

[90] Vgl. in diesem Zusammenhang EuGH, Rs. (Walt Wilhelm), Slg. 1969, 14.

[91] Vgl. Streinz, Europarecht, S. 50, Rn. 140.

[92] EuGH, Urteil vom 30. September 1987, Rs. 12/86 (Demirel), Slg. 1997, 3754, Rn. 24.

Ziele des Abkommens. Durch die Bestimmung des Art. 7 Ass.Abk. könne dem Einzelnen nicht unmittelbare Rechte eingeräumt werden, die ihnen nicht bereits durch andere Bestimmungen des Abkommens zuerkannt würden. Der konkrete Inhalt dieser allgemeinen Verpflichtungen der Vertragsparteien be-stimme sich vielmehr im Einzelfall nach den jeweiligen Vorschriften des Ab-kommens oder den aus dessen Gesamtdynamik ableitbaren Regeln[93].

2. Gleichbehandlung

Zu den Grundpflichten der Vertragsparteien gehört auch das Gebot der Gleichbehandlung der Staatsangehörigen der anderen Vertragspartei. Das Abkommen verbietet in seinem sachlichen Anwendungsbereich[94] jede Diskriminierung aus Gründen der Staatsangehörigkeit und verlangt damit strikte Inländergleichbehandlung, wonach jede auf der Staatsangehörigkeit beruhende Ungleichbehandlung abgeschafft ist. Die Staatsangehörigen[95] der anderen Vertragspartei dürfen im Anwendungsbereich des Abkommens nicht aufgrund ihrer Staatsangehörigkeit schlechter behandelt werden als Inländer. Dabei ist das Ausmaß der Diskriminierung nicht relevant. Auch die geringfügige Verstöße sind verboten, weil der Einzelne auch dadurch verunsichert werden kann[96].

Das Diskriminierungsverbot ist in Art. 9 Ass.Abk. verankert, und zwar in allgemeiner Form[97]. Es handelt sich um eine Ausformung des allgemeinen Gleichheitsgrundsatzes[98]. Laut Art. 9 Ass.Abk. erkennen die Vertragsparteien im Anwendungsbereich des Assoziationsabkommens und unbeschadet der besonderen Bestimmungen, die durch den Assoziationsrat noch erlassen werden, entsprechend dem in Art. 7 (Art. 12 n.F.) E(W)GV verankerten Grundsatz ein Verbot jeder Diskriminierung aus Gründen der Staatsangehörigkeit an. Der ausdrückliche Verweis auf das gemeinschaftsrechtliche Diskriminierungsverbot und der Sinn und Zweck des Abkommens, das auf einen späteren Beitritt der Türkei zur E(W)G hin konzipiert ist, lassen es zu, zur Auslegung von Art. 9 Ass.Abk. den vom EuGH entwickelten Grundsätzen entsprechend heranzuziehen[99].

---

[93] Vgl. EuGH, Rs. 2/73 (Geddo/Ente Nationale Risi, Slg. 173, S. 865 ff.

[94] Somit sind Ungleichbehandlungen in Bereichen, die nicht im Abkommen enthalten, assoziationsrectlich unerheblich.

[95] Der persönliche Anwendungsbereich beschränkt sich nicht auf natürliche Personen, sondern erstreckt sich auch juristische Personen. Vgl. EuGH, Urteil vom 20. Oktober 1993, verb. Rs. C-92/92 und C-326/92 (Phil Collins), SLg. 1993, I-5145, Rn. 30.

[96] EuGH, Slg. 1974, S. 339 ff.

[97] Zahlreiche spezielle Ausformungen des Diskriminierungsverbots hat im Zusatzprotokoll sowie in sekundärrechtliche Vorschriften Eingang gefunden. Vgl. dazu Art. 37 ZP, Art. 10 ARB 1/80, Art. 3 ARB 3/80 sowie Art. 7 ARB 1/95.

[98] Ihnen, Grundzüge des Europarechts, S. 66.

[99] Ausführlich hierzu Schlußanträge GA La Pergola, Rs. C-262/96 (Sürül), Slg. 1999, I-2689.

Art. 9 Ass.Abk. wird vom EuGH[100] als allgemeines Diskriminierungsverbot bezeichnet und kann als solches autonom nur auf durch das Assoziationsrecht geregelte Fallgestaltungen angewandt werden, für die keine besonderen Diskriminierungsverbote vorgesehen sind. Es ist gegenüber den speziellen Diskriminierungsverboten subsidiär („unbeschadet besonderer Bestimmungen"). Der EuGH geht dabei davon aus, wie auch das gemeinschaftsrechtliche Diskriminierungsverbot in Art. 12 EGV, daß das allgemeine Diskriminierungsverbot nur dann angewandt werden kann, wenn kein spezielleres Diskriminierungsverbot einschlägig ist[101]. Seine selbständige Bedeutung behält Art. 9 Ass.Abk. jedoch in den Anwendungsbereichen des Abkommens, die kein ausdrückliches Diskriminierungsverbot enthalten[102].

Die Vorschrift des Art. 9 Ass.Abk. legt eine klare und eindeutige Verpflichtung der Parteien fest, die keines weiteren Aktes bedarf[103]. Der Hinweis auf die Bestimmungen, die vom Assoziationsrat noch erlassen werden, stellt die Unbedingtheit des allgemeinen Diskriminierungsverbots nicht in Frage. Hierbei wurde dem Assoziationsrat lediglich die Befugnis eingeräumt, speziellere Regelungen in Teilbereichen zu regeln.

Verboten sind nicht nur offene Diskriminierungen, sondern auch alle verschleierten Formen von Diskriminierung[104]. Offene Diskriminierungen sind ausdrückliche tatbestandmäßige Ungleichbehandlungen zum Nachteil des grenzüberschreitenden Personenverkehrs[105]. Eine versteckte[106] Diskriminierung liegt vor, wenn eine Differenzierung nicht unmittelbar auf die Staatsangehörigkeit abstellt, wohl aber auf Kriterien, die typischerweise nur Ausländer oder Inländer erfüllen[107]. Danach liegt eine Diskriminierung vor, wenn ein Staat den Anspruch eines Ausländers von einer bestimmten Art von Aufenthaltstitel (vom Besitz einer Aufenthaltsberechtigung oder Aufenthaltserlaubnis) abhängig macht, während Inländer nur ihren Wohnsitz in diesem Staat haben müssen[108].

Das Diskriminierungsverbot gewährleistet keinen bestimmten Mindeststandard des Rechts. Daher verstößt nicht jede unterschiedliche Behandlung von Ausländern gegen das Diskriminierungsverbot. Keine Diskriminierung aus Gründen

---

[100] EuGH, Urteil vom 14. März 2000, Rs. C-102/98 und 211/98 (Kocak und Örs), Rn. 36.
[101] EuGH, Urteil vom 14. März 2000, Rs. C-102/98 und 211/98 (Kocak und Örs), Rn. 36.
[102] Geiger, EUV/EGV Kommentar, 3. Aufl., 2000, Art. 12 EGV, Rn. 2.
[103] EuGH, Urteil vom 4. Mai 1999, Rs. C-262/96 (Sürül), Rn. 62 ff.
[104] EuGH, Urteil vom 27. Januar 2000, Rs. C-190/98 (Graf), Slg. 2000, I-0001, Rn. 14.
[105] Kingreen, Die Struktur der Grundfreiheiten, S. 38.
[106] Synonym wird auch der Ausdruck der "materiellen", "verdeckten" sowie "mittelbaren" Diskriminierung verwendet.
[107] EuGH, Rs. 22/80 (Boussadc/Gerstenmeier), Slg. 1980 3427; Rs. C-398/92 (Mund & Fester/Hatrex), Slg. 1994, I-467; (Sotgiu), Slg. 1974, 164; (Kommission/Luxemburg), Slg. 1993, I-840; (Hatrex), Slg. 1994, I-474; (Pastoors), Slg. 1997, I-285.
[108] EuGH, Urteil vom 4. Mai 1999, Rs. C-262/96 (Sürül), Rn. 103 und 105.

der Staatsangehörigkeit liegt z.B. in solchen nationalen Vorschriften, die keine Ungleichbehandlung zwischen Inländern und Ausländern enthalten[109], sowie in der Benachteilung von Ausländern vor, die sich aus der bloßen Unterschiedlichkeit der nationalen Regelungen ergibt[110]. Eine benachteiligende nationale Regelung kann allerdings erst dann mit dem in Art. 9 Ass.Abk. verankerten Diskriminierungsverbot vereinbar sein, wenn sie sachlich gerechtfertigt ist und dem Grundsatz der Verhältnismäßigkeit entspricht. Unterschiedliche Vorschriften sind allerdings erst dann zulässig, wenn sie durch objektive Umstände gerechtfertigt sind[111].

Das Diskriminierungsverbot richtet sich nicht nur gegen die Vertragsparteien, sondern wendet sich im Anwendungsbereich des Abkommens auch an Private. Z.B. können die Rechte des Arbeitnehmers aus dem Arbeitsverhältnis durch das Verhalten des Arbeitgebers beeinträchtigt werden. Nach herrschender Meinung[112] entfaltet das Diskriminierungsverbot diese Drittwirkung[113] neben den Personen, denen autonome Regelungsbefugnisse gegenüber Einzelnen zustehen (z.B. kollektive Regelung im Arbeits- und Dienstleistungsbereich, berufsportliche Regelungen eines Sportverbandes)[114], auch gegenüber jedem privaten Dritten grundsätzlich auch ohne Einschränkung.

III. Zusatzprotokoll

Im Assoziationsabkommen wurden im wesentlichen nur die Grundsatz-bestimmungen festgelegt. Die Bedingungen für den planmäßigen Verlauf der Übergangsphase sollten erst nach dem Abschluß der Vorbereitungsphase in allen Einzelheiten ausgearbeitet werden, weil die Übergangsphase laut Bestimmung des Art. 3 Abs. 2 S. 2 Ass.Abk. nicht automatisch nach Ablauf des für die Vorbereitungsphase vorgesehenen Zeitraums eintreten sollte, sondern zu prüfen war, ob die Bedingungen als Voraussetzung zum Eintritt in die Übergangsphase erfüllt worden sind. Weitere Regelungen hinsichtlich der Einzelheiten der Übergangs-

---

[109] EuGH, Urteil vom 14. März 2000, verb Rs. C-102/98 und C-211/98 (Kocak & Örs), Rn. 52.

[110] EuGH, Rs. (NFFO), Slg. 1995, I-3115; verb. Rs. 80 und 159/85 (Nederlandse Bakkerij Stichting/Edah), Slg. 1986, 3359 ff.

[111] EuGH, Urteil vom 10. Februar 1994, Rs. C-398/92 (Mund/Fester), Slg. 1994, I-467, Rn. 16 und 17; Urteil vom 19. September 2000, Rs. C-156/98 (Kommission/Deutschland), Slg. 2000, I-6857; Rn. 86 und 87.

[112] Geiger, EUV/EGV Kommentar, 3. Aufl., 2000, Art. 12 EGV, Rn. 5; von Bogdandy in: Grabitz/Hilf, Art. 6 Rn. 29.

[113] Zur Drittwirkung des Diskriminierungsverbots siehe die Rechtsprechung des EuGH, Urteil, Rs. 36/74, Walrave und Koch, Slg. 1974, 1405, Rn. 16 (19); Rs. C-415/93 (Bosman), SLg. 1995, I-4921, Rn. 83 ff.

[114] EuGH, (Walrave), Slg. 1974, 1405; Geiger, EUV/EGV Kommentar, 3. Aufl., 2000, Art. 12 EGV, Rn. 4.

phase sollten dann in einem Zusatzabkommen festgelegt werden (Art. 8 Ass.Abk., Art. 1 des vorläufigen Protokolls).

Während der Verhandlungen über das Zusatzprotokoll wurden die beiderseitigen Anliegen zur Gestaltung der Übergangsphase im Zusatzprotokoll wieder kontrovers - ebenso wie während der Verhandlungen über den Abschluß des Abkommens - diskutiert[115]. Über die Modalitäten der Errichtung der Zollunion hinaus stellte die Türkei eine Reihe grundlegender Forderungen an die EWG, die den Ausgleich für mögliche Belastungen aus der Zollunion garantieren sollte. Diese Ansprüche bezogen sich auf die Gewährung von Finanzhilfen in Höhe von 800 Mio. US-Dollar durch die EWG, die volle Herstellung der Freizügigkeit der Arbeitnehmer und auf die Mitgliedschaftsgarantie[116]. Die EWG reagierte auf diese Forderungen der türkischen Seite sehr zurückhaltend, ja sogar ablehnend. Sie akzeptierte neben der Gewährung einer Finanzhilfe in Höhe von 195 Mio. Rechnungseinheiten (RE) lediglich die Abschaffung der Zollabgaben für türkische Industrieprodukte. Davon ausgenommen waren einige türkische Warengruppen wie etwa Textil- und Landwirtschaftsprodukte, deren Potential als hoch erachtet wurde. Die EWG gewährte der Türkei für diese Waren lediglich gewisse zeitliche Zollkontingente. Über diese mußte später im Verlauf der Assoziation nochmals verhandelt werden. Die Frage der Freizügigkeit regelten die Vertragsparteien auf Wunsch der Türkei im Zusatzprotokoll. Dagegen wurden die Bestimmungen zu sonstigen Freiheiten des gemeinsamen Marktes im Zusatzprotokoll allerdings recht allgemein gehalten[117]. Auf das letzte Anliegen der Türkei - einen möglichen Beitritt - wurde kaum Rücksicht genommen. Vielmehr bemühte sich die EWG darum, die Behandlung der Beitrittsfrage der Türkei aufzuschieben. Daher erfolgte keine Konkretisierung des Art. 28 Ass.Abk. durch das Zusatzprotokoll. Dieses weist zur Beitrittsfrage eine große Lücke auf, obwohl das gesamte Assoziationsverhältnis im Abkommen mit einem Beitrittsprozeß der Türkei in die EWG gekrönt werden sollte.

Die Verhandlungen zur Übergangsphase endeten am 1. September 1970. Nach seiner Ratifizierung durch die nationalen Parlamente der Vertragsparteien[118] trat das Zusatzprotokoll am 1. Januar 1973 in Kraft.

Das Zusatzprotokoll, das 64 Artikel enthält, ist ein "Durchführungsabkommen"[119] zur Übergangsphase der Assoziation. Es konkretisiert die relativ vagen Regelungen des Assoziationsabkommens, wobei insbesondere der rechtliche

---

[115] Gür, Das Türkeibild, S. 108.

[116] Zu Einzelheiten vgl. Birand, in: Özak/Dagyeli (Hrsg.), S. 194 ff.; Kramer, Die EG und die Türkei, S. 44 f.

[117] DPT, Türkiye-Avrupa Birligi Iliskileri Özel Ihtisas Komisyonu Raporu, 2000, S. 8.

[118] Das Zustimmungsgesetz vom 19. Mai 1972 (BGBl. 1972 II, S. 385); Das Zustimmungsgesetz der Nationalversammlung vom 22. Juli 1971 Nr. 1448 (RG 1972 Nr. 14406).

[119] DPT, Türkiye-Avrupa Birligi Iliskileri Özel Ihtisas Komisyonu Raporu, 2000, S. 7.

Rahmen bzw. die Bedingungen und die Einzelheiten der Übergangsphase festgelegt wurden (Art. 1 ZP). Aufgrund ausführlicher Bestimmungen bilden das Zusatzprotokoll und die dazugehörigen Anhänge als Bestandteile des Assoziationsabkommens eine wesentliche Grundlage für die Übergangsphase der Assoziation[120]. Detailliert geregelt wurden die Schritte zur Errichtung der angestrebten Zollunion zwischen den Vertragsparteien.

Die Bestimmungen über den freien Warenverkehr im Rahmen einer Zollunion (Art. 2-30 ZP) stellen die klaren Vorschriften des Zusatzprotokolls dar. Im Zusatzprotokoll wurde die Festlegung dieser Regelungen nicht dem Assoziationsrat überlassen. Darin wurden die Bedingungen für die Herstellung der Zollunion bis in die kleinsten Details festgelegt. Dagegen sind die übrigen Bereiche inhaltlich - wie im Assoziationsabkommen - als Rahmenvorschriften angelegt, deren Verwirklichung erst durch die Beschlüsse des Assoziationsrates während der Übergangsphase herbeigeführt werden sollte. Unterdessen sollte die Freizügigkeit der Arbeitnehmer bis 1986 hergestellt werden (Art. 36 ZP)[121]. Die EG-Mitgliedstaaten sollten außerdem für die in der Gemeinschaft beschäftigten türkischen Arbeitnehmer eine Regelung vorsehen, die in bezug auf das Arbeitsentgelt und die sonstigen Arbeitsbedingungen keine auf der Staatsangehörigkeit beruhende Diskriminierung gegenüber den Arbeitnehmern der anderen EG-Mitgliedstaaten enthält (Art. 37 ZP).

Das Zusatzprotokoll setzt allerdings bei der Umsetzung seiner Vorschriften zwei Grenzen. Zum einen darf hinsichtlich der im Zusatzprotokoll erfaßten Bereichen der Türkei keine günstigere Behandlung gewährt werden als diejenigen Vorteile, die sich die Mitgliedstaaten untereinander auf der Grundlage des EWG-Vertrages einräumen (Art. 59 ZP). Zum anderen enthält das Zusatzprotokoll eine einseitige Schutzklausel, die gemäß Art. 60 ZP eingeführt wurde[122]. Diese Klausel räumt den Vertragspartnern das Recht ein, selbst die erforderlichen Schutzmaßnahmen zu treffen, wenn in einem Wirtschaftsbereich ernsthafte Störungen auftreten, die finanzielle Stabilität ihres Landes durch schwerwie-gende Störungen beeinträchtigt wird oder wenn Schwierigkeiten auftreten, welche die wirtschaftliche Lage eines Gebietes ihres Landes verschlechtern[123]. Die berech-

---

[120] Vgl. Art. 30 Ass.Abk. sowie Art. 62 ZP.

[121] Die Türkei verlangte auf der Tagung des Assoziationsrates vom 2. April 1971, daß das Problem der ohne Arbeitserlaubnis in der EWG beschäftigten türkischen Arbeitnehmer beseitigt werden sollte. Da die EWG hingegen der Ansicht war, daß dieses Problem im Stadium der bilateralen Beziehungen gelöst werden sollte, fand diese Problematik nach der Unterzeichnung des Zusatzprotokolls keine Berücksichtigung. Siehe dazu Bull. EG Nr. 6/71, S. 98; Birand, in: Özak/Dagyeli (Hrsg.), S. 196.

[122] Über diese Schutzklausel hinaus wurde im Zusatzprotokoll weitere spezifische Maßnahmen zur Beseitigung der auftretenden Schwierigkeiten in der jeweiligen Vertragspartei vorgesehen. Vgl. hierzu Art. 5, 7, 12, 13, 19, 20, 43, 54 und 56 ZP.

[123] Unter Hinweis auf diese Bestimmung setzte die Türkei am 25. Dezember 1976 Zollsenkungen aus. Dazu Karluk, Avrupa Birligi ve Türkiye, S. 649-650.

tigten Gründe können sich nicht nur aus der Anwendung der Bestimmungen der Assoziation bzw. der Zollunion, sondern auch anderweitig ergeben. Dabei wird allerdings vorausgesetzt, daß durch die zu treffenden Maßnahmen das Funktionieren der Assoziation nicht gefährdet und das Maß der zu bewältigenden Schwierigkeiten nicht überschritten wird. In diesem Fall muß der jeweilige Vertragspartner unverzüglich den Assoziationsrat davon in Kenntnis setzen[124]. Sodann erfolgen entsprechende Konsultationen im Assoziationsrat. Daneben gestattet das Zusatzprotokoll zum Schutz gegen die Dumping-Praktiken in den Beziehungen der Vertragsparteien die Möglichkeit einer Erhebung von Anti-Dumping. Die geschädigte Vertragspartei kann nach Unterrichtung des Assoziationsrates geeignete Schutzmaßnahmen ergreifen (Art. 47 ZP).

[124] Zur Regelung der Anwendung dieser Schutzmaßnahmen durch die Mitgliedsländer der Gemeinschaft erließ die EWG am 21. Juli 1971 die Verordnung des Rates Nr. 1842/71 vom 21. Juni 71 über im Zusatzprotokoll zum Abkommen zur Gründung einer Assoziation zwischen der Europäischen Wirtschaftsgemeinschaft und der Türkei vorgesehenen Schutzmaßnahmen (ABlEG 1971 Nr. L 192, 14).

Kapitel III: SACHBEREICHE DER ASSOZIATION UND DEREN UMSETZUNG

I. Freier Warenverkehr im Rahmen einer Zollunion

Vorrangiges Ziel der Parteien war es, einen freien Warenverkehr im gewerblichen Bereich innerhalb der Assoziation herzustellen. Die notwendigen Maßnahmen sind im Abkommen vorgeschrieben. Zur Erreichung dieser Ziele verlangt das Abkommen die schrittweise Errichtung einer Zollunion (Art. 2 Abs. 2 Ass.-Abk.) sowie die Annäherung der türkischen Wirtschaftspolitik und derjenigen der Gemeinschaft (Art. 4 Abs. 1 Ass.Abk.). Der Zeitplan zur Errichtung der Zollunion ging von einer Vorbereitungs-, Übergangs- und Endphase aus, deren Abfolge von bestimmten Vorgaben abhängig gemacht wurde (Art. 2 Abs. 3 Ass.-Abk.).

Die Zollunion ist die wesentliche Grundlage der Assoziation. Sie bedeutet die Ersetzung der Zollgebiete der Vertragsparteien durch ein einziges Zollgebiet, wobei die Zölle und andere beschränkende Handelsvorschriften zwischen den Gebieten der Vertragsparteien im wesentlichen beseitigt und im Außenhandel der Vertragsparteien ein gemeinsamer Zolltarif und dieselben Handelsvorschriften angewendet werden (Art. 10 Ass.Abk.)[1]. Sie setzt die Gewährleistung eines freien Warenverkehrs zwischen Vertragsstaaten sowie die Aufstellung der gemeinsamen Zolltarife im Außenhandel der Parteien voraus. Mit ihrem letzten Merkmal unterscheidet sie sich wesentlich von anderen Formen der internationalen Handelsbeziehungen, insbesondere einer Freihandelszone wie z.B. EFTA sowie EWR.

Das Abkommen legte den Parteien jedoch, von der Türkei eingeräumten Handelspräferenzen der EWG abgesehen, keine konkreten Verpflichtungen auf. Vielmehr sollte die Zollunion nach und nach geschaffen werden. Die Modalitäten der Zollunion wurden erst im Zusatzprotokoll festgelegt.

A. Errichtungsprozeß der Zollunion

1. Vorbereitungsphase der Zollunion

In der Vorbereitungsphase wurden der Türkei von seiten der EWG die einseitigen Handelspräferenzen in Form von Zollkontingenten für eine Reihe klassischer türkischer landwirtschaftlicher Erzeugnisse wie Tabak, Haselnüsse, getrocknete Feigen und Weintrauben[2], die keine Abnahmegarantie durch die Mitgliedstaaten, sondern ein Privileg darstellten[3], eingeräumt. Dadurch sollte die

---

[1] Vgl. XXIV Abs. 8a GATT.
[2] Vgl. Art. 2 des vorläufigen Protokolls des Assoziationsabkommens.
[3] Esen, Die Beziehungen EG/Türkei, S. 42.

Türkei eine bestimmte Menge von Erzeugnissen mit niedrigen Zolltarifen in die EWG ausführen können. Die gewährten Zollkontingente sollten gemäß Art. 4 und 6 des vorläufigen Protokolls im zweiten und dritten Jahr nach Inkrafttreten des Abkommens erhöht werden. Auf der Grundlage des Art. 6 des vorläufigen Protokolls des Abkommens wurden mit dem Assoziationsratsbeschluß 1/67 Ausfuhrerleichterungen weiterer landwirtschaftlicher Erzeugnisse[4] sowie Textilprodukte festgelegt. Demnach sollte die EWG der Türkei vom 1. Dezember 1967 an Zollsenkungen zwischen 20% und 50% des Satzes des Gemeinsamen Zolltarifs (GZT) für eine Reihe von wirtschaftlichen und gewerblichen Waren innerhalb bestimmter Kontingente gewähren. Im Gegensatz dazu wurden die Importe der EWG an industriellen Halbfertig- und Fertigprodukten aus der Türkei[5] kontingentiert und teilweise mit hohen Zöllen belegt.[6] Im Übrigen blieben die gewährten Zollkontingente bis zum Ende der Vorbereitungsphase unverändert.

Außerdem gewährte die EWG der Türkei eine Finanzhilfe in Form von Darlehen zu besonders günstigen Konditionen in Höhe von 175 Mio. zur Unterstützung der dafür notwendigen Umstrukturierung und Modernisierung der türkischen Wirtschaft, ohne daß der türkischen Seite als Gegenleistung vertragliche Verpflichtungen auferlegt wurden[7]. Die Türkei war während dieser Phase weder zu Zollsenkungen noch zur Einfuhrliberalisierung gegenüber der EWG verpflichtet, sondern sollte lediglich mit diesen unmittelbaren wirtschaftlichen und finanziellen Vergünstigungen ihre wirtschaftliche Entwicklung voranbringen.

Der Verlauf dieser Phase entsprach jedoch nicht den Erwartungen der Parteien, weil sich die Handelsbeziehungen zum Nachteil der Türkei wesentlich verschlechtert hatten[8]. Zwar trugen die von der EWG gewährten Handelspräferenzen mit dem Ziel des Ausgleichs der Handelsbilanzdefizite zur Zunahme der Ausfuhr der klassischen Agrarerzeugnisse aus der Türkei in die EWG bei. Dennoch wurden die grundlegenden Ziele der Vorbereitungsphase nicht ganz verwirklicht[9]. In dieser Phase erhöhten sich die Einfuhren der Türkei aus der EWG in einem stärkeren Maße als ihre Ausfuhren in die EWG[10]. Ein Grund für das

---

[4] Dazu gehörten Tabak, getrocknete Feintrauben, getrocknete Feigen, Haselnüsse (Art. 3 des vorläufigen Protokolls).

[5] Dies galt vor allem für Textilprodukte, Lederwaren, Metallwaren sowie einfachen elektrotechnischen Waren aus der Türkei.

[6] Zotschew, in: Grothusen (Hrsg.), S. 203.

[7] Vgl. Art. 9 des vorläufigen Protokolls des Assoziationsabkommens.

[8] Vgl. Kramer, Die EG und die Türkei, S. 41.

[9] Vgl. Esen, Die Beziehungen EG/Türkei, S. 38 ff., Eski, Wirtschaftspolitische Probleme der Assoziierung , S. 83; Gür, Das Türkeibild , S. 107-108.

[10] Der Export der Türkei in die EWG nahm in dieser Phase um 9% zu, während der gesamten Export der Türkei um 7,6% zustieg. Der Anteil der EWG an der gesamten Einfuhr der Türkei hingegen erhöhte sich jedoch während der Vorbereitungsphase ständig (29% im Jahre 1963; 42% im Jahre 1972). Dazu Karluk, Avrupa Birligi ve Türkiye, 1998, S. 386 f.

daraus entstehende Handelsbilanzdefizit der Türkei gegenüber der EWG bestand darin, daß die EWG der Türkei für diese landwirtschaftlichen Produkte nur geringfügige Zollkontingente gewährte, die ca. 37% der gesamten Exporte der Türkei ausmachten. Ein anderer Grund war, daß der Handel auf gewissen Marktbedingungen basieren mußte, weil die Türkei einen hohen Importbedarf an Produktionsgütern, Fertigprodukten sowie Rohstoffen hatte, während die Nachfrage an den Export-Waren der Türkei auf dem Markt der EWG geringfügig war, so daß die Kontingente (mit Ausnahme von Haselnüssen) von der Türkei nicht vollständig ausgeschöpft werden konnten[11]. Ihr Handelsbilanzdefizit gegenüber den EWG-Staaten konnte die Türkei durch die Überweisungen der in den EWG-Staaten (vor allem in Deutschland) beschäftigten türkischen Arbeitnehmer zum Teil ausgleichen[12], wenngleich eine Freizügigkeit der Arbeitnehmer im Assoziationsabkommen EWG/Türkei nicht wie Finanzhilfe und Handelspräferenzen der EWG als Mittel zum Ausgleich des Handelsbilanzdefizit der Türkei ausdrücklich vorgesehen war.

Diese ungleiche Entwicklung der Handelsbeziehungen widersprach offensichtlich dem Ziel dieser Phase, in der vor allem Bemühungen zur Stärkung der türkischen Wirtschaft und zu ihrer Vorbereitung auf den Einstieg in die Zollunion unternommen hätten werden sollen.

2. Übergangsphase der Zollunion

a) Einleitung der Übergangsphase

Obwohl in der Vorbereitungsphase nur einseitige Leistungen seitens der EWG vereinbart worden waren, machte die Türkei keinen Gebrauch von der Möglichkeit, die Vorbereitungsphase zeitlich auszuweiten und damit verbundene Zollpräferenzen in Anspruch zu nehmen, ohne für diese Reziprozität einräumen zu müssen. Angesichts der fehlgeschlagenen Vorbereitungsphase kündigte die Türkei der EWG in der Sitzung des Assoziationsrates vom 16. Mai 1967 an, daß die Verhandlungen zur Übergangsphase vor Ablauf der vorgesehen Frist[13] aufgenommen werden sollten, um die vertraglichen Bedingungen erneut festlegen zu können[14].

Trotz erheblicher Bedenken der EWG, ob die Türkei in der Übergangsphase die ihr auferlegten Verpflichtungen erfüllen könnte, wurde auf der Tagung des As-

[11] Vgl. Gökdere, Gümrük Birligi, S. 150-151; Kazgan, Ortak Pazar ve Türkiye, S. 86-87.
[12] Vgl. Yesilyurt, Die Türkei und die EU, S. 39.
[13] Vgl. Art. 8 des vorläufigen Protokolls.
[14] In der Türkei wurde diese Entscheidung stark kritisiert, weil die Türkei aus wirtschaftlicher Sicht nicht bereit war, in die Übergangsphase einzutreten. Siehe dazu Gökdere, Gümrük Birligi, S. 155 ff.; Kazgan, Ortak Pazar ve Türkiye, S. 92 ff.; Yesilyurt, Die Türkei und die EU, S. 38.

soziationsrates vom 9. September 1968 auf Wunsch der Türkei vereinbart, die Verhandlungen zur Übergangsphase einzuleiten[15]. Die Verhandlungen zur Übergangsphase endeten am 1. September 1970. Im Anschluß daran wurden am 23. November 1970 in Brüssel das Zusatzprotokoll und sonstige Rechtsakte über den Eintritt in die Übergangsphase der Assoziation beurkundet und von den Vertretern der Vertragspartner unterzeichnet[16]. Dem Zusatzprotokoll waren sechs Anhänge beigefügt,[17] ein zweites Finanzprotokoll, ein Abkommen über die Erzeugnisse, [18] die unter die Zuständigkeit der EGKS fallen sowie eine Schlußakte.

Nach seiner Ratifizierung durch die nationalen Parlamente der Vertragsparteien[19] trat das Zusatzprotokoll am 1. Januar 1973 in Kraft. Damit ging die einseitige Unterstützung der Assoziation zu Ende und die Übergangsphase begann. Sie leitete eine wirtschaftliche Zusammenarbeit zwischen den Vertragsparteien ein[20]. Die handelspolitischen Teile des Zusatzprotokolls, für welche die EWG die alleinige Kompetenz besitzt, wurden allerdings durch ein Interimsabkommen[21] gemäß Art. 113 EWGV am 1. September 1971 in Kraft gesetzt. Zu diesem Zwecke hat der Assoziationsrat eine Reihe von Beschlüssen zur Regelung des Warenaustauschs gefaßt[22].

b) Modalitäten der Zollunion im Zusatzprotokoll

Gemäß Art. 11 Ass.Abk. sollte die Zollunion - von wenigen Ausnahmen abgesehen - für den gesamten Warenverkehr gelten. Die Beseitigung der Zölle gilt nicht nur für die von einem Vertragspartner stammenden Produkte, sondern auch für die "im freien Warenverkehr befindlichen" Erzeugnisse, die aus Drittländern importiert bzw. dort hergestellt werden, für die jedoch in den Parteien

---

[15] Vgl. Dembinski, Bedingt handlungsfähig, S. 13.

[16] Zusatzprotokoll vom 23. Dezember 1970 (ABlEG 1972 Nr. L 295, 3). Das Zusatzprotokoll wurde vom Rat durch den Verordnung Nr. 2760/72/EWG vom 19. Dezember 1972 im Namen der EWG gebilligt (ABlEG 1972 Nr. L 293, 1).

[17] Anhang Nr. 1 über die Regelung der Einfuhr von Erdölerzeugnissen aus der Türkei in die Gemeinschaft, Anhang Nr. 2 Über die Regelung für die Einfuhr bestimmter Textilerzeugnisse aus der Türkei in die Gemeinschaft, Anhang Nr. 3 Liste der Erzeugnisse, die der in Artikel 11 vorgesehenen Zeitfolge für Zollsenkungen unterliegen, Anhang Nr. 4 über die Verwen-dung der besonderen Unterstützungsmittel durch die Türkei, Anhang Nr. 5 über den innerdeutschen Handel und damit zusammenhängenden Fragen und Anhang Nr. 6 über die Regelung für landwirtschaftliche Erzeugnisse.

[18] Das Abkommen zwischen der Europäischen Wirtschaftsgemeinschaft und der Türkei über die Erzeugnisse, die unter die Zuständigkeit der Europäischen Gemeinschaft für Kohle und Stahl fallen (ABlEG 1972 Nr. L 293, 63).

[19] Zustimmungsgesetz vom 19. Mai 1972 (BGBl. 1972 II, 385).

[20] Vgl. den 4. Gesamtbericht über die Tätigkeiten der EG, Nr. 362.

[21] ABlEG 1971 Nr. L 192, 1.

[22] Vgl. Bulletin der EG, Nr. 11/1971, 73.

die Einfuhrformalitäten sowie die in Art. 3 ZP festgelegten Voraussetzungen erfüllt sind. Die Abschaffung aller Zölle und Handelsbeschränkungen sollte asymmetrisch geschehen, in dem Sinne, daß die EWG alle Zölle und Handelsbeschränkungen früher als die Türkei abschaffen mußte, womit der türkischen Industrie ein gewisser Konkurrenzschutz während der Übergangszeit ermöglicht werden sollte. Zur Errichtung dieser Zollunion war im Zusatzprotokoll einerseits die Abschaffung sowie ein Einführungsverbot aller Ein- und Ausfuhrzölle und zollgleicher Abgaben vorgesehen, andererseits die Beseitigung bzw. ein Einfuhrverbot mengenmäßiger Beschränkungen und Maßnahmen gleicher Wirkung unter Übernahme der GZT durch die Türkei (Art. 7 ff. ZP). Alle Ausfuhrzölle sollten außerdem binnen 4 Jahre nach dem Inkrafttreten des Zusatzprotokolls abgeschafft werden (Art. 15 ZP). Zusätzlich eingeschlossen war ein Verbot von Finanzzöllen, bei denen im Gegensatz zu den Schutzzöllen das Erzielen von Staatseinnahmen im Vordergrund steht (Art. 16 ZP).

c) Pflichten der Vertragsparteien

aa) Verpflichtungen der Europäischen Wirtschaftsgemeinschaft

Die EWG hat mit Inkrafttreten des Zusatzprotokolls zugestanden, gegenüber der Türkei im wesentlichen alle Einfuhrzölle, zollgleichen Abgaben und mengenmäßigen Beschränkungen sowie Maßnahmen gleicher Wirkung für Industrieprodukte abzuschaffen. Die sich daraus für die EWG ergebenden Verpflichtungen waren mit Inkrafttreten des Zusatzprotokolls am 1. Januar 1973 fällig (Art. 9, 24 ZP). Die EWG sollte sogar bereits für die Einfuhr von Industrieprodukten aus der Türkei alle Zölle, Abgaben gleicher Wirkung (Art. 9 ZP) sowie mengenmäßigen Beschränkungen (Art. 24 ZP) mit dem Inkrafttreten des Interimsabkommens vom 1. September 1971 vollständig aufheben, mit Ausnahme von Erdölerzeugnissen und Textil- und Bekleidungsprodukten, die nach wie vor einen erheblichen Anteil der gesamten Exporte der Türkei bilden. Seitdem wendete die EWG für die Einfuhr dieser Waren aus der Türkei innergemeinschaftliche Regelungen an (Art. 27 ZP).

Bezüglich der Einfuhr von Erdölprodukten aus der Türkei galt eine Kontingentierung dieser Produkte. Dabei räumte die EWG der Türkei Zollfreiheit für den Import von Erdölprodukten im Rahmen des Zollkontingentes von 200.000 Tonnen ein. In bezug auf diese Produkte behielt sich die EWG dennoch das Recht vor, zu einem späteren Zeitpunkt von diesen Verpflichtungen zurücktreten zu können. Außerdem wurde kein konkreter Zeitpunkt hinsichtlich der Aufhebung der Zollkontingente für Erdölprodukte aus der Türkei festgelegt, an die sich die EWG hätte halten müssen[23].

[23] Vgl. den Anhang Nr. 1 des Zusatzprotokolls.

Für bestimmte Arten von Textilprodukten, - nämlich maschinell hergestellte Teppiche, Baumwollgarne und bestimmtes Baumwollgewebe - sollten die Zollsätze des GZT nur um 25% herabgesetzt werden[24]. Dieses Zugeständnis wurde allerdings durch die Erstellung von Zollkontingenten für Baumwollgarne und Baumwollgewebe ergänzt, die mit einer Senkung des GZT um 75% bis zu einer jährlichen Höchstmenge von 300 Tonnen für Baumwollgarne und 1000 Tonnen für Baumwollgewebe verbunden waren. Die EWG ihrerseits sollte im Rahmen dieser jährlichen gemeinschaftlichen Zollkontingente einen stufenweisen Abbau des GZT gegenüber der Türkei jeweils um 25% in vier Raten in einem Zeitraum von zwölf Jahren bis 1986 vornehmen[25]. Außerdem verpflichtete sich die EWG dazu, die Zollkontingente selbständig zu erhöhen. Inzwischen schaffte die EWG die Zölle für diese drei Arten von aus der Türkei importierten Textilprodukten am 1. Januar 1985 ab.

Auch auf dem Landwirtschaftssektor wurden der Türkei die im Zusatzprotokoll vorgesehenen Vergünstigungen gewährt, die fast alle die aus ihr in die EWG eingeführten Erzeugnisse betreffen. Schließlich verpflichtete sie sich, der Türkei zusätzliche Zugeständnisse in Form einer teilweisen oder vollständigen Aussetzung der Zollsätze des GZT für bestimmte landwirtschaftliche Verarbeitungserzeugnisse zu machen[26].

Bis zur Vollendung der Zollunion sollte die EWG der Türkei zu ihrer Vorbereitung auf der bevorstehenden Konkurrenz außerdem weitere Finanzhilfe gewähren. So wurde dem Zusatzprotokoll ein neues Finanzprotokoll als Anhang beigefügt, das eine Finanzhilfe in Höhe 195 Mio. US-Dollar vorsah.

bb) Verpflichtungen der Türkei

Der Türkei wurde die Anpassung ihrer Volkswirtschaft an den gemeinschaftlichen Markt dadurch ermöglicht, daß ihr bei der Erfüllung des Abkommens Begünstigungen eingeräumt wurden. So war im Zusatzprotokoll hinsichtlich des Zollabbaus nicht eine sofortige Einhaltung der Verpflichtungen der Türkei vorgesehen, sondern die Türkei sollte diesen vielmehr schrittweise nachkommen können. Deshalb wurde ein detaillierter Zeitplan mit dem Ziel der Öffnung des türkischen Marktes erstellt, der eine schrittweise Beseitigung aller Zölle innerhalb von zwölf Jahren vorschrieb. Demnach sollte die Türkei mit dem Inkrafttreten des Zusatzprotokolls vom 1. September 1973 den Anforderungen für die Errichtung einer Zollunion[27] bis zum Ablauf der Übergangsphase bzw. innerhalb

---

[24] Vgl. den Anhang Nr. 2 des Zusatzprotokolls.
[25] Ebd.
[26] U.a. Tabak, Haselnüsse, getrocknete Weintrauben und Feigen, Zitrusfrüchte, Olivenöl, Hartweizen, Roggen, bestimmte Obst- und Gemüsearten; Vgl. hierzu Interimsabkommen von 1971.
[27] Sie machten 45 % der gesamten Importen aus der EWG aus.

von zwölf Jahren stufenweise nachkommen (Art. 10 ZP). Aufgrund der wirtschaftlichen Schwierigkeiten der Türkei sahen die Vertragsparteien in Art. 11 ZP für eine Reihe der im Anhang Nr. 3 des Zusatzprotokolls angeführten Produkte, die für eine längere Zeit als schutzbedürftig anzusehen waren, einen auf 22 Jahre verlängerten Zeitplan vor[28]. Es handelte sich um Industrieprodukte des Maschinen- und Chemiesektors sowie um Zwischenprodukte und Investitionsgüter[29]. Für sie sollte der Zollabbau innerhalb von 22 Jahren erfolgen (Art. 11 ZP). Die Türkei mußte demnach alle Ein- und Ausfuhrzölle sowie Abgaben gleicher Wirkung aufgrund der Art. 10 und 11 des ZP schrittweise und endgültig mit Wirkung vom 1. Januar 1995 aufheben.

In Art. 10 und 11 ZP wurde der Zeitplan der von der Türkei vorzunehmenden Senkungen, bei denen der Ausgangszollsatz hinsichtlich der Listen mit 12jähriger Laufzeit um 10 %, hinsichtlich der Listen mit 22jähriger Laufzeit um 5% abgebaut werden sollte, aufgestellt. Demnach waren die ersten Senkungen für beide Listen schon bei Inkrafttreten des Zusatzprotokolls fällig. Die zweite und dritte Senkung für die 12jährige Listenlaufzeit sollten drei bzw. fünf Jahre später vorgenommen werden. Die vierte und die folgenden Herabsetzungen sollten jährlich bis zum Ende der Übergangsphase durchgeführt werden. Bezüglich der 22jährigen Listenlaufzeit sollten drei weitere Herabsetzungen um je 5 % drei, sechs bzw. zehn Jahre später vorgenommen werden. Die weiteren acht Herabsetzungen um je 10 % sollten 12, 13, 15, 17, 18, 20, 21 und 22 Jahre später erfolgen. In einem Zeitraum von 22 Jahren sollten also alle türkischen Zölle abgeschafft werden.

Ferner verpflichtete sich die Türkei, schrittweise mengenmäßige Beschränkungen von Maßnahmen gleicher Wirkung für Waren aus der EWG in demselben Zeitraum zu beseitigen. Die Türkei sollte der EWG eine ebenso günstige Behandlung wie den Drittländern gewähren (Art. 22 Abs. 6 ZP). Auch hierfür war ein Zeitplan erstellt worden. Einige Produkte, die gegenüber EWG-Produkten nicht wettbewerbsfähig waren, wurden von diesem Zeitplan ausgeklammert; für sie wurden spezielle Einfuhrkontingente festgesetzt, die jährlich erhöht werden sollten. Außerdem sollten alle mengenmäßigen Beschränkungen seitens der Türkei bis 1995 beseitigt werden (Art. 26 ZP).

Darüber hinaus mußte sich die Türkei parallel zum Zollabbau binnen 12 bzw. auch 22 Jahren an den GZT in vollem Umfang anpassen (Art. 17-20 ZP). Die Zollunion war demnach seitens der Türkei spätestens bis zum Ablauf der Übergangsphase zu verwirklichen. In diesem Zeitraum sollte die Türkei außerdem

---

[28] Die 12jährige Liste machten 55% der Einfuhren der Türkei aus der EWG aus, während die 22jährige Liste 45% betrugen.
[29] Vgl. den Anhang Nr. III des Zusatzprotokolls.

ihre Agrarpolitik an die der EWG harmonisieren, um einen freien Warenverkehr für Agrarprodukte zu ermöglichen.

Im Falle einer Drittländern eingeräumten Zollvergünstigung verpflichtete sich die Türkei, der EWG eine solche unter selben Konditionen ohne Reziprozität zuzugestehen (Art. 14 ZP)[30]. Wenn die Türkei eine Abgabe mit zollgleicher Wirkung gegenüber einem der Assoziation nicht angehörenden Land in einer schnelleren Zeitfolge beseitigt als in den Artikeln 10 und 11 vorgesehen ist, so gilt diese Zeitfolge auch für die Beseitigung dieser Abgabe gegenüber der Gemeinschaft. Dieses Prinzip beinhaltet keine Reziprozität. Deshalb wurde diese Regelung von einer Vielzahl türkischer Fachleute stark kritisiert[31].

d) Verlauf der Übergangsphase

Die EWG kam den sich aus den Bestimmungen des Zusatzprotokolls ergebenden Verpflichtungen hinsichtlich gewerblicher Waren überwiegend nach. Auch für türkische Agrarprodukte senkte sie die Zölle, erhob gleichzeitig aber indirekte Steuern und Einschränkungen[32]. *„In dem Maße, wie es die Türkei erwartet hatte, öffnete die EG ihren Markt nicht bzw. konnte ihn nicht öffnen."*[33] Ferner hat sie sich bei den mengenmäßigen Beschränkungen ab 1975 zum Teil nicht an die Verpflichtungen gehalten. Insbesondere das Vereinigte Königreich, Italien und Frankreich kontingentierten unter Berufung auf Art. 60 ZP (aber im Widerspruch zum Sinn und Zweck des Assoziationsabkommens) die Ausfuhr von Baumwollspinnereiprodukten aus der Türkei. Um ihre in die Krise geratene Industrie zu schützen, wurde von der EWG im Jahre 1978 eine Obergrenze für die Einfuhr von Textilprodukten festgesetzt[34]. Dies bedeutete, daß nur eine bestimmte Menge dieser Produkte der Türkei in die EWG ausgeführt werden durfte[35]. Die Auseinandersetzungen im Textil- und Bekleidungssektor[36] konnten erst im April 1986 beigelegt werden. Die Modalitäten und Bedingungen des Textil- und Bekleidungssektors wurden durch eine Vereinbarung neu geregelt[37].

Auf der türkischen Seite erwies sich die Umsetzung der Bestimmungen der vertraglichen Verpflichtungen bezüglich der Koordinierung der Wirtschaftspolitik

---

[30] Vgl. Art. 9 des vorläufigen Protokolls des Assoziationsabkommens.
[31] Zu türkischen Kontroversen über die Modalitäten des Zusatzprotokolls siehe Yesilyurt, Die Türkei und die EU, S. 98; Bozkurt, Die Beziehung der Türkei zur EU, 1995, S. 174 ff.; Esen, Die Beziehungen EG/Türkei, S. 65 ff.; Kazgan, Ortak pazar ve Türkiye, S. 92.
[32] Birand, Özak/Dagyeli (Hrsg.), S. 200; Dembinski, Bedingt handlungsfähig, 2001, S. 13.
[33] Birand, Özak/Dagyeli (Hrsg.), S. 200.
[34] Birand, Özak/Dagyeli (Hrsg.), S. 200; vgl. auch Bozkurt, Die Beziehung der Türkei zur EU, S. 72, m.w.N.
[35] Vgl. DPT, Türkiye Avrupa Toplulugu iliskileri 1990, S. 18.
[36] Yesilyurt, Die Türkei und die EU, 2000, S. 63 ff.
[37] Ebd., S. 66 m.w.N.

und des Abbaus der Zollschranken aus wirtschaftlichen und politischen Gründen als äußerst schwierig[38]. Vor allem stimmten die Zollsenkungen der Türkei mit den im Zusatzprotokoll festgelegten Fristen nicht überein. Zunächst kam die Türkei ohne Probleme den Verpflichtungen im Hinblick auf den Zollabbau und die mengenmäßigen Beschränkungen bis zum Jahr 1976 vertragsgemäß nach[39]. Danach geriet sie insbesondere gegen Ende der 70er Jahre in wirtschaftliche und politische Schwierigkeiten. In diesen Jahren litt die Türkei auch unter einer Terrorwelle und damit verbundenen aufeinanderfolgenden politischen Krisen[40].

Die im Jahre 1973 eingetretene Ölkrise, welche die drastische Erhöhung der Rohstoffpreise zur Folge hatte, wirkte sich erheblich auf das Assoziationsverhältnis EWG/Türkei aus[41]. In den nachfolgenden Jahren stieg das Handelsbilanzdefizit der Türkei im Vergleich zu dem der EWG in hohem Maße[42]. Da die finanziellen Leistungen der EWG für den Ausgleich des entstandenen Handelsbilanzdefizites der Türkei nicht ausreichten, wurde das wirtschaftliche Ungleichgewicht zwischen den Vertragsparteien in besonderer Weise verschoben. Dazu kam ferner, daß nicht zuletzt aufgrund der Beitrittsfälle[43] die wirtschaftlichen Konkurrenten der Türkei mittels Freihandels-, Assoziations- sowie Kooperationsabkommen in die EWG eingebunden waren[44]. Durch diese Ausweitung der Außenhandelsbeziehungen der EWG verloren die der Türkei ursprünglich gewährten Handelserleichterungen insbesondere hinsichtlich der landwirtschaftlichen Erzeugnisse allmählich an Bedeutung[45]. Es handelte sich dabei um eine zusätzliche Gefährdung der Position der Türkei durch weitere Abkommen der EWG mit Drittstaaten, die weitgehend gleiche Regelungen wie die im Asso-

---

[38] Zur politischen Lage und den Kontroversen um die Assoziation in der Türkei siehe Esen, Die Beziehungen EG/Türkei, S. 92 ff.; Yesilyurt, Die Türkei und die EU, S. 42 ff.

[39] Yavuz, Das Verhältnis der Türkei zur EU, S. 8.

[40] Ausführliche Darstellung bei Steinbach, Orient 1977, 79 ff.

[41] Davon wurden nicht nur die Türkei sondern auch die EWG-Mitgliedstaaten stark betroffen, weil sie zu einer hohen Inflationsrate sowie zu einer Welle der Arbeitslosigkeit in den beiden Seiten führte. Vgl. Kramer, Die EG und die Türkei, S. 54 f.

[42] Das gesamte Handelsbilanzdefizit der Türkei belief sich im Jahre 1977 auf 4 Mrd. US-Dollar, wovon etwa 40% mit der Gemeinschaft erwirtschaftet wurden. Dazu Gsänger, Türkei-Europäische Gemeinschaft, S. 10.

[43] Zur Berücksichtigung der im Assoziationsabkommen festgelegten beiderseitigen Interessen vereinbarten die Vertragsparteien zwar durch Art. 56 ZP politische Konsultationen im Assoziationsrat für den Fall des Beitritts eines Drittlandes zur Gemeinschaft. Diesbezügliche Konsultationen im Assoziationsrat erfolgten jedoch bislang nicht. Vgl. dazu den 12. Tätigkeitsbericht des Assoziationsrates EWG/Türkei.

[44] Yesilyurt, Die Türkei und die EU, S. 43.

[45] Aus der Sicht der EWG verlor ebenfalls das Assoziationsverhältnis an Bedeutung, weil sich die Dimensionen ihrer wirtschaftlichen und politischen Beziehungen sowie ihre Interessenbereiche zunehmend ausdehnten. Die Türkei hat für sie nunmehr geringfügiger Bedeutung als in den Jahren des Abschlusses des Abkommens. Vgl. dazu Gsänger, Türkei-Europäische Gemeinschaft, S. 1; Kramer, Die EG und die Türkei, S. 55; Zotschew, in: Grothusen (Hrsg.), S. 204.

ziationsabkommen und im Zusatzprotokoll enthielten, da die Türkei aufgrund der vergleichbaren Exportstrukturen dieser Länder vor allem einem höheren Konkurrenzdruck auf dem Markt der EWG ausgesetzt war[46]. Zudem unterschieden sich die Abkommen der EWG mit den Mittelmeerstaaten im Gegensatz zum Assoziationsabkommen mit der Türkei bezüglich des Prinzips der Reziprozität. Dies bedeutete offenkundig eine schlechtere Behandlung der Türkei durch die EWG als die gegenüber den Mittelmeerstaaten[47].

> *„All diese Faktoren führten dazu, daß in der Türkei die Enttäuschung über die Assoziation nicht nur in den führenden politischen und wirtschaftlichen Kreisen, sondern erstmals auch in Teilen der Bevölkerung zunahm. Doch auch auf der Seite der Gemeinschaft gab es Unverständnis, wenn nicht gar Unwillen, über das Verhalten des Partners und seine geringere Bereitschaft zur Einsicht in und Anpassung an die nach 1973 grundlegend gewandelten ökonomischen Rahmenbedingungen.“*[48]

Aufgrund all dieser Entwicklungen gerieten die türkisch-europäischen Beziehungen in eine kritische Phase, in der die Weiterentwicklung der Assoziation erheblich behindert wurde[49]. Die Türkei war der Auffassung, daß sie aufgrund der Erfordernisse der Beitrittsassoziation in jedem Fall eine bessere Position haben müsse als alle anderen Drittstaaten, mit denen die EWG Präferenzabkommen abschlösse[50]. Daher verlangte sie schon in der Sitzung des Assoziationsrates vom 20. Januar 1976 in mehrfacher Hinsicht die Revision des Zusatzprotokolls. Die EWG räumte der Türkei lediglich für einige ihrer Agrarprodukte geringfügige Begünstigungen ein[51]. Zudem wurde durch einen Assoziationsratsbeschluß[52] die Rechtsstellung der in den EWG-Mitgliedstaaten beschäftigten türkischen Staatsangehörigen verbessert. Die EWG gewährte der Türkei im Rahmen des dritten Finanzprotokolls, das am 12. Mai 1977 unterzeichnet worden und am 1. Mai 1979 in Kraft getreten war, weitere Finanzhilfen in Höhe von 310 Mio. ECU.

Die EWG reagierte jedoch auf die wesentlichen Forderungen der Türkei überwiegend sehr zurückhaltend und skeptisch[53]. Diese negative Haltung der EWG löste die Mißstimmung der Türkei aus. Die Türkei setzte - gestützt auf Art. 60

---

[46] Vgl. dazu näher Kramer, Die EG und die Türkei, S. 55 ff., 69 f.
[47] Gsänger, Türkei-Europäische Gemeinschaft, S. 1 und 5.
[48] Kramer, Die EG und die Türkei, S. 55.
[49] Gsänger, Türkei-Europäische Gemeinschaft, S. 5.
[50] Vgl. Kramer, Die EG und die Türkei, S. 62.
[51] Vgl. Beschluß des Assoziationsrates Nr. 1/77 über die Zugeständnisse bei der Einfuhr türkischer Agrarerzeugnisse, in: Assoziationsrat EWG-Türkei, 13. Jährlicher Tätigkeitsbericht, Brüssel, S. 59 ff.
[52] Vgl. Beschluß des Assoziationsrates Nr. 2/76 über die Durchführung des Artikels 12 des Abkommens von Ankara, in: Amt für öffentliche Veröffentlichungen der Europäischen Gemeinschaften (Hrsg.), Assoziation zwischen der EWG und der Türkei, Sammlung von Rechtsakten, Band I, Luxemburg 1979, S. 24.
[53] Ebd., S. 62 ff., m.w.N.

ZP - am 25. Dezember 1976 einseitig alle Verpflichtungen der Übergangsphase außer Kraft, weshalb die fällige dritte Zollsenkung nicht vorgenommen wurde[54]. In 1977 und 1978 konnte keine Tagung des Assoziationsrates stattfinden.

Auf der Tagung des Gemischten Parlamentarischen Ausschusses vom 9. Oktober 1978 stellte die Türkei wieder neue Forderungen nach Handelspräferenzen sowie nach zusätzlichen Finanzhilfen in Höhe von acht Mrd. US-Dollar an die EWG[55]. Die EWG gab nur einer Forderung der Türkei nach, die sich auf die Verschiebung der Umsetzung der Verpflichtungen auf einen Zeitraum von 5 Jahren bezog, lehnte die anderen Forderungen jedoch ab. So vereinbarten die Parteien am 21. Mai 1979 das Assoziationsverhältnis für die Dauer von fünf Jahren zu unterbrechen[56]. In diesem Zeitraum wechselte die Regierung der Türkei. Die neue Regierung bemühte sich um die Intensivierung der Beziehungen mit der EWG, so daß die Beziehungen sich allmählich wieder normalisierten[57]. Daraufhin trat der Assoziationsrat nach vier Jahren am 5. Februar 1980 zusammen, erließ im Assoziationsratsbeschluß 1/80 die wichtigsten Regelungen zur Festlegung neuer Handelspräferenzen für die Agrarprodukte der Türkei und traf Beschlüsse über die Freizügigkeit der Arbeitnehmer.

Durch die innenpolitischen Entwicklungen in der Türkei wurde die Weiterentwicklung der Assoziation in den 80er Jahren erneut erschwert[58]. Vor allem der Militärputsch am 12. September 1980 führte zur Suspendierung des Assoziationsverhältnisses, da die militärische Führung die Assoziationsbeziehungen des Landes mit der EWG aussetzte[59]. Daraufhin verstärkte sich die skeptische Haltung der EWG gegenüber der Dauerhaftigkeit und Stabilität der türkischen Demokratie in hohem Maße[60]. Die EWG verweigerte mit der Begründung ihrer Bedenken hinsichtlich der politischen Lage in der Türkei[61] sowie des Zypernkonflikts weitere Finanzhilfen für die Türkei[62]. Die Gewährung weiterer Finanzhilfen wurde davon abhängig gemacht, daß die Demokratie sowie die Menschenrechte

---

[54] Birand, Özak/Dagyeli (Hrsg.), S. 201.

[55] Zu den Forderungen der Türkei siehe Karluk, Avrupa Birligi ve Türkiye, S. 370 ff.; Yesilyurt, Die Türkei und die EU, S. 49 f.

[56] Karluk, Avrupa Birligi ve Türkiye, S. 370.

[57] Dazu näher Kramer, Die EG und die Türkei, S. 76 ff.; Yesilyurt, Die Türkei und die EU, S. 50 ff.

[58] Dazu näher Kramer, Die EG und die Türkei, S. 84 ff.; Yesilyurt, Die Türkei und die EU, S. 53 ff.

[59] Yesilyurt, Die Türkei und die EU, S. 54 f.

[60] Vgl. Ertekin, Der türkische Beitritt zur EG, S. 85; Kramer, Die EG und die Türkei, S. 88 ff.; Yesilyurt, Die Türkei und die EU, S. 57.

[61] In der Türkei wurde ferner im Jahre 1984 die militärischen Aktionen gegen den Terroranschläge der PKK eingesetzt und der Ausnahmezustand in den Terrorgebieten des Landes ausgerufen.

[62] Die EWG führte aber ihre Handelsbeziehungen zur Türkei nach dem Assoziationsverhältnis fort.

in der Türkei wieder gewährleistet wurden[63]. Das vierte Finanzprotokoll, das am 19. Juni 1981 unterzeichnet worden war, wurde infolgedessen nicht in Kraft gesetzt.

Angesichts dieser Lage zeigte die Türkei nicht nur eine negative Reaktion auf die harte Haltung der EWG, sondern führte auch zusätzliche Abgaben ein, die offenkundig zu den Bestimmungen des Zusatzprotokolls im Widerspruch standen, statt - wie vorgesehen - faktisch von 1977 bis 1988 Zollsenkungen und die Angleichung ihrer Zolltarife an den GZT zu vollziehen.

3. Endphase der Zollunion

a) Einleitung der Endphase

Nach der langwierigen Suspendierung des Assoziationsverhältnisses, insbesondere aufgrund des Militärputsches in der Türkei, der Auseinandersetzungen im Textil- und Bekleidungssektor sowie der Freizügigkeitsproblematik der türkischen Staatsangehörigen, normalisierte sich das Assoziationsverhältnis zwischen der EWG und der Türkei erst ab dem Jahre 1986. Die Verhandlungen zur Durchführung der Assoziation wurden am 16. September 1986 wieder aufgenommen[64]. Ein Jahr später stellte die Türkei am 14. April 1987 einen Beitrittsantrag. Nun fing sie an, ihre Volkswirtschaft auf die EWG-Mitgliedschaft vorzubereiten, und ihre Verpflichtungen aus der Übergangsphase nach einem kurzfristigen Zeitplan zu erfüllen. Ab 1988 hielt sie ihre Verpflichtungen vertragsgemäß ein[65].

Der volle Integrationswunsch der Türkei wurde von der EWG trotz der Zurückweisung des Beitrittsantrages positiv aufgenommen[66]. So wurde auf dem Gipfel des Europäischen Rates (Lissabon) von 1992[67] hinsichtlich des Assoziationsverhältnisses zur Türkei betont, daß die Türkei angesichts der sich rasch ändernden politischen Lage Europas für die Gemeinschaft von hoher Relevanz sei. Nach den Beschlüssen des Lissaboner Gipfels von 1992 sollte durch die Aufnahme des politischen Dialogs auf höchster Ebene die Atmosphäre verbessert werden. Gemäß dieses Auftrages des Europäischen Rates tagte der Assoziationsrat, der nach 1980 seine Funktion praktisch nicht mehr wahrgenommen hatte, am 30.

---

[63] Siehe ABlEG 1980 Nr. C 40, 1.

[64] Auf der Tagung des Assoziationsrates vom 16. September 1986 wurden neben den politischen Themen die Fragen bezüglich der Freizügigkeit türkischer Arbeitnehmer, des Standes der Handelsbeziehungen und der finanziellen Zusammenarbeit ausführlich verhandelt, aber dabei wurde keinen relevanten Beschluß gefaßt. Vgl. Bulletin der EG 9-1986, Ziffer 2.2.19.

[65] DPT, Türkiye-Avrupa Birligi Iliskileri Özel Ihtisas Komisyonu Raporu, 2000, S. 7.

[66] Zur Entwicklung der Assoziation nach dem Beitrittsantrag der Türkei von 1987 auf Mitgliedschaft siehe Bozkurt, Die Beziehungen der Türkei zur EU, S. 74 ff.

[67] Gür, Das Türkeibild, S. 106.

September 1992 in Brüssel. Auf dieser Tagung wurde vereinbart, bis zum Jahr 1996 die Zollunion zu vollenden[68].

Im Rahmen der 1992-1993 stattfindenden Sitzungen des Assoziationsrates einigte man sich darauf, einen politischen Dialog zu pflegen und abschließende Vorbereitungen bezüglich des Eintritts der Endphase der Zollunion zu treffen. Daraufhin wurden eine Reihe von ad hoc-Sitzungen durchgeführt, an denen zumeist hochrangige Beamten beider Parteien teilnahmen[69].

b) Vereinbarung über die Vollendung der Zollunion

Nach den langwierigen Verhandlungsrunden wurden sich die Parteien zwar auf der Tagung des Assoziationsrates im Dezember 1994 in den meisten Verhandlungspunkten hinsichtlich der Errichtung der Zollunion einig, doch konnte der für die abschließenden Modalitäten der Zollunion geplante Assoziationsratsbeschluß in dieser Sitzung des Assoziationsrates nicht erlassen werden, weil der erwartete erforderliche Beschluß einerseits durch die in der Türkei aufgetretene Wirtschaftskrise, andererseits durch die ablehnende Haltung des EP, aber auch durch den griechischen Widerstand[70] verhindert wurde.

Angesichts dieser Lage vertagte der Assoziationsrat die Entscheidung über die Verabschiedung der Zollunion auf seine nächste Sitzung. Ungefähr ein Jahr später bzw. im Rahmen der 36. Sitzung des Assoziationsrates vom 6. März 1995 wurde die Problematik zur Verwirklichung der Zollunion wieder detailliert verhandelt. Am Ende dieser Verhandlungen wurde ein Einvernehmen über die Vollendung der Zollunion erzielt[71].

Daraufhin bemühte sich die Türkei in der Zwischenzeit um grundlegende Wirtschaftsreformen und glich in diesen Bereichen ihre Vorschriften dem Gemeinschaftsrecht an[72]. Somit wurde auf der Sitzung des Assoziationsrates vom 30. Oktober 1995 die Anwendung einer in Art. 65 Abs.4 ARB 1/95 niedergelegten Verschiebung nicht für erforderlich gehalten.

---

[68] Ausführliche Erläuterungen bei Karluk, Avrupa Birligi ve Türkiye, S. 407 ff.

[69] Vgl. DPT, Türkiye-Avrupa Birligi Özel Ihtisas Komisyonu Raporu, 2000, S. 16.

[70] Griechenland machte die Errichtung einer vollen Zollunion mit der Türkei von der festen Zusage für den Beginn von Beitrittsverhandlungen mit der Republik Zypern abhängig. Außerdem befürchtete Griechenland negative Auswirkungen der türkischen Textilexporte auf seine Textilindustrie.

[71] Vgl. dazu die EG, die gemeinsame Pressemitteilung des Assoziationsrates EG/Türkei Nr. 110/95 vom 6. März 1995.

[72] In diesem Zeitraum wurde eine Reihe erheblicher Gesetzänderungen vorgenommen. In diesem Kontext wurden u.a. das Kartellgesetz (1994), das Privatisierungsgesetz (1994), das Gesetz zum Verbraucherschutz (1995), das Wettbewerbsgesetz, die Rechtsverordnung mit Gesetzeskraft über industrielles Design, Marken und Patent (alle 1995) erlassen. Dazu eingehend Karluk, Avrupa Birligi ve Türkiye, S. 472 ff.

c) Schwierigkeiten bei der Vollendung der Zollunion

aa) Haltung des Europäischen Parlaments

Auf der Gemeinschaftsseite wurde das Inkrafttreten des ARB 1/95 von der Zustimmung des EP abhängig gemacht. Damit wurde zum ersten Mal ein Assoziationsratsbeschluß dem EP zur Zustimmung vorgelegt. Nach langen, sehr kontroversen Beratungen[73] hat das EP am 13. Dezember 1995 der Zollunion mit der Türkei unter der Bedingung zugestimmt[74], daß die Türkei weitere politische Reformen, vor allem die Einhaltung der Menschenrechte, die Verbesserung des Demokratiestandards sowie den Schutz der Minderheiten durchführt. Dabei betonte das EP allerdings die geostrategische Bedeutung der Türkei und strebte deswegen vor allem mittels seiner Zustimmung zur Errichtung einer Zollunion an, *„der türkischen Regierung einen politischen Vertrauensvorschuß entgegenzubringen, damit diese an der Verankerung ihres Landes im europäischen System demokratischer Werte weiterarbeiten kann.“*[75] So wurde die Türkei dahingehend unterstützt, die erforderlichen Kriterien für ihren Beitritt zur EU zu erfüllen.

Auf Drängen des EP wurde die Türkei dazu verpflichtet, schnell die erforderlichen Maßnahmen zu ergreifen, die geeignet waren, den Schutz von Demokratie und Menschenrechten zu garantieren sowie zu einer Lösung des Zypernproblems beizutragen[76]. Aufgrund dieser Forderungen wurde am 23. Juli 1995 in der Türkei eine Reihe von Verfassungsänderungen[77] vorgenommen[78].

Die EU hat dem in der Türkei eingeleiteten Reformprozeß mit dem Ziel der erwähnten Verbesserung ihrer demokratischen Praktiken, der Förderung der Achtung der Menschenrechte und der stärkeren Beteiligung der Zivilgesellschaft an ihrer Entwicklung besondere Bedeutung beigemessen[79]. In diesem Zusammenhang wurden die am 23. Juli 1995 von der Türkei vorgenommenen Verfassungs-

---

[73] Vgl. den Nachricht „EU-Parlament billigt Zollunion mit der Türkei trotz Vorbehalten“, in: Handelsblatt vom 14. Dezember 1995, S. 4; den Nachricht „Europa-Parlament billigt Zollunion mit der Türkei“ in: FAZ vom 14. Dezember 1995, S. 7.

[74] 343 EP-Abgeordnete stimmten für den Beschluß Nr. 1/95 des Assoziationsrates EG/Türkei, während 149 EP-Abgeordneten gegen ihn stimmten. Dabei enthielten sich allerdings 36 EP-Abgeordneten. Die übrigen 98 Abgeordneten waren abwesend.

[75] Vgl. dazu die Entschließung des EP vom 13. Dezember 1995 zur Lage der Menschenrechte in der Türkei; B4-1530/rev., 1534 und 1559/95; den Bericht-McMillan-Scott vom 17. September 1998, Dokument des EP Nr. A4-251/98 vom 17. September 1998.

[76] Vgl. die Entschließung des EP vom 16. Februar 1995 zum Entwurf eines Abkommens über eine Zollunion zwischen der EU und der Türkei, B4- 0171, 0175, 0179, 0180, 0204 und 0259/95/endg.

[77] Vgl. das Gesetz Nr. 4121 vom 23. Juli 1995, RG Nr. 22355 vom 26. Juli 1995.

[78] Vgl. zu den Reformen insbesondere in bezug auf Artikel 84, 135, 149 der Verfassung der Türkei näher Rumpf, Die Verfassungsänderungen in der Türkei, S. 1 ff.

[79] Vgl. den Vorschlag der Kommission für eine Verordnung (EG) des Rates über die Durchführung von Aktionen zur Vertiefung der Zollunion EG-Türkei (ABlEG 1998 Nr. C 408, 14).

änderungen trotz teilweise fehlender und unzureichender Bestimmungen im wesentlichen als wichtiger Schritt in Richtung des weiteren Demokratisierungsprozesses in der Türkei bewertet[80].

Die Notwendigkeit der Zustimmung des EP ist nach dem Assoziationsrecht nicht vorgesehen. Ein solches Erfordernis stellt eine ausschließlich innere Angelegenheit der EU dar[81] und verbleibt daher außerhalb des Assoziationsverhältnisses mit der Türkei. Folglich war die Türkei keineswegs an Entscheidungen des EP gebunden. Auch die EG-Seite war ihrerseits verpflichtet, die im Zusatzprotokoll bereits verbindlich vereinbarte Zollunion nach Ablauf der ebenfalls in diesem Protokoll niedergelegten Fristen umzusetzen. Dies hätte jedoch ein weiteres Problem zwischen den Parteien hervorrufen können, da es für die Türkei eine schwer zu akzeptierende Zusatzbedingung darstellte. Allein der Assoziationsrat EG/Türkei ist assoziationsrechtlich befugt, Beschlüsse zu fassen, welche die Vertragsparteien dazu verpflichten können, die zu deren Durchführung erforderlichen Maßnahmen zu treffen (Art. 22 Ass.Abk). Auf dieser Grundlage hatte der Assoziationsrat zur Errichtung der Zollunion den Beschluß 1/95 erlassen. Beschlüsse des Assoziationsrates müssen sinngemäß in die Rechtsordnungen der Vertragsparteien umgesetzt werden. Ist dies nicht der Fall, dann wird gegen das Assoziationsrecht verstoßen. Gemäß Art. 22 Ass.Abk. sind die Vertragsparteien dazu verpflichtet, in die Endphase der Assoziation einzutreten und zu deren Durchführung geeignete Maßnahmen zu ergreifen sowie den von dem Assoziationsrat erlassenen Beschluß in ihre Rechtsordnungen einfließen zu lassen und anschließend einzuhalten. Im Falle einer Ablehnung des EP hätte offensichtlich ein Verstoß gegen das Assoziationsrecht durch die EG vorgelegen[82], weil die Gemeinschaftsseite ihr vertragswidriges Verhalten der Türkei gegenüber keineswegs mit einem Problem rechtfertigen kann, das in ihrem internen Bereich wurzelt.

bb) Befürchtungen in der Türkei

Auf türkischer Seite wurde wegen der in ARB 1/95 festgelegten Modalitäten der Zollunion scharfe Kritik geübt[83]. Dadurch seien vor allem die nationalen Inte-

[80] Vgl. den Bericht-McMillan-Scott über die Berichte der Kommission über die Entwicklung der Beziehungen zur Türkei seit dem Inkrafttreten der Zollunion, Dokument des EP Nr. A4-251/98 vom 17. September 1998.

[81] Das EP hat ebenfalls gemeinschaftsrechtlich lediglich Kompetenzen hinsichtlich der Zustimmung zu Verträgen mit Drittländern, aber nicht hinsichtlich der Assoziationsratsbeschlüsse. Der ARB 1/95 stellt im technischen Sinne kein völkerrechtliches Abkommen dar, sondern nur ein Beschluß der für die Durchführung des bestehenden Assoziationsverhältnisses zuständigen Organe der Assoziation (Art. 4 und 22 Ass.Abk., Art. 61 ZP). Unter diesen Umständen blieb dem EP nichts anderes übrig, als sich mit dieser Angelegenheiten nur in politischer Hinsicht auseinanderzusetzen.

[82] Vgl. Art. 4 und 22 Ass.Abk., Art. 61 ZP.

[83] Karluk, Avrupa Birligi ve Türkiye, S. 515 ff.

ressen der Türkei beeinträchtigt worden. Der damaligen türkischen Regierung unter Ministerpräsidentinnen Tansu Ciller wurde ein "*Verrat des Landes*" vorgeworfen[84]. Nach Meinung der ablehnenden Stimmen könnte die Türkei einen schweren Anpassungsschock ihrer Wirtschaft erleiden. Es bestehe die Gefahr, daß sich die Zollunion zu Ungunsten der Türkei nachhaltig auswirken werde, da die meisten Zugeständnisse bzw. Handelsvergünstigungen der EU bereits gemacht worden seien, und mit dem Inkrafttreten des ARB 1/95, abgesehen von Finanzhilfen, grundsätzlich keinerlei nennenswerte Verpflichtungen gegenüber der Türkei bestünden, während die Türkei als Entwicklungsland umfassende Verpflichtungen im Rahmen der Zollunion übernehmen müßte[85]. Zudem sei die Freizügigkeit türkischer Arbeitnehmer den Interessen der EG-Mitgliedstaaten entsprechend weiterhin unberücksichtigt geblieben. Die im ARB 1/95 festgelegten Modalitäten der Zollunion widerspreche daher dem Sinn und Zweck des Abkommens sowie des Zusatzprotokolls.

Ein weiterer Kritikpunkt richtet sich darauf, daß die Türkei durch die gemeinsame Zollunion mit der EG umfangreiche Verpflichtungen übernehmen muß, ohne vorher Mitglied geworden zu sein und ohne in absehbarer Zeit eine Beitrittsperspektive in Aussicht gestellt zu bekommen[86]. Gemäß den vertraglichen Verpflichtungen müsse die Türkei ihre Rechtsordnung mit den Grundlagen der Zollunion der EG in Einklang bringen, die gerichtlichen Entscheidungen der EG einhalten, ohne bei diesbezüglichen Entscheidungsverfahren der EG sowie bei der Gerichtsbarkeit mitzuwirken. Unter den im ARB 1/95 festgelegten Umständen bedeute eine Zollunion mit der EG daher den Verlust an nationaler Souveränität der Türkei, weil die Außenhandelspolitik der Türkei nunmehr von der EG bestimmt werde, ohne daß sie ein konsultatives Mitspracherecht auf höchster Ebene der EG habe. Hierbei wurde ein Zusammenhang mit den Kapitulationen hergestellt, welche das Osmanische Reich vor 500 Jahren Frankreich gegenüber erklärt hatte[87].

Trotz der von verschiedenen Seiten scharf geübten Kritik erweisen sich die Verpflichtungen der Türkei nach wie vor nicht nur im Rahmen der Assoziation mit der EG, aber auch im Hinblick auf ihre Außenhandelsbeziehungen als notwendig. Angesichts der sich ändernden Lage des Welthandels muß sie auch ihre Vorschriften bezüglich des Außenhandels mit den geltenden Grundsätzen des Welthandels in Einklang bringen. Die Außenhandelsbeziehungen wurden im vergangenen Jahrhundert, insbesondere nach dem Zweiten Weltkrieg, in großem Umfang institutionalisiert und globalisiert. Obwohl Zölle und Abgaben gleicher

[84] Gür, Das Türkeibild, S. 115.
[85] Manisali, Gümrük Birliği, S. 1 ff.; vgl. auch Nachricht „Die Türkei als Außenposten Europas", in: NZZ vom 14. Dezember 1995, S. 4; Nachricht „Europa-Parlament billigt Zollunion mit der Türkei", in: Handelsblatt vom 14. Dezember 1995, S. 7.
[86] Karluk, Avrupa Birligi ve Türkiye, S. 515 ff.
[87] Gür, Das Türkeibild, S. 115; Yesilyurt, Die Türkei und die EU, S.116 m.w.N.

Wirkung weiterhin zu den Hoheitsrechten von Staaten gehören, sind diese Hoheitsrechte auf der internationalen Ebene nicht zuletzt durch die GATT/WTO-Bestimmungen[88], aber auch durch multilaterale sowie bilaterale Beziehungen von Staaten erheblich beschränkt. Dementsprechend bemüht sich die Türkei - insbesondere seit 1980 - um eine Liberalisierung ihrer Wirtschaft und deren Öffnung zum Weltmarkt. Die EG bestimmt nicht nur einen erheblichen Anteil ihres Außenhandels, sondern auch des Welthandels. Unter diesen Umständen ist hervorzuheben, daß die Verpflichtungen der Türkei nicht als einseitig gemachte umfangreiche Zugeständnisse, sondern als notwendigerweise einzuleitende Schritte anzusehen sind[89]. Sie stimmen weitgehend mit ihren WTO-Verpflichtungen überein.

Die Zollunion bringt ferner eine Fülle von Vorteilen für die Türkei mit sich. Sie ist für die Türkei vor allem hinsichtlich ihrer gut strukturierten, wettbewerbskräftigen Textil- und Bekleidungsindustrie von relevanter Bedeutung, da Textilprodukte der Türkei im zollfreien Markt der EU von 370 Mio. Verbrauchern erworben werden. Die aufgrund des ARB 1/95 unterzeichneten Freihandelsabkommen mit Drittstaaten eröffnen den türkischen Unternehmen einen Zugang zu neuen Märkten. Außerdem kann aus türkischer Sicht erhofft werden, daß zahlreiche ausländische Unternehmen aufgrund der relativ günstigen Produktionskosten anstatt eines EU-Mitgliedstaates die Türkei bevorzugen werden. Durch Investitionen ausländischer Unternehmen sollen nicht nur neue Arbeitsplätze in der Türkei geschaffen, sondern durch den im Rahmen der Zollunion entstehenden Konkurrenzdruck auch Qualitätssteigerungen sowie Preisreduzierungen der Produkte auf dem türkischen Wirtschaftsmarkt herbeigeführt werden[90].

Trotz dieser positiven Überlegungen ist das gesamte Assoziationsverhältnis zwischen der EG und Türkei aber auch zu kritisieren. Dabei ist die Frage zu stellen, warum die anderen Bereichen der Assoziation (z.B die Freizügigkeit der Arbeitnehmer sowie die finanzielle Zusammenarbeit) stagniert bleiben, obwohl sie auch umzusetzen sind, um das Ziel des Abkommens zu verwirklichen.

---

[88] Die Türkei und die EG-Mitgliedstaaten - die Gemeinschaft erst 1995 - sind Vertragsparteien der Welthandelsorganisation (WTO). Da die Bestimmungen der WTO die verfassungsrechtliche Grundlagen für die internationalen Wirtschaftsbeziehungen bildet, hat sie bei der Gestaltung der internationalen Wirtschaftsbeziehungen die herausragende Bedeutung. Bei der inhaltlichen Ausgestaltung internationaler anderen Wirtschaftsabkommen müssen die Regelungen der WTO Rechnung getragen werden, d.h. sie dürfen mit den WTO-Bestimmungen nicht kollidieren. Aus diesem Gesichtspunkt müssen auch die Regelungen der Assoziation EG/Türkei zur Zollunion mit den Regelungen des WTO in Einklang stehen.

[89] Vgl. zur gleicher Meinung Cubukcu, Gümrük Birliginin Etkileri, S. 27; Morgil, Yeni Forum 1995, 4.

[90] Vgl. den Nachricht „Türkei hofft die Impulse durch die Zollunion“, in: Nachrichten für Außenhandel vom 25. September 1995.

Ferner ist anzumerken, daß durch die im ARB 1/95 angelegte Konstruktion die staatliche Souveränität (Innehabung höchster, unabgeleiteter Staatsgewalt) beeinträchtigt ist. Denn die Türkei hat kein Mitspracherecht im Entscheidungsverfahren der EG zum Erlaß gemeinschaftlicher Vorschriften, die im Rahmen der Bestimmungen aus dem ARB 1/95 auch für sie gelten. Zwar hat die Türkei mit dem ARB 1/95 an die EG keinen Teil ihr Souveränitätsrechte abgetreten, d.h. die Akte der Gemeinschaft gelten in der türkischen Rechtsordnung nicht unmittelbar. Sie ist jedoch - mit dem ARB 1/95 - völkerrechtlich verpflichtet, die Akte der EG innerstaatlich zu vollziehen. Dafür fehlt aber eine verfassungsrechtliche Grundlage. Laut Art. 6 Abs. 2 TV gebraucht das Volk seine Hoheitsgewalt nur mittels der zuständigen Verfassungsorgane nach Maßgabe der in der Verfassung niedergelegten Grundsätze. Der Vorschrift des Art. 6 Abs. 2 TV steht einer Übertragung der Zolltarifhoheit vor allem auf diejenige internationale Organisationen (darunter auch die EG) entgegen, in denen die Türkei nicht Mitglied ist. Dieser Zustand kann erhebliche Schwierigkeiten mit sich bringen. Die Türkei hat zwar in der Vorbereitungsphase und während der Entscheidungsfindung ein gewisses Mitspracherecht und beteiligt sich aktiv an einer Reihe vorbereitender Maßnahmen sowie an bestimmten Ausschüssen im Zusammenhang mit der Legislativtätigkeit der EG, hat aber dabei kein Mitentscheidungsrecht bei der Beschlußfassung. Diese Situation ist problemlos für eine kurzfristige Übergangsphase bis zum Beitritt akzeptabel, um die beitrittswillige Türkei rasch an den Besitzstand der Gemeinschaft anzupassen, darf aber keineswegs lang andauern.

d) Eintritt in die letzte Phase der Zollunion

Die Zollunion ist ein Jahr später als im Zusatzprotokoll geplant zum 31. Dezember 1995 wirksam geworden. Obwohl diese der längst fällige Vollzug eines im Zusatzprotokoll festgelegten Schrittes war, gelang mit deren Verwirklichung eine weitere Vertiefung der Assoziation. Damit nahm der Integrationsprozeß nach Jahren der Stagnation der Assoziation einen neuen Anlauf. Derzeit verfügt die EG über die weitreichendsten vertraglichen Beziehungen zur Türkei. In der bisherigen völkerrechtlichen Praxis hat die EG - abgesehen von Beitrittsfällen in Form einer vollen Zollunion - bei einer Beziehung zu anderen Drittstaaten einen solchen Integrationsstand nicht erzielt[91]. Im Regelfall erfolgt die Zollunion der EG mit einem Drittstaat erst dann in Frage, wenn dieser die Vollmitgliedschaft erwirbt[92].

[91] Auch das EWR-Abkommen bietet in seiner Ausgestaltung lediglich eine verbesserte Freihandelszone, aber keine Zollunion.
[92] Themenpapier des EP Nr. 7: Die Türkei und ihre Beziehungen zur Europäischen Union, 2000; Gür, Das Türkeibild, S. 118.

Die Vertragsparteien erreichten eine Zwischenstation des ursprünglichen Ziels der Assoziation. Zudem wurde durch über eine klassische Zollunion hinausgehende Regelungsbereiche ein weitgehender Integrationsprozeß der Türkei in die EG eingeleitet[93]. Nach herrschender Meinung[94] ging damit die Übergangsphase der Zollunion zu Ende. Es bestehen allerdings gewisse Zweifel daran, ob es sich tatsächlich entsprechend dem Sinn und der Gesamtbetrachtung des Abkommens um einen Eintritt in die Endphase handelt. Dabei ist darauf hinzuweisen, daß sich die Vertragsparteien hinsichtlich der Zollunion in dieser Endphase befinden, während die Frage offenbleibt, ob dies auch für weitere Bereiche der Assoziation gilt. Die Umsetzung weiterer Bereiche wurde auch in dieser Phase nicht verwirklicht. Vielmehr ist deren Realisierung weiterhin erwünscht, obwohl diese bereits in der Übergangsphase gemäß den Bestimmungen des Abkommens und des Zusatzprotokolls weitgehend hätten umgesetzt werden sollen.

B. Gegenwärtiger Zustand der Zollunion im Rahmen des Assoziationsratsbeschlusses (ARB) Nr. 1/95

1. Zu den Merkmalen des ARB Nr. 1/95

a) Durchführungsakt

In der Lehre wird der ARB 1/95 als ein "Abkommen" zur Errichtung der Zollunion bezeichnet[95]. Diese Bezeichnung ist im rechtlichen Sinne nicht richtig, weil der ARB 1/95 kein neues Abkommen zwischen den Parteien, sondern im Sinne von Art. 22 Abs. 1 Ass.Abk ein Beschluß ist. Der ARB 1/95 ändert als eine neue Vereinbarung den Rahmen des Assoziationsverhältnisses nicht, dem das Assoziationsabkommen sowie das Zusatzprotokoll zugrunde liegen, sondern führt lediglich die Endphase der Zollunion durch. Er muß inhaltlich mit den primären Assoziationsrechtsgrundlagen übereinstimmen. Laut Art. 1 ARB 1/95 finden die Bestimmungen dieses Beschlusses nur Anwendung, soweit sie nicht gegen Regelungen des Abkommens sowie gegen die zugehörigen Zusatz- und Ergänzungsprotokolle verstoßen.

Die die Zollunion betreffenden Regelungen des Assoziationsabkommens EG/-Türkei und des Zusatzprotokolls sind allerdings mittlerweile weitgehend obsolet, weil seit dem Inkrafttreten des ARB 1/95 die Zollunion grundsätzlich in vollem Umfang verwirklicht wurde, so daß der Anwendungszweck derartiger Vertragsbestimmungen vertragsgemäß erfüllt worden ist. Die Rechtsgrundlage dieses Beschlusses beruht dennoch auf dem Assoziationsabkommen EG/Türkei

[93] Vgl. die EU, die gemeinsame Pressemitteilung des Assoziationsrates, 36. Tagung, in: Newsroom des EU-Rates vom 6. .März 1995 Nr. 110195.
[94] Karluk, Avrupa Birligi ve Türkei, S. 346.
[95] Zu dieser Bezeichnung vgl. Arslan, Zeitschrift für Gegenwartsforschung 2000, 330.

und dem zugehörigen Zusatzprotokoll. Deshalb sind die Regelungen des Abkommens sowie des Zusatzprotokolls bei der Auslegung der Bestimmungen des ARB 1/95 weiterhin anzuwenden[96].

Die im Rahmen des ARB 1/95 vollzogene Zollunion ist nicht das letzte Ziel des Assoziationsverhältnisses EG/Türkei, sondern eine zu verwirklichende Komponente im Beitrittsverfahren der Türkei zur EU. Sie ist daher dynamisch auszulegen und geht weiter als der Text des ARB 1/95[97].

b) Umfangreiche inhaltliche Ausgestaltung

Der ARB 1/95 besteht aus 66 Artikeln, welche in sechs Kapitel[98] gegliedert sind, und aus zehn Anhängen. Angesichts der sich verändernden Umstände des Welthandels sowie des derzeitigen Besitzstandes der EG haben sich die Parteien mit dem ARB 1/95 neben den Bestimmungen über die Zollabschaffung und den GZT auch darüber geeinigt, daß sich der ARB 1/95 nicht nur auf die Regelungen der Zollunion, sondern auch auf Bestimmungen in anderen Bereichen erstreckt, die sich insbesondere auf die gemeinsame Handelspolitik und die Vereinheitlichung der gemeinsamen Wettbewerbsregelungen und den Schutz des geistigen sowie gewerblichen Eigentums und auf deren Rechtsangleichung an die EG-Normen beziehen[99].

---

[96] Arat, AÜHFD 1995, S. 12.

[97] Ebd.

[98] Kapitel 1 über den freien Warenverkehr und die Handelspolitik (Art. 2-23), Kapitel 2 über die landwirtschaftlichen Erzeugnisse (Art. 24 - 27), Kapitel 3 über das Zollrecht (Art. 28-30), Kapitel 4 über die Rechtsangleichung (Art. 31-51), Kapitel 5 über die institutionellen Bestimmungen (Art. 52-54) und Kapitel 6 über die allgemeine und Schlußbestimmungen (Art. 65 und 66).

[99] Über den ARB 1/95 hinaus wurde der Rahmen des Assoziationsverhältnisses EG/Türkei durch eine Entschließung der Assoziationsrates auf weitere Bereichen ausgedehnt, die von dem Assoziationsabkommen EG/Türkei bzw. dem Zusatzprotokoll nicht erfaßt sind. Dem liegt Art. 48 ZP zugrunde, wonach der Assoziationsrat auf den Gebieten, die im Zusatzprotokoll nicht erfaßt sind und die sich unmittelbar auf das Funktionieren der Assoziation auswirken, sowie auf den Gebieten, die zwar im Zusatzprotokoll erfaßt sind, für die darin jedoch kein eigenes Verfahren festgelegt ist, den Vertragsparteien empfehlen kann, Maßnahmen zur Angleichung der Rechts- und Verwaltungsvorschriften zu treffen. In der Entschließung über die Entwicklung der Assoziation wurde eine Ausweitung der Zusammenarbeit zwischen den Vertragsparteien in denjenigen Bereichen vorgesehen, die sich auf die industrielle Zusammenarbeit, transeuropäische Netze, den Energiesektor, Verkehr, die Telekommunikation, die Landwirtschaft, die Umwelt, die Wissenschaft, die Statistik, die Justiz und Inneres, den Verbraucherschutz, die kulturelle Zusammenarbeit, die Information und Kommunikation beziehen. Schließlich wurde in der Entschließung erwähnt, daß ein regelmäßiger Dialog über die Lage der türkischen Arbeitnehmer, die sich legal auf dem Arbeitsmarkt der Union befinden, erfolgen solle. In diesem Zusammenhang betonte der Assoziationsrat EG/Türkei die Notwendigkeit, den politischen Dialog zwischen den Vertragsparteien über alle Themen von gemeinsamem Interesse auf allen Ebenen zu führen.

Zwischen der EG und der Türkei wurde keine eigenständige Zollunion gegründet. Vielmehr handelt es sich um eine Beteiligung der Türkei an die Zollunion der EG. Denn das Zollunionsverhältnis zwischen der EG und der Türkei unterliegt in erheblichem Maße dem Gemeinschaftsrecht. Die Bestimmungen des ARB 1/95 lehnen sich eng an die EG-Grundsätze an und sehen eine Rechtsangleichung der Türkei an das Gemeinschaftsrecht vor. Damit soll sie wirtschaftlich vollends in den Wirtschaftsraum der EG integriert werden. In Art. 35 ARB 1/95 ist ausdrücklich folgendes vorgesehen; „*Verhaltensweisen, die gegen die Artikel 32, 33 und 34 verstoßen, werden nach den Kriterien beurteilt, die sich aus der Anwendung der Regeln der Artikel 85, 86 und 92 des Vertrags zur Gründung der Europäischen Gemeinschaft sowie des davon abgeleiteten Rechts ergeben.*“ Ebenfalls verpflichtet Art. 54 ARB 1/95 die Türkei dazu, in den Bereichen, die das Funktionieren der Zollunion unmittelbar betreffen, ihre Rechtsvorschriften an das Gemeinschaftsrecht anzugleichen. Zu diesen Bereichen gehören die Handelspolitik und die Abkommen mit Drittstaaten, die eine handelspolitische Komponente für gewerbliche Waren umfassen, die Rechtsvorschriften über die Beseitigung technischer Hemmnisse beim Handel mit gewerblichen Waren, das Wettbewerbsrecht, die Vorschriften über den Schutz der Rechte an geistigem und gewerblichem Eigentum sowie das Zollrecht. Die Auslegung der Regelungen des ARB 1/95, die mit denen des EG-Vertrages übereinstimmen, obliegt gemäß Art. 66 ARB 1/95 dem EuGH.

2. Zollunion EG/Türkei

a) Geltungsbereich der Zollunion

aa) Zollgebiet

Das Zollgebiet, das die Grenze des geographischen Anwendungsraums bildet, besteht aus dem Zollgebiet der EG im Sinne des Art. 3 der Verordnung des Rates Nr. 2913/92 vom 12. Oktober 1992 zur Festlegung des Zollkodex der Europäischen Gemeinschaften[100] und dem Zollgebiet der Türkei (Art. 3 Abs. 3 ARB 1/95)[101].

bb) Sachlicher Anwendungsbereich

Die Regelungen zum freien Warenverkehr und zur gemeinsamen Handelspolitik gelten für alle gewerbliche Waren[102], deren Rahmen in Art. 3 ARB 1/95 festge-

[100] ABlEG 1992 Nr. L 302, 1.

[101] Der Berg Athos (Griechenland) ist aufgrund der Vorbehaltserklärung der Gemeinschaft zu Art. 3 Abs. 3 ARB 1/95 vom Anwendungsbereich des ARB 1/95 ausgenommen.

[102] Waren sind bewegliche Sachen , die einen Geldwert haben und Gegenstand von Handelsgeschäften sein. EuGH, Urteil vom 10. Dezember 1968, Rs. 7/68 (Kunstschätze I), Slg. 1968, 617f.

legt ist. Der ARB 1/95 erstreckt sich auf der Grundlage der Zollunion neben Waren der Parteien notwendigerweise auch auf Waren aus Drittländern, die sich im freien Warenverkehr zwischen den Vertragsparteien befinden. Landwirtschaftliche Waren im Sinne von Art. 11 Ass.Abk. wurden weiterhin ausgeklammert, wogegen verarbeitete landwirtschaftliche Produkte im Rahmen der Zollunion behandelt wurden[103]. Der ARB 1/95 sieht - wie im Assoziationsabkommen und im Zusatzprotokoll fixiert - Sonderregelungen auf dem Gebiet der Landwirtschaft vor[104]. In diesem Bereich wird die Zollunion erst nach der Anpassung an die gemeinsame Agrarpolitik der EG durch die Türkei erfolgen. Auch die in den Anwendungsbereich des EGKS fallenden Waren wurden nach dem ARB 1/95 nicht in die geltende Zollunion einbezogen. Für diese Erzeugnisse wurde eine Freihandelszone durch ein Abkommen, das am 1. August 1996 in Kraft getreten ist, geschaffen.

Gemäß Art. 28 Abs. 1 ARB 1/95 ist der Warenursprung nach Gemeinschaftsrecht[105] zu bestimmen. Eine Ware, die von der jeweiligen Partei hergestellt worden ist, hat ihren Ursprung im Lande dieser Vertragspartei. Eine Ware gilt allgemein als von der jeweiligen Partei stammend, in der sie ihre letzte wirtschaftlich gerechtfertigte wesentliche Be- oder Verarbeitung erfahren hat, die in einem dazu eingerichteten Unternehmen durchgeführt wurde und zu einer neuen relevanten Herstellungsstufe führte.

b) Bedingungen der Zollunion

Die Zollunion im Rahmen des ARB 1/95 erfordert im wesentlichen die Einhaltung folgender Bedingungen:

aa) Abschaffung der Zölle und zollgleicher Abgaben

Art. 4 ARB 1/95 sieht einerseits die Abschaffung aller geltenden Ein- und Ausfuhrzölle sowie zollgleichen Abgaben zwischen den Vertragsparteien vor, andererseits schreibt er ein striktes Verbot für Einfuhr- und Ausfuhrzölle sowie Abgaben gleicher Wirkung vor. Die Parteien sind vom Zeitpunkt des Inkrafttretens des ARB 1/95 an - wie aus dem Zusatzprotokoll hervorgeht - der "*Stillhalteverpflichtung*" unterworfen, wonach ihnen hinsichtlich der gegenseitigen Handelsbeziehungen die Einführung neuer Ein- und Ausfuhrzölle oder Abgaben gleicher Wirkung untersagt werden. Der Assoziationsrat kann jedoch den Vertragsparteien gestatten, neue Einfuhrzölle oder Abgaben gleicher Wirkung ein-

[103] Diese verarbeitete Agrarprodukte sind nach der Verordnung der Gemeinschaft Nr. 3448/93 zu bestimmen.
[104] Vgl. das Kapitel III des ARB 1/95.
[105] Verordnung (EWG) Nr. 2913/93 des Rates vom 13. Oktober 1992 zur Festlegung des Zollkodex der Gemeinschaften (ABlEG 1992 L 302, 1).

zuführen, wenn es zur Verwirklichung der Ziele des Abkommens notwendig ist (Art. 7 Abs. 2 ZP).

> *„Durch die Abschaffung der Zollschranken soll nicht allein deren Schutzcharakter beseitigt werden; der Vertrag hat vielmehr dem die Abschaffung der Zölle und Ab-gaben gleicher Wirkung vorsehenden Rechtssatz allgemeine Geltung und Wirkung verleihen wollen, um den freien Warenverkehr zu gewährleisten.“*[106]

Daher kommt es weder auf Zweck, Art, Schwere und Bezeichnung der Abgaben noch auf die Technik ihrer Erhebung an[107]. Ausschlaggebend ist vielmehr, ob der freie Warenverkehr zwischen der Gemeinschaft und der Türkei beeinträchtigt wird.

Der mögliche Inhalt von Zöllen und Abgaben gleicher Wirkung wurde weder im Assoziationsabkommen noch im Zusatzprotokoll näher erörtert. Auch der ARB 1/95 läßt diesen offen. Der Begriff des Zolls wird einheitlich verwendet. Demnach bedeutet "Zoll“ - auch im Sinne des Assoziationsrechts - eine hoheitliche Abgabe, die auf Waren anläßlich der Grenzüberschreitung und basierend auf der Grundlage eines Zolltarifs erhoben wird[108].

Bei den Inländischen Abgaben ist die Gefahr einer versteckten Diskriminierung von importierten Produkten besonders groß. Deshalb legt der EuGH[109] den Abgabenbegriff weit aus. Er in seiner ständigen Rechtsprechung einschlägige Kriterien zur Definition von Abgaben gleichen Wirkung entwickelt. Vor allem versteht der EuGH darunter staatlich vorgenommene oder veranlaßte finanzielle Belastungen einer Ware, die zwar nicht ausdrücklich, letztlich aber doch wegen des Grenzübertritts erfolgen[110]. Finanzielle Belastungen stellen die Abgaben gleicher Wirkung im Sinne von Art. 4 ARB 1/95 dar, auch wenn sie nicht zugunsten des Staates erhoben werden und keine diskriminierende oder protektionische Wirkung haben und wenn die belastete Ware nicht mit dem inländischen Erzeugnissen im Wettbewerb stehen. Solche Abgaben sind etwa Gebühren für Statistiken oder Gesundheitskontrollen, Qualitätskontrollen und Zollager[111]. Abgaben dieser Art sind nur zulässig, wenn ihnen eine konkrete Gegenleistung gegenübersteht. Dieser Begriff bezieht sich nur auf diejenigen Abgaben, die kraft zwingender hoheitlicher Anordnung zu leisten sind[112]. In-

---

[106] EuGH, Urteil vom 1. Juli 1969, Rs. 2 u. 3/69 (Diamantarbeiders), Slg. 1969, 211, Urteil vom 14. Dezember 1962, Rs. 2 u. 3 /62 (Lebkuchenabgabe), Slg. 1962, 867.

[107] EuGH, Urteil vom 10. Dezember 1968, Rs. 7/68 (Kunstabgabe I), Slg.1968, 633 ff.

[108] EuGH, Urteil vom 5. Februar 1976, Rs. 87/75 (Bresciani), Slg. 1976, 129.

[109] EuGH, Urteil vom 1. Juli 1969, Rs. 2 u. 3/69 (Diamantarbeiders), Slg. 1969, 211.

[110] Dabei ist unerheblich, ob dieser Betrag schon beim Grenzübertritt oder später zu entrichten ist.

[111] Vgl. EuGH, Urteil vom 30. Mai 1989, Rs. 340/87 (Kommission/Italien), EuZW 1990, 98.

[112] EuGH, Urteil vom 5. Februar 1976, Rs. 87/75 (Bresciani), Slg. 1976, 129.

folgedessen sind Adressaten dieses Verbots die öffentlichen Einrichtungen der Vertragsparteien[113].

Trotz dieser Verpflichtungen dürfen die Vertragsparteien gemäß Art. 49 ff. ARB 1/95 grundsätzlich weiterhin ihre eigene Steuerpolitik bestimmen. Allerdings dürfen die von ihnen getroffenen steuerrechtlichen Maßnahmen nicht zu einer Diskriminierung von Waren einer Partei gegenüber gleichartigen Waren einer anderen Partei führen (Art. 50 ARB 1/95)[114].

bb) Abschaffung der mengenmäßigen Beschränkungen oder Maßnahmen gleicher Wirkung

Eine funktionsfähige Zollunion erfordert mehr als die Abschaffung der Zölle zwischen den Vertragsparteien und die Aufstellung eines gemeinsamen Zolltarifs. Der Warenaustausch wird nicht nur durch Zollschranken (tarifäre Handelshemmnisse) beeinträchtigt. Nationaler Handelsprotektionsmus greift heute überwiegend auf die subtileren nichttarifären Hindernisse zurück, wie Einfuhrquoten, technische Normen, Herkunftsnachweise oder Anforderungen des Gesundheits- und Umweltschutzes[115]. Bei der Herstellung und Sicherung des freien sich im Rahmen der Zollunion vollziehenden Warenverkehrs erwies sich neben der Beseitigung der Zollschranken die Abschaffung aller sonstigen Handelsbeschränkungen als notwendig. Derartige Beschränkungen werden meist nicht offen, sondern verdeckt ausgesprochen, etwa, wenn eine Vertragspartei sich darauf beruft, die öffentliche Sicherheit und Ordnung gewährleisten zu müssen. Auf der Grundlage der Art. 5 und 6 ARB 1/95 sieht die Zollunion daher die Beseitigung aller mengenmäßigen Beschränkungen und Maßnahmen gleicher Wirkung (nichttarifäre Handelshemmnisse)[116] bei der Einfuhr und Ausfuhr zwischen den Vertragsparteien vor. Demzufolge sind die Vertragsparteien dazu verpflichtet, bestehende Handelsbeschränkungen zu beseitigen, aber dafür keine neuen einzuführen (Stillhalteverpflichtung). Adressaten dieses Verbots sind alle Träger hoheitlicher Gewalt. Für die Handlungen von Privatunternehmen gelten die Wettbewerbsregelungen des ARB 1/95.

Die mengenmäßigen Beschränkungen sind zwar keineswegs in den Assoziationsgrundlagen erläutert worden, diese werfen jedoch hinsichtlich der inhaltlichen Definition des Begriffs - wie auch bei den "Zöllen" - keine Schwierig-

---

[113] Die Adressaten des Verbots sind im weiteren Sinne zu verstehen. Vgl. EuGH, Urteil vom 1. Juli 1969, Rs. 2 u. 3/69 (Diamantarbeiders), Slg. 1969, 211.

[114] Vgl. Art. 44 ZP.

[115] Schäfer, Europarecht, S. 233.

[116] Hierbei behält sich die Türkei mit ihrer Erklärung zu Art. 5 ARB 1/95 vor, unbeschadet des Artikels 5 dieses Beschlusses den Erlaß der Einführungsregelung aufrechtzuerhalten, welche die Einfuhr gebrauchter Kraftfahrzeuge während eines bestimmten Zeitraums nach Inkrafttreten dieses Beschlusses von einer vorherigen Erlaubnis abhängig machen.

keiten auf, weil an ihren Tatbestandsmerkmalen klar zu erkennen ist, ob es sich hierbei um eine mengenmäßige Beschränkung handelt. Gemäß Art. 66 ARB 1/95 sind derartige Begrenzungen im Lichte der Rechtsprechung des EuGH als sämtliche staatliche Maßnahmen zu betrachten, die eine vollkommene oder teilweise Untersagung bzw. Begrenzung der Menge oder des Wertes von Ein- und Ausfuhren oder die vollständige oder teilweise Untersagung von Ein- und Ausfuhren zur Folge haben können[117]. In der Praxis treten diese zumeist als bilaterale oder globale Kontingente oder als entsprechende Ein- und Ausfuhrverbote auf.

Schwieriger ist es, Maßnahmen gleicher Wirkung unter Art. 6 ARB 1/95 zu erfassen, die sich zwar nicht formell als Beschränkung der Einfuhr darstellen, die aber materiell eine solche Wirkung entfalten. Dazu gehören z.B. Vorschriften, wonach eingeführte Waren erst nach einer umfangreichen und langwierigen Kontrolle verkauft werden dürfen. In der Praxis wird der freie Warenverkehr insbesondere durch lebensmittelrechtliche Regelungen, technische Handelshemmnisse sowie durch Preisvorschriften beeinträchtigt[118].

Angesichts der Unklarheit bezüglich der Tatbestandsmerkmale sind die Definition und die Abgrenzung dieses Begriffs nicht einfach zu ermitteln, was zur Folge hat, daß die effektive Durchsetzung der Zollunion in der Praxis nur schwer erfolgen kann. Deshalb stellt sich die Frage, auf welche Fälle sich der Schutzbereich der Bestimmungen des ARB 1/95 erstreckt.

Zum Begriff "Maßnahmen gleicher Wirkung" entwickelte der EuGH in seiner ständigen Rechtsprechung zum freien Warenverkehr in der EG einige Kriterien, die von ihm in seiner weiteren Rechtsprechung überarbeitet und präzisiert worden sind. Der EuGH legte in seinem "Urteil-Dassonville"[119] den Begriff "Maßnahmen gleicher Wirkung" sehr weit aus und öffnete damit dem Verbot von Maßnahmen gleicher Wirkung einen nahezu unbegrenzten Anwendungsbereich[120]. Nach seiner "Dassonville-Formel" fallen sämtliche Maßnahmen, die geeignet sind, den innergemeinschaftlichen Handel unmittelbar oder mittelbar, tatsächlich oder potentiell zu behindern, unter den Begriff "Maßnahmen gleicher Wirkung". Darunter versteht man also diejenigen Eingriffe der Parteien, die sich unmittelbar oder mittelbar auf den Handel binnen der Assoziation auswirken, indem sie Ein- oder Ausfuhren unmöglich machen, erschweren oder verteuern, ohne sie ausdrücklich zu verbieten oder zu kontingentieren. Entscheidend ist nach diesen Kriterien des EuGH also die handelsbeschränkende Wirkung der Maßnahme. Wenn diese geeignet ist, den Handel zwischen Vertragsparteien zu behindern, wird die Maßnahme von Art. 6 ARB 1/95 erfaßt. Ein Nachweis ist

---

[117] EuGH, Urteil vom 10. Dezember 1968, Rs. 7/68 (Kunstschätze), Slg.1968, 633 ff.
[118] Dazu Nicolaysen, Europarecht II, S. 50 ff.
[119] EuGH, Urteil vom 11. Juli 1974, Rs. 8/74, (Dassonville), Slg. 1974, 837 ff.
[120] Schäfer, Europarecht, S. 143 f.

dafür nicht erforderlich, daß eine spürbare Beeinträchtigung des Handels tatsächlich eingetreten ist. Der Grad der Handelsbeeinträchtigung ist gleichgültig[121]. Staatliche Maßnahmen können auch in einem Unterlassen liegen (z.B Unterlassen polizeilicher Maßnahmen gegen gewalttätige Boykottaktionen einheimischer Bauern[122]) oder in einer staatlich organisierten Werbekampagne, die zum Kauf inländischer Produkte animiert[123]. Hiervon sind unproblematisch alle diskriminierenden Regelungen, d.h. Regelungen, die ausländische Produkte gegenüber inländischen benachteiligen, erfaßt. Sie sind ohne Zweifel mit dem Assoziationsrecht unvereinbar. Indem sie zum Nachteil der importierten Produkten zwischen in- und ausländischen Waren unterscheiden, behindern sie zwangsläufig den Handel zwischen den Vertragsparteien[124]. Diskriminierend sind naturgemäß alle Maßnahmen an der Grenze, die nur ausländische Waren treffen können, z.B. Kontrollen, Untersuchungen, Vorlage von Bescheinigungen oder Lizenzen[125]. Sie können nur ausnahmsweise assoziationsrechtlich zugelassen sein, z.B. nach Art. 7 ARB 1/95.

Fraglich ist aber, ob diejenigen Maßnahmen, durch welche die Staatsangehörigen der anderen Partei weder diskriminiert noch benachteiligt sind, als solche gleicher Wirkung zu betrachten sind[126]. Diese sind zwar nicht als Diskriminierungen anzusehen, doch können sie eine störende Wirkung auf den freien Warenverkehr ausüben. Deshalb geht der EuGH[127] davon aus, daß sich dieses Verbot nicht allein auf das bloße Diskriminierungsverbot bezieht, sondern als allgemeines Beschränkungsverbot des freien Warenverkehrs gilt. Nach der Rechtsprechung des EuGH erstreckt sich der Anwendungsbereich des Verbots von Maßnahmen gleicher Wirkung über das Diskriminierungsverbot hinaus auf das Beschränkungsverbot.

Danach seien auch unterschiedslos geltende und anwendbare Bestimmungen verboten, wenn sie geeignet sind den Handel zwischen Staaten zu behindern[128]. Damit werden nationale Produktduktions- und Marktsregelungen (etwa Verpackungen, Bezeichnungen, Etikettierungen) von der "Dassonville-Formel" zu Maßnahmen gleicher Wirkung erfaßt. Daraus folgt, daß grundsätzlich alle Waren, die in einem Staat vorschriftsmäßig hergestellt und verkauft werden,

---

[121] EuGH, verb. Rs. 177/ und 178/82 (van de Haar und Kaveka de Meern), Slg. 1984, 1797 ff.
[122] EuGH, Urteil vom 9. Dezember 1997, Rs. C-265/95 (Kommission/Frankreich), EuZW 1998, 84.
[123] EuGH, Urteil vom 24. November 1982, Rs. 249/81 (Kommission/Irland), EuR 1983, 337.
[124] Nicolaysen, Europrecht II, S. 45.
[125] EuGH, Rs. (Zolllagenten), Slg. 1979, 3247; Rs. (Denkavit), Slg. 1979, 3369.
[126] Dazu Eppiney, Calliess/Ruffert (Hrsg.), Kommentar zu EUV/EGV, 1999, Art. 28, Rn. 14 ff.
[127] Ebd.
[128] EuGH, Urteil vom 20. Februar 1979, Rs.120/78 (Cassis de Dijon), Slg. 1979, 649 ff.

auch in anderen Staaten vermarktet werden können (sog. Ursprungslandsprinzip).

Von seiner weiten Auslegung des Begriffs "Maßnahmen gleicher Wirkung" weicht der EuGH jedoch in den folgenden zwei Fällen ab und öffnet damit den Mitgliedstaaten einen Hintertür, der solche nationale Einfuhrbeschränkungen rechtfertigen kann, die an sich nach der "Dassonville-Formel" vertragswidrig sind[129]. In seiner Rechtsprechung schränkt der EuGH den Anwendungsberich des Verbots von Maßnahmen gleicher Wirkung insoweit ein, als nationale Vorschriften bestimmte Verkaufsmodalitäten beschränken oder verbieten[130], sofern diese Bestimmungen für alle betroffenen Wirtschaftsteilnehmer gelten, die ihre Tätigkeit im Inland ausüben, und sofern sie den Absatz der inländischen Erzeugnisse und Erzeugnisse aus anderen Staaten rechtlich wie tatsächlich in gleicher Weise berühren (Keck-Formel)[131].

Weiterhin relativiert der EuGH den Anwendungsbereich des Verbots von Maßnahmen gleicher Wirkung, indem er den Mitgliedstaaten gestattete, nationale Handelshemmnisse dann beizubehalten, wenn diese notwendig sind, um zwingende Gemeinwohlinteressen zu schützen. Neben den Rechtfertigungsgründen des Art. 30 EGV müssen nach der "Cassis-Formel" des EuGH auch solche Handelshemmnisse hingenommen werden, die aus den Unterschieden der autonomen nationalen Regelungen ergeben, soweit sie notwendig sind, um zwingende Erfordernissen des Gemeinwohls, insbesondere solchen einer wirksamen steuerlichen Kontrolle, des Schutzes der öffentlichen Gesundheit, der Lauterkeit des Handelsverkehrs und Verbraucherschutzes gerecht zu werden. Die "Cassis-Formel"[132] findet allerdings nur auf unterschiedslos anwendbare Maßnahmen Anwendung und kann daher im Gegensatz zu den im EG-Vertrag ausdrücklich genannten Rechtfertigungsbeständen eine Schlechterstellung von Importprodukten nicht rechtfertigen. Sie gilt daher nicht für Fällen, in denen eine unterschiedslos anwendbare Maßnahme materiell diskriminierend ist[133] Der neue Be-

---

[129] Schäfer, Europarecht, S. 147.

[130] Der EuGH hat aber den Begriff der Verkaufsmodalitäten nicht ausdrücklich definiert, sondern deren Rahmen konkretisiert. wichtigste Beispielfälle sind folgendes: das Verbot des Verkaufes zu Verlußtpreisen oder mit äußerst geringeren Gewinnspannen (EuGH, verb. Rs. C-267 und 268/91 (Keck und Mithouard), Slg. 1993, 6079, Rn. 18; Rs. C-63/94 (Belgapom), Slg. 1995, 2467, Rn. 12 ff.); Werbungsbeschränkungen (EuGH, Rs. C-292/92 (Hünermund), Slg. 6787, Rn. 22 ff.; Ladenschlußregelungen (EuGH, verb. Rs. C-401 und 402/92 (Tankt-station't Heukske), Slg. 2199, Rn. 12 ff.); Vorschriften über den Sonn- und Feiertagsverkauf (EuGH, verb. Rs. C- 69 und 258/98 (Punto Casa und PPV), Slg. 1994, 2355, Rn. 13 f.; Vertriebsbeschränkungen für bestimmte Arten von Lebens und Genußmitteln (EuGH, Rs. C-391/92 (Kommission/Griechenland–Säulingsmilch), Slg. 1995, 1621, Rn. 13 ff.).

[131] EuGH, verb. Rs. C-267 und 268/91 (Keck), Slg. 1993, I-6097.

[132] Ausführliche Erläuterung der Cassis-de-Dijon- Rechtsprechung des EuGH bei Müller-Graff, in: G/T/E (Hrsg.), EUV/EGV, Kommentar, 5. Aufl., 1997, Art. 30 ,Rn. 186 ff.

[133] EuGH, Rs. 177/83 (Kohl/Ringelhan), Slg. 1984, 3651, Rn. 15 und 19.

griff der „zwingenden Erfordernisse“ wurde in seiner ständigen Rechtsprechung weiter entwickelt. Der Katalog der „zwingenden Erfordernisse“ ist nicht abschließend[134], beschränkt sich jedoch auf Erfordernisse nichtwirtschaftlicher Art[135].

Diese verwirrende Rechtsprechung des EuGH zum Tatbestand von Maßnahmen gleicher Wirkung ist kurz zusammenzufassen. Unter Maßnahmen gleicher Wirkung fallen sowohl unterschiedlich (diskriminierende/Dassonville) als auch unterschiedslos (nichtdiskriminierende/Cassis de Dijon) auf in- und ausländische Produkte anwendbare Maßnahmen gleicher Wirkung. Letztere kommt aber nur dann in Frage, wenn sie produktbezogen sind und keine Verkaufsmodalitäten regeln (Keck-Formel).

Der freie Warenverkehr ist im Assoziationsverhältnis EG/Türkei nicht schrankenlos gewährleistet, sondern darf nach der ausdrücklichen Regelung des Art. 7 ARB 1/95 unter den dort genannten Voraussetzungen von den Vertragsparteien beschränkt werden. Demnach stehen die Regelungen der Art. 5 und 6 den Ein-, Aus- und Durchfuhrverboten oder -beschränkungen nicht entgegen, die aus Gründen der öffentlichen Sittlichkeit, Ordnung und Sicherheit, zum Schutz der Gesundheit und des Lebens von Menschen, Tieren oder Pflanzen, des nationalen Kulturguts, künstlerischen, geschichtlichen oder archäologischen Werts oder des gewerblichen und kommerziellen Eigentums gerechtfertigt sind, soweit in der Maßnahme nicht ein Mittel zur willkürlichen Diskriminierung oder eine verschleierte Beschränkung liegt. Wie dem Wortlaut des Art. 7 ARB 1/95 zu entnehmen ist, handelt es sich dabei um die strikte Aufzählung von Zielen nichtwirtschaftlicher Art. Nach Auffassung des EuGH sind derartige Bestimmungen eine Ausnahmeregelung und daher eng auszulegen[136]. Die Ausnahmeregelungen gelten folglich nicht für den Fall, daß es sich nur um einen Vorwand handelt und der Staat in Wirklichkeit andere Ziele, insbesondere wirtschaftlicher Art, oder nur die Absicht hat, die Verwaltungstätigkeit zu erleichtern[137]. Ebenfalls werden die Interessen dritter Staaten oder einer Völkergemeinschaft nicht berücksichtigt. Die Ausnahmeregelungen beziehen sich nämlich nur auf reine nationale Interessen der Vertragsparteien.

---

[134] Vgl. in diesem Zusammenhang EuGH, Urteil vom 20. Februar 1979, Rs.120/78 (Cassis de Dijon), Slg. 1979, 649 ff.; Rs. 229/83 (Leclerc), Slg. 1985, 1; Rs. 60 und 61/84 (Cinéthèque), Slg. 1985, 2605; Rs. C-368/95 (Vereinigte Familiapress/Bauer Verlag), Slg. 1987, I-3689; Rs. 407/85 (3 Glocken), Slg. 1988, 4233; Rs. C-2/90 (Abfallimport), Slg. 1992, I-4431, Rn. 33 ff.

[135] Müller-Graff, in: G/T/E (Hrsg.), EUV/EGV, Kommentar, 5. Aufl., 1997, Art. 30 ,Rn. 204.

[136] EuGH, Urteil vom 17. Juli 1981, Rs. 113/80 (Irische Souvenirs), Slg. 1981, 1625 ff.

[137] EuGH, Urteil vom 9. Juni 1982, Rs. 95/81 (Kommission/Italien), Slg. 1982, 2187 ff.; Urteil vom 15. Juli 1982, Rs. 40/82 (Kommission/Vereinigtes Königreich), Slg. 1982, 2793 ff.; Urteil vom 24. Juni 1971, Rs. 57/0 (van Eick/Kommission), Slg. 1971, 613 ff.

Neben diesen in Art. 7 ARB 1/95 ausdrücklich genannten Rechtfertigungen sind auch die vom EuGH[138] entwickelten immanenten Schranken für das Verbot von Handelsbeschränkungen zu beachten.

Die Auslegung dieser unbestimmten Begriffe in Art. 7 ARB 1/95 kann zwar die Vertragsparteien nach ihren eigenen Maßstäben vornehmen, dabei unterliegt sie jedoch den Schranken des Art. 7 ARB 1/95. Demnach sind bereits im Rahmen des Art. 7 ARB 1/95 nur solche Beschränkungen zulässig, die kein Mittel zur willkürlichen Diskriminierung oder zur verschleierten Beschränkungen des Handels zwischen den Vertragsparteien sind. Dabei ist der Grundsatz der Verhältnismäßigkeit zu beachten[139]. Sie müssen zum Schutz der öffentlichen Interessen unbedingt notwendig und gerechtfertigt sein; es dürfen zudem keine anderen effektiven Mittel möglich sein, die den Warenverkehr weniger stark beschränken. Die Beschränkungen des Warenverkehrs ist unzulässig, wenn betroffene Waren im Ursprungsland nach denselben Prinzipien ebenso effektiv kontrolliert werden wie im Einfuhrstaat. Der Grundsatz der Verhältnismäßigkeit gilt ebenfalls für die immanenten Schranken des Art. 6 ARB 1/80.

cc) Gemeinsame Außenhandelspolitik

Einen weiteren Grundstein der Zollunion bildet die Duchführung einer gemeinsamen Außenhandelspolitik, welche sich auf den Warenverkehr mit Drittstaaten bezieht. Diesbezüglich sieht der ARB 1/95 einerseits die Aufstellung des Außenzolltarifs, andererseits die Rechtsangleichung und den Abschluß der Präferenzabkommen der EG mit Drittstaaten durch die Türkei vor.

Mit einem gemeinsamen Zolltarif[140] wird weitgehend sichergestellt, daß die einheimischen Firmen auf dem gesamten Markt zu gleichen und fairen Bedingungen mit den Firmen aus Drittländern konkurrieren können. Bereits mit Inkrafttreten des Zusatzprotokolls wurden stufenweise die Abgaben an den Grenzen harmonisiert und die Zolltarife vereinheitlicht. Aufgrund des Verweises in Art. 13 ARB 1/95 erfolgt die Aufstellung des gemeinsamen Zolltarifs nach dem Gemeinschaftsrecht. Die Türkei hat demnach neben den Zollaussetzungen, Zollkontingenten und Zollplafonds und ihren Außenzolltarif dem GZT der Gemeinschaft[141], zu dem auch die künftigen Änderungen des GZT zählen, anzupassen.

---

[138] EuGH, Urteil vom 20. Februar 1979, Rs.120/78 (Cassis de Dijon), Slg. 1979, 649 ff.

[139] EuGH, Urteil vom 11. März 1986, Rs. 121/85 (Connegate), Slg. 1986, 1007 ff.

[140] Der gemeinsame Zolltarif gilt nur für Waren, die über die Außengrenzen eingeführt werden. Je nach Art und Ursprung der eingeführten Waren gelten unterschiedliche Zollsätze. Die Höhe der Zölle hängt grundsätzlich von der wirtschaftlichen Anfälligkeit der Waren ab.

[141] Vgl. die Verordnung zur Festlegung der Zollkodex, VO 2913/92 (ABlEG 1992 Nr. 302, 1).

Gemäß Art. 14 ARB 1/95 muß die EG die Türkei rechtzeitig von den Beschlüssen zur Änderung des GZT, von den Beschlüssen über die Aussetzung oder Wiedereinführung von Zollsätzen sowie von den Beschlüssen über Zollkontingente auch Zollplafonds in Kenntnis setzen, damit die Türkei ihren Zolltarif gleichzeitig an den GZT angleichen kann. Zur Erreichung dieses Ziels werden außerdem Konsultationsverfahren durch den Gemischten Ausschuß der Zollunion initiiert.

Auf Verlangen der Türkei hat der Gemischte Ausschuß der Zollunion den Beschluß zu fassen, eine zusätzliche Frist für diese Angleichung einzuräumen. Jedoch darf diese Erleichterung durch den Gemischten Ausschuß der Zollunion nicht dazu führen, daß die Türkei auf eine Ware einen niedrigeren Zollsatz anwendet als der GZT (Art. 14 Abs.3 ARB 1/95). Außerdem kann die Türkei andere als in Absatz 1 dieses Artikels festgelegte Zollsätze vorübergehend anwenden. Jedoch muß sie davon die EG in Kenntnis setzen, woraufhin Konsultationen im Gemischten Ausschuß der Zollunion erfolgen (Art. 14 Abs. 3 ARB 1/95).

Gemäß Art. 15 ARB 1/95 wird der Türkei die Möglichkeit eingeräumt, bei der Ausfuhr bestimmter schutzbedürftiger Produkte, die im ARB 2/95 näher festgelegt sind, im Einvernehmen mit der EG von den in Art. 13 ARB 1/95 fixierten Zollsätzen vorübergehend bis 2001 abzuweichen. Hierzu erfolgen Konsultationen im Gemeinsamen Ausschuß der Zollunion. Dabei wendet die Türkei im wesentlichen ihre Außenzollsätze an. Jedoch hat sie im angegebenen Zeitraum ihre Außenzollsätze an den gemeinsamen Zolltarif der EG stufenweise anzupassen. Der gemeinsame Zolltarif muß schließlich bis zum Jahre 2001 erstellt werden. Diese Abweichung stützt sich auf Art. 19 Abs. 2 ZP. Danach kann die Türkei bezüglich einiger Waren, die jedoch nicht mehr als 5 % der Höhe des Wertes der gesamten Ausfuhr der Türkei im Jahre 1967 ausmachen dürfen, nach Konsultation im Assoziationsrat auch in der Endphase der Assoziation ihre Außenzollsätze beibehalten.

Die Türkei ist in Art. 12 Abs. 1 ARB 1/95 verpflichtet, gegenüber Drittstaaten Vorschriften und Durchführungsmaßnahmen anzuwenden, die im wesentlichen dem Gemeinschaft entsprechen. In derselben Vorschrift ist eine Reihe von Gemeinschaftsverordnungen aufgeführt, welche die Türkei in ihre innerstaatliche Rechtsordnung umsetzen muß[142]. Zudem muß die Türkei im Einklang mit Art. 8 XXIV GATT im wesentlichen die gleiche Handelspolitik im Textilsektor wie die Gemeinschaft anwenden, einschließlich der Abkommen oder Vereinbarungen über den Handel mit Textilwaren und Bekleidung (Art. 12 Abs. 2

[142] Sie beziehen sich im wesentlichen auf Ein- und Ausfuhrregelungen (etwa Verbote, Kontingentierung, Lizenzierung, Überwachung, Schutz gegen Dumping, subventionierte Waren und unlautere Handelspraktiken).

ARB 1/95). Ein weiterer Pflicht der Türkei besteht darin, daß sie ihre nationale Zollpräferenzregelung binnen fünf Jahren nach Inkrafttreten des ARB 1/95 schrittweise an die der Gemeinschaft angleicht (Art. 16 ARB 1/95). Diese Angleichung betrifft sowohl die autonomen Regelungen als auch Präferenzabkommen mit Drittstaaten[143].

Die Gemeinschaft behält sich allerdings vor, daß dieser Beschluß nicht für die Vereinbarung zwischen der Gemeinschaft und Japan über den Handel mit Kraftfahrzeugen[144] gelten (Art. 12 Abs. 4 S. 1 ARB 1/95). Um die Umgehung der genannten Vereinbarung zu verhindern, ist vorgesehen, daß die Vertragsparteien vor dem Inkrafttreten des ARB 1/95 die Modalitäten der Zusammenarbeit festlegen. Für den Fall, daß diese Modalitäten nicht festgelegt werden, hat die Gemeinschaft das Recht, für die Einfuhren in ihr Gebiet die Maßnahmen zu treffen, die bei der Anwendung der genannten Vereinbarung erforderlich werden (Art. 12 Abs. 4 S. 2 ARB 1/95).

c) Zollunion im weiteren Sinne

aa) Wettbewerbsrecht

(1) Allgemeines

Die Schaffung eines marktwirtschaftlichen Systems innerhalb der Zollunion, das den Wettbewerb vor Verfälschungen schützt, ist gemäß Art. 16 Ass.Abk. eines der grundlegenden Vertragsziele des Abkommens[145]. Konkretisiert wird diese Grundaussage des Abkommens in Art. 32-43 ARB 1/95. Diese beinhalten eine Reihe von Wettbewerbsregeln, die den gemeinschaftsrechtlichen Grundlagen nachgebildet sind. Verboten sind demnach vor allem alle Vereinbarungen zwischen Unternehmen (Kartellverbot), der Mißbrauch einer marktbeherrschenden Stellung durch Monopole sowie wettberwerbsverfälschende staatliche Beihilfen. Verhaltensweisen, die gegen diese Wettbewerbsvorschriften verstoßen, werden nach den Kriterien beurteilt, die sich aus der Anwendung der Regeln der Art. 81, 82, 87 EGV sowie des davon abgeleiteten Rechts abgeben (Art. 35 ARB 1/95). Beim Austausch von Informationen berücksichtigen die Vertragsparteien allerdings die Beschränkungen aufgrund der Vorschriften zur Wahrung des Berufs- und Geschäftsgeheimnisses (Art. 36 ARB 1/95).

---

[143] Vgl. näher den Anhang Nr. 1 zum ARB 1/95 über die in Artikel 16 autonomen Regelungen und Präferenzabkommen.

[144] Diese Vereinbarung wird im Anhang des dem Übereinkommen zur Errichtung der Welthandelsorganisation beigefügten Übereinkommens über Schutzmaßnahmen genannt.

[145] So auch Art. 43 ZP.

Die Wettbewerbsregeln richten sich neben privaten Unternehmen auch an öffentliche Unternehmen sowie an Unternehmen, denen besondere oder ausschließliche Rechte gewährt worden sind (beliehene Unternehmen oder staatlich verliehene Unternehmen). Keine Unternehmen sind hingegen Einrichtungen, die sich selbst nicht wirtschaftlich betätigen, vielmehr ausschließlich Aufgaben sozialen Charakters ausüben, wie etwa Krankenkassen[146]. Sie sind damit nicht unmittelbar Adressat der Wettbewerbsregeln, verhindert werden soll aber eine Umgehung der in Art. 33 ff. ARB 1/95 enthaltenen Verbote[147]. Neben den Unternehmen werden auch die Vertragsparteien verpflichtet. Sie dürfen nicht Privaten gegen den Wettbewerb verstoßende Verhaltensweise vorschreiben oder einen Rahmen festlegen, der selbst den Wettbewerb beschränkt.

Die Türkei ist durch den in dieser Vorschrift niedergelegten Verweis auf das Gemeinschaftsrecht verpflichtet, die Grundsätze des EG-Vertrages, insbesondere des Art. 86 EGV, sowie die Grundsätze des abgeleiteten Rechts und der dazu entwickelten Rechtsprechung einzuhalten (Art. 41 ARB 1/95). Zudem sollte die Türkei ihre staatlichen Handelsmonopole im Einklang mit den Bedingungen und dem Zeitplan, die der Assoziationsrat festgelegt, schrittweise anpassen, um sicherzustellen, daß am Ende des zweiten Jahres nach Inkrafttreten der Zollunion keine Diskriminierung in den Versorgungs- und Absatzbedingungen zwischen Staatsangehörigen der Mitgliedstaaten und der Türkei besteht (Art. 42 ARB 1/95).

Die Umsetzung des Wettbewerbsrechts obliegt dem Assoziationsrat (Art. 37 Abs. 1 ARB 1/95). Er hat die Aufgabe, notwendige Durchführungsvorschriften zu den Artikeln 32, 33 und 34 sowie der einschlägigen Bestimmungen des Artikels 35 zu erlassen. Sie müssen auf den in der Gemeinschaft bereits bestehenden Vorschriften beruhen und unter anderem die Rolle der jeweiligen Wettbewerbsbehörde festlegen. Dazu ist es allerdings nie gekommen. Das Erfordernis von Durchführungsvorschriften beeinträchtigt nicht die Eignung der unmittelbar geltenden Art. 32, 33 und 34 ARB 1/95 zur unmittelbaren Anwendung[148]. Diese sind inhaltlich aussagekräftig und präzise sowie klar, um unmittelbare Wirkung zu entfalten.

Bis zum Erlaß dieser Durhführungsvorschriften entscheiden die Behörden der Gemeinschaft und der Türkei über die Zulässigkeit von Vereinbarungen, Beschlüsse und aufeinander abgestimmten Verhaltensweisen sowie über das Vorliegen einer mißbräuchlichen Ausnutzung einer beherrschenden Stellung gemäß Art. 32 und 33 ARB 1/95 (Art. 37 Abs. 2 ARB 1/95) Die Vertragsparteien haben dabei die Aufgabe, dafür zu sorgen, daß Wettbewerbsbeschränkungen verhindert

---

146 EuGH, Rs. (Poucet), Slg. 1993, I-637; Rs. (SAT/Eurocontroll), Slg. 1994, I-43.
147 EuGH, Rs. (Fruiten Groentenimporthandel), Slg. 1975, 563.
148 Vgl. in diesem Sinne EuGH, Rs. 127/73 (BRT/SABAM), Slg. 1974, 51 ff.

und wettbewerbsförderliche Marktsrukturen und Unternehmengrößen erhalten werden.

Zur Kontrolle der Einhaltung des Wettbewerbsrechts sind in Art. 38 Abs. 1 und Art. 43 ARB 1/95 Konsultationsverfahren vorgesehen. Bis der Assoziationsrat notwendige Durchführungsvorschriften zum Wettbewerbsrecht erläßt, dürfen die Vertragsparteien geeignete Maßnahmen gegen die Wettbewerbsbeschränkungen treffen. Wenn eine Vertragspartei der Auffassung ist, daß eine bestimmte Verhaltensweise der anderen Vertragspartei mit dem Wettbewerbsrecht unvereinbar ist oder diese ihrer Interesse oder einem inländischen Wirtschaftszweig eine bedeutende Schädigung verursacht oder zu verursachen droht, kann sie nach Konsultationen im Gemischten Ausschuß der Zollunion oder 45 Werkstage nach dem Ersuchen um derartige Konsultationen geeignete Maßnahmen zu treffen, die das Funktionieren der Zollunion am wenigstens stören (Art. 38 Abs. 1 ARB 1/95). In den Fallen, in denen wettbewerbszerrende Verhaltensweisen im Gebiet einer Vertragspartei zwar den Handel zwischen der Gemeinschaft und der Türkei nicht beeinträchtigen, aber den Interessen der anderen Vertragspartei oder den Interessen ihrer Unternehmen schaden, kann die betroffene Vertragspartei gemäß Art. 43 Abs. 1 ARB 1/95 dieser Vertragspartei notifizieren und verlangen, geeignete Maßnahmen einzuleiten. Dann wird das Problem im Rahmen von Konsultationen der Parteien gelöst (Abs. 2). Dabei ist eine weite Entscheidungsfreiheit der beiden Vertragsparteien vorbehalten (Abs. 3).

(2) Kartellverbot

Mit Art. 32 ARB 1/95 ist ein Kartellverbot, dessen vorrangiges Ziel es ist, bereits das Entstehen einer Marktmacht zu verhindern, in das Assoziationsverhältnis EG/Türkei eingeführt worden. Mit der ordnungsgemäßen Funktionieren der Zollunion sind alle Maßnahmen unvereinbar, die geeignet sind, den Handel zwischen der EG und der Türkei zu beeinträchtigen, und die den Wettbewerb innerhalb dieses Marktes verhindern, einschränken oder verfälschen. Ein Verstoß gegen das Kartellverbot liegt dann vor, wenn eine Maßnahme *„unmittelbar oder mittelbar, tatsächlich oder der Möglichkeit nach geeignet ist, die Freiheit des Handels (..) in einer Weise zu gefährden, die der Verwirklichung der Ziele eines einheitlichen zwischenstaatlichen Marktes nachteilig sein kann.“*[149] Im Hinblick auf eine konkrete Auswirkung des Verbots wurde in demselben Artikel auf einige Fälle hingewiesen.

Das Verbot des Art. 33 ARB 1/95 umfaßt sowohl "horizontale“ Wettbewerbsbeschränkungen, d.h. das Zusammenwirken von auf dem gleichen Markt miteín-

[149] EuGH, Urteil vom 13. Juli 1966, Verb. Rs. 56 und 58/64 (Consten-Grundig), Slg. 1966, 321 ff.

ander konkurrierenden Unternehmen[150], als auch "vertikale" Beschränkungen. Eine "vertikale" Vereinbarung liegt dann vor, wenn die Unternehmen auf verschiedenen Wirtschaftsstufen tätig sind und daher nicht miteinander konkurrieren. Ausgenommen vom Verbot des Art. 32 ARB 1/95 sind allerdings sog. verbundene Unternehmen, d.h. Mutter-/Tochtergesellschaft. Sie gelten aufgrund der funktionalen Betrachtungsweise als ein Unternehmen, so daß Absprachen über gemeinsames Vorgehen auf dem Markt nicht verboten sind[151]. Zu den verbotenen wettbewerbsbeeinträchtigenden Maßnahmen zählen Vereinbarungen, Beschlüsse und aufeinander abgestimmte Verhaltensweisen.

Als Rechtsfolge sieht Art. 32 Abs. 2 ARB 1/95 die Nichtigkeit der im ersten Absatz verbotenen Vereinbarungen oder Beschlüsse vor, und zwar im zivilrechtlichen Sinne. Daher ist eine gerichtliche Entscheidung zur Herbeiführung einer solchen Rechtsfolge nicht erforderlich.

Weiterhin kommt diese Klausel nur im Hinblick auf Wettbewerbssituationen im Handel zwischen den beiden Seiten zur Anwendung, d.h. sie gilt nicht für diejenigen Maßnahmen von Unternehmen, die sich nur auf den Wettbewerb innerhalb des territorialen Gebiets einer Partei auswirken[152]. Auch diejenigen Maßnahmen, die sich nur auf das Verhältnis zu einem Drittstaat auswirken, bleiben außerhalb des Anwendungsbereichs des Kartellverbots. Sie unterliegen grundsätzlich den Regelungen der Handelspolitik (Art. 12 ARB 1/95).

Das Kartellverbot ist in Art. 32 ARB 1/95 durch Ausnahmen aufgelockert. Danach hat der Assoziationsrat die Befugnis, einzelnen oder Gruppen von Unternehmen durch Entscheidungen vom Verbot des Art. 32 ARB 1/95 freizustellen. Nur wenn die folgenden vier Bedingungen kumulativ erfüllt sind, kann der Assoziationsrat einen Beschluß zur Gruppenfreistellung erlassen:

- angemessene Beteiligung der Verbraucher an dem durch die Freistellung entstehenden Gewinn,
- Beitrag zur Verbesserung der Warenerzeugung oder zur Förderung des technisch- wirtschaftlichen Fortschritts
- Verhältnismäßigkeit der durch die Freistellung entstehenden Wettbewerbsbeschränkungen und
- Sicherung eines funktionierenden "Rest-Wettbewerbs".

---

[150] Als Unternehmen ist jede natürliche und juristische Person in ihrer selbständigen, auf den Austausch von Waren oder Dienstleistungen gerichteten erwerbstwirtschaftlichen Tätigkeit anzusehen.

[151] Vgl. Ihnen, Grundzüge des Europarechts, S. 109.

[152] EuGH, Urteil vom 13. Juli 1966, Verb. Rs. 56 und 58/64 (Consten-Grundig), Slg. 1966, 321 ff.

(3) Mißbrauchsverbot

Nicht nur Vereinbarungen zwischen Unternehmen, sondern auch das Verhalten einzelner Unternehmen kann den Wettbewerb beeinträchtigen. Dies gilt insbesondere dann, wenn einzelne Unternehmen eine gewisse Marktmacht erlangt haben und daher, ohne auf die für den Wettbewerb wichtige Konkurrenz zu anderen Unternehmen Rücksicht nehmen zu müssen, den Markt mißbräuchlich beherrschen können[153]. Zur Ergänzung des Kartellverbots wurde deshalb im nachfolgenden Art. 33 ARB 1/95 ein Mißbrauchsverbot verankert. Die Adressaten dieses Verbots sind Unternehmen. Nach Art. 33 ARB 1/95 ist mit dem ordnungsgemäßen Funktionieren der Zollunion eine mißbräuchliche Ausnutzung der beherrschenden Stellung im Gebiet der Parteien oder in einem wesentlichen Teil derselben durch ein oder mehrere Unternehmen unvereinbar und daher verboten, soweit dies dazu führen kann, den Handel zwischen den Vertragsparteien zu beeinträchtigen. Verboten ist nicht der Erwerb einer beherrschenden Stellung oder ihr Bestehen, sondern lediglich ihre mißbräuchliche Ausnutzung. Mißbräuchlich kann ein Unternehmen, können aber auch mehrere Unternehmen handeln.

Die Anwendung des Art. 33 ARB 1/95 setzt zunächst voraus, daß ein Unternehmen eine beherrschende Stellung in den Gebieten der Gemeinschaft und/oder der Türkei insgesamt oder in einem wesentlichen Teil derselben innehat. Ob ein bestimmten räumlichen Gebiets als wesentlicher Teil angesehen werden kann, hängt davon ab, wie bedeutend es räumlich und sachlich für die jeweilige Ware oder Leistung ist. Art. 33 ARB 1/95 definiert den Begriff der "beherrschenden Stellung" selbst nicht, sondern nennt (aber nicht erschöpfend) typische Beispiele für eine "mißbräuchliche Ausnutzung", grenzt somit die inhaltliche Tragweite des Begriffs "mißbräuchliche Ausnutzung" nicht ausdrücklich ein. Aus dem Regelungszweck der Bestimmung des Absatzes 2 ist vielmehr zu folgern, daß es beherrschenden Unternehmen nicht möglich gemacht werden darf, den Markt auszubeuten[154]. Freistellungen kommen bezüglich Art. 33 ARB 1/95 nicht in Betracht, da ein Mißbrauch nicht erlaubt werden kann.

Der Mißbrauch muß sich auf die Zollunion auswirken und geeignet sein, den Handel zwischen der EG und der Türkei spürbar zu beeinträchtigen. Es ist dabei gleichgültig, ob ein Verschulden vorliegt; entscheidend ist allein der objektive Widerspruch der Maßnahme zu den Vertragszielen und insbesondere zu einem System unverfälschten Wettbewerbs[155]. Eine diesbezügliche Maßnahme muß jedoch eine Einschränkung des Handels zwischen den Vertragsparteien herbeizuführen versuchen. Es genügt auch eine mögliche Einschränkung des freien

[153] Streinz, Europarecht, Rn. 827.

[154] EuGH, Urteil vom 13. Februar 1979, Rs. 85/76 (Hoffmann-La Roche/ Kommission), Slg. 1979, 461 ff.

[155] EuGH, Urteil vom 21. Februar 1973, Rs. 6/72 (Continental Can), Slg. 1973, 215 ff.

Warenverkehrs. Da ein Mißbrauch nie gerechtfertigt werden kann, hat das Mißbrauchsverbot anders als Kartellverbot keine Ausnahmen[156]

Im Gegensatz zum in Art. 33 ARB 1/95 niedergelegten Kartellverbot ist eine Nichtigkeitsfolge für die Rechtsgeschäfte, die im Rahmen des Art. 34 ARB 1/95 abgeschlossen werden, nicht vorgesehen. In dieser Hinsicht enthält der ARB 1/95 eine Lücke. Ebenfalls enthält der EG-Vertrag keine Aussage über die Rechtsfolge für den Mißbrauch. Die Rechtsfolgen bestimmen sich in den Mißbrauchsfällen des Art. 33 ARB 1/95 daher nach nationalem Recht der Vertragsparteien. Nach deutschem Recht folgt die Nichtigkeit mißbräuchlicher Rechtsgeschäfte aus § 134 BGB.

(4) Aufhebung staatlicher Beihilfen

Einheimischem Waren kann durch staatliche Subventionen ein Wettbewerbsvorteil gegenüber ausländischen Waren eingeräumt werden. In Art. 34 Abs. 1 ARB 1/95 ist daher ein grundsätzliches Verbot wettbewerbsverfälschender Beihilfen vorgesehen. Demnach sind Beihilfen gleich welcher Art, die von den Vertragsparteien aus staatlichen Mitteln gewährt werden und die durch die Begünstigung bestimmter Unternehmen oder Produktionszweige den Wettbewerb verfälschen oder zu verfälschen drohen, mit dem ordnungsgemäßen Funktionieren der Zollunion unvereinbar, soweit sie den Handel zwischen den Vertragsparteien beeinträchtigen.

Staatliche Beihilfe sind gemäß Art. 34 ARB 1/95 materiell rechtswidrig. Art. 34 ARB 1/95 definiert jedoch den Begriff der "staatlichen Beihilfe" selbst nicht näher. Dem EuGH[157] zufolge sind staatliche Beihilfen als *„staatliche Maßnahmen zu verstehen, die in verschiedener Form die Belastungen vermindern, welche ein Unternehmen normalerweise zu tragen hat."* Eine staatliche Beihilfe umfaßt nicht nur finanzielle Zuschüsse, sondern jede Entlastung von Kosten, die ein Unternehmen normalerweise zu tragen hat[158]. Im Sinne der Bestimmung von Art. 34 ARB 1/95 sind als staatliche Beihilfen anzusehen: Investitionszuschüsse, Befreiungen von Abgaben, Zinszuschüsse, Übernahme von Bürgschaften unter besonders günstigen Bedingungen, unentgeltliche oder besonders preiswerte Überlassung von Gebäuden oder Grundstücken, Lieferungen von Gütern oder Dienstleistungen zu Vorzugsbedingungen, Übernahme von Verlusten[159].

Gemäß Art. 39 Abs. 4 ARB 1/95 ist die EG berechtigt, Einspruch gegen eine von der Türkei gewährte Beihilfe zu erheben, die nach Gemeinschaftsrecht

---

[156] Streinz, Europarecht, Rn. 830.
[157] EuGH, Rs. 30/59 (De Gezamenlijke Steenkolenmijnen in Limburg/ Hohe Behörde) Slg. 1961, 1 ff.
[158] Rengeling, JZ 1984, 28.
[159] Geiger, EUV/EGV, Kommentar, 3. Aufl., Art. 92 EGV, Rn. 10.

rechtswidrig ist. Dagegen kann die Türkei ein Schiedsverfahren einleiten. Es steht ihr frei, Einspruch gegen eine von einem Mitgliedstaat gewährte Beihilfe zu erheben, die nach dem Gemeinschaftsrecht als rechtswidrig einzustufen ist, und den Assoziationsrat einzuschalten (Art. 39 Abs. 5 ARB 1/95).

Die in Art. 34 Abs. 2 ARB 1/95 aufgeführten staatlichen Beihilfen[160] sind folglich vom Verbot ausgenommen. Darüber hinaus können die in Art. 34 Abs. 3 ARB 1/95 genannten Beihilfen[161] als mit dem ordnungsgemäßen Funktionieren der Zollunion vereinbar angesehen werden.

bb) Schutz des geistigen, gewerblichen und kommerziellen Eigentums

Zum ordnungsgemäßen Funktionieren der Zollunion bedarf es ferner eines in den Gebieten beider Parteien gleichermaßen wirksamen Schutzes der Rechte an geistigem Eigentum. Demgemäß bekräftigten die Vertragsparteien in Art. 31 ARB 1/95 die Bedeutung, die sie der Gewährleistung eines angemessenen und wirksamen Schutzes und der Durchsetzung der Rechte an geistigem, gewerblichen und kommerziellen Eigentum beimessen, und unterstreichen dabei die Verpflichtungen aus dem im Rahmen der multilateralen Handelsverhandlungen der Uruguay-Runde geschlossenen Übereinkommen über handelsbezogene As-

---

160 „(2) Mit dem Funktionieren der Zollunion vereinbar: a) Beihilfen sozialer Art an einzelne Verbraucher, wenn sie ohne Diskriminierung nach der Herkunft der Ware gewährt werden; b) Beihilfen zur Beseitigung von Notständen oder Katastrophen; c) Beihilfen für die Wirtschaft bestimmter durch die Teilung Deutschlands betroffener Gebiete der Bundesrepublik Deutschland, soweit sie zum Ausgleich der durch die Teilung verursachten wirtschaftlichen Nachteile erforderlich sind; d) Beihilfen zur Förderung der wirtschaftlichen Entwicklung der weniger entwickelten Regionen der Türkei, wenn sie die Bedingungen des Handels zwischen den Vertragsparteien nicht in einer Weise verändern, die dem gemeinsamen Interesse zuwiderlaufen. Die letzte Ausnahme gilt innerhalb von fünf Jahren nach Inkrafttreten dieses Beschlusses."

161 Diese sind folgende: „... a) im Einklang mit Artikel 43 Absatz 2 des Zusatzprotokolls Beihilfen zur Förderung der wirtschaftlichen Entwicklung von Gebieten, in denen die Lebenshaltung außergewöhnlich niedrig ist oder eine erhebliche Unterbeschäftigung herrscht; b) Beihilfen zur Förderung wichtiger Vorhaben von gemeinsamem europäischem Interesse oder zur Behebung einer beträchtlichen Störung im Wirtschaftsleben eines Mitgliedstaates der Gemeinschaft oder der Türkei; c) in den fünf Jahren nach Inkrafttreten dieses Beschlusses und im Einklang mit Art. 43 Absatz 2 des Zusatzprotokolls Beihilfen zur Verwirklichung der für die Errichtung der Zollunion erforderlichen Strukturanpassung. Der Assoziationsrat überprüft die Anwendung dieser Bestimmung nach Ablauf des genannten Zeitraums; d) Beihilfen zur Förderung der Entwicklung gewisser Wirtschaftszweige oder Wirtschaftsgebiete, soweit sie Bedingungen des Handels zwischen der Gemeinschaft und der Türkei nicht in einer Weise verändern, die dem gemeinsamen Interesse zuwiderläuft; e) Beihilfen zur Förderung der Kultur und Erhaltung des kulturellen Erbes, soweit sie die Bedingungen des Handels zwischen der Gemeinschaft und der Türkei nicht einer Weise verändern, die dem gemeinsamen Interesse zuwiderläuft; f) sonstige Arten von Beihilfen, die der Assoziationsrat bestimmt."

pekte der Rechte an geistigem Eigentum (Art. 1 Abs. 1 Anhang Nr. 8). Hinsichtlich des Geltungsbereichs, des Schutzniveaus und der Durchsetzung der Rechte an geistigem, gewerblichem und kommerziellem Eigentum im Assoziationsverhältnis findet das TRIPS-Übereinkommen nach seinem Inkrafttreten für beide Vertragsparteien Anwendung, soweit im ARB 1/95 keine andere Regel festgelegt ist (Art. 1 Abs. 2 Anhang Nr. 8).

Ferner ist die Türkei in Art. 2 Anhang Nr. 8 verpflichtet, den wirksamen Schutz der Rechte an geistigem, gewerblichem und kommerziellem Eigentum zu verbessern, um ein Schutzniveau zu gewährleisten, das dem in der Gemeinschaft bestehenden Schutzniveau entspricht, und geeignete Maßnahmen zu treffen, um die Beachtung dieser Rechte sicherzustellen (Art. 2 Anhang Nr. 8). Zu diesem Zweck wurde für Türkei eine Menge von Verpflichtungen vorgesehen. Vor Inkrafttreten des ARB 1/95 sollte die Türkei den in Art. 3 Anhang 8 genannten Übereinkünften[162] über Rechte an geistigem, gewerblichem und kommerziellem Eigentum zuzustimmen und spätestens drei Jahre nach Inkrafttreten des ARB 1/95 die in Art. 7 Anhang Nr. 8 genannten Übereinkünfte[163] zu ratifizieren, sofern die EG oder alle ihre Mitgliedstaaten Vertragsparteien sind. Der Assoziationsrat kann allerdings beschließen, daß Art 3 und 7 auch für andere multilaterale Übereinkünfte gelten sollen (Art. 8 Anhang Nr. 8). Schließlich verpflichtet sich die Türkei durch Art. 4 und Art. 7 Abs. 2 Anhang Nr. 8 einseitig, auf diesem Gebiet ihre Rechtsordnung den Maßstäben der internationalen Ordnung und der EG anzugleichen.

d) Rechtsangleichung durch die Türkei[164]

Der freie Warenverkehr kann auch durch Vorschriften beeinträchtigt werden. Der ARB 1/95 sieht daher die Rechtsangleichung seitens der Türkei an das Gemeinschaftsrecht vor. So ist die Türkei dazu verpflichtet, wichtige Teile des gemeinschaftlichen Besitzstandes zu übernehmen, vor allem in den Bereichen

---

[162] Die Pariser Fassung (1971) der Berner Übereinkunft zum Schutz von Werken der Literatur und Kunst; Römisches-Abkommen (1961) über den Schutz der ausübenden Künstler, der Hersteller von Tontragen und der Sendeunternehmen; die Stockholmer Fassung (1967) der Pariser Verbandsübereinkunft zum Schutz des gewerblichen Eigentums (geändert 1979); das Abkommen von Nizza über die internationale Klassifikation von Waren und Dienstleistungen für die Eintragung von Marken (die Genfer Fassung, 1977, geändert 1979) und der Vertrag über die internationale Zusammenarbeit auf dem Gebiet des Patentwesens (Patentzusammenarbeitsvertrag von 1970, geändert 1979 und 1984).

[163] Das Protokoll zum Abkommen von Madrid über die internationale Registrierung von Marken (1989); der Budapester Vertrag über die internationale Anerkennung der Hinterlegung von Mikroorganismen für die Zwecke von Patentverfahren (1977, geändert 1980) sowie das internationale Übereinkommen zum Schutz von Pflanzenzüchtungen (die Genfer Fassung von 1991).

[164] Dazu näher DPT, Türkiye-Avrupa Birligi Özel Ihtisas Komisyonu Raporu, 2000, S. 185 ff., m.w.N.

Zoll[165], Technische Normen[166], Beihilfen[167] Handelspolitik[168], staatliche Handelsmonopole[169] sowie in den Bereichen des privaten Wirtschaftsrechts (Wettbewerb und Schutz des geistigen, gewerblichen und kommerziellen Eigentums)[170]. So sollten die Rahmenbedingungen des freien Warenverkehrs sichergestellt werden. Dabei unterrichtet die Gemeinschaft die Türkei unverzüglich von allen gemäß Art. 81, 82 und 86 EGV ergangenen Entscheidungen, die möglicherweise die Interessen der Türkei berühren (Art. 40 ARB 1/95).

Außerdem wurde eine allgemeine Rechtsangleichungsklausel in Art. 54 ARB 1/95 niedergelegt. Sie verpflichtet die Türkei dazu, in den Bereichen, die für das Funktionieren der Zollunion von unmittelbarer Bedeutung sind, ihre Rechtsvorschriften unabhängig von den Verpflichtungen aus den Kapiteln I bis IV soweit wie möglich mit den Rechtsvorschriften der Gemeinschaft in Einklang zu bringen. In Art. 54 Abs. 2 ARB 1/95 wurden diese Bereiche genannt, die für das Funktionieren der Zollunion von unmittelbarer Bedeutung sind. Als solche Bereiche gelten vor allem: Die Handelspolitik und die mit Drittländern geschlossenen Abkommen, die eine handelspolitische Komponente für gewerbliche Waren umfassen, Rechtsvorschriften über die Beseitigung technischer Hemmnisse im Handel mit gewerblichen Waren, das Wettbewerbsrecht, die Vorschriften über den Schutz der Rechte an geistigem und gewerblichem Eigentum sowie das Zollrecht.

Der Assoziationsrat kann darüber hinaus unter Berücksichtigung der Fortschritte der Assoziation beschließen, die Liste der Bereiche, in denen eine Rechtsangleichung vorzunehmen ist, zu erweitern (Art. 54 Abs. 2 ARB 1/95).

Trotz des Grundsatzes der Rechtsangleichung darf die Türkei weiterhin unabhängig von ihren Verpflichtungen aus den Kapiteln I bis IV des ARB 1/95 ihre Rechtsvorschriften in den Bereichen ändern, die für das Funktionieren der Zollunion von unmittelbarer Bedeutung sind, sofern der Gemischte Ausschuß der Zollunion der Ansicht ist, daß die geänderten Rechtsvorschriften das ordnungsgemäße Funktionieren der Zollunion nicht beeinträchtigen oder daß das Konsultationsverfahren der Art. 57 Abs. 2-4 ARB 1/95 eingehalten worden ist (Art. 57 Abs. 1 ARB 1/95).

Die Türkei muß beim Erlaß neuer Rechtsvorschriften in einem Bereich, der für das Funktionieren der Zollunion von unmittelbarer Bedeutung ist, zunächst informell die EG um Stellungnahme zu dem betreffenden Gesetzentwurf ersuchen.

---

[165] Vgl. Art. 28 ARB 1/95.
[166] Vgl. Art. 8-11 ARB 1/95.
[167] Vgl. Art. 39 ARB 1/95.
[168] Vgl. Art. 12 und 16 ARB 1/95.
[169] Vgl. Art. 42 ARB 1/95.
[170] Vgl. Art. 39 ARB 1/95 und den Anhang Nr. 8 zum ARB 1/95.

Sobald der Gesetzentwurf ein hinreichend fortgeschrittenes Stadium der Ausarbeitung erreicht hat, erfolgen im Gemischten Ausschuß der Zollunion Konsultationen. Nach dem Erlaß von Rechtsvorschriften unterrichtet die Türkei die EG unverzüglich im Gemischten Ausschuß der Zollunion davon. Der Gemischte Ausschuß bemüht sich in den Fällen, in denen die von der Türkei erlassenen Vorschriften möglicherweise ein ordnungsgemäßes Funktionieren der Zollunion stören könnten, um eine für beide Seiten annehmbare Lösung[171].

Seit 1995 führt die Türkei grundlegende Wirtschaftsreformen durch, um ihre Wirtschaftsrechtsordnung an die rechtlichen Grundlagen der EG anzupassen[172]. Sie übernahm dabei weite Teile des gemeinschaftlichen Besitzstandes, insbesondere in den Bereichen Zoll, Außenhandelspolitik, Wettbewerb sowie im Bereich des Schutzes des geistigen, industriellen und gewerblichen Eigentums. Sie hat nach dem Inkrafttreten der Zollunion, von ganz wenigen Ausnahmen abgesehen, rechtzeitig alle Zölle und mengenmäßigen Beschränkungen beseitigt[173] und ihre weiteren einseitigen Verpflichtungen aus dem ARB 1/95, wie etwa die Einrichtung einer Wettbewerbsbehörde, die Anerkennung eines internationalen Schiedsverfahrens[174], den Abschluß von Freihandelsabkommen mit Drittstaaten[175] und eine Rechtsangleichung im Bereich des Zollwesens[176], des Wettbewerbs[177], der Beihilfen, der staatlichen Monopole, des Patent- und Markenrechts[178], des Verbraucherschutzes[179], des Rechts der industriellen Geschmacks-

[171] Vgl. Art. 58 ARB 1/95.

[172] Vgl. dazu DPT, Sekizinci Bes Yillik Kalkinma Plani Öncesinde Avrupa Birligi ve Dis Ekonomik Iliskilerde Gelismeler 1996-2000, 2000, S. 4 ff.

[173] Nach Ansicht der Kommission bleiben gewisse nichttarifäre Handelshemmnisse auf türkischer Seite bestehen und konnten einige lang anhaltende Handelsstreitigkeiten nicht beigelegt werden. In bestimmten Fällen ist der Zugang für alkoholische Getränke beschränkt und es werden langwierige und mühsame Tests für gewisse Erzeugnisse durchgeführt (z.B. für Keramik und Fliesen). Vgl. dazu den regelmäßigen Bericht der Kommission über Fortschritte der Türkei auf dem Weg zum Beitritt von 2000, KOM(2000)713endg.

[174] Gesetz über das internationale Schiedsverfahren vom 21. Juni 2001, Nr. 4686 (RG vom 5. Juli 2001, Nr. 24453).

[175] Auch die Türkei hat - wie die EG - Präferenzabkommen mit folgenden europäischen Ländern geschlossen: Bulgarien, Estland, Island, Lettland, Litauen, Norwegen, Polen, Rumänien, Schweiz, Slowakische Republik, Slowenien, Tschechische Republik und Ungarn; vgl. dazu den Beschluß Nr. 1/1999 des gemischten Ausschusses für Zusammenarbeit im Zollwesen EG/Türkei vom 28. Mai 1999 (ABlEG 1999 Nr. L 204, 43).

[176] Am 27. Oktober 1999 wurde ein neues Zollgesetz verabschiedet. Es bildet mit seinen 248 Artikeln die wichtigste Grundlage für die Anpassung des türkischen Zollrechts an die Regeln des Gemeinsamen Zolltarifs und des Zollkodex der Gemeinschaft. Damit wurde insbesondere das Zollverfahren vereinfacht und ferner klargestellt, daß die Freihandelszonen der Gemeinschaft Teil des türkischen Zollgebiets sind.

[177] Gesetz zum Schutz des Wettbewerbs vom 1. Dezember 1994; Nr. 4054 (RG vom 1. Dezember 1994, Nr. 22140).

[178] Am 27. Januar 2000 hat die Türkei das Europäische Patentübereinkommen von 1973 nebst Zusatzprotokollen ratifiziert (RG Nr. 23948 vom 29. Januar 2000). Bereits im Jahre 1995 war das Patent- und Markenrecht reformiert und an europäische Standards angepaßt worden.

muster und der geographischen Herkunftsbezeichnungen etc. in angemessener Weise erfüllt[180]. Damit wurde ihre wirtschaftliche Rechtsordnung derjenigen der Gemeinschaft insbesondere in den Bereichen Zoll, Außenhandelspolitik, Wettbewerb sowie Schutz des geistigen, industriellen und gewerblichen Eigentums weitgehend angepaßt[181]. Den Kommissionsberichten[182] zufolge funktioniert die Zollunion zufriedenstellend. Zusätzliche Anstrengungen seien allerdings notwendig, um insbesondere in den Bereichen Wettbewerb und Zoll eine vollständige Übereinstimmung mit dem gemeinschaftlichen Besitzstand zu erreichen[183]. In diesen Bereichen werden im Rahmen der "Europäischen Strategie" die Bemühungen um eine Rechtsangleichung fortgeführt.

e) Handelspolitische Schutzinstrumente und Schutzmaßnahmen

In Art. 46 ARB 1/95 ist es der geschädigten Vertragspartei gestattet, in ihren Beziehungen zur anderen Vertragsparteien oder in den Beziehungen zu Drittstaaten Antidumpingmaßnahmen[184] oder Maßnahmen des in Art 44 ARB 1/95 genannten handelspolitischen Instrumentariums zu ergreifen, wobei die Einfuhr der betreffenden Waren aus dem Gebiet der anderen Vertragspartei von der Anwendung dieser Maßnahmen abhängig gemacht werden kann. Die geschädigte Vertragspartei muß in diesen Fällen den Gemischten Ausschuß der Zollunion unterrichten. Dabei wird aber kein Konsultations- und Beschlußverfahren eingeleitet (Art. 45 S. 1ARB 1/95). Im Rahmen der Anwendung handelspolitischer Schutzmaßnahmen gegenüber Drittstaaten bemühen sich die Vertragsparteien, durch Informationsaustausch und Konsultationen Möglichkeiten für die Koordinierung ihrer Maßnahmen zu finden, wenn die Umstände und die internationalen Verpflichtungen der beiden Vertragsparteien dies zulassen (Art. 45 S. 2 ARB 1/95).

Im Rahmen der Durchführung der Zollunion dürfen beide Seiten von sich aus weiterhin notwendige Schutzmaßnahmen treffen (Art. 63 ARB 1/95). Die Bedingungen dieser besonderen Schutzmaßnahmen sind allerdings gemäß des in Art 63 ARB 1/95 enthaltenen Verweises nach Art. 60 ZP zu bestimmen. Ferner können die Vertragsparteien gemäß Art 43 und 58 Abs. 2 ARB 1/95 von sich aus notwendige Schutzmaßnahmen treffen. Dabei sind vorzugsweise Maßnah-

---

179 Verbraucheschutzgesetz vom 8. März 1995, Nr. 4077 (RG vom 8. März 1995, Nr. 22221).

180 Vgl. DPT, Türkiye-Avrupa Birligi Özel Ihtisas Komisyonu Raporu, 2000, S. 29 ff.; die Berichte der Kommission über die Entwicklung der Beziehungen zur Türkei seit dem Inkrafttreten der Zollunion vom 30. Oktober 1996, KOM(1996)491endg., KOM(1997)394-endg.; McMillan-Scott Bericht vom 17. September 1998, Dokument des EP Nr. A4-251/98.

181 Vgl. den McMillan-Scott Bericht vom 17. September 1998, Dok. des EP Nr. A4 -251/98.

182 Vgl. KOM(1996)491endg.; KOM(1998)124endg.

183 Vgl. KOM(1996)491endg.; KOM(1998)124endg.

184 Vgl. Art. 47 ZP, Art. 44 Abs. 2 ARB 1/95.

men zu wählen, die das Funktionieren der Assoziation so wenig wie möglich stören. Die getroffenen Maßnahmen sollten nicht über das zur Behebung der Beeinträchtigung des freien Warenverkehrs oder Verkehrsverlagerungen unbedingt erforderliche Maß hinausgehen. Der Gemischte Ausschuß muß rechtzeitig davon unterrichtet werden. Er kann dabei beschließen, ob diese Maßnahmen zu ändern oder aufzuheben sind.

3. Wirtschaftliche Auswirkungen der Zollunion

a) Erwartungen und Bedenken

Entsprechend der traditionellen Integrationstheorie erhoffen sich beide Seiten als Folge der Zollunion insbesondere eine weitere Ausweitung ihres Handels[185]. Eine Zollunion hat in der Regel nämlich handelslenkende und handelsschaffende Wirkungen zur Folge[186]. Die durch die Beseitigung der internen Zölle geschaffenen Ausfuhrmöglichkeiten geben der Wirtschaft der Vertragsparteien neuen Aufschwung, so daß der Handel der Vertragsparteien untereinander zunehmen und zu einer Handelsoptimierung auf ihren Märkten führen kann[187]. Die Zollunion ist für die Türkei insbesondere hinsichtlich ihrer gut strukturierten, wettbewerbskräftigen Textil- und Bekleidungsindustrie von relevanter Bedeutung, da Textilprodukte der Türkei im zollfreien Markt der EU von 370 Mio. Verbrauchern erworben werden, während für die EU durch die Zollunion ein verbesserter Zugang zum türkischen Wirtschaftsmarkt mit ca. 65 Mio. Verbrauchern geschaffen wurde. Durch den freien Warenverkehr profitieren auch die Verbraucher von größeren Warenangeboten und niedrigeren Preisen[188]. Die aufgrund des ARB 1/95 unterzeichneten Freihandelsabkommen mit Drittstaaten eröffnen den türkischen Unternehmen einen Zugang zu neuen Märkten.

Aus türkischer Sicht wird außerdem erhofft, daß zahlreiche ausländische Unternehmen aufgrund der relativ günstigen Produktionskosten anstatt eines EU-Mitgliedstaates die Türkei bevorzugen werden. Durch Investitionen ausländischer Unternehmen sollen nicht nur neue Arbeitsplätze in der Türkei geschaffen, sondern durch den im Rahmen der Zollunion entstehenden Konkurrenzdruck auch

---

[185] Kurz vor dem Eintritt der Zollunion machte der Ausfuhr der Türkei in die EU 45,7% ihrer gesamten Ausfuhr aus, und bildete die Einfuhr der Türkei aus der EU 44,2% ihrer gesamten Einfuhr. Nach der Vollendung der Zollunion ist der Anteil der EU an der gesamten Einfuhr der Türkei auf 50 % angestiegen. Dazu DPT, Sekizinci Bes Yillik Kalkinma Plani öncesinde Avrupa Birligi ve Dis Ekonomik iliskilerde Gelismeler 1996-2000, 2000, S. 24.

[186] DPT, Sekizinci Bes Yillik Kalkinma Plani öncesinde Avrupa Birligi ve Dis Ekonomik iliskilerde Gelismeler 1996-2000, 2000, S. 23 ff.

[187] Aus türkischer Sicht vgl. DPT, Sekizinci Bes Yillik Kalkinma Plani öncesinde Avrupa Birligi ve Dis Ekonomik iliskilerde Gelismeler 1996-2000, 2000, S. 25 ff.

[188] Zu den europäischen Erwartungen an die Zollunion siehe im einzelnen Arslan, Zeitschrift für Gegenwartsforschung 2000, 334 ff.

Qualitätssteigerungen sowie Preisreduzierungen der Produkte auf dem türkischen Wirtschaftsmarkt herbeigeführt werden[189].

Neben diesen erhofften Vorteilen ist die Zollunion aber auch mit neuen Herausforderungen verbunden. Die Zollunion könnte, insbesondere für die Türkei, schwere Nachteile mit sich bringen. Nach Auffassung von Skeptikern[190] wird sich sogar die Zollunion zu Ungunsten der Türkei nachhaltig auswirken, da die meisten Zugeständnisse bzw. Handelsvergünstigungen der EU bereits gemacht worden seien, und mit dem Inkrafttreten des ARB 1/95, abgesehen von Finanzhilfen, grundsätzlich keinerlei nennenswerte Verpflichtungen gegenüber der Türkei bestünden[191], während die Türkei als Entwicklungsland umfassende Verpflichtungen im Rahmen der Zollunion übernehmen müßte.

b) Zwischenbilanz

Die Durchführung der Zollunion hat seit deren Inkrafttreten am 31. Dezember 1995 gezeigt, daß die Handelsströme sich zwischen den Parteien laufend erhöhen[192] (mit Ausnahme eines Rückganges im Jahr 1999 und 2001)[193]. Nach Angaben des Präsidiums für Außenhandels macht der Anteil der EU 2001 fast 50 % des gesamten Außenhandels der Türkei aus[194]. *„Einer der Haupteffekte der Zollunion im Zeitraum 1995 bis 1999 war vor allem, daß sich der relative Anteil der türkischen Importe aus Drittländern zugunsten der EU verlagert hat.“*[195] Die Ausfuhren der EU in die Türkei setzen sich in erster Linie aus Investitionsgütern, Halbfertigerzeugnissen oder Rohstoffen zusammen, wobei Geräte und Maschinen, Fahrzeuge und Chemikalien an oberster Stelle stehen[196]. Die Türkei ihrerseits führt

[189] DPT, Sekizinci Bes Yillik Kalkinma Plani öncesinde Avrupa Birligi ve Dis Ekonomik ilişkilerde Gelis-meler 1996-2000, 2000, S. 30 f.; vgl. auch den Nachricht „Türkei hofft die Impulse durch die Zollunion“, in: Nachrichten für Außenhandel vom 25. September 1995.

[190] Karluk, Avrupa Birlig ve Türkiyei, S. 515 ff.; Gür, Das Türkeibild, S. 115; Manisali, Gümrük Birligi, S. 1 ff.

[191] Zwar wurden dabei finanzielle Hilfen von insgesamt bis zu 3,2 Mrd. US-Dollar zur Anpassung und Umstrukturierung der türkischen Wirtschaft seitens der EU vorgesehen, diese sind aber gegenüber dem bisherigen Handelsbilanzdefizit der Türkei mit der EU ziemlich gering, und kamen wegen der griechischen Faktor bislang nicht zur Auszahlung.

[192] DPT, Sekizinci Bes Yillik Kalkinma Plani Öncesinde Avrupa Birligi ve Dis Ekonomik Iliskilerde Gelismeler 1996-2000, 2000, S. 23.

[193] Im Jahr 2000 kamen 52,9% der türkischen Einfuhr aus der EU, dagegen gingen 53,1% der türkischen Ausfuhr in die EU. Vgl. dazu KOM/2000/713endg.

[194] http://www.foreigntrade.gov.tr/ab/rakamlar/ditcaret.htm.

[195] Vgl. den Vorschlag für einen Beschluß des Rates zur Änderung des Beschlusses 2000/24/-EG zwecks Einrichtung eines EIB-Sonderaktionsprogramms zur Unterstützung der Konsolidierung und Intensivierung der Zollunion EG-Türkei, KOM/2000/479endg.

[196] Vgl. den Bericht des EP vom 19. Oktober 2000 über den regelmäßigen Bericht 1999 der Kommission über die Fortschritte der Türkei auf dem Weg zum Beitritt, A5-0297/2000 endg.

dagegen in die EU hauptsächlich Fertigerzeugnisse (Textilien, Agrarprodukte und Nahrungsmittel) aus[197].

Die Entwicklung der Handelsbeziehungen hat sich im großen und ganzen negativ auf die Türkei ausgewirkt[198]. Aus türkischer Sicht hat die Zollunion weder die erwarteten Umsatzsteigerungen für ihre Wirtschaft gebracht noch den erhofften Zustrom ausländischer Investitionen ausgelöst[199]. Die EU hat einen beträchtlichen Handelsbilanzüberschuß gegenüber der Türkei. Soweit weist die Türkei ein beträchtliches Handelsbilanzdefizit gegenüber der Union auf, das sich nach Schätzungen auf 20 Mrd. US-Dollar beläuft[200]. Ihre Ausfuhren in die EU erhöhten sich bislang geringfügig. Als deutlicher Verlierer der Zollunion gingen die mittelständischen und kleinen Unternehmen in der Türkei, deren Produktionsverfahren ineffizient und unterentwickelt sind, aus der Zollunion hervor[201].

Nach der Vollendung der Zollunion nahmen die Zahl von Investitionen europäischer Unternehmen zu, aber es gab keinen großen Schub[202]. Dem stehen insbesondere nach wie vor die politischen und wirtschaftlichen Instabilitäten und Spannungen, die hohe Inflation, die Rechtsunsicherheit, die schwerfällige Bürokratie, die Korruption sowie die geringe Markttransparenz und der unzureichende Schutz des geistigen Eigentums entgegen[203]. Deswegen sind der Umfang ausländischer Direktinvestitionen in der Türkei bisher deutlich hinter den Möglichkeiten geblieben.

Unter diesen Umständen dient die Zollunion im wesentlichen den Interessen der EU, weil sich ihr Wirtschaftsraum auf den Markt der Türkei als assoziiertes Entwicklungsland ausgedehnt hat, deren Wirtschaft gegenüber der Wirtschaft der Mitgliedstaaten ziemlich schwach ausgeprägt ist und daher dem Wettbewerbsdruck der Wirtschaft der Mitgliedstaaten bezogen auf die der Zollunion zugrundeliegenden Handelsbeziehungen nicht standhalten kann. Des weiteren hat die EU ihre Verpflichtungen nicht vollständig erfüllt. In erster Linie ist hier die

---

197 Vgl. KOM/2000)713endg., S. 8 f.

198 Vgl. dazu Akkaya, Auswirkungen der Zollunion auf die türkische Wirtschaft, S. 7; Soguk, Gümrük Birligi´nin Türkiye Ekonomisine Etkileri, S. 3 ff.; IKV, Gümrük Birliği'nin Türkiye Ekonomisine Etkileri, S. 2 ff.; vgl. auch den Bericht McMillan-Scott vom 17. September 1998, das Dokument des EP, A4-251/98.

199 Vgl. dazu näher DPT, Sekizinci Bes Yillik Kalkinma Plani öncesinde Avrupa Birligi ve Dis Ekonomik iliskilerde Gelismeler 1996-2000, 2000, S. 24 ff.

200 Vgl. DPT, Sekizinci Bes Yillik Kalkinma Plani öncesinde Avrupa Birligi ve Dis Ekonomik iliskilerde Gelismeler 1996-2000, 2000, S. 25 f.

201 Vgl. das Dokument des EP, A4-276/97.

202 Zu Einzelheiten siehe DPT, Sekizinci Bes Yillik Kalkinma Plani öncesinde Avrupa Birligi ve Dis Ekonomik iliskilerde Gelismeler 1996-2000, 2000, S. 29 ff.; vgl. auch Soguk, Gümrük Birligi´nin Türkiye Ekonomisine Etkileri, S. 8 f.

203 DPT, Sekizinci Bes Yillik Kalkinma Plani Öncesinde Avrupa Birligi ve Dis Ekonomik Iliskilerde Gelismeler 1996-2000, 2000, S. 31.

im Rahmen der Zollunion festgeschriebene finanzielle Zusammenarbeit zu nennen, die aus politischen und wirtschaftlichen Gründen seitens der EU fortgesetzt blockiert wurde. Die Türkei finanziert die Zollunion nach wie vor aus eigener Kraft und mit ihren knappen Ressourcen. Infolgedessen wächst, wie aus den bisherigen Handelsdaten ersichtlich ist, ihr Handelsbilanzdefizit gegenüber der EU[204]. Für sie dürfte es im gegenwärtigen Zustand jedoch schwierig sein, den heimischen Markt für industrielle Konkurrenz aus den Zentren der EU zu öffnen.

All dies läßt vermuten, daß die Zollunion für die künftige Wirtschaft der Türkei eine große Herausforderung darstellt[205], weil sie ihrerseits der wesentlich stärkeren Wirtschaft der Mitgliedstaaten standhalten soll, ohne daß erleichternde Umstände und strukturierte Anpassungsmaßnahmen für das ordnungsgemäße Funktionieren der Zollunion vorgesehen sind[206]. Es ist daher fraglich, wie dieses Handelsbilanzdefizit der Türkei mit Hilfe der EU in Zukunft beseitigt werden kann. Da der EU-Markt der Türkei im wesentlichen bereits in der Übergangsphase der Assoziation zugänglich gemacht wurde, kann die Zollunion lediglich in den Sektoren, in denen bis zur Vollendung der Zollunion am 31. Dezember 1995 noch Handelsbeschränkungen für die Türkei bestehen, zu einer geringfügigen Ausfuhrsteigerung der Türkei in die EU beitragen. Der Textil- und Bekleidungssektor erwies bisher für die Türkei als einziges Mittel zum Ausgleich der Handelsbilanz mit der EU[207]. Deswegen sollte die Türkei zumindest eine gewisse Zeit - wie manch andere wirtschaftlich schwächeren Mitgliedstaaten - zur Überwindung negativer Auswirkungen der Zollunion wirtschaftlich und finanziell weiterhin unterstützt werden, damit der freie Warenverkehr im Rahmen der Zollunion künftig ordnungsgemäß funktionieren kann.

C. Vorübergehende Ausnahmen der Zollunion

1. Landwirtschaft

Für diesen Sektor, der einen erheblichen Anteil des gesamten Außenhandels der Türkei darstellt und für die EG-Mitgliedstaaten eine echte Konkurrenz ist, gelten nach wie vor einige Besonderheiten, da eine Annäherung im Agrarsektor selbst innerhalb der EG große Schwierigkeiten bereitet. Das Assoziationsabkommen EG/Türkei erstreckt sich grundsätzlich auch auf den Bereich der Landwirtschaft und den Handel mit landwirtschaftlichen Erzeugnissen, doch wurde dieser Bereich weder mit dem Assoziationsabkommen selbst noch mit dem Zusatzproto-

---

204 Vgl. DPT, Türkiye-Avrupa Birligi Özel Ihtisas Komisyonu Raporu, 2000, S. 16.

205 Vor allem die Automobil-, die Chemie- und Pharmeindustrie, deren Wettbewerbsfähigkeit weit hinter der von westlichen Unternehmen bleibt.

206 Vgl. DPT, Türkiye-Avrupa Birligi Özel Ihtisas Komisyonu Raporu, 2000, S. 114 ff.

207 Lohrmann, Handels- und Entwicklungseffekte der Zollunion zwischen der EU und der Türkei, S. 146.

koll sowie mit übrigen Vereinbarungen in die Zollunion einbezogen. Somit bleibt der Agrarbereich eventuell von der geplanten Zollunion ausgenommen.

Im Abkommen wurde lediglich eine Grundsatzbestimmung vereinbart. Laut Art. 11 Ass.Abk. muß im landwirtschaftlichen Bereich besonderen Regelungen der gemeinsamen Agrarpolitik Rechnung getragen werden. Modalitäten der Landwirtschaft sollten demgemäß in Anlehnung an die von der Gemeinschaft beschlossene gemeinsame Agrarpolitik festgelegt werden. Zu diesem Zweck wurden gewisse Sonderregelungen im Zusatzprotokoll (Art. 31-35) fixiert. Art 32 ZP weißt darauf hin, daß die Regelungen des Zusatzprotokolls im Hinblick auf landwirtschaftliche Erzeugnisse[208] zur Anwendung kommen, soweit in den Artikeln 33-35 ZP nichts anderes festgelegt ist. So heißt es, daß die Zollbestimmungen des Zusatzprotokolls bezüglich der landwirtschaftlichen Waren subsidiär gelten. Soweit nicht Sonderregelungen in den Artikeln 33-35 ZP bestehen, ist die unmittelbare Anwendung solcher Bestimmungen möglich. In den Artikeln 33-35 ZP wurden aber erhebliche Sonderbestimmungen für landwirtschaftliche Produkte festgelegt. Nach dem Wortlaut dieser auf landwirtschaftliche Erzeugnisse bezogenen Bestimmungen sollte die Türkei ihre Agrarpolitik binnen 22 Jahren an die gemeinsame Agrarpolitik der Gemeinschaft anpassen. In diesem angegebenen Zeitraum müsse sich die Türkei durch notwendige Vorbereitungen in die Lage versetzen, am Ende dieses Zeitraums jene Maßnahmen der Gemeinsamen Agrarpolitik (GAP) der EWG zu ergreifen, die für den freien Warenverkehr mit landwirtschaftlichen Erzeugnissen erforderlich sind; erst dann ist eine Zollunion für landwirtschaftliche Erzeugnisse in Betracht zu ziehen. Die Agrarmärkte der Vertragsparteien sollten erst nach 1995 integriert werden.

Dementsprechend sieht Art. 35 ZP im Handelsverkehr mit landwirtschaftlichen Erzeugnissen gegenseitige Handelspräferenzen vor, deren Modalitäten durch den Assoziationsrat festgelegt werden und für welche in den Anhängen Nr. 6 und 7 des Zusatzprotokolls ausführliche Regelungen vorgesehen sind[209]. Entsprechend dieses Auftrages des Art. 35 ZP wurden die Handelspräferenzen auf weitere landwirtschaftliche Erzeugnisse der Türkei durch die ARB 1/76, 1/77 sowie 1/80 erweitert.

Gemäß den Bestimmungen des Assoziationsratsbeschlusses hat die EWG zwar ihre noch verbliebenen Zölle für landwirtschaftliche Produkte am 1. Januar 1987 abgeschafft und mengenmäßige Beschränkungen bei der Einfuhr landwirtschaftlicher Erzeugnisse aus der Türkei weitgehend beseitigt, die Ausfuhr mancher Agrarerzeugnisse der Türkei jedoch wurde durch außertarifäre Handelshemm-

---

[208] Unter landwirtschaftlichen Erzeugnissen sind die Erzeugnisse zu verstehen, die in der dem EWG-Vertrag als Anhang II beigefügten Liste in ihrer derzeitigen, gemäß Art. 38 Abs. 3 jenes Vertrages ergänzten Fassung aufgeführt sind (Art. 11 Abs. 2 Ass.Abk.).

[209] Vgl. den Anhang Nr. 6 über die Regelung für die landwirtschaftlichen Erzeugnisse (ABlEG 1972 Nr. L 293, 56).

nisse und vor allem durch einen ungünstigen Einfuhrkalender für den Import frischen Obstes, Gemüses sowie Haselnüssen behindert[210]. Kurz nach Eintritt in die Endphase wurden insgesamt von seiten der EWG die Handelspräferenzen für die landwirtschaftlichen Erzeugnisse, die 76 % der gesamten Einfuhr ausmachten[211], eingeräumt.

Dagegen hat die Türkei ihrerseits keine wichtigen Zölle für landwirtschaftliche Erzeugnisse aus der EWG gesenkt[212].

Mit dem Inkrafttreten des ARB 1/95 wurden landwirtschaftliche Erzeugnisse, abgesehen von verarbeiteten Landwirtschaftsprodukten, nach wie vor nicht in die Zollunion einbezogen[213]. Bezüglich dieses Bereichs enthält der ARB 1/95 im Kapitel III (Art. 24-27) eine Reihe von Sonderregelungen, die den Rahmen einer gemeinsamen Agrarpolitik bilden sollen. Nach Art. 26 ARB 1/95 sollen die gegenseitigen Präferenzregelungen für den Agrarhandel zwischen den Parteien schrittweise verbessert werden. Der Assoziationsrat erachtete es für notwendig, Verhandlungen über gegenseitige Zugeständnisse für landwirtschaftliche Erzeugnisse aufzunehmen und erließ daher den Beschluß 1/98. Der Handel mit landwirtschaftlichen Erzeugnissen wurde damit aber nicht vollständig liberalisiert. Derzeit sind lediglich mengenmäßige Beschränkungen der Ein- und Ausfuhr landwirtschaftlicher Erzeugnisse sowie alle Maßnahmen gleicher Wirkung zwischen den Vertragsparteien verboten[214]. Dieses Verbot gilt jedoch nicht für die Agrarpolitik der Vertragsparteien und deren Maßnahmen[215].

2. EGKS-Produkte

Das Assoziationsabkommen und das Zusatzprotokoll kamen zwischen der Türkei und der EWG sowie ihren Mitgliedstaaten zustande und beschränken sich strukturell im wesentlichen auf die Bereiche des EG-Vertrages. Ihre Regelungen gelten grundsätzlich nicht für den von den Parteien miteinander getriebenen Handel mit Erzeugnissen, die in die Zuständigkeit der EGKS fallen. Erzeugnisse

---

[210] Kramer, in: TOBB (Hrsg), S. 9.

[211] KOSGEB-Bülten (KOSGEB-Mitteilung) 1997, S. 75.

[212] Samland, in: Zentrum für die Türkeistudien (Hrsg.), S. 8.

[213] Vgl. Art. 17-27 ARB 1/95.

[214] Die Kommission hat in ihrem regelmäßigen Bericht (2000) festgestellt, daß der Handel mit Agrarerzeugnissen sich unter anderem wegen des türkischen Embargos auf Einfuhren von lebenden Rindern und Rindfleisch aus der Gemeinschaft schwierig gestaltet. Nach Ansicht der Kommission verletzt die Türkei deutlich den Beschluß 1/98, da die Zugeständnisse für Erzeugnisse, die die Türkei der Gemeinschaft im Gegenzug zu deren weitreichenden Zugeständnissen für türkische Agrarerzeugnisse gewährt hat, mit der Einführung dieses Embargos zunichte gemacht werden. Zudem hat die Kommission darauf hingewiesen, daß für das Problem der Anwendung der Ursprungsregeln auf türkische Thunfischerzeugnisse noch keine Lösung gefunden wurde. Siehe dazu KOM(2000)713endg.

[215] Vgl. Art. 1 ARB 1/98.

des Kohle- und Stahlsektors bleiben ebenfalls außerhalb der nach dem Zeitplan des Zusatzprotokolls schrittweise zu errichtenden Zollunion[216]. Aus diesem Grund ist ein vom Zusatzprotokoll getrenntes, auf Erzeugnisse der EGKS bezogenes Abkommen[217] geschlossen worden. Dieses Abkommen schaffte eine Rechtsgrundlage für die Einbeziehung dieser Erzeugnisse in die Zollunion zwischen der Gemeinschaft und der Türkei. Bedingungen sowie Fristen der Durchführung bezüglich dieser Erzeugnisse sollten in einem weiteren Abkommen festgelegt werden. Demnach sollten die geltenden Zölle und Abgaben gleicher Wirkung sowie mengenmäßigen Beschränkungen und Maßnahmen gleicher Wirkung schrittweise beseitigt werden[218]. Dieses Durchführungsprotokoll wurde jedoch im Rahmen der Übergangsphase nicht erlassen.

Am 25. Dezember 1995 wurde in Brüssel ein weiteres Abkommen zwischen der EGKS und der Türkei über den Handel mit EGKS-Produkten unterzeichnet, welches am 1. August 1996 in Kraft getreten ist[219]. Dieses Abkommen zielt auf den freien Austausch von EGKS-Erzeugnissen zwischen den Vertragsparteien ab. Deswegen lehnt es sich in wesentlichen Punkten an den die abschließende Phase der Zollunion einleitenden Beschluß 1/95 des Assoziationsrates EG/-Türkei an. Es errichtet jedoch keine Zollunion, sondern weist Merkmale eines Freihandelsabkommens auf, da den Vertragsparteien keine Verpflichtungen in den Außenhandelsbeziehungen bzw. zur Durchführung gemeinsamer Zolltarife auferlegt wurden. Außerdem beteiligen sich die Mitgliedstaaten nicht unmittelbar an diesem Abkommen. In dieser Hinsicht stellt es im Gegensatz zum Assoziationsabkommen EG/Türkei nicht ein gemischtes, sondern ein bilaterales Abkommen dar.

Die Vertragsparteien verpflichteten sich untereinander, mit Inkrafttreten des Abkommens alle Zölle und Abgaben gleicher Wirkung sowie Steuern und Abschöpfungen abzuschaffen und diese nicht wieder einzuführen (Art. 3). Dabei ist allerdings vereinbart worden, daß die Türkei auf manche Verpflichtungen binnen drei Jahren nach dem Inkrafttreten des Abkommens stufenweise einzugehen hat. Untersagt sind außerdem alle mengenmäßige Beschränkungen und Maßnahmen gleicher Art (Art. 4). Wie im ARB 1/95 vorgesehen, schließt dieses Abkommen neben den Bestimmungen über Unternehmenszusammenschlüsse die Rechtsangleichung seitens der Türkei in bezug auf das Wettbewerbsrecht und staatlicher Beihilfen an diejenigen der EG mit ein (Art. 7-8). Schließlich

---

[216] Vgl. Art. 26 Ass.Abk.

[217] Vgl. das Abkommen zwischen der EWG und der Türkei über die Erzeugnisse, die unter die Zuständigkeit der Europäischen Gemeinschaft für Kohle und Stahl fallen (ABlEG 1972 Nr. L 293, 63).

[218] Vgl. Art. 1 und 2 des Freihandelsabkommens EGKS/Türkei.

[219] Abkommen zwischen der Europäischen Gemeinschaft für Kohle und Stahle und der Türkei über den Handel mit unter den Vertrag über die Gründung der Gemeinschaft für Kohle und Stahle fallenden Erzeugnissen (ABlEG 1996 Nr. L 227, 3).

beinhaltet es die Bestimmungen zu dem Antidumping-Konsultationsverfahren (Art. 12)[220] sowie zu Schutzmaßnahmen (Art. 12). Zur Durchführung des Abkommens wurde ein Ausschuß eingesetzt (Art. 14).

II. Personenverkehr

A. Einleitende Bemerkungen

In einem gemeinsamen Markt sollten nicht allein die Warenströme maßgeblich sein, sondern es sollten auch die Menschen von der Öffnung der Grenzen profitieren können. Neben der Errichtung des freien Warenverkehrs sieht das Abkommen daher in den Vorschriften in Kapitel III des zweiten Teils die Herstellung einer Personenfreizügigkeit vor. Die zweite Grundfreiheit der Assoziation will den erwerbstätigen Personen einen ungehinderten Zugang zum gemeinsamen Markt eröffnen. Sie gliedert sich in die Freizügigkeit der Arbeit-nehmer (Art. 12 Ass.Abk.) und die Niederlassungs- und Dienstleistungsfreiheit (Art. 13 Ass.Abk.).

B. Freizügigkeit der Arbeitnehmer

1. Entwicklung der Freizügigkeit der Arbeitnehmer

Die Geschichte der Freizügigkeit der Arbeitnehmer begann Anfang der 60er Jahre. Die EWG-Mitgliedstaaten bedurften damals ausländischer Arbeitskräfte zur Entwicklung ihrer Länder. Demzufolge vereinbarten sie mit Drittstaaten bilaterale Abkommen mit der Folge, daß viele Gastarbeiter aus verschiedenen Entwicklungsländern sowie den wirtschaftlich schwächeren europäischen Ländern (insbesondere aus Ex-Jugoslawien, Spanien, Portugal sowie aus der Türkei) in ihre Länder kamen. Diese Lage spiegelte sich auch auf der Assoziationsebene zwischen der EWG und der Türkei wider. Die Freizügigkeit der Arbeitnehmer sollte dazu beitragen, einerseits für den Bedarf der EWG-Mitgliedstaaten an Arbeitskräften zu sorgen, andererseits durch die Zollunion eventuell entstehende Zahlungsbilanzdefizite der Türkei zu beseitigen[221]. Zu diesem Zweck wurde eine entsprechende Regelung in Art. 12 Ass.Abk. niedergelegt.

Nachdem die Beschäftigung von sich in den EWG-Mitgliedstaaten befindenden türkischen Gastarbeitern im Laufe der Zeit ein entscheidender Faktor beim Aufbau der türkischen Wirtschaft und Gesellschaft geworden war, verringerte sich damit die Arbeitslosigkeit auf dem inländischen Arbeitsmarkt der Türkei.

---

[220] Auf dieser Grundlage des Abkommens hat die Kommission ein Antidumpingsverfahren betreffend die Einfuhren von Walzdraht mit Ursprung in der Türkei eingeleitet (ABlEG 1999 Nr. C 144, 1).

[221] So auch Kramer, Die EG und die Türkei, S. 59.

Außerdem trugen die Geldüberweisungen dieser türkischen Gastarbeitnehmer zum Ausgleich des Zahlungsbilanzdefizites des Landes bei[222]. Daher legte die Türkei auf diese Frage großen Wert und forderte die EWG schon in der Vorbereitungsphase auf, im Rahmen der Assoziation konkretere Regelungen zur Freizügigkeit zu vereinbaren. Obwohl die EWG in einem Briefwechsel deutlich zum Ausdruck gebracht hatte, daß die Probleme im Zusammenhang mit den Arbeitskräften in der Türkei unter Berücksichtigung der Bestimmungen der Art. 4 und 12 Ass.Abk. von der Vorbereitungsphase an bewältigt werden sollten[223], wurden bei der Freizügigkeitsfrage dennoch keine konkreten Fortschritte erzielt. So blieb die Freizügigkeitsfrage eine in der Übergangsphase zu klärende Problematik. Mit dem Zusatzprotokoll wurde das bereits in Art. 12 Ass.Abk. genannte Ziel der Herstellung der Freizügigkeit zwischen den Vertragsparteien wiederholt und der Assoziationsrat ausdrücklich beauftragt, entsprechende Maßnahmen zu treffen (Art. 36 ZP). Demnach mußte die Freizügigkeit der Arbeitnehmer entsprechend den gemeinschaftsrechtlichen Grundsätzen bis zum Ende der Übergangsphase (1986) hergestellt sein. Die Vertragsparteien waren sich jedoch auch in der Übergangsphase bezüglich der Frage der Freizügigkeit der Arbeitnehmer nicht einig[224]. In dieser Phase wurden lediglich die Assoziationsratsbeschlüsse Nr. 2/76, 1/80 sowie 3/80 erlassen. Dadurch wurden zwar den im Territorium der jeweils anderen Vertragspartei lebenden Staatsangehörigen erheblich mehr Rechte eingeräumt, als sie das bestehende Ausländerrechte beinhaltete. Diese Beschlüsse schafften jedoch keine volle Freizügigkeit der Arbeitnehmer[225] und wurden deshalb von der Türkei als unzureichend bewertet. Diese Situation führte wiederum zur Erschütterung der Beziehungen zwischen der EWG und der Türkei[226]. In Bezug auf die Arbeitnehmerfreizügigkeit war es in den 80er Jahren äußerst umstritten, ob und ggf. inwieweit die Bestimmungen über die Freizügigkeit der Arbeitnehmer für die Parteien verbindlich seien. Angesichts der sich ab den 70er Jahren ändernden wirtschaftlichen Lage in Europa verhielten sich die EWG-Mitgliedstaaten[227] hinsichtlich der Herstellung

---

[222] Esen, Die Beziehungen EG/Türkei, S. 55; Karluk, Avrupa Birligi ve Türkiye, S. 386.

[223] Vgl. den am 12. September 1963 erfolgten Schriftwechsel zwischen der EWG und der Türkei (ABlEG 1964 Nr. 217, 3701).

[224] Die Anzahl der Arbeitslosen auf dem EWG-Arbeitsmarkt hat wegen der sich durch die Erdölkrise von 1973 verschlechternden konjunkturellen Lage in erheblichem Maße zugenommen. Binnen kurzer Zeit nach der Erdölkrise belief sich die Anzahl der Arbeitslosen auf über sechs Millionen. Angesichts dieser ihren Arbeitsmarkt bedrohenden Lage hatte die EWG-Mitgliedstaaten nunmehr kein Interesse daran, durch die Umsetzung der Bestimmungen des Assoziationsabkommens sowie des Zusatzprotokolls mit türkischen Arbeitskräften wie-tere potentielle Arbeitnehmer dem EWG-Markt zu stellen. Vgl. dazu Gsänger, Türkei-Europäische Gemeinschaft, S. 2 ff.

[225] EuGH, Urteil vom 17. April 1997, Rs. C-351/95 (Kadiman), Slg. 1997, I-2153, Rn. 30.

[226] Vgl. Birand, in: Özak/Dagyeli, S. 187.

[227] In der Rechtsache "Demirel" trug die Regierung der Bundesrepublik Deutschland vor, daß die Freizügigkeit ihrer Natur nach erfordere, da ein großes Maß an Flexibilität gewahrt und auf die politischen und sozialen Gegebenheiten Rücksicht genommen werde. Dazu siehe die

der Arbeitnehmerfreizügigkeit sehr zurückhaltend oder sogar ablehnend, diesbezüglichen vertraglichen Verpflichtungen nachzukommen[228]. So wurden die Regelungen des Assoziationsabkommens sowie des Zusatzprotokolls zur Freizügigkeit von seiten der EWG allmählich in Frage gestellt; sie seien nur Programmsätze. Die Formulierung des Art. 12 Ass.Abk. "leiten lassen" lege den Vertragsparteien keine vertragliche Verpflichtung auf, die Freizügigkeit, wie sie in der EWG besteht, in gleicher Weise auf die Assoziierung mit der Türkei zu übertragen, sondern es stehe völlig im Ermessen der Parteien, ob und gegebenenfalls inwieweit eine derartige Freizügigkeit im Rahmen der Assoziation hergestellt werden solle[229]. Auf türkischer Seite hingegen wurden diese Bestimmungen als eine verbindliche Verpflichtung zur Herstellung der Freizügigkeit der Arbeitnehmer angesehen. Der Standpunkt der EWG, wonach die Assoziationsfreizügigkeit nur nach Maßgabe der gesamten Arbeitsmarktlage in der EWG erfolgt, erweckte deshalb auf türkischer Seite Zweifel an der Vertragstreue der EWG[230]. Weitere Bemühungen erzielten trotz der Vorlage eines Beschlußentwurfs durch die Gemeinschaft im Jahre 1986 keine konkrete Ergebnis[231]. Bis in die Gegenwart bleibt die Rechtslage für Assoziationsfreizügigkeit trotz der jüngsten Entwicklungen im Assoziationsverhältnis EG/Türkei unverändert. Auch mit dem ARB 1/95 ist die bisherige Rechtslage nicht verändert worden.

2. Grundlagen der Freizügigkeit der Arbeitnehmer

Die Freizügigkeit der Arbeitnehmer ist eines der Grundlagen der Assoziation. Die Freizügigkeitsregelungen sind jedoch im Vergleich zu den Regelungen der Zollunion von untergeordneter Bedeutung[232]. Auf der Grundlage von Art. 12 Ass.Abk. tritt die angestrebte Arbeitnehmerfreizügigkeit nicht automatisch ein. Aus diesem Grund wurde der Assoziationsrat später in Art. 36 ZP ausdrücklich ermächtigt, die Assoziationsfreizügigkeit nach den Grundsätzen der Gemeinschaftsfreizügigkeit binnen des angegebenen Zeitraums, also bis zum 30. November 1986, näher zu bestimmen und durchzuführen[233]. In diesem Rahmen sollte der Assoziationsrat ursprünglich bestehende Beschränkungen abbauen. Während in Art.12 Ass.Abk. die Freizügigkeit der Arbeitnehmer zwischen der Gemeinschaft sowie ihren Mitgliedstaaten einerseits und der Türkei andererseits

---

Erklärung Regierung der Bundesrepublik Deutschland in der Rechtssache "Demirel", Rs. 12/86, Slg. 1987, 3727.

[228] Bozkurt, Die Beziehungen der Türkei zur EU, S. 51-52; Dimokopaulos, Wanderarbeiter, S. 17.

[229] Vgl. Schlegel, in: Gumpel (Hrsg.), S. 73 ff.; die Erklärung Regierung der Bundesrepublik Deutschland in der Rechtssache "Demirel", Rs. 12/86, Slg. 1987, 3726.

[230] Gsänger, Türkei-Europäische Gemeinschaft, S. 2.

[231] Renner, Ausländerrecht in Deutschland, S. 212, Rn. 164.

[232] Vgl. EuGH, Urteil vom 30. September 1987, Rs. 12/86 (Demirel), Slg. 1987, 3719, Rn. 23.

[233] Vgl. EuGH, Urteil vom 23. Januar 1997, Rs. C-171/95 (Tetik), Slg. 1997, I-329 , Rn. 17 (29).

hergestellt werden soll, sieht der diese Bestimmung konkretisierende Art. 36 ZP die Herstellung der Freizügigkeit der Arbeitnehmer lediglich zwischen einzelnen Mitgliedstaaten und der Türkei vor. Daher versteht der EuGH[234] unter dem Begriff der Assoziationsfreizügigkeit nicht eine Freizügigkeit innerhalb der gesamten Gemeinschaft, sondern lediglich das Vorhandensein bestimmter Rechte innerhalb eines bestimmten Mitgliedstaates. Die beiden Vorschriften entfalten hinsichtlich der Freizügigkeit der Arbeitnehmer keine Wirkung, in der Weise, daß sie in der innerstaatlichen Rechtsordnung der Vertragsparteien unmittelbar anwendbar sind[235].

In Art. 37 ZP verpflichteten sich die Mitgliedstaaten, hinsichtlich des Arbeitsentgelts und der Arbeitsbedingungen eine Diskriminierung türkischer Staatsangehöriger aufgrund ihrer Staatsangehörigkeit zu verhindern. Dem Diskriminierungsverbots des Art. 37 kann eine unmittelbare Wirkung zugesprochen werden kann, weil es hinreichend konkrete Vertragspflichten beinhalten[236].

Art. 39 ZP sieht eine Reihe von Regelungen über die soziale Sicherheit der türkischen Arbeitnehmer vor, die sich in einem Mitgliedstaat aufhalten und innerhalb der Gemeinschaft von einem Mitgliedstaat in einen anderen zu- oder abwandern einschließlich der sich in den EG-Mitgliedstaaten aufhaltenden Familienangehörigen. Der Assoziationsrat sollte innerhalb eines Jahres nach Inkrafttreten des Zusatzprotokolls entsprechende Durchführungsmaßnahmen treffen.

3. Umsetzung der Freizügigkeit der Arbeitnehmer

Art. 36 und 39 ZP ermächtigen den Assoziationsrat, die zur Herstellung der Freizügigkeit der Arbeitnehmer notwendigen Beschlüsse zu erlassen. Auf dieser Grundlage sind bisher drei Assoziationsratsbeschlüsse ergangen.

a) Assoziationsratsbeschluß Nr. 2/76

Der Assoziationsratsbeschluß (ARB) Nr. 2/76[237] wurde am 20. Dezember 1976 erlassen, Darin wurde die erste Stufe der Assoziationsfreizügigkeit geregelt. Dieser Beschluß legte den Inhalt der ersten Stufe für die Dauer von vier Jahren ab dem 1. Dezember 1976 fest und enthielt zu diesem Zweck verschiedene Regelungen zur Rechtsstellung türkischer Arbeitnehmer in der EWG. Nach Art. 2 ARB 2/76 hatten türkische Arbeitnehmer nach dreijähriger Beschäftigung das Recht - unter Vorbehalt des den Arbeitnehmern aus den Mitgliedstaaten einzu-

---

[234] Ebd.

[235] EuGH, Urteil vom 30. September 1987, Rs. 12/86 (Demirel), Slg. 1987, 3719.

[236] Renner, Ausländerrecht in Deutschland, 1998, S. 212, Rn. 165.

[237] Im ABlEG wurde der ARB 2/76 nicht veröffentlicht, abgedruckt in: Amtliche Nachrichten der Bundesanstalt für Arbeit, 1978, S. 1089 ff.

räumenden Vorrangs -, innerhalb des bisher ausgeübten Berufs, Tätigkeitsbereichs sowie Gebiets und zu den normalen Bedingungen sich für einen anderen Arbeitsplatz zu bewerben. Nach fünfjähriger ordnungsgemäßer Beschäftigung stand ihnen der freie Zugang zum gesamten Arbeitsmarkt zu. Diese Rechte türkischer Arbeitnehmer wurden mit einem in Art. 7 niedergelegten Verbot neuer Beschränkungen für den Zugang zum Arbeitsmarkt der EWG ergänzt[238]. Art. 8 ARB 2/76 enthält zugunsten türkischer Staatsangehöriger eine Bestimmung, wonach innerstaatliche Vorschriften und bilaterale völkerrechtliche Abkommen zwischen der Türkei und einem EWG-Mitgliedstaat weiterhin gelten sollten, soweit sie für türkische Staatsangehörige einen besseren Rechtsstatus als der ARB 2/76 einräumen. Verbunden wurden sie schließlich mit Art. 9 ARB 2/76, welcher vorsieht, daß aufenthaltsbeendende Maßnahmen aus Gründen der öffentlichen Ordnung, Sicherheit und Gesundheit getroffen werden können.

b) Assoziationsratsbeschluß Nr. 1/80

Der Assoziationsratsbeschluß 1/80 über die Entwicklung der Assoziation vom 19. September 1980[239] bildet eine weitere Zwischenstufe bezüglich der Freizügigkeit der Arbeitnehmer[240]. Die relevanten Bestimmungen des ARB 1/80 über die Assoziationsfreizügigkeit finden sich in Kapitel II (Soziale Bestimmungen) im ersten Abschnitt (Fragen betreffend der Beschäftigung und der Freizügigkeit der Arbeitnehmer, Art. 6 bis 16 ARB 1/80).

Der ARB 1/80 soll im sozialen Bereich zugunsten der Arbeitnehmer und ihrer Familienangehörigen zu einer besseren Regelung führen. Dort ist unter anderem ein Anspruch auf Erteilung einer Arbeitserlaubnis, ein Diskriminierungsverbot sowie Vorrang für Türken vor Angehörigen sonstiger Drittstaaten für bestimmte Fälle der Arbeitsvermittlung geregelt[241]. Der ARB 1/80 hat daher einen weitreichenden Inhalt, der auch die Regelungen des ARB 2/76 umfaßt. Im Vergleich zu den Regelungen ARB 2/76 vermittelt der ARB 1/80 den Arbeitnehmern und ihren Familienangehörigen eine bessere Rechtsstellung. Nach Auffassung des EuGH[242] haben die Bestimmungen des ARB 1/80 de facto die ungünstigeren

---

[238] Vgl. Weber, Die Assoziationsrechtliche Status Drittstaatangehöriger, S. 8.

[239] Im ABlEG wurde dieser Beschluß nicht veröffentlicht, abgedruckt in: Amt für öffentliche Veröffentlichungen der Europäischen Gemeinschaften (Hrsg.), Assoziation zwischen der EWG und der Türkei, Sammlung von Rechtsakten, Band I, Luxemburg 1979, S. 24; in: Rat der Europäischen Gemeinschaft (Hrsg.), Assoziationsabkommen und Protokolle EWG-Türkei sowie andere Basisdokumente, 1992, S. 327 ff.

[240] Vgl. EuGH, Urteil vom 6. Juni 1995, Rs. C-434/93 (Bozkurt), Rn. 14 und 19 und 20, Slg. 1995, I-1475; Urteil vom 23. Januar 1997, Rs. C-171/95 (Tetik), Rn. 20, Slg. 1997, I-329 und Urteil vom 19. Dezember 1998, Rs. C-210/97 (Akman), Slg. 1998, I-7519, Rn. 20.

[241] Zu dessen unmittelbaren Anwendbarkeit siehe unten Kapitel V III C 2 b.

[242] Infolgedessen beschränkt sich der EuGH (mit Ausnahme seiner Urteil "Sevince") in seiner Rechtsprechung zur Assoziationsfreizügigkeit auf die Prüfung der Bestimmungen des ARB 1/80. Vgl. dazu EuGH, Urteil vom 6. Juni 1995, Rs. C-434/93 (Bozkurt), Rn. 14, Slg. 1995, I-

Regelungen des ARB 2/76 ersetzt[243]. Dabei spricht Weber von *„einer de facto Ablösung des ARB 2/76 durch den ARB 1/80"*[244]. Dieser Beschluß gilt als Nachfolger des ARB 2/76 und bleibt folglich die einzige einschlägige Vorschrift, die den gegenwärtigen Rechtszustand der Freizügigkeit der Arbeitnehmer in der Assoziation regelt.

c) Assoziationsratsbeschluß Nr. 3/80

Gemäß Art. 39 ZP wurde vom Assoziationsrat ein Beschluß über die Anwendung der Systeme der sozialen Sicherheit der EG-Mitgliedstaaten auf die türkischen Arbeitnehmer und deren Familienangehörige gefaßt[245], welcher eine Ergänzung des ARB 1/80 darstellt. Eine wichtige Ergänzung der durch den ARB 1/80 geschaffenen Freizügigkeit bildet die durch den ARB 3/80 vorgegebene Einführung eines Systems, das die türkischen Arbeitnehmer auch bezüglich ihrer Renten- und sonstigen Sozialansprüche absichert. Der ARB 3/80 begründet kein Recht auf Freizügigkeit, sondern knüpft an die bereits erfolgte Zuwanderung türkischer Arbeitnehmer sozialrechtliche Folgen[246] und trifft dazu eine Reihe von Regelungen, die mit der VO(EWG) Nr. 1408/71[247] vergleichbar sind. Damit sollen die Systeme der sozialen Sicherheit der EG-Mitgliedstaaten in bezug auf die Rechtsstellung türkischer Staatsangehöriger koordiniert werden[248].
Gemäß Art. 2 fallen in den persönlichen Geltungsbereich des ARB 3/80: Türkische Arbeitnehmer, die in einem oder mehreren Mitgliedstaaten beschäftigt sind oder waren, ihre Familienangehörigen, die im Gebiet eines EG-Mitgliedstaates wohnen und ihre Hinterbliebenen.

Art. 3 ARB 3/80[249] enthält einen allgemeinen Gleichbehandlungsgrundsatz für alle von diesem Beschluß erfaßten türkischen Staatsangehörigen gegenüber den Staatsangehörigen des Aufnahmestaates[250]. Der EuGH hat in der Rechtssache "Sürül" Art. 3 Abs. 1 ARB 3/80 ausgelegt und die unmittelbare Anwendbarkeit

---

1475; Urteil vom 23. Januar 1997, Rs. C-171/95 (Tetik), Slg. 1997, I-329, Rn. 20; Urteil vom 19. November 1998, Rs. C-210/97, Slg. 1998, I-7544, Rn. 20.

243 Z.B. wurde die im Art. 2 Abs. 1 ARB 2/76 vorausgesetzte Dauer ordnungsgemäßer Beschäftigung durch den ARB 1/80 von 5 auf 4 Jahre verkürzt.

244 Vgl. Weber, Die Assoziationsrechtliche Status Drittstaatangehöriger, S. 8.

245 ABlEG 1983, Nr C 110, 60.

246 Hänlein, ZAR 1998, 21, 27.

247 ABlEG 1971 Nr. L 149, 2.

248 EuGH, Urteil, Rs. C-277/94 (Taflan-Met), Slg. 1996, I-4100, Rn. 3; Sieving, Soziale Rechte von Türken nach dem Assoziationsratsbeschluß Nr. 3/80?, in: Barwig et al. (Hrsg.), Sozialer Schutz von Ausländern in Deutschland, 1996, S. 113 ff.; ders., NZS 1994, 215.

249 Art. 3 Abs. 1 ARB 3/80 lautet: „Die Personen, die im Gebiet eines Mitgliedstaates wohnen und für die dieser Beschluß gilt, haben gleichen Rechte und Pflichten aufgrund der Rechtsvorschriften eines Mitgliedstaates wie Staatsangehörigen dieses Staates, soweit dieser Beschluß nichts anderes bestimmt."

250 Zu dessen unmittelbaren Anwendbarkeit siehe unten Kapitel V III C 2 b.

des in dieser Vorschrift niedergelegten sozialrechtlichen Diskriminierungsverbots bejaht[251]. Die berechtigten türkischen Staatsangehörigen haben folglich die gleichen Rechte und Pflichten aufgrund der Rechtsvorschriften eines EG-Mitgliedstaates wie die Staatsangehörigen dieses Staates, soweit dieser Beschluß nichts anderes bestimmt. Diese sozialversicherungsrechtliche Stellung unterliegt jedoch einer Wohnortsklausel. Danach müssen die türkischen Staatsangehörigen im Hoheitsgebiet eines Mitgliedstaates wohnen.

Zum sachlichem Geltungsbereich des ARB 3/80 gehören die folgenden Leistungen, welche der sozialen Sicherung türkischer Arbeitnehmer und deren Familienangehörigen dienen: Leistungen bei Krankheit und Mutterschaft, Leistungen bei Invalidität einschließlich der Leistungen, die zur Erhaltung oder Besserung der Erwerbsfähigkeit bestimmt sind, Leistungen im Alter, Leistungen an Hinterbliebene, Leistungen bei Arbeitsunfällen und Berufskrankheiten, Sterbegeld, Leistungen bei Arbeitslosigkeit und Familienleistungen. Dieser Beschluß kann jedoch weder auf die Sozialhilfe noch auf Leistungen für Opfer des Krieges und seiner Folgen angewandt werden (Art. 4 ARB 3/80)[252].

In Art 6 ARB 3/80 wurde ein Anspruch von Hinterbliebenen auf Rente auch für den Fall begründet, daß der Betreffende nicht in dem jeweiligen EG-Mitgliedstaat ansässig ist.

Die weiteren Einzelheiten regelt der ARB 3/80 nicht näher, sondern verweist durch Art. 9 ARB 3/80 maßgeblich auf die Verordnung des Rates der EWG Nr. 1408/71[253] (insbesondere auf Art. 13, 14, 15 und 17), und auf einige Bestimmungen der VO 574/72/EWG des Rates[254], wobei es sich um eine modifizierte Übernahme dieser Verordnung handelt[255].

Art. 32 ARB 3/80 verpflichtet die Parteien dazu, die zur Durchführung dieses Beschlusses erforderlichen Maßnahmen zu treffen[256].

---

[251] Urteil vom 4. Mai 1999, Rs. C-262/96, Slg. 1999, I-2766, Rn. 64, 74. Nach seiner Auffassung stellt es sich lediglich als Konkretisierung des allgemeinen Diskriminierungsverbots des Art. 9 Ass.Abk. dar, der auf Art. 7 (Art. 12 n.F.) E(W)GV verweist.

[252] Sieveking, NZS 1994, 215.

[253] VO 1408/71/EWG des Rates vom 14. Juni 1971 zur Anwendung der Systeme der sozialen Sicherheit auf Arbeitnehmer sowie deren Familienangehörige, die innerhalb der Gemeinschaft zu- und abwandern (ABlEG 1971 Nr. L 149, 2).

[254] VO 574/72/EWG des Rates vom 21. März 1972 über die Durchführung der Verordnung 1408/71/EWG (EGABl 1974 Nr. L 74, 1).

[255] Sieveking, ZIAS 1995, 227/245.

[256] Zur Anwendung des Beschlusses Nr. 3/80 innerhalb der Europäischen Wirtschaftsgemeinschaft legte die Kommission am 8. Februar 1983 dem Rat den Vorschlag einer Verordnung (ABlEG 1983 Nr. C 110, 1) vor. Der Rat hat bislang diese Verordnung nicht verabschiedet.

4. Zulässigkeit der Heranziehung des Gemeinschaftsrechts zur Auslegung der Freizügigkeitsbestimmungen des Abkommens

Obwohl die aus den ARB 1/80 und 3/80 hergeleiteten Ansprüche türkischer Arbeitnehmer und ihrer Familienangehörigen in der Rechtsordnung der Gemeinschaft in den 90er Jahren allmählich erhebliche Bedeutung gewonnen haben, sind zahlreiche wichtige Auslegungsfragen zu diesen Beschlüssen noch ungeklärt geblieben. Die Vorschriften dieser Assoziationsratsbeschlüsse sind zumeist auslegungsbedürftig und enthalten zahlreiche Lücken, welche Schwierigkeiten in deren Anwendung bereiten. Während übereinstimmend beim gegenwärtigen Rechtszustand der Assoziation angenommen wird, daß sich die Voraussetzungen für eine Einreise in das Hoheitsgebiet der EG-Mitgliedstaaten und der Türkei und die erste Beschäftigung nur nach nationalem Recht richten und die Assoziationsratsbeschlüsse das nationale Recht nicht berühren[257], bereiten die Begriffe "Arbeitnehmer", "Kinder", "Familienangehörige", "Arbeitsverhältnis", "Tätigkeit im Lohn- oder Gehaltsverhältnis", "öffentliche Ordnung", "Sicherheit", "Gesundheit" etc. bei der Anwendung der ARB 1/80 und 3/80 Probleme. Sie wurden weder im ARB 1/80 sowie im ARB 3/80 noch in anderen Vorschriften des Assoziationsrechts näher umschrieben oder erläutert.

Der EuGH legt in seiner ständigen Rechtsprechung die Begriffe der Assoziationsratsbeschlüsse im gemeinschaftsrechtlichen Sinne aus[258]. Nach seiner Auffassung[259] stellen die Bestimmungen des ARB 1/80 sowie des ARB 3/80 einen weiteren, von Art. 39 n.F. (Art. 48 a.F.) geleiteten Schritt zur Herstellung der Arbeitnehmerfreizügigkeit dar. Zur Ausfüllung der Lücken des ARB 1/80 sowie des ARB 3/80 sollten daher die Grundsätze des EG-Vertrages soweit wie möglich auf die Assoziationsfreizügigkeit übertragen werden[260]. In der deutschen Rechtsprechung[261] und dem Schrifttum[262] hat sich bislang jedoch keine einheitliche Linie zur Auslegung der assoziationsrechtlichen Regelungen

[257] EuGH, Urteil vom 26. November 1998, Rs. C-1/97 (Birden), Slg. 1998, I-7747, Rn. 37.

[258] Zu kritischen Anmerkungen siehe Hailbronner, Ausländerrecht, Kommentar, D 5.4, Rn. 8 ff.

[259] Vgl. EuGH, Urteil vom 6. Juni 1995, Rs. C-434/93 (Bozkurt) Rn. 14, 19 und 20, Slg. 1995, I-1475; Urteil vom 23. Januar 1997, Rs. C-171/95 (Tetik) Rn. 20 und 28, Slg. 1997, I-329 ff.; Urteil vom 30. September 1997, Rs. C-36/96 (Günaydin), Rn. 21, Slg. 1997, I-5159 f.; Urteil vom 30. September 1997, Rs. C- 98/96 (Ertanir), Rn. 21, Slg. 1997, I-5193 f. sowie Urteil vom 26. November 1998, Rs. C-1/97 (Birden), Slg. 1998, I-7747, Rn. 23 und 24.

[260] EuGH, Urteil vom 6. Juni 1994, Rs. C-434/93 (Bozkurt), Slg. 1995, I-1475, Rn. 14, 19, 20.

[261] BVerwG, Urteil vom 11. Juni 1996, 1 C 24/94, NVwZ 1997, 297, Urteil vom 28. Januar 1997, 1 C 17/94, NVwZ 1997, 1119; ablehnend VGH Mannheim, InfAuslR 1994, 127.

[262] Renner, Ausländerrecht, 1999, 19; ders., Ausländerrecht in Deutschland, 1998, 240; Benassi, InfAuslR 1995, 90; Kemper, ZAR 1995, 114; Mallmann, JZ 1995, 917.

gebildet. *„Vielfach stellt sich die Frage, ob insoweit an (sonstiges) Gemeinschaftsrecht angeknüpft werden kann, wenn ein Tatbestandsmerkmal dort eine Entsprechung findet.“*[263]

Nach herrschender Auffassung[264] muß die Assoziationsfreizügigkeit türkischer Arbeitnehmer prinzipiell nach den im Rahmen der Art. 39 ff. n.F. (Art. 48 ff. a.F.) EGV geltenden Grundsätzen behandelt werden. Demzufolge sind die Begriffe des ARB 1/80 allein nach Gemeinschaftsrecht zu bestimmen.

Die Mindermeinung[265] besagt dagegen, daß assoziationsrechtliche Begriffe nach den Rechtsordnungen der Mitgliedstaaten bzw. der Türkei behandelt werden sollen. Die Vertreter dieser Auffassung lehnen die Übertragung der Verwendung eines Begriffs des Gemeinschaftsrechts auf das Assoziationsverhältnis ab. Zur Begründung führen sie an, daß das Assoziationsabkommen EG/Türkei weniger enge Verbindungen zwischen den Vertragsparteien gegenüber den Beziehungen der Mitgliedstaaten untereinander schafft. Außerdem weisen die beiden Regelwerke unterschiedliche Rechtscharaktere auf.

Aus völkerrechtlichem Aspekt können die Freizügigkeitsregelungen der Gemeinschaft grundsätzlich nicht ohne weiteres unmittelbar auf die Assoziation EG/Türkei angewandt werden, da die Türkei nicht Vertragspartei des EG-Vertrages ist. Das Assoziationsabkommen EG/Türkei ist ein völkerrechtlicher Integrationsvertrag. Die fortschreitende Integration als Ziel der Assoziation führt zu einer besonderen Gewichtung der systematischen und teleologischen Methode. Allgemein muß der Auslegung der Vorzug eingeräumt werden, welche die Verwirklichung der Vertragsziele am meisten fördert und die Funkionsfähigkeit der Assoziation sichert. Dabei ist allerdings auch der Wortlaut der Vorschrift zu berücksichtigen.

Endziel des Abkommens ist es, die Türkei auf die künftige Mitgliedschaft in der EG vorzubereiten. Seine Konkretisierung findet dieses Ziel dementsprechend auch in der in Art. 12 niedergelegten Bestimmung über die Freizügigkeit der Arbeitnehmer. Gemäß der Zielsetzung von Art. 12 Ass.Abk. und der für die Vertragsparteien verbindlichen Aussage des Art. 36 ZP sollten - möglichst weitgehend - im angegebenen Zeitraum die gemeinschaftlichen Grundsatzregelungen in das Assoziationsrecht zur Herstellung der Arbeitnehmerfreizügigkeit umgesetzt werden. Die primärrechtlichen Grundlagen sehen die Herstellung der Assoziationsfreizügigkeit unter Berücksichtigung der geltenden Grundsätze der gemeinschaftsrechtlichen Freizügigkeit vor. Der Assoziationsrat kann nur in die-

---

263 Mallman, JZ 1995, 917.

264 BVerwG, Urteil vom 11. Juni 1996, InfAuslR 1997, 8 (15); Benassi, InfAuslR 1993, 205; Cremer, InfAuslR 1995, 138; Huber, NVwZ 1991, 242; ders., NVwZ 1993, 246.

265 Hailbronner et al. (Hrsg.), EUV, Handkommentar, Art. 48 EGV, Rn. 32; Weber, Die Assoziationsrechtliche Status Drittstaatangehöriger, S. 77 ff. und 95 f.; ders., NVwZ 1997, 652.

sem rechtlichen Rahmen handeln. Zweck und Leitlinien der gesamten Freizügigkeitsregelungen der Assoziation folgen deswegen den gemeinschaftsrechtlichen Grundlagen. Zu diesem Zweck wurde die inhaltliche Ausgestaltung des ARB 1/80 in bezug auf Freizügigkeit weitgehend der VO 15/61/EWG[266] nachgebildet. Somit wurde die Assoziationsfreizügigkeit zum Teil auf die gemeinschaftsrechtliche Freizügigkeit bezogen. Der durch ARB 1/80 geschaffene Zustand der Assoziationsfreizügigkeit steht mit der ersten Stufe der gemeinschaftsrechtlichen Freizügigkeit völlig im Einklang[267]. Diese Übereinstimmung der Regelungen der VO 15/61EWG und des ARB 1/80 bestätigt, daß die Assoziationsfreizügigkeit nach dem ARB 1/80 ein "Minus" im Verhältnis zur gemeinschaftlichen Freizügigkeit darstellt, aber nicht etwa als etwas gänzlich anderes, ein "*Aliud*", begriffen werden kann[268]. Der gegenwärtige Rechtszustand der Assoziationsfreizügigkeit unter den Art. 6 ff. ARB 1/80 unterscheidet sich von dem Rechtszustand der Gemeinschaftsfreizügigkeit unter den Art. 39 ff. EGV also nur dadurch, daß die Assoziationsfreizügigkeit nicht auf der höchsten Stufe eine umfassende Bewerbungsfreiheit über die Grenzen der Mitgliedstaaten hin-weg beinhaltet[269].

Der im Assoziationsverhältnis EG/Türkei geschaffene Zustand entspricht weiterhin einer Übergangsphase zur vollen Mitgliedschaft der Türkei. Infolgedessen befindet sich auch das Assoziationsrecht noch in einem Entwicklungszustand. Nicht alle Regelungen der Gemeinschaft wurden bislang in das Assoziationsverhältnis umgesetzt. Nach dem gegenwärtigen Stand der Entwicklung des Assoziationsrechts ist es deswegen erforderlich, im Assoziationsrecht enthaltene Lücken zweckmäßig durch das Gemeinschaftsrecht zu ergänzen. Angesichts dieser Tatsache haben sich die Vertragsparteien im ARB 1/95[270] sowie im Freihandelsabkommen EGKS/Türkei von 1996[271] geeinigt, die mit der Durchführung und der Anwendung der Zollunionsbestimmungen verbundenen Rechts-

---

[266] ABlEG 1961 Nr. 80, 1513.

[267] ARB 2/76 und ARB 1/80 lehnen sich weitgehend an die nach der Gründung der EWG eingeschlagene Verfahrensweise zur Schaffung der vollen Freizügigkeit der EG-Arbeitnehmer an. Die EG-Arbeitnehmerfreizügigkeit wurde ebenfalls nicht in einem Schritt hergestellt, sondern in mehreren Schritten. Gemäß Art 48 a.F: (Art. 39 n.F.) EGV sollte die volle Arbeitnehmerfreizügigkeit innerhalb der Gemeinschaft vor dem Ende der Übergangszeit geschaffen werden. Die erste Stufe der gemeinschaftsrechtlichen Arbeitnehmerfreizügigkeit war in Art. 5 ff. der Verordnung Nr. 15 über die ersten Maßnahmen zur Herstellung der Arbeitnehmer innerhalb der Gemeinschaft geregelt worden. Danach wurde die VO 15/61/EWG durch die VO 38/64/EWG abgelöst. Schließlich wurde die volle Freizügigkeit innerhalb der Gemeinschaft rechtzeitig vor Ablauf der Übergangsphase durch die VO 1612/68/EWG hergestellt. Es fehlt derzeit aber ein Assoziationsratsbeschluß im Sinne der VO 1612/68/EWG.

[268] Vgl. Fritz et al. (Hrsg.), GK-AuslR, ARB 1/80 EWG/Türkei, Rn. 39.

[269] EuGH, Urteil vom 23. Januar 1997, Rs. C-171/97 (Tetik), Slg. 1997, I-329 f., Rn. 20; Urteil vom 6. Juni 1995, Rs. C-434/93 (Bozkurt), Slg. 1995, I-1475, Rn. 14, 19 und 20; Urteil vom 17. April 1997, Rs. C-351/95 (Kadiman), Slg. 1997, I-2133, Rn. 20.

[270] Vgl. Art. 66 ARB 1/95.

[271] Vgl. Art. 22 des Freihandelsabkommens EGKS/Türkei.

fragen im Einklang mit der Rechtsprechung des EuGH auszulegen. Diese Klauseln sind daher auf Art. 6 ff ARB 1/80 analog anzuwenden. Zudem haben die Vertragsparteien in Art. 25 Ass.Abk. bereits eine Möglichkeit in Aussicht gestellt, für die Schlichtung von Streitigkeiten den EuGH anzurufen. Dies bedeutet, daß die Methoden und Grundsätze der Gesetzesauslegung des EuGH von den Vertragsparteien berücksichtigt werden sollen.

Darüber hinaus ergibt sich eine Rechtfertigung für die Heranziehung der gemeinschaftsrechtlichen Freizügigkeitsregelungen als Auslegungsmaßstab aus dem in Art. 9 Ass.Abk. enthaltenen Diskriminierungsverbot[272]. Art. 9 Ass.Abk. verbietet nicht nur für den Anwendungsbereich des Abkommens jede Diskriminierung aus Gründen der Staatsangehörigkeit, sondern verpflichtet auch die Vertragsparteien, anzuerkennen, daß die inhaltliche Bedeutung des Diskriminierungsverbots im Rahmen des Anwendungsbereich des Abkommens im Sinne des in Art. 7 a.F. (Art. 12 n.F.) EGV geregelten Grundsatzes zu verstehen ist. Daraus ist zu schließen, daß sich die Vertragsparteien grundsätzlich darüber geeinigt haben, bei der Anwendung der Bestimmungen des Abkommens die gemeinschaftsrechtlichen Grundsätzen zu berücksichtigen. Das Recht auf Gleichbehandlung (Diskriminierungsverbot) ist zwar eine Rechtsfolge der Assoziationsfreizügigkeit, aber nicht Rechtsvoraussetzung. Zur tatsächlichen Anwendung dieses Verbots ist es jedoch notwendig, daß einheitliche Ausdrücke ("Arbeitnehmer", "Familienangehörige", "Öffentliche Ordnung" etc.) im Rahmen der Anwendung der assoziationsrechtlichen Grundlagen verwendet werden[273].

Des weiteren muß man auf Art. 59 ZP Rücksicht nehmen. Nach dem Wortlaut des Art. 59 ZP darf nämlich die hergestellte Freizügigkeit des Arbeitnehmers hinsichtlich des begünstigenden Personenkreises und vor allem der Tragweite des Arbeitnehmerbegriffes nicht umfangreicher als die geltende Gemeinschaftsfreizügigkeit sein. Gemäß Art. 59 ZP sind keine besseren beschäftigungs- und aufenthaltrechtlichen Rechtspositionen bei der Anwendung und Auslegung von Bestimmungen des ARB 1/80 zu begründen als gemeinschaftsrechtlich vorgesehen[274].

---

[272] Ausführliche Darstellung bei Generalanwalt GA La Pergola, Schlußanträge zur Rs. C-262/96 (Sürül), Slg. 1999, I-2689.

[273] Vgl. die in Art. 1 ARB 3/80 enthaltenen Begriffsbestimmungen. Begriffe und Ausdrücke des ARB 3/80 stimmten mit denjenigen der VO 1408/71/EWG überein. Z.B ist der Arbeitnehmerbegriff des Art. 1 ARB 3/80 identisch mit dem Arbeitnehmerbegriff der Verordnung 1408/71/EWG Art. 1 ARB 3/80. Ebenfalls auch die Ausdrücke "Familienangehörige", "Hinterbliebene".

[274] Gutmann, Die Assoziationsfreizügigkeit, S. 75 ff.; abweichend Hailbronner, Ausländerrecht, 2000, D 5.2, Rn. 18 f.

Da auch die Vorschriften der Assoziation gemäß Art. 300 Abs. 7 EGV einen integrierenden Bestandteil der Gemeinschaftsrechtsordnung bilden[275], führt dies in der Gemeinschaftsrechtsordnung zu einer eigenen, gemeinschaftsrechtlichen Begriffsbildung auch für das Assoziationsrecht, um einheitlich in allen Mitgliedstaaten gelten zu können[276]. Das nationale Recht der Mitgliedstaaten kommt folglich unmittelbar nur zur Anwendung, wenn das Assoziationsrecht insoweit keine Regelungen beinhaltet oder auf das nationale Recht verweist[277]. Wenn der Inhalt der Begriffe "Arbeitnehmer" und "Tätigkeit im Lohn- und Gehaltsverhältnis" oder sonstiger unbestimmter Begriffe und Ausdrücke des ARB 1/80 sowie des ARB 3/80 durch nationale Vorschriften festgelegt wird, so heißt das, daß der EuGH keine gemeinschaftsrechtlichen Kompetenzen besitzt, sich mit diesen fraglichen Bereichen der Assoziation auseinanderzusetzen. Infolgedessen wären die EG-Mitgliedstaaten in der Lage, bestimmte Personengruppen nach ihrem Belieben dem Schutz des ARB 1/80 sowie des ARB 3/80 zu entziehen[278].

Zusammenfassend läßt sich folgendes festhalten: Die Rechtsfolgen der assoziationsrechtlichen Bestimmungen über die Freizügigkeit des Arbeitnehmers können anders als die der EG-Regelungen sein. Daraus kann man nicht zwingend den Schluß ziehen, daß diese Begriffe je nachdem, ob es sich um das Gemeinschaftsrecht oder das Assoziationsrecht handelt, unterschiedlich ausgelegt werden müssen[279]. Das Endziel der Assoziation EG/Türkei ist die Aufnahme der Türkei in die Gemeinschaft. Der EG-Vertrag stellt sich als Zielabkommen dar, dessen Grundlagen so weit wie möglich in das Assoziationsverhältnis EG/Türkei umgesetzt werden sollen. Die Anwendung des Assoziationsrechts muß daher mit dem Gemeinschaftsrecht verflochten werden[280]. Unbestimmte Begriffe und Ausdrücke der Assoziationsfreizügigkeit sollten nicht nur hinsichtlich der gemeinschaftlichen, sondern auch hinsichtlich der türkischen Seite einheitlich entsprechend den gemeinschaftlichen Grundsätzen ausgelegt werden. Die Arbeitnehmerfreizügigkeit ist als eine der Grundlagen der Assoziation weit zu interpretieren, während die Ausnahmen von der Freizügigkeit dagegen eng auszulegen sind[281]. In Einzelfällen muß jedoch genau geprüft werden, ob nach Wortlaut und Zweck der einzelnen Bestimmungen eine Übertragung zulässig ist[282]. Auf die gemeinschaftsrechtlichen Grundlagen dürfte

---

[275] EuGH, Urteil vom 30. September 1987, Rs. 12/86 (Demirel), Slg. 1987, 3719, Rn. 15.
[276] Rumpf, RIW 1993, 214, 215.
[277] Streinz, Europarecht, Rn. 500.
[278] In diesem Sinne auch EuGH, Urteil vom 3. Juni 1986, Rs.66/85 (Lawrie Blum/Land Baden-Württemberg), Slg. 1986, 2121.
[279] Renner, Ausländerrecht, S. 16.
[280] Rumpf, RIW 1993, 214, 216.
[281] EuGH, Urteil vom 3. Juni 1986, Rs. 139/85 (Kempf/Staatssecretaris van Justite), Rn. 13, Slg.1986, 741.
[282] EuGH, Urteil vom 6. Juni 1995, Rs. C-434/93 (Bozkurt), Slg. 1995, I-1475, Rn. 19.

nämlich erst dann zurückgegriffen werden, wenn das Abkommen selbst dem einzelnen ein Recht verleiht. Die Bestimmungen des ARB 1/80 sowie des ARB 3/80 sind also, soweit sie mit den entsprechenden Regelungen des EG-Vertrages sowie der aufgrund dieser Verträge erlassenen Gemeinschaftsakte identisch sind, im Lichte der einschlägigen Rechtsprechung des EuGH auszulegen[283].

5. Assoziationsfreizügigkeit im Rahmen des Assoziationsratsbeschlusses Nr. 1/80

a) Ziel

Ziel des ARB 1/80 ist es, die Rechtsstellung der Wanderarbeitnehmer, die bereits ordnungsgemäß in den Arbeitsmarkt der Parteien integriert sind, sowie deren Familienangehörigen zu verbessern.

b) Anwendungsbereich

aa) Personeller Anwendungsbereich

Der ARB 1/80 regelt nicht nur die Stellung türkischer Arbeitnehmer und ihrer legal zu ihnen gezogenen Familienangehörigen, sondern auch die der Gemeinschaftsangehörigen. Zwar sind Art. 6-10 ARB 1/80 nur auf türkische Arbeitnehmer und deren Familienangehörige bezogen, aber der persönliche Anwendungsbereich dieser Bestimmungen ist aufgrund des in Art. 11 ARB 1/80 enthaltenen Verweises auf die EG-Arbeitnehmer und ihre Familienangehörige ausgedehnt. Wenn sie - wie türkische Staatsangehörige - die in Art 6 und 7 ARB 1/80 genannten Voraussetzungen erfüllen, können sie sich auf die in diesen Bestimmungen festgelegten Rechte in der Türkei berufen.

Der Arbeitnehmer muß Staatsangehöriger der Parteien sein[284]. Die Staatsangehörigkeit bestimmt sich nach nationalem Recht. Wenn es sich um eine doppelte Staatsangehörigkeit handelt, d.h. um Personen, die sowohl im Besitz der türkischen als auch der Staatsangehörigkeit eines EG-Mitgliedsstaates sind, werden die Regelungen des ARB 1/80 für diese nicht herangezogen. Diese Personen mit doppelter Staatsangehörigkeit sind ganz normale Staatsangehörige der beiden Vertragsparteien. Sie sind im Rahmen der Gemeinschaftsrechtsordnung als Gemeinschaftsbürger zu behandeln, während sie als türkische Staatsangehörige in der Türkei im wesentlichen alle bürgerlichen Rechte und Pflichten haben.

---

[283] EuGH, Urteil vom 6. Juni 1995, Rs. C- 434/93 (Bozkurt), Slg. 1995, I-1475, Rn. 20; Urteil vom 23. Januar 1997, Rs. C-171/95 (Tetik), Slg. 1997, I-329, Rn. 20 (28).

[284] Arbeitnehmer aus Drittstaaten, aber auch Staatenlose und Flüchtlinge, die im Hoheitsgebiet einer Vertragspartei wohnen, fallen dagegen nicht unter den begünstigten Personenkreis, sofern sie nicht Familienangehörige von Arbeitnehmern sind.

Die ARB 1/80 erstrecken den persönlichen Anwendungsbereich der Freizügigkeitsregeln der Assoziation jedoch nicht auf alle Staatsangehörigen der Parteien, sondern nur auf diejenigen Personen, die sich bereits rechtmäßig auf dem Hoheitsgebiet des jeweiligen Vertragspartei aufhalten und dort in den Arbeitsmarkt integriert sind und deren Familienangehörigen. Deshalb können sich türkische Staatsangehörige, welche die Aufnahme oder Fortsetzung einer selbständigen Erwerbstätigkeit in einem anderen EG-Mitgliedstaat anstreben, nicht auf den ARB 1/80 berufen.

bb) Sachlicher Anwendungsbereich

Die Freizügigkeit der Arbeitnehmer ist das Recht des Einzelnen, in einem anderen Staat eine abhängige Arbeit unter den Bedingungen aufnehmen und ausüben zu können, die für die Staatsangehörigen des Aufnahmestaates gelten. In diesem Sinne eröffnet der ARB 1/80 jedoch keine Freizügigkeit, sondern vermittelt diejenigen Arbeitnehmer, die bereits eingewandert sind, sowie ihren Familienangehörigen beschäftigungs- und aufenthaltsrechtliche Vergünstigungen und sieht die Abschaffung jeder auf der Staatsangehörigkeit beruhenden Benachteiligung von Wanderarbeitnehmern gegenüber inländischen Beschäftigten vor[285]. Daher fällt das Recht auf Einreise und Verbleib sowie die Anerkennung von Diplomen[286] nicht in den Anwendungsbereich des ARB 1/80.

Art. 14 Abs. 2 ARB 1/80 enthält eine Bestimmung zugunsten türkischer Staatsangehöriger. Danach gelten innerstaatliche Vorschriften eines Mitgliedstaates und bilaterale völkerrechtliche Abkommen zwischen der Türkei und diesem Mitgliedstaat trotz entgegengesetzter Regelungen des ARB 1/80 fort, soweit sie für türkische Staatsangehörige günstigere Regelungen als der ARB 1/80 enthalten.

cc) Räumlicher Anwendungsbereich

Die Assoziationsfreizügigkeit besteht lediglich innerhalb eines EG-Mitgliedstaates bzw. der Türkei aber nicht zwischen der Türkei und sämtlichen Mitgliedstaaten und auch nicht unter den EG-Mitgliedstaaten[287].

---

285 Weber, Die Assoziationsrechtliche Status Drittstaatangehöriger, S. 8.

286 Dazu näher Gutmann, Die Assoziationsfreizügigkeit, S. 99 ff.

287 EuGH, Rs. C-171/95 (Tetik), Slg. 1997, I-329, Rn. 29; Urteil vom 11. Mai 2000 (Savas), Rn. 59.

c) Arbeitnehmerfreizügigkeit

aa) Voraussetzungen

Die Staatsangehörigen der Vertragsparteien, welche die hergestellte Assoziationsfreizügigkeit im Rahmen des ARB 1/80 in Anspruch nehmen wollen, müssen gemäß Art. 6 Abs. 1 ARB 1/80 bestimmte Voraussetzungen erfüllen. Sie müssen demnach Arbeitnehmer sein, dem regulären Arbeitsmarkt der Vertragsparteien angehören und dort ordnungsgemäß eine bestimmte Zeit beschäftigt gewesen sein. Darüber hinaus macht Art. 6 Abs. 1 ARB 1/80 die Gewährung der Ansprüche grundsätzlich von keinen weiteren Voraussetzungen und insbesondere nicht vom Nachweis bestimmter Sprachkenntnisse abhängig. Dabei bleiben ferner die Voraussetzungen unberücksichtigt, unter denen das Recht auf Einreise und Aufenthalt erlangt worden ist [288]. Eine rechtmäßige Einreise des Arbeitnehmers ist allein nicht als ungeschriebene Voraussetzung der Arbeitnehmerfreizügigkeit anzusehen. Vielmehr ist diese Frage unter der Voraussetzung ordnungsgemäßer Beschäftigung zu behandeln. Wer nicht rechtmäßig ins Land eingereist ist, dem stehen keine arbeits- und aufenthaltsrechtlichen Rechte nach dem nationalen Recht der Mitgliedstaaten und der Türkei zu. Eine derartige Rechtswidrigkeit kann jedoch nachträglich durch nationale Vorschriften, insbesondere durch Verwaltungsakte, beseitigt werden. Der EuGH ist in der Rechtssache "Ertanir" zum gleichen Ergebnis gelangt. Nach seiner Auffassung[289] besteht ein ununterbrochener Aufenthalt auch dann, wenn ein Arbeitnehmer ohne Aufenthalts- und Arbeitserlaubnis eingereist ist, dieser Zustand einige Tage anhält, und die Erlaubnis im nachhinein rückwirkend verlängert wird, ohne daß die zuständigen Behörden die Rechtmäßigkeit des Aufenthalts im Land in Frage stellen. Art. 6 Abs. 3 ARB 1/80 enthält keinen eigenständigen Regelungsinhalt, sondern ermächtigt lediglich die Vertragsparteien, erforderliche Verwaltungsmaßnahmen zur Durchführung dieser Bestimmungen zu treffen. Die Vertragsparteien dürfen daher durch den Erlaß nationaler Vorschriften keine weiteren Bestimmungen festlegen und so den gegenwärtigen Rechtszustand der Assoziationsfreizügigkeit verschlechtern[290].

(1) Arbeitnehmer

Der ARB 1/80 selbst definiert den Begriff des Arbeitnehmers nicht[291], „*sondern setzt ihn als gegeben voraus*“[292]. Es ist deswegen umstritten, inwieweit die inhalt-

[288] EuGH, Urteil vom 6. Juni 1995, Rs. C-434/93 (Bozkurt), Slg. 1995, I-1475 ff., Rn 21, 22 und 23.

[289] EuGH, Urteil vom 30. September 1997, Rs. C-98/96 (Ertanir) Slg. 1997, I-5212, Rn. 69.

[290] EuGH, Urteil vom 16. Dezember 1992, Rs. C-237/91 (Kus), Slg. 1992, I- 6781, Rn 31.

[291] An dieser Stelle ist darauf hinzuweisen, daß auch die Regelungen des ARB 3/80 weder die Freizügigkeit des Arbeitnehmers sichern, noch den Begriff des Arbeitnehmers definieren. Sie regeln lediglich die soziale Sicherung von Arbeitnehmern, die bereits eingewandert sind.

[292] Randelzhofer/Forsthoff, G/H, EUV, Kommentar, Losebl. Ausg. 1999, Art. 39 EG, Rn. 95.

liche Tragweite dieses Begriffes ausgelegt werden kann[293]. Wie oben angedeutet wurde, enthält das Assoziationsverhältnis EG/Türkei insoweit keine Besonderheiten, die eine von dem gemeinschaftlichen Arbeitnehmerbegriff abweichende Begriffsbildung notwendig machen[294]. Soweit sie mit den entsprechenden Regelungen des EG-Vertrages sowie den aufgrund dieser Verträge erlassenen Gemeinschaftsakten identisch sind bzw. nichts anderes sind als die Vorschriften der EG, steht kein Hindernis der Übertragung der Grundsätze im Rahmen der Art. 39 ff. n.F. (Art. 48 ff. a.F.) EGV in den Anwendungsbereichen des ARB 1/80 entgegen, da sich die Vertragsparteien darauf geeinigt haben und anstreben, daß der Endstand der Freizügigkeit der Arbeitnehmer innerhalb der Assoziation im Sinne der Arbeitnehmerfreizügigkeit der Gemeinschaft verstanden werden soll. Die im Assoziationsrecht enthaltenen Lücken sollen daher zweckmäßig durch das Gemeinschaftsrecht ergänzt werden.

Der Begriff "Arbeitnehmer" darf nicht einschränkend ausgelegt werden, sondern muß anhand objektiver Kriterien, welche das Arbeitsverhältnis im Hinblick auf die Rechte und Pflichten der betroffenen Personen kennzeichnen, definiert werden[295] Demgemäß versteht der EuGH[296] unter dem Begriff "Arbeitnehmer", eine Person, die während einer bestimmten Zeit für einen anderen nach dessen Weisung Leistung erbringt, für die sie als Gegenleistung eine Vergütung erhält.

Die Vergütung kann neben einer Entlohnung in Geld auch Sachleistungen - wie Unterkunft oder Verpflegung - sein und muß nicht unbedingt das Existenzminimum des Beschäftigten decken[297]. Der EuGH[298] erkennt dagegen das Merkmal eines Arbeitsverhältnisses nicht an, wenn die Arbeitnehmertätigkeit einen geringen Umfang hat, folglich sich als untergeordnet und unwesentlich darstellt.

Selbständige fallen nicht unter den Begriff, weil sie ihre Tätigkeit nicht nach Weisung von anderen ausüben müssen. Daraus ergibt sich die Abgrenzung der Arbeitnehmerfreizügigkeit vom Niederlassungsrecht und dem Dienstleistungsverkehr nach Art 41 ZP i.V.m Art. 12 und 13 Ass.Abk. Unentgeltliche Leistungen fallen ebenfalls nicht unter den Anwendungsbereich des ARB 1/80, weil sie keinen Teil des Wirtschaftslebens im Sinne der Art. 6 und 7 ARB 1/80 darstellen; dazu zählen die folgenden Tätigkeiten: Ehrenamtliche Tätigkeiten

---

[293] Hierzu siehe II. B. 4. Zulässigkeit der Hreanziehung des Gemeinschaftsrechts zur Auslegung der Freizugigkeitsbestimmungen des Abkommens, S. 110 ff.

[294] Ebenso Renner, Ausländerrechte in Deutschland, S. 215, Rn. 170; Gutmann, Die Assoziationsfreizügigkeit, S. 77.

[295] EuGH, Urteil vom 26. November 1998, Rs. C-1/97 (Birden), Rn. 25, Slg. 1998, I-7747 ; Urteil vom 23. März 1982, Rs. 53/81 (Levin), Slg. 1982, 1035, Rn. 11; Urteil vom 3. Juli 1986, Rs. 66/85 (Lawrie-Blum), Slg. 1986, 2121, Rn. 12.

[296] EuGH, Urteil vom 3. Juli 1986, Rs. 66/85 (Lawrie-Blum), Slg. 1986, 2121, Rn. 17.

[297] Vgl. OGV SchlH, EZAR 025 Nr. 6; HessVGH, EZAR, 025 Nr. 16.

[298] EuGH, Urteil vom 3. Juni 1986, Rs. 139/85 (Kempf), Slg. 1986, 1741; Urteil vom 26. November 1998 (Birden), Slg. 1998, I-7747, Rn. 27; vgl. auch Huber, NVwZ 1993, 246, 247.

und nicht kommerzielle Beschäftigungen unter Verwandten, Freunden und Bekannten[299]. In diesem Sinne stellen Unterhaltsbeiträge kein Entgelt für erbrachte Leistungen dar. Dagegen kommt es bei einer Arbeitnehmereigenschaft prinzipiell nicht auf die Dauer der Beschäftigung und die Höhe des Entgelts an. Diese sind grundsätzlich ohne Bedeutung, sofern es sich um eine tatsächliche Beschäftigung handelt.

Die Ausübung von Tätigkeiten im Rahmen einer Teilzeitbeschäftigung fällt unter den Anwendungsbereich der Regeln der Arbeitnehmerfreizügigkeit[300]. Das Vorhandensein einer Arbeitnehmereigenschaft hängt auch nicht vom Grad der Produktivität der Beschäftigten (Auszubildender bzw. Praktikant) ab[301]. Selbst bei geringerer Produktivität kommt eine Arbeitnehmereigenschaft des Auszubildenden sowie des Praktikanten in Frage[302]. Die Inanspruchnahme von Leistungen aus öffentlichen Mitteln schließt die Arbeitnehmereigenschaft nicht aus[303].

Schüler und Studenten sind grundsätzlich nicht Arbeitnehmer im Sinne des Art. 6 Abs. 1 ARB 1/80. Sofern ihnen jedoch eine unselbständige Erwerbstätigkeit neben ihrer Ausbildung bzw. ihrem Studium erlaubt und diese Erwerbstätigkeit von ihnen ausgeübt wird, sind sie nach den vom EuGH entwickelten Kriterien als Arbeitnehmer zu betrachten. Somit kann sich auch diese Personengruppe bei Vorliegen der übrigen Voraussetzungen auf die sich aus den Regelungen des ARB 1/80 ergebenden Ansprüche berufen. Auch Sportler gelten als Arbeitnehmer im Sinne des Art. 6 Abs. 1 ARB 1/80, sofern ihre sportliche Betätigung ein Teil des Wirtschaftslebens ist.

Obwohl die Art des Rechtsverhältnisses zwischen dem Arbeitnehmer und dem Arbeitgeber für die Anwendung des Art. 6 ARB 1/80 unerheblich ist[304], bleibt die Frage offen, unter welchen Voraussetzungen Kinderbetreuung und Mithilfe im Haushalt durch Familienangehörige bzw. Verwandte als ein Arbeitsverhältnis zu betrachten sind[305]. „*Denn bei diesen Tätigkeiten ist häufig eine genaue Unterscheidung zwischen Familienhilfe einerseits und in irgendeiner Form entgeltlichweisungsabhängiger Erwerbstätigkeit schwer feststellbar.*“[306] Ähnliche Schwierigkeiten treten bei religiösen Betätigungen auf[307].

---

[299] Dazu Renner, Ausländerrecht in Deutschland, 1998, S. 215, Rn. 171.

[300] Vgl. Feik, Die Freizügigkeit der Arbeitnehmer nach EG-Recht, 1993, S. 62.

[301] EuGH, Urteil vom 31. Mai 1989, Rs. 344/87 (Bettray), Slg. 1989, 3205, Rn. 22.

[302] EuGH, Rs. C-36/96 (Günaydin, Slg. 1997, I-5169, Rn. 31-34; Urteil vom 26. Februar 1992, Rs. C- 3/90 (Bernini), Slg. 1992, I-1071.

[303] EuGH, Urteil vom 26. November 1998 (Birden), Slg. 1998, I-7747, Rn. 69.

[304] Vgl. EuGH, Urteil vom 30. September 1997, Rs. C-36/96 (Günaydin), Slg. 1997, I-5159, Rn. 31 und Urteil vom 30. September 1997, Rs. 98/96 (Ertanir), Slg. 1997 I, 5193, Rn. 43.

[305] Bejahend OVG-Schleswig-Holstein, Urteil vom 9. März 1993, 4 L 175/92; ablehnend VGH BW, Urteil vom 15. Juli 1993, 1 S 948/93.

[306] Döllinger/Speckmaier, Einführung in das Ausländerrecht, S. 3.

[307] Vgl. Gutmann, Die Assoziationsfreizügigkeit, S. 83 f.

(2) Zugehörigkeit zum regulären Arbeitsmarkt

Das Recht auf Freizügigkeit in der Assoziation wird nur gewährt, wenn der Arbeitnehmer dem "regulären"[308] Arbeitsmarkt des jeweiligen EG-Mitglied-staates oder der Türkei angehört[309]. Der Arbeitnehmer muß also in den regulären Arbeitsmarkt des Aufnahmestaates integriert sein. Es ist jedoch im Schrifttum umstritten, ob diese Voraussetzung neben der ordnungsgemäßen Beschäftigung eine eigenständige Bedeutung hat[310]. Diese Voraussetzung erscheint nicht überflüssig, vielmehr bildet sie den sachlichen und räumlichen Rahmen ordnungsgemäßer Beschäftigung. Die ordnungsgemäße Beschäftigung muß nämlich auf dem regulären Arbeitsmarkt der Vertragsparteien ausgeübt werden[311].

Der Begriff des regulären Arbeitsmarkt grenzt vor allem den sachlichen Anwendungsbereich ordnungsgemäßer Beschäftigung ein. Nach Auffassung des EuGH ist eine Tätigkeit nur dann dem regulären Arbeitsmarkt zugehörig, wenn es sich um eine normale Tätigkeit handelt. Umstritten ist allerdings, ob es an einer solchen normalen Tätigkeit in den Fällen fehlt, in denen lediglich eine besondere Berufsausbildung oder eine aus öffentlichen Mitteln finanzierte Eingliederungshilfe geleistet wird.

Der EuGH hat diese Frage widersprüchlich beantwortet. Er hat zunächst in der Rechtssache "Günaydin" davon ausgegangen, daß eine öffentlich geförderten Beschäftigung[312] zur besseren Eingliederung in das Arbeitsleben nicht zum regulären Arbeitsmarkt gehört[313]. Er hat aber später in der Rechtssache "Birden" auch solche Arbeitsverhältnisse mit einbezogen, weil es anderenfalls sinnlos wäre, dem Betroffene einerseits eine Hilfe zu seiner Eingliederung in den Arbeitsmarkt zu geben, andererseits keinen Anspruch auf Verbleib in diesem Aufnahmestaat zu begründen. Der EuGH sieht darin ein widersprüchliches Verhalten. Diese neue Rechtsprechung des EuGH wird allerdings im Schrifttum kritisiert[314].

Der EuGH hat in der Rechtssache "Günaydin"[315] entschieden, daß Ausbildungsverhältnisse dem regulären Arbeitsmarkt zuzurechnen sind[316].

---

[308] Nach Auffassung des EuGH ist der Ausdruck "regulär" im Hinblick auf eine einheitliche Anwendung des Gemeinschaftsrechts ohne jeden Zweifeln synonym mit dem Begriff "legal". Vgl. dazu Urteil vom 26. November 1998, Rs. C-1/97 (Birden), Slg. 1998, I.7747, Rn. 50.

[309] Renner, Ausländerrecht in Deutschland, S. 215, Rn. 172.

[310] Vgl. Kemper, ZAR 1995, 114; Mallmann, JZ 1995, 916, 918.

[311] EuGH, Urteil vom 16. Dezember 1992, Rs. C-237/91 (Kus), Slg. 1992, I-3461 ff. und Urteil vom 5. Oktober 1994, Rs. C-355/93 (Eroglu), Slg. 1994, I-5113.

[312] Z.B. eine vom Sozialamt vergütete Beschäftigung.

[313] EuGH, Rs. C-36/96 (Günaydin), Slg. 1997, I-5169, Rn. 34

[314] Dazu näher, Randelhofer/Fortsthoff, G/H (Hrsg.), EUV, Kommentar, Losebl. Ausg. 2001, Art. 39, Rn. 103.

[315] EuGH, Rs. C-36/96 (Günaydin), Slg. 1997, I-5169, Rn. 31-34.

Die Tätigkeit in der hoheitlichen Verwaltung[317] zählt nicht zum regulären Arbeitsmarkt, da Tätigkeiten in der hoheitlichen Verwaltung in Art. 39 Abs. 4 n.F. (48 Abs.4 a.F.) EGV ausdrücklich von der Freizügigkeit der Arbeitnehmer ausgenommen sind[318]. Solche Tätigkeiten kommen aufgrund des Art. 59 ZP, welcher eine Besserstellung türkischer Arbeitnehmer im Verhältnis zur Rechtsstellung der EG-Arbeitnehmer nach dem Gemeinschaftsrecht ausschließt, auch im Assoziationsrecht nicht in Frage[319]. Daher findet die Freizügigkeit keine Anwendung auf Beschäftigung in der öffentlichen Verwaltung.

Die Zugehörigkeit des Arbeitnehmers zum regulären Arbeitsmarkt eines Aufnahmestaates verlangt, daß das Arbeitsverhältnis im Hoheitsgebiet dieses Staates lokalisiert werden kann oder eine hinreichend enge Verknüpfung mit diesem Gebiet aufweist, wobei insbesondere der Ort der Einstellung des Arbeitnehmers, in dem oder von dem aus die Tätigkeit im Lohn- oder Gehaltsverhältnis ausgeübt wurde, und die nationalen Vorschriften im Bereich des Arbeitsrechts und der sozialen Sicherheit zu berücksichtigen sind[320]. Folglich bezieht sich der Begriff des "regulären Arbeitsmarkts" auf die Gesamtheit der Arbeitnehmer, die den Rechts- und Verwaltungsvorschriften des betroffenen Staates nachkommen und somit das Recht haben, eine Berufstätigkeit im entsprechenden Hoheitsgebiet auszuüben[321].

---

316 Kritisch Randelhofer/Fortsthoff, G/H (Hrsg.), EUV, Kommentar, Losebl. Ausg. 2001, Art. 39, Rn. 104.

317 Der Begriff der öffentlichen Verwaltung umfaßt in erster Linie die klaissischen staatlichen Hoheitsfunktionen wie Verteidigung, Polizei, Zoll und Justiz sowie diplomatischen Dienst. Vgl. § 3 DVAuslG.

318 Der EuGH legt diese Ausnahmebestimmung allerdings sehr eng. Der EuGH gestattet den Mitgliedstaaten die ausschließliche Anstellung eigener Staatsangehöriger nur in den Bereichen der öffentlichen Verwaltung, die ein besonders enges, durch die Staatsangehörigkeit verbrieftes Loyalitätsband verlangen. So ermöglicht der EuGH z.B. folgende Tätigkeit in der öffentlichen Verwaltung dem Grundrecht auf Freizügigkeit: Studienreferendare für den Fremdsprachunterricht an Gymnasien, Fremdsprachenlektoren an Universitäten, Lehrer im Schuldienst, Krankerpfleger und Krankenschwestern, bestimmte Tätigkeiten bei der staatlichen Eisenbahn (wie Lokomotivführer oder Gleisbauarbeiter) und in der Gemeindeverwaltung (wie Schreiner, Gärtner, Kindergärtnerin). Der Aufnahmestaat darf einem Wanderarbeitnehmer ebenfalls den Zugang zur leistenden Verwaltung der Daseinsvorsorge (Bildungswesen, Post- und Fernmeldewesen, Verkehr, Gesundheitswesen, Energieversorgung, Rundfunk und Fernsehen sowie Oper und städtische Orchester) nicht verwehren. Dazu näher Schäfer, Europarecht, S. 164.

319 Renner, Ausländerrecht in Deutschland, 1998, S. 220; Benassi, InflAuslR 1995, 89.

320 EuGH, Urteil vom 6. Juni 1995, Rs. C-434/93 (Bozkurt), Slg. 1995, I-1475, Rn. 22 und 23; Urteil vom 30. September 1997, Rs. C-36/96 (Günaydin), Slg. 1997, I-5159, Rn. 29; Urteil vom 30. September 1997, Rs. C-98/96 (Ertanir), Slg. 1997, I-5193, Rn. 39 sowie Urteil vom 26. November 1998, Rs. C-1/97 (Birden), Slg. 1998, I-7747, Rn. 33 und 34.

321 EuGH, Urteil vom 26. November 1998, Rs. C-1/97 (Birden), Slg. 1998, I-7747, Rn. 51.

Die grenzüberschreitenden Tätigkeiten der Fernfahrer und Seeleute bereiten Schwierigkeiten bei der Anwendung der Assoziationsfreizügigkeit, da sie ihre Beschäftigung nicht allein im Hoheitsgebiet des Aufnahmestaates ausüben. Der EuGH bejaht die Frage der Zugehörigkeit zum Arbeitsmarkt bei der grenzüberschreitenden Tätigkeit eines Fernfahrers erst dann, wenn das Arbeitsverhältnis in räumlicher Hinsicht eine hinreichend enge Anknüpfung an das Hoheitsgebiet eines Mitgliedstaates aufweist und dem nationalen Recht des betroffenen Mitgliedstaates unterliegt[322]. Nach dieser Rechtsprechung des EuGH gehört auch ein Seemann dem Arbeitsmarkt eines Aufnahmestaates dann an, wenn das Seeschiff die Flagge dieses Staates führt, das Arbeitsverhältnis dem nationalen Recht dieses Staates unterliegt, in diesem Staat Lohnsteuer gezahlt wird bzw. Einkommenssteuerpflicht besteht und Beiträge für eine Versicherung in einem Sozialversicherungssystem dieses Staates entrichtet werden. Somit besteht eine enge Verbindung eines Seemanns zu diesem Staat, d.h. er gehört dann dem Arbeitsmarkt dieses Staates an.

Die Schwierigkeiten treten auch bei entsandten Arbeitnehmern (insbesondere entsandten Lehrkräften) auf[323]. Hierbei stellt sich wiederum die gleiche Frage, ob solche Personen dem Arbeitsmarkt des Aufnahmestaates zugehörig sind oder nicht. Die Lehrkräfte gehören im Hinblick auf die Art ihrer Beschäftigung dem Arbeitsmarkt des Aufnahmestaates an. Soweit sie die anderen Voraussetzungen des ARB 1/80 erfüllen, stehen auch ihnen die Rechte aus dieser Vorschrift zu[324].

(3) Ordnungsgemäße Beschäftigung

Art. 6 Abs. 1 ARB 1/80 knüpft die Rechte von Arbeitnehmern an die Dauer einer ordnungsgemäßen Beschäftigung. Die ursprüngliche Arbeits- und Aufenthaltserlaubnis der Mitgliedstaaten und der Türkei bei der Freizügigkeit der Arbeitnehmer ist nicht von rein deklatorischer Natur[325]. Sie ist vielmehr ein Erfordernis der ordnungsgemäßen Beschäftigung[326]. Daher ist die Ordnungsmäßigkeit der während eines bestimmten Zeitraumes ausgeübten Beschäftigung anhand der nationalen Rechtsvorschriften des jeweiligen Aufnahmestaates zu bestimmen[327]. Zur Ordnungsmäßigkeit der Beschäftigung muß der Arbeitnehmer also rechtmäßig in das Hoheitsgebiet des Aufnahmestaates einreisen und die Beschäf-

[322] EuGH, Urteil vom 6. Juni 1995, Rs. C-434/93 (Bozkurt), Slg. 1995, I-1475, Rn. 22 und 23, Urteil Günaydin vom 30. September 1997, Rs. C-36/96 (Günaydin), Slg 1997, I-5193, Rn.29, Urteil vom 30. September 1997, Rs. C-98/96 (Ertanir), Slg. 1997, I-5193 sowie Urteil vom 26. November 1998, Rs. C-1/97 (Birden), Slg. 1998, I-7747, Rn. 33.
[323] Ausführliche Darstellung bei Gutmann, die Assoziationsfreizügigkeit, S. 91 ff.
[324] Vgl. dazu näher Huber, Handbuch des Ausländer- und Asylrechts, B 402 Art. 6, Rn. 13.
[325] Kemper, ZAR 1995, 116.
[326] Ebd.
[327] Nach deutschem Recht (§§ 3, 10 AuslG. Und §§ 1 f. AEVO) setzt die Aufnahme einer unselbständigen Erwerbstätigkeit grundsätzlich eine Arbeits- und Aufenthaltserlaubnis voraus.

tigung nach den nationalen Vorschriften des Staates ausüben[328]. Bei einem Wechsel der Tätigkeit oder des Arbeitgebers ist die Beschäftigung nicht mehr ordnungsgemäß, wenn die Arbeitserlaubnis nur für eine bestimmte berufliche Tätigkeit in einem bestimmten Betrieb erteilt worden ist[329]. Eine ordnungsgemäße Beschäftigung liegt ebenfalls nicht vor, wenn die von der Ausländerbehörde erteilte Aufenthaltserlaubnis z.B. mit der Auflage "Erwerbstätigkeit nicht gestattet" oder "nur zur Mithilfe im Haushalt der Familie" versehen ist[330].

Für eine Inanspruchnahme der Rechte aus dem ARB 1/80 ist dagegen die förmliche Erteilung einer Arbeits- und Aufenthaltserlaubnis keine Voraussetzung, d.h. es ist irrelevant, ob die zuständigen Verwaltungsbehörden hierüber eine Bescheinigung ausgestellt haben oder nicht[331]. Schließlich ist die Ordnungsgemäßheit einer Beschäftigung nicht davon abhängig, ob der Arbeitgeber sämtliche ihm obliegenden gesetzlichen Verpflichtungen[332] erfüllt oder nicht. Eine ordnungsgemäße Beschäftigung setzt weiterhin eine gesicherte und nicht nur vorläufige Position auf dem Arbeitsmarkt voraus[333]. Eine Beschäftigung ist dann als ordnungsgemäß anzusehen, wenn sie nach den nationalen Vorschriften der EG-Mitgliedstaaten und der Türkei rechtmäßig ist[334]. Infolgedessen müssen die arbeitserlaubnisrechtlichen Voraussetzungen erfüllt werden und etwaige erforderliche Berufserlaubnisse vorliegen. Es ist notwendig, ein unumstrittenes Aufenthaltsrecht zu besitzen. Der EuGH stellte in der Rechtssache "Sevince" fest, daß ein Aufenthaltsrecht nicht begründet wird, wenn ein Arbeitnehmer wegen der Verweigerung der Aufenthaltsgenehmigung durch die zuständige Behörde des Aufnahmestaates den Rechtsweg beschreitet und während des nachfolgenden Verfahrens der Klage in diesem Staat vorläufig bleiben und arbeiten darf[335]. Hierbei ist es aber unerheblich, ob der Arbeitnehmer von der Aufenthalts- oder Arbeitserlaubnispflicht vollkommen befreit oder nicht befreit ist. Auch Aufenthaltsgenehmigungen oder arbeitserlaubnisfreie Beschäftigungen sind als ordnungsgemäß im Sinne des Art. 6 ARB 1/80 anzusehen, weil auch

---

[328] Huber, NVwZ 1993, 246; Nachbaur, JZ 1993, 838.
[329] Kemper ZAR 1995, 116.
[330] Vgl. den VGH BW, Urteil vom 15. Juli 1993, InfAuslR 1994, 89.
[331] EuGH, Urteil vom 6. Juni 1995, Rs. C-434/93 (Bozkurt), Slg. 1995, I-1475, Rn. 29 (30); Urteil vom 30. September 1997, Rs. C-36/96 (Günaydin), Slg. 1997, I-5197, Rn. 49 und Urteil vom 30. September 1997, Rs. C-98/96 (Ertanir), Slg. 1997, I-5193, Rn. 55.
[332] Z.B. führt der Arbeitgeber für den Arbeitnehmer nicht ordnungsgemäß Sozialversicherungsbeiträge und Lohnsteuer ab oder hält die Unfallverhütungsvorschriften nicht ein.
[333] EuGH, Urteile vom 20. September 1990, Rs. C-192/89 (Sevince), Slg. 1990, I-3461, Rn. 30; Urteil vom 16. Dezember 1992, Rs. C-237/91 (Kus), Slg. 1992, I-6781, Rn. 12 (22); Urteil vom 6. Juni 1995, Rs. C-434/93 (Bozkurt), Slg. 1995, I-1475, Rn. 26 sowie Urteil vom 26. November 1998, Rs. C-1/97 (Birden), Slg. 1998, I-7747, Rn. 55; Urteil vom 11. Mai 2000, Rs. C-37/98 (Savas), Rn. 60.
[334] EuGH, Urteil vom 16. Dezember 1992, Rs. C-237/91 (Kus), Slg. 1992, I-6781, Rn. 25 und Urteil vom 5. Oktober 1994, Rs. C-355/93 (Eroglu), Slg. 1994, I-5113, Rn. 10.
[335] EuGH, Urteil vom 20. September 1990, Rs. C-192/89 (Sevince), Slg. 1990, I-3461, Rn. 31.

derartige Beschäftigungen im Einklang mit den aufenthaltsrechtlichen und arbeitserlaubnisrechtlichen Vorschriften des jeweiligen EG-Mitgliedstaates oder der Türkei stehen.

Die Beschäftigung ist demgegenüber nicht als ordnungsgemäß anzusehen, wenn eine unselbständige Erwerbstätigkeit nicht oder nur bei einem anderen Arbeitgeber gestattet wurde. Ein gesicherter Beschäftigungsaufenthalt fehlt auch dann, wenn es sich um ein vorläufiges Aufenthaltsrecht z.B. wegen der Beantragung einer Aufenthaltsgenehmigung oder der Durchführung eines Asylverfahrens handelt[336] oder das Aufenthaltsrecht durch Täuschung erlangt worden ist. In der Rechtssache "Kol" hat der EuGH darauf hingewiesen, daß eine Beschäftigung, die auf einer durch vorsätzliche Täuschung erwirkten Aufenthaltserlaubnis beruht, nie als ordnungsgemäße Beschäftigung im Sinne des Art. 6 ARB 1/80 gilt[337]. Sie ist assoziationsrechtlich irrelevant[338]. Trotz der formellen Aufenthaltsgenehmigung werden die materiellen Voraussetzungen für die Erteilung der Aufenthaltsgenehmigung nicht erfüllt. Infolgedessen kann sie jederzeit in Frage gestellt werden. Der Arbeitnehmer kann sich in einer solchen Situation nicht auf den Grundsatz des Vertrauensschutzes berufen, weil sein Vertrauen auf den Fortbestand der durch arglistige Täuschung, Drohung oder sonstiges Erschleichen erlangten Rechtsstellung aufgrund des Bedenkens des Rechtsmißbrauchs nicht schutzwürdig ist[339]. Dabei müssen diese Handlungen nicht unbedingt gerichtlich geahndet worden sein. Vielmehr genügt es, daß staatliche Behörden dieses Fehlverhalten festgestellt und infolgedessen die erteilte Aufentshalts- und Arbeitsgenehmigung zurückgenommen haben.

Die Gründe, die der erstmaligen Erteilung der Einreise- und Aufenthaltserlaubnis zugrunde lagen, sind im Rahmen einer späteren Anwendung des ARB 1/80 unerheblich[340]. Sobald ein Arbeitnehmer mehr als ein Jahr ununterbrochen ordnungsgemäß beschäftigt war, steht ihm ein assoziationsrechtliches Arbeits- und Aufenthaltsrecht zu, selbst wenn ihm die Aufenthaltserlaubnis, die er besitzt, ursprünglich zu anderen Zwecken als zur Ausübung einer abhängigen Beschäftigung ausgestellt worden ist. Die nationalen Behörden dürfen auch diese Rechte von Einzelnen nicht mit der Begründung verweigern, daß die bereits von ihnen erteilte Aufenthalts- und Arbeitserlaubnis von vornherein an die

---

[336] EuGH, Urteil vom 16. Dezember 1992, Rs. C-237/91 (Kus), Slg. 1992, I-6781, Rn. 16 und Urteil vom 26. November 1998, Rs. C-1/97 (Birden), Slg. 1998, I-7747, Rn. 58.
[337] EuGH, Urteil vom 5. Juni 1997, Rs. C-285/95 (Kol), Slg. 1997, I-3069, Rn. 27.
[338] EuGH, Urteil vom 26. November 1998, Rs. C-1/97 (Birden), Slg. 1998, I-7747, Rn. 59.
[339] Bundesministeriums des Innern, InfAuslR 1999, 18.
[340] EuGH, Urteil vom 16. Dezember 1992, Rs. C-237/91 (Kus), Slg. 1992, I-6781, Rn. 21-23; Urteil vom 5. Oktober 1994, Rs. C-355/93 (Eroglu), Slg. 1994, I-5113, Rn. 22; Urteil vom 30. September 1997, Rs. C-36/96 (Günaydin), Slg. 1997, I-5159, Rn. 52 sowie Urteil vom 26. November 1998, Rs. C-1/97 (Birden), Slg. 1998, I-7747, Rn. 67.

Bedingung einer befristeten Tätigkeit geknüpft gewesen sei[341]. Eine spätere Scheidung der Ehe steht dem Rechtsanspruch auf Verlängerung der Arbeitserlaubnis aus dem Art. 6 Abs. 1 ARB 1/80 auch dann nicht entgegen, wenn die Aufenthaltsgenehmigung zur Eheschließung mit einem Staatsangehörigen des Aufenthaltslandes erteilt wurde[342].

Auf Ansprüche aus Art. 6 ARB 1/80 kann sich ein Arbeitnehmer erst dann berufen, wenn er eine bestimmte Zeit beschäftigt war. In Art. 6 Abs. 1 ARB 1/80 wurden die Verfestigungsstufen vorgesehen. Danach muß man für einen Anspruch auf Erneuerung der Arbeitserlaubnis mindestens ein Jahr lang, für das Recht, sich für den gleichen Beruf bei einem Arbeitgeber seiner Wahl auf ein unter normalen Bedingungen unterbreitetes und bei den Arbeitsämtern dieses Aufnahmestaates eingetragenes Stellenangebot zu bewerben, mindestens drei Jahre lang und schließlich für das Recht auf freien Zugang zu jeder frei wählbaren Beschäftigung im Lohn- oder Gehaltsverhältnis mindestens vier Jahr lang eine ordnungsgemäße Beschäftigung ausüben. Die letzte Verfestigungsstufe kann außerdem bei verschiedenen Arbeitgebern zurückgelegt werden.

Ist ein Arbeitnehmer nur ein Jahr lang beschäftigt gewesen, muß er zum Zeitpunkt, zu dem er die Erneuerung seiner Arbeitserlaubnis beantragt, über einen Arbeitsplatz verfügen, um sich auf das Recht der Erneuerung der Arbeitserlaubnis berufen zu können. In der zweiten und dritten Verfestigungsstufe wird dies nicht vorausgesetzt.

In bezug auf die Beschäftigungszeit dürfte es als geklärt angesehen werden, daß gemäß des Wortlauts des Art. 6 Abs. 2 ARB 1/80 die Beschäftigung ununterbrochen ausgeübt worden sein muß. Dies bedeutet, daß ein bestehendes Arbeitsverhältnis als Beschäftigung im Sinne des Art. 6 Abs. 1 ARB 1/80 nicht genügt, sondern eine Tätigkeit auf dem Arbeitsmarkt tatsächlich ununterbrochen ausgeübt worden sein muß. Im Prinzip hindern Unterbrechungen der tatsächlichen Beschäftigung innerhalb der beiden ersten Stufen die Verfestigung. Davon ausgenommen sind die Tatbestände des Art. 6 Abs. 2 ARB 1/80.

Im Art. 6 Abs. 2 ARB 1/80 wurde zugunsten des Arbeitnehmers geregelt, daß bestimmte kurzfristige Unterbrechungen der Beschäftigung nicht zum Verlust der in Art. 6 Abs. 1 ARB 1/80 geregelten Ansprüche führen. Damit sind bestimmte Beschäftigungsfehlzeiten den Zeiten ordnungsgemäßer Beschäftigung gleichgestellt. Diese kurzfristigen Fehlzeiten werden also wie die eigentliche Beschäftigungszeit behandelt; sie werden auf die Dauer der ordnungsgemäßen Beschäftigung angerechnet. Nach dem Wortlaut des Art. 6 Abs. 2 ARB 1/80

---

[341] EuGH, Urteil vom 16. Dezember 1992, Rs. C-237/91 (Kus), Slg. 1992, I-6781, Rn. 26; Rs. C-1/97 (Birden), Slg. 1998, I-7747, Rn. 63.
[342] EuGH, Urteil vom 16. Dezember 1992, Rs. C-237/91 (Kus), Slg. 1992, I-6781, Rn. 22 ff.; Rs. C-1/97 (Birden), Slg. 1998, I-7747, Rn. 65; Kemper, ZAR 1995, 116.

beschränken sie sich auf kürzere Ausfallzeiten, die durch Jahresurlaub[343] und Abwesenheit wegen Mutterschaft, Arbeitsunfall und kurzer Krankheit vorkommen. Die Vertragsparteien dürfen in ihrem nationalen Recht keine anderen Rechtsfolgen für derartige kurzfristige Arbeitsunterbrechungen vorsehen.

Längere Unterbrechungen, die durch unverschuldete bzw. unfreiwillige[344] Arbeitslosigkeit und die Abwesenheit wegen längerer Krankheit vorkommen, berühren die aufgrund der vorherigen Beschäftigungszeit erworbenen Ansprüche nicht. Sie werden aber nicht auf die Dauer der Beschäftigung angerechnet. Die unverschuldete bzw. unfreiwillige Arbeitslosigkeit muß ordnungsgemäß festgestellt werden. Eine Abwesenheit wegen Kindererziehung sowie der Wehrdienstzeit sind als Zeit unfreiwilliger Arbeitslosigkeit zu betrachten. Fraglich ist allerdings die Einordnung von Haftzeiten[345].

> *„Die berücksichtigungsfähige Dauer des Urlaubs und der anderen hier genannten Unterbrechungen müssen mangels geeigneter Anhaltspunkte im Assoziations- und Gemeinschaftsrecht dem jeweiligen nationalen Recht entnommen werden.“*[346].

Diesbezüglich hat der EuGH allerdings in der Rechtssache "Nazli" entschieden, daß ein türkischer Staatsangehöriger, der für mehr als ein Jahr als Untersuchungshäftling inhaftiert war und danach wieder einen Arbeitsplatz gefunden hatte, noch als Arbeitnehmer anzusehen ist[347].

Sonstige Unterbrechungen, z.B. verschuldete Arbeitslosigkeit[348] und Ausweitung des Urlaubs sowie die Abwesenheit wegen langer Krankheit oder Schwangerschaft, die in Art. 6 Abs. 2 ARB 1/80 nicht erwähnt sind, gelten ebenfalls nicht als ordnungsgemäße Beschätigungszeiten. Nach herrschender Auffassung[349] haben solche Unterbrechungen ferner anspruchsschädigende Wirkung. Dann sind die Voraussetzungen der beiden Verfestigungsstufen nicht erfüllt. Solche Abwesentheiten vom Arbeitsmarkt führen nur dann nicht zum Verlußt

---

[343] Sonderurlaub steht dem Jahresurlaub nicht gleich.

[344] Dabei wird im Schrifttum darauf hingewiesen, daß bei der Beschreibung der Arbeitslosigkeit offensichtlich ein Übersetzungsfehler unterlaufen sei; sie nicht „unverschuldet“, sondern „unfreiwillig“ sein müsse, wie ein Vergleich mit den anderssprachigen Fassungen ergebe. Dazu Renner, Ausländerrecht in Deutschland, 1998, S. 226, Rn. 204.

[345] Bejahend Renner, Ausländerrecht in Deutschland, S. 227, Rn. 205 ff.; Gutmann, InflAusR 1995, 136; ablehnend Hailbronner, Ausländerrecht, D 5.2 Rn. 30.

[346] Renner, Ausländerrecht in Deutschland, S. 225, Rn. 200.

[347] EuGH, Urteil vom 10. Februar 2000, Rs. C-340/97 (Nazli), EuZW 2000, 219, Rn. 37.

[348] Daher wird von Gerichten auch der Umstand geprüft, ob die Arbeitslosigkeit des Arbeitnehmers verschuldet oder unverschuldet ist. Vgl. z.B. VGH Baden-Württemberg, Beschluß vom 17. Juni 1994 - 1 AuAS 1994, 244.

[349] VGH BW, Beschluß vom 30. November 1994, InfAuslR 1995, 146; Benassi, InfAuslR 1995, 93 und 96; Haibronner, Ausländerrecht, Kommentar, D 5.4, Rn. 24c.

der aufgrund des ARB 1/80 erworbenen Rechte, wenn der Arbeitnehmer bereits mehr als vier Jahren ordnungsgemäß beschäftigt war.

Nach vierjähriger ordnungsgemäßer Beschäftigung auf dem Arbeitsmarkt bedarf es keiner Gleichstellung oder Anrechnung von Fehlzeiten mehr, weil Art. 6 Abs. 2 des ARB 1/80 die Folgen von Fehlzeiten während der Anwartschaftsphase bis zur Vollendung des vierten Beschäftigungsjahres regelt[350].

Welche Auswirkungen ein Wechsel des Arbeitgebers mit Zustimmung der nationalen Behörden auf den Erwerb des Anspruchs im ersten Beschäftigungsjahr hat, ist umstritten. Der Wortlaut des Art. 6 Abs. 1 ARB 1/80 ist nicht eindeutig. Diese Vorschrift stellt nicht klar, ob es sich um eine Beschäftigungszeit bei dem Arbeitgeber handeln muß, für den die Erneuerung der Arbeitserlaubnis beantragt wird, oder ob es sich um eine kumulierte Zeit von Beschäftigungen bei verschiedenen Arbeitgebern handeln kann[351]. Das Recht auf Fortsetzung der Beschäftigung bei dem gleichen Arbeitgeber schließt zum Zeitpunkt der Fortsetzung der Beschäftigung den Wechsel des Arbeitgebers aus. Ein Recht auf Rückkehr zu einem früheren Arbeitgeber ist von Art. 6 Abs. 1 erster Spiegelstrich ARB 1/80 nicht gewährleistet[352].

Nach einer Auffassung[353] folgt aus dem Wortlaut des Art. 6 Abs. 1 ARB 1/80 nicht zwingend, daß ein früherer Wechsel des Arbeitgebers, ohne daß die Beschäftigungszeit im Sinne des Art. 6 Abs. 2 ARB 1/80 unterbrochen wäre, die Entstehung eines Anspruchs nach Art. 6 Abs.1 erster Spiegelstrich ARB 1/80 ausschließt[354]. Diese Vorschrift ziele darauf ab, dem Arbeitnehmer den Arbeitsplatz zu gewährleisten, über den er verfüge, eröffne daher lediglich den Anspruch auf Erneuerung der Arbeitserlaubnis bei diesem Arbeitgeber bzw. die Fortsetzung der Beschäftigung bei demselben Arbeitgeber und gewährleiste folgerichtig nicht die Rückkehr zu einem früheren Arbeitgeber [355]. Daraus könne nicht ohne weiteres der Schluß gezogen werden, daß ein Wechsel des Arbeitgebers während der Jahresfrist bereits durchlaufene Zeiträume ordnungsgemäßer Beschäftigung unberücksichtigt lasse. Aus dem Sinn und Zweck der Bestimmung seien keinerlei Gründe zu entnehmen, den Arbeitnehmer während der maßgeblichen Zeit an einen bestimmten Arbeitgeber zu binden. Dagegen spreche vor allem der in Art. 6 Abs. 2 Satz 2 ARB 1/80 niedergelegte Bestands-

[350] Vgl. Mallmann, JZ 1995, 919; Rumpf, NVwZ 1994, 1189 ff.
[351] EuGH, Urteil vom 29. Mai. 1997, Rs. C-386/95 (Eker), Slg. 1997, I-2697, Rn. 20.
[352] EuGH, Urteil vom 5. Oktober 1994, Rs. C-355/93 (Eroglu), Slg. 1994, I-5113, Rn. 14 und 15.
[353] BVerG, Urteil vom 29. September 1998 – 1 C 14.97, DVBl 1999, 172 ff.; OVG Bremen; Beschluß vom 20. Dezember 1993, NVwZ-RR 1994, 416; Gutmann, Die Assoziationsfreizügigkeit, S. 99 f.; Mallman, JZ 1995, 917.
[354] Kemper, ZAR 1995, 116.
[355] EuGH, Urteil vom 5. Oktober 1994, Rs. C-355/93 (Eroglu), Slg. 1994, I-5113, Rn. 15.

schutz bei unverschuldeter Arbeitslosigkeit. *„Das Merkmal bei "dem gleichen Arbeitgeber" dürfte ausschließlich als Einschränkung auf der Rechtsfolgeseite zu verstehen sein"* [356]. Wechsele ein Arbeitnehmer vor Erreichung der ein Jahr lang ordnungsgemäß ausgeübten Beschäftigung seinen Arbeitgeber, gingen seine zuvor zurückgelegten Beschäftigungszeiten nicht verloren und müßten daher beim neuen Arbeitgeber nicht wieder aufgebaut werden. Dies gelte auch bei dem Wechsel des Arbeitgebers in der gleichen Branche vor Erreichen der dreijährigen ordnungsgemäßen Beschäftigung.[357].

Demgegenüber verneint die herrschende Meinung[358] die Möglichkeit des Wechsels des Arbeitgebers während der Beschäftigungszeiten nach Art 6 Abs. erster und zweiter Spiegelstrich ARB 1/80. Sie begründet ihre Ansicht folgendermaßen: Gegen die andere Auffassung spreche vor allem der Wortlaut "beim gleichen Arbeitgeber" sowie der stufenweise Aufbau der Vorschrift. Hätte der Arbeitgeberwechsel keine unterbrechende Wirkung, so verlöre der stufenweise Aufbau seine Funktion, da einem Arbeitnehmer in Wirklichkeit bereits während des ersten Jahres seiner Beschäftigung das Recht auf Arbeitsuche und Arbeitgeberwechsel unter diesen Umständen sogar in einem anderen Beruf zugestanden hätte. Der Arbeitnehmer erwerbe ein Recht aber nach der Systematik des Art. 6 ARB 1/80 erst nach drei- bis vierjähriger Beschäftigung. Wenn Art. 6 Abs. 1 erster Spiegelstrich nicht ausdrücklich das Erfordernis der Beschäftigung im gleichen Beruf enthalte, lasse sich dies nur damit erklären, daß die Vorschrift implizit von einer einjährigen Beschäftigung bei demselben Arbeitgeber ausgehe[359]. Daher entstehe das Recht auf Erneuerung der Arbeits- und Aufenthaltserlaubnis folglich erst wieder nach Ablauf eines neuen Zeitraums ordnungsgemäßer Beschäftigung von einem Jahr[360].

Diese Auffassung wurde auch vom EuGH geteilt[361]. Nach der Rechtsprechung des EuGH ist es für eine Geltendmachung des Anspruchs auf Verlängerung der Arbeits- und Aufenthaltsgenehmigung aus Art. 6 Abs. 1 erster Spiegelstrich ARB 1/80 erforderlich, daß der Arbeitnehmer zuvor ein Jahr ununterbrochen bei ein und demselben Arbeitgeber ordnungsgemäß beschäftigt war.

Diese restriktive Auffassung ist nicht vertretbar. Denn die Bestimmung des Art. 6 Abs. 1 ARB 1/80 schließt den Wechsel des Arbeitgebers nicht aus, sondern gewährleistet lediglich eine "Erneuerung der Arbeitserlaubnis bei dem gleichen

---

[356] Vgl. Mallman, JZ 1995, 917.
[357] Kemper, ZAR 1995, 114, 117; Mallman, JZ 1995, 916, 917.
[358] Hailbronner, Ausländerrecht, Kommentar, D 5.4, S. 12-13; Gutmann, (Anm. 278), S. 98; Benassi, InfAuslR 1995, 92.
[359] Vgl. Hailbronner, Ausländerrecht, Kommentar, D 5.4, S. 12-13.
[360] Bundesministerium des Innern, InfAuslR 1999,18 ff.
[361] EuGH, Urteil vom 5. Oktober 1994, Rs. C-355/93 (Eroglu), Slg. 1994, I-5113, Rn. 21; Urteil vom 29. Mai. 1997, Rs. C-386/95 (Eker), Slg. 1997, I-2697, Rn. 23-25 und 31.

Arbeitgeber". Diese Formulierung bezieht sich ausschließlich auf die Rechtsfolge für Arbeitnehmer, welche die in Art. 6 Abs. 1 ARB 1/80 vorgeschriebenen Voraussetzungen erfüllt haben. Für die Möglichkeit des Arbeitgeberwechsels spricht auch der in Art. 6 Abs. 2 Satz 2 ARB 1/80 vorgesehene Bestandsschutz bei unverschuldeter Arbeitslosigkeit. Aus diesen Gründen kann ein Arbeitnehmer im ersten Beschäftigungsjahr seinen Arbeitgeber wechseln. Es ist allerdings von großer Wichtigkeit, daß die zuständigen nationalen Behörden dem Arbeitnehmer gestattet haben, vor Erreichen der Jahresfrist den Arbeitgeber zu wechseln. Der Arbeitgeberwechsel muß also rechtmäßig vorgenommen werden können. Wenn es sich um eine betriebsbezogene Arbeitserlaubnis handelt, muß der Arbeitnehmer eine weitere Genehmigung für diesen Wechsel bekommen. Andernfalls würde er nicht ordnungsgemäß beschäftigt werden.

bb) Rechte der Arbeitnehmer

Art. 6 ARB 1/80 regelt die arbeitserlaubnisrechtliche Stellung der dem regulären Arbeitsmarkt des Aufnahmestaates angehörenden Arbeitnehmer der Türkei bzw. auch der EG-Mitgliedstaaten. Er untersagt den Vertragsparteien, neue Beschränkungen für den Zugang bereits zugelassener Arbeitnehmer zum Arbeitsmarkt einzuführen. Der ARB 1/80 läßt zwar die Befugnis der Vertragsparteien unberührt, die Einreise in ihr Hoheitsgebiet und die Bedingungen der Ausübung einer unselbständigen ersten Beschäftigungen in ihrem Hoheitsgebiet bis zum Ablauf des Art. 6 Abs. 1 erster Gedankenstrich ARB 1/80 zu regeln. Daraus ergibt sich allerdings sicherlich nicht, daß der ARB 1/80 es den Vertragsparteien gestattet, einseitig den Inhalt des Systems der schrittweisen Eingliederung der Wanderarbeitnehmer in ihren Arbeitsmarkt im Rahmen des Art. 6 ARB 1/80 zu verändern. Der Aufnahmestaat ist also nicht befugt, die Inanspruchnahme der genau bestimmten Rechte, die dem Arbeitnehmer aufgrund des ARB 1/80 zustehen, an Bedingungen zu knüpfen oder einzuschränken, zumal die allgemeine und unbedingte Fassung von Art. 6 Abs.1 ARB 1/80 keine Befugnis der Vertragsstaaten zur Einschränkung der Rechte vorsieht, weil diese dem Arbeitnehmer unmittelbar verliehen werden[362]. Nach der Rechtsprechung des EuGH[363] sind die in Art. 6 Abs. 1 ARB 1/80 vorgesehenen Rechte der türkischen Arbeitnehmer nicht von dem Grund abhängig, aus dem diesen Arbeitnehmern ursprünglich die Einreise, eine Arbeitstätigkeit und der Aufenthalt gestattet worden sind. Folglich bleibt jegliche Befristung oder Bedingung, mit der die Arbeits- und Aufenthaltsgenehmigung versehen war, unberücksichtigt. Dies ändert sich auch dann nicht, wenn der Arbeitnehmer sich mit diesen Einschrän-

[362] EuGH, Urteil vom 30. September 1997, Rs. C- 36/96 (Günaydin), Slg. 1997, I-5159, Rn. 39 und 40 sowie Urteil vom 26. November 1998, Rs. C-1/97, (Birden), Slg. 1998, I-7747, Rn. 38.

[363] EuGH, Urteil vom 16. Dezember 1992, Rs. C-237/91 (Kus), Slg. 1992, I-6781, Rn. 21-23; Urteil vom Urteil vom 5. Oktober 1994, Rs. C-355/93, Slg. 1994, I-5113, Rn. 22 und Urteil vom Urteil vom 30. September 1997, Rs. 36/96 (Günaydin), Slg. 1997, I-5159, Rn. 52.

kungen ausdrücklich einverstanden erklärt hat[364]. Ein neues Vorhaben, im Aufnahmestaat zu verbleiben, kann dem betroffenen Personen nicht als mißbräuchlich ausgelegt werden[365].

So wurde eine verbesserte Stellung der Rechtsposition für die Arbeitnehmer der Vertragsparteien im Vergleich zu Drittstaatsangehörigen geschaffen. Soweit ein Anspruch aus dem ARB 1/80 vorliegt, hat die Erteilung der erforderlichen Genehmigungen nur einen deklatorischen Charakter. Nationale Verwaltungsbehörden besitzen hierzu kein Ermessen. Ihr Fehlen beeinträchtigt die erworbenen Rechte nicht[366]. Im ARB 1/80 wurden aber die Mittel hierfür nicht vorgeschrieben. Hierbei haben die Mitgliedstaaten und die Türkei die Befugnis, die Art der notwendigen Erlaubnis und das einzuhaltende Verfahren zu bestimmen (Art. 6 Abs. 2 ARB 1/80). Sie müssen aber auf jeden Fall die Inanspruchnahme der nach Art. 6 ff. ARB 1/80 begründeten Rechte gewährleisten[367].

(1) Recht auf Zugang zu wirtschaftlichen Beschäftigungen im Lohn-und Gehaltsverhältnis

Art. 6 Abs. 1 ARB 1/80 vermittelt den Arbeitnehmern grundsätzlich nur eine auf die Sicherung des Arbeitsmarktzugangs beschränkte Rechtsstellung bzw. zeitlich abgestufte Zugangsrechte zum Arbeitsmarkt. Somit bezweckt diese Vorschrift, die zunehmende Integration der Arbeitnehmer, die bereits auf dem Arbeitsmarkt der Vertragsparteien beschäftigt sind, zu verfestigen. Die Verfestigung des Zugangs zum Arbeitsmarkt vollzieht sich in drei Stufen.

In der ersten Verfestigungsstufe haben die Arbeitnehmer der Vertragsparteien unter den Voraussetzungen des Art. 6 Abs.1 ARB 1/80 (eine jährige ordnungsgemäße Beschäftigung auf dem Arbeitsmark des Aufnahmestaates und der Besitz eines Arbeitsplatz) Anspruch auf Erneuerung der Arbeitserlaubnis bei demselben Arbeitgeber. Nach dem Wortlaut des Art. 6 Abs. 1 erster Spiegelstrich ARB 1/80 kann ein Beschäftigungsrecht nur zum Zwecke der Erneuerung der Arbeitserlaubnis bei dem gleichen Arbeitgeber erlangt werden. Damit ist ein Wechsel des Arbeitgebers ausgeschlossen. Die Erneuerung des Arbeitserlaubnis beschränkt sich nicht auf den letzten Arbeitsplatz des Arbeitnehmers beim Arbeitgeber, sondern bezieht sich auf jeden Arbeitsplatz, über die er zum Zeitpunkt der Beantragung verfügt[368]. Art. 6 Abs. 1 erster Spiegelstrich des ARB 1/80 gewährt dem Arbeitnehmer allerdings kein Recht auf Erneuerung der Arbeitser-

---

364 Randelzhofer/Forsthoff, G/H (Hrsg.), G/H, EUV, Kommentar, Losebl. Ausg. 1999, Art. 39 Rn. 92.

365 EuGH, Rs. C-36/96 (Günaydin), Slg. 1997, I-5143, Rn. 56 ff.

366 EuGH, Urteil vom 6. Juni 1995, Rs. 434/93 (Bozkurt), Slg. 1995, I-1475, Rn. 29 und 30.

367 Renner, Ausländerrecht in Deutschland, S. 379.

368 Vgl. Gutmann, die Assoziationsfreizügigkeit, S. 100; Schindlauer, in: Hands (Hrsg.), S. 270.

laubnis bei seinem ersten Arbeitgeber, wenn er seinen Arbeitgeber während der ersten Jahresfrist gewechselt hat. Nach der Rechtsprechung des EuGH kann der Arbeitnehmer die Fortsetzung seiner Beschäftigung bei demselben Arbeitgeber über die ursprüngliche Dauer ordnungsgemäßer Beschäftigung von einem Jahr hinaus beantragen[369]. Fraglich ist allerdings die Dauer der neuen oder verlängerten Arbeitserlaubnis. Dem Wortlaut des Art. 6 Abs. 1 ARB 1/80 zu entnehmen, daß die Arbeitserlaubnis des berechtigten Arbeitnehmers bei seinem letzten Arbeitgebers erneuert werden muß[370]. Daraus ergibt sich einerseits, daß die Dauer seiner neuen Arbeitserlaubnis nicht kürzer als die vorherige sein darf, andererseits, daß die neue oder verlängerte Arbeitserlaubnis nicht unbedingt mindestens ein Jahr befristet sein muß. Wenn die vorherige Arbeitserlaubnis des Arbeitnehmers z.B. für sechs Monate galt, dann muß ihm erneut vom Beschäftigungsstaat eine neue mindestens mit sechs Monaten befristete Arbeitserlaubnis erteilt werden. Nach einer weiteren sechsmonatigen ordnungsgemäßen Beschäftigung steht dem der Arbeitnehmer gemäß Art. 6 Abs. 1 ARB 1/80 das Recht zu, die Erneuerung seiner Arbeitserlaubnis bei seinem letzten Arbeitgeber zu beantragen, wenn er schon insgesamt länger als ein Jahr ordnungsgemäß beschäftigt ist.

Das Beschäftigungsrecht auf der zweiten Verfestigungsstufe nach Art. 6 Abs. 1 zweiter Spiegelstrich ARB 1/80 setzt eine ordnungsgemäße Beschäftigungsdauer von drei Jahren und die Zugehörigkeit zum regulären Arbeitsmarkt voraus. Danach ist der Arbeitnehmer vorbehaltlich des Vorrangs der Arbeitnehmer aus den EG-Mitgliedstaaten[371] zur Tätigkeit der gleichen Art bei einem frei gewählten anderen Arbeitgeber berechtigt.

Nach vier Jahren ordnungsgemäßer Beschäftigung erreicht der Arbeitnehmer schließlich die dritte Verfestigungsstufe. Danach hat der Arbeitnehmer freien Zugang zu jeder Beschäftigung im Lohn- oder Gehaltsverhältnis. In dieser Verfestigungsstufe wird der Vorrang der EG-Arbeitnehmer beseitigt. Türkische Arbeitnehmer, die nach vierjähriger ordnungsgemäßer Beschäftigung freien Zugang zu jeder von ihnen gewählten Beschäftigung im Lohn- oder Gehaltsverhältnis haben, genießen unbeschränkte Freiheit, jede unselbständige Erwerbstätigkeit aufzunehmen und zu diesem Zweck innerhalb des Hoheitsgebiets des Aufnahmestaates frei zu bewegen. Dies bedeutet, daß sie den Arbeitnehmern der Gemeinschaft gleichgestellt werden und über einen Quasi-Status der Gemeinschaft verfügen[372]. Sie besitzen ferner ein unbeschränktes Recht auf Arbeitsuche und Arbeitsaufnahme, ohne daß die Priorität der EG-Arbeitnehmer dem entgegengehalten werden könnte[373]. Sie haben das Recht, ihre aktuelle Tätigkeit

[369] EuGH, Urteil vom 5. Oktober 1994, Rs. C-355/93 (Eroglu), Slg. 1994, I-5113, Rn. 13.
[370] Ebd., Rn. 15.
[371] Diese Aussage bezieht sich nur auf türkische Arbeitnehmer.
[372] Heldmann, InfAuslR 1995, 1.
[373] EuGH,Urteil vom 23. Januar 1997, Rs. C-171/95 (Tetik), Slg. 1997, I-329, Rn. 26.

freiwillig bzw. aus persönlichen Gründen aufzugeben und sich im Aufnahmestaat jede beliebige neue abhängige Beschäftigung im Lohn- oder Gehaltsverhältnis zu suchen[374]. und zu diesem Zweck innerhalb des Hoheitsgebiets des Aufnahmestaates frei zu bewegen.

Das Zugangsrecht der berechtigten Arbeitnehmer zum Arbeitsmarkt des Aufnahmestaates und das damit verbundene Aufenthaltsrecht sind allerdings in zeitlicher Hinsicht eingeschränkt. Diese Rechte stehen den Arbeitnehmern nur zu, solange sie dem regulären Arbeitsmarkt des Aufnahmestaates weiterhin angehören, da sie aus dem ARB 1/80 kein Recht auf Verbleib in diesem Staat haben. Deswegen muß es sich um einen "echten" Arbeitsuchenden handeln, der tatsächlich eine neue Beschäftigung in einem Lohn- oder Gehaltsverhältnis sucht[375]. Da eine Frist für die Dauer des Aufenthaltsrechts des Arbeitsuchenden im Rahmen der Art. 6 Abs. 1 zweiter und dritter Spiegelstrich ARB 1/80 weder im ARB 1/80 noch im EG-Vertrag feststeht, ist diese im wesentlichen nach nationalem Recht der Vertragsstaaten zu bestimmen[376]. An dieser Stelle schränkt der EuGH jedoch diese Befugnis der Mitgliedstaaten ein, indem er vorschreibt, daß dem Betroffenen ein "angemessener Zeitraum" bewilligt werden muß, auch wenn er seine Arbeitsstelle freiwillig aufgegeben hat, um ihm die Suche nach einer anderen Beschäftigung zu ermöglichen. Hierbei muß auch der Grundsatz der Chancengleichheit für Wanderarbeitnehmer, der sich aus dem in Art. 10 Abs.1 ARB 1/80 verankerten Diskriminierungsverbot ableiten läßt, beachtet werden[377]. Dieser zu gewährende Zeitraum muß überdies lang genug sein, damit es dem Betroffenen möglich ist, von Stellenangeboten, die seinen beruflichen Qualifikationen entsprechen, Kenntnis zu nehmen und sich gegebenenfalls zu bewerben[378]. Voraussetzung ist jedoch, daß der Betroffene alle Formalitäten erfüllt hat, die im Aufnahmestaat vorgeschrieben sind und er sich so z.B. als Arbeitsuchender meldet und der Arbeitsverwaltung dieses Staates während des dort beschriebenen Zeitraumes zur Verfügung steht[379]. Dadurch wird sichergestellt, daß er sein Aufenthaltsrecht nicht mißbraucht, sondern tatsächlich einen neuen Arbeitsplatz sucht[380]. Nach Auffassung des EuGH[381] ist eine angemessene zeitliche Grenze zu setzen, weil eine solche zeitliche Begrenzung praktisch den Grundsatz der Freizügigkeit nicht gefährdet. Diese zeitliche Grenze gilt gemäß der in Art. 59 ZP niedergelegten Bestimmung, welche die Benachteiligung der Gemeinschaftsangehörigen gegenüber türkischen Arbeitnehmern untersagt, im Regelfall auch für die türkischen Arbeitnehmer und ihre Familienangehörigen.

[374] Ebd., Rn. 30.
[375] Ebd., Rn. 46.
[376] Ebd., Rn. 32 ff.
[377] Ebd., Rn. 48.
[378] Ebd., Rn. 32 und 48.
[379] Ebd., Rn. 41 ff.
[380] Ebd., Rn. 31 ff.
[381] EuGH, Urteil vom 26. Februar 1992, Rs C- 292/89 (Antonissen) Slg. 1991, I-745.

Art. 8 Abs. 1 ARB 1/80 sieht eine Bevorzugung regulär als arbeitslos gemeldeter türkischer Arbeitnehmer gegenüber den aus Drittstaaten bei der Stellenvergabe durch die Arbeitsämter der EG-Mitgliedstaaten vor. Dabei bemühen sich die Arbeitsämter, offene Stellen, die nicht mit dem Arbeitsmarkt des betreffenden Mitgliedstaat angehörenden Arbeitnehmern aus der Gemeinschaft besetzt werden konnten, an arbeitssuchende türkische Arbeitnehmer zu vermitteln (Art. 8 Abs. 2 ARB 1/80). Diese Bestimmungen betreffen lediglich die Arbeitsvermittlung zugunsten regulär als Arbeitslos gemeldeter türkischer Arbeitnehmer, begründen aber für sie keine weitergehende subjektive Beschäftigungs- oder aufenthaltsrechtliche Anspruchsposition[382].

(2) Recht auf Aufenthalt

Ein Aufenthaltsrecht ist im ARB 1/80 nicht ausdrücklich festgelegt. ARB 1/80 regelt lediglich die beschäftigungsrechtliche Stellung der Arbeitnehmer. Daraus ist nur zu folgern, daß der Beschluß 1/80 den Arbeitnehmern kein originäres Aufenthaltsrecht (unabhängig von dem Beschäftigungsrecht) begründen will, aber nicht, daß ein Aufenthaltsrecht ausgeschlossen ist. Das Aufenthaltsrecht folgt vielmehr zwangsläufig aus den in Art. 6 Abs. 1 und Art. 7 ARB 1/80 verankerten Rechten auf unselbständige Beschäftigung im Aufnahmeland. Berechtigte Arbeitnehmer sollten auch aufenthaltsrechtlich in die Lage versetzt werden, das Recht auf unselbständige Beschäftigung zu nutzen. Das Recht auf Beschäftigung ist zwangsläufig mit einem Aufenthaltsrecht verbunden.

Der EuGH[383] geht zu Recht in seiner ständigen Rechtsprechung davon aus, daß die beschäftigungsrechtliche Stellung der berechtigten Personen auf der Grundlage von Art. 6 ARB 1/80 zwangsläufig auch ein Aufenthaltsrecht dieser Personen im Aufnahmestaat impliziert, weil die beiden Aspekte der persönlichen Situation von Arbeitnehmern eng miteinander verknüpft sind[384]. Andernfalls wären die in diesen Bestimmungen eingeräumten Arbeitsmarktzugangsrechte wirkungslos. Der sich aus dem ARB 1/80 ergebende Rechtsanspruch auf Verlängerung einer erteilten Arbeitserlaubnis umfaßt daher zwangsläufig auch den Anspruch auf eine entsprechende Verlängerung der Aufenthaltsgenehmigung.

---

382 VGH Mannheim, Urteil vom 9. März 1994, 11 S 175/93, InfAuslR 1994, 214; Gutmann, Die Assoziationsfreizügigkeit, S. 113.

383 EuGH, Urteil vom 20. September 1990, Rs. C-192/89 (Sevince), Slg. 1990, I-3461, Rn. 29; Urteil vom 16. Dezember 1992, Rs. C-237/91 (Kus), Slg. 1992, I-6781, Rn 30; .Rs. C-355/93 (Eroglu), Slg. 1994, I-5113, Rn. 20; Rs. C-434/93 (Bozkurt), Slg. 1995, I-1475, Rn. 28; Rs. C-171/95 (Tetik), Slg. 1997, I-329, Rn. 26 ff., Rs. C-36/96 (Günaydin), Slg. 1997, I-5143, Rn. 55; Rs. C-98/96 (Ertanir), Slg. 1997, I-5179, Rn. 62; Rs. C-1/97 (Birden), Slg. 1998, I-7747, Rn. 69; Rs. C-210/97 (Akman), Slg. 1998, I-7519, Rn. 24; Urteil vom 10. Februar 2000, Rs. C-340/97(Nazli), EuZW 2000, 219, Rn. 28.

384 Abweichend BVerwGE 78, 192 ff.; BayVGH, DÖV 1986, 81 ff.; Hailbronner, Ausländerrecht, D 5.2, Rn. 12; Weber, NVwZ 1995, 1080.

Ein Aufenthaltsrecht ist allerdings gegenüber dem Beschäftigungsrecht von untergeordneter Bedeutung. Es dient nur der Inanspruchnahme des Beschäftigungsrechts. Da es sich hierbei um ein abgeleitetes Recht handelt, bildet es eine Rechtsgrundlage für Arbeitnehmer grundsätzlich nur solange, wie sie auf dem Arbeitsmarkt des Aufnahmestaates ordnungsgemäß beschäftigt sind bzw. dem regulären Arbeitsmarkt dieses Staates angehören, d.h. der Grad und die Dauer des Aufenthaltsrechts des Arbeitnehmers bestimmen sich nach nationalem Arbeitsrecht. Nur ausnahmsweise kann ein Aufenthaltsrecht eines Arbeitnehmers in einem angemessenen Zeitraum noch bestehen, ohne daß er beschäftigt ist, nämlich dann, wenn er bereits das Recht erlangt hat, sich auf jedes Stellenangebot bewerben zu dürfen (Art. 6 Abs. 1 zweiter und dritter Spiegelstrich, Art. 7 Abs. 1 und Abs. 2 ARB 1/80).

(3) Recht auf Verbleibe und Wiederkehr

"Freizügigkeit" bedeutet im herkömmlichen Sinne das Recht, aus einem Staat in einen anderen einzureisen[385]. Der Beschluß 1/80 regelt dagegen nicht, unter welchen Voraussetzungen Staatsangehörige der Vertragsparteien in die EG-Mitgliedstaaten und die Türkei einreisen dürfen[386]. Die einschlägigen Vorschriften des Gemeinschaftsrechts gelten für die Assoziationsfreizügigkeit nicht.

Wenn der Arbeitnehmer das Beschäftigungsland auf Dauer verläßt, steht ihm kein Recht auf Rückkehr zu[387]. Die damit verbundenen Fragen bleiben weiterhin den Rechtsordnungen der Vertragsparteien überlassen. Der ARB 1/80 eröffnet also nicht die Zuwanderung der Arbeitnehmer und gewährt zu diesem Zweck kein Recht auf visumsfreie Einreise in die EG-Mitgliedstaaten und die Türkei. Vielmehr zielt er eindeutig darauf ab, die Rechtsstellung der Wanderarbeitnehmer zu verbessern, die bereits ordnungsgemäß in den Arbeitsmarkt der Vertragsparteien integriert sind[388].

Auch eine gemeinschaftsinterne Einreisefreiheit ist aus den bestehenden Assoziationsgrundlagen nicht abzuleiten. Die in Art. 6 Abs. 1 gewährten Rechte können von dem betreffenden türkischen Arbeitnehmer daher nur in dem Mitgliedstaat geltend gemacht werden, in dem er ordnungsgemäß beschäftigt ist[389].

---

385 Wölker, in: G/T/E (Hrsg.), EUV/EGV, Kommentar, 5. Aufl., Art. 48 EGV, Rn. 16.

386 EuGH, Urteil vom 26. November 1998, Rs. C-1/97 (Birden), Slg. 1998, I-7747, Rn. 37 und 48.

387 VGH BW, Urteil vom 17. Februar 1993, EZAR 019 Nr. 2.

388 EuGH, Rs. C-36/96 (Günaydin), Slg. 1997, I-5143, Rn. 36, Rs- C-171/95 (Tetik), Slg. 1997, I-329, Rn. 21.

389 EuGHy, Rs. 171/95 (Tetik), Slg. 1997, I-327, Rn. 29, Urteil vom 11. Mai 2000, Rs. C-37/98 (Savas), Rn. 59.

Aus dem ARB 1/80 ergibt sich auch kein Verbleiberecht für Arbeitnehmer, die endgültig aus dem Arbeitsleben ausgeschieden sind[390]. Das Verbleiberecht bedeutet, daß sich der Arbeitnehmer nach seinem Ausscheiden aus dem Arbeitsmarkt weiterhin im Hoheitsgebiet des Aufnahmestaates aufhalten darf. Der ARB 1/80 gewährt dem Arbeitnehmer der Assoziation (anders als EG-Arbeitnehmern) kein Recht, nach Beendigung einer Beschäftigung im Hoheitsgebiet des Beschäftigungslandes zu verbleiben, auch wenn er das Rentenalter erreicht oder vollständig und dauernd erwerbsunfähig geworden ist[391]. In solchen Fällen erlischt das von der Arbeitserlaubnis abgeleitete Aufenthaltsrecht.

(4) Recht auf Familienzusammenführung

Das Assoziationsrecht enthält keine ausdrückliche Regelung über den Familiennachzug. Die Parteien sind daher befugt, die Einreise von Familienangehörigen auf ihrem Territorium frei zu regeln. Die Familienzusammenführung war bereits die zweite Vorlagefrage in der Rechtssache "Demirel"[392]. Der EuGH hat diese Frage jedoch nicht abschließend geklärt, sondern nur begründet, warum er über die Vorlagefragen nicht entscheiden kann. Nach seiner Auffassung fällt der Familiennachzug im Rahmen der Assoziation nicht unter seine Zuständigkeit, da eine diesbezügliche gemeinschaftsrechtliche Vorschrift nicht besteht. Er stellte ferner fest, daß sich aus Art. 7 Ass.Abk., wonach die Vertragsparteien alle geeigneten Maßnahmen zur Erfüllung der Verpflichtungen aus dem Vertrag treffen und alle Maßnahmen unterlassen müssen, welche die Verwirklichung der Ziele des Abkommens gefährden, kein Verbot der Einführung neuer Beschränkungen für die Familienzusammenführung herleiten lasse. Dabei handele es sich nur um eine allgemeine Verpflichtung, zur Verwirklichung der Ziele des Abkommens. Daher könnten durch die Bestimmung des Art. 7 Ass.Abk. dem Einzelnen nicht unmittelbare Rechte eingeräumt werden, die ihnen nicht bereits durch andere Bestimmungen des Abkommens zuerkannt werden[393]

Fraglich ist jedoch, ob das Recht auf Familienzusammenführung als ein logischer Konsequenz des in Art. 10 ARB 1/80 verankerten Diskriminierungsverbots angesehen werden kann, welches hinsichtlich der Arbeitsbedingungen jede Diskriminierung untersagt[394]. Das Recht auf Familienzusammenführung stellt

---

[390] EuGH, Urteil vom 30. September 1997, Rs. C-98/96 (Ertanir), Slg. 1997, I-5193.
[391] EuGH, Urteil vom 6. Juni 1995, Rs. C-434/93 (Bozkurt), Slg. 1995, I-1475; Urteil vom 10. Februar 2000, Rs. C-240/97 (Nazli), EuZW 2000, 219, Rn. 37.
[392] EuGH, Urteil vom 30. September 1987, Rs. 12/86 (Demirel), Slg. 1997, 3754, Rn. 28.
[393] EuGH, Urteil vom 30. September 1987, Rs. 12/86 (Demirel), Slg. 1997, 3754, Rn. 24.
[394] Bejahend Vedder, nach seiner Auffassung fällt der Anspruch auf Familienzusammenführung unter dem Begriff der Arbeitsbedingungen (EuR 1988, 50); ablehnend Gutmann, Familienangehörige, ja menschliche Wesen überhaupt, sind keine Arbeitsbedingungen. Dazu Gutmann, die Assoziationsfreizügigkeit, S. 121.

nämlich nach Auffassung des EuGH[395] eine soziale Vergünstigung dar und ist daher diskriminierungsfrei zu gewähren.

Des weiteren wird dieser Freiraum der Parteien durch die von ihnen eingegangenen weiteren völkerrechtlichen Verpflichtungen relativiert. Soweit die Freizügigkeit der Arbeitnehmer hergestellt wird, müssen die sich aus der EMRK[396] sowie aus der anderen internationalen Vereinbarungen[397] ergebenden Rechte der Wanderarbeitnehmer berücksichtigt werden. Art. 8 Abs. 1 EMRK verpflichtet die Staaten dazu, auf das Privat- und Familienleben des einzelnen zu achten[398]. Der Anspruch auf Familienleben gehört nach der ständigen Rechtsprechung des EuGH[399] zu den vom Gemeinschaftsrecht anerkannten Grundrechten. Fraglich ist jedoch, ob Art. 8 EMRK einen unmittelbaren Anspruch auf Einreise zum Zweck der Familienzusammenführung begründet[400].

Nach der Rechtsprechung des EGMR[401] und herrschender Auffassung[402] im Schrifttum sieht Art. 8 EMRK nicht vor, daß einem Ausländer die Einreise zu gestatten ist, damit dieser dann neue Familienbeziehungen aufbauen kann. Familienbindungen eines Ausländers seien zwar von Konventionsstaaten in einer angemessener Weise zu berücksichtigen. Dies bedeute jedoch nicht, daß Art. 8 Abs. 1 EMRK ein absolutes Recht der Einreise der Angehörigen begründe. Die Einreise von Familienangehörigen könne vielmehr von bestimmten Bedingungen abhängig gemacht werden. Dabei liege kein Verstoß gegen die Pflicht zur Achtung des Familienlebens vor[403].

---

395 EuGH, Rs. 59/85, Slg. 1986, 1283.

396 BGBl. 1952 II, 685

397 Vgl. Art. 17 des internationalen Paktes über bürgerliche und politische Rechte vom 19. Dezember 1996 (SR 0.103.2); Art. 10 der UNO-Konventionen über die Rechte des Kindes vom 20. November 1989.

398 Vgl. dazu EGMR, Urteil vom 28. Mai 1985, (Fall Abdulaziz, Cabales und Balkandali), Serie A, Nr. 94.; Caroni, Privat- und Familienleben, S. 5 ff.; Lichtenberg, in: Barwig/ Lörcher/-Schumacher (Hrsg.), S. 189 ff.

399 Gemeinschaftsangehörigen haben dagegen nach Art. 48 EGV i.V.m Art. 8 EMRK den Rechtsanspruch auf Arbeitnehmerfreizügigkeit und - damit untrennbar verbunden - auf Familiennachzug. EuGH, Urteil vom 18. Mai 1989, Rs. 249/86, Slg. 1989, I-1263.

400 Dieses Recht des Wanderarbeitnehmers wird heute in den nationalen Rechtsordnung der Vertragsparteien weitgehend anerkannt, wenn er sich für den Unterhalt sowie Unterkunft seiner Familienangehörigen sorgen kann. Dazu Frowein, EMRK, Kommentar, 1996, Art. 8 EMRK, Rn. 26.

401 EGMR, Urteil vom 28. Mai 1985 (Fall Abdulaziz, Cabales und Balkandali gegen Vereinigtes Königreich, Serie A, Nr. 94; Urteil von 1996 (Gül gegen die Schweiz), Reports 1996-I, 159 ff.

402 Frowein, EMRK, Kommentar, 1996, Art. 8, EMRK Rn. 26; Caroni, Privat- und Familienleben, S. 5 ff.; Lichtenberg, in: Barwig/Lörcher/Schumacher (Hrsg.), S. 189 ff.

403 Frowein, EMRK, Kommentar, 1996, Art. 8 EMRK, Rn. 26.

Der betreffende Aufnahmestaat darf jedoch den Wanderarbeitnehmer nicht isoliert als Einzelperson oder bloße Arbeitskräfte, sondern muß ihn als einen in familiäre Beziehung verflochten Menschen berücksichtigen[404]. Art. 8 Abs. 1 EMRK stellt nämlich ungeachtet der Frage, ob der Ausländer selbst die Entscheidung getroffen hat oder nicht, von seiner Familie getrennt im anderen Land zu leben[405], die Einheit der Familien unter Schutz. Freilich stellt nicht jede Beeinträchtigung des Familienlebens durch die Weigerung von Familiennachzug bereits auch einen Eingriff in das Recht auf Achtung des Familienlebens dar[406]. Vielmehr sind die besonderen Umstände des jeweiligen Falles zu berücksichtigen. Aus Art. 8 Abs. 1 EMRK könnte sich eine implizierte Pflicht für die Konventionsstaaten ergeben, wobei sie die entsprechenden aufenthaltsrechtlichen Konsequenzen für die Familienangehörigen der Arbeitnehmer ziehen und ihr Nachzug grundsätzlich gestatten müßten[407]. Auch durch eine Verweigerung von Einreise oder Aufenthalt der Familienangehörigen kann das Familienleben des Wanderarbeitnehmers in bestimmten Fällen - schwer - beeinträchtigt werden. In diesem Rahmen ist zu prüfen, ob die nationale Regelung mit den in Art. 8 EMRK verankerten Grundsätzen vereinbar ist. Ist es dem Arbeitnehmer nicht zumutbar, seine Arbeit wegen der Verweigerung des Familiennachzuges durch den betroffenen Staat aufzugeben und deswegen in sein Heimatland zurückzukehren und dort eine neue berufliche Aufgabe zu suchen, um für seinen Unterhalt und seiner Familie weiterhin sorgen zu können[408], dann ist es zur Ermöglichung des Familienzusammenlebens unabdingbar, daß den Wanderarbeitnehmern, die die im ARB 1/80 eingeräumten Rechte besitzen, das im Assoziationsrecht nicht direkt vorgesehenes Recht auf Familiennachzug gewährt wird[409], es sei denn, daß die öffentlichen Interessen des Aufnahmestaates die Privatinteressen überwiegen.

Im Ergebnis ist festzuhalten: Art. 8 Abs. 1 EMRK räumt zwar keinen generellen Anspruch auf Familienzusammenführung ein. Die Wanderarbeitnehmer können ausnahmsweise nur dann aus Art. 8 EMRK einen Anspruch auf Familiennachzug geltend machen, wenn folgende Voraussetzungen vorliegen:

[404] So Palm-Risse, Der völkerrechtliche Schutz von Ehe und Familie, S. 299.
[405] Ebd.
[406] Caroni, Privat und Familienleben, S. 37.
[407] Palm-Risse, Der völkerrechtliche Schutz von Ehe und Familie, S. 299; Kälin/Caroni, Diskriminierungsverbot und Familiennachzug, S. 52 ff.
[408] Vgl. in diesem Sinne die Rechtsprechung der Europäischen Kommission für Menschenrechte, Beschwerde 4403/70 et al, Ostafrikanische Asiaten gegen Vereinigtes Königreich, Zulässigkeitsentscheidung in CD 36, 92; Scheer, Der Ehegatten- und Familiennachzug von Ausländern, S. 61.
[409] So auch Weh, Vom Stufenbau zur Relativität, S. 217 ff. Nach seiner Auffassung ergibt sich das Recht auf Familienzusammenführung aus dem Rechtsprechung des EuGH, daß die Freizügigkeit ein Grundrecht der Arbeitnehmer und ihrer Familienangehörigen ist.

- ein Familienleben im Sinne von Art. 8 Abs. 1 EMRK, d.h. es muß eine intakte und tatsächlich gelebte familäre Beziehung zu nahen Verwandten vorliegen,
- die genügende Finanzmittel zur Gewährleistung des Unterhaltens der Familie,
- die Verweigerung der Einreise oder Aufenthalts muß einen Eingriff in das Familienleben darstellen, d.h. dem Wanderarbeitnehmer kann das Zusammenleben in seinem Heimatland nicht zugemutet werden und
- der Eingriff ist nach Art. 8 Abs. 2 EMRK nicht gerechtfertigt.

d) Regelungen bezüglich der Familienangehörigen

aa) Regelungszweck

Art. 7 ARB 1/80 enthält eine Sonderregelung für Familienangehörige eines Arbeitnehmers. Die Beschäftigung und der Aufenthalt von Wanderarbeitnehmern soll dadurch gefördert werden, daß ihm in seinem Beschäftigungsland die Aufrechterhaltung seiner familiären Bande gewährleistet wird[410]. Zur Erleichterung des Familienlebens sieht Art. 7 ARB 1/80 Regelungen zugunsten von Familienangehörigen des Arbeitnehmers vor, welche ihnen unter bestimmten Voraussetzungen eigene Beschäftigungsrechte gewähren. Somit wird im Aufnahmestaat die Rechtsstellung der Familienangehörigen des Arbeitnehmers (insbesondere im Hinblick auf die sozialen und arbeitsrechtlichen Integration in die Gesellschaft) gestärkt und dadurch das familiäre Zusammenleben weitgehend gesichert, da Familienangehörige des Arbeitnehmers nunmehr - wie die Arbeitnehmer selbst - im Aufnahmestaat die Rechte auf Aufenthalt und Beschäftigung besitzen können.

Obwohl sich Art. 7 ARB 1/80 gegenüber Art. 6 ARB 1/80 als (anspruchserweiternde) Spezialregelung darstellt, steht er einer Anwendung der erstgenannten Bestimmung für Familienangehörige des Arbeitnehmers, die bestimmte Voraussetzungen erfüllen, nicht entgegen[411]. Vielmehr sind die beiden Regelungen nebeneinander und unabhängig voneinander anwendbar[412]. Übereinstimmung herrscht darin, daß das Innehaben der Rechtsposition aus Art. 7 ARB 1/80 einen Anspruch auf die Verlängerung der Arbeits- und Aufenthaltserlaubnis aufgrund Art. 6 ARB 1/80 nicht ausschließt. Sonst wären die Familienangehörigen gegenüber neu einreisenden Arbeitnehmern benachteiligt. Nach

[410] EuGH, Urteil vom 22. Juni 2000, Rs. C-65/98 (Eyüp), Rn. 26; Urteil vom 17. April 1997, Rs. C-351/95 (Kadiman), Slg. 1997, I-2133, Rn. 34-36; Bundesministerium des Innern, InfAuslR 1999, 23 und 24.
[411] Benassi, InfAuslR 1995, 94.
[412] Renner, Ausländerrecht in Deutschland, 239.

Wegfall der Voraussetzungen des Art. 7 ARB 1/80 bleibt Familienangehörigen von Arbeitnehmern ohne weiteres der Zugang zu Art. 6 Abs. 1 ARB eröffnet[413].

bb) Voraussetzungen

Während Art. 6 Abs. 1 ARB 1/80 die Inanspruchnahme der Rechte von Arbeitnehmern von einer ordnungsgemäßen Beschäftigung auf dem Arbeitsmarkt des Aufnahmestaates abhängig macht, regelt Art. 7 Abs. 1 ARB 1/80 die Rechte von Familienangehörigen ausschließlich nach Maßgabe der Dauer ihres Wohnsitzes im Aufnahmestaat[414]. Die Familienangehörigen können auch aus Drittstaaten stammen. Um sich auf die in Art. 7 Abs. 1 ARB 1/80 geregelten Ansprüche berufen zu können, müssen nach dem Wortlaut des Art. 7 Abs. 1 ARB 1/80 die folgenden Tatbestände erfüllt werden: Familienangehörigkeit, Zugehörigkeit des Arbeitnehmers, zu dem der Nachzug erfolgt, zum Arbeitsmarkt des Aufnahmestaates, Einreise des (der) nachgezogenen Familienangehörigen in den Aufnahmestaat aufgrund einer Genehmigung zum Familiennachzug und ordnungsgemäßer Wohnsitz. Für den Erhalt der Rechte von Familienangehörigen aus Art. 7 Abs. 1 ARB 1/80 wird die Ausübung einer Beschäftigung nicht vorausgesetzt[415].

(1) Familienangehörige

Art. 7 Abs. 1 ARB 1/80 vermittelt den Familienangehörigen des Arbeitnehmers bestimmte Rechte. Art. 7 ARB 1/80 enthält jedoch keine Definition des Begriffs der Familienangehörigkeit. Wer als Familienangehöriger im Sinne des Art. 7 ARB 1/80 anzusehen ist, bleibt unklar[416]. Im Schrifttum[417] und in der deutschen Rechtsprechung[418] ist es derzeit umstritten, ob sich der Begriff der Familienangehörigkeit im Sinne des Art. 7 ARB 1/80 nach nationalem Recht bestimmt oder sich in Anlehnung an das Gemeinschaftsrecht[419] bestimmen läßt[420].

---

413 Benassi, InfAuslR 1995, 94.

414 EuGH, Urteil vom 17. April 1997, Rs. C-351/95 (Kadiman), Slg. 1997, I-2133, Rn. 39.

415 Gutmann, InfAuslR 1997, 429.

416 Benassi, InfAuslR 1995, 93.

417 Renner, Ausländerrecht, 1999, 19; ders., Ausländerrecht in Deutschland, 1998, 240; Benassi, InfAuslR 1995, 90; Kemper, ZAR 1995, 114; Mallmann, JZ 1995, 917; ablehnend Hailbronner, JZ 1995, 127, 134.

418 BVerwG, Urteil vom 11. Juni 1996, 1 C 24/94, NVwZ 1997, 297, Urteil vom 28. Januar 1997, 1 C 17/94, NVwZ 1997, 1119; ablehnend VGH Hessen, Beschluß vom 27. Februar 1995, InfAuslR 1995, 395.

419 Nach dem Gemeinschaftsrecht (VO/EWG Nr. 1612/68) zählen zu den Familienangehörigen ungeachtet ihrer Staatsangehörigkeit der Ehegatte und Kinder bis zum 21. Lebensjahr und außerdem Verwandte aufsteigender und absteigender Linie der Berechtigten oder ihrer Ehegatten, denen Unterhalt gewährt wird. Nach der Rechtsprechung der EGMR schließt die Familie auch die Beziehung zwischen einem Kind und seinem nichtehelichen Vater ein (EGMR, Keegan ./. Irland, Ser. A Nr. 29O.

420 Siehe dazu oben II. B. 4. Zulässigkeit der Heranziehung des Gemeinschaftsrechts.

Nach ständiger Rechtsprechung des EuGH[421] zählen auch die LebensgefährtenInnen zum Kreis der Familienangehörigen im Sinne des Art. 7 Abs. 1 ARB 1/80. Die Kinder des Arbeitnehmers[422] sind auch dann als Familienangehörige im Sinne des Art. 7 Abs. 1 ARB 1/80 anzusehen, wenn sie zum Zeitpunkt, zu dem sie die Arbeitserlaubnis beantragen, nicht mehr minderjährig sind[423].

(2) Zugehörigkeit des Arbeitnehmers zum Arbeitsmarkt

Gemäß dieser Vorschrift bildet die Beschäftigung des Arbeitnehmers die Grundlage des Beschäftigungs- und Aufenthaltsrechts der Familienangehörigen. Die betroffene Person, zu der der Nachzug erfolgt, muß daher als Arbeitnehmer dem regulären Arbeitsmarkt angehören.

cc) Familiennachzug

Der Wortlaut des Art. 7 Abs. 1 ARB 1/80 zeigt als weitere Voraussetzung auf, daß der Familienangehörige die Genehmigung auf Einreise und Aufenthalt zum Zweck der Familienzusammenführung erhalten haben muß[424]. Der Zuzug des Familienangehörigen muß also infolge der Familienzusammenführung erfolgt sein, nicht aber zu anderen Zwecken - wie etwa nur zu vorübergehenden Besuchszwecken oder zur Berufsausbildung[425].

(3) Ordnungsgemäßer Wohnsitz

Für den Erhalt der Rechte von Familienangehörigen aus Art. 7 Abs. 1 ARB 1/80 wird zwar die Ausübung einer Beschäftigung nicht vorausgesetzt[426]. Die Rechte der Familienangehörigen auf freien Zugang zum Arbeitsmarkt hängen jedoch von der Wohndauer im Aufnahmestaat ab. Der betroffene Familienangehörige muß seit mindestens drei bzw. fünf ununterbrochen Jahren einen ordnungsgemäßen Wohnsitz im Hoheitsgebiet des Aufnahmestaates haben. Art. 7 Abs. 1 ARB 1/80 läßt eine diesbezügliche Befugnis der Vertragsparteien unberührt. Die Vertragsparteien können also den Aufenthalt von Familienangehörigen an Bedingungen knüpfen[427]. Die Frage, wann ein Wohnsitz als ordnungsgemäß gilt, ist - wie in Art. 6 ARB /80 die Frage nach ordnungsgemäßer Beschäftigung -

---

[421] EuGH, Urteil vom 22. Juni 2000, Rs. C-65/98 (Eyüp), Rn. 48.
[422] Vgl. Art. 10 und 11 VO 1612/68/EWG.
[423] Sozial Gericht Kassel, Urteil vom 9. März 1982- 5/ar- 182/81, InfAuslR 1982, 191.
[424] Vgl. § 17-20 AuslG.
[425] Bundesministerium des Innern, InfAuslR 1999, 24.
[426] Gutmann, InfAuslR 1997, 429.
[427] EuGH, Urteil vom 17. April 1997, Rs. C-351/95 (Kadiman), Slg. 1997 I, 2133, Rn. 32 und 33.

daher im Rahmen des nationalen Rechts zu bestimmen[428]. Ein ordnungsgemäßer Wohnsitz setzt vor allem voraus, daß die nationalen Vorschriften hinsichtlich Aufenthalt und polizeilicher Anmeldung eingehalten werden.

Der Familienangehörige muß zudem binnen der in Art. 7 Abs. 1 ARB 1/80 angegebenen Zeiträume von drei bzw. fünf Jahren mit dem betroffenen Arbeitnehmer tatsächlich zusammenleben, d.h. eine Lebensgemeinschaft führen [429]. Dies ergibt sich aus dem Sinn und Regelungszweck und dem eindeutigen Wortlaut des Art. 7 Abs. 1 ARB 1/80. Die in Art. 7 Abs. 1 ARB 1/80 niedergelegte Bestimmung soll vor allem dazu dienen, die tatsächliche Familienzusammenführung zwischen dem Arbeitnehmer und dessen Familienangehörigen im Aufnahmestaat zu verwirklichen.

Im Gegensatz zu Art. 6 ARB 1/80 regelt Art. 7 Abs.1 ARB 1/80 die einschlägigen Folgen für Unterbrechungen der Lebensgemeinschaft nicht. Die Bestimmung des Art. 7 Abs. 1 ARB 1/80, wonach der Familienangehörige grundsätzlich seinen Wohnsitz drei Jahre lang ununterbrochen bei dem Arbeitnehmer haben muß, schließt jedoch nicht aus, daß sich die betroffenen Familienangehörigen aus berechtigten Gründen - wie etwa Urlaub, Familienbesuch im Heimatland, Entfernung der Familienwohnung vom Arbeitsplatz von der Ausbildungsstätte etc. - für einen angemessenen Zeitraum vom gemeinsamen Wohnsitz entfernen dürfen. Nach Ansicht des EuGH[430] handelt es sich bei solchen Unterbrechungen der Lebensgemeinschaft offenbar nicht um die Absicht, den gemeinsamen Wohnsitz in Frage zu stellen. Der Familienangehörige eines Arbeitnehmers kann also seinen tatsächlichen Wohnort wechseln und braucht nicht (mehr) unbedingt mit dem betroffenen Arbeitnehmer zusammenzuleben, wenn objektive Gegebenheiten eine getrennte Haushaltsführung rechtfertigen. Unter Berücksichtigung individueller Zumutbarkeit dürfen aber keine Zweifel an der Notwendigkeit ihres Getrenntlebens bestehen[431].

Der EuGH[432] stellt Zeiten, in denen sich der Familienangehörige aus berechtigten Gründen für einen angemessenen Zeitraum vom gemeinsamen Wohnsitz entfernt, den Zeiten des Zusammenlebens gleich. Nach Ansicht des EuGH gelten Zeiten unfreiwilliger Zwangsaufenthalte des Familienangehörigen im Heimatland wegen Paßverlustes oder Erkrankung bzw. Unfall von weniger als sechs

---

[428] Bundesministerium des Innern, InfAuslR 1999, 24; Mallman, JZ 95, 919.

[429] EuGH, Urteil vom 17. April 1997, Rs. C-351/95 (Kadiman), Slg. 1997 I, 2133, Rn. 33, 37 und 44; BVerwG, Urteil vom 22. Februar 1995, NVwZ 1995, 1113; VGH BW, Beschluß vom 12. März 1996, BWVP 1996, 183.

[430] EuGH, Urteil vom 17. April 1997, Rs. C-351/95 (Kadiman), Slg. 1997, I-2133, Rn. 47.

[431] Bundesministerium des Innern, InfAuslR 1999, 24.

[432] EuGH, Urteil vom 17. April 1997, Rs. C-351/95 (Kadiman), Slg. 1997, I-2133, Rn. 49 und 50. Z.B. die Entfernung der Familienwohnung vom Arbeitsplatz von der Ausbildungsstätte. Infolgedessen ist der Familienangehörige gezwungen, eine getrennte Wohnung zu nehmen.

Monaten als Zeiten des gemeinsamen Wohnsitzes. Gleiches gilt auch für solche Zeiten, in denen der Familienangehörige keine gültige Aufenthaltsgenehmigung besaß. Dies setzt allerdings voraus, daß dem Betroffenen eine neue Aufenthaltserlaubnis erteilt wird, ohne daß eine aufenthaltsbeendende Maßnahmen bis zur Erteilung einer gültigen Aufenthaltsgenehmigung durch die Ausländerbehörde des Aufnahmestaates eingeleitet wurde[433].

Eine tatsächliche Lebensgemeinschaft mit dem Arbeitnehmer kann aber auch nach der Scheidung fortgeführt werden[434]. Zur Verhinderung von Rechtsmißbrauchsfällen - wie etwa Scheinehen - legt der EuGH allerdings einen strengen Auslegungsmaßstab an. Infolgedessen liegt die Beweislast für die Notwendigkeit des Getrenntlebens vor allem bei dem Familienangehörigen des Arbeitnehmers. Besteht keine Notwendigkeit eines Getrenntlebens, so wird die Voraussetzung eines gemeinsamen Wohnsitzes mit dem betroffenen Arbeitnehmer nicht erfüllt. Dies hat zur Folge, daß sich die betroffene Person auf die Ansprüche aus dem Art. 7 Abs. 1 ARB 1/80 nicht berufen kann, auch wenn die anderen Voraussetzungen dieser Vorschrift zuvor erfüllt wurden.

cc) Rechte der Familienangehörigen

Art. 7 Abs. 1 ARB 1/80 begründet keinen Anspruch auf Familiennachzug, sondern regelt allein die beschäftigungsrechtliche Stellung der Familienangehörigen der Arbeitnehmer. Der Familiennachzug folgt daher nicht als abgeleitetes Recht aus der privilegierten Rechtsstellung des Arbeitnehmers im Rahmen des ARB 1/80, sondern die Gewährung dieses Rechts erfolgt weiterhin nach dem nationalen Recht der Vertragsparteien[435]. Art. 7 ARB 1/80 gewährt den Familienangehörigen aber eigene Arbeits- und Aufenthaltsrechte. Die Familienangehörigen des Arbeitnehmers erhalten Zugang zum Arbeitsmarkt nach Maßgabe des Art. 7 ARB 1/80. Sie haben - vorbehaltlich des den Arbeitnehmern aus den Mitgliedstaaten der Gemeinschaft einzuräumenden Vorrangs - nach dem dreijährigen ordnungsgemäßen Wohnsitz das Recht, sich auf jedes Stellenangebot zu bewerben. Nach fünfjährigen ordnungsgemäßen Aufenthalt steht ihnen das Recht auf freien Zugang zu jeder von ihnen gewählten Beschäftigung im Lohn- oder Gehaltsverhältnis zu. Darüber hinaus besitzen sie ein abgeleitetes Aufenthaltsrecht aus dem beschäftigungsrechtlichem Anspruch nach Art. 7 Abs. 1 ARB 1/80[436].

---

[433] EuGH, Urteil vom 17. April 1997, Rs. C-351/95 (Kadiman), Slg. 1997, I-2133, Rn. 51, 52 und 53.

[434] EuGH, Urteil 22. Juni 2000, Rs. C-65/98 (Eyüp), EuZW 2000, 573, Rn. 36.

[435] Nach Auffassung des EuGH hat ein Ausländer keinen absoluten völkerrechtlichen Anspruch auf Familienzusammenführung. Dazu Urteil vom 30. September 1987, Rs. 12/86 (Demirel), Slg. 1987, 3719, Rn. 28.

[436] EuGH, Urteil vom 5. Oktober 1994, Rs. C-355/93 (Eroglu), Slg. 1994, I-5113.

e) Regelungen bezüglich der Kinder

aa) Regelungszweck

Art. 7 Abs. 2 ARB 1/80 enthält eine Bestimmung, wonach die Kinder der Arbeitnehmer in besonderer Weise behandelt werden sollen und ihnen ihr Eintritt in den Arbeitsmarkt nach Abschluß einer Berufsausbildung erleichtert werden soll[437]. Im Gegensatz zu der im ersten Absatz enthaltenen Bestimmung bezweckt diese Regelung explizit nicht nur, günstigere Voraussetzungen für die Familienzusammenführung im Aufnahmestaat zu schaffen, sondern auch die Kinder des Arbeitnehmers zu privilegieren, da sie sowieso als Familienangehörige des Arbeitnehmers die Rechte aus Art. 7 Abs. 1 ARB 1/80 genießen, sofern sie die dort aufgestellten Voraussetzungen erfüllen. Als eine weitere Privilegierung erleichtert Art. 7 Abs. 2 ARB 1/80 den Eintritt der Kinder des Arbeitnehmers in den Arbeitsmarkt nach Abschluß einer Berufsausbildung. Sie sollte deswegen nicht eng ausgelegt werden.

bb) Voraussetzungen

Die Rechte der Kinder hängen nicht von der Dauer ihres Aufenthalts im betreffenden Aufnahmestaat ab. Sie müssen sich nicht unbedingt einen bestimmten Mindestzeitsraum im Aufnahmestaat aufgehalten haben oder dort beschäftigt sein[438]. Um sich auf die in Art. 7 Abs. 2 ARB 1/80 geregelten Ansprüche berufen zu können, müssen die folgenden Voraussetzungen erfüllt werden:

(1) Kind

Der Betroffene muß das Kind eines Arbeitnehmers sein. Der Begriff "Kind" im Sinne des Art. 7 Abs. 2 ARB 1/80 ist weit auszulegen. Darunter fallen nicht nur in einem Eheverhältnis geborene Kinder, sondern auch sonstige Kinder des Arbeitnehmers[439].

Eine Altersgrenze für den Begriff "Kind" wird in Art. 7 Abs. 2 ARB 1/80 nicht gesetzt[440]. Gemäß Art. 59 ZP ist der Begriff "Kind" nach dem Gemeinschaftsrecht zu bestimmen. Art. 7 Abs. 2 ARB 1/80 räumt nicht nur denjenigen Kindern, die sich bis zum Abschluß ihrer Berufsbildung aus Gründen des Familiennachzugs im Aufnahmeland aufgehalten haben oder dort geboren worden sind,

---

[437] EuGH, Urteil vom 19. November 1998, Rs. C-210/97 (Akman), Slg. 1998, I-7519, 281, Rn. 38.
[438] BVerwG, Urteil vom 12. Dezember 1995, EZAR 029 Nr. 1.
[439] Vgl. EMRK, Urteil vom 13. Juni 1979, Fall Marckx, Ser. A, Vol. 31, S. 19 § 41.
[440] EuGH, Urteil vom 5. Oktober 1994, Rs. C-355/93 (Eroglu), Slg. 1994, I-5113, Rn. 22; BVerwG, Urteil vom 12. Dezember 1995, EZAR 029 Nr. 1; Renner, Ausländerrecht in Deutschland, S. 239; anders jedoch Weber, Der assoziationsrechtliche Status Drittstaatsangehöriger, S. 86.

sondern sämtlichen Kindern des Arbeitnehmers, die sich im Aufnahmestaat rechtmäßig aufhalten, eine umfangreiche Rechtsstellung ein.

(2) Ordnungsgemäße Beschäftigung eines Elternteils

Art. 7 Abs. 2 ARB 1/80 begünstigt nur diejenigen Kinder, von denen ein Elternteil zuvor im Aufnahmestaat drei Jahre lang ordnungsgemäß beschäftigt war[441]. Eine Zusammenrechnung der Beschäftigungszeiten beider Eltern kommt nicht in Betracht. Diese Vorschrift wiederholt lediglich einige der in Art. 6 ARB 1/80 aufgestellten Voraussetzungen. Es sind dieselben wie in Art. 6 ARB 1/80: Der Besitz der (türkischen) Staatsangehörigkeit des betroffenen Elternteils des Kindes und die Ausübung einer dreijährigen ordnungsgemäßen Beschäftigung des Elternteils als Arbeitnehmer nach dem nationalen Recht des Aufnahmestaates.

Diese Voraussetzungen müssen - wie im Falle des Art. 6 Abs. ARB 1/80 - auch zur Inanspruchnahme der Rechte aus Art. 7 Abs. 2 ARB 1/80 erfüllt werden. Der Begriff der "ordnungsgemäßen Beschäftigung" in dieser Vorschrift hat dieselbe Bedeutung wie in Art. 6 Abs. 1 ARB 1/80. Dagegen sind die übrigen Voraussetzungen, vor allem die Verfestigungsklausel des Art. 6 ARB 1/80, in der Anwendung des Art. 7 Abs. 2 ARB 1/80 ohne rechtlichen Belang. Daher ist es unerheblich, ob zum Zeitpunkt des Abschlusses der Berufsausbildung eine ordnungsgemäße Beschäftigung auf dem Arbeitsmarkt des Aufnahmestaates weiterhin ausgeübt wird oder nicht. Vielmehr genügt schon, daß ein Elternteil irgendwann vor dem Zeitpunkt, zu dem das Kind seine Berufsausbildung abgeschlossen hat, mindestens drei Jahre gemäß den Vorschriften des Aufnahmestaates beschäftigt gewesen ist[442].

Den Elternteilen muß ein Aufenthaltsanspruch nicht unbedingt aus dem Assoziationsrecht bzw. Art. 6 Abs. 1 und Art. 7 Abs. 1 ARB 1/80 zustehen. Sie können ihren Aufenthaltsanspruch auf die Bestimmungen des Aufnahmestaates gründen[443] und sich auf dieses Recht gestützt weiterhin im Aufnahmestaat aufhalten. Das Aufenthaltsrecht des Elternteils des Kindes nach Art. 6 ff. ARB 1/80 ist selbstverständlich keine Voraussetzung für die Inanspruchnahme von Rechten nach Art. 7 Abs. 2 ARB 1/80[444].

---

[441] Wie in Art. 6 ARB 1/80 vorgesehen.

[442] EuGH, Urteil vom 19. November 1998, Rs. C-210/97 (Akman),. Slg. 1998, I-7519, Rn. 38; OVG Bremen, Beschluß vom 18. Januar 1995, 1B 134/94, EZAR 024 Nr. 3.

[443] EuGH, Urteil vom 6. Juni 1995, Rs. C-434/93 (Bozkurt), Slg. 1995, I-1475.

[444] Dies kann aber die Rechtsgrundlage für einen gültigen Aufenthalt des Kindes im Sinne des Art. 7 ARB 1/80 im Aufnahmeland bilden.

(3) Berufsausbildung

Im Gegensatz zur Assoziationsfreizügigkeit nach Art. 6 und Art. 7 Abs. 1 ARB 1/80 steht bei der Assoziationsfreizügigkeit der Kinder gemäß Art. 7 Abs. 2 ARB 1/80 eine absolvierte Berufsausbildung im Mittelpunkt. Eine Berufsausbildung verschafft eine Qualifikation für einen bestimmten Beruf oder bereitet auf eine bestimmte Beschäftigung vor[445]. Der Begriff der Berufsausbildung im Sinne des Art. 7 Abs. 2 ARB 1/80 ist daher weit auszulegen[446]. Darunter fallen unzweifelhaft sämtliche berufsqualifizierenden Ausbildungsgänge (von der Lehre bis zum Hochschulstudium[447]), sofern diese erfolgreich abgeschlossen wurden[448].

(4) Familiennachzug

Die Vorschrift des Art. 7 Abs. 2 ARB 1/80 setzt nicht voraus, daß sich das Kind bis zum Abschluß seiner Berufsbildung aus Gründen des Familiennachzugs im Aufnahmeland aufgehalten hat oder dort geboren worden ist. Nach der Rechtsprechung des EuGH[449] sind die Rechte des Kindes weder davon abhängig, ob ein Elternteil zum Zeitpunkt des Berufsausbildung/Berufseintritts eine ordnungsgemäße Beschäftigung ausübt, noch davon, ob dieser Elternteil zu diesem Zeitpunkt im Aufnahmestaat wohnt[450]. Darüber hinaus verlangt Art. 7 Abs. 2 nach der Rechtsprechung des EuGH[451] anders als Abs. 1 ARB 1/80 nicht, daß die Kinder die Genehmigung erhalten haben müssen, zu ihren Eltern in den Aufnahmestaat zu ziehen. Vielmehr genügt schon, daß der betroffene Elternteil zuvor drei Jahre ordnungsgemäß beschäftigt war. Die Tatsache, daß die Einreise- und Aufenthaltsgenehmigung nicht zum Zweck der Familienzusammenführung, sondern z.B. zu Studienzwecken erteilt wurde, steht einer Geltendmachung des Rechts aus Art. 7 Abs. 2 ARB 1/80 nicht entgegen[452]. Unklar ist jedoch, ob sich die Vorschrift des Art. 7 Abs. 2 ARB 1/80 auch auf die Kinder des Arbeitnehmers erstreckt, die nach dem Rückkehr des Arbeitnehmers nach seinem Heimatstaat selbständig in den Aufnahmestaat eingereist waren und daraufhin dort eine Berufsausbildung erfolgreich abgeschlossen haben. Diese Frage wurde vom EuGH noch nicht geklärt. Unter den Familienangehörigen des

---

445 EuGH, Urteil vom 13. Februar 1985, Rs. 293/83 (Gravier), Slg. 1985, 593.
446 Bundesministerium des Innern, InfAuslR 1999, 25.
447 EuGH, Urteil vom 13. Februar 1985 (Gravier), Slg. 1985, 593; Urteil vom 2. Februar 1988 (Blaizot), Slg. 1988, 379; BVerwG, Urteil vom 12. Dezember 1995, EZAR 029 Nr. 1.
448 Ebd.
449 EuGH, Urteil vom 19. November 1998, Rs. C-210/97 (Akman), Slg. 1998, I-7547, Rn. 30 (51).
450 So auch Rittstieg, InfAuslR 1994, 170; Renner, Ausländerrecht in Deutschland 1998, S. 238; anders jedoch Bundesministerium des Innern, InfAuslR 1999, 25.
451 EuGH, Urteil vom 5. Oktober 1994, Rs. C-355/93 (Eroglu), Slg. 1994, I-5113, Rn. 22.
452 Ebd.

Arbeitnehmers wird die Rechtsstellung der Kinder in Art. 7 Abs. 2 ARB 1/80 besonders geregelt. Art. 7 Abs. 2 ARB 1/80 lautet:

> *„Die Kinder des Arbeitnehmers, die im Aufnahmestaat eine Berufsausbildung abgeschlossen haben, können unabhängig von Dauer ihres Aufenthalts in diesem Staat dort auf jedes Stellenangebote bewerben, sofern ein Elternteil in diesem Staat seit mindestens drei Jahren ordnungsgemäß beschäftigt war."*

Dem Wortlaut des Art. 7 Abs. 2 ist zu entnehmen, daß das dem Kind eines Arbeitnehmers eingeräumte Recht, sich im Aufnahmestaat auf jedes Stellenangebot zu bewerben, von den zwei Voraussetzungen abhängig ist, daß das Kind des Arbeitnehmers in diesem Aufnahmestaat eine Berufsausbildung abgeschlossen hat und daß der Arbeitnehmer - irgendwann - vor dem Zeitpunkt, zu dem sein Kind seine Berufsausbildung abgeschlossen hat, mindestens drei Jahre gemäß den Vorschriften des Aufnahmestaates beschäftigt gewesen ist.

Nach herrschender Auffassung[453] müssen die Kinder des Arbeitnehmers anders als in den Fällen des Art. 7 Abs. 1 ARB 1/80 nicht die Genehmigung erhalten haben, zu ihm zu ziehen. Eine derartige Voraussetzung lasse sich weder dem Wortlaut der Vorschrift entnehmen, noch ergebe sich aus ihrem systematischen Zusammenhang oder dem Sinn und Zweck der Vorschrift. Aus dem Tatbestandsmerkmal im Aufnahmeland könne ebenfalls nicht geschlossen werden, daß der beschäftigungsrechtliche Anspruch aus Art. 7 Abs. 2 ARB 1/80 an die Art. 7 Abs. 1 ARB 1/80 für Familienangehörige eines Arbeitnehmers vorausgesetzte Genehmigung, zu ihm zu ziehen, anknüpfe. In Art. 7 Abs. 2 ARB 1/80 sei nicht nur eine Modifikation von Art.7 Abs. 1 ARB 1/80 geregelt, sondern die beiden Vorschriften unterschieden sich hinsichtlich ihrer Voraussetzungen deutlich und trafen somit Regelungen für ganz unterschiedliche Sachverhalte. Der beschäftigungsrechtliche Anspruch nach Art. 7 Abs. 1 ARB 1/80 knüpfe an die erwähnte Genehmigung und an einen ordnungsgemäßen Aufenthalt des Familienangehörigen von drei bis fünf Jahren an; der beschäftigungsrechtliche Anspruch des Art. 7 Abs. 2 ARB 1/80 knüpfe dagegen an den Abschluß einer Berufsausbildung sowie die ordnungsgemäße Beschäftigung eines Elternteils von mindestens drei Jahren an.

Den Argumenten herrschender Auffassung kann jedoch eine systematische Auslegung des Art. 7 Abs. 2 ARB 1/80 entgegengehalten werden. Während Art. 7 Abs. 1 ARB 1/80 u.a. ein drei- bzw. fünfjähriger Aufenthalt der Familienangehörigen des Arbeitnehmers im Aufnahmestaat für die Inanspruchnahme der Rechte aus Art. 7 Abs. 1 ARB 1/80 voraussetzt, ist diese Voraussetzung in Art. 7 Abs. 2 ARB 1/80 dagegen für die Kinder des Arbeitnehmers ausdrücklich

[453] BVerwG, Urteil vom 12. Dezember 1995, EZAR 029 Nr. 1; VGH BW, EZAR 025 Nr. 11, OVG Bremen, EZAR 024 Nr. 3., Renner, Ausländerrecht in Deutschland 1998, S. 238 Rn. 239.

gestrichen, sie können nämlich *„unabhängig von Dauer ihres Aufenthalts ... auf jedes Stellenangebote bewerben, ...“*. Die Kinder sind also von der Voraussetzung des Mindestaufenthalt befreit. Aus dem Umkehrschluß ergibt sich jedoch, daß zur Inanspruchnahme der Rechte aus Art. 7 Abs. 2 ARB 1/80 die in Art. 7 Abs. 1 ARB 1/80 festgelegten anderen Voraussetzungen erfüllt werden muß. Sonst hätte insbesondere die Aussage *„unabhängig von Dauer ihres Aufenthalts“* keinen Sinn. Diese stellt sich nämlich als keine Voraussetzung dar.

Die Frage, warum die Kinder der Arbeitnehmer in Art. 7 Abs. 2 ARB 1/80 in besonderer Weise behandelt sind, obwohl sie sowieso als Familienangehörige des Arbeitnehmers die Rechte aus Art. 7 Abs. 1 ARB 1/80 genießen, ist so zu beantworten. Die Sondervorschrift bezweckt, unter den Familienangehörigen der Arbeitnehmer die Kinder weiter zu privilegieren, um ihnen ihr Eintritt in den Arbeitsmarkt nach Abschluß einer Berufsausbildung zu erleichtern[454]. Daraus ist aber ohne weiteres nicht zu schließen, daß eine familäre Bindung zwischen dem Kind und dem Arbeitnehmer im Aufnahmeland völlig unberücksichtigt bleibt.

Nach seinem endgültigen Ausscheiden vom Arbeitsmarkt des Beschäftigungsstaats erlöschen die Ansprüche der Arbeitnehmer aus dem ARB 1/80[455]. Er hat keine weiteren Arbeits- und Aufenthaltsrechte aus dem ARB 1/80 mehr. Infolgedessen steht ihm konsequenterweise kein Verbleiberecht mehr zu. Nachdem er den Beschäftigungsstaat endgültig verlassen hat, kann er unter Berufung auf den ARB 1/80 in den Beschäftigungsstaat nicht einreisen, weil er kein Recht auf Einreise aus dem ARB 1/80 hat. Gleiches muß für die Kinder gelten[456]. Die Rechte der Kinder werden nämlich von der Rechtsstellung des Arbeitnehmers abgeleitet. Die Kinder müssen vor dem endgültigen Rückkehr des Arbeitnehmers nach dem Heimatstaat im Rahmen eines Familiennachzugs in das Aufnahmestaat gelangt oder bereits dort geboren sein, um die Rechte aus Art. 7 Abs. 2 ARB 1/80 beanspruchen zu können. Dies ändert sich auch dann, wenn die Einreise- und Aufenthaltsgenehmigung nicht zum Zweck einer Familienzusammenführung, sondern z.B. zu Studienzwecken erteilt wird, jedoch sich der Arbeitnehmer währenddessen zwecks einer Beschäftigung rechtmäßig im Aufnahmestaat aufhält.

Aus diesen Gründen ist die Frage zu verneinen, ob sich auch die Kinder des Arbeitnehmers, die nach dem Rückkehr des Arbeitnehmers nach seinem Heimatstaat selbständig in den Aufnahmestaat eingereist waren und daraufhin dort eine Berufsausbildung erfolgreich abgeschlossen haben, auf die Rechte aus Art. 7 Abs. 2 ARB 1/80 berufen können.

---

[454] EuGH, Urteil vom 19. November 1998, Rs. C-210/97 (Akman), Slg. 1998, I-7519, 281, Rn. 38.

[455] Vgl. EuGH, Urteil vom 23. Januar 1997, Rs. C-171/95 (Tetik), Slg. 1997, I-329.

[456] Vgl. EuGH, 1986, 1303 (Reed); 1987, 2836 (Lebon); 1992 I-4401 (Taghavi; 1993 I-3011 (Schmid).

cc) Rechte der Kinder

Die Kinder des Arbeitnehmers können sich als Familienangehörige auf die in Art. 7 Abs. 1 ARB 1/80 eingeräumten Rechte berufen. Darüber hinaus sind sie in Art. 7 Abs. 2 ARB 1/80 privilegiert. Diese Vorschrift gewährt ihnen einen speziellen Zugang zum Arbeitsmarkt des Aufnahmestaates. So sind sie berechtigt, sich nach dem Abschluß ihrer Berufsausbildung im Aufnahmestaat auf jedes Stellenangebot zu bewerben, ohne als Arbeitnehmer eine Beschäftigung auszuüben.

Im Lichte der Rechtsprechung des EuGH[457] ist festzustellen, daß die Inanspruchnahme des in dieser Vorschrift enthaltenen Rechts des Kindes eines Arbeitnehmers, sich auf jedes Stellenangebot bewerben zu können, zwangsläufig auch die Anerkennung eines Aufenthaltsrechts beinhaltet[458]. Folglich können die berechtigten Kinder des Arbeitnehmers auch die Erteilung einer Aufenthaltserlaubnis verlangen.

Schließlich gewährt Art. 9 ARB 1/80 den Kindern von türkischen Arbeitnehmern vor der Arbeitsuche unter bestimmten Bedingungen das Recht auf Zugang zum Unterricht sowie zur beruflichen Ausbildung im Aufnahmeland.

f) Diskriminierungsverbot

Es darf keine Diskriminierung aufgrund der Staatsangehörigkeit geben (Art. 10 ARB 1/80)[459]. Das ist eine Konkretisierung von Art. 9 Ass.Abk.[460]. Damit sind die EG-Mitgliedstaaten dazu verpflichtet, in der Gemeinschaft beschäftigte türkische Arbeitnehmer in bezug auf die Arbeitsentgeltes und die sonstigen Arbeitsbedingungen eine auf der Staatsangehörigkeit beruhende Diskriminierung nicht nur gegenüber den Arbeitnehmern der anderen EG-Mitgliedstaaten, sondern auch gegenüber den einheimischen Arbeitnehmern zu unterlassen. Jede auf der Staatsangehörigkeit beruhende unterschiedliche Behandlung ist verboten. Ferner haben die türkischen Arbeitnehmer vorbehaltlich der Artikel 6 und 7 ARB 1/80 in gleicher Weise wie die Arbeitnehmer aus der Gemeinschaft Anspruch auf die Unterstützung der Arbeitsämter bei der Beschaffung eines Arbeitsplatzes (Art. 10 Abs. 2 ARB 1/80). Die Vorschriften des Art. 10 ARB 1/80 begünstigen neben türkischen Arbeitnehmern auch die Arbeitnehmer der EG-Mitgliedstaaten (infolge des in Art. 11 ARB 1/80 enthaltenen Verweises). Dies hat zur Folge, daß in der Türkei beschäftigte Arbeitnehmer der EG-Mitglied-

---

[457] EuGH, Urteil vom 5. Oktober 1994, Rs. C-355/93 (Eroglu), Slg. 1994, I-5113, Rn. 20 und 23.

[458] Bundesministerium des Innern, InfAuslR 1999, 24.

[459] Ein sozialrechtliches Diskriminierungsverbot ist ebenfalls in Art. 3 Abs. 2 ARB 3/80 vorgesehen.

[460] EuGH, Urteil vom 4. Mai 1999, Rs. C-262/96 (Sürül), Rn. 64.

staaten ebenfalls wie türkische Arbeitnehmer den Grundsatz der Gleichbehandlung genießen.

Türkische Arbeitnehmer, die in der Gemeinschaft beschäftigt sind, jedoch nicht unter den Anwendungsbereich des Abkommens bzw. auch ARB 1/80 und des ARB 3/80 fallen, auf das Diskriminierungsverbot des Art. 37 ZP berufen. Das in Art. 37 ZP enthaltene Diskriminierungsverbot hat einen über das Abkommen und somit auch über den ARB 1/80 hinausgehenden weiteren Anwendungsbereich hinsichtlich des Diskriminierungsverbotes. Es verpflichtet die EG-Mitgliedstaaten, in der Gemeinschaft beschäftigte türkische Arbeitnehmer in bezug auf die Arbeitsbedingungen und das Entgelt eine auf der Staatsangehörigkeit beruhende Diskriminierung nur gegenüber den Arbeitnehmern der anderen EG-Mitgliedstaaten, aber nicht gegenüber den einheimischen Arbeitnehmern zu unterlassen.

Das Diskriminierungsverbot richtet sich nicht nur gegen den Staat, sondern entfaltet sich auch im Arbeitsverhältnis des Arbeitnehmers zum privaten Arbeitgeber (die sog. Drittwirkung), da die Rechte des Arbeitnehmers aus dem Arbeitsverhältnis durch Verhalten des Arbeitgebers beeinträchtigt werden können. Es erstreckt sich auf die gesetzlichen Arbeits- und Beschäftigungsbedingungen ebenso wie auf freiwillige Leistungen des privaten Arbeitgebers. Leistet der Wanderarbeitnehmer beispielsweise Wehrpflicht in seinem Heimatland, so müssen für ihn die gleichen Arbeitsplatzschutzbestimmungen wie für einen inländischen Arbeitnehmer gelten, der bei der Bundeswehr dient.

g) Verschlechterungsverbot

Die Arbeitnehmer und ihre Familienangehörigen sind nicht nur vor einer diskriminierenden Behandlung im Aufnahmestaat, sondern auch gemäß Art. 13 ARB 1/80 vor neuen Beschränkungen für den Zugang zum Arbeitsmarkt geschützt[461]. Folglich darf weder die Gemeinschaftsseite noch die Türkei die bestehende Rechtslage der Freizügigkeit im Rahmen des ARB 1/80 verschlechtern. Die Vertragsparteien müssen alle Beschränkungen, welche die Einzelnen an der Inanspruchnahme ihrer Rechte aus dem ARB 1/80 hindern, vermeiden. Sie dürfen in ihrer Rechtsordnung keine dem Verschlechterungsverbot entgegenstehenden Vorschriften erlassen, auch wenn dadurch keine diskriminierenden Absichten verfolgt werden. Sie können jedoch gemäß Art. 14 Abs. 1 ARB 1/80 weitere Beschränkungen für den Zugang zum Arbeitsmarkt (implizite Aufenthaltsbeschränkungen) einführen.

---

[461] Ebenfalls verpflichtet Art. 7 Ass.Abk. die Vertragsparteien, alle Maßnahmen zur Erfüllung ihrer Verpflichtungen aus dem Abkommen zu ergreifen und jegliche Maßnahmen zu unterlassen, welche die Verwirklichung der Ziele des Abkommens gefährden könnten.

h) Schranken der Assoziationsfreizügigkeit

aa) Vorbehalt der öffentlichen Ordnung, Sicherheit und Gesundheit

Um die Grundinteressen der Gesellschaft zu wahren, sind Ausnahmeregelungen für besondere Situationen vorgesehen, in denen die Vertragsparteien das Freizügigkeitsrecht der Wanderarbeitnehmer einschränken dürfen. Gemäß Art. 14 Abs. 1 ARB 1/80 kann die Freizügigkeit der Arbeitnehmer und ihrer Familienangehörigen aus Gründen der öffentlichen Ordnung, Sicherheit und Gesundheit beschränkt werden[462]. Der Arbeitnehmer und seine Familienangehörigen müssen daher die Grundordnung der Gesellschaft respektieren und einhalten. Andernfalls könnten ihre bereits nach dem ARB 1/80 erworbenen Ansprüche durch Maßnahmen des Aufnahmestaates verloren gehen.

Das Freizügigkeitsrecht der Staatsangehörigen der Assoziationspartner steht in gleicher Weise wie das EG-Freizügigkeitsrecht unter dem Vorbehalt der öffentlichen Ordnung, Sicherheit und Gesundheit[463]. Weder Art. 14 Abs. 1 ARB 1/80 noch ergänzende assoziationsrechtliche Vorschriften konkretisieren diesen Beschränkungsvorbehalt. Umstritten ist deshalb derzeit, inwiefern aufgrund von Art. 14 Abs. 1 ARB 1/80 aufenthaltsbeendende Maßnahmen zulässig sind. Nach herrschender Auffassung[464] ist bei der Auslegung des Art. 14 Abs. 1 ARB 1/80 der Art. 39 Abs. 3 n.F. (Art. 48 Abs. 3 a.F.) EGV zu berücksichtigen. Die Vertreter dieser Auffassung führen zur Begründung an, daß die vom Assoziationsrat den (türkischen) Arbeitnehmern gewährten Rechte im Hinblick auf das Ziel der Herstellung ihrer vollen Freizügigkeit festgelegt worden sind und sich aus dem Vertragswerk kein Hinweis ergibt, wonach Art. 14 Abs. 1 ARB 1/80 anders auszulegen ist als Art. 39 Abs. 3 n.F. (Art. 48 Abs. 3 a.F.) EGV.

Der Aufnahmestaat kann in bezug auf die Beschränkungen der Arbeitnehmerfreizügigkeit aus Gründen der öffentlichen Sicherheit und Ordnung im wesentlichen frei nach den nationalen Bedürfnissen bestimmen, was die öffentliche Ordnung verlangt[465]. Dabei hat er allerdings den Grundsatz der Verhältnismäßigkeit zu berücksichtigen. Jede Beschränkung des Freizügigkeitsrechts muß auf ihre Verhältnismäßigkeit überprüft werden. Aufgrund des Ausnahmecharakters dieses Vorbehalts ist außerdem eine enge Auslegung für die Festlegung der in Art. 14 Abs. 1 ARB 1/80 genannten Tatbestände geboten.

---

462 Auch Art. 8 Abs. 1 EMRK steht der Ausweisung eines Arbeitnehmers nach Art. 14 Abs. 1 ARB 1/80 nicht entgegen.
463 Art. 39 Abs. 3 n.F. (Art. 48 Abs. 3 a.F.) EGV
464 Benassi, InfAuslR 1993, 20 ff.; Cremer, InfAuslR 1995, 138 ff.; Gutmann, InfAuslR 1991, 35; anders jedoch OVG Bremen, InfAuslR 199, 85 ff.
465 EuGH, Urteil vom 28. Oktober 1975, Rs. 36/75 (Rutili), Rn. 26-28, Slg. 1975, 1219.

Die Berufung einer nationalen Behörde auf Art. 14 Abs. 1 ARB 1/80 setzt jedenfalls voraus, daß außer einer Störung der öffentlichen Ordnung, Sicherheit und Gesundheit, die jede Gesetzesverletzung darstellt, eine tatsächliche und hinreichende Gefährdung vorliegt, die ein Grundinteresse der Gesellschaft berührt[466]. Aufenthaltsbeendende Maßnahmen dürfen aus anderen Gründen als den in Art. 14 Abs.1 ARB 1/80 genannten Gründen nicht ergriffen werden[467]. Ein Verhalten kann allerdings nicht als hinreichend schwerwiegend angesehen werden, wenn ein Aufnahmestaat gegenüber dem gleichen Verhalten, das von eigenen Staatsangehörigen ausgeht, keine Zwangsmaßnahmen oder andere tatsächliche und effektive Maßnahmen zur Bekämpfung dieses Verhaltens ergreift[468]. Maßnahmen dürfen auch nicht den Rahmen dessen überschreiten, was in einer demokratischen Gesellschaft zu ihrem Schutz notwendig ist[469].

Wenn ein Anspruch auf Beschäftigung und Aufenthalt aufgrund der Art. 6 ff. ARB 1/80 entstanden ist, dann entfalten die Aufenthaltsgenehmigungen nur eine deklatorische Wirkung. In der Rechtssache "Kadiman" stellte der EuGH klar, daß die Rechte nach Art. 6 ff. ARB 1/80 den begünstigten Personen unabhängig davon zustehen, ob die zuständigen Behörden entsprechende Verwaltungsdokumente ausstellen. Ihr Fehlen kann eine Ausweisung aus dem jeweiligen Aufnahmestaat nach Art. 14 Abs.1 ARB 1/80 nicht rechtfertigen[470]. Darüber hinaus rechtfertigen melderechtliche Verstöße, etwa das Unterlassen der polizeilichen Anmeldung oder die verspätete Beantragung der Verlängerung einer Aufenthaltsgenehmigung, auch nicht die Verweigerung der Erteilung der weiteren Aufenthaltsgenehmigung bzw. die Ausweisung des betroffenen Arbeitnehmers.

Eine Einzelperson kann nicht aus Gründen ihres persönlichen Zustandes (etwa Sozialleistungen und Obdachlosigkeit) ausgewiesen werden. Sie sind nicht als nach Art. 14 Abs. 1 ARB 1/80 zu rechtfertigende Gründe zu betrachten. Die herrschende Auffassung[471] verneint auch die Zulässigkeit generalpräventiver Ausweisung.

Umstritten ist jedoch, ob der Schutz der Arbeitnehmer vor Ausweisung nach Art. 14 Abs. 1 ARB 1/80 bei einer Verbüßung von Strafhaft automatisch erlischt[472]. Entscheidend dürfte es bei einer Ausweisung zu spezialpräventiven Zwecken sein, im Einzelfall zu prüfen, ob ein freizügigkeitsberechtigter Straf-

---

466 EuGH, Urteil vom 6. Juni 1995, Rs. C-434/93 (Bozkurt), Slg. 1995, I-1475.

467 Z.B. aus arbeitsmarktspolitischen Erwägungen oder zur Verhinderung einer Einwanderung

468 EuGH, Urteil vom 18. Mai 1982, Rs. 115 und 116/81 (Adoui und Cornuaille). Slg. 1982, 1665 ff.

469 EuGH, Urteil vom 28.Oktober .1975, Rs. 67/74 (Rutili) , Slg. 1975, 1219

470 EuGH, Urteil vom 17. April 1997, Rs. C-351/95 (Kadiman), Slg. 1997, I-2133.

471 Vgl. dazu näher Benassi, InfAuslR 1995, 89; Gutmann, InfAuslR 1991, 33; Huber, NVwZ 1993, 246; Rittstieg, InfAuslR 1993, 172.

472 Vgl. Mallmann, NVwZ 1998, 1030.

täter als eine besonders schwerwiegende Gefahr für die öffentliche Sicherheit, Ordnung und Gesundheit zu bezeichnen ist. Dabei sind insbesondere die Art und das Maß der Gefährdung zu beachten. Falls eine schwerwiegende Gefahr für den Aufnahmestaat vorliegt - wie etwa Drogenhandel - darf der aufenthaltsberechtigte Straftäter bei einer strafrechtlichen Verurteilung nach Art. 14 Abs. 1 ARB 1/80 ausgewiesen werden[473].

Wenn eine tatsächliche und hinreichende Gefährdung vorliegt, muß allerdings geprüft werden, ob die getroffene Maßnahme eine gerechtfertigte Beschränkung im Sinne von Art. 14 Abs.1 ARB 1/80 darstellt. Die zu treffende Maßnahme muß also erforderlich und geeignet sein, die vorliegende Gefährdung zu beseitigen[474].

bb) Schutzmaßnahmen gegen ernste Störungen der Wirtschaft

Gemäß Art. 12 ARB 1/80 dürfen die EG-Mitgliedstaaten und die Türkei die Anwendung der Artikel 6 und 7 verweigern, wenn ihr Arbeitsmarkt ernsten Störungen ausgesetzt oder von ernsten Störungen bedroht ist, die eine wirkliche Gefahr für den Lebensstandard und das Beschäftigungsniveau in einem Gebiet, einem Wirtschaftszweig oder einem Beruf mit sich bringen können. In solchen Fällen können die Vertragsstaaten ihre nationalen Interessen gegen die Rechte der Einzelnen durchsetzen; d.h. die Einzelnen können dann für eine bestimmte Zeit ihre Rechte aus dem ARB 1/80 nicht geltend machen. Der betreffende Staat ist allerdings verpflichtet, den Assoziationsrat von dieser zeitweiligen Einschränkung unverzüglich zu unterrichten. Gemäß Art. 60 ZP sind vorzugsweise solche Maßnahmen zu wählen, die das Funktionieren der Assoziation (in diesem Sinne auch die Rechte der Einzelnen aus dem ARB 1/80) so wenig wie möglich beeinträchtigen. Die Maßnahmen dürfen nicht über das zur Behebung der aufgetretenen Schwierigkeiten unbedingt erforderliche Maß hinausgehen.

k) Beendigung der Assoziationsfreizügigkeit

Der ARB 1/80 enthält, abgesehen von Art. 14 Abs. 1 ARB 1/80 (Ausweisung), keine ausdrücklichen Regelungen zur Frage, ob ein einmal erworbenes Recht aberkannt werden kann. Diese müssen deshalb dadurch geklärt werden, daß selbst die Freizügigkeitsbestimmungen dieser Vorschrift grundlegend ausgelegt werden. Danach kommen die folgenden Fälle in Betracht:

---

[473] Gutmann, InfAuslR 1991, 35; Hailbronner, ZAR 1988, 9.
[474] Feik, ZfV 1995, 146 ff.

aa) Wegfall der Rechtsgrundlagen

Eine ununterbrochene Rechtsgrundlage für die Ausübung der Beschäftigung muß bestehen, da Unterbrechungen bezüglich der Rechtmäßigkeit[475] einer ununterbrochen ausgeübten Beschäftigung von Art. 6 Abs. 2 ARB 1/80 nicht erfaßt werden. Der sich aus Art. 7 Abs. 1 ARB 1/80 ergebende Aufenthaltsanspruch eines Familienangehörigen erlischt mit Aufhebung der Familieneinheit[476]. Die Ehe muß also während der angegebenen Wohnsitzzeit bestehen. Andernfalls geht die Eigenschaft des Ehegatten als Familienangehöriger verloren, welche in Art. 7 Abs. 1 ARB 1/80 als Voraussetzung für die Begründung von Rechten genannt wird. Die Ehescheidung[477] bzw. der Wegfall der Eigenschaft der Familienangehörigkeit hindert den Betroffenen dann nicht an der Inanspruchnahme der Rechte aus Art. 7 Abs. 1 ARB 1/80, wenn er sie bereits erworben hat.

bb) Ausscheiden aus dem Arbeitsleben

Die Ansprüche aus dem ARB 1/80 erlöschen erst, wenn der Arbeitnehmer endgültig aus dem Arbeitsmarkt ausscheidet[478]. Dann erfüllt er die Voraussetzungen des Art. 6 Abs. 1 des ARB 1/80 nicht mehr. Art. 6 Abs. 2 ARB 1/80 gewährleistet nur den Fortbestand des Rechtsanspruchs auf Beschäftigung auf dem Arbeitsmarkt. Diese Gewährleistung setzt jedoch zwangsläufig voraus, daß der Arbeitnehmer - nach den erlaubten zeitweiligen Unterbrechungen - wieder fähig sein muß, die Beschäftigung auszuüben. Dies ist vor allem bei vollständiger und dauernder Arbeitsunfähigkeit nicht der Fall[479]. Wenn er vollständig und dauernd arbeitsunfähig ist, das Rentenalter erreicht hat oder in sein Heimatland endgültig zurückgekehrt ist[480], dann verläßt er endgültig den Arbeitsmarkt des Aufnahmestaates. Infolgedessen besteht kein sachlich begründetes Interesse daran, ihm ein Recht auf Zugang zur Beschäftigung und ein damit verbundenes implizites Aufenthaltsrecht zu garantieren. Der weitere Aufenthalt dient keiner Beschäftigung[481], denn der Betroffene wird auf dem Arbeitsmarkt des Aufnahmestaates nicht mehr beschäftigt sein. Dies hat zur Folge, daß das Aufenthaltsrecht des Arbeitnehmers mangels einer Bestimmung über das Verbleiberecht erlischt.

---

[475] Z.B. wegen vorübergehenden Fehlens einer erforderlichen Arbeitserlaubnis.

[476] Verwaltungsgerichtshof BW, Urteil vom 19. März, 1997, 11 S 2990/96, InfAuslR 1997, 287; Gutmann, InfAuslR 1997, 429.

[477] Dagegen gilt diese Eigenschaft im Fall der bloßen Trennung von Ehegatten weiterhin.

[478] Vgl. EuGH, Urteil vom 23. Januar 1997, Rs. C-171/95 (Tetik), Slg. 1997, I-329.

[479] EuGH, Urteil vom 16. Dezember 1992, Rs. C-237/91 (Kus), Slg. 1992 I 6781, Rn. 38 ff.

[480] Nach dem Gemeinschaftsrecht gilt die Abwesenheit dann als eine dauerhafte Rückkehr, wenn diese Abwesenheit länger sechs Monate dauert. Vgl. dazu Art. 6 Abs. 2 Richtlinie 68/360/EWG, § 11 AufenthG/EWG.

[481] EuGH, Urteil vom 6. Juni 1995, Rs. C-434/93 (Bozkurt), Slg. 1995, I-1475.

l) Ergebnis

Die Umsetzung der EG-Arbeitnehmerfreizügigkeit in die Assoziation konnte trotz des Ablaufs der angegebenen Frist zur Herstellung der Assoziationsfreizügigkeit bislang nicht in vollem Umfang vollzogen werden. Zur Umsetzung der Freizügigkeit wurden lediglich die Assoziationsratsbeschlüsse 2/72, 1/80 und 3/80 erlassen. Diese Assoziationsratsbeschlüsse regeln die Teilaspekte der angestrebten Freizügigkeit. Sie widersprechen zwar den Bestimmungen von Art. 36 ZP i.V.m. 12 Ass.Abk. und Art. 39 Ass.Abk. nicht, da die Arbeitnehmerfreizügigkeit in der Assoziation stufenweise hergestellt werden soll, entsprechen ihnen aber auch nicht in dem Sinne, daß sie gegenwärtig die vorläufigen Regelungen hinsichtlich der Assoziationsfreizügigkeit darstellen, solange weitere damit zusammenhängende Festlegungen durch den Assoziationsrat erfolgen müssen. Sie stellen nur kleine Schritte zur Verwirklichung der angestrebten Assoziationsfreizügigkeit dar.

Die hergestellte Assoziationsfreizügigkeit ist unzureichend, da der ARB 1/80 eine der Gemeinschaftsfreizügigkeit vergleichbare Freizügigkeit für die Arbeitnehmer nicht eröffnet[482], sondern nur den Arbeitnehmern, die bereits eine Arbeitsimmigration zwischen der Türkei und den EG-Mitgliedstaaten vollzogen haben und weiterhin für eine bestimmte Zeit im Aufnahmestaat beschäftigt sind, vorbehaltlich der aus Gründen der öffentlichen Ordnung, Sicherheit und Gesundheit gerechtfertigten Beschränkungen bestimmte Teilhaberechte am Arbeitsmarkt gewährt. Arbeitnehmer sind infolge der Regelungen des ARB 1/80 von dem Erfordernis einer Arbeitserlaubnis nicht in vollem Umfang befreit, sondern nur in gewisser Weise besser gestellt. Dieser Beschluß läßt vor allem die Befugnis der EG-Mitgliedstaaten und der Türkei unberührt, Vorschriften sowohl über die Einreise zur Arbeitsuche oder zur Familienzusammenführung in ihr Hoheitsgebiet als auch über die Voraussetzungen für deren ersten Beschäftigung zu erlassen. Die Zulassung der Arbeitnehmer steht daher sowohl was den Aufenthalt als auch was den Zugang zum Erwerbsleben anbelangt wie bisher im Ermessen der Vertragsparteien. Außerdem genießen türkische Wanderarbeitnehmer nach Art. 1/80 keine gemeinschaftsweite Freizügigkeit. Ihre Rechte sind nämlich auf den Beschäftigungsstaat beschränkt und dort von den einzelnen Stufen der Beschäftigung abhängig.

B. Niederlassungsfreiheit und freier Dienstleistungsverkehr

1. Allgemeine Bemerkungen

Die Rechte auf freie Niederlassung und Dienstleistungsfreiheit der selbständig Erwerbstätigen gehören gemeinsam mit der Freizügigkeit der Arbeitnehmer als

[482] Vgl. Renner, Ausländerrecht in Deutschland, S. 214, Rn. 169.; Gutmann, InfAuslR 1991, 33; Nachbaur, JZ 1992, 351.

Teil der sogenannten Personenverkehrsfreiheit zu den Grundlagen der Assoziation. Sie bilden seitens der Türkei eine weitere wirtschaftliche Annäherungskomponente.

In den Regelungen zum freien Personenverkehr kommt deutlich der Grundgedanke zum Ausdruck, daß der freie Personenverkehr der Einzelnen durch den Erlaß weiterer Rechtsnormen durch den Assoziationsrat nach den gemeinschaftsrechtlichen Grundlagen stufenweise hergestellt wird. Danach soll gewährleistet werden, daß innerhalb der Assoziation kein Angehöriger der Vertragsparteien wegen seiner Staatsangehörigkeit benachteiligt wird. Niederlassungs- und Dienstleistungsfreiheit beziehen sich auf die Ausübung selbständiger Tätigkeiten und Leistungen, unterscheiden sich daher deutlich von der Freizügigkeit der Arbeitnehmer, da diese in einem weisungsabhängigen Beschäftigungsverhältnis zu ihren Arbeitgebern stehen. *„Unter Niederlassungsfreiheit versteht man die Freizügigkeit der Selbständigen und zwar sowohl die von Einzelnen wie die von Unternehmen“*[483]. Sie vermittelt ein subjektives Recht. Danach üben berechtigte Personen ihre selbständige wirtschaftliche Tätigkeit in einem anderen Staat zu den gleichen Bedingungen wie Inländer auf unbestimmte Zeit aus[484]. Unter Dienstleistungsfreiheit versteht man die Freizügigkeit der Leistungserbringer. Auch die Dienstleistungsfreiheit gewährt den Berechtigten das subjektive Recht, in den anderen Vertragsstaaten selbständige Leistungen wie bei der Niederlassungsfreiheit gegen Entgelt zu erbringen. Als Abgrenzungsmerkmale der Dienstleistungsfreiheit sind folgende Merkmale zu nennen: Selbständige Leistung, grenzüberschreitende Leistung ohne Wohnsitzverlagerung und entgeltliche Leistung. Strittig ist allerdings die Abgrenzung zwischen dem freien Dienstleistungsverkehr und der Niederlassungsfreiheit im Falle der für die Leistungserbringung erforderlichen Infrastruktur einer Zweigniederlassung. Maßgeblich dürfte hier schon der vorübergehende Charakter der Dienstleistungen sein. Dabei kommt es auf die Dauer, Häufigkeit, Regelmäßigkeit und Kontinuität der erbrachten Leistungen an[485].

2. Ausgestaltung der Niederlassungs- und Dienstleistungsfreiheit im Assoziationsverhältnis

Bezüglich der Niederlassungsfreiheit und des freien Dienstleistungsverkehrs enthält Art. 41 ZP ein *“Stillstand-Verbot“*, welches den Vertragsparteien die Ver-pflichtung auferlegt, keine neuen Beschränkungen der Niederlassungs- und Dienstleistungsfreiheit einzuführen. Diese Vorschrift enthält nach ihrem Wortlaut eine klare, genaue und nicht Bedingungen geknüpfte eindeutige Pflicht für

[483] Klinge, Niederlassungs- und Dienstleistungsrecht, S. 23.
[484] Streinz, Europarecht, Rn. 754.
[485] Ebd., Rn. 755; Klinge, Niederlassungs- und Dienstleistungsrecht, S. 24.

die Vertragsparteien und ist daher unmittelbar anwendbar[486] Darüber hinaus wurden im Assoziationsabkommen und im Zusatzprotokoll lediglich ganz vage Regelungen zur Herstellung der Niederlassungs- und Dienstleistungsfreiheit niedergelegt. Hinsichtlich des Niederlassung- und Dienstleistungsfreiheit enthalten Art. 13 und 14 Ass.Abk. keine unmittelbare Regelung. Beide Normen sehen lediglich *„in analoger Formulierung zu Art. 12"*[487] vor, daß die Vertragsparteien vereinbaren, sich von den Art. 43 bis 48 n.F. (Art. 52 bis 58 a.F.) und Art. 49 bis 55 n.F. (Art. 59 bis 66 a.F.) des Vertrages zur Gründung der Gemeinschaft leiten zu lassen, um untereinander die Beschränkungen der Niederlassungsfreiheit und des freien Dienstleistungsverkehrs aufzuheben. Diese Vorschriften wurden in Art. 41 ZP dahingehend konkretisiert, daß die Vertragsparteien einerseits dazu verpflichtet sind, keine neuen Beschränkungen hinsichtlich der Niederlassungs- und Dienstleistungsfreiheit einzuführen[488], andererseits dazu, alle Beschränkungen bezüglich der Niederlassungsfreiheit und des Dienstleistungsverkehrs schrittweise zu beseitigen (Art. 41 Abs. 1). Art. 41 ZP nennt dabei aber keine konkrete Vorgehensweise, sondern nimmt lediglich auf die Bestimmungen der Artikel 13 und 14 des Abkommens Bezug. So heißt es in Art. 41 Abs. 2 ZP wörtlich:

> *„Der Assoziationsrat setzt nach den Grundsätzen der Artikel 13 und 14 des Assoziierungsabkommens die Zeitfolge und die Einzelheiten fest, nach denen die Vertragsparteien die Beschränkungen der Niederlassungsfreiheit und des freien Dienstleistungsverkehrs untereinander schrittweise beseitigen."*

Hier wird die Analogie zu der Bezugnahme von Art. 36 ZP auf Art.12 Ass.Abk. an einem entscheidenden Punkt durchbrochen[489]. Denn im Gegensatz zu Art. 36 ZP läßt Art. 41 Abs. 2 ZP hinsichtlich der Gewährung des Rechts auf Niederlassung und Dienstleistung die Frage offen, wann dies zu geschehen sei. Abgesehen von Art. 41 Abs. 1 ZP gelten diese Bestimmungen insofern nur als objektive Vertragsnormen und stellen sich hinsichtlich der Rechtsstellung einzelner Personen als reine Programmsätze dar, daher begründen sie dem Einzelnen keine subjektiven Rechte auf Niederlassung und Dienstleistung. Der Assoziationsrat ist durch Art. 41 Abs. 2 ZP beauftragt worden, nach den Grundsätzen der Artikel 13 und 14 des Assoziationsabkommens Regelungen zum Zeitplan und zu den Bedingungen festzulegen, nach denen die Vertragsparteien die Beschränkungen der Niederlassungsfreiheit und des freien Dienstleistungsverkehrs untereinander schrittweise beseitigen können. Zu diesem Zweck sollten erforderliche Maßnahmen durch den Assoziationsrat getroffen werden. Allerdings wurden in diesen Bereichen der Assoziation bisher kaum Fortschritte erzielt, da es immer noch an diesbezüglichen Assoziationsratsbeschlüssen fehlt.

---

[486] EuGH, Urteil vom 11. Mai 2000, Rs. C-27/98 (Savas).
[487] Strate, in: Will (Hrsg.), S. 55.
[488] Nolte, ZaöRV 1987, 755 (767).
[489] Strate, in: Will (Hrsg.), S. 54.

Der Assoziationsrat beschloß auf seiner Tagung vom 11. April 2000, die Verhandlungen zur Liberalisierung des Dienstleistungsverkehrs und des öffentlichen Beschaffungswesens zwischen der EU und der Türkei zu beginnen. Inzwischen fand die letzte Verhandlungsrunde über die Ausweitung der Zollunion auf Dienstleistungen und die gegenseitige Öffnung der Beschaffungsmärkte fand im Oktober 2001 statt[490].

III. Freier Kapital- und Zahlungsverkehr im Rahmen koordinierter Wirtschaftspolitik

Die Rechtsgrundlagen des Kapital- und Zahlungsverkehrs finden sich in den Art. 17-20 Ass.Abk. und den Art. 49-51 sowie 52 ZP. Hierbei geht es also insgesamt um den grenzüberschreitenden Transfer von Geld- und Sachkapital. Der Kapitalverkehr umfaßt die grenzüberschreitende Anlage von Vermögenswerten. Kapitalbewegungen als reine Finanztransfers können zwar auch ohne ein Grundgeschäft stattfinden, stehen jedoch oft auch in Zusammenhang mit der Erbringung von Bankdienstleistungen oder Zusammenschlüssen von Gesellschaften. Unter Zahlungen versteht man hingegen Gegenleistung für gelieferte Waren und erbrachte Dienstleistungen. Der Zahlungsverkehr beinhaltet alle grenzüberschreitenden Zahlungen, die nicht die Anlage von Vermögenswerten zum Gegenstand haben.

Der freie Kapital- und Zahlungsverkehr dient vor allem der Aufrechterhaltung des gemeinsamen Marktes bei Zahlungen und Kapitaltransfer im Zusammenhang mit Anlage und Investition, beim Waren- und Dienstleistungsverkehr sowie bei unselbständigen wirtschaftlichen Tätigkeiten.

Das Recht des freien Kapital- und Zahlungsverkehrs verlangt eine Liberalisierung nur in beschränktem Umfang, d.h. nur insoweit, als es für das Funktionieren des gemeinsamen Marktes erforderlich ist.

Die Parteien genehmigen Zahlungen oder Transfers, die sich auf den Waren-, Dienstleistungs- und Kapitalverkehr beziehen, sowie den Transfer von Kapitalbeträgen und Arbeitsentgelten in der Währung des Landes, in dem der Gläubiger oder Begünstigte ansässig ist, soweit der Waren-, Dienstleistungs-, Kapital- und Personenverkehr zwischen ihnen nach dem Abkommen liberalisiert ist (Art. 19 Ass.Abk.). Die Parteien sind durch Art. 50 Abs. 1 ZP verpflichtet, nach den in ihrer Wirtschaftsordnung gegebenen Möglichkeiten weitere Maßnahmen zu ergreifen, die über die Liberalisierung des Zahlungsverkehrs hinausgehen. Gemäß Art. 52 Abs. 1 ZP dürfen die Vertragsparteien weder neue devisenrechtliche Beschränkungen des Kapitalverkehrs und der zusammenhängenden laufen-

---

490 Vgl. dazu den Bericht der Kommission über Fortschritte der Türkei auf dem Weg zum Beitritt 2001, S. 10

den Zahlungen zwischen der Gemeinschaft und der Türkei einführen noch die bestehende Regelung verschärfen. Jede Partei betreibt allerdings gemäß Art. 17 Ass.Abk. im Prinzip ihre eigene Wirtschaftspolitik. Dies ist erforderlich, um unter Gewährleistung einer beständigen und ausgewogenen Ausweitung der jeweiligen Wirtschaft und unter Wahrung eines stabilen Preisniveaus das Gleichgewicht ihrer Gesamtzahlungsbilanz zu sichern und das Vertrauen in ihre Währung aufrechtzuerhalten. Jede Partei betreibt eine Konjunkturpolitik und insbesondere eine Finanz- und Währungspolitik, die der Verwirklichung dieser Ziele dient. Zur Koordinierung ihrer Wirtschaftspolitik beraten sie sich regelmäßig im Assoziationsrat (Art. 49 ZP) und gleichen ferner die Rechtsvorschriften bezüglich des Wettbewerbsrechts und der Steuern an.

IV. Finanzielle Zusammenarbeit

A. Zweck

Die Parteien haben sich in 3. Erwägung der Präambel und Art. 2 Abs. 1 darauf geeinigt, daß bei der Durchführung der Wirtschaftsbeziehungen die besonderen Probleme, die sich beim Aufbau der türkischen Wirtschaft stellen, und die Notwendigkeit, der Türkei während einer bestimmten Zeit eine Wirtschaftshilfe zu gewähren, berücksichtigt werden sollten. Das Abkommen ist in der Erkenntnis geschlossen worden, „*daß die Hilfe, welche die Europäische Wirtschaftsgemeinschaft dem türkischen Volk bei seinem Bemühen um die Besserung seiner Lebenshaltung zuteil werden läßt, später den Beitritt der Türkei zur Gemeinschaft erleichtern wird*“ (4. Erwägung der Präambel des Abkommens). Damit war klar, daß eine Integration der Türkei in die Gemeinschaft nur mit einer wirtschaftlichen und finanziellen Unterstützung der Gemeinschaft zu erreichen war. So stellte die Gemeinschaftsseite ihrerseits der Türkei bislang eine Reihe von Finanzhilfen im Rahmen einer finanzieller Zusammenarbeit zur Verfügung. Diese sollten insbesondere folgende Vorhaben fördern: Unterstützung der wirtschaftlichen Reformen in der Türkei und die Errichtung einer Zollunion, Unterstützung von Strukturanpassungsprogrammen in der Türkei sowie Finanzierung von Investitionsvorhaben, die zur Erhöhung der Produktivität der türkischen Wirtschaft und zur Verbesserung der Zahlungsbilanzsituation der Türkei führen.

B. Finanzhilfen der Gemeinschaftsseite

1. Finanzhilfen im Rahmen der Finanzprotokolle

Den Rahmen finanzieller Zusammenarbeit bilden hauptsächlich die Finanzprotokolle, welche die Höhe und die Konditionen der Gewährung der Finanzhilfen sowie deren Verwendungsmodalitäten regeln.

a) Erstes Finanzprotokoll

In der Vorbereitungsphase gewährte die EWG der Türkei im Rahmen des ersten Finanzprotokolls ein Start-Darlehen, das mit dem Assoziationsabkommen zusammen unterzeichnet und in Kraft gesetzt wurde. Dieses Darlehen, dessen Gesamthöhe 175 Mio. RE betrug, wurde aus den Finanzmitteln der Europäischen Investitionsbank finanziert und für Investitionsvorhaben für den Zeitraum von 1964-69 verwendet. Die Laufzeit belief sich auf 30 Jahre, wobei eine tilgungsfreie Zeit von sieben Jahren vereinbart worden war. Ein erheblicher Teil (105,9 Mio. RE) des eingeräumten Darlehens wurde zur Finanzierung von Infrastrukturprojekten (Verkehr, Bewässerung und Energie) verwendet. Den restlichen Teil nahmen private Unternehmen in Anspruch. Beschlossen wurden zwei unterschiedliche Zinssätze für die Infrastrukturinvestitionen (3%) und für die übrigen Investitionen (4,5%).

b) Zweites Finanzprotokoll

Durch das zweite Finanzprotokoll, das am 23. Dezember 1970 mit dem Zusatzprotokoll unterzeichnet wurde und am 1. Januar 1973 in Kraft trat, gewährte die EWG der Türkei ein neues Darlehen in Höhe von 195 Mio. ECU aus dem Gemeinschaftshaushalt und 25 Mio. ECU aus Mitteln der Europäischen Investitionsbank. Insgesamt vorgesehen war ein Darlehen in Höhe von 220 Mio. ECU für den Zeitraum von 1971 bis 1977. Der Betrag dieses Darlehens wurde allerdings später anläßlich der Erweiterung der EWG um 47 Mio. ECU erhöht, wobei Großbritannien 41 Mio. ECU, Dänemark 5 Mio. ECU und Irland 1 Mio. ECU des Darlehens auferlegt wurden. Dieses Finanzprotokoll enthielt ähnliche Bedingungen wie das erste Finanzprotokoll. Der Betrag dieses Darlehens dürfte sich auf insgesamt 195 Mio. ECU belaufen haben und galt für einen Zeitraum, der am 23. Mai 1976 ablief. Die höchste Laufzeit betrug 30 Jahre, wobei acht Jahre als tilgungsfreie Zeit vorgesehen waren. Der Zinssatz war auf mindestens 2,5 % jährlich festgelegt. Dieses Darlehen sollte den Auflagen entsprechend nur für Infrastrukturprojekte verwendet werden. Das Darlehen in Höhe von 25 Mio. RE sollte von privaten Unternehmen in Anspruch genommen werden können. Daher sollten Konditionen nach den Marktbedingungen der Türkei festgelegt werden.

c) Drittes Finanzprotokoll

Weiterhin gewährte die EWG der Türkei im Rahmen des dritten Finanzprotokolls, das am 12. Mai 1977 unterzeichnet worden und am 1. Mai 1979 in Kraft getreten war, Finanzhilfen. Gemäß dieses Finanzprotokolls erhielt die Türkei ein Darlehen in einer Gesamthöhe von 310 Mio. ECU, welches bis zum 31. November 1981 in Anspruch genommen werden sollte. Die Europäische Investitionsbank übernahm 90 Mio. ECU des zugesagten Darlehens. Der Restbetrag des

Darlehens in Höhe von 220 Mio. ECU sollte aus dem Haushalt der EWG gewährt werden. Für das aus der Haushalt der Gemeinschaft zugesagte Darlehen, welches für staatliche Investitionen vorgesehen war, sollten folgende Konditionen gelten: Die Laufzeit des Darlehens sollte sich auf 40 Jahren erstrecken, wobei eine tilgungsfreie Zeit von 10 Jahren vereinbart wurde. Der Zinssatz wurde auf 2 % festgesetzt. Der Restbetrag sollte von privaten Unternehmen verwendet werden können. Dafür sollten die Marktbedingungen der Türkei gelten.[491] Diese Finanzhilfe wurde jedoch der Türkei erst mit großer Verzögerung zur Verfügung gestellt[492].

d) Viertes Finanzprotokoll

Das am 19. Juni 1981 unterzeichnete vierte Finanzprotokoll ist bisher nicht in Kraft getreten. Es sah die Gewährung eines Darlehens in Höhe von 600 Mio. ECU vor. Von der gesamten Summe sollten 375 Mio. ECU aus dem Gemeinschaftshaushalt zugeteilt werden. Der Restbetrag von 225 Mio. ECU sollte aus Mitteln der Europäischen Investitionsbank finanziert werden. Es wurden folgende Konditionen vorgesehen: Die Laufzeit habe sich auf 40 Jahre zu belaufen, wobei 10 Jahre tilgungsfrei seien. Der Zinssatz betrage 1%.

2. Finanzhilfen im Rahmen der Zollunion

Auf der 36. Tagung des Assoziationsrates vom 6. März 1995 wurde von seiten der Gemeinschaft erneut zum Ausdruck gebracht, daß die Türkei weiterhin auf erhebliche finanzielle Mittel, insbesondere langfristige Darlehen und technische Unterstützung angewiesen sei, um die türkische Industrie an die durch die Zollunion entstehende neue Wettbewerbssituation anzupassen und ihre Verbindungen mit der EU im Bereich Infrastruktur (Straßenverkehr, Häfen, Flughäfen, Schiene, Telekommunikation und Elektrizität) zu verbessern und das wirtschaftliche Gefälle gegenüber den EU-Mitgliedstaaten zu verringern[493]. So wurde die in den 80er Jahren suspendierte finanzielle Zusammenarbeit zwischen den Vertragsparteien wieder aufgenommen. Durch die einseitige Erklärung des Europäischen Rates vom 30. Oktober 1995 verpflichtete sich die EG gegenüber der Türkei, ihr für die nächsten fünf Jahre nach Inkrafttreten der Zollunion Zuschüsse und Darlehen als die Zollunion begleitende finanzielle Anpassungshilfe zu gewähren. Diese finanzielle Zusammenarbeit setzt sich aus folgenden Grundlagen zusammen[494]:

---

[491] Esen, die Türkei und die EG, S. 26.
[492] Birand, in: Özak/Dagyeli (Hrsg.), S. 200.
[493] Vgl. dazu DPT, Türkiye-Avrupa Birligi Özel Ihtisas Komisyonu Raporu, 2000, S. 26 ff.
[494] Ebd.

- Bereitstellung beträchtlicher finanzieller Mittel in Höhe von 375 Mio. ECU über einen 1996 beginnenden Zeitraum von fünf Jahren für die Zusammenarbeit mit der Türkei;
- zusätzliche EIB-Darlehen in Höhe von maximal 750 Mio. ECU über einen 1996 beginnenden Fünfjahreszeitraum zur Wettbewerbsfähigkeit der Wirtschaft der Türkei nach der Verwirklichung der Zollunion;
- auf Antrag der Türkei und bei besonderen Bedarf könnte die Gemeinschaft in Abstimmung mit den internationalen Finanzinstitutionen unter Berücksichtigung der zur Verfügung stehenden Mittel prüfen, ob in Ausnahmefällen zusätzliche mittelfristige Finanzhilfen in Verbindung mit der Durchführung von durch den IWF gebilligten Programmen gewährt werden können.

Am 26. Juli 2000 schlug die Kommission dem Europäischen Rat vor, ein mit 450 Mio. Euro für den Zeitraum 2000 bis 2004 dotiertes EIB-Sonderaktionsprogramm einzuführen, mit dem die Konsolidierung und Intensivierung der Zollunion EG/Türkei unterstützt werden soll[495].

Bislang wurden die oben dargestellten Zusagen des Rates über die Gewährung von Finanzierungsinstrumenten nicht in die Tat umgesetzt. Ein großer Teil dieser finanziellen Zusammenarbeit im Rahmen der Zollunion wurde bislang versäumt. Die Inanspruchnahme von Finanzmitteln durch die Türkei im Rahmen der Zollunion wurde bislang aus verschiedenen Gründen einerseits durch die Haltung des EP[496], anderseits durch das griechische Veto blockiert[497].

3. Finanzhilfen im Rahmen der MEDA-Programme

Im Rahmen des MEDA (Mediterranean Economic Development Areal) I-Programms (1996-1999)[498] wurden der Türkei von seiten der EU Finanzmittel bereitgestellt. Der Anteil der Türkei am MEDA I-Programm betrug insgesamt 925,5 Mio. Euro und bestand aus einem Darlehen in einer Gesamthöhe von 544,5 Mio. Euro und aus einer Finanzhilfe in Gesamthöhe von 376 Mio. Euro. Sie sollten

---

[495] KOM(2000)479endg. Dieser Vorschlag ersetzt den Vorschlag für eine EIB-Sonderaktion zur Stärkung der Wettbewerbsfähigkeit der türkischen Wirtschaft, der mit der Kommissionsmitteilung Nr. 389 vom 25. Juli 1995 unterbreitet und niemals vom Rat verabschiedet wurde. Dazu KOM(1995)389 endg. vom 25. Juli 1995 (ABlEG 1996 Nr. L 35, 1).

[496] Angesichts der anhaltenden Menschenrechtsverletzungen in der Türkei forderte das EP in seiner Sitzung vom 18. und 19. September 1996 die Blockierung der im Rahmen der finanzieller Zusammenarbeit bereitgestellten Finanzmittel. Dazu siehe die Verhandlungen des EP über politische Lage in der Türkei vom 18. und 19. September 1996. Dazu EGABl 1996. Nr. C 319, 2 ff.; Bulletin der EU 9-1996, Ziffer 1.4.43.

[497] Yesilyurt, Die Türkei und die EU, S. 149.

[498] Siehe Bulletin der EU 7/8-1996, Ziffer 1.2.15 und Ziffer 1.4.105.

vorrangig Projekten zur Förderung von Demokratie und Menschenrechten, Bildung, Gesundheit, kleinen und mittleren Unternehmen etc. verwendet werden. Im Zeitraum 1996-1999 erhielt die Türkei Zuschüsse in einer Höhe von 376 Mio. Euro, was im Durchschnitt jährlich über 90 Mio. Euro ausmacht[499]. Damit wurden 55 Projekte in der Türkei finanziert. Weitere Projekte werden derzeit ausgearbeitet.

Die jährliche Finanzhilfe an die Türkei wurde im Rahmen des MEDA II-Programms (2000-2006) verdoppelt. Die Türkei wird dabei weitere Finanzhilfen in einer Gesamthöhe von 890 Mio. Euro (von der Kommission verwaltet) sowie ein Darlehen in einer Gesamthöhe von 1.470 Milliarden Euro (aus den Mittel des EIB) erhalten. Diese Finanzhilfen sollen zwecks Förderung der Umsetzung der Heranführungsstrategie für die Türkei verwendet werden. Ab dem Jahr 2000 beträgt die jährliche Mittelzuweisung für die Türkei 15% des bilateralen Teils von MEDA. So sollte die Türkei im Jahr 2001 einen Anteil in Höhe von 190 Mio. Euro als Finanzhilfe sowie einen Anteil in Höhe von 210 Mio. Euro als Darlehen in Anspruch nehmen.

4. Finanzhilfen im Rahmen der Heranführungsstrategie

Auf Ersuchen des Europäischen Rates von 1998 in Cardiff gab die Kommission eine Stellungnahme zur finanziellen Zusammenarbeit mit der Türkei ab. In dieser Stellungnahme schlägt sie vor, 15 Mio. Euro für Maßnahmen zur Vertiefung der Zollunion EG/Türkei und 135 Mio. Euro zur wirtschaftlichen und sozialen Entwicklung der Türkei bereitzustellen. Dementsprechend hat die Kommission im April 2000 die Verordnung zur Durchführung von Aktionen zur Vertiefung der Zollunion verabschiedet. In dieser Verordnung sind drei Jahre lang jährlich 5 Mio. vorgesehen. Diese Summe sollen dazu verwendet werden, der Türkei bei der Angleichung ihrer Vorschriften an die der Gemeinschaft zu helfen, ihre Umstellung auf das europäische System der Herkunftsbezeichnungen, ihre Beteiligung an den Transitvereinbarungen etc. zu fördern. Der Europäische Rat hat dieser Verordnung zugestimmt.

Die Kommission hat im Juli 2000 die Finanzverordnung zur Durchführung von Aktionen zur Förderung der wirtschaftlichen und sozialen Entwicklung in der Türkei verabschiedet und daraufhin zur Zustimmung an den Europäischen Rat und das Europäische Parlament übermittelt. Damit soll auch eine Rechtsgrundlage für die Beitrittspartnerschaft mit der Türkei unterbunden werden. In dieser Verordnung werden drei Jahre lang jährlich 45 Mio. Euro bereitgestellt. Diese Mittel sollen dazu verwendet werden, die Infrastruktur in den Bereichen Umwelt, Energie, Telekommunikation und Verkehr zu finanzieren, die Zusammenarbeit beim Gesundheitsschutz sowie jede Form der Zusammenarbeit, deren Ziel

[499] Vgl. KOM(1998)711endg., S. 4.

die Förderung der Demokratie, der Rechtsstaatlichkeit, der Menschenrechte und des Minderheitenschutzes ist, zu fördern. Diese von der Kommission vorgeschlagenen Finanzmittel wurden später in einer einheitlichen Rahmenverordnung festgelegt[500]. Diese Rahmenverordnung bildet die Rechtsgrundlage der gesamten Heranführungsstrategie und soll die Türkei bei der Durchführung der während der Heranführung als prioritär definierten Maßnahmen unterstützen. Im Rahmen der europäischen Heranführungsstrategie erhält die Türkei jährlich eine Finanzhilfe in einer Gesamthöhe von 177 Mio. Euro.

5. Sonstige Finanzhilfen

Durch den Assoziationsratsbeschluß 2/80 vom 19. September 1980 wurde ein Fond zur Zusammenarbeit errichtet, demgemäß die Gemeinschaft verpflichtet ist, der Türkei eine finanzielle Sonderhilfe in einer Gesamthöhe von 75 Mio. ECU aus dem Haushalt der Gemeinschaft zu gewähren[501]. Im Rahmen dieser finanziellen Hilfe sollten insbesondere die Projekte in den Bereichen des Gesundheitsschutzes, der Ausbildung sowie der Bildung finanziert werden. Die Türkei hat bis zum Jahre 1987 diese finanzielle Sonderhilfe der Gemeinschaft verwendet.

Des weiteren wurde der Türkei im Jahre 1991 ein Darlehen in Höhe von 175 Mio. ECU zum Ausgleich der durch den Golfkrieg entstandenen Verluste gewährt[502].

Aufgrund des Erdbebens vom 17. August 1998 sagte die EU der Türkei weitere finanzielle Hilfen zu. Zum Wiederaufbau der erdbebengeschädigten Gebiete im Land stellte sie der Türkei eine Finanzhilfe in Höhe von 31 Mio. Euro sowie ein Sonderdarlehen der Europäischen Investitionsbank in Höhe von 600 Mio. Euro bereit.

Die Türkei hat schließlich u.a. die folgenden finanziellen Hilfen der EU verwendet:

- Jährliche Finanzhilfe in Höhe von insgesamt 500.000 Euro für Projekte von Organisationen in der Türkei, die in den Bereichen der Demokratie, Menschenrechte etc. tätig sind,
- Finanzhilfen in Höhe von 6 Mio. Euro zur Vorbereitung der Vollendung der Zollunion in einem Zeitraum von 1993 bis 1995,

---

[500] Vgl. die Verordnung (EG) Nr. 390/2001 des Rates vom 26. Februar 2001 über die Hilfe für die Türkei im Rahmen der Heranführungsstrategie (ABlEG 2001 Nr. L 58, 1 ff).
[501] Bulletin der EG 6-1980 Ziffer 1.4.1. bis 1.4.7
[502] Bozkurt, Die Beziehungen der Türkei zur EU, S. 89.

- Finanzhilfen in Höhe von 760.000 Euro zur Bekämpfung des Drogenhandels im Zeitraum von 1996 und 1999,
- Finanzhilfen in Höhe von 4,9 Mio. Euro zur Finanzierung von Umweltprojekten im Rahmen der Umweltprogramme im Zeitraum zwischen 1992 und 1999.

V. Zusammenfassung und Bewertung

Im 40jährigen Verlauf der Assoziation konnte eine vollständige Umsetzung der Assoziationsvorgaben nicht erzielt werden. Insbesondere die im Abkommen bzw. im Zusatzprotokoll vorgesehenen Fristen konnten die Parteien nicht ganz einhalten. Nach Jahren der Stagnation der Assoziation nahm der Integrationsprozeß einen neuen Anlauf. Die Parteien traten erst am 31. Dezember 1995 in die Phase zur Vollendung der Zollunion ein. Somit wurde ein freier Warenverkehr ohne Zölle und mengenmäßige Beschränkungen untereinander etabliert und ein gemeinsamer Außenzolltarif festgesetzt. Die Türkei sollte den Außenzolltarif und die Handelspolitik der Gemeinschaft anpassen. Sie sollte ihre Rechtsvorschriften den Normen der Gemeinschaft angleichen und die Subventionen für die Industrie streichen. Damit wurde die türkische Wirtschaft - abgesehen von einer Reihe von Übergangs- und Ausnahmeregelungen - vollständig in den europäischen Wirtschaftsraum integriert. Mit der Vollendung der Zollunion von 1996 ist die Integration der Türkei in die EU zwar auf einen neuen Stufe gehoben worden. Überwiegende Teile der Sachbereiche der Assoziation konnten jedoch bisher nicht zielgerichtet umgesetzt werden. Die Vertragsparteien sind insbesondere in den Bereichen des freien Personenverkehrs und des freien Dienstleistungs- und Kapitalverkehrs nicht so weit gekommen, wie im Zusatzprotokoll vorgesehen ist. Der gegenwärtige Rechtszustand ist von den Regelungszwecken des Zusatzprotokolls noch weit entfernt. So besteht trotz dieser Bestimmungen zwischen der EU und der Türkei z.B. keine Personenfreizügigkeit, nach welcher jeder türkische Staatsangehörige oder ein Staatsangehöriger der EU-Mitgliedstaaten einen Anspruch auf die Zulassung zum jeweiligen Arbeitsmarkt hat, sofern er eine Beschäftigung nachweisen kann. Zur Erreichung der Ziele der Assoziation müssen die beiden Seite, insbesondere die EG-Seite, weitere Anstrengungen unternehmen, weil noch viele grundlegende Fragen auf Lösung warten. Dazu zählen insbesondere die Handelspräferenzen, die die EG Drittstaaten eingeräumt hat, die türkisch-griechischen Spannungen, der Unwille der EG, ihren vertraglich festgesetzten Verpflichtungen bezüglich der Freizügigkeit der Arbeitnehmer, der Auszahlung der im vierten vereinbarten Finanzprotokolls von 1981 sowie von ihr im Rahmen der Zollunion selbst erklärten Finanzhilfen nachzukommen.

Kapitel IV: INSTITUTIONELLER RAHMEN DER ASSOZIATION

I. Zur Problematik der völkerrechtlichen Natur der Assoziation

Die völkerrechtliche Natur der Assoziation ist eine der Grundfragen des Assoziationsverhältnisses, die bisher nicht eindeutig geklärt worden sind. Die Assoziation kann eigenständiger Akteur im Rechtssinne nur sein, wenn sie als völkerrechtlicher Zusammenschluß eine eigenständige Rechtspersönlichkeit besitzt[1]. Das Abkommen enthält diesbezüglich jedoch keine klare Aussage. Fraglich ist daher, ob die Assoziation ein Gebilde in Form einer internationalen Organisation ist oder ob sie als solche lediglich ein Vertragsverhältnis darstellt. Die Qualifikation der Assoziation als internationale Organisation wird in der Lehre überwiegend abgelehnt. Nach herrschender Auffassung[2] ist die Assoziation nicht als internationale Organisation anzusehen, weil es vor allem an der Völkerrechtssubjektivität der Assoziation fehle. Die Rechtspersönlichkeit sei ein entscheidendes Merkmal für internationale Organisationen[3]. Die Assoziationsabkommen seien lediglich völkerrechtliche Verträge ohne Errichtung einer zwischenstaatlichen Organisation zwischen der Gemeinschaft und ihrem Vertragspartner[4] Demnach gelten die Rechte und Pflichten in der Regel nur für die Vertragsparteien, nicht aber für die Assoziation selbst[5].

Zur Klärung dieser Frage ist zunächst der Begriff "internationale Organisation" zu definieren und anschließend zu prüfen, ob die Assoziation die Kriterien der aufgestellten Definition erfüllt. Schließlich ist festzuhalten, ob sie als ein Völkerrechtssubjekt in Form einer internationalen Organisation angesehen werden kann.

A. Zur Frage nach der Einordnung der Assoziation als internationale Organisation

Der Begriff "internationale Organisation" ist im gegenwärtig geltenden Völkerrecht nicht eindeutig definiert. Auch die Wiener Konvention über das Recht der Verträge zwischen Staaten und internationalen Organisationen oder zwischen internationalen Organisationen (WVKIO)[6] enthält keine Festlegung zur De-

---

[1] Vgl. Wichard, EuR 1999, 170

[2] Hilf, Die Organisationsstruktur der EG, 1982, S. 189 ff.; Oppermann, ZaöRV 1962, 503; Petersmann, ZaöRV 1973, 271 ff.

[3] Abweichend Kimminich, Einführung in das Völkerrecht, S. 162.

[4] Weber, in: G/T/E (Hrsg.), EUV/EGV, Kommentar, 5. Aufl., Art. 238 EGV, Rn. 41.

[5] Weber, in: G/T/E (Hrsg.), EUV/EGV, Kommentar, 5. Aufl., Art. 238, Rn. 34; anders jedoch Seidl-Hohenveldern/Loibl, Das Recht der internationalen Organisationen Rn. 518.

[6] BGBl. 1990 II, 1414.

finition internationaler Organisationen, sondern unterscheidet lediglich zum Zwecke der Bestimmung der Anwendbarkeit des Vertrages die internationale Organisation von Non-governmental Organisation[7]. Allgemein wird eine internationale Organisation als ein von Völkerrechtssubjekten durch einen völkerrechtlichen Vertrag geschaffener Zusammenschluß definiert[8]. Um als internationale Organisation gelten zu können, muß eine Organisation demzufolge die folgenden Strukturmerkmale aufweisen: Sie muß

- auf einer völkerrechtlichen Grundlage errichtet worden sein,
- auf eine gewisse Dauer angelegt sein,
- eine feste organisatorische Struktur schaffen, die einen eigenen Willen, unabhängig von dem ihrer Mitglieder bilden kann und
- der Verfolgung eines gemeinsamen Zwecks dienen.

Internationale Organisationen haben im Gegensatz zu Staaten keine originäre, eigene, sondern eine abgeleitete Natur, da sich ihr Rechtswesen bzw. ihre Rechtspersönlichkeit aus den Zusammenschlüssen bestehender Völkerrechtssubjekte ergibt. Neben Staaten können auch partielle Völkerrechtssubjekte bzw. internationale Organisationen Mitglieder internationaler Organisationen sein. Internationale Organisationen müssen ferner zur Wahrnehmung ihrer Aufgaben zumindest mit einem unabhängigen eigenen Organ, in dem sich ihre Willensbildung vollzieht und das sie gegebenenfalls völkerrechtlich vertritt, ausgestattet sein. In der Regel verfügen sie über mehrere Organe, unterteilt in Plenar-, Exekutiv- und Spezialorgane[9].

Wird die Assoziation einem Vergleich mit der von vielen anerkannten obigen Definition internationaler Organisation unterworfen, so kann festgehalten werden, daß sie sich als internationale Organisation einordnen läßt[10], obgleich die Assoziation im Abkommen nicht ausdrücklich als solche bezeichnet wird. Sie erfüllt alle oben aufgestellten Merkmale. Denn auch sie beruht auf einem völkerrechtlich organisierten Zusammenschluß von bestehenden Völkerrechtssubjekten, der auf eine gewisse Dauer angelegt ist. Ferner besteht ihre Grundlage in einem völkerrechtlichen Vertrag[11]. Auch hinsichtlich der Organstruktur ist eine weitgehende Annäherung der Assoziation an herkömmliche internationale Orga-

---

[7] Vgl. dazu Pernice, AVR 1988, 246.
[8] Vgl. Busse, Die völkerrechtliche Einordnung der EU, S. 143; Hempel, Die Völkerrechtssubjektivität, S. 59 ff.; Schweitzer, Staatsrecht III, S. 209.
[9] Busse, Die völkerrechtliche Einordnung der EU, S. 143.
[10] Seidl-Hohenveldern/Loibl, Das Recht der Internationalen Organisationen, 2000, Rn. 518. Nach herrschender Auffassung bildet aber auch die Assoziation EG/Türkei keine internationale Organisation. Vgl. dazu Weber, in: G/T/E (Hrsg.), EUV/EGV, Kommentar, 5. Aufl., Art. 238 EGV, Rn. 34; Hilf, Die Organisationsstruktur der EG, S. 189 ff.; Baumgartner, EuR 1978, 110; Oppermann, ZaöRV 1962, 503; Petersmann, ZaöRV 1973, 271.
[11] Vgl. Busse, Die völkerrechtliche Einordnung der EU, S. 143.

nisationen unverkennbar[12]. Sie ist nämlich zur Wahrnehmung ihrer Aufgabe mit einem besonderen zur Rechtssetzung befähigten Organ, einem Assoziationsrat und weiteren Hilfsorganen, ausgestattet und dient somit der Verfolgung eines gemeinsamen Zweckes. Dieser rechtliche Gesichtspunkt unterscheidet die Assoziation eindeutig von völkerrechtlichen Austauschverträgen.

B. Völkerrechtssubjektivität der Assoziation

1. Völkerrechtssubjektivität internationaler Organisationen

Im Schrifttum der Völkerrechtswissenschaft[13] wird bei der Bestimmung der Völkerrechtssubjektivität von der in der allgemeinen Rechtstheorie verwendeten Definition der Rechtssubjektivität ausgegangen. Nach dieser auf das Völkerrecht übertragenen, allgemein verwendeten Definition ist Rechtssubjekt, wer Träger von Rechten und Pflichten ist[14]. Folglich bedeutet die Völkerrechtssubjektivität die Fähigkeit, Träger von völkerrechtlichen Rechten und Pflichten zu sein. Im formellen Sinne steht die Völkerrechtssubjektivität Staaten, internationalen Organisationen, Völkerrechtssubjekten besonderer Art sowie Individuen zu.

Im Gegensatz zu Staaten, welche sich als originäre Völkerrechtssubjekte selbst konstituieren, steht die Völkerrechtssubjektivität den internationalen Organisationen nicht *ipso jure* zu[15], weil eine Norm im allgemeinen Völkerrecht nicht existiert, wonach alle durch völkerrechtliche Verträge geschaffenen Zusammenschlüsse bzw. internationalen Organisationen *ipso facto* den Staaten gleichgestellt sind[16].

Eine internationale Organisation besitzt dann Völkerrechtssubjektivität, wenn sie Trägerin von völkerrechtlichen Rechten und Pflichten sein kann. Im Gegensatz zu den souveränen Staaten ergeben sich Existenz und Umfang der Völkerrechtssubjektivität internationaler Organisationen nicht aus dem allgemeinen Völkerrecht, sondern in aller Regel nur aus ihrem völkerrechtlichen (Gründungs)-vertrag, d.h. Internationale Organisationen entstehen durch den Willen

---

[12] Weber, in: G/T/E (Hrsg.), EUV/EGV, Kommentar, 5. Aufl., Art. 238 EGV, Rn. 34.
[13] Röhl, Allgemeine Rechtslehre, 1995, S. 471; Bleckmann, Völkerrecht, Rn. 109.
[14] Ebd. Bleckmann, Rn. 109..
[15] Kimminich/Hobe, Einführung in das Völkerrecht, S. 123.
[16] Die Völkerrechtssubjektivität internationaler Organisationen wurde in der Schrifttum auch auf eine Norm des Gewohnheitsrechts zurückgeführt. Vgl. dazu näher Faßbender, ÖZöRV 1986/87, 36-38, 45-47.

von Gründerstaaten[17]. Es bedarf in dieser internen Beziehung keiner gesonderten Anerkennung[18].

Internationale Organisationen besitzen grundsätzlich nur eine partielle Völkerrechtssubjektivität. Die Rechtssetzung durch internationale Organisationen ist ganz von völkerrechtlichen Grundlagen - insbesondere von dem Ausmaß der ihnen übertragenen völkerrechtlichen Kompetenzen - abhängig[19]. Ziele und Aufgaben internationaler Organisationen werden in den Gründungsverträgen beschrieben. Ihre völkerrechtliche Handlungsfähigkeit ist also gemäß der Gründungssatzung eingeschränkt[20].

„Nicht alle internationalen Organisationen besitzen die Völkerrechtssubjektivität“[21], weil den Völkerrechtssubjekten die freie Wahl zusteht, über die Völkerrechtssubjektivität der von ihnen geschaffenen Organisationen zu entscheiden. Die Völkerrechtssubjektivität internationaler Organisationen muß jedenfalls nicht ausdrücklich vorgesehen werden, sondern es genügt, wenn sie durch die Auslegung den Bestimmungen der Gründungsverträge entnommen werden kann[22], d.h. die Gründungsverträge können die Völkerrechtssubjektivität nicht nur explizit, sondern auch implizit (durch Verleihung einzelner Rechte und Pflichten, die notwendigerweise eine Rechtspersönlichkeit voraussetzen) begründen[23]. Dabei bleibt die Frage unberücksichtigt, ob die Vertragsparteien dem Zusammenschluß trotz der Ausstattung der Organe mit Aufgaben und Kompetenzen Rechtssubjektivität gewähren wollen oder nicht. In einem solchen Fall ergibt sich die Rechtssubjektivität nicht aus dem tatsächlichen Willen der Vertragsparteien, sondern schon unmittelbar aus dem allgemeinen Recht. Das Recht selbst knüpft die Rechtsfolge der Rechtspersönlichkeit an solche Verfügungen der Vertragsparteien, soweit die Ausübung verliehener Befugnisse ihrer Natur nach die Rechtsfähigkeit des Zusammenschlusses voraussetzt, wie das etwa beim Erlaß des se-

---

[17] Seidl-Hohenveldern/Loibl, Das Recht der internationalen Organisationen, Rn. 310 (314).
[18] IGH, Rechtsgutachten über „Reperation for Injuries suffered in the Service oft the United Nations“ vom 11. April 1949, I.C.J. Reports 1949, S. 175; Busse, Die völkerrechtliche Einordnung der EU, S. 156; Schweitzer, Staatsrecht, S. 21.
[19] Vgl. Meng, Das Recht der internationalen Organisationen, S. 177 f.
[20] Es ist hierbei generell anerkannt, daß internationale Organisationen jedoch nicht nur über ausdrückliche Handlungsbefugnisse verfügen, sondern auch befugt sind, zu handeln, um die in ihren Gründungsverträgen genannten Ziele zu erreichen. Internationale Organisationen besitzen die sog. “implied powers“ d.h. diejenigen Kompetenzen, die zur Erfüllung der vertraglich festgelegten Aufgaben der Organisation notwendig und daher in diese völkerrechtlich begründeten Aufgaben eingeschlossen sind. Vgl. dazu IGH, Rechtsgutachten über „Reperation for Injuries suffered in the Service oft the United Nations“ vom 11. April 1949, I.C.J. Reports 1949, S. 175; vgl. auch Seidl-Hohenveldern/Loibl, Das Recht der internationalen Organisationen, Rn. 313.
[21] Kimminich, Einführung in das Völkerrecht, S. 162.
[22] Vgl zu den subjektiven und objektiven Theorien näher Hartwig, Die Haftung der Mitgliedstaaten, S. 34 ff.
[23] Zemanek, ÖZöRV 1956, 356; anders jedoch Faßbender, ÖZöRV 1986/87, 29.

kundären Rechts oder beim Abschluß von Verträgen mit Dritten der Fall ist. Zur Verankerung der Rechtssubjektivität genügt es daher, daß die Vertragsstaaten die gegründete Organisation mit eigenen Kompetenzen und Aufgaben ausstatten, deren Ausübung und Erfüllung eine Rechtssubjektivität voraussetzen.

Die Völkerrechtssubjektivität eines völkerrechtlichen Zusammenschlusses erfordert zudem eine formelle Verbandsrechtsfähigkeit[24]. Andernfalls könnte der Zusammenschluß selbst nicht als ein Rechtssubjekt handeln. Er ist daher zu seiner Rechtsfähigkeit auf ein unabhängiges Organ angewiesen, in dem die Willensbildung - zumindest in formaler Hinsicht - losgelöst von dem Willen einzelner Mitglieder erfolgen kann[25]. Die Organe müssen souverän im Namen der Organisation handeln[26].

Obwohl die im Gründungsabkommen festgelegte Völkerrechtssubjektivität internationaler Organisationen schon gegenüber den Vertragsparteien besteht, ist die völkerrechtliche Anerkennung für die Frage nach der Eigenschaft internationaler Organisationen nicht völlig unerheblich. Denn gegenüber Drittstaaten und anderen internationalen Organisationen entsteht die Völkerrechtssubjektivität einer internationalen Organisation zusätzlich zur Begründung in ihrem Gründungsabkommen erst durch die völkerrechtliche Anerkennung[27]. Die völkerrechtliche Anerkennung muß nicht nur ausdrücklich, sondern kann auch stillschweigend durch konkludentes Handeln erfolgen[28].

2. Untersuchung der Völkerrechtssubjektivität der Assoziation

Obwohl sich das Assoziationsabkommen EG/Türkei hinsichtlich der materiellen Regelungen eng an die Grundlagen des EG-Vertrages beruht, enthält es im Gegensatz zum EG-Vertrag[29] hinsichtlich der Rechtspersönlichkeit und der Rechtsfähigkeit der Assoziation keine ausdrückliche Norm. Die Rechtspersönlichkeit der Assoziation wird vom EuGH[30] und einer Vielzahl von Autoren[31] verneint,

---

[24] Seidl-Hohenvelder/Loibl, (Anm. 10), Rn. 105.

[25] Busse, Die völkerrechtliche Einordnung der EU, S. 144; Fischer, Das Assoziationsrecht, S. 220; Hartwig, Die Haftung der Mitgliedstaaten, S. 35 f.

[26] Hartwig, Die Haftung der Mitgliedstaaten, S. 35.

[27] Die Vereinten Nation hingegen bedürfen grundsätzlich keiner Anerkennung, weil sie einen universellen Charakter aufweisen.

[28] Richter, Die Assoziierung osteuropäischer Staaten, S. 47.

[29] Vgl. Krück, Völkerrechtliche Verträge, S. 18 ff; Opperman, Europarecht, S. 722; Richter, Die Assoziierung ostmitteleuropäischer Staaten, S. 47 ff.; Stein, Der gemischte Vertrag, S. 62ff.; Streinz, Europarecht, S. 214; Bothe, ZaöRV 1977, 122 ff.

[30] In diesem Sinne vgl. EuGH, Gutachten 1/91 vom 14. Dezember 1991, Europäischer Wirtschaftsraum, Slg. 1991, I-6079, Rn. 20.

[31] Gutmann, Die Assoziationsfreizügigkeit, S.60; Schmalenbach, in: C/R (Hrsg.), EUV/EGV, Kommentar, Art. 310 EGV, 19 ff.; Tomuschat, in G/TE (Hrsg.), EUV/EGV, Kommentar, 5. Aufl., Art. 228 EGV, Rn. 75; Weber, G/T/E (Hrsg.), EUV/EGV, Kommentar, 5. Aufl., Art.

ohne daß jedoch eine einschlägige Begründung ihrer Auffassung erfolgt. Nach dieser ablehnenden Auffassung besitzt die Assoziation nicht die Kompetenz, als selbständiges internationales Handlungs- und Haftungssubjekt im völkerrechtlichen Verkehr für ihre Mitglieder und an ihrer Stelle aufzutreten[32]. Die Institutionen der Assoziation seien lediglich Vertrags- bzw. Kollektivorgane, durch die die Vertragsparteien gemeinsam handelten[33]. Unter Hinweis auf die typischen Merkmale internationaler Organisation wird im Schrifttum vereinzelt die Auffassung vertreten, daß auch Assoziationen internationalen Organisationen seien[34].

Das Assoziationsabkommen EG/Türkei aber weist in Artikel 6 auf einen Assoziationsrat hin, in dem die Vertragsparteien zusammentreten, um die Anwendung und die schrittweise Entwicklung der Assoziationsregelung sicherzustellen, und räumt zu diesem Zweck ihm Kompetenzen ein. Er verfügt als einziges originäres Organ der Assoziation über die für internationale Organisationen notwendigen Kompetenzen in Form völkerrechtlicher Rechte und Pflichten. Er handelt im Rahmen seiner Befugnisse und Aufgaben, die ihm in dem Abkommen zugewiesen worden sind und ist vor allem zur Verwirklichung der Ziele des Abkommens und in den darin vorgesehenen Fällen befugt, Beschlüsse zu fassen, die für die Vertragsparteien unmittelbar verbindlich sind. Die Vertragsparteien als Mitglieder der Assoziation müssen dann in ihren nationalen Rechtsordnungen die erforderlichen Durchführungsmaßnahmen treffen. Darüber hinaus kann er geeignete Beschlüsse auch in den Fällen treffen, in denen ein gemeinsames Tätigwerden der Vertragsparteien erforderlich erscheint, um bei der Durchführung der Assoziationsregelung eines der Ziele des Abkommens zu erreichen, und in denen die hierfür erforderlichen Befugnisse in dem Abkommen nicht vorgesehen sind. Neben diesem Beschlußrecht kann der Assoziationsrat ferner den Vertragsparteien zweckdienliche Empfehlungen geben. Schließlich kann jede Vertragspartei den Assoziationsrat - wie ein Gericht - mit jeder Streitigkeit in bezug auf die Anwendung oder Auslegung des Abkommens befassen. Dabei steht dem Assoziationsrat ein Entscheidungsermessen zu. Er kann dementsprechend die Streitigkeit entweder durch seinen Beschluß beilegen oder beschließen, die Beilegung der Streitigkeit dem EuGH oder irgendeinem anderen bestehenden Gericht zu unterbreiten. Das Streitbeilegungsverfahren ist zwar nur auf die Konfliktfälle zwischen den Vertragsparteien ausgerichtet[35], doch ist dies zugleich eine vom Assoziationsrat zu lösende Rechtssache. Er kann auch

---

238 EGV, Rn. 34.; Hilf, Die Organisationsstruktur der EG, S. 186 f.: Baumgartner, EuR 1978, 105 (110); Oppermann, ZaöRV 1962, 482; anders jedoch Kimminich, Einführung in das Völkerrecht, S. 162.

[32] Schmalenbach, in: C/R (Hrsg.), EUV/EGV, Kommentar, Art. 310 EGV, Rn. 19.

[33] Gutmann, Die Assoziationsfreizügigkeit, S. 60; Hilf, Die Organisationsstruktur der EG, S. 187 f.

[34] Beweise bei Weber, G/T/E (Hrsg.), EUV/EGV Kommentar, 5. Aufl., Art. 238, Rn. 34.

[35] Schmalenbach, in: C/R (Hrsg.), EUV/EGV, Kommentar, Art. 310 EGV, Rn. 20.

selbst im Namen der Assoziation genauso wie internationale Gerichtshöfe, welche ein Völkerrechtssubjekt sind, über die Konfliktfälle rechtsverbindlich entscheiden. Jede Vertragspartei ist verpflichtet, die zur Durchführung des Beschlusses erforderlichen Maßnahmen zu treffen.

Im Assoziationsverhältnis entsteht der Verbandswille jeweils nur im Einverständnis der Vertragsparteien. Infolgedessen kann er sich zwar niemals vom Willen einer Vertragspartei unterscheiden[36]. So nähert sich der Verbandswille im Assoziationsverhältnis in ihrer rechtlichen Wirkungsweise bilateralen Verträgen an. Jede Partei kann in hohem Maße die Beschlüsse des Assoziationsrates beeinflussen. Eine solche Möglichkeit kann aber nur eine negative Beeinflussung der Assoziation hervorrufen. Darüber hinaus ermöglicht auch das Prinzip der Einstimmigkeit nicht, daß die Assoziation von einem Mitglied für dessen alleinige Zwecke benutzt werden kann[37].

Die Tatsache, daß die einzelnen Mitgliedstaaten neben ihren Stimmrechten nach Maßgabe ihrer politischen und wirtschaftlichen Kraft mehr oder weniger den Verbandswillen internationaler Organisationen beeinflussen können, ist allerdings nicht zu leugnen. Denn im Grunde treffen im Namen internationaler Organisationen die Mitgliedstaaten selbst die Entscheidungen, indem sie sich in deren Organen zusammenschließen. Gering scheint insofern die Bedeutung der Frage, ob die Rechtspersönlichkeit der Assoziation jedenfalls davon abhängig ist, ob sich die Verbandswille ihrer Organe wenigstens vom Willen einer Vertragspartei unterscheiden kann, d.h., ob der Assoziationsrat die Entscheidungen wenigstens gegen den Willen einer Vertragspartei treffen kann. Entscheidend ist hierbei vielmehr, ob der Assoziationsrat selbst in der Lage ist, die Beziehungen der Mitgliedstaaten im Namen der Assoziation zumindest formell rechtsverbindlich zu regeln. Aus diesem Gesichtspunkt ist es also nicht ohne weiteres vertretbar, der Assoziation die Rechtspersönlichkeit abzusprechen[38], weil es dabei nur um die Frage nach der Handlungsfähigkeit geht. Die Rechtspersönlichkeit leitet sich in der Regel ausdrücklich aus einer Norm des Gründungsabkommens ab. Die Frage, in welchem Umfang die institutionelle Struktur der Assoziation gestaltet werden muß, um als ein Völkerrechtssubjekt gelten zu können, würde dann problematisch werden, wenn eine Klausel über die Rechtspersönlichkeit der Assoziation in das Abkommen eingefügt wäre. Würde eine Rechtspersönlichkeitsklausel im Abkommen zur Begründung der Völkerrechtssubjektivität der Assoziation auch dann überhaupt nicht ausreichen?

---

[36] Vgl. Fischer, Das Assoziationsrecht, S. 220.

[37] Busse, Die völkerrechtliche Einordnung der EU, S. 144.

[38] Auch der Rat handelt nach wie vor in bestimmten Bereichen des EG-Vertrages einstimmig. Trotzdem ist die Rechtspersönlichkeit der EG nach wie vor auch in diesen Bereichen anerkannt. Vgl. Art. 93, 94 und 308 EGV. Unter Annahme dieser Auffassung ist ebenfalls das Institut der GmbH mit einem Gesellschafter nicht zu erklären.

Die Rechtssubjektivität eines völkerrechtlichen Zusammenschlusses setzt also nicht unbedingt die Handlungs- bzw. Rechtsfähigkeit voraus. Sie ergibt sich trotzdem aus der Rechtsfähigkeit, weil diese eine Folge (aber nicht die Voraussetzung) der Rechtspersönlichkeit ist. Soweit ein völkerrechtlicher Zusammenschluß Rechtsfähigkeit besitzt, heißt es, daß ihm die Rechtspersönlichkeit zugewiesen werden muß, um am rechtsgeschäftlichen Verkehr (als Träger von Rechten und Pflichten) teilnehmen zu dürfen und zu können.

Der Assoziationsrat ist daher nicht ein bloßes Vertrags- bzw. Kollektivorgan, durch den die Vertragsparteien gemeinsam handeln, sondern im rechtlichen Sinne ein von den Vertragsparteien getrenntes eigenes Organ der Assoziation. Die Gemeinschaftsseite besitzt sogar nur eine Stimme im Assoziationsrat, obwohl neben der EG auch die zwölf Mitglieder als weitere Vertragsparteien im Assoziationsverhältnis zur Türkei auftreten. Dieser Rechtsstatus im Entscheidungsverfahren der Assoziation bestätigt, daß die Assoziation in rechtlicher Hinsicht in der Lage ist, einen eigenen, von dem der einzelnen Vertragsstaaten verschiedenen Willen zu bilden. Daraus kann man in aller Deutlichkeit schließen, daß die Assoziation mit ihrem gegen den Willen der einzelnen EG-Mitgliedstaaten rechtssetzenden Rat neben ihren Vertragsparteien auch selbst ein rechtliches Wesen besitzt, d.h. diese Rechtsfähigkeit, in einem eigenen Organ einen eigenständigen Willen zu bilden und die Vertragsparteien ggf. auch gegen deren Willen binden zu können, spricht für die Rechtspersönlichkeit der Assoziation[39].

Aus dieser Rechtslage resultiert daher, daß das Abkommen zwar hinsichtlich der Rechtspersönlichkeit und der Rechtsfähigkeit der Assoziation keine ausdrücklichen Normen enthält, aber es die Assoziation institutionalisiert hat und dementsprechend den Assoziationsrat zur Durchführung und Weiterentwicklung der Assoziation mit einer Reihe eigener Sachkompetenzen und Aufgaben ausgestattet hat. Gegenüber den einzelnen Vertragsparteien ist er im Namen der Assoziation zur Durchführung und Weiterentwicklung der Assoziation berechtigt und zugleich verpflichtet. Der Assoziationsrat weist somit unzweifelhaft die Merkmale eines Organs einer internationalen Organisation auf. Aufgrund der Sachkompetenzen des Assoziationsrates muß die Assoziation genauso wie andere internationale Organisationen im Besitz einer Rechtssubjektivität sein und ist durch den Assoziationsrat im Rahmen des Abkommens rechtsfähig, da am rechtsgeschäftlichen Verkehr nur Rechtssubjekte teilnehmen dürfen und internationale Organisationen hierbei durch ihre Organe handeln können. In diesem Zusammenhang besitzt die Assoziation in den Zuständigkeits- und Aufgabenbereichen des Assoziationsrates eine beschränkte Rechtspersönlichkeit; somit stellt sie sich als partielles Völkerrechtssubjekt dar.

---

[39] Vgl. dazu Wichard, EuR 1999, 170.

Unter Annahme einer Rechtspersönlichkeit der Assoziation müßte ferner auch die Rechtsnatur von Handlungen des Assoziationsrates weitgehend geklärt sein. Diese gelten dann unproblematisch als Organbeschlüsse und stellen das sekundäre Recht der Assoziation dar. In diesem Zusammenhang spricht auch das Abkommen von "Beschlüssen des Assoziationsrates", aber nicht von "Vereinbarungen der Vertragsparteien" durch den Assoziationsrat (Art. 22 Ass.Abk.). Die rechtliche Einordnung von Handlungen des Assoziationsrates wäre dann fraglich, wenn der Assoziation überhaupt keine Rechtspersönlichkeit zustünde[40].

Das Abkommen hat allerdings dem Assoziationsrat nirgends eine eigene Handlungskompetenz nach außen, sondern nur Befugnisse nach innen zugewiesen. Folglich kann er nur interne Beziehungen zwischen den Vertragsparteien regeln. Diese Rechtslage ändert sich auch dann nicht, wenn die Rechtsfolgen von Verfügungen des Assoziationsrates auch Dritte betreffen. Die Rechtspersönlichkeit der Assoziation richtet sich lediglich nach den Vertragsparteien. Aufgrund des Fehlens einer externen Völkerrechtspersönlichkeit der Assoziation gegenüber Dritten besteht keine Haftungspflicht für die Assoziation gegenüber Dritten, da der Assoziation diese im Abkommen nicht verliehen wurde und sich diese mit dessen Zielen *de lege lata* auch nicht begründen läßt[41]. Infolgedessen können Drittstaaten und internationale Organisationen durch eine völkerrechtliche Anerkennung der Assoziation entgegen dem Willen der Vertragsparteien eine externe Völkerrechtssubjektivität nicht begründen.

3. Stellungnahme

Durch das Abkommen wurde eine neue Form der internationalen Zusammenarbeit hergestellt. Die Assoziation EG/Türkei stellt selbst einen völkerrechtlichen Zusammenschluß dar und nimmt damit den völkerrechtlichen Charakter der internationalen Organisation ein, und zwar im weiteren Sinne. Sie verfügt über einen institutionellen Rahmen und tritt gegenüber den einzelnen Vertragsparteien als Träger subjektiver Rechtspositionen mit eigenem Verbandswillen auf. Ihre Rechtssubjektivität ist durch ein völkerrechtliches Gründungsabkommen zustande gekommen. Diese ergibt sich jedoch nicht ausdrücklich aus einer Vertragsbestimmung, sondern implizit aus den durch das Assoziationsabkommen und durch das Zusatzprotokoll beschriebenen und eingegrenzten Aufgaben- und Zuständigkeitsbereichen des Assoziationsrates. Zur Wahrnehmung ihrer Aufgaben ist der Assoziation deshalb Rechtspersönlichkeit beizumessen.

Trotz dieser rechtsdogmatischen Verankerung des völkerrechtlichen Charakters der Assoziation ist ihre Rechtspersönlichkeit in der Praxis nicht ersichtlich und hat keine praktische Bedeutung oder erhebliche Funktion. Die Frage nach der

---

[40] Dazu siehe unten Kapitel V, B 2. Sekundäres Recht.

[41] Fischer, Das Assoziationsrecht, S. 219; Everling, ZaöRV 1964, 472 (524).

Einordnung der Assoziation bleibt daher lediglich eine rechtsdogmatische Frage. Als Gründe dafür sind aufzuführen: Erstens beschränkt sich der Assoziationsrat auf die Durchführung und Entwicklung der Assoziation im Innenverhältnis, ohne nach außen im völkerrechtlichen Verkehr im Namen der Assoziation aufzutreten[42]. Nirgends im Abkommen sind dem Assoziationsrat Sachkompetenzen gegenüber Dritten verliehen worden. In der völkerrechtlichen Praxis tritt die Assoziation daher nicht als selbständiges Völkerrechtssubjekt für ihre und anstelle ihrer Mitglieder auf. Berechtigt und verpflichtet werden vielmehr die EG und ihre Mitgliedstaaten einerseits sowie die Türkei als ein assoziierter Staat andererseits[43]. Zweitens erfolgt die Beschlußfassung in den Organen der Assoziation (im Innenverhältnis) allenfalls durch Übereinstimmung der beiden Seiten. Drittens ist der Umfang der Handlungs- bzw. Rechtsfähigkeit der Assoziation geringfügig und infolgedessen verfügt die Assoziation im Gegensatz zu den herkömmlichen internationalen Organisationen über kein eigenes Personal und keinen eigenen Verwaltungshaushalt.

Diese Mängel reichen allerdings nicht aus, um der Assoziation eine Völkerrechtssubjektivität abzusprechen.

II. Institutionelles Gefüge der Assoziation

A. Zur Stellung der Vertragsparteien

Das Abkommen wurde nicht nur zwischen der Gemeinschaft und der Türkei, sondern als gemischtes Abkommen mit Beteiligung der Mitgliedstaaten der Gemeinschaft abgeschlossen[44]. Es stellt eine Art von Verflechtung multilateraler und bilateraler Abkommen dar. Hinsichtlich seiner institutionellen Struktur ist es im herkömmlichen Sinne trotz der Vielzahl der am Vertrag Beteiligten nicht als multilateraler Vertrag einzustufen, sondern es handelt sich lediglich um ein Abkommen zwischen zwei völkerrechtlich sich gleichgeordnet gegenüberstehenden Parteien. Die Formulierung "einer Assoziation zwischen der Gemeinschaft und ihren Mitgliedstaaten einerseits, der Türkei andererseits" deutet zweifellos auf einen bilateralen Charakter der Assoziation hin. In derartigen vertraglichen Beziehungen ist also in institutioneller Hinsicht insofern nur von zwei Vertragsparteien zu sprechen, als im Assoziationsverhältnis die Gemeinschaft und ihre Mitgliedstaaten gegenüber der Türkei als einheitliche Vertragspartei auftreten. Trotz der Vielzahl der Beteiligten findet der bilaterale Charakter der Assoziation

---

[42] Vedder in: G/H (Hrsg.), EUV, Kommentar, Art. 238 EGV, Rn. 24.

[43] Weber, in. G/T/E (Hrsg.), EUV/EGV, Kommentar, 5. Aufl., Art. 238 EGV, Rn. 34.

[44] Das allgemeine Völkerrecht sieht im Prinzip keine rechtliche Schranke für den Abschluß gemischter Abkommen vor. Vgl. dazu Krück, Völkerrechtliche Verträge, S. 125 ff.

in den institutionellen Bestimmungen des Abkommens in vollem Umfang seinen Ausdruck[45].

B. Institutionelle Grundstruktur

Im Abkommen haben die Parteien keinerlei Gesetzgebungsbefugnis auf supranationale Instanzen übertragen, sondern die souveräne Gleichheit der Gemeinschaftsseite und der Türkei aufrechterhalten. Infolgedessen besitzt die Assoziation einen bilateral und paritätisch geprägten Charakter[46]. An den Organen der Assoziation haben die beiden Vertragsparteien gleichen Anteil. Im Assoziationsverhältnis treten die Gemeinschaft und deren Mitgliedsstaaten als einheitliche Vertragsparteien gegenüber der Türkei auf, "*was eine gemeinsame Willensbildung innerhalb der Gemeinschaft voraussetzt.*"[47] Die interne Entscheidungsfindung der Gemeinschaftsseite[48] bleibt allerdings im Assoziationsverhältnis zur Türkei außer Betracht, weil die Gemeinschaft und die Mitgliedstaaten[49] als einheitliche Vertragspartei nur mit einer Stimme in den Organen der Assoziation ausgestattet sind, d.h. die Gemeinschaftsseite einerseits und die assoziierte Türkei andererseits treffen Maßnahmen zur Durchführung der Assoziation einvernehmlich. Die Beschlußfassung erfolgt ebenfalls durch Übereinstimmung beider Seiten.

C. Institutionen der Assoziation

Da das Abkommen auf eine gewisse Dauer angelegte Rechtsverhältnissen schafft, erweisen sich bestimmte Institutionen für die Assoziation als nötig[50]. Es sieht deswegen die Institutionalisierung vertraglicher Rechtsbeziehungen zwischen den Vertragsparteien vor. Um die Anforderungen der Vertragsparteien aufeinander abzustimmen, stützt sich die institutionelle Ausgestaltung des Abkommens auf zwei Hauptsäulen mit bestimmten gemeinsamen Organen zur Vorbereitung und Annahme von Entscheidungen (Durchführung der Assoziation) sowie zur Beilegung von Streitigkeiten.

Die Assoziation weist eine institutionell verfestigte, dichte Struktur auf. Das Abkommen sieht nämlich zur Anwendung und zur schrittweisen Entwicklung der

---

[45] Zur Festlegung der Gemeinschaftsposition sowie zur Gewährleistung eines einheitlichen Auftretens im Assoziationsrat und zur Durchführung der Beschlüsse des Assoziationsrates wurde von seiten der Gemeinschaft ein internes Abkommen geschlossen.

[46] Weber, G/T/E (Hrsg.), Kommentar zum EU/EG-Vertrag, 5. Aufl., Art. 238, Rn. 32.

[47] Gilsdorf, G/T/E (Hrsg.), Kommentar zum EWG-Vertrag, 4. Aufl., Art. 238, Rn. 36.

[48] Vgl. den Kittelmann-Bericht vom 11. Juni 1996, S. 4 ff., das Dokument des EP Nr. A4-0197/96 und den Kittelmann-Bericht vom 24. September 1997, S. 5 ff., das Dokument des EP Nr. A4-0276/97.

[49] Österreich, Schweden und Finnland sind von der Beteiligung am Entscheidungsverfahren der Assoziation ausgeschlossen, weil sie nicht Vertragspartei des Abkommens sind.

[50] Yüksel, Assoziierung im europäischen Recht, 1965, S. 81.

Assoziation unter Wahrung der Entscheidungsautonomie der Vertragsparteien die Errichtung eines Assoziationsrates, in dem die Vertragsparteien zusammentreten sollen (Art. 6 Ass.Abk.), und die fakultative Einsetzung von Assoziationsausschüssen durch den Assoziationsrat (Art. 24 Ass.Abk.) vor. Der Assoziationsrat wird derzeit insgesamt von fünf Ausschüssen unterstützt. Die Assoziation besitzt allerdings kein eigenständiges Gerichtsorgan.

1. Assoziationsrat

a) Zur Frage nach der Organeigenschaft des Assoziationsrates

Der Rechtscharakter des Assoziationsrates erscheint infolge der Meinungsverschiedenheiten über die Rechtsnatur der Assoziation ebenfalls fraglich. Nach herrschender Auffassung[51] hat der Assoziationsrat keinen Organcharakter in engerem Sinne. Danach sei die Assoziation EG/Türkei keine internationale Organisation, weil durch das Assoziationsabkommen EG/Türkei keine völkerrechtliche Rechtspersönlichkeit geschaffen werde. Infolgedessen lasse sich der Assoziationsrat nicht als Organ einer internationalen Organisation bewerten, sondern sei lediglich ein völkerrechtliches Vertrags- oder Kollektivorgan, durch das die Vertragsparteien gemeinsam handelten.

Wie aus den obigen Feststellungen entnommen werden kann, gibt es keine Gründe, dem Assoziationsrat eine Organeigenschaft einer internationalen Organisation abzusprechen, sofern der Assoziation EG/Türkei eine Rechtspersönlichkeit - zumindest im internen Verhältnis - zusteht und folglich als internationale Organisation anzusehen ist.

b) Zusammensetzung und Arbeitsweise

Der Assoziationsrat setzt sich aus Mitgliedern der Regierungen der Mitgliedstaaten, des Rates und der Kommission der Gemeinschaft einerseits und Mitgliedern der türkischen Regierung andererseits zusammen (Art. 23 Ass.Abk.). In diesem Gremium, in dem sich beide Vertragsparteien völkerrechtlich gleichgeordnet gegenübertreten, werden Entscheidungen im gegenseitigen Einvernehmen gefällt. Jede Vertragspartei verfügt folglich über eine Stimme, *„so daß das Vetorecht des jeweiligen Vertragspartners die Gegenseitigkeit und Ausgewogenheit der Rechte und Pflichten widerspiegelt."*[52] In ihm ist der bilaterale und paritätische Charakter der Assoziation in vollem Umfang verwirklicht. Der Vorsitz im Assoziationsrat wird abwechselnd von einem Gemeinschaftsvertreter und einem türkischen Vertreter für je sechs Monate wahrgenommen.

---

[51] Gutmann, Die Assoziationsfreizügigkeit, S. 60; Hilf, Die Organisationsstruktur der EG, S. 182 ff.; Vedder, EuR 1994, 209 ff.

[52] Weber, G/T/E (Hrsg.), EUV/EGV, Kommentar, 5. Aufl., Art. 238, Rn. 35.

Für die Arbeitsweise im Assoziationsrat ist eine Geschäftsordnung erlassen worden. Ihr zufolge soll der Assoziationsrat alle sechs Monaten mindestens einmal auf Ministerebene zusammentreffen, um in den vom Assoziationsabkommen festgelegten Fällen Entscheidungen zu treffen und Beschlüsse zu fassen. Außerdem ist der Assoziationsrat auf der untergeordneten Ebene nach Maßgabe der Geschäftsordnung auch beschlußfähig (Art. 23 Abs.2 Ass.Abk.).

Der Assoziationsrat kann ferner die Einsetzung jeglicher Ausschüsse beschließen, die geeignet sind, ihn bei der Erfüllung seiner Aufgaben zu unterstützen, insbesondere die Einsetzung eines Ausschusses, der die für das ordnungsgemäße Funktionieren des Abkommens erforderliche Kontinuität der Zusammenarbeit gewährleistet (Art. 24 Abs. 3 Ass.Abk.). Der Assoziationsrat legt die Aufgaben und die Zuständigkeit dieser Ausschüsse fest (Art. 24 Abs.4 Ass.Abk.).

c) Aufgaben und Zuständigkeiten

Der Assoziationsrat ist das Hauptorgan zur Durchführung der Assoziation (Legislativ- Exekutiv- und Judikativorgan der Assoziation)[53] und setzt zu diesem Zweck das sekundäre Recht der Assoziation. Er faßt gemäß Art. 22 Abs. 1 Ass.Abk. rechtsverbindliche Beschlüsse[54]. Er hat überdies weitere für die Vertragsparteien nicht verbindliche Befugnisse, zweckdienliche Empfehlungen abzugeben und die Auswirkungen der Durchführung der Assoziation zu überprüfen (Art. 22 Abs. 1 Ass.Abk.).

Alle nach Maßgabe des Abkommens ergangenen Entscheidungen bzw. Beschlüsse des Assoziationsrates sind für die beiden Vertragsparteien ohne einen völkerrechtlichen Vorbehalt der Ratifikation unmittelbar völkerrechtlich verbindlich[55]. Die Vertragsparteien sind für die Umsetzung von Beschlüssen des Assoziationsrates in ihrer nationalen Rechtsordnung verantwortlich. Die Adressaten von Beschlüssen müssen aber nicht unbedingt die beiden Vertragsparteien sein. Es genügt auch, wenn sich Beschlüsse an eine Vertragspartei richten. Dabei handelt es sich zumeist um Beschlüsse, in denen eine schrittweise Übernahme des Gemeinschaftsrechts sowie die Anpassung an die Politik der Gemeinschaft durch die Türkei vorgesehen sind[56].

Der Assoziationsrat wird nach dem Prinzip der begrenzten Einzelermächtigung von den Vertragsparteien mit Kompetenzen ausgestattet. Daraus folgt, daß der Assoziationsrat keine sog. "Kompetenz-Kompetenz" besitzt, also nicht aus eige-

---

[53] Gilsdorf, in: G/T/E (Hrsg.), Kommentar zum EWG-Vertrag, 4. Aufl., Art. 238, Rn. 48.
[54] Ebd., Rn. 48.
[55] Eine Ausnahme davon ist, daß das Zusatzprotokoll gemäß Art. 8 Ass.Abk. der Ratifizierung durch die EWG-Mitgliedstaaten und die Türkei bedurfte, obwohl der Inhalt dieses Protokolls vom Assoziationsrat festgelegt worden war.
[56] Richter, Die Assoziierung osmitteleuropäischer Staaten, S.156.

ner Souveränität Kompetenzen begründen kann. Die Befugnisse und Zuständigkeiten des Assoziationsrates werden in allgemeiner Form in Art. 22 und Art. 25 Ass.Abk. aufgezählt. Im einzelnen ergeben sie sich aus verschiedenen Vertragsbestimmungen. Der Assoziationsrat wird grundsätzlich nur in denjenigen Sachbereichen tätig, die in dem Abkommen und dessen nachfolgenden Grundlagen angesprochen werden (Art. 6 und 22 Abs. 1 Ass.Abk.); er nimmt hier lediglich die ihm zugewiesenen Kompetenzen wahr. Der Umfang der Befugnisse des Assoziationsrates kann sowohl ausdrücklich geregelt als auch durch Auslegung ermittelt werden[57].

Trotz dieser einzelnen Ermächtigungsklausel steht dem Assoziationsrat ein weit gefaßtes Beschlußrecht zur Verwirklichung der im Abkommen vorgesehenen Ziele im Rahmen der laufenden Angelegenheiten des Abkommens zu, denn das Assoziationsabkommen überläßt die Festlegung von Einzelheiten dem Assoziationsrat. Er soll vor allem die vagen Vorschriften des Abkommens in Anlehnung an die Grundlagen der Gemeinschaft präzisieren und festlegen. Neben den im Abkommen ausdrücklich erwähnten Sachbereichen wurde in Art. 22 Abs. 3 Ass.Abk. eine Sonderregelung zu einer weiteren Ermächtigung des Assoziationsrates mit Wirkung ab Beginn der Übergangsphase verankert[58]. Dadurch wird der Grundsatz der begrenzten Ermächtigung zwar nicht durchbrochen, aber doch erheblich gelockert. Gemäß dieser Sonderermächtigung kann der Assoziationsrat auch in Fällen, in denen die hierfür erforderlichen Befugnisse im Abkommen nicht vorgesehen sind, dann alle geeigneten Beschlüsse fassen, wenn ein gemeinsames Tätigwerden der Vertragsparteien erforderlich zu sein scheint, um bei der Durchführung der Assoziationsregelung eines der Ziele des Abkommens zu erreichen[59]. Folglich kann das Assoziationsverhältnis entsprechend der Zielsetzung der Präambel und des eine Beitrittsmöglichkeit in Aussicht stellenden Art. 28 des Abkommens auf weitere Sachbereiche des EG-Vertrages ausgedehnt werden. Somit *„wird die Möglichkeit zu allgemeinen Ergänzungen und Erweiterungen der Befugnisse der Assoziation geschaffen."*[60] Dabei steht dem Assoziationsrat ein weit gefaßter Rechtsetzungsbereich offen[61]. Dies ist sicherlich für das mit vielen Programmsätzen verbundene Assoziationsabkommen von großer Bedeutung.

Die Vertragsparteien können den Assoziationsrat mit jeder Streitigkeit in bezug auf Anwendung und Auslegung des Abkommens befassen. Der Assoziationsrat kann dann die Streitigkeit entweder durch seine Entscheidung beilegen oder den

---

[57] Yüksel, Assoziierung im europäischen Recht, S. 88.

[58] Art. 22 Abs. 3 Ass.Abk. stellt aber keine Kompetenznorm dar, da andernfalls der Grundsatz der begrenzten Ermächtigung völlig ausgehöhlt würde. In diesem Sinne vgl. BVerfGE 89, 155/195 f.

[59] Es handelt sich hierbei um die abgeleiteten Kompetenzen kraft Sachzusammenhang oder Zielverwirklichung. Vgl. dazu Krück, Völkerrechtliche Verträge, S. 29 ff.

[60] Yüksel, Assoziierung im europäischen Recht, S. 89.

[61] Richter, Die Assoziierung osmitteleuropäischer Staaten, S. 166.

EuGH sowie irgendein anderes Gericht anrufen (Art. 25 Ass.Abk.). Wenn die vom Assoziationsrat gefaßten Beschlüsse von den Vertragsparteien nicht (vollständig) durchgeführt werden, dann sollen daraus entstandene Streitigkeiten durch ein besonderes Verfahren beigelegt werden[62].

2. Assoziationsausschuß

Gemäß Art. 24 Abs. 3 Ass.Abk. wurde ein kontinuierlicher Assoziationsausschuß aus Verwaltungsbeamten durch den ARB 3/64 eingesetzt. Der Assoziationsausschuß hat die Zuständigkeit sowie die Aufgabe, den Assoziationsrat bei der Erfüllung seiner Aufgaben, insbesondere bei der Vorbereitung von Tagungen des Assoziationsrates zu unterstützen und die für das ordnungsgemäße Funktionieren des Abkommens erforderliche Kontinuität der Zusammenarbeit zu gewährleisten (Art. 24 Abs. 2 Ass.Abk.). Dabei besitzt er keine Entscheidungsbefugnisse.

Der Assoziationsrat hat in seiner Sitzung vom 11. April 2000 acht Unterausschüsse des Assoziationsausschusses eingerichtet[63]. Sie unterstehen dem Assoziationsausschuß und müssen ihm nach jeder Sitzung Bericht erstatten. Diese Unterausschüsse haben im wesentlichen die zwei Aufgaben, einerseits eine analytische Durchsicht des Besitzstandes im Hinblick auf eine verstärkte Angleichung der türkischen Rechtsvorschriften und Praxis an die Regeln und Vorschriften der Gemeinschaft vorzubereiten und andererseits die Umsetzung der Prioritäten aus der Beitrittspartnerschaft zu überwachen.

3. Gemischter parlamentarischer Ausschuß

Art. 27 Abs. 1 Ass.Abk. beauftragt den Assoziationsrat, alle zweckdienlichen Maßnahmen zu treffen, um eine Zusammenarbeit des EP und des türkischen Parlaments zu erleichtern. Zu diesem Zweck wurde mit dem ARB 1/65 vom 17. September 1965 ein gemischter parlamentarischer Ausschuß eingesetzt. Dieser gilt als *„demokratisches Überwachungsorgan“*[64] der Assoziation. Der gemischte parlamentarische Ausschuß, der sich aus 18 Mitgliedern des EP und 18 Abgeordneten des türkischen Parlaments zusammensetzt, hat ebenfalls keine Entschei-

---

[62] Yüksel, Assoziierung im europäischen Recht, S. 86.

[63] Diese sind folgendes: Unterausschuß Nr. 1 für Landwirtschaft und Fischerei, Unterausschuß Nr. 2 für Binnenmarkt und Wettbewerb, Unterausschuß Nr. 3 für Handel, Industrie und EGKS-Erzeugnisse, Unterausschuß Nr. 4 für Wirtschafts- und Währungsfragen, Kapitalverkehr und Statistik, Unterausschuß Nr. 5 für Innovation, Unterausschuß Nr. 6 für Verkehr, Umwelt, Energie (einschließlich der transeuropäischen Netze), Unterausschuß Nr. 7 für Regionale Entwicklung, Beschäftigung und Sozialpolitik und Unterausschuß Nr. 8 für Zoll, Steuern, Drogenhandel und Geldwäsche. Hierzu ARB Nr. 3/2000 vom 11. April 2000 zur Errichtung von Unterausschüssen des Assoziationsausschusses (ABlEG 2000 Nr. L 138, 1).

[64] Kilinc, Türkiye-AT Iliskileri, S. 36.

dungsbefugnis, sondern nur eine beratende Funktion in Angelegenheiten der Assoziation. Zur demokratischen Überwachung der Einhaltung des Assoziationsabkommens kann er Berichte verfassen und formelle Entschließungen zu Angelegenheiten der Assoziation des Abkommens erlassen.

4. Zollkomitee

Dieses Komitee wurde durch den ARB 2/69 vom 15. Dezember 1969 zum Zweck der Gewährleistung des ordnungsgemäßen Funktionierens der Zollunion in der Übergangsphase eingesetzt. Es hat ebenfalls keine Entscheidungsbefugnis.

5. Wirtschafts- und Sozialausschuß

Der auf der Grundlage des Art. 27 Ass.Abk. eingesetzte Ausschuß setzt sich aus 18 Vertretern des Wirtschafts- und Sozialausschusses der EG sowie Vertretern von türkischen Arbeitnehmer- und Arbeitgeberverbänden und anderen Interessengruppen zusammen und wurde für die Intensivierung des wirtschaftlichen und sozialen Dialoges zwischen den beiden Seiten eingesetzt.

6. Gemischter Ausschuß

Gemäß Art. 24 Ass.Abk. wurde mit dem ARB 1/95 ein gemischter Ausschuß zur Einleitung der Phase der Vollendung der Zollunion eingesetzt. Er besteht aus Vertretern der Vertragsparteien und tritt mindestens einmal im Monat zusammen[65]. Der Gemischte Ausschuß ist ein technisches Organ, dessen Aufgabe sich auf die Durchführung der Zollunion beschränkt und insbesondere darin besteht, etwaige Problemen im Bereich der Zölle, der Genehmigungen oder des Pflanzenschutzes zu lösen. Er führt zu diesem Zweck einen Meinungs- und Informationsaustausch durch, spricht Empfehlungen an den Assoziationsrat aus und gibt Stellungnahmen ab[66]. Im Gegensatz zu den anderen Hilfsorganen der Assoziation wurde dem Gemischten Ausschuß ferner in bestimmten Bereichen eine wirkliche Entscheidungsbefugnis zugewiesen[67].

---

[65] Art. 53 Abs. 3 ARB 1/95.

[66] Art. 52 Abs. 1 ARB 1/95.

[67] Vgl. Art. 10 Abs. 3 Buchstabe e i.V.m. mit Art. 7, Art. 14 Abs. 2, Art. 16 Abs. 3 Buchstabe b, Art. 57 Abs.1 und Art. 58 Abs. 2 ARB 1/95.

III. Streitschlichtungsmechanismen der Assoziation

A. Grundlagen der Streitschlichtung und Wege der Streitbeilegung

Das Assoziationsabkommen EG/Türkei sieht Streitschlichtungsmechanismen zur Regelung von Streitfällen über Anwendung und Auslegung der im Abkommen enthaltenen Bestimmungen vor. Dem Art. 25 Ass.Abk. wurde eine Klausel über Lösungsmöglichkeiten von Streitigkeiten angefügt. Danach obliegt die Beilegung von Streitigkeiten bezüglich der Anwendung des Abkommens grundsätzlich dem Assoziationsrat. An dieser Stelle unterwirft das Abkommen die Vertragsparteien keiner obligatorischen Gerichtsbarkeit, sondern geht eher von einer außergerichtlichen Streitbeilegung aus[68]. Die Parteien müssen sich nach Treu und Glauben ernsthaft um eine gerechte Lösung bemühen.

Das Gerichts- bzw. Schiedsgerichtsverfahren kommt erst dann in Betracht, wenn es dem Assoziationsrat nicht gelingt, den Streitfall beizulegen oder er dies nicht will. Gemäß Art. 25 Ass.Abk. kann jede Vertragspartei den Assoziationsrat mit jeder Streitigkeit in bezug auf Anwendung oder Auslegung des Abkommens befassen, soweit sie die Gemeinschaft, einen Mitgliedstaat oder die Türkei betrifft[69]. Danach können sich nur die Vertragsparteien - jedoch nicht die einzelne - für die Beilegung der Streitigkeiten in bezug auf die Anwendung oder Auslegung des Abkommens an den Assoziationsrat wenden, weil der Assoziationsrat lediglich zuständig ist, die Streitigkeiten der Vertragsparteien in bezug auf Anwendung und Auslegung des Abkommens beizulegen, aber nicht, sich mit den Streitigkeiten zwischen den einzelnen und der jeweiligen Vertragsparteien zu befassen. Zu diesem Zweck sieht das Abkommen ausschließlich Konsultationen oder Verhandlungen zwischen den Vertragsparteien durch den Assoziationsrat vor, um Streitigkeiten über die Anwendung des Abkommens beizulegen[70]. Der Assoziationsrat hat allerdings so manche Befugnis durch den ARB 1/95 auf den Gemischten Ausschuß der Zollunion übertragen[71].

Zunächst steht es dem Assoziationsrat offen, die Streitigkeit durch Beschluß beizulegen oder sie dem EuGH oder einem anderen bestehenden Gericht zu unterbreiten (Art. 25 Abs. 1 Ass.Abk.). Kann er die strittige Sache nicht lösen oder gelingt es ihm nicht, sich auf eine Überweisung an den EuGH oder an ein anderes bestehendes Gericht zu einigen, ist kein weiteres Schiedsgericht vorge-

---

[68] Die außergerichtliche Streitbeilegung wird als souverenitätsschonend bezeichnet. So Beyerlin, Umweltvölkerrecht, S. 288.

[69] Die Frage, ob es völkerrechtlich zulässig ist, daß die zwischen der Türkei und einer Vertragspartei auf der Gemeinschaftsseite vorkommenden Streitigkeiten in bezug auf die Anwendung einer Bestimmung des Abkommens direkt - ungeachtet von Art. 25 Ass.Abk.- vor den IGH gebracht werden können, ist offen.

[70] Hilf, in: Bernhardt (Hrsg.), FS für Hermann, 1983, S. 396 ff.

[71] Vgl. z.B. Art. 38 Abs. 1 ARB 1/95.

sehen. Jede Partei ist verpflichtet, die zur Durchführung des Schiedsspruchs erforderlichen Maßnahmen zu treffen (Art. 25 Abs. 3 Ass.Abk.).

Auf der Grundlage von Art. 25 Abs. 4 Ass.Abk. wurden neue Regelungen zum Streitschlichtungsmechanismus der Assoziation bzw. die Möglichkeit der Einleitung eines Schiedsverfahrens mit dem ARB 1/95 Ass.Abk. eingeführt. Der EuGH und andere internationale Gerichte stehen grundsätzlich nach wie vor zur Verfügung. Daneben besteht die Möglichkeit, gemäß Art. 60 ARB 1/95 ein Schiedsverfahren einzuleiten. Nach Art. 61 ARB 1/95 steht es beiden Vertragsparteien unter Berücksichtigung von Art. 25 Abs. 1-3 Ass.Abk. frei, ein Schiedsverfahren bei Streitigkeiten über den Geltungsbereich oder die Dauer von nach Art. 58 Abs. 2 ARB 1/95 getroffenen Schutzmaßnahmen, von nach Art. 63 ARB 1/95 getroffenen Schutzmaßnahmen oder nach Art. 64 ARB 1/95 getroffenen Ausgleichsmaßnahmen einzuleiten, wenn es dem Assoziationsrat nicht gelingt, diese Streitigkeit binnen sechs Monaten beizulegen. Die Entscheidung des Schiedsgerichts ist für die beiden Vertragsparteien verbindlich. Die Einzelheiten des Schiedsverfahrens wurden in Art. 62 ARB 1/95 geregelt. Im Fall eines Schiedsverfahrens werden demzufolge drei Schiedsrichter bestellt (Abs. 1). In Abs. 2 wurde die Frist zur Ernennung der Schiedsrichter festgeschrieben. Demnach soll jede Streitpartei binnen 30 Tagen einen Schiedsrichter ernennen. Die beiden von den Streitparteien bestellten Schiedsrichter benennen ferner einvernehmlich einen Oberschiedsrichter, der nicht Staatsangehöriger einer der Vertragsparteien ist. Gelangen sie binnen zwei Monate nach ihrer Bestellung zu keiner Einigung, so wählen sie den Oberschiedsrichter aus einer vom Assoziationsrat aufgestellten, sieben Personen umfassenden Liste aus. Der Assoziationsrat erstellt und überprüft diese Liste nach Maßgabe seiner Geschäftsordnung (Abs. 3). Das Schiedsgericht hat in Brüssel zu tagen. Es faßt seine Beschlüsse mit Stimmenmehrheit (Abs. 4).

B. Bewertung

Wie aus den obigen Ausführungen ersichtlich, sieht das Assoziationsabkommen EG/Türkei keinen eigenen institutionalisierten Mechanismus für die gerichtliche Überprüfung der Erfüllung vertraglicher Verpflichtungen bei Interessenkonflikten vor. Die Lösung der auftretenden Probleme bleibt nach Treu und gutem Glauben den Vertragsparteien überlassen, zumal der Assoziationsrat nur einstimmig Beschlüsse fassen kann. Bei der Beilegung von Streitigkeiten wird also der politischen Lösung gegenüber der rechtlichen Vorrang eingeräumt, so daß die rechtliche Beilegung von Streitigkeiten erst dann erfolgen kann, wenn die Vertragsparteien Probleme durch den Assoziationsrat nicht lösen wollen oder können. Der Grund für die Bevorzugung einer außergerichtlichen Streitbeilegung durch den Assoziationsrat besteht wohl darin, die Verwirklichung der

Ziele des Abkommens zu beschleunigen, indem die Vertragsparteien *„in der Lage bleiben, auf auftretende wirtschaftliche Schwierigkeiten pragmatisch zu reagieren."*[72]

Dieser außergerichtliche (politische) Streitbeilegungsmechanismus der Assoziation bietet zwar in theoretischer Hinsicht zahlreiche Vorteile, wie größere Flexibilität, Vertraulichkeit, Schnelligkeit und geringere Kosten, ist jedoch oft mit Nachteilen verbunden, da die Streitbeilegung abhängig vom Willen sämtlicher Vertragsparteien ist und sich somit überwiegend schwer erzielen läßt[73]. Jede Vertragspartei besitzt auch im Falle der Beilegung der Streitigkeiten durch Konsultationen oder Verhandlungen in Organen der Assoziation weiterhin uneingeschränkt die Möglichkeit, die Erreichung der im Vertrag vereinbarten Ziele zu verzögern und sogar zu blockieren[74].

Die Tatsache, daß bei der Beilegung von Streitigkeiten über Angelegenheiten der Assoziation ein gerichtliches Verfahren nicht vorgesehen ist, allerdings deren Einleitung von einem Beschluß des Assoziationsrates abhängig gemacht wird, führt im Assoziationsverhältnis dazu, daß sich die Durchführung der Assoziation wegen kollidierender Interessen der Vertragsparteien erschwert[75]. Außerdem enthält das Assoziationsabkommen keine Regelungen zum Prozeßrecht und überläßt es somit dem Assoziationsrat, den Rahmen des Assoziationsprozeßrechts festzulegen[76].

Die Streitschlichtungsmechanismen des Abkommens konnten bislang keine gute Funktion ausüben. Sie bilden einen der schwächen Punkte der Assoziation. Die Vertragsparteien konnten bislang das in Art. 25 Ass.Abk. vorgesehene Streitbeilegungsverfahren nicht in Gang setzen[77]. Zahlreiche Anwendungsprobleme, insbesondere hinsichtlich der Freizügigkeit der Arbeitnehmer, wurden zwischen den Vertragsparteien im Sinne des Art. 25 Ass.Abk. nicht gelöst. Dies führt nicht nur Rechtsunsicherheiten im bestehenden Assoziationsverhältnis herbei, sondern belastet auch die politischen Beziehungen der Vertragsparteien untereinander.

C. Stellung des EuGH in der Assoziation EG/Türkei

1. Assoziationsrechtliche Zuständigkeiten des EuGH

Im Assoziationsabkommen EG/Türkei wurde die Zuständigkeit des EuGH als eine vertraglich vorgesehene Streitbeilegungsinstanz vereinbart (Art. 25 Ass.-

[72] Bachl, Streitschlichtungsmechanismen, S. 135.
[73] Ebd., S. 135.
[74] Ebd., S. 141.
[75] DPT, Türkiye-Avrupa Birligi Iliskileri Özel Ihtisas Komisyonu Raporu, 2000, S. 11.
[76] Arat, AÜHFD 1995, S. 7.
[77] DPT, Türkiye-Avrupa Birligi Iliskileri Özel Ihtisas Komisyonu Raporu, 2000, S. 10.

Abk.)[78]. Somit ist der EuGH aber nicht als Organ der Assoziation konzipiert, sondern es handelt sich hierbei eher um eine "Organleihe". Die Türkei hat sich somit aber nicht der übergeordneten Gerichtsbarkeit des EuGH zur Regelung von völkerrechtlichen Streitigkeiten mit der EG unterworfen. Denn Art. 25 Abs. 2 Ass.Abk. eröffnet auf dem Weg zur Beilegung von Streitigkeiten lediglich die Möglichkeit, den EuGH oder irgendein anderes bestehendes Gericht anzurufen. Der EuGH kann also Entscheidungen über Streitigkeiten zwischen den Vertragsparteien bezüglich der Anwendung des Abkommens erst dann fällen, wenn die Vertragsparteien durch einen Assoziationsratsbeschluß die Anrufung des EuGH vereinbart haben.

Die Auslegung der Bestimmungen der Zollunion zwischen der EG und der Türkei unterliegt allein der Rechtsprechung des EuGH. Der Assoziationsrat hat durch den ausdrücklichen Verweis von Art. 66 ARB 1/95 die einschlägige Rechtsprechung des EuGH zur Auslegung der Bestimmungen über den freien Warenverkehr im Assoziationsverhältnis anerkannt. Der EuGH hat somit die gemeinschaftsrechtliche Auslegungsbefugnis für die Assoziationsvorschriften im Hinblick auf die Zollunion. Die Bestimmungen des ARB 1/95 sind, soweit sie mit den entsprechenden Regelungen des EG-Vertrages sowie der aufgrund dieser Verträge erlassenen Gemeinschaftsakte identisch sind, bei der Rechtsanwendung im Einklang mit der einschlägigen Rechtsprechung des EuGH auszulegen. Die Türkei hat sich in Art. 66 ARB 1/95 dazu verpflichtet, die in den betreffenden Entscheidungen genannten Grundsätze des EuGH gebührend zu berücksichtigen. Damit wird die Türkei in gewissem Maße der Gerichtsbarkeit der Gemeinschaft unterworfen, ohne dabei ein Mitspracherecht zu erhalten. Aus diesem Grund kann diese Klausel erhebliche Schwierigkeiten bei der Umsetzung und Anwendung von Bestimmungen der Zollunion zwischen den Vertragsparteien bereiten, wenn die Türkei mit den Entscheidungen des EuGH nicht einverstanden wäre. Trotz der Anerkennung der Rechtsprechung des EuGH zum freien Warenverkehr im Rahmen der Zollunion durch die Türkei gelten die Entscheidungen des EuGH nicht unmittelbar in der Türkei, d.h. einzelne Personen können - nur unter Berufung auf die Entscheidungen des EuGH - ihre Ansprüche aus dem ARB 1/95 in der Türkei nicht durchsetzen, weil die Türkei durch Art 66. ARB 1/95 ihre nationale Souveränität nicht auf den EuGH übertragen hat; vielmehr ist sie lediglich verpflichtet, fragliche Bestimmungen des ARB 1/95 im Lichte ihrer ständigen Rechtsprechung auszulegen.

[78] Bachl, Streitschlichtungsmechanismen, S. 138.

2. Gemeinschaftsrechtliche Zuständigkeiten des EuGH

a) Entscheidungszuständigkeit

Gemeinschaftsrechtlich richtet sich die Rechtswahrungsfunktion des EuGH im wesentlichen nur auf die Anwendung und Auslegung des EG-Vertrages. Art. 226, 227, 230 und 232 EGV begründen die Zuständigkeit des EuGH bei Streitigkeiten zwischen Mitgliedstaaten bzw. Organen der Gemeinschaft. Darunter fallen jedoch nicht die Streitigkeiten im Zusammenhang mit den assoziierten Staaten. Dagegen spricht vor allem der eindeutige Wortlaut dieser Artikel. Zudem beziehen sich die Regelungszwecke dieser Vorschriften nur auf das Verhältnis zwischen Mitgliedstaaten oder zwischen Organ und Mitgliedstaat. Dementsprechend kann eine analoge Anwendung auf die Beziehung zu assoziierten Staaten nicht in Betracht kommen.

Der EG-Vertrag enthält zwar keine ausdrückliche Bestimmung über Art und Weise völkerrechtlicher Streitbeilegung. Er eröffnet in Art. 238 EGV jedoch die Möglichkeit, durch die Vereinbarung einer Schiedsklausel die Zuständigkeit des EuGH auch für Streitigkeiten aus vertraglichen Beziehungen der Gemeinschaft festzusetzen. Hierbei kann die Rechtsprechung des EuGH bezüglich der Streitigkeiten aus vertraglichen Rechtsbeziehungen der Gemeinschaft erst dann in Frage kommen, wenn gemäß Art. 238 EGV die Vereinbarung einer Schiedsklausel in bezug auf den EuGH mit dem betreffenden Drittstaat vorliegt.

b) Auslegungszuständigkeit

Der EuGH ist nicht das Gerichtsorgan der Assoziation, sondern ein Gerichtsorgan der Europäischen Gemeinschaften, hat sich in seiner bisherigen Rechtsprechung aber auch ununterbrochen mit den Fragen der Assoziation befaßt. Die Rechtswirkungen und die Auslegung der Vertragsbestimmungen waren Gegenstand zahlreicher Entscheidungen des Gerichtshofes[79] zum Gegenstand. Nach Auffassung des EuGH[80] schafft ein Assoziationsabkommen besondere und privilegierte Beziehungen mit einem Drittstaat, der zumindest teilweise am Gemeinschaftssystem teilhaben muß. Daher muß Art. 310 EGV der Gemeinschaft notwendigerweise die Zuständigkeiten einräumen, die Erfüllung der Verpflichtung gegenüber Drittstaaten in allen vom EG-Vertrag erfaßten Bereichen sicherzustellen. Der EuGH macht es sich hier zur Aufgabe, die Wahrung des Rechts bei der wirksamen und gleichförmigen Anwendung des Assoziationsabkommens der Gemeinschaft mit der Türkei, dessen Zusatzprotokolls sowie der von dem Assoziationsrat erlassenen Durchführungsvorschriften im Rahmen der Gemeinschaftsrechtsordnung zu sichern und mit seiner Auslegung zu verhindern,

---

[79] Vgl. zur Überblick über die Rechtsprechung des EuGH Hirsch, BayVBl 1997, 450 ff.; Mallmann, JZ 1995, 916 ff.; Kemper, ZAR 1995, 114 ff.

[80] EuGH, Urteil vom 30. September 1987, Rs. 12/86 (Demirel), Slg. 1987, 3751, Rn. 9.

daß die Unterschiede zwischen den für die einzelnen nationalen Gerichte geltenden Auslegungsregeln zu einer divergierenden Interpretation des Assoziationsrechts führen. Somit stellt sich der EuGH unstreitig als ein Garant des Assoziationsrechts in der Gemeinschaftsrechtsordnung sowie in den nationalen Rechtsordnungen der Mitgliedstaaten dar.

Der EuGH begründet seine Zuständigkeit zur Auslegung des Assoziationsrechts im Sinne des Art. 234 Abs. 1 EGV[81], indem er die gemäß Art. 300 und 310 EGV von den Gemeinschaftsorganen ausgehandelten und abgeschlossenen Assoziationsabkommen als *„Handlungen der Organe der Gemeinschaft"* [82] qualifiziert[83]. Die Assoziationsabkommen der Gemeinschaft werden infolge der Rechtsprechung des EuGH mit deren Abschluß für die Gemeinschaft und deren Mitgliedstaaten wirksam und sie werden durch ihre dadurch begründete Nähe zum EG-Vertrag integrierender Bestandteil der Gemeinschaftsrechtsordnung[84]. Die von der Gemeinschaft geschlossenen Assoziationsabkommen unterliegen damit im Rahmen der Rechtsordnung der Gemeinschaft der Auslegung des EuGH im Verfahren der Vorabentscheidung nach Art. 234 Abs. 1 EGV.

Da gemäß Art 300 Abs. 7 EGV die nach Maßgabe dieses Artikels geschlossenen Abkommen zugleich für die Mitgliedstaaten verbindlich sind, wird die Auslegung dieser Abkommen durch den EuGH auch für die nationale Rechtsordnung der Mitgliedstaaten maßgeblich. Folgerichtig sind die vom EuGH in seiner bisherigen Rechtsprechung zum Assoziationsabkommen EG/Türkei gefällten Entscheidungen für die Mitgliedstaaten und die Organe der Gemeinschaft verbindlich. Obwohl die Auslegung des EuGH im Verfahren der Vorabentscheidung

---

[81] EuGH, Urteil 20. September 1990, Rs. C-192/89 (Sevince), Slg. 1990, I- 3501, Rn. 12.

[82] EuGH, Urteil vom 30. April 1974, Rs. 181/73 (Haegeman), Slg. 1974, 449; Urteil vom 5. Februar 1976, Rs. 87/75 (Brecciani), Slg. 1976, 130; Urteil vom 29. April 1982, Rs. 17/81 (Pabst), Slg. 1982, 1331; Urteil vom 30. September 1987, Rs. 12/86 (Demirel), Slg. 1987, 3747.

[83] Die Regierungen der Bundesrepublik Deutschland und des Vereinigten Königreichs lehnten in der Rechtssache "Demirel" die Auslegungszuständigkeit des EuGH ab. Zur Begründung führten sie an, daß die Auslegungszuständigkeit des EuGH sich nicht auf die Bestimmungen eines gemischten Abkommens erstrecke, durch die die EG-Mitgliedstaaten im Rahmen ihrer eigenen Zuständigkeiten Verpflichtungen gegenüber einem Drittstaat (der Türkei) eingegangen seien, was bei den Bestimmungen über Freizügigkeit der Arbeitnehmer gegeben sei. Dazu EuGH, Urteil vom 30. September 1987, Rs. 12/86 (Demirel), Slg. 1987, 3751, Rn. 8. Die Zuständigkeit des EuGH für die Auslegung völkerrechtlicher Abkommen der Gemeinschaft mit Drittstaaten ist ebenfalls im Schrifttum umstritten. Dabei geht es insbesondere um die Frage, ob die Abkommen der Gemeinschaft mit Drittstaaten überhaupt als Rechtsakte im Sinne des Art. 234 EGV verstanden werden können. Vgl. dazu Bachl, Streitschlichtungsmechanismen, S. 73 ff.

[84] EuGH, Urteil vom 30. April 1974, Rs. 181/73 (Haegeman), Slg. 1974, 449; Urteil vom 5. Februar 1976, Rs. 87/75 (Brecciani), Slg. 1976, 130; Urteil vom 29. April 1982, Rs. 17/81 (Pabst), Slg. 1982, 1331; Urteil vom 30. September 1987, Rs. 12/86 (Demirel), Slg. 1987, 3747, Rn. 16.

nach Art. 234 EGV der Türkei nicht entgegengehalten werden kann[85], haben ihre Rechtsfolgen faktisch im gesamten Assoziationsverhältnis Geltung erlangt. Die bisherige Rechtsprechung des EuGH hat dies bestätigt. Bislang erwies sich allein der EuGH als Schützer der Rechtsordnung der Assoziation, indem er die Vorschriften der Assoziation als Gemeinschaftsrechts bezeichnet und somit die Mitgliedstaaten zur Einhaltung der Regelungen der Assoziation zwingt. Der EuGH hat insbesondere den persönlichen und sachlichen Anwendungsbereich des ARB 1/80 klargestellt, womit er einen großen Beitrag zur Verwirklichung der Assoziationsfreizügigkeit entsprechend dem Regelungszweck der Bestimmungen in Art. 12 Ass.Abk. und in Art. 36 ZP geleistet hat.

IV. Stellung der Türkei in der Gemeinschaft

Zur ordnungsgemäßen Durchführung der Assoziation muß eine rechtliche Lösung für die institutionellen Fragen der Assoziation gefunden werden. Die Türkei als ein assoziierter Drittstaat der Gemeinschaft wirkt grundsätzlich nicht an der Weiterentwicklung der Integration in den EG-Organen mit. Es erscheint derzeit ebenso problematisch wie widersprüchlich, ja sogar ungerecht, solange das Assoziationsverhältnis vom Gemeinschaftsverhältnis unterschieden wird. Die EG-Mitgliedstaaten legen nämlich die assoziationsrechtlichen Vorschriften nicht wie gemeinschaftsrechtliche Regelungen aus, während die Türkei im Rahmen dieses Assoziationsverhältnisses die Verpflichtung hat, die gemeinschaftsrechtlichen Grundlagen anzuerkennen, sie in ihre Rechtsordnung umzusetzen und anzuwenden, ohne dabei mitzuwirken[86]. Sie nimmt in diesem Ausmaß *„eine Fremdregelung und damit ein gewisses Abhängigkeitsverhältnis von den E(W)G Organen"*[87] hin. Die Türkei besitzt zwar aufgrund des Einstimmigkeitsprinzips im Assoziationsrat ein Vetorecht und kann somit grundsätzlich nicht gegen ihren Willen zu irgendwelchen Durchführungsmaßnahmen gezwungen werden[88]. Doch ergeben sich diesbezügliche Verpflichtungen der Türkei zur Anwendung des Gemeinschaftsrechts nicht nur aus Beschlüssen des Assoziationsrates, sondern auch aus dem Abkommen und dem Zusatzprotokoll selbst, welche die primärrechtlichen Grundlagen des Assoziationsverhältnisses bilden.

Gewisse institutionelle Garantien für die Türkei sind erforderlich. Sie sollte sich zumindest an den vorbereitenden Beratungen konsultativ, d.h. mit Mitspracherecht, aber ohne Stimmrecht beteiligen und nur von Fall zu Fall entscheiden, ob sie einen Beschluß annehmen will oder nicht. Daraufhin sollte der betreffende Gemeinschaftsakt zunächst auch im Rahmen des Assoziationsrates debattiert werden und sollte somit die Türkei in die Lage versetzen, ihren Standpunkt zu

[85] Pescatore, in: Bernhardt (Hrsg.), FS für Hermann 1983, 670 ff.
[86] Vgl. z.B. Art. 35 und 41 ARB 1/95.
[87] Yüksel, Assoziierung im europäischen Recht, S. 105.
[88] Hochbaum, DAR 1963, 167 ff.; vgl. auch Yüksel, Assoziierung im europäischen Recht, S. 105.

diesem Gemeinschaftsakt deutlich zu machen, um eine angemessene Lösung zu finden.

Mit Inkrafttreten des ARB 1/95 hat die EG ihrerseits der Türkei den Weg freigemacht. Gemäß Art. 60 ARB 1/95 werden türkische Sachverständige an der Arbeit einer Reihe von Fachausschüssen beteiligt, welche die Kommission bei der Ausübung ihrer Durchführungsbefugnisse in den Bereichen unterstützen und die für das Funktionieren der Zollunion von unmittelbarer Bedeutung sind. Anhang 9 des ARB 1/95 enthält die Liste der Ausschüsse. Dabei handelt es sich um den Ausschuß für das Schema des Gemeinsamen Zolltarifs, den Ausschuß für den Zollkodex sowie den Ausschuß für Außenhandelspolitik. Die Beteiligung türkischer Sachverständiger kann durch Assoziationsratsbeschlüsse auf andere Ausschüsse ausgedehnt werden. Die Liste dieser Ausschüsse wurde danach um den Textilausschuß, der mit den Verordnungen (EWG) Nr. 3030/93 und (EG) Nr. 517/94 geschaffen wurde, und um den durch die Richtlinie 83/189/-EWG eingesetzten Ausschuß im Bereich "Technische Vorschriften", erweitert[89]. Der Assoziationsrat wurde zur Festlegung des Verfahrens für diese Beteiligung ermächtigt. Daraufhin hat er den ARB 5/95 vom 22. Dezember 1995 über das Verfahren zur Beteiligung der Sachverständigen der Türkei an der Arbeit bestimmter Fachausschüsse[90] gefaßt. Gemäß Art. 1 ARB 5/95 vertritt ein türkischer Sachverständiger den Standpunkt der Türkei, besitzt aber kein Stimmrecht. Art. 2 ARB 5/95 verpflichtet die Kommission, von der Türkei benannte Sachverständige rechtzeitig über den Termin der Sitzungen und die Tagesordnungspunkte eines jeden Ausschusses, für die er die Türkei vertritt, zu unterrichten und ihm alle einschlägigen Informationen zu übermitteln. Auf Initiative des Vorsitzenden kann jeder Ausschuß auch ohne Anwesenheit des die Türkei vertretenden Sachverständigen tagen, muß sie aber davon unterrichten (Art. 3 ARB 5/95).

---

[89] ARB 6/95 und ARB 1/99.
[90] ABlEG 1996 Nr. L 035, 49.

KAPITEL V: WIRKUNGEN ASSOZIATIONSRECHTLICHER VORSCHRIFTEN

I. Recht der Assoziation

A. Einordnung des Assoziationsrechts

Das Assoziationsrecht läßt sich dem Völkerrecht zuordnen, da sich seine Rechtsgrundlagen aus völkerrechtlichen Verträgen ergeben. Hierbei handelt es sich allerdings lediglich um ein völkerrechtliches Vertragsverhältnis, weil dadurch keine eigene Rechtsordnung geschaffen wurde, die die Rechtsordnung der Parteien überlagert und teilweise ersetzt[1].

Die Anwendung und die Auslegung assoziationsrechtlicher Vorschriften sind in erster Linie nach den Regelungen des allgemeinen Völkerrechts zu bestimmen[2]. Dabei stellt sich allerdings die Frage, ob sie neben dem allgemeinen Völkerrecht auch der Wiener Konvention über das Recht völkerrechtlicher Verträge zwischen Staaten (WVK)[3] sowie der Wiener Konvention über das Recht der Verträge zwischen Staaten und Internationalen Organisationen oder zwischen internationalen Organisationen (WVKIO)[4] unterliegen, welche inhaltlich weitgehend den Regeln der WVK nachgebildet sind[5]. Die Regeln der beiden Konventionen können grundsätzlich nicht zur Auslegung und Anwendung des Abkommens herangezogen werden. Diese Verneinung ist unmittelbar darauf zurückzuführen, daß die beiden Konventionen nur auf derartige Verträge angewendet wird, die geschlossen werden, nachdem das Übereinkommen für diese Staaten und Organisationen in Kraft getreten ist (Art. 5 WVK, Art. 4 WVKIO). Die WVKIO ist allerdings noch nicht in Kraft getreten[6]. Die allgemeinen Regeln über das völkerrechtliche Vertragsrecht wurden jedoch überwiegend in der WVK sowie in der WVKIO kodifiziert. Da assoziationsrechtliche Vorschriften aufgrund des Fehlens spezieller völkerrechtlicher Grundlagen im Vertragsverhältnis zwischen den beiden Parteien jedenfalls nach den Grundsätzen des allgemeinen Völkerrechts auszulegen sind, können die Regeln der WVK und der WVKIO zur Auslegung und

---

[1] Fischer, Das Assoziationsrecht, S. 227.

[2] Ebd., S. 227; Gilsdorf, in: G/T/E (Hrsg.) Kommentar zum EWG-Vertrag, 4. Aufl., Art. 238 EWGV, Rn. 41.

[3] Hierzu siehe Wiener Übereinkommen über das Recht der Verträge (WVK) vom 23. Mai 1969; die WVK ist am 27. Januar 1980 in Kraft getreten (BGBl. 1985 II, 927).

[4] Die Vertragsregime internationaler Organisationen wurden im Rahmen dieser Übereinkommen kodifiziert. Sie wurde am 21. März 1986 von 27 Staaten und 10 internationale Organisationen unterzeichnet. Der Entwurf der WVKIO umfaßt über 80 Artikel mit einem Anhang (BGBl. 1990 II, 1414).

[5] In dieser Konvention wurden zusätzlich die besonderen Probleme der internationalen Organisationen geregelt. Vgl. dazu Kimminich/Hobe, Einführung in das Völkerrecht, S. 209.

[6] Die WVKIO tritt gemäß Art. 85 erst am 30. Tag nach der Hinterlegung der 35. Ratifikations- oder Beitrittsurkunde durch Staaten in Kraft.

Anwendung des Abkommens herangezogen werden, weil die Regeln der beiden Konvention Völkergewohnheitsrecht darstellen[7].

Anzumerken ist an dieser Stelle allerdings, daß es völkerrechtlich zulässig ist, das Abkommen in die Rechtsordnungen der Vertragsparteien einzubeziehen und auszulegen[8]. In diesem Sinne stellt das Assoziationsabkommen EG/Türkei kraft des Gemeinschaftsrechts einen Gemeinschaftsakt dar, indem es in den Rechtsordnungen der Mitgliedstaaten unmittelbar gilt[9]. Nach Art. 300 Abs. 7 EGV wirken die Bestimmungen völkerrechtlicher Verträge der Gemeinschaft grundsätzlich ebenso wie das Gemeinschaftsrecht selbst[10]. Die Rechtsnatur des Assoziationsrechts in den nationalen Rechtsordnungen der Mitgliedstaaten ergibt sich folglich aus der Verflechtung des Völkerrechts und des Gemeinschaftsrechts[11]. Die Frage, ob und in welchem Umfang bei der Anwendung des Abkommens Gemeinschaftsrecht zur Auslegung und zur Ergänzung herangezogen werden muß, läßt sich jedoch nicht pauschal beantworten[12]. Dabei ist vielmehr zu prüfen, ob Wortlaut, Sinn und Zweck der betreffenden Vertragsbestimmung einer Übertragung gemeinschaftsrechtlicher Regelungen entgegenstehen oder nicht[13].

Da das Assoziationsrecht in materiellrechtlicher Hinsicht im wesentlichen dem Gemeinschaftsrecht untergeordnet ist, ist auch die Türkei in gewissem Maße an die Vorschriften des Gemeinschaftsrechts gebunden. Diese Bindung ist aber nicht gemeinschaftsrechtlich, sondern rein völkerrechtlich. Daher entfalten die gemeinschaftsrechtlichen Vorschriften supranationaler Art in der Rechtsordnung der Türkei, anders als in der Rechtsordnung der EG-Mitgliedstaaten, keine unmittelbare Geltung, sondern weisen nur eine völkerrechtliche Verpflichtung ihres Landes auf.

B. Quellen des Assoziationsrechts

Auch innerhalb des Assoziationsrechts besteht eine Normenhierarchie. Primärrechtliche Grundlagen stehen im hierarchischen Vorrang gegenüber den sekundärrechtlichen Grundlagen, ähnlich wie im innerstaatlichen Verhältnis die verfassungsrechtlichen vor gesetzlichen Grundlagen rangieren. Der Vorrang des Abkommens gegenüber den Assoziationsratsbeschlüssen ergibt sich explizit aus dem in Art. 6 und 21 Abs. 1 Ass.Abk. festgelegten Ermächtigungsgrundlage des

---

[7] Gilsdorf, in: G/T/E (Hrsg.), Kommentar zum EWG-Vertrag, 4. Aufl., Art. 238 EWGV, Rn. 41.
[8] Weber, in: G/TE (Hrsg.), EUV/EGV, Kommentar, 5. Aufl., Art. 238 EGV, Rn. 41.
[9] EuGH, Urteil vom 30. April 1974, Rs. 181/73 (Haegemann), Slg. 1974, 460, Rn. 5; Urteil vom 30. September 1987, Rs. 12/86 (Demirel), Slg. 1987, 3719, Rn. 7.
[10] Siehe dazu unten zur gemeinschaftlichen Geltung völkerrechtlicher Verträge, S. 194 ff.
[11] Fischer, Das Assoziationsrecht, S. 226.
[12] Ebenso Renner, Ausländerrecht in Deutschland, S. 213, Rn. 166.
[13] Vgl. Kapitel III.

Assoziationsrates[14]. Sekundärrechtliche Grundlagen der Assoziation können nicht im Widerspruch zu den primärrechtlichen Grundlagen der Assoziation stehen.

1. Primäres Assoziationsrecht

Das primäre Assoziationsrecht besteht aus den völkerrechtlichen Verträgen zwischen den Vertragsparteien über die Assoziation. Es basiert auf dem Abkommen zur Gründung einer Assoziation zwischen der Europäischen Wirtschaftsgemeinschaft und der Republik Türkei einschließlich Anlagen, Anhängen und Protokollen[15]. Dazu gehören ferner die Folgeabkommen und deren weitere Protokolle einschließlich Anlagen und Anhängen[16]. Diese sind durch eine Klausel mit dem Abkommen verbunden und als Bestandteile des Abkommens dem primären Assoziationsrecht zuzuordnen[17]. Demzufolge nehmen alle primärrechtlichen Grundlagen einheitlich den selben Rang ein und weisen einen gemeinsamen Charakter auf.

2. Sekundäres Assoziationsrecht

Das sekundäre Assoziationsrecht ist das von den Assoziationsorganen zur Durchführung des Abkommens gesetzte Recht. Es läßt sich daher als abgeleitetes Assoziationsrecht bezeichnen. In Art. 22 Ass.Abk. wird entsprechend dem Prinzip der beschränkten Einzelermächtigung der Katalog der Rechtshandlungen des Assoziationsrates festgelegt. Demnach kann der Assoziationsrat Beschlüsse erlassen und zweckdienliche Empfehlungen abgeben.

Die Assoziationsratsbeschlüsse sind ebenso wie das Abkommen selbst für ihre Adressaten in allen ihren Teilen verbindlich (Art. 22 Ass.Abk.). Die Vertragsparteien haben Beschlüsse des Assoziationsrates durch ihre nationalen Behörden und Gerichte zu beachten und zu vollziehen. Enthält ein Beschluß Regelungen, welche nationale Durchführungsakte erforderlich machen, sind die Vertragsparteien gemäß Art. 7 und 22 Ass.Abk. dazu verpflichtet, diese zu erlassen. Sie dürfen dabei allerdings keine Maßnahmen ergreifen, die eine Änderung der Tragweite eines Beschlusses oder eine Ergänzung ihrer Vorschriften zum Gegenstand haben, d.h. sie haben alle Maßnahmen zu unterlassen, welche die Bestimmungen von Beschlüssen des Assoziationsrates in Frage stellen. Die Durchführungsverpflichtung kann schließlich in den Beschlüssen selbst zusätzlich niedergelegt sein[18].

---

[14] Vgl. Seidl-Hohenveldern/Loibl, Das Recht der Internationalen Organisationen, S. 251.
[15] ABlEG 1964 Nr. 217, 3701.
[16] ABlEG 1972 Nr. L 295, 3.
[17] Vgl. Art. 62 ZP und Art. 31 Abs. 2 WVK.
[18] Vgl. dazu Art. 12 ARB 2/76 und Art. 29 ARB 1/80.

Empfehlungen des Assoziationsrates dagegen sind gemäß Art. 22 Ass.Abk. unverbindlich. Zweck dieser Handlungsform ist es, den Adressaten ein bestimmtes Verhalten nahezulegen. Trotz ihrer Unverbindlichkeit können sie aber politische Wirkungen entfalten[19].

Noch nicht eindeutig geklärt ist die Frage, welcher Rechtscharakter den Beschlüssen des Assoziationsrates zukommt[20]. Der EuGH hat bislang keinen endgültigen Standpunkt zu dieser Frage eingenommen. Er hat nur festgestellt, daß die Assoziationsratsbeschlüsse unmittelbar mit dem Assoziationsabkommen zusammenhängen und nach Art. 22 Abs.1 Ass.Abk. für die Vertragsparteien verbindlich sind, da durch die Assoziationsratsbeschlüssse die Ziele des Abkommens verwirklicht werden[21]. Mit dieser Feststellung wurde vom EuGH die Rechtsnatur von Assoziationsratsbeschlüssen jedoch nicht präzisiert, sondern lediglich - genauso wie Abkommen - in den Kreis des Gemeinschaftsrechts einbezogen, um seine Kompetenz zu Assoziationsratsbeschlüssen begründen zu können.

Nach herrschender Auffassung[22] sind Assoziationsratsbeschlüsse mit Beschlußfassung verbindlich gewordene völkerrechtliche Willenserklärungen, die aufgrund der Formfreiheit als im vereinfachten Verfahren geschlossene völkerrechtliche Verträge zu bezeichnen sind[23]. Zum Teil werden Beschlüsse vom Assoziationsrat allgemein als "ad-hoc-Verträge", "Mini-Verträge", "Annäherungen an die Verträge" oder "Beschlüsse sui generis" bezeichnet[24]. Schließlich wurde auch die Ansicht vertreten, daß die Beschlüsse des Assoziationsrates ihrer Natur nach EG-Richtlinien vergleichbar sind[25].

---

[19] Streinz, Europarecht, S. 151.

[20] Im Hinblick auf die rechtliche Einordnung von Entscheidungen internationaler Organisationen ist die Lehre nicht einhellig. „Sie reicht von der Einschätzung als originäre völkerrechtliche Rechtsquelle über die Qualifizierung als völkerrechtliche Verträge, quasi Verträge bzw. Regierungsabkommen bis zur Determinierung als abgeleitetes, sekundäres Völkerrecht." Hermann, Umweltregime im Völkerrecht, S. 169.

[21] EuGH, Urteil vom 10. Dezember 1989, Rs.30/89 (Griechische Republik/Kommission), Slg. 1989, 3733 ff.; der Europäische Rat und die Europäische Kommission haben Assoziationsratsbeschlüsse in diesem Verfahren in vertraglichen Kategorien eingeordnet, wobei die Europäische Kommission aufgrund der Besonderheit des Falles auch auf eine einseitige, völkerrechtliche verbindliche Erklärung abgestellt. In diesem Sinne auch Generalanwalt Mancini, Schlußanträge zu Rs. 204/86, Slg. 1988 , 5337, 5347, 5352.

[22] Weber, in: G/T/E (Hrsg.), EUV/EGV Kommentar, 5. Aufl., Art. 238, Rn. 48; Vedder, in: G/H (Hrsg.), EUV, Kommentar Art. 238 EGV, Rn. 35; ders., EuR 1994, 210; Gilsdorf, in: G/T/E (Hrsg.), Kommentar zum EWG-Vertrag, 4. Aufl., Art. 238 EWGV Rn, 49; Baumgartner, EuR 1978, 105 ff.; Petersmann, ZaöRV 1973, 226, 278.

[23] So Gutmann, Die Assoziationsfreizügigkeit, S. 60.

[24] Vgl. dazu näher Gittermann, Das Beschlußfassungsverfahren des Abkommens, S. 29 und 30 f.; Vedder, in: G/H (Hrsg.), EUV, Kommentar, Art. 238, Rn. 35; Baumgartner, EuR 1978, 111.

[25] Generalanwalt Darmon, Schlußantrag vom 15. Mai 1990, Rs. C-192/89, Rn. 38 ff., Slg. 1990 I, 3461; Huber, Handbuch des Ausländer- und Aslyrechts, 402 B, Vorb Rn. 8.

Die Einordnung eines Assoziationsratsbeschlusses als völkerrechtlicher Vertrag erscheint jedoch als eine gekünstelte Rechtskonstruktion. Es handelt sich hier um die Rechtsakte eines Organs[26]. Denn die Assoziation EG/Türkei besitzt in gewissem Maße eine interne Rechtspersönlichkeit[27]. Zur Verwirklichung ihrer Ziele ist die Assoziation durch deren Organe befugt, Beschlüsse zu fassen. Assoziationsratsbeschlüsse sind der Begrifflichkeit nach Rechtsakte des Assoziationsrates.

Würden Assoziationsratsbeschlüsse als vereinfachte völkerrechtliche Abkommen bezeichnet, stellt sich die Frage, welche Rechtsfolge im Fall des Verstoßes eines Assoziationsratsbeschlusses gegen das Abkommen zustande kommen sollte. Es ist völlig unklar, ob es sich dabei um eine Vertragsänderung oder um die Nichtigkeit des Assoziationsratsbeschlusses handelt.

Ungeachtet der Frage, ob Beschlüsse des Assoziationsrates als in vereinfachtem Verfahren geschlossene völkerrechtliche Vereinbarungen zu bezeichnen sind oder nicht, kann eine Vertragsänderung mittelbar durch Assoziationsratsbeschlüsse herbeigeführt werden, weil die Vertragsparteien als "Herren des Vertrages" gemäß der in Art. 39 WVK verankerten Formfreiheit durch ihre bloße Willenserklärung (über den Assoziationsrat) jederzeit eine Vertragsänderung vornehmen können[28]. An dieser Stelle erscheint eine solche Vertragsänderung allein durch einen Beschluß jedoch sehr problematisch. Vor allem wird es schwer sein, eine solche neue Willenseinigung sämtlicher Vertragsparteien von einem einstimmigen Beschluß des Assoziationsrates zu unterscheiden,[29] der sich aus Vertretern der Gemeinschaft und der Mitgliedstaaten einerseits und Vertretern der Türkei andererseits zusammensetzt[30]. Wie oben klargestellt wurde, besitzt die Assoziation EG/Türkei Rechtspersönlichkeit. Beschlüsse werden nur vom Assoziationsrat gefaßt. Der Assoziationsrat hat dabei jedoch keine Befugnis, die Bestimmungen des Abkommens abzuändern. Wäre dies möglich, dann würden die Bestimmungen von Art. 6 und Art. 22 Abs. 1 Ass.Abk. durch einen vertragswidrigen Beschluß des Assoziationsrates außer Rechtskraft gesetzt, was von den Vertragsparteien nicht bedacht bzw. beabsichtigt wurde. Aus dem Wortlaut und den Regelungszwecken von Art. 6 und Art. 22 Abs. 1 Ass.Abk. ergibt sich hingegen deutlich, daß die gemeinsame Rechtssetzung der Vertragsparteien durch den Assoziationsrat in Form eines rechtsverbindlichen Beschlusses nur im Rahmen der vom Abkommen sowie deren in nachfolgenden Protokollen gesetzten Grenzen erfolgen kann. Dies bedeutet, daß ein Assoziationsratsbeschluß im Falle seines Verstoßes gegen eine Bestimmung des Abkommens

---

[26] Reinisch, ZfRP 1993, 11 (13).
[27] Siehe dazu oben S. 171 ff.
[28] Vgl. die Schiedsgerichtsentscheidung vom 22. Dezember 1963 zu dem französisch-amerikanischen Lufttransportabkommen, ILM 1964, 668.
[29] Seidl-Hohenveldern/Stein, Völkerrecht, Rn. 413.
[30] Vgl. Art. 23 Ass.Abk.

bzw. des Zusatzprotokolls unwirksam ist. Solche Beschlüsse des Assoziationsrates entfalten gemäß Art. 6 und 22 Abs.1 Ass.Abk. keine Rechtswirkungen für die Vertragsparteien.

Art. 6 und 22 Abs. 1 Ass.Abk. würde es widersprechen, wenn es dem Assoziationsrat gestattet wäre, Beschlüsse zu fassen, welche gegen das Abkommen verstoßen. Gesetzt den Fall, daß die Vertragsparteien trotz dieser Rechtslage durch den betreffenden Beschluß eine Änderung der vertraglichen Regelungen herbeiführen wollen, so hat dies sicherlich weitere Voraussetzungen, um für alle Vertragsparteien verbindlich sein zu können. Im Falle einer Vertragsänderung ist ein solcher Beschluß nicht als Beschluß des Assoziationsrates, sondern als solcher der im Assoziationsrat vereinigten Vertreter der Vertragsparteien zu betrachten. Er stellt dann den Abschluß eines Vertrages im vereinfachten Verfahren dar. Solch eine Vertragsänderung bereitet zwar im Völkerrecht aufgrund der in Art. 39 WVK und 39 Abs. 1 WVKIO niedergelegten Formfreiheit der Vertragsänderungen[31] keine Schwierigkeit. Sie wirft jedoch im innerstaatlichen Recht verfassungsrechtliche Probleme auf. Die Vertragsänderung setzt vor allem zu ihrer Inkraftsetzung ebenfalls wie ein Abkommen selbst die nationale Ratifizierung durch die beiden Seiten[32] voraus, um für die beiden Parteien endgültig verfassungsrechtlich verbindlich sein zu können[33], weil auch sie im materiellen Sinne eine ganz neue völkerrechtliche Vereinbarung zwischen den Vertragsparteien ist, durch deren Einführung der materielle Inhalt des Abkommens teilweise geändert wird.

Im Gegensatz zu einer Vertragsänderung besteht kein Ratifikationsvorbehalt bei Assoziationsratsbeschlüssen, solange sie die Grenzen des Abkommens nicht überschreiten, weil Beschlüsse des Assoziationsrates grundsätzlich weder völkerrechtlich noch verfassungsrechtlich einer Umsetzung im nationalen Recht der Vertragsparteien durch einen besonderen Rechtssetzungsakt bedürfen, jede Partei vielmehr dazu verpflichtet ist, die für die Durchführung der Beschlüsse erforderlichen Maßnahmen zu treffen (Art. 22 Ass.Abk.). Aus diesem Grund kann eine Partei aus völkerrechtlicher Sicht der anderen gegenüber keinen Ratifikationsvorbehalt geltend machen.

Diese Gesichtspunkte machen deutlich, daß Assoziationsratsbeschlüsse von völkerrechtlichen Verträgen unterschieden werden müssen. Deshalb ist der Auffassung der herrschenden Lehre nicht zuzustimmen.

---

[31] Die Änderung eines Vertrages kann nicht nur schriftlich, sondern auch mündlich, konkludent oder durch die nachfolgende Praxis der Vertragsparteien erfolgen. Dazu von Heinegg, in: Ipsen (Hrsg.), Völkerrecht, S. 137.

[32] Vgl. Art. 300 EGV; Art. 59 GG sowie Art. 90 und 104 der türkischen Verfassung.

[33] Gemäß Art. 12 WVK können sich Staaten unter bestimmten Voraussetzungen auch allein durch den Akt der Unterzeichnung an einen Vertrag völkerrechtlich binden.

Als Ergebnis bleibt festzuhalten, daß Assoziationsratsbeschlüsse Rechtsakte des Assoziationsrates sind und damit das sekundäre Recht der Assoziation darstellen, welches in Einklang mit den primärrechtlichen Grundlagen der Assoziation stehen muß. Andernfalls sind sie nichtig, es sei denn, daß sie wiederum eine solche neue Willenseinigung sämtlicher Vertragsparteien darstellen und ggf. von diesen ratifiziert werden.

II. Bindungswirkung assoziationsrechtlicher Vorschriften

A. Formelle Bindungswirkung

In völkerrechtlicher Hinsicht binden die Assoziationsnormen lediglich die Vertragsparteien. Jede Vertragspartei ist dazu verpflichtet, alle erforderlichen Maßnahmen zu treffen, um die Erfüllung der aus dem Abkommen erwachsenden Verpflichtungen nach dem Grundsatz von "*Treu und Glauben*" zu gewährleisten und alle Maßnahmen zu unterlassen, die der Verwirklichung der Ziele des Abkommens entgegenstehen könnten[34]. Jede Partei ist für die ordnungsgemäße Durchführung des Abkommens in ihrem Hoheitsgebiet selbst verantwortlich[35].

Daher muß zunächst die Frage, wer die Vertragsparteien im Assoziationsverhältnis sind, geklärt werden. Das Assoziationsabkommen EG/Türkei wurde nicht nur zwischen der Gemeinschaft und der Türkei, sondern auch als gemischtes Abkommen mit Beteiligung der Mitgliedstaaten der Gemeinschaft abgeschlossen. Ursprünglich hatten nur die sechs Mitgliedstaaten der Gemeinschaft (die Bundesrepublik Deutschland, Frankreich, Italien, Niederlande, Belgien und Luxemburg) dieses Abkommen unterzeichnet.

Der Grundsatz der "*flexiblen Vertragsgrenzen*" gilt nicht für die Assoziation EG/Türkei, da Art. 29 Ass.Abk. eine auf die originären Mitglieder beschränkte "*Territorialklausel*" enthält, wonach das Abkommen für die europäischen Hoheitsgebiete des Königreichs Belgien, der Bundesrepublik Deutschland, der Französischen Republik, der Italienischen Republik, des Großherzogtums Luxemburg, des Königreichs der Niederlande einerseits und für das Hoheitsgebiet der Republik Türkei anderseits gilt[36]. Deshalb ist die Beteiligung neuer Mitgliedstaaten der Gemeinschaft an dem Abkommen jeweils nur durch Ergänzungsprotokolle möglich.

Im Verlauf der Assoziation wurde der Kreis der Vertragsparteien auf der Gemeinschaftsseite dreimal durch Ergänzungsprotokolle zum Abkommen zur Gründung einer Assoziation EG/Türkei auf die später der Gemeinschaft beige-

---

[34] Vgl. Art. 7 Ass.Abk.; Art. 26 WVK.
[35] Vgl. Art. 27 Satz 1 WVK.
[36] Vgl. Art. 29 Abs.2 Satz 2 Ass.Abk.

tretenen Staaten ausgedehnt. Die Ergänzungsprotokolle wurden mit den folgenden Mitgliedstaaten abgeschlossen: mit dem Königreich Dänemark, Irland und dem Vereinigten Königreich[37], mit Spanien und Portugal[38] sowie mit Griechenland[39]. Derzeit setzt sich die Assoziation territorial aus 12 Mitgliedstaaten und der Türkei zusammen. Da ein Ergänzungsprotokoll, mit dem das Assoziationsabkommen EG/Türkei auf Finnland, Österreich sowie Schweden ausgedehnt werden soll, bisher noch nicht abgeschlossen worden ist, sind diese nicht (unmittelbar) Vertragsparteien und deswegen aus völkerrechtlicher Sicht grundsätzlich nicht verpflichtet, die Bestimmungen des Abkommens anzuwenden.

Im Assoziationsverhältnis EG/Türkei sind Finnland, Österreich und Schweden derzeit weder Vertragspartei noch ist irgendeine Bindungswirkung der Vertragsnormen für sie vorgesehen. In diesem Zusammenhang scheint die Frage sehr problematisch, in welcher Rechtsposition sich diese Länder im bestehenden Assoziationsverhältnis zur Türkei befinden. Zweifel besteht vor allem daran, ob diese Staaten als Mitgliedstaat der Gemeinschaft gegenüber der Türkei völkerrechtlich zur Erfüllung von Verpflichtungen aus dem Abkommen, welche die Gemeinschaft mit der Türkei vereinbart hat, verpflichtet bzw. ggf. berechtigt sind.

Das allgemeine Völkerrecht enthält keine ausdrücklichen Normen über die Rechtsfolgen für die Mitgliedstaaten bei vertraglichen Rechtsbeziehungen internationaler Organisationen zu Drittstaaten[40]. Nach allgemeiner Auffassung[41]

---

[37] Vgl. das Ergänzungsprotokoll zum Assoziierungsabkommen zwischen der Europäischen Wirtschaftsgemeinschaft und der Türkei infolge des Beitritts neuer Mitgliedstaaten zu der Gemeinschaft vom 30. Juni 1973 (ABlEG 1977 Nr. L 361, 1).

[38] Vgl. das Protokoll zu dem Assoziationsabkommen zwischen der Europäischen Wirtschaftsgemeinschaft und der Türkei im Anschluß an den Beitritt des Königreichs Spanien und der Portegischen Republik zur Gemeinschaft vom 23. Juli 1987 (abgedruckt in: Assoziierungsabkommen und Protokolle EWG-Türkei sowie andere Basisdokumente, Rat der Europäischen Gemeinschaften, 1992, S. 78).

[39] Vgl. das Protokoll zu dem Abkommen zur Gründung einer Assoziation zwischen der Europäischen Wirtschaftsgemeinschaft und der Türkei im Anschluß an den Beitritt der Griechischen Republik zu der Gemeinschaft vom 20.4.1988, (abgedruckt in: Assoziierungsabkommen und Protokolle EWG-Türkei sowie die anderen Basisdokumenten, Rat der Europäischen Gemeinschaften, 1992, S. 92); vgl. Autonome Maßnahmen: Verordnung (EWG) Nr. 1059/88 des Rates vom 28. März 1988, in Kraft getreten am 1. Januar 1989 (ABlEG 1988 Nr. L 104, 1).

[40] Der Vorschlag der ILC, in die Konvention über das Recht der Verträge der internationalen Organisationen von 1986 eine Norm zu verankern, die in bestimmten Fällen eine völkerrechtliche Bindung an Verträge ihrer internationalen Organisationen vorsah. Dazu Streinz, Europarecht, Rn. 606.

[41] Vgl. Seidl-Hohenveldern/Loibl, Das Recht der Internationalen Organisationen, Rn. 307; Seidl-Hohenveldern, in: Bernhardt (Hrsg.), FS für Hermann 1983, S. 887. Dagegen können der von Doehring vertretenen Ansicht nach allgemeine Rechtsgrundsätze wie Rechtsmiß-

haften die Mitgliedstaaten nicht gegenüber dem Drittstaat für die Handlungen der internationalen Organisationen. Internationale Organisationen besitzen nämlich eine selbständige Rechtspersönlichkeit und können folglich allein - unabhängig von ihren Mitgliedstaaten - Träger von Rechten und Pflichten sein. Daraus folgt, daß keine automatische Bindung der Mitgliedstaaten an die Abkommen internationaler Organisationen vorliegen kann.

Aus völkerrechtlicher Sicht sind die Mitgliedstaaten internationaler Organisationen selbst grundsätzlich nicht verpflichtet, die Bestimmungen von Abkommen internationaler Organisationen einzuhalten und anzuwenden. Ob die Kompetenzüberschreitungen internationaler Organisationen bei völkerrechtlichen Abkommen Rechtswirkungen für ihre Mitgliedstaaten entfalten oder ob auf eine völkerrechtliche Haftung der Mitgliedstaaten im Fall einer Nichterfüllung bzw. nicht vertragsgemäßen Erfüllung eines von internationalen Organisation abgeschlossenen Abkommens zurückgegriffen werden kann, muß daher im Rahmen des jeweiligen Gründungsabkommens geklärt werden. Dieses Problem besteht lediglich als interne Angelegenheit zwischen der internationalen Organisation und ihren Mitgliedstaaten.

Die Abkommen internationaler Organisation können gegenüber ihren Mitgliedstaaten erst dann Rechtswirkungen entfalten, wenn in dem (Gründungs-)Abkommen im Hinblick auf die Kompetenzüberschreitungen entsprechende Regelungen bezüglich der Folgen von Bindungswirkung des Abkommens auf Mitgliedstaaten festgeschrieben sind oder eine externe Haftungspflicht für die Mitgliedstaaten gegenüber dem Drittstaat vorgeschrieben ist[42].

Das Assoziationsabkommen EG/Türkei enthält gemäß der aus Art. 300 Abs. 7 EGV erwachsenen Verpflichtungen der Mitgliedstaaten zur Einhaltung völkerrechtlicher Verträge der Gemeinschaft mit Drittstaaten oder mit internationalen Organisationen *„einen den völkerrechtlichen Ursprung ergänzenden gemeinschaftlichen Wesenszug.“*[43] Die völkerrechtlichen Abkommen der Gemeinschaft erscheinen im internen Verhältnis zwischen der Gemeinschaft und ihren Mitgliedstaaten als externe *„Handlungen der Organe der Gemeinschaft“*. Sie bilden ebenfalls - wie die internen Handlungen der Organe der Gemeinschaft in Form von Verordnungen, Richtlinien, Entscheidungen etc.- einen *„integrierenden Bestandteil des Gemeinschaftsrechts“*. Auch sie zählen zum Besitzstand der Gemeinschaft im Fall des Beitritts eines Staates. Dies hat zur Folge, daß neue Mitgliedstaaten der Ge-

---

brauch, Untätigkeit und andere Verletzungen der Organstreu eine Rolle bei der Beurteilung dieser Problematik spielen, ebenso wie die Möglichkeit der Berufung von clausla rebus sich stantibus; Dazu Doehring, Völkerrecht, S. 8, vgl. auch Herdegen, Völkerrecht,, S. 89, Rn. 20.

[42] Vgl. Art. 35 und 36 WVKIO.

[43] Oehmichen, Die unmittelbare Anwendbarkeit, S. 136.

meinschaft die von ihr abgeschlossenen Assoziationsabkommen mit der Türkei als gemeinschaftlichen Besitzstand übernehmen[44].

In diesem Zusammenhang ist allerdings streitig, ob gestützt auf den in Art. 300 Abs. 7 EGV verankerten Vollzugsbefehl eine Haftungspflicht dieser Mitgliedstaaten aus dem Assoziationsabkommen in Betracht gezogen werden könnte, weil in Art. 300 Abs. 7 EGV eine Bindung der Mitgliedstaaten an die völkerrechtlichen Abkommen der Gemeinschaft konstituiert ist[45].

Die Bindungswirkung völkerrechtlicher Verträge der Gemeinschaft nach Art. 300 Abs. 7 EGV versteht die herrschende Meinung[46] nicht als eine externe Verpflichtung gegenüber dem Vertragspartner der Gemeinschaft, sondern als rein innergemeinschaftlichen Vollzugsbefehl. In völkerrechtlicher Hinsicht kann der Vertragspartner der Gemeinschaft daher seine vertraglichen Ansprüche gegenüber den Mitgliedstaaten nicht aufrechterhalten. An dieser Stelle bezeichnet der EuGH[47] ebenfalls die diesbezüglichen Verpflichtungen der Mitgliedstaaten als gemeinschaftsrechtlich interne, gegenüber der Gemeinschaft geschuldete Verpflichtungen. Die Mitgliedstaaten haben lediglich die gemeinschaftliche Pflicht zur Durchführung der Abkommen, aber keine Verpflichtungen gegenüber Drittstaaten, das Abkommen umzusetzen. Die Mindermeinung[48] vertritt dagegen die Auffassung, daß die allein von der Gemeinschaft geschlossenen Abkommen für die Mitgliedstaaten gemäß Art. 300 Abs.7 EGV verbindlich sind, wodurch besonders für Dritte klargestellt wird, daß die von der Gemeinschaft geschlossenen Abkommen auch für die Mitgliedstaaten gelten und für diese nicht eine *"res inter alios acta"* sind.

Art. 300 Abs. 7 EGV kann nur im inneren Verhältnis zur Anwendung kommen. Die Normen der Assoziation sind als innergemeinschaftliche Verpflichtung gleichermaßen verbindlich für die Mitgliedstaaten. Ihnen obliegt zudem die Pflicht der *"Gemeinschaftstreue"* (Art. 10 EGV). Die Türkei kann aber dabei nicht von den Mitgliedstaaten, sondern von der Gemeinschaft den Vollzug des Abkommens verlangen, obgleich die Gemeinschaft nach dem EG-Vertrag für die Durchführung des nationalen Anteils dieser Mitgliedstaaten nicht zuständig ist. Die Gemeinschaft haftet gegenüber der Türkei uneingeschränkt für die Vertragserfüllung[49].

---

[44] Vgl. hierzu Art. 2 und 5 der Beitrittsakte mit Österreich (BGBl. Nr. 45/1995).
[45] Hartwig, Die Haftung der Mitgliedstaaten, S. 106.
[46] Tomuschat, in: G/T/E (Hrsg.), EUV/EGV, Kommentar, 5. Aufl., Art. 228 EGV, Rn. 56; Streinz, Völkerrecht, Rn. 432; Hartwig, Die Haftung der Mitgliedstaaten, S. 106; Bleckmann, EuR 1976, 302.
[47] EuGH, Urteil vom 26. Oktober 1982, Rs. 104/81 (Kupferberg), Slg. 1982, 3461.
[48] Rudolf, Das Abschlußverfahren völkerrechtlicher Verträge, S. 138.
[49] Analog zu Art. 46 WVK.

B. Materielle Bindungswirkung

Obwohl im formellen Sinne die Regelungen des Assoziationsabkommens und insbesondere die Beschlüsse des Assoziationsrates für die Parteien in allen Teilen verbindlich sind, stellt sich ferner die Frage, ob sowohl die Gemeinschaft als auch die Mitgliedstaaten gegenüber der Türkei als einheitliche Vertragspartner in jedem Fall an den gesamten Inhalt des Abkommens gebunden sind. Es geht dabei um die "materielle Bindungswirkung" von Vertragsbestimmungen. Das bedeutet, daß die Vertragsparteien über eine formelle Bindung an die Regelungen hinaus materiell von diesen betroffen werden. Materiell erlangen die Assoziationsbestimmungen also nur für den Adressaten Bedeutung, der den Inhalt seiner Rechtsordnung aufgrund des verbindlichen Charakters der Bestimmungen des Abkommens anpassen muß[50].

Die materielle Bindungswirkung der Bestimmungen des Abkommens kann hinsichtlich der Gemeinschaftsseite gewisse Schwierigkeiten in der Anwendung des Abkommens bereiten, weil die EG-Mitgliedstaaten[51] selbst als Vertragspartei an alle Vertragsbestimmungen unmittelbar gebunden sind, ohne daß dabei berücksichtigt bleibt, ob die Regelungsmaterie der Vertragsbestimmungen in den ausschließlichen Kompetenzbereich der Gemeinschaft fällt.

Bei gemischten Abkommen sind die Gemeinschaft und ihre Mitgliedstaaten gegenüber dem Drittstaat in der Regel gemeinsam verpflichtet, sofern aus Wortlaut oder Sinn des Abkommens nicht etwas Gegenteiliges zu verstehen ist[52]. In der Praxis wird aber zumeist eine konkrete Trennungsklausel[53] zur Aufteilung der Bindungswirkung für die Vertragsparteien der Gemeinschaftsseite vorgesehen. Gemäß dieser Klausel soll die Verteilung der materiellen Bindungswirkung mit der Verteilung gemeinschaftlichen Kompetenzen übereinstimmen. Demnach muß im Prinzip hinsichtlich der Anwendung der Assoziationsrege-lungen die gemeinschaftliche Kompetenzverteilung berücksichtigt werden. Gemeinschaftsrechtliche Kompetenzüberschreitungen berühren die Wirksamkeit vertraglicher Verpflichtungen nach außen aber nicht[54].

Die Aufteilung der materiellen Bindungswirkung der Bestimmungen eines gemischten Abkommens kann sich neben einer ausdrücklichen Trennungsklausel auch aus dem Wortlaut oder Sinn der jeweiligen Bestimmungen des Abkommens - z.B. der Benennung der Verpflichteten und Berechtigten in den einzelnen

---

[50] Vgl. dazu näher Richter, Die Assoziierung osteuropäischer Staaten, S. 156.
[51] Vgl. Krück, Völkerrechtliche Verträge, S. 140.
[52] Vgl. Herrnfeld, in: Schwarze (Hrsg.), EUV, Kommentar, Art. 310, Rn. 16; Krück, Völkerrechtliche Verträge, S. 141; Stein, Der gemischte Vertrag, S. 106; Arnold, AVR 1980/81, 423.
[53] Vgl. die auslegende Erklärung zur Bestimmung des Begriffs "Vertragsparteien" im Assoziationsabkommen EG/Türkei.
[54] Oehmichen, Die unmittelbare Anwendbarkeit, S. 102; Stein, Der gemischte Vertrag, S. 131; Krück, Völkerrechtliche Verträge, S. 141.

Vorschriften - ergeben. Enthält ein gemischtes Abkommen eine allgemeine Klausel zur Pflichtverteilung von Vertragsparteien[55], so ist die völkerrechtliche Bindungswirkung des Abkommens nach dem Maßstab dieser Klausel zu entscheiden. Infolgedessen können bestimmte Vertragsparteien auf der Gemeinschaftsseite nur an bestimmte Regelungen des Abkommens gebunden sein[56]. Zur Aufteilung der materiellen Bindungswirkung wurde eine Trennungsklausel im Anhang Nr. 1 des Assoziationsabkommens EG/Türkei vorgesehen. Durch diese Klausel ist die Stellung der Vertragsparteien im Abkommen näher präzisiert worden. Das Abkommen besitzt demnach hinsichtlich der Bindungswirkung seiner Bestimmungen grundsätzlich einen bilateralen Charakter, jedoch in unterschiedlicher Weise, so daß die jeweilige Bedeutung des Begriffes "Vertragsparteien" einerseits die Türkei, andererseits die Gemeinschaft sowie die Mitgliedstaaten oder aber entweder die Gemeinschaft oder die Mitgliedstaaten allein umfaßt. Dabei handelt es sich um die folgenden Varianten:

- einerseits die Gemeinschaft sowie die Mitgliedstaaten als einheitliche Vertragspartei, andererseits die Türkei,
- einerseits allein die Gemeinschaft, andererseits die Türkei,
- einerseits die gesamten Mitgliedstaaten, andererseits die Türkei und
- einerseits allein der jeweilige Mitgliedstaat, andererseits die Türkei

Die Bedeutung dieses Begriffs ist durch die Auslegung der jeweiligen Bestimmungen des Abkommens sowie der entsprechenden Bestimmungen des EG-Vertrages zu ermitteln, an welche Vertragspartei sich die Verpflichtungen des Abkommens richten[57]. Die materielle Bindung zwischen der Gemeinschaft und ihren Mitgliedstaaten ist folglich nach der internen Zuständigkeitsverteilung des EG-Vertrages zu bestimmen. Somit verpflichtete sich die Türkei in völkerrechtlicher Hinsicht dazu, die Kompetenzaufteilung zwischen der Gemeinschaft und ihren Mitgliedstaaten anzuerkennen. Dies bedeutet aber nicht, daß die Türkei eine Umsetzung derjenigen Bereiche des Abkommens, die in die Kompetenzbereiche der Gemeinschaft fallen, zu deren Vollzug jedoch die EG-Mitgliedstaaten gemeinschaftsrechtlich befugt sind, nicht von der Gemeinschaft verlangen kann.

---

[55] Nach Ansicht von Stein kann mit der Anerkennung der Existenz der innergemeinschaftlichen Kompetenzverteilung durch den Vertragspartner auch eine stillschweigende Beschränkung der Bindungswirkung vorgenommen werden. Dazu Stein, Der gemischte Vertrag, S. 93, 104, und 108.

[56] Aus völkerrechtlicher Sicht ist dies zulässig, weil im Völkerrecht der Grundsatz der Vertragsgestaltungsfreiheit gilt. Soweit kein Verstoß gegen das zwingende Völkerrecht vorliegt, sind die Vertragsparteien frei, den Inhalt des Abkommens zu gestalten. Die Vertragsgestaltung steht also - abgesehen von einigen Grenzen - im politischen Ermessen von Vertragsparteien.

[57] Tomuschat, in: G/T/E (Hrsg.), EUV/EGV, Kommentar, 5. Aufl., Art. 228 EGV, Rn. 51.

Im Regelfall steht die Gemeinschaft im Verhältnis zu ihren Mitgliedstaaten im Mittelpunkt des Assoziationsverhältnisses zur Türkei. Sie ist der echte Vertragspartner auf der Gemeinschaftsseite. Denn durch das Abkommen wurde die Assoziation trotz der Beteiligung ihrer Mitgliedstaaten an dem Assoziationsabkommen nur zwischen der Gemeinschaft und der Türkei gegründet (Art. 1 Ass.-Abk.), wobei der materielle Gegenstand des Abkommens von den Kompetenzen der Gemeinschaft weitgehend abdeckt wird. An dieser Stelle muß ferner darauf hingewiesen werden, daß die gemeinschaftsrechtlichen Kompetenzüberschreitungen im Prinzip keine Rechtswirkungen auf die Gültigkeit des Assoziationsabkommens EG/Türkei bzw. deren nachfolgenden Grundlagen entfalten (analog zu Art. 46 WVK). Die gemeinschaftsrechtliche Kompetenzverteilung ist lediglich im Hinblick auf die Verteilung der Verpflichtungen auf der Gemeinschaftsseite von Relevanz[58].

Im Fall eines Streitbeilegungsverfahrens muß die Beweislast für die gemeinschaftsrechtliche Kompetenzverteilung auf der Gemeinschaftsseite liegen. Andernfalls könnte eine Rechtsunsicherheit hervorgerufen werden, weil die Parteien der Gemeinschaftsseite Einwände gegen ihre Verpflichtungen erheben und diese leicht rechtfertigen können, indem sie nicht zuständig und daher nicht verpflichtet sind, vertragliche Verpflichtungen zu erfüllen. Dieses widerspricht offensichtlich dem Grundsatz von "*Treu und Glauben*" (Art. 26 VWK) sowie der daraus abgeleiteten Assoziationstreue (Art. 7 Ass.Abk.). Dadurch kann vor allem das Vertrauen der Türkei verletzt werden. Die Gemeinschaftsseite muß also zunächst selbst darüber entscheiden, wer in bezug auf die jeweiligen Bestimmungen des Abkommens verpflichtet oder berechtigt ist.

Soweit nicht feststellbar ist, wer Adressat der jeweiligen Regelungen des Abkommens auf der Gemeinschaftsseite sein soll, ist im Zweifel gemäß der auslegenden Erklärung der Vertragsparteien zur Bestimmung des Begriffes "Vertragsparteien" im Abkommen davon auszugehen, daß sowohl die Gemeinschaft als auch alle Mitgliedstaaten verpflichtet sind, diese Pflichten zu erfüllen. Es handelt sich dabei um eine einheitliche Bindungswirkung der betreffenden Vertragsbestimmung für die Gemeinschaft und ihre Vertragsstaaten. Die Gemeinschaft und die Mitgliedstaaten sind in solchen Fällen jeweils am Abkommen als Ganzes gebunden. So kann die Türkei ihre Ansprüche sowohl gegenüber der Gemeinschaft als auch gegenüber deren Mitgliedstaaten geltend machen.

Soweit im Abkommen eine klare Differenzierung der Verpflichtungen nach Adressaten der Gemeinschaftsseite festgestellt werden kann, sind jeweils die Gemeinschaft[59] sowie ihre Mitgliedstaaten bzw. ggf. ein jeweiliger Mitgliedstaat

---

[58] Vgl. Stein, Der gemischte Vertrag, S. 94.
[59] Dafür spricht vor allem der Umfang ausschließlicher Kompetenzen der Gemeinschaft nach dem EG-Vertrag, welcher das Assoziationsverhältnis mit der Türkei weitgehend abdeckt.

allein an die in Frage stehenden Bestimmungen völkerrechtlich gebunden, und die diesbezüglichen Verpflichtungen sind zu erfüllen[60]. Die Gemeinschaftsseite ist dabei allerdings gemeinsam zur Gewährleistung der Erfüllung verpflichtet, da sie gegenüber der Türkei als einheitliche Vertragspartei auftritt.

Infolge der dynamischen Kompetenzverteilung in der Gemeinschaftsrechtsordnung kann es zu einem Wechsel der Vertragspartei auf der Gemeinschaftsseite kommen, da die Kompetenzen der Mitgliedstaaten im Integrationsprozeß allmählich auf die Gemeinschaft übergehen[61]. Solchen Fällen kann bei der Festlegung der Bindungswirkung des Abkommens insofern Rechnung getragen werden, als durch die Änderungen der Kompetenzverteilung die Stellung der Türkei nicht verschlechtert wird, weil es im Völkerrecht nicht zulässig ist, durch den eigenständigen Willen der einen Vertragspartei die vertraglichen Beziehungen zu Lasten der anderen Vertragspartei zu ändern[62].

In diesem Zusammenhang ist auch darauf hinzuweisen, daß die vertragsgemäße Erfüllung der vertraglichen Verpflichtungen der Gemeinschaftsseite dann nicht vorliegt, wenn eine Vertragspartei auf der Gemeinschaftsseite ihre Verpflichtungen aus dem Abkommen nicht erfüllt. Hierbei ist es unerheblich, auf die Frage einzugehen, ob die Gemeinschaft oder der jeweilige Mitgliedstaat allein oder gemeinsam mit den anderen verpflichtet ist, weil die Gemeinschaftsseite gegenüber der Türkei als einheitliche Vertragspartei auftritt. Es ist folglich im Fall der Nichterfüllung gleichgültig, wer auf der Gemeinschaftsseite die Verpflichtung zu erfüllen hat. Denn im Ergebnis müssen in jedem Fall die Verpflichtungen der Gemeinschaftsseite erfüllt sein. Andernfalls liegt eine Vertragsverletzung seitens der Gemeinschaftsseite vor. Die Türkei könnte daher die Erfüllung ihrer Verpflichtungen aus dem Abkommen nicht nur gegenüber der schuldigen Vertragspartei auf der Gemeinschaftsseite, sondern auch darüber hinaus gegenüber der Gesamtheit der Gemeinschaftsseite unter Berufung auf ihre Rechte nach Art. 60 WVK verweigern. Daraus folgt, daß die jeweilige Vertragspartei

---

[60] So galten für die EWG-Mitgliedstaaten gemäß Art. 2 des vorläufigen Protokolls für die Einfuhren mit Ursprung in und Herkunft aus der Türkei jährlich folgende Zollkontingente:
„ a) 24.01- Tabak, unverarbeitet; Tabakabfälle
Belgisch- Luxemburgerische Wirtschaftsunion.........1250 Tonnen
Bundesrepublik Deutschland.....................................6600 Tonnen
Frankreich...2250 Tonnen
Italien..1500 Tonnen
Niederlande...600 Tonnen
Bis zur Höhe dieser Zollkontingente wendet *jeder Mitgliedstaat* den gleichen Zollsatz an, den er im Rahmen des am 9. Juli 1961 von der Gemeinschaft unterzeichneten Assoziierungsabkommens (gemeint ist das Abkommen mit Griechenland) auf Einfuhren der gleichen Erzeugnisse anwendet.
..."

[61] Stein, Der gemischte Vertrag, S. 101.

[62] Rechtsmißbrauch ist auch im Völkergewohnheitsrecht verboten.

auf der Gemeinschaftsseite nicht nur zur Erfüllung ihrer sich aus dem Abkommen ergebenden eigenen Pflichten verpflichtet ist, sondern auch zur Gewährleistung der Erfüllung durch die anderen, bis die in Frage stehende Verpflichtung vertragsgemäß erfüllt wird, um die Erfüllung der vertraglichen Verpflichtungen von der Türkei verlangen zu können. Andernfalls kann die Türkei unter Berufung auf ihre Rechte nach Art. 60 WVK ihre Rechte auf Verweigerung ihrer vertraglichen Verpflichtungen aus dem Assoziationsabkommen geltend machen.

Ebenfalls unter Berücksichtigung der auslegenden Erklärung zur Bestimmung des Begriffs "Vertragsparteien" im Assoziationsabkommen ist zu entscheiden, wer auf der Gemeinschaftsseite Ansprüche aus dem Assoziationsabkommen gegenüber der Türkei geltend machen kann. Im Regelfall können die EG und ihre Mitgliedstaaten nur gemeinsam Ansprüche gegenüber der Türkei erheben[63].

III. Unmittelbare Anwendbarkeit assoziationsrechtlicher Vorschriften

Völkerrechtliche Verträge begründen im Prinzip keine autonome Rechtsordnung mit Durchgriffswirkung auf Einzelne, sondern regeln völkerrechtliche Beziehungen der Vertragsparteien untereinander[64]. Rechte und Pflichten können die Bestimmungen völkerrechtlicher Verträge jedoch nicht nur für die Vertragsparteien, sondern auch für Einzelne begründen. Es handelt sich hierbei zumeist um "mittelbare völkerrechtliche Berechtigungen"[65] von Einzelnen[66]. Dadurch wird den Einzelnen jedoch keine Befugnis gegeben, von einem Vertragsstaat einen bestimmten Anspruch in einem völkerrechtlich geregelten Verfahren geltend zu machen. Vielmehr kommen Ansprüche von Einzelnen aus völkerrechtlichen Verträgen nur infolge eines innerstaatlichen Durchführungsaktes zustande und können deshalb nur vor innerstaatlichen Gerichten geltend gemacht werden[67]. Zu dessen unmittelbaren Anwendbarkeit muß ein völkerrechtliches Abkommen deshalb bereits in Kraft getreten sein, d.h. jegliche innerstaatliche Wirkung des Abkommens setzt innerstaatliche Geltung voraus.

Aus diesem Grund ist der Geltungsgrund völkerrechtlicher Normen im nationalen Recht von eminenter Bedeutung, um die Frage zu klären, inwieweit dem ein-

---

[63] Bleckmann, EuR 1976, 312.
[64] Fischer, Das Assoziationsrecht, S. 227.
[65] Epping, in: Ipsen (Hrsg.), Völkerrecht, S. 81.
[66] Der Einzelmensch hat nur ausnahmsweise "echte völkerrechtliche Berechtigungen" aus völkerrechtlichen Verträgen, von einem Staat einen bestimmten Anspruch in einem völkerrechtlich geregelten Verfahren zu fordern. So ermächtigt die EMRK den Einzelnen ausdrücklich und klar, seine Menschenrechte völkerrechtlich einzufordern. Er kann sich als letztes Mittel an den EGMR wenden. Vgl. dazu Epping, in: Ipsen (Hrsg.), Völkerrecht, S. 82 f.
[67] Ebd., S. 81 ff.

zelnen im Rahmen der nationalen Rechtsordnung aus völkerrechtlichen Verträgen unmittelbare Rechte und Pflichten zukommen können. In diesem Zusammenhang wird jedoch nicht weiterhin auf die dogmatischen Streite (sog. monistische, dualistische oder vermittelnde Theorien) eingegangen werden. Im folgenden werden lediglich die diesbezüglichen innerstaatlichen bzw. innergemeinschaftlichen Rechtsgrundlagen kurz erläutert.

A. Geltungsgrund völkerrechtlicher Verträge im innerstaatlichen Recht

1. Erfordernis eines staatlichen Durchführungsaktes

Auf internationaler Ebene ist das Völkerrecht das einzig anwendbare Recht. Dennoch gilt es in der innerstaatlichen Rechtsordnung nicht ohne weiteres unmittelbar, weil der formelle Geltungsgrund innerstaatlichen Rechts ein anderer als derjenige des Völkerrechts ist[68]. Innerstaatliches Recht wird in erster Linie von nationalrechtlichen Vorschriften ohne Rücksicht auf dessen Völkerrechtswidrigkeit bestimmt. Jegliche innerstaatliche Wirkung eines Abkommens setzt daher die innerstaatliche und -gemeinschaftliche Geltung voraus, damit ihre Vorschriften die Grundlage von Entscheidungen innerstaatlicher Rechtsanwendungsorgane sein können.

Aus völkerrechtlicher Sicht sind die Vertragsparteien dazu verpflichtet, den völkerrechtlichen Normen innerstaatliche Geltung zu verschaffen. An dieser Stelle enthält das allgemeine Völkerrecht selbst aber keine Regeln dazu, welche Wirkungen die Bestimmungen völkerrechtlicher Verträge in nationalen Rechtsordnungen entfalten[69]. Es steht den Vertragsparteien daher frei, auf welchem Wege sie ihre Vertragspflichten erfüllen[70], d.h. wie sie den vereinbarten Völkerrechtsnormen in ihrer Rechtsordnung Wirksamkeit verschaffen.

Die Vertragsparteien sind zwar sowohl verfassungsrechtlich als auch völkerrechtlich zuständig, die Modalitäten der Frage festzulegen, inwieweit sich die Vertragsbestimmungen in ihrer Rechtsordnung auswirken. Die innerstaatliche Geltung völkerrechtlicher Verträge ist jedoch nicht nur eine interne Angelegenheit des nationalen Verfassungsrechts eines Staates, sondern auch selbstverständlich eine Frage des Völkerrechts[71], weil jeder Vertragsstaat auch dafür sorgen muß, daß die im Abkommen vereinbarten Normen vertragsgemäß erfüllt

---

[68] Seidl-Hohenveldern/Stein, Völkerrecht, S. 118.

[69] Ferner existiert im Völkerrecht keine zentrale Instanz zur zwangsweisen Durchsetzung völkerrechtlicher Verträge. Die Staaten sind souverän und bestehen gleichberechtigt nebeneinander.

[70] Koller, Die unmittelbare Anwendbarkeit, S. 60.

[71] Seidl-Hohenfelder/Stein, Völkerrecht, S. 121.

werden. Bei der innerstaatlichen Umsetzung der Vertragsbestimmungen - wie und wann Vertragsbestimmungen in der innerstaatlichen Rechtsordnung gültig werden und nach welchen Regeln die rechtskräftigen Vertragsbestimmungen auszulegen sind - ist eine Vertragspartei gegenüber der anderen durchaus völkerrechtlich dafür verantwortlich, daß das vertraglich gebotene Ergebnis erzielt wird[72]. Im Falle einer Vertragsverletzung kann sich der betreffende Staat nicht darauf berufen, daß seine innerstaatliche Rechtsordnung einer rechtmäßigen Vertragserfüllung entgegenstehe (Art. 46 VWK). Vertragswidriges Verhalten läßt sich ebenso wenig mit Problemen rechtfertigen, die im nationalen Bereich wurzeln[73].

2. Innerstaatliche Geltung völkerrechtlicher Verträge nach dem Grundgesetz

Weite Teile der Vorschriften der Assoziation EG/Türkei gelten im innerstaatlichen Recht der Bundesrepublik Deutschland als Gemeinschaftsrecht[74] (Art. 23 GG, Art. 300 EGV). Soweit sie sich nicht auf die Kompetenzen der EG-Mitgliedstaaten beziehen, erfolgt ihre Geltung nach innerstaatlichem Recht zu bestimmen.

Gemäß Art. 59 Abs. 2 GG sind völkerrechtliche Verträge der Bundesrepublik Deutschland Bestandteil des Bundesrechts. Im Gegensatz zu den allgemeinen Regeln des Völkerrechts[75] wird dabei die innerstaatliche Geltung völkerrechtlicher Verträge von deren Ratifizierung abhängig gemacht. Nach der verfahrensmäßigen Ratifizierung sind völkerrechtliche Verträge einfachen Gesetzen gleichgestellt[76]. Eine Ausnahme bildet die Regelung des Art. 16a IV GG. Innerstaatlich wird ihre Geltung nach dem Grundsatz *lex posterior derogat legi priori* bestimmt. Das Zustimmungsgesetz muß jedoch mit dem Grundgesetz vereinbar sein.

---

[72] Zu völkerrechtlichen Folgen mangelnder Umsetzung siehe Kunig, in: Vitzthum (Hrsg.), Völkerrecht, S. 109, Rn. 43 ff.

[73] Z.B. das Scheitern der Verabschiedung eines Gesetzes im Parlament aufgrund politischer Schwierigkeiten oder die Durchführung innerstaatlicher institutioneller Reformen, die zu einer Verzögerung führen. So EuGH, Urteil , Rs. 52/72 (Kommission/Italien), Slg. 1976, 277; Urteil, Rs. 68/81 (Kommission/Belgien), Slg. 1982, 153.

[74] Hierzu siehe unten III. A. 4. Gemeinschaftliche Geltung völkerrechtlicher Verträge, S. 213 ff.

[75] Vgl. Art. 25 GG.

[76] Ebenso haben die Verwaltungsabkommen nach deren Ratifizierung den Rang von Verordnungen.

Beschlüsse des Assoziationsrates fallen jeweils in den Anwendungsbereich der Art. 23 und 24 Abs. 1 GG[77] und gelten folglich im deutschen Recht unmittelbar, ohne durch einen innerstaatlichen Akt umgesetzt zu werden[78].

3. Innerstaatliche Geltung völkerrechtlicher Verträge nach der türkischen Verfassung

In der türkischen Verfassung sind bezüglich völkerrechtlicher Verträge der Türkei mit Drittstaaten zwei Artikel verankert. Es handelt sich dabei um Art. 90 und Art 104 der türkischen Verfassung (TV). Gemäß Art. 90 TV sind völkerrechtliche Abkommen der Türkei mit Drittstaaten grundsätzlich umsetzungsbedürftig. Zur innerstaatlichen Geltung ihrer Regelungen müssen sie ratifiziert werden. Die Ratifizierung völkerrechtlicher Verträge erfolgt in zwei Stufen[79]. Zunächst muß ihnen gemäß Art. 90 Abs. 1 TV die Nationalversammlung durch ein formelles Gesetz zustimmen. Daraufhin müssen sie vom Staatspräsidenten ratifiziert und verkündet werden (Art. 104 TV). Nach der verfahrensmäßigen Ratifizierung sind sie türkischen Gesetzen gleichgestellt, d.h. sie erlangen Gesetzeskraft. Innerstaatlich unterliegt ihre Geltung ferner dem Grundsatz *lex posterior derogat legi priori*. Gegen sie kann beim Verfassungsgericht keine Klage erhoben werden. Die ordnungsgemäß in Kraft gesetzten völkerrechtlichen Verträge unterliegen weder der abstrakten noch der konkreten Normenkontrolle durch das Verfassungsgericht (Art. 90 Abs. 1 TV). Das Verfassungsgericht kann jedoch prüfen, ob das Zustimmungsgesetz mit der Verfassung vereinbar ist[80].

---

[77] Art. 24 Abs. 1 GG ermöglicht die bundesgesetzliche Übertragung von Hoheitsrechten auf zwischenstaatliche Einrichtungen. Unter dem Begriff der zwischenstaatlichen Einrichtung sind alle völkerrechtlichen Organe zu verstehen, wobei die Bundesrepublik Deutschland jeweils Mitglied sein muß. Diese Vorschrift legt jedoch nicht ausdrücklich fest, welche Wirkung und welchen Rang das von der zwischenstaatlichen Einrichtung gesetzte Recht im innerstaatlichen Recht besitzen sollen. Nach Auffassung des BVerfG besagt Art. 24 Abs. 1 GG nicht nur, daß die Übertragung von Hoheitsrechten auf zwischenstaatliche Einrichtungen überhaupt zulässig sei, sondern auch, daß die Hoheitsrechte der Organe dieser zwischenstaatlichen Organisationen anzuerkennen seien. BVerfGE 31, 145 (174); BVerfGE 37, 271 (280), Solange I; BVerfGE 73, 339 (375), Solange II.

[78] In diesem Sinne vgl. BVerfGE 37, 280; BVerfGE 68, 93.

[79] In Art 90 Abs. 2 der türkischen Verfassung finden sich Regelungen zu bestimmten Ausnahmefällen. Nach diesen Regelungen muß ein völkerrechtlicher Vertrag, um ohne Zustimmung der Nationalversammlung normative Kraft zu enthalten, Durchführungsabkommen zu einem völkerrechtlichen Abkommen oder ein Abkommen sein, das auf der Grundlage einer gesetzlichen Ermächtigung ein Verwaltungsabkommen darstellt oder Fragen von Wirtschaft, Handel oder Technik regelt. Verträge zur Regelung technischer und wirtschaftlicher Fragen sowie zur Durchführung von Handelsbeziehungen können allerdings eine Geltungsdauer von nicht mehr als einem Jahr und keine haushaltsrechtlichen Auswirkungen haben sowie den Status von Bürgern und die Eigentumsrechte türkischer Staatsangehöriger im Ausland nicht berühren. Derartige Abkommen müssen aber zur Kenntnis der Nationalversammlung gebraucht werden.

[80] Abweichend Özbudun, Türk Anayasa Hukuku, S. 184 f.

Beschlüsse des Assoziationsrates lassen sich als Durchführungsabkommen im Sinne von Art. 90 Abs. 2 TV interpretieren. Durchführungsabkommen entfalten gemäß Art. 90 Abs. 2 TV ohne Zustimmung des Parlaments normative Kraft in der türkischen Rechtsordnung. Soweit ein Assoziationsratsbeschluß zur Durchführung des Assoziationsabkommens sowie dessen Zusatzprotokolls erlassen worden ist, bedarf dieser, um Geltung in der türkischen Rechtsordnung zu erlangen, keines Zustimmungsgesetzes durch die Nationalversammlung. Die Staatsangehörigen der EG-Mitgliedstaaten können sich daher auf die Bestimmungen von Assoziationsratsbeschlüssen berufen, sofern ihnen türkische Gerichte gemäß dem nationalen Recht der Türkei eine unmittelbare Anwendbarkeit zuerkennen[81].

4. Gemeinschaftliche Geltung völkerrechtlicher Verträge

a) Integrierender Bestandteil des Gemeinschaftsrechts

Die von der Gemeinschaft geschlossenen Abkommen begründen nicht nur gegenseitige Rechte und Pflichten der Gemeinschaft und ihrer Vertragspartner untereinander, sondern schaffen auch gleichzeitig neues Gemeinschaftsrecht[82], weil Art. 300 Abs. 7 EGV neben den Gemeinschaftsorganen auch die Mitgliedstaaten dazu verpflichtet, völkerrechtliche Verträge der Gemeinschaft zu beachten und in ihrer innerstaatlichen Rechtsordnung ordnungsgemäß anzuwenden. Es handelt sich hierbei um einen generellen Vollzugsbefehl. Dementsprechend stellte der EuGH schon in der Rechtssache "Haegemann"[83] klar, daß völkerrechtliche Verträge der Gemeinschaft mit ihrem ordnungsgemäßen Inkrafttreten einen „*integrierenden Bestandteil des Gemeinschaftschaftsrechts*" bilden, ohne daß es auf einen gemeinschaftsrechtlichen Umsetzungsakt ankäme. Seine Auffassung begründet er damit, daß das Abkommen vom Rat gemäß Art. 300 EGV geschlossen worden ist und somit für die Gemeinschaft die „*Handlung eines Gemeinschaftsorgans*" darstellt. Nach Ansicht des EuGH[84] bedürfen völkerrechtliche Verträge der Gemeinschaft selbst keiner innergemeinschaftlichen Umsetzung. Die einzige Voraussetzung für die gemeinschaftliche Wirkung völkerrechtlicher Verträge ist vielmehr seine völkerrechtliche Verbindlichkeit für die

---

[81] Rumpf, RIW 1997, 51; ders., EuGRZ 1995, 147 ff.

[82] Durch die Einordnung eines völkerrechtlichen Abkommens in die Gemeinschaftrechtsordnung tritt jedoch kein inhaltlicher Wandel ein. Vielmehr bleibt seine Rechtsnatur als völkerrechtliches Abkommen im Verhältnis zu Drittstaat unverändert. Dazu Tomuschat, in: G/T/E (Hrsg.), EUV/EGV, Kommentar, 5. Aufl., Art. 228 EGV, Rn. 58.

[83] EuGH, Urteil vom 30. April 1974, Rs. 181/73 (Haegemann), Slg. 1974, 460, Rn. 5; Urteil vom 30. September 1987, Rs. 12/86 (Demirel), Slg. 1987, 3719, Rn. 7.

[84] EuGH, Urteil vom 30. April 1974, Rs. 181/73 (Haegemann), Slg. 1974, 460, Rn. 5; Urteil vom 30. September.1987, Rs. 12/86 (Demirel), Slg. 1987, 3719, Rn. 7.

Gemeinschaft. Diese Auffassung des EuGH wird vom wissenschaftlichen Schrifttum[85] überwiegend geteilt.

Ferner ist diese Verpflichtung der Mitgliedstaaten nach Auffassung des EuGH[86] eine gemeinschaftsrechtlich, intern gegenüber der Gemeinschaft geschuldete Verpflichtung. Demzufolge haben die Mitgliedstaaten die Bestimmungen völkerrechtlicher Verträge der Gemeinschaft umzusetzen, indem sie innerstaatliche Rechtsnormen erlassen, um ihre Rechtsordnung an den gemeinschaftlichen Besitzstand anzupassen. Außerdem ergibt sich eine gemeinschaftliche Verpflichtung der Mitgliedstaaten aus dem in Art. 10 EGV niedergelegten Prinzip der "*Gemeinschaftstreue*".

In den Rechtsordnungen der Mitgliedstaaten erlangen zwar völkerrechtliche Abkommen der Gemeinschaft ergänzend einen gemeinschaftlichen Charakter[87]. Im Hinblick auf die Wirkung des Assoziationsabkommens EG/Türkei in den Rechtsordnungen der EG-Mitgliedstaaten ist jedoch zwischen den unterschiedlichen Komponenten zu unterscheiden[88], weil es nicht nur von der Gemeinschaft selbst, sondern auch von den Mitgliedstaaten geschlossen worden ist. Der EuGH qualifiziert in seiner bisherigen Rechtsprechung gemischte Abkommen nur generell als „*integrierenden Bestandteil der Gemeinschaftrechtsordnung*", ohne nach Kompetenzbereichen der Gemeinschaft und der Mitgliedstaaten zu unterscheiden. An dieser Stelle wurde dagegen im wissenschaftlichen Schrifttum[89] einheitlich darauf verwiesen, daß eine Durchbrechung der Geltung des EG-Vertrages auch durch abweichende Bestimmungen gemischter Abkommen nicht möglich sei. Ein für die Gemeinschaft verbindlicher Vertrag kann nur von einem Gemeinschaftsorgan im Rahmen seiner Kompetenzen geschlossen werden[90]. Folgerichtig darf es durch die Bestimmungen des Assoziationsabkommens EG/Türkei u.a. zu keiner gemeinschaftsrechtlichen Kompetenzverschiebung zwischen der Gemeinschaft und ihren Mitgliedstaaten kommen. Ein solches Abkommen ist erst dann zulässig, wenn zunächst eine entsprechende Änderung des EG-Vertrages vorgenommen wird.

In den Rechtsordnung der Mitgliedstaaten gelten als Gemeinschaftsrecht nur diejenigen Vertragsbestimmungen, die in den ausschließlichen Kompetenzbereich der Gemeinschaft fallen[91]. Folglich kommt „*die spezifische Qualität des*

---

85 Tomuschat, in: G/TE (Hrsg.), EUV/EGV, Kommentar, 5. Aufl., Art. 228 EGV, Rn. 48; Vedder, EuR 1994, 202.
86 EuGH, Urteil vom 26. Oktober 1982, Rs. 104/81 (Kupferberg), Slg. 1982 S. 3461.
87 Oehmichen, Die unmittelbare Anwendbarkeit, S. 136.
88 Tomuschat, in: G/T/E (Hrsg.), EUV/EGV, Kommentar, 5. Aufl., Art. 228 EGV, Rn. 77.
89 Schmalenbach, in: C/R (Hrsg.), EUV/EGV, Kommentar, Art. 300 EGV, Rn. 71; Tomuschat, in: G/T/E (Hrsg.), EUV/EGV, Kommentar, 5. Aufl., Art. 228 EGV, Rn. 77.
90 Gittermann, Das Beschlußverfahren des Abkommens, S. 34.
91 Tomuschat, in: G/T/E (Hrsg.), EUV/EGV, Kommentar, 5. Aufl., Art. 228 EGV, Rn. 77.

Gemeinschaftsrechts mit seiner Vorrangstellung"[92] innerhalb der nationalen Rechtsordnung der Mitgliedstaaten denjenigen Bestimmungen des Assoziationsabkommens EG/Türkei nicht zu, die in den ausschließlichen Kompetenzbereich der Mitgliedstaaten fallen. Sie können wegen des Fehlens der Handlungskompetenz der Gemeinschaft nicht integrierender Bestandteil der Gemeinschaftsrechtsordnung sein, also auch nicht für die Gemeinschaftsorgane unmittelbare Geltung erlangen[93]. Hier handelt es sich um ein rein völkerrechtliches Vertragsverhältnis der Mitgliedstaaten zur Türkei. Daher kommt derartigen Bestimmungen lediglich die ihnen nach verfassungsrechtlichen Vorschriften des jeweiligen Staates zustehende Rechtsstellung zu[94]. An dieser Stelle ist jedoch darauf hinzuweisen, daß die Mitgliedstaaten auch in den Bereichen, in denen keine Zuständigkeit der Gemeinschaft besteht, eine gemeinschaftliche Verpflichtung haben. Diese Verpflichtung ergibt sich aus dem in Art. 10 EGV niedergelegten Grundsatz der "*Gemeinschaftstreue*". Aus gemischten Abkommen ergeben sich neben den gemeinschaftlichen Verpflichtungen auch eigenständige völkerrechtliche Verpflichtungen für Mitgliedstaaten, weil diese selbst neben der Gemeinschaft Vertragspartei sind. Die Mitgliedstaaten müssen jedoch bei der Erfüllung ihrer eigenen Verpflichtungen Rücksicht auf den Grundsatz der "*Gemeinschaftstreue*" nehmen. Andernfalls könnte dadurch das gesamte Vertragsverhältnis der Gemeinschaft zum Drittstaat beeinträchtigt werden.

Diese Rechtsprechung hat der EuGH danach auf die Assoziationsratsbeschlüsse ausgedehnt. In mehreren Entscheidungen[95] hat der EuGH ausgesprochen, daß die Beschlüsse der Assoziationsräte ebenso wie das Abkommen selbst von Beginn ihres Inkrafttretens an[96] „*integrierender Bestandteil des Gemeinschafts-rechts*" sind. Für die innergemeinschaftliche Rechtswirksamkeit der Assoziationsratsbeschlüsse sei grundsätzlich kein gesonderter Umsetzungsakt der Gemeinschaft erforderlich, soweit ihr Wortlaut hinreichend bestimmt sei. Zur Begründung führt der EuGH[97] an, daß Assoziationsratsbeschlüsse in einem unmittelbaren Zusammenhang mit dem Abkommen stehen, zu dessen Durchführung sie erge-

---

[92] Ebd.

[93] Scmalenbach, in: C/R (Hrsg.), EUV, Kommentar, Art. 300 EGV, Rn. 71; Tomuschat, in: G/T/E (Hrsg.), EUV/EGV, Kommentar, 5. Aufl., Art. 228 EGV, Rn. 77; Meessen, EuR 1980, 36 und 44.

[94] Tomuschat, in: G/T/E (Hrsg.), EUV/EGV, Kommentar, 5. Aufl., Art. 228 EGV, Rn. 77.

[95] EuGH, Urteil vom 30. September 1987, Rs. 12/86 (Demirel), Slg. 1987, 3719, Rn. 7; Urteil vom 14. November 1989, Rs. 30/88 (Griechenland/Kommission), Slg. 1989, 3711, Rn. 12.

[96] Assoziationsratsbeschlüsse sind für die Vertragsparteien schon vom Zeitpunkt seines Erlasses an verbindlich, selbst wenn er den Zeitpunkt seines Inkrafttretens nicht festlegt. Vgl. EuGH, Urteil vom 20. September 1990, Rs. C-192/89 (Sevince), Slg. 1990, I-3461; Rn. 22; Urteil vom 10. September 1996, Rs. C- 227/94 (Taflan-Met), Slg. 1996, I- 4085, Rn. 18 bis 21.

[97] EuGH, Urteil vom 14. November 1989, Rs. 30/88 (Griechenland/Kommission), Slg. 1989, 3711, Rn. 13; Urteil vom 20. September 1990, Rs. C-192/89 (Sevince), Slg. 1990, I-3461; Rn. 9.

hen[98]. Der unmittelbare Zusammenhang zum Assoziationsabkom-men ergibt sich nach Auffassung des EuGH[99] aus der Funktion der Assoziationsratsbeschlüsse, die Vorgaben des Abkommens umzusetzen.

Dagegen war lange Zeit umstritten, wie in dieser Hinsicht die Beschlüsse des Assoziationsrates zu behandeln sind, da die Bindungswirkung von Beschlüssen des Assoziationsrates im EG-Vertrag nicht ausdrücklich geregelt wurde. Der Rechtsprechung des EuGH zur Einbindung der Beschlüsse in die Gemeinschaftsrechtsordnung wurde daher von der herrschenden Meinung[100] nicht ganz zugestimmt[101]. Nach dieser ablehnenden Auffassung bedürfen Assoziationsratsbeschlüsse immer eines gemeinschaftlichen Umsetzungsaktes, um gemeinschaftsrechtlich wirksam zu sein. Sie gehen entsprechend der Auffassung der dualistischen Theorie davon aus, daß das Assoziationsverhältnis lediglich einen rein völkerrechtlichen Charakter besitze und ein dadurch geschaffenes Organ daher kein Gemeinschaftsorgan darstelle. Beschlüsse des Assoziationsrates empfangen ihre Rechtswirkungen aus dem übereinstimmenden rechtsgeschäftlichen Willen der Vertragspartner. Daher sind die Beschlüsse des Assoziationsrates keine ausschließlichen Rechtsakte der Gemeinschaft, sondern rein völkerrechtliche Akte. So erlangen Beschlüsse des Assoziationsrates kraft der Transformation gemeinschaftliche Wirksamkeit[102]. Sie stützen sich hierbei auf Art. 2 des Abkommens 64/737/EWG[103]. Demnach müssen Assoziationsratsbeschlüsse zu ihrer Geltung im Gemeinschaftsrecht bzw. im nationalen Recht durch entsprechende Beschlüsse des Rates bzw. Maßnahmen der Mitgliedstaaten umgesetzt werden, je nachdem, ob der Regelungsgegenstand der Assoziationsratsbeschlüsse in den Kompetenzbereich der Gemeinschaft oder der Mitgliedstaaten fällt. Der Rat vertritt in seiner bisherigen Praxis ebenfalls grundsätzlich die Auffassung, daß die Umsetzung der Beschlüsse des Assoziationsrates erforderlich ist, um in der Rechtsordnung der Gemeinschaft wirksam zu sein. Folglich

---

[98] EuGH, Urteil vom 14. November 1989, Rs. 30/88 (Griechenland/Kommission), Slg. 1989, 3711, Rn. 59.

[99] EuGH, Urteil vom 10. September 1996, Rs. C- 227/94 (Taflan-Met), Slg. 1996, I- 4085, Rn. 18.

[100] Vgl. den Generalanwalt La Pergola, Schlußantrag zur Rechtssache "Taflan-Met" (Rs. C-277/94, Slg. 1996, I-4087); Hailbronner, EuR 1984, 54; Richter, Assoziierung ostmitteleuropäischer Staaten, S. 156 ff. vgl. auch Rumpf, RIW 1993, 222 m.w.N.

[101] Nach Auffassung von Hailbronner handelt sich bei völkerrechtlichen Vertragsverhältnissen der Gemeinschaft mit Drittstaaten nicht um Gemeinschaftsrecht. Dazu Hailbronner, EuR 1984, 54.

[102] Vedder, in: G/H (Hrsg.), EUV, Kommentar, Art. 238 EGV, Rn. 36.

[103] Abkommen über die Durchführung des Abkommens zur Gründung einer Assoziation zwischen der Europäischen Wirtschaftsgemeinschaft und der Türkei zu treffenden Maßnahmen und dabei anzuwenden Verfahren vom 12. September 1963 (ABlEG 1964, Nr. 217, 3703).

hat er zusätzliche Verordnungen zur Übernahme der Assoziationsratsbeschlüsse erlassen[104].

Ein Teil der Lehre[105] hält die Begründung des EuGH nicht (mehr) für erforderlich, weil sich die Beschlüsse des Assoziationsrates ohnehin als völkerrechtliche Verträge einordnen lassen. Sie betrachten Beschlüsse des Assoziationsrates als in einem vereinfachten Verfahren geschlossene völkerrechtliche Verträge und wenden folglich Art. 300 Abs. 7 EGV auf die Beschlüsse des Assoziationsrates an. Kraft dieser Vorschrift sind die Gemeinschaft und ihre Mitgliedstaaten unmittelbar an Beschlüsse des Assoziationsrates gebunden, ohne daß ein gesonderter Umsetzungsakt erforderlich ist.

Die Auffassung des EuGH, daß für die innergemeinschaftliche Rechtswirksamkeit der Assoziationsratsbeschlüsse grundsätzlich kein gesonderter Umsetzungsakt der Gemeinschaft erforderlich sei[106], ist vorzuziehen, auch wenn die Begründung des EuGH argumentativ nicht ausreichend ist[107]. Nach seiner Auffassung stehen Assoziationsratsbeschlüsse in einem unmittelbaren Zusammenhang mit dem Abkommen, zu dessen Durchführung sie ergehen. Die Gemeinschaft und ihre Mitgliedstaaten sind sowohl völkerrechtlich als auch gemeinschaftsrechtlich bzw. verfassungsrechtlich an die Bestimmungen des Assoziationsabkommens in vollem Umfang gebunden. Sofern die Assoziationsratsbeschlüsse im Rahmen des Abkommens sowie in den Grenzen der nachfolgenden Protokolle gefaßt werden, bedürfen sie zu ihrer gemeinschaftlichen Geltung grundsätzlich keiner Umsetzungsakte der Gemeinschaft. Die Gemeinschaft und ihre Mitgliedstaaten haben durch das Abkommen der Verbindlichkeit von Assoziationsratsbeschlüssen zugestimmt und würde daher gegen das Abkommen selbst verstoßen, wenn sie sich dieser Bindung entzögen[108]. Diese Verpflichtung ergibt sich ferner aus Art. 300 Abs. 7 EGV. Es handelt sich dabei um eine Generaltransformation, so daß Assoziationsratsbeschlüsse in der Rechtsordnung der Parteien unmittelbar - ohne eine innergemeinschaftliche Transformation - wirken. Die EG-Organe und die Mitgliedstaaten dürfen folglich die gemeinschaftliche Geltung von Assoziationsratsbeschlüssen nicht vom Erlaß einer weiteren Durchführungsmaßnahme abhängig machen. Aus gemeinschafts-

---

[104] Vgl. dazu Gilsdorf, in: G/T/E (Hrsg.), Kommentar zum EWG-Vertrag, 4. Aufl., Art. 238 EWGV, Rn. 49; Weber, in: G/T/E (Hrsg.), EUV/EGV, Kommentar, 5. Aufl., Art. 238 EGV, S. 739.

[105] Schmalenbach, in: C/R (Hrsg.), EUV, Kommentar, Art. 310 EGV, Rn. 34; Gittermann, Das Beschlußverfahren des Abkommens, S. 33; Gilsdorf, EuZW 1991, 461; Vedder, EuR 1994, 212 f.

[106] EuGH, Urteil vom 14. November 1989, Rs. 30/88 (Griechenland/Kommission), Slg. 1989, 3711, Rn. 13.

[107] Dazu Gilsdorf, EuZW 1991, 459 (461); Vedder, EuR 1994, 202 (209).

[108] EuGH, Urteil vom 10. September 1996, Rs. C- 27/9 (Taflan-Met), Slg. 1996, I-4085, Rn. 19; Sieveking, NZZ 1994, 213.

rechtlicher Sicht kann der Assoziationsrat daher unmittelbar wirksame Rechtsbefehle an die Einzelnen und/oder die Rechtsanwendungsorgane erteilen[109].

Art. 2 des Abkommens 64/737/EWG kann nicht als Transformation angesehen werden, da diese Vorschrift lediglich bezweckt, Beschlüsse und Empfehlungen des Assoziationsrates durch Beschlüsse des Rates zu veröffentlichen und damit deren Anwendungsrahmen im Gemeinschaftsrecht zu konkretisieren[110]. Darüber hinaus ist aber daraus nicht abzuleiten, daß die innergemeinschaftliche Geltung von Assoziationsratsbeschlüssen eine Transformation durch einen Beschluß des Rates voraussetzt. Im übrigen ist die Türkei nicht Vertragspartei dieses Abkommens. Die Bestimmungen können der Türkei gegenüber nicht geltend gemacht werden[111].

Ungeachtet der Kompetenzfrage wird der Vollzug des Assoziationsrechts in der Rechtsordnung der Gemeinschaft durch die Mitgliedstaaten vorgenommen, da die EG-Organe nicht über die Mittel der verwaltungstechnischen Umsetzung der Rechtsvorschriften verfügen. Vertragsgemäß haben die Mitgliedstaaten dafür sorgen, daß im innerstaatlichen Bereich das Assoziationsrecht beachtet wird.

b) Rang völkerrechtlicher Verträge im Gemeinschaftsrecht

Wie oben dargelegt wurde, gelten völkerrechtliche Verträge der Gemeinschaft in der Rechtsordnung der Gemeinschaft als Akte derer Organe. Sie stellen daher sekundäres aber nicht primäres Gemeinschaftsrecht dar. Gemäß Art. 300 Abs. 5 und 6 EGV müssen die Assoziationsabkommen der Gemeinschaft sowie daraus hervorgegangene Assoziationsratsbeschlüsse mit dem primären Gemeinschaftsrecht in Einklang stehen. Sie sind also dem primären Gemeinschaftsrecht gegenüber untergeordnet und nur anzuwenden, soweit sie den Bestimmungen des EG-Vertrages entsprechen. Der EG-Vertrag enthält dagegen keine ausdrücklichen Vorschriften zum Rangverhältnis zwischen dem sekundären Gemeinschaftsrecht und den völkerrechtlichen Verträgen der Gemeinschaft. Nach der Rechtsprechung des EuGH[112] haben völkerrechtliche Abkommen dagegen Vorrang vor dem sekundären Gemeinschaftsrecht. Der Vorrang vor dem Sekundärrecht ergibt sich aus Art. 300 Abs. 7 EGV, wonach die Verträge für die Gemeinschaftsorgane verbindlich sind, diese also ihren Inhalt bei der Rechtssetzung zu beobachten zu haben. Der Anwendungsvorrang hat aber nicht die Nichtigkeit

---

[109] Zur Wirkung der Übertragung von Hoheitsrechten auf zwischenstaatliche Einrichtungen siehe Brokmeyer, in: Schmidt/Klein (Hrsg.), Kommentar zum Grundgesetz, Art. 24 GG, S. 606 ff.

[110] Fischer, Das Assoziatiònsrecht, S. 227.

[111] Fuchs/Höller, in: Fuchs (Hrsg.), Kommentar zum Europäischen Sozialrecht, 2. Aufl., 2000, S. 676, Rn. 27.

[112] EuGH, Urteil vom 12. Dezember 1972, Verb. Rs. 21-24/72 (international Fruit Company), Slg. 1974, 1219, Rn. 6 f.

des im Widerspruch zum Assoziationsrecht stehenden sekundären Gemeinschaftsrechts zu Folge, vielmehr ist dieses in Kollisionsfällen lediglich nicht heranzuziehen.

Im Ergebnis ist festzuhalten, daß die Vorschriften der primärrechtlichen Grundlagen der Assoziation sowie daraus hervorgegangene Assoziationsratsbeschlüsse im Rang zwischen dem Primär- und dem Sekundärrecht einzuordnen sind.

Solche Vertragsbestimmungen gelten innerhalb eines Mitgliedstaates nicht nur als jeweiliges nationales Recht, sondern erlangen auch ggf. die Geltungskraft des gleichlautenden Gemeinschaftsrechts[113], so daß ihnen eine supranationale Rechtsnatur zukommt und sich der Einzelne unmittelbar darauf berufen kann. Assoziationsrecht als Gemeinschaftsrecht sind in den Mitgliedstaaten unmittelbar anwendbar und verdrängen das innerstaatliche Recht im Falle des Konflikts. Die assoziationsrechtlichen Vorschriften genießen im Prinzip Anwendungsvorrang vor entgegenstehenden Bestimmungen des innerstaatlichen Rechts, ohne zunächst in das nationale Recht der Mitgliedstaaten umgesetzt zu werden[114].

B. Unmittelbare Anwendbarkeit

1. Allgemeines

Die innerstaatliche oder gemeinschaftliche Geltung eines Abkommens bedeutet jedoch nicht, daß all ihre Bestimmungen in der Rechtsordnung der Vertragsparteien unmittelbar anwendbar sind[115]. Wie oben erörtert wurde, bezieht sich die innerstaatliche Geltung völkerrechtlicher Abkommen auf die Gesamtheit eines Vertragswerks und setzt in der Regel deren Umsetzung in das innerstaatliche Recht voraus, damit ihre Vorschriften die Grundlage von Entscheidungen innerstaatlicher Rechtsanwendungsorgane sein können. Die unmittelbare Anwendbarkeit[116] dagegen bezieht sich auf einzelne Vertragsbestimmungen und ist durch Auslegung der betreffenden Vertragsbestimmung zu ermitteln[117]. Trotz ihrer Unterschiede stehen sie zueinander jedoch in einem Stufenverhältnis. Die Gel-

---

[113] Der Rat hat das Assoziationsabkommen EWG/Türkei durch Beschluß 64/732/EWG vom 23. Dezember 1963, und später das Zusatzprotokoll durch Verordnung 2760/72 vom 19 Dezember 1972 im Namen der Gemeinschaft gebilligt.

[114] Die gemeinschaftsrechtliche Anwendung der Assoziation gilt jedoch innerhalb der Gemeinschaftsrechtsordnung, daher ist für die Türkei nicht verbindlich.

[115] Koller, Die unmittelbare Anwendbarkeit, S. 81; Weber, Der assoziationsrechtliche Status Drittstaatsangehöriger, S. 39.

[116] Synonym zum Begriff "unmittelbare Anwendbarkeit" wird in der deutschen Literatur auch von "unmittelbarer Wirkung" oder "Direktwirkung" gesprochen. Vgl. Schmalenbach, in: C/R (Hrsg.), EUV, Kommentar Art. 300 EGV Rn. 58; Weber, Der assoziationsrechtliche Status Drittstaatsangehöriger, S. 38.

[117] Ress, in: Rüther/Pawlik (Hrsg.), 1984, S. 52.

tung eines Abkommens in der innerstaatlichen oder -gemeinschaftlichen Rechtsordnung ist die erste Voraussetzung für die unmittelbare Anwendbarkeit von deren Bestimmungen[118].

Sofern die Bestimmungen völkerrechtlicher Verträge unmittelbar anwendbar sind, können sie mithin auch innerstaatliches Recht verdrängen; andernfalls aber ist der eindeutige Wortlaut einer nationalen Bestimmung entscheidend, so daß assoziationsrechtliche Vorschriften nur eine völkerrechtliche Verpflichtung beinhalten[119].

Unmittelbar anwendbar sind nur solche Vertragsbestimmungen, deren Wortlaut Rechte und Pflichten erkennen läßt. Die Beantwortung der Frage, welche Vorschriften eines Abkommens in der nationalen Rechtsordnung unmittelbar angewandt werden können, richtet sich nach Sinn und Zweck der jeweils zu untersuchenden Bestimmung im Zusammenhang mit dem ihnen zugrundeliegen-den Abkommen[120]. Dies stellt ein Auslegungsproblem dar[121]. Auch im Assoziationsrecht haben die Auslegungsprobleme ein besonderes Gewicht und spezielle Bedeutung, weil die Vertragsparteien sich im Abkommen und in dessen Zusatzprotokoll auf knapp und allgemein gehaltene Regelungen beschränkt haben.

Bei der Auslegung der einzelnen Regelungen des Assoziationsabkommens EG/Türkei sind grundsätzlich alle in Art. 31 WVK genannten Auslegungskriterien heranzuziehen. Demnach ist das Abkommen als Einheit zu betrachten und nach dem Grundsatz von "*Treu und Glauben*" auszulegen. Bei der Prüfung sind Sinn, Zweck und Aufbau des Abkommens sowie der Wortlaut der in Rede stehenden Bestimmung und des gesamten Abkommens zu berücksichtigen[122].

2. Voraussetzungen unmittelbarer Anwendbarkeit

Allgemein wird anerkannt, daß eine Vertragsbestimmung für ihre Adressaten erst dann unmittelbar wirksam werden kann, wenn sie unter Berücksichtigung ihres Wortlauts und im Hinblick auf ihren Sinn und Zweck eine klare und eindeutige Verpflichtung enthält, deren Erfüllung oder deren Wirkung nicht vom Erlaß eines weiteren innerstaatlichen Umsetzungsaktes abhängig ist[123]. Zu ihrer

[118] Oehmichen, Die unmittelbare Anwendbarkeit, S. 108.

[119] Weber, Der assoziationsrechtliche Status Drittstaatsangehöriger , S. 38.

[120] EuGH, Urteil vom 20. September 1990, Rs. C-192/89 (Sevince), Slg. 1990, 3461, 3502, Rn. 15.

[121] Koller, Die unmittelbare Anwendbarkeit, S. 81; Weber, Der assoziationsrechtliche Status Drittstaatsangehöriger, S. 39.

[122] EuGH, Urteil vom 30. September 1987, Rs. 12/86 (Demirel), Slg. 1987, 3719; Urteil vom 26 Oktober 1982, Rs. 104/81, Slg. 1982, 3641..

[123] Der EuGH geht zur Klärung der Frage, ob Individuen sich vor nationalen Gerichten auf Bestimmungen eines Gemeinschaftsabkommens berufen können, grundsätzlich von den allge-

unmittelbaren Anwendbarkeit darf eine Vertragsbestimmung folglich keinen bloßen Programmcharakter besitzen, sondern muß im rechtlichen Sinne vollkommen formuliert sein, also ohne eine weitere Konkretisierung und ohne weitere Umsetzungsakte anwendbar sein. Daraus muß sich eine konkrete Handlungs- und Unterlassungspflicht[124] für die Vertragsparteien ergeben, d.h. die Anwendung darf nicht im Ermessen der Vertragsparteien liegen[125]. In der Rechtssache "Sevince"[126] stellte der EuGH fest, daß die Wirksamkeit der Verpflichtungen der Mitgliedstaaten aus diesen Vorschriften nicht von etwaigen Umsetzungsakten der Mitgliedstaaten abhängig ist. Art. 6 Abs. 3 ARB 1/80 sieht einzelstaatliche Vorschriften für die Durchführung der Bestimmungen der Art. 6 Abs. 1 und 2 ARB 1/80 vor. Nach Ansicht des EuGH wird hier lediglich die den Mitgliedstaaten ohnehin obliegende Pflicht zum Erlaß von Verwaltungsvorschriften konkretisiert, die zur Durchführung der Vorschriften der Absätze 1 und 2 erforderlich sind. Ebenfalls schließt ein Ungleichgewicht zwischen den jeweiligen Verpflichtungen der Gemeinschaft und des betreffenden Drittlands die unmittelbare Wirkung der Bestimmungen des Abkommens nicht aus[127].

Nach der Rechtsprechung des EuGH[128] kann den Bestimmungen eines Beschlusses des Assoziationsrates eine solche Wirkung allerdings erst dann zugestanden werden, wenn sie in unmittelbarem Zusammenhang mit dem Abkommen stehen, zu dessen Durchführung sie ergehen und im Einzelfall hinreichend konkret und bestimmt sind. Sie müssen demnach dieselben Voraussetzungen erfüllen, wie sie für die Bestimmungen des Abkommens gelten[129].

a) Hinreichende Bestimmtheit

Um Rechte und Pflichten für den Einzelnen zu begründen, muß der Wortlaut der Vertragsbestimmung hinreichend klar und vollständig abgefaßt sein, und zwar in dem Sinne, daß diesem eine bestimmte Rechtsfolge entnommen werden kann[130].

---

meinen Kriterien aus, die er in seiner Rechtsprechung zum EG-Vertrag und zum sekundären Gemeinschaftsrecht erarbeitet hat. Vgl. Urteil vom 30. September 1987, Rs. 12/86 (Demirel), Slg. 1987, 3753, Rn. 14; Urteil vom 31. Januar 1991, Rs. C-18/90 (Kziber), SLg. 1991, I-199, Rn. 15 und Urteil vom 16. Juni 1998, Rs. 162/96 (Racke), Slg. 1998, I-3655, Rn. 31. Urteil vom 12. Dezember 1972, verb. Rs. 21-24/72 (international Fruit Company), Slg. 1972, 1219; Urteil vom 5. Februar 1976, Rs. 87/75 (Bresciani), Slg. 1976, 129.

[124] Vgl. z.B. Art. 37 ZP.

[125] Weber, Der assoziationsrechtliche Status Drittstaatsangehöriger, S. 42.

[126] EuGH, Urteil vom 20. September 1990, Rs. C-192/89 (Sevince), Slg. 1990, I-3461.

[127] EuGH, Urteil vom 5. Februar 1976, Rs. 87/75 (Bresciani), Slg. 1976, 129, Rn. 23; Urteil vom 12. Dezember 1995, Rs. C-469/93 (Chiquita Italia), Slg. 1995, I-4533, Rn. 34.

[128] Ebd., Rn. 14.

[129] Die fehlende Veröffentlichung der Vorschrift verhindert lediglich die Begründung von Verpflichtungen, nicht aber die Berufung auf Rechte des Einzelnen. Hierzu EuGH, Urteil vom 20. September 1990, Rs. C-192/89 (Sevince), Slg. 1990, I-3461, Rn. 24.

[130] Z.B. Menschenrechte, Diskriminierungsverbot; vgl. auch Art. 37 ZP.

Die hinreichende Bestimmtheit einer Vertragsnorm liegt auch dann vor, wenn ihr Inhalt durch Auslegung ermittelt werden kann.

b) Inhaltliche Unbedingtheit

Zu ihrer unmittelbaren Anwendbarkeit muß die Vertragsbestimmung ferner durch keinerlei Bedingungen eingeschränkt sein, sondern unbedingte Rechte und Pflichten begründen[131]. Eine Vertragsbestimmung kann nicht nur eine konkrete Handlungspflicht, sondern auch eine Unterlassungspflicht für die Vertragsparteien beinhalten. Hinsichtlich der Handlungspflichten der Vertragsparteien könnten Umsetzungsmaßnahmen erforderlich werden. Rechte und Pflichten müssen von keinen Maßnahmen mehr abhängen, die über bloße Durchführungsbestimmungen hinausgehen[132]. Hier stellt sich die Frage, welche Rechtsfolge eintritt, sofern eine Vertragspartei ihrerseits die notwendigen Vollzugsmaßnahmen nicht durchgeführt hat. Der Anhaltspunkt hierfür soll sein, ob die Vertragsbestimmung den Vertragsparteien ein Ermessen hinsichtlich der Anwendung von Vollzugsmaßnahmen einräumt oder nicht.

Sofern die jeweilige Vertragspartei bei der Umsetzung einer Vertragsbestimmung in ihrer Rechtsordnung keinerlei Ermessen besitzt, hängt die unmittelbare Anwendbarkeit dieser Vorschrift im Ergebnis nicht von weiteren innerstaatlichen Maßnahmen der jeweiligen Vertragspartei ab, wenn sie deutlich und klar formuliert sind. Solche Vertragsbestimmungen sind vom normativen Gehalt ichres Wortlauts her selbst anwendungsfähig in dem Sinne, daß sie Rechte und Pflichten auch für die Einzelnen begründen können[133]. Sie verpflichten die jeweilige Vertragspartei gegenüber der anderen dazu, die Erfordernisse der Anforderungen der Vertragsbestimmung in ihrer Rechtsordnung zu erfüllen

- entweder freiwillig durch den Erlaß innerstaatlicher Vorschriften
- oder durch ein völkerrechtliches Durchsetzungsverfahren (etwa durch gerichtliche Entscheidungen).

In diesem Zusammenhang hat der EuGH[134] klargestellt, daß die in Art. 95 Abs. 3 a. F. EWGV enthaltene Verpflichtung zu einem aktiven Tun keine Ermesseneinräumung bedeute und deshalb unmittelbar anwendbar sei.

Hingegen kann eine Vertragsbestimmung den Vertragsparteien aber auch keine Verpflichtung hinsichtlich ihrer Anwendung auferlegen, sondern diesen ein echtes Ermessen einräumen[135]. Liegt es nach dem Wortlaut einer Vertragsbe-

---

[131] EuGH, Urteil vom 26. Oktober 1982, Rs. 104/81 (Kupferberg), Slg. 1982, 3641.
[132] EuGH, Urteil vom 30. September 1987, Rs. 12/86 (Demirel), Slg. 1987, 3719.
[133] Koller, Die unmittelbare Anwendbarkeit, S. 181.
[134] EuGH, Urteil vom 16. Juni 1966, Rs. 57/65 (Lütticke), Slg. 1966, 293 ff.
[135] Vgl. Weber, Der assoziationsrechtliche Status Drittstaatsangehöriger, S. 42 und 43 m.w.N.

stimmung durchaus im Ermessen der jeweiligen Vertragspartei, sie in ihrem nationalen Recht durch weitere innerstaatliche Maßnahmen umzusetzen, dann sind solche Vertragsbestimmungen nicht ohne weiteres unmittelbar anwendbar, weil es hier an einer Bindungswirkung für die Vertragsparteien fehlt. Solche Vertragsbestimmungen stellen vom normativen Gehalt ihres Wortlauts her hauptsächlich unverbindliche Grundsatzerklärungen dar[136]; zu einer normativen Wirkung bedarf es deshalb weiterer Durchführungsmaßnahmen, wobei die Vertragsparteien jedoch ein Ermessen besitzen.

B. Untersuchung der unmittelbaren Anwendbarkeit assoziationsrechtlicher Vorschriften am Beispiel des Art. 36 ZP i.V.m. Art. 12 Ass.Abk.

1. Problematik

Das Assoziationsabkommen gilt in den Rechtsordnungen der Vertragsparteien unmittelbar. Aber nicht jede Norm des Abkommens verleiht dem Einzelnen auch unmittelbar Rechte. Die unmittelbare Anwendbarkeit ist nur dann der Fall, wenn die Bestimmung so formuliert ist, daß sie für die Vertragsparteien eine klare und uneingeschränkte Pflicht zu einem Tun oder Unterlassen begründet. Weiterhin darf die Verpflichtung nicht an eine aufschiebende Bedingung geknüpft sein und ihre Wirksamkeit darf nicht von einer Maßnahme des Assoziationsrates oder der Vertragsparteien abhängen.

Der EuGH hat sich in seiner ständigen Rechtsprechung zum Assoziationsabkommen EG/Türkei häufig mit der Problematik der unmittelbaren Anwendbarkeit von Assoziationsvorschriften einschließlich der Beschlüsse des Assoziationsrates beschäftigt und bisher u.a. Art. 9 Ass.Abk.[137] Art. 6 Abs.1[138] und

---

[136] Ebd.

[137] EuGH, Urteil vom 4. Mai 1999, Rs. C-262/96 (Sürül), Rn. 62 ff.

[138] Türkische Staatsangehörige, die die Tatbestandsvoraussetzungen des Art. 6 Abs. 1 ARB 1/80 erfüllen, können sich unmittelbar auf die Rechte berufen, die ihnen die einzelnen Spiegelstriche der Bestimmung verleihen. Dem steht auch nicht die Regelung des Art. 6 Abs. 3 ARB 1/80 entgegen, wonach die Einzelheiten der Anwendung der Arbeitnehmerfreizügigkeit durch die einzelstaatlichen Vorschriften festgelegt werden. Denn diese Bestimmung räumt den Vertragsparteien nicht ein, die Ausübung der in Art. 6 Abs. 1 ARB 1/80 genau bestimmten und nicht an Bedingungen geknüpften Rechte für Arbeitnehmer zusätzlich einzuschränken, sondern konkretisiert nur die spezifischen Verpflichtungen der Vertragsstaaten zur innerstaatlichen Umsetzung des ARB 1/80. Dazu EuGH, Urteil vom 20.9.1990, Rs. C-192/89 (Sevince), Slg. 1990, I-3461, Rn. 22 und 26; Urteil vom 6. Juni 1995, Rs. C-434/93 (Bozkurt), Slg. 1995, I-1475, Rn. 31; Urteil vom 23. Januar 1997, Rs. C-171/95 (Tetik), Slg. 1997, I-329, Rn. 48; Urteil vom 29. Mai 1997, Rs. C-386/95 (Eker), Slg. 1997, I-2697, Rn. 18; Urteil vom 16. Dezember 1992, Rs. C 237/91 (Kus), Slg. 1992, I-6781, Rn. 31.

Abs. 2[139], Art. 7 Satz 1[140] und Satz 2[141], Art. 13[142] ARB 1/80 sowie Art. 3 ARB 3/80[143] unmittelbare Wirkung in der Gemeinschaftsrechtsordnung zuerkannt. Sie lägen eine klare und eindeutige Verpflichtung der Parteien fest, die keines weiteren Aktes bedürfe[144], d.h. sie seien sie hinreichend konkret, um eine Verpflichtung der Mitgliedstaaten dem Einzelnen gegenüber zu begründen[145]. Der EuGH[146] lehnt aber die unmittelbare Anwendbarkeit des Art. 7 Ass.Abk. ab, wonach die Vertragsparteien alle geeigneten Maßnahmen zur Erfüllung der Verpflichtungen aus dem Vertrag treffen und alle Maßnahmen unterlassen müssen, welche die Verwirklichung der Ziele des Abkommens gefährden. Dabei handelt es sich nach Auffassung des EuGH[147] nur um eine allgemeine Verpflichtung der Vertragsparteien zur Verwirklichung der Ziele des Abkommens. Durch die Bestimmung des Art. 7 Ass.Abk. könne dem Einzelnen nicht unmittelbare Rechte eingeräumt werden, die ihnen nicht bereits durch andere Bestimmungen des Abkommens zuerkannt würden[148]. Die Rechtsprechung des EuGH stößt im Schrifttum grundsätzlich auf keine große Kritik.

Dagegen besteht keine Einigkeit über die Frage nach der unmittelbaren Anwendbarkeit des Art. 36 ZP[149] i.V.m. Art. 12 Ass.Abk. [150]. Nach diesen Vor-

---

[139] EuGH, Urteil vom 6. Juni 1995, Rs. C-434/93 (Bozkurt), Slg. 1995, I-1475, Rn. 38; Urteil vom 23. Januar 1997, Rs. C-171/95 (Tetik), Slg. 1997, I-329, Rn 35.

[140] EuGH, Urteil vom 17. April 1997, Rs. C-351/95 (Kadiman), Slg. 1997, I-2133, Rn. 28; Urteil vom 19. November 1998, Rs. C-210/97 (Akman), Slg 1998, I-7537; Urteil vom 16. März 2000, Rs. C-329/97 (Ergat), EuZW 2000, 305, Rn. 34; Urteil vom 22. Juni 2000, Rs. C-65/98 (Eyüp), EuZW 2000, 573, Rn. 25. .

[141] EuGH, Urteil vom 5. Oktober 1994, Rs. C-355/93 (Eroglu), Slg. 1994, I-5113.

[142] EuGH, Urteil vom 20. September 1990, Rs. C-102/89 (Sevince), Slg. 1990, I-3461, Rn. 18

[143] EuGH, Urteil vom 4. Mai 1999, Rs. C-262/96 (Sürül), Slg. 1999, I-2766. Der EuGH hat dagegen bereits in der Rechtssache "Taflan-Met" (Urteil vom 10. September 1999, Rs. C-277/94, Slg. 1996, I-4085) die unmittelbare Anwendbarkeit des Art. 3 Abs. 1 ARB 3/80 im Zusammenhang mit der Prüfung der Art.12 und 13 ARB 3/80 verneint.

[144] EuGH, Urteil vom 4. Mai 1999, Rs. C-262/96 (Sürül), Rn. 62 ff.

[145] Der EuGH hat in der Rechtssache "Sevince" klargestellt, daß der Programmcharakter des Art. 12 Ass.Abk und des Art. 36 ZP nicht ausschließt, „daß den Beschlüssen des Assoziationsrates, durch die die in dem Abkommen vorgesehenen Programme in bestimmten Punkte verwirklicht werden, unmittelbare Wirkung zukommen kann. Vgl. EuGH, Urteil vom 20. September 1990, Rs. C-192/89 (Sevince), Slg. 1990, I-3461, Rn. 22; EuGH, Urteil vom 4. Mai 1999, Rs. C-262/96 (Sürül), Rn. 62 ff.

[146] EuGH, Urteil vom 30. September 1987, Rs. 12/86 (Demirel), Slg. 1997, 3754, Rn. 24.

[147] EuGH, Urteil vom 30. September 1987, Rs. 12/86 (Demirel), Slg. 1997, 3754, Rn. 24.

[148] Vgl. EuGH, Rs. 2/73 (Geddo/Ente Nationale Risi, Slg. 173, S. 865 ff.

[149] Art 36 ZP lautet: „Die Freizügigkeit der Arbeitnehmer zwischen Mitgliedstaaten der Gemeinschaft und der Türkei wird nach Grundsätzen des Artikels 12 des Assoziierungsabkommens zwischen dem Ende des zwölften und dem Ende zweiundzwanzigsten Jahres nach dem Inkrafttreten des genannten Abkommens schrittweise hergestellt.
Der Assoziationsrat legt die hierfür erforderlichen Regeln fest."

schriften mußte die Freizügigkeit der Arbeitnehmer im Sinne der gemeinschaftlichen Freizügigkeit bis zum 30. Dezember 1986 stufenweise hergestellt werden. Bislang wurden diesbezüglich drei Assoziationsratsbeschlüsse gefaßt. Dadurch wurde die angestrebte Freizügigkeit jedoch nicht vollständig verwirklicht. Dieser Rechtszustand führte deshalb bereits zu einem heftigen Streit um die Frage, ob ein subjektiver und unmittelbar geltender Anspruch der (türkischen) Arbeitnehmer auf Einreise und Arbeitsaufnahme auf der Grundlage des Art. 36 ZP i.V.m. Art. 12 Ass.Abk. begründet werden kann. In diesem Zusammenhang sollen insbesondere die folgenden Aspekte untersucht werden[151]: Der mögliche Inhalt des Begriffs der Freizügigkeit der Arbeitnehmer im Hinblick auf diese Bestimmungen, die Heranziehung der Art. 39 ff. EGV mit Ablauf der Übergangsphase sowie die Bedeutung der Regelungsbefugnis für den Assoziationsrat in Art. 36 Abs. 2 ZP. Die folgenden Ausführungen setzen sich mit diesen Fragen auseinander.

2. Meinungsstand

a) Schrifttum

Einer Auffassung[152] zufolge verschaffen die zitierten assoziationsrechtlichen Grundlagen den türkischen Staatsangehörigen kein Recht auf Freizügigkeit; daher bestehe keine unmittelbar anwendbare gemeinschaftsrechtliche Verpflichtung[153]. Diese Auffassung stützt sich im wesentlichen auf die mangelnde Bestimmtheit des Art. 12 Ass.Abk. sowie auf die Regelungsbefugnis des Assoziationsrates aus Art. 36 Abs. 2 ZP zur Ausgestaltung und schrittweisen Herstellung der angestrebten Freizügigkeit.

So hätten die Vertragsparteien in Art. 12 Ass.Abk. lediglich vereinbart, sich von den Art. 39, 40 und 41 n.F. (Art. 48, 49 und 50 a.F.) EGV leiten zu lassen. Durch diesen Verweis werde jedoch keine exakte Anbindung an die Vorschriften des EG-Vertrages hergestellt[154]. Vielmehr dürfe die Assoziationsfreizügigkeit durchaus anders ausgeschaltet werden als die Gemeinschaftsfreizügigkeit. Die Freizügigkeitsregelungen des EG-Vertrages könnten lediglich als Leitbild angesehen werden, ohne daß verbindlich festgelegt worden sei, in

---

[150] In Art. 12 Ass.Abk. heißt es: „Die Vertragsparteien vereinbaren, sich von den Art. 48, 49 und 50 des Vertrages zur Gründung der Gemeinschaft leiten zu lassen, um untereinander die Freizügigkeit der Arbeitnehmer schrittweise herzustellen."

[151] Heyer, Diskriminierungs- und Beschränkungsverbot, S. 254.

[152] Vgl. Vedder, in: G/H (Hrsg.), EUV, Kommentar, Art. 238 EGV, Rn. 40; ders., EuR 1988, 50; Basar, in: Hands (Hrsg.), S. 197; Hailbronner, EuR 1984, 54 ff.; Krück, EuR 1984, 289 ff.

[153] Nach Auffassung von Krück ging es nicht um die Auslegung einer kompletten Rechtsnorm, sondern um die Auslegung einer inhaltlich nicht abschließend geregelten, sondern offenen Bestimmung. Dazu Krück, in: Will (Hrsg.), S. 61.

[154] Weber, Der assoziationsrechtliche Status Drittstaatsangehöriger, S. 40.

welchem Maße diesem Leitbild entsprochen werden solle. Deshalb bestehe keine Verpflichtung, Arbeitnehmern der beiden Vertragsparteien in gleicher Wiese wie im Gemeinschaftsrecht einen freien und ungehinderten Arbeitsmarktzugang im Rahmen der Assoziation zu gewähren.

Aus dieser Vorschrift ergäben sich keine konkreten Verpflichtungen für die Vertragsparteien, die Freizügigkeit schrittweise herzustellen. Sie enthalte lediglich bloße Programmsätze[155], aus denen keine irgendwie geartete rechtliche Wirkung abzuleiten sei. Diese fehlende Klarheit habe auch nicht durch Art. 36 ZP behoben werden können. Diese Vorschrift sei nicht hinreichend klar und vollständig abgefaßt. Sie regele lediglich die künftige Verwirklichung des Rechtszustandes der Freizügigkeit der Arbeitnehmer und sei im rechtlichen Sinne aber nicht vollkommen formuliert, weil sie selbst die Freizügigkeit der Arbeitnehmer nicht festlege, sondern deren Durchführung dem Assoziationsrat überlasse.

Die ausdrückliche Ermächtigung in Art. 36 Abs. 2 ZP sei nicht als reine Formvorschrift zu betrachten, sondern als ein Instrument zu sehen, das die Entwicklung der Assoziation zwischen den Vertragsparteien flexibel halten und den wirtschaftlichen sowie politischen Gegebenheiten anpassen solle[156]. Deshalb sei die Bestimmung von Art. 36 ZP ohne zusätzliche Konkretisierung und ohne weitere Umsetzungsakte nicht anwendbar. Es bedürfe weiterhin einer Konkretisierung durch Beschlüsse des Assoziationsrates, bevor sich der Einzelne auf Art. 36 ZP berufen könne. Diese Konkretisierung sei bisher durch die Beschlüsse des Assoziationsrates Nr. 2/76, 1/80 sowie 3/80 erfolgt, in welchen lediglich eine begrenzte Freizügigkeit der Arbeitnehmer vorgesehen ist. Daher seien die Vertragsstaaten unter Vorbehalt der oben genannten Assoziationsratsbeschlüsse frei, gegenüber den Staatsangehörigen der anderen Vertragspartei, alle allgemeinen, nationalrechtlichen Vorschriften anzuwenden und diese zu ändern.

Die Gegenmeinung[157] war der Auffassung, daß Art. 36 ZP i.V.m. Art 12 Ass.-Abk. unmittelbare Wirkung in der Gemeinschaftsrechtsordnung entfalte. Nach dieser Auffassung ist diesen Vorschriften unter Berufung auf einen festen "Kern" des Freizügigkeitsrechts ein "*Stillstand-Verbot*" oder weitergehend auch die entsprechende Anwendbarkeit der Regelungen des Art. 39 Abs. 3 n.F. (Art. 48 Abs.3 a.F.) EGV zu entnehmen[158]. Sie begründen ihre Auffassung folgendermaßen: Art 36 ZP habe keinen "Programmcharakter", sondern sei eine Rechtsnorm mit unmittelbarer Wirkung, weil sie eine konkrete Bestimmung über die Einführung der Freizügigkeit beinhalte. Diese Vorschrift enthalte aufgrund eines festen "*Kerns*" des Freizügigkeitsrechts ein "*Stillstand-Verbot*". Die Vertrags-

[155] So etwa die Erklärung der Regierung der Bundesrepublik Deutschland in der Rechtssache "Demirel", Rs. 12/86, Slg. 1987, 3726.
[156] Heyer, Diskriminierungs- und Beschränkungsverbot, S. 256.
[157] Dimakopoulos, InfAuslR 1988, 309; Rumpf, RIW 1993, 214 ff.
[158] Vgl. Strate, InflAuslR 1987, 137.

parteien hätten mit der Formulierung des Art. 36 ZP der Tätigkeit des Assoziationsrates nur hinsichtlich des "*wie*" der Verwirklichung der Arbeitnehmerfreizügigkeit dem Assoziationsrat einen Spielraum überlassen und gleichzeitig aber eine zeitliche Grenze gesetzt, so daß bis zum Ablauf der in Art. 36 ZP angegebenen Frist Übergangsmaßnahmen zur Herstellung der Arbeitnehmerfreizügigkeit hätten angeordnet werden müssen. Hierbei habe der Assoziationsrat allerdings lediglich die Modalitäten der Umsetzung festlegen können, weil gemäß des Wortlauts von Art. 36 ZP i.V.m. Art. 12 Ass.Abk. für die sachliche Ausgestaltung der Arbeitnehmerfreizügigkeit die entsprechenden Regelungen des EG-Vertrages herangezogen werden müßten. Mit dem Ablauf der in Art. 36 Abs. 2 ZP vorgesehenen Frist habe jedenfalls eine Arbeitnehmerfreizügigkeit innerhalb der Assoziation nach den Grundsätzen der gemeinschaftlichen Arbeitnehmerfreizügigkeit eintreten müssen[159]. Zudem ergebe sich aus der systematischen Auslegung des Abkommens, daß die Vertragsparteien mit der Formulierung des Art. 36 ZP der Tätigkeit des Assoziationsrates hinsichtlich der Freizügigkeit der Arbeitnehmer eine zeitliche Grenze setzen wollten, nach deren Überschreiten die Freizügigkeit der Arbeitnehmer innerhalb der Assoziation unbedingt eintreten sollte[160].

b) Rechtsprechung

Nachdem sich das Schrifttum mit dieser Problematik detailliert auseinandergesetzt hatte, entschied der EuGH in der Rechtssache "Demirel" am 30. September 1987 gemäß der Auffassung der Mitgliedstaaten sowie des Europäischen Rates, daß Art. 12 Ass.Abk. und Art. 36 ZP i.V.m. Art. 7 Ass.Abk. keine in den innerstaatlichen Rechtsordnungen der Mitgliedstaaten unmittelbar anwendbaren gemeinschaftlichen Vorschriften seien[161]. Der EuGH hat in seiner Entscheidung überdies der Bestimmung in Art. 36 ZP, wonach die Freizügigkeit im 22. Jahr nach Inkrafttreten des Assoziationsabkommens hergestellt sein sollte, keine weitere Bedeutung beigemessen. Seiner Ansicht nach ist das Assoziationsabkommen EG/Türkei nämlich seinem Aufbau und seinem Inhalt nach dadurch gekennzeichnet, daß es allgemein die Ziele der Assoziation nenne und Leitlinien für die Verwirklichung dieser Ziele festlege, ohne selbst genaue Regeln dafür aufzustellen, wie diese Verwirklichung zu erreichen sei[162]. Die einschlägigen Bestimmungen des Freizügigkeitsrechts in Art. 12 Ass.Abk. und Art. 36 ZP hätten daher im wesentlichen Programmcharakter und seien keine hinreichend genauen Vorschriften, welche die Freizügigkeit der Arbeitnehmer unmittelbar regeln könnten[163]. Aufgrund des Mangels von durch den Assoziationsrat

---

[159] Strate, in: Will (Hrsg.), S. 55.
[160] Ebd.
[161] EuGH, Urteil vom. 30. September 1986, Rs. 12/86 (Demirel), Slg. 1987, 3719 (3744), Rn. 25.
[162] EuGH, Urteil vom 30. September 1987, Rs. 12/86 (Demirel), Slg. 1987, 3719.
[163] Ebd., Rn. 23; vgl. auch BVerwG, Urteil vom. 18.September 1984, NJW 1984, 2775 ff.

erlassenen Durchführungsbestimmungen sei aus Art. 36 ZP i.V.m. dem Art. 12 Ass.Abk für türkische Arbeitnehmer kein direkter Anspruch auf Freizügigkeit abzuleiten.

3. Stellungnahme zur unmittelbaren Anwendbarkeit der Vorschriften von Art. 12 Ass.Abk. und Art. 36 ZP

a) Zur Bestimmtheit

Da Art. 12 Ass.Abk. die inhaltliche Gestaltung der Freizügigkeit der Arbeitnehmer nicht konkret festlegt, sondern lediglich auf die einschlägigen Vorschriften des EG-Vertrages verweist, ist dieser Artikel sowohl hinsichtlich der zu erreichenden Ziele als auch in bezug auf die Verfahrensart auslegungsbedürftig. Daß die Rechtsnorm auslegungsbedürftig ist, steht jedoch einer Konkretisierung ihres Bedeutungsgehalts nicht entgegen. Die unmittelbare Wirkung einer Vorschrift ist nur wegen ihrer Auslegungsbedürftigkeit nicht auszuschließen[164]. Man darf die Bestimmung des Art. 12 Ass.Abk. nicht isoliert betrachten, sondern muß sie in ihrem größeren Zusammenhang sehen, in die Systematik des Abkommens einordnen und in diesem Rahmen deuten. Bei der Auslegung einer Vertragsbestimmung darf auch nicht vergessen werden, daß das gesamte Assoziationsverhältnis als Vorbereitung der Türkei auf die künftige EG-Mitgliedschaft konzipiert worden ist und zur Erleichterung dieses Beitritts das Abkommen durch dessen Verweise eng mit den Grundsätzen des EG-Vertrages verbunden ist.

Die Assoziationsfreizügigkeit läßt sich in bestimmter Weise näher festlegen. Art. 12 Ass.Abk. erkennt die Grundsätze der Freizügigkeitsregelungen des EG-Vertrages als Leitbild an und stellt damit fakultativ ein Konzept für die inhaltliche Ausgestaltung der Assoziatonsfreizügigkeit zur Verfügung. Der Wortlaut des Art. 12 Ass.Abk., *„sich von den Art. 48, 49 und 50 des Vertrages zur Gründung der Gemeinschaft leiten zu lassen“*, veranlaßt die Vertragsparteien im allgemeinen dazu, sich an den gemeinschaftlichen Regelungen zu orientieren. Wird eine Arbeitnehmerfreizügigkeit hergestellt, so sollten diese gemeinschaftlichen Regelungen dabei berücksichtigt werden. Hierbei stellt sich allerdings die Frage, inwiefern die gemeinschaftsrechtlichen Grundlagen der Arbeitnehmerfreizügigkeit im Assoziationsverhältnis EG/Türkei umzusetzen sind. An dieser Stelle ist dem Wortlaut dieser Bestimmung eindeutig zu entnehmen, daß der Freizügigkeit der Arbeitnehmer die Grundsätze der Gemeinschaftsfreizügigkeit zugrunde liegen, selbst wenn die Assoziation als Vorbereitung der Türkei auf die künftige Mitgliedschaft konzipiert ist, was auch mit der vollständigen Herstellung der Arbeitnehmerfreizügigkeit verbunden wäre[165].

---

[164] Strate, in: Will (Hrsg.), S. 57.
[165] Rumpf, RIW 1993, 214, 216; abweichend Krück, EuR 1984, 290.

Auch durch Art. 36 ZP wurde die Freizügigkeit der Arbeitnehmer nicht hergestellt, weil Art. 36 ZP ebenfalls auf weitere zukünftige Maßnahmen ausgerichtet ist.[166] Art. 36 ZP hat aber diese auslegungsbedürftige Bestimmung in gewisser Weise insbesondere hinsichtlich der zeitlichen Perspektive zur Herstellung der Freizügigkeit der Arbeitnehmer konkretisiert, indem er einen sehr konkreten zeitlichen Rahmen für die Realisierung der Arbeitnehmerfreizügigkeit durch den Assoziationsrat gesetzt hat[167].

Die Bestimmung des Art. 36 ZP enthält einen Verweis auf den Art. 12 (*„... nach den Grundsätzen des Art. 12 ...“*). Dies kann nur bedeuten, daß die angestrebte Assoziationsfreizügigkeit im Hinblick auf die inhaltliche Ausgestaltung - wie in Art. 12 Ass.Abk. vorgesehen - nach den einschlägigen Freizügigkeitsregelungen des EG-Vertrages hergestellt werden soll, jedoch sicherlich nicht, daß die Vertragsparteien vereinbaren können, untereinander die Freizügigkeit herzustellen. Andernfalls hätte Art. 36 ZP keinen Sinn. Aus diesem Grund muß die Frage, warum in Art. 36 ZP eine Frist für die Herstellung der Assoziationsfreizügigkeit gesetzt worden ist und warum der Assoziationsrat binnen des angegebenen Zeitraums dazu beauftragt worden ist, geklärt werden, bevor die unmittelbare Anwendbarkeit dieser Bestimmungen verneint werden kann. Die Bestimmungen dieses Artikels müßten aber eine besondere Bedeutung haben, weil Art. 22 Ass.Abk. den Assoziationsrat sowieso generell bei der Durchführung des Assoziationsabkommens zum Erlaß der Beschlüsse ermächtigt. Die Frage, warum er wieder in Art. 36 ZP spezifisch zur Festlegung der Freizügigkeit ermächtigt worden ist, läßt sich folgendermaßen beantworten: Die Vertragsparteien haben sich in Art. 12 Ass.Abk. ausdrücklich ihr Ermessen zur Herstellung der Freizügigkeit in der Assoziation vorbehalten und haben folglich die volle Freiheit, die Regelungen zur Assoziationsfreizügigkeit zu treffen, da keine vertragliche Verpflichtung besteht. Art 12 Ass.Abk. ist hinsichtlich der Freizügigkeit *lex specialis* zum Art. 22 Ass.Abk. Dies hat zur Folge, daß die Anwendung des Art. 22 Ass.Abk. bzw. die Befugnis des Assoziationsrates im Hinblick auf die Herstellung einer Assoziationsfreizügigkeit ausgeschlossen war und eine Vertragspartei zum Zweck des Erlasses von Beschlüssen durch den Assoziationsrat von der anderen Vertragspartei die Herstellung der Freizügigkeit der Arbeitnehmer nicht hätte fordern können. Die Vertragsparteien haben später konkrete Verpflichtungen angestrebt, um die Assoziationsfreizügigkeit herzustellen und haben zu diesem Zweck eine verbindliche Bestimmung in Art. 36 ZP verankert. Art. 36 ZP beinhaltet zwei übereinstimmende Bestimmungen. Zum einen eine Fristsetzung für die schrittweise Herstellung der Assoziationsfreizügigkeit; zum anderen eine ausdrückliche Ermächtigung bzw. Beauftragung des

[166] Weber, Der assoziationsrechtliche Status Drittstaatsangehöriger, S. 40.

[167] Im Unterschied zu Art. 36 ZP setzt Art. 41 ZP, welcher die Niederlassungs- und Dienstleistungsfreiheit von Personen betrifft, dem Assoziationsrat keine zeitliche Grenze bei seiner Tätigkeit, sondern hält ihm vielmehr die Zeitfolge, innerhalb derer er die Beschränkungen der Niederlassungs- und Dienstleistungsfreiheit schrittweise beseitigen soll, offen.

Assoziationsrates. Die beiden Bestimmungen aus Art. 36 ZP sind inhaltlich hinreichend klar und konkret. Gemäß diesen Bestimmungen sind die Vertragsparteien durch den Assoziationsrat nunmehr verpflichtet, die Assoziationsfreizügigkeit im vorgesehenen Zeitraum schrittweise herzustellen. Daraus ergibt sich, daß der Zustand der angestrebten Freizügigkeit gemäß Art. 36 ZP i.V.m. 12 Ass.Abk., der bis zum Ablauf der angegebenen Frist vollständig hergestellt werden sollte, konkret festgelegt ist. Es handelt sich um keine Norm mit bloßem Programmcharakter. Vielmehr enthält Art. 36 i.V.m. Art. 12 Ass.Abk. eine ausdrückliche Verpflichtung für die Vertragsparteien, indem festgelegt wurde, bis wann und in welchen Umfang die angestrebte Assoziationsfreizügigkeit hergestellt werden sollte.

Weitere Maßnahmen durch den Assoziationsrat müssen zur Herstellung der Assoziationsfreizügigkeit getroffen werden. Die Vertragsparteien sind nicht völlig frei, sondern jede Vertragspartei ist gegenüber der anderen verpflichtet, die Freizügigkeit nach den Grundsätzen der Gemeinschaftsfreizügigkeit binnen des gesetzten Zeitraums schrittweise herzustellen. Der Regelungszweck des Artikels 36 geht dahin, den einzelnen Personen eine Freizügigkeit zum Zwecke einer unselbständigen Erwerbstätigkeit zu gewähren.

Der Inhalt der Arbeitnehmerfreizügigkeit wird zwar weder in Art. 12 Ass.Abk. noch in Art. 36 ZP unmittelbar geregelt. Diese Vorschriften können aber durchaus nicht als Programmsätze angesehen werden. Aus der Gesamtbetrachtung von Sinn, Regelungszweck sowie Wortlaut des Art. 36 ZP i.V.m. Art. 12 Ass.-Abk. und des allgemeinen Ziels des Abkommens ist zu folgern, daß die Freizügigkeit der Arbeitnehmer in Anlehnung an die gemeinschaftlichen Grundlagen der Arbeitnehmerfreizügigkeit schrittweise hergestellt werden soll und nach dem 1. Dezember 1986 - zwar die auf die Assoziationsfreizügigkeit anzuwenden Regelungen des EG-Vertrages nicht notwendigerweise mit denen identisch sind, die durch in diesen Regelungen des EG-Vertrages aufgestellt werden - aber zumindest einen Inhalt besitzen muß, welcher der gemeinschaft-lichen Freizügigkeit vergleichbar ist. Sonst wäre der in Art. 36 enthaltene Verweis auf den Regelungen des E(W)G-Vertrages sinnlos. So hat Art. 36 ZP i.V.m. Art. 12 Ass.Abk. durchaus einen materiell bestimmbaren Inhalt, der den Rahmen für künftige Beschlüsse des Assoziationsrates bildet[168], da er sich über die Verweise auf Art. 12 Ass.Abk. und von dort auf Art. 48 ff. a.F. (Art. 39 ff. n.F.) EGV festlegen läßt.

Art. 36 ZP ist zudem mit der in Art. 44 des griechischen Assoziationsabkommens[169] enthaltenen Freizügigkeitsregelung inhaltlich vergleichbar bzw. iden-

---

[168] Marticke, in: Will (Hrsg.), S. 139.

[169] Der EuGH hat in der Rechtssache "Papst & Richarz" die unmittelbare Anwendbarkeit der Bestimmung von Art. 44 Ass.Abk. bejaht. Dazu Urteil vom 29. April 1982, Rs. 17/81, Slg. 1982,1331.

tisch. Art. 44 des griechischen Abkommens entfaltete nach der damaligen herrschenden Auffassung[170] im Schrifttum unmittelbare Wirkung. Diese rechtsvergleichende Auslegung befürwortet ebenfalls die Bestimmtheit der Freizügigkeitsbestimmungen von Art. 36 ZP. Diesen Vorschriften kann deshalb normativer Gehalt zugesprochen werden.

b) Zur Unbedingtheit

Art. 12 Ass.Abk. und Art. 36 ZP sind Rahmenvorschriften, die allgemeine Grundsätze und Richtlinien enthalten, aber noch der Ausführung und Konkretisierung durch den Assoziationsrat bedürfen. Sie setzen selbst daher kein unmittelbar geltendes Recht und begründen keine Rechte und Pflichten für den Bürger, sondern sind auf weitere zukünftige Maßnahmen ausgerichtet, wenden sich an den Assoziationsrat und verpflichten diesen, entsprechende Ausführungsregeln zu erlassen.

In der Regel sollte die Vertragsbestimmung zu ihrem Vollzug keiner weiteren ausführenden Maßnahmen des Assoziationsrates bedürfen. Andernfalls enthält sie selbst keine unbedingte Verpflichtung. Art. 36 ZP ist demnach von seinem Wortlaut her nicht unmittelbar anwendbar, weil er in Absatz 2 eine Durchführung der Bestimmung durch den Assoziationsrat vorsieht (unter der Bedingung des Tätigwerdens des Assoziationsrates steht). Zu ihrer unmittelbaren Anwendbarkeit sind weitere Vollzugsmaßnahmen durch den Assoziationsrat notwendig.

c) Ergebnis

Art. 12 Ass.Abk. und Art. 36 ZP stellen eine Grundsatznorm für die Herstellung der Arbeitnehmerfreizügigkeit dar. Das in Art. 12 Ass.Abk. festgelegte Freizügigkeitsprinzip ist eine objektive Vertragsnorm und enthält insofern nur eine programmatische Zielsetzung. So begründet Art. 12 Ass.Abk. als solcher noch keine subjektiven Rechte Einzelner. Durch diese Regelung des Abkommens wurde weder eine Freizügigkeit des Arbeitnehmers vollständig hergestellt noch wurden die Vertragsparteien verpflichtet, diese Freizügigkeit nach den Grundsätzen des EG-Vertrages untereinander in Zukunft herzustellen. Die Herstellung einer Assoziationsfreizügigkeit bleibt nur politische Absichtserklärung der Parteien mit völkerrechtlich fehlender Verbindlichkeit. Die Freizügigkeit soll daher künftig grundlegend geregelt werden.

Die in Art. 36 ZP festgelegte Freizügigkeitsregelung dagegen stellt nicht nur einen allgemeinen Programmsatz, sondern auch eine verbindliche (objektive)

---

[170] Vgl. Krück, EuR 1984, 290 ff.; ders., in: Will (Hrsg.),, S. 61.

Vertragsnorm dar. Zur Herstellung der Freizügigkeit der Arbeitnehmer sieht Art. 36 ZP einen zweistufigen Ansatz vor. Einerseits legt er selbst die Rahmenbedingungen der Freizügigkeit der Arbeitnehmer fest; andererseits richtet er sich an die beiden Vertragsparteien und verpflichtet diese, die Freizügigkeit durch den Assoziationsrat umzusetzen. Die Freizügigkeitsbestimmungen des Art. 36 ZP begründen als solche noch keine subjektiven Rechte für den Einzelnen, ohne daß deren Rahmen durch die Assoziationsratsbeschlüsse festgelegt wird. Die Inanspruchnahme des Rechts auf Freizügigkeit tritt daher erst nach der Umsetzung durch den Assoziationsrat ein. Der Assoziationsrat erließ bislang insgesamt drei Beschlüsse. Der gegenwärtige Rechtszustand der Freizügigkeit der Arbeitnehmer ist nach diesen Beschlüssen festzulegen, obwohl die bisherige Umsetzung hinter den Vorgaben des Art. 36 ZP zurückgeblieben ist.

Dieser Rechtszustand zwingt aber nicht dazu, der Bestimmung des Art. 36 ZP i.V.m. Art. 12 Ass.Abk. jegliche unmittelbare Wirkung abzusprechen. Auch solche Vorschriften können eine unmittelbare Wirkung entfalten. Ihrer Rechtfertigung liegt der Gedanke zugrunde, daß die praktische Wirksamkeit (*effet utile*) einer Vertragsbestimmung erheblich beeinträchtigt würde, wenn es jede Vertragspartei in der Hand hätte, den Eintritt der in dieser Vorschrift beabsichtigten Rechtswirkungen dadurch hinauszuzögern oder ganz zu vereiteln, indem sie den Erlaß erforderlicher Assoziationsratsbeschlüsse zur Herstellung der Arbeitnehmerfreizügigkeit blockiert. Gemäß den allgemeinen Regeln des Völkerrechts darf sich eine Vertragspartei nicht auf eine Vertragsbestimmung berufen, die sie selbst verletzt, d.h. eine Vertragspartei darf aus der Nichtumsetzung einer Vertragsbestimmung keinen Nutzen ziehen. Deshalb darf sich die andere Vertragspartei ihr gegenüber auf die Vertragsbestimmung berufen und kann gegen eine solche Blockade der Vertragsumsetzung durch den Assoziationsrat ein Vertragsverletzungsverfahren gemäß Art. 25 Ass.Abk. einleiten. Diese Möglichkeit trägt jedoch nicht wesentlich zur Sicherung des Assoziationsrechts bei, da das Abkommen kein institutionelles gerichtlichen Streitbeilegungsverfahren vorsieht, sondern lediglich die Einleitung eines gerichtlichen Streitbeilegungsverfahrens durch Beschlüsse des Assoziationsrates ermöglicht, welche im gegenseitigen Einvernehmen der beiden Vertragsparteien gefällt werden müssen, so daß die den Beschluß des Assoziationsrates blockierende Vertragspartei die Streitbeilegung bezüglich der Umsetzung der Vertragsbestimmungen wieder verhindern kann.

Das Erfordernis weiterer ausführender Maßnahmen ist nach Auffassung des EuGH aber nicht geeignet, die Unbedingtheit einer Norm in Frage zu stellen, da diese lediglich der Durchführung der Vorschrift dienen sollen[171]. Im Verhältnis

[171] Vgl. Weber, Der assoziationsrechtliche Status Drittstaatsangehöriger, S. 43.

von Art. 51 zu Art. 54 Abs. 2 und 57 Abs. 1 EWGV hat der EuGH[172] die unmittelbare Anwendbarkeit der Vorschrift bejaht, ohne daß ein Erlaß von Ratsbeschlüssen gemäß Art. 54 Abs. 2 und 57 Abs.1 EWGV unbedingt dafür erforderlich ist. Die in Art. 51 EWGV enthaltene Bestimmung hat die unmittelbare Anwendbarkeit des Art. 54 Abs. 2 EWGV nie behindert[173]. So müsse der EuGH konsequenterweise auch Art. 36 ZP nach Ablauf der dort festgelegten Übergangszeit für unmittelbar anwendbar erklären, wenn er gemäß Art. 25 Ass.Abk. angerufen würde. In diesem Sinne ist die Freizügigkeit der Arbeitnehmer gemäß Art. 36 ZP mit Ende der Übergangszeit nicht mehr bloße Programmbestimmung, sondern unmittelbar anwendbares Recht geworden, auch wenn die erforderlichen Beschlüsse zur Durchführung dieses Programms bis zum Ablauf der Übergangszeit nicht gänzlich erlassen worden waren.

Abschließend ist festzuhalten, daß Art. 36 ZP vom normativen Gehalt seines Wortlauts her selbst anwendungsfähig ist, und zwar in dem Sinne, daß er Rechte und Pflichten auch für Einzelne begründen kann. Der Umstand, daß Art. 36 ZP Durchführungsbestimmungen vorsieht, steht der normativen Wirkung nicht entgegen[174]. Im Rahmen der Assoziation besteht jedoch kein gerichtlicher Schutz zur Berufung des Einzelnen auf Rechte aus einer Vertragsbestimmung, die nicht vertragsgemäß umgesetzt worden ist. Derartige Verstöße führen daher in den Rechtsordnungen der Vertragsparteien nicht zur unmittelbaren Anwendbarkeit assoziationsrechtlicher Vorschriften. Infolgedessen bleibt Art. 36 ZP i.V.m. Art. 12 Ass.Abk. trotz seines normativen Gehalts in den Rechtsordnungen der Parteien nicht durchsetzbar.

---

[172] EuGH, Urteil vom 4. April 1974, Rs. 167/73 (Kommission/Frankreich), Slg. 1974, 359; Urteil vom 4. Dezember 1974, Rs. 41/74 (van Duyn), Slg. 1974, 1337.
[173] Strate, in: Will (Hrsg.), 58.
[174] Vgl. dazu EuGH, Urteil vom 31. Januar 1991, Rs. C-18/90 (Kziber), Slg. 1991, I-199, Rn. 19.

Kapitel VI: PROBLEMATIK EINES BEITRITTS DER TÜRKEI ZUR EUROPÄISCHEN UNION

I. Überblick über die bisherige Entwicklung

A. Erneuter Beitrittsantrag der Türkei von 1987

Ein türkischer Beitritt zur EWG sollte im Rahmen des Assoziationsverhältnisses stufenweise erfolgen. Doch hatte die Türkei eine Gelegenheit, frühzeitig Mitglied in der EWG zu werden. Sie wurde nämlich im Jahre 1978 von der damaligen Kommissionspräsidenten Emile Noel zusammen mit Griechenland[1] zum Beitritt eingeladen[2]. Die türkische Regierung konnte jedoch wegen der damaligen kritischen innenpolitischen Lage sowie der Kontroversen über die negativen Auswirkungen der Assoziation[3] den Beitrittswillen der Türkei nicht bekunden. Damit wurde diese historische Gelegenheit der Türkei verpaßt[4].

Nach dem Militärputsch von 1980 wurde in der Türkei eine Reihe wirtschaftlicher Reformen hin zu einer liberalen Marktwirtschaft durchgeführt[5], damit sich die türkische Volkswirtschaft den mit wirtschaftlichen und politischen Tendenzen verbundenen strukturellen Änderungen in der Welt anpassen sollte. Zugleich herrschte in politischen Kreisen der Türkei die Meinung vor, daß die türkische Demokratie und die Liberalisierung des Landes durch eine EG-Mitgliedschaft verfestigt werden sollte. Diese Atmosphäre veranlaßte schließlich am 14. April 1987 eine frühzeitige Antragstellung der Türkei zur EG-Mitgliedschaft[6]. Damit wurde die Anwendung des Art. 28 Ass.Abk. umgangen[7]. Nach diesem Artikel sollte die Türkei ihren Beitrittsantrag erst dann stellen, wenn sie in der Lage ist, die sich aus dem EG-Vertrag ergebenden Verpflichtungen vollständig zu übernehmen. Folglich sollten zunächst alle Vorgaben der Assoziation voll ausgeschöpft werden. Ein möglicher Beitritt sollte erst nach der Vollendung der Endphase (1995) erfolgen.

---

[1] Griechenland beantragte bereits am 12. Juni 1975 einen Beitritt zur EWG.

[2] Dazu Güngör, Für Ankara wie für Europa eine historische Stunde, S. 1; Yesilyurt, Die Türkei und die EU, S. 225 f.

[3] Die Assoziation wurde nach dem Inkrafttreten des Zusatzprotokolls, insbesondere ab 1976, mit einer Fülle von Problemen verbunden. Daher forderte die Türkei damals auf, die Durchführung der Assoziation fünf Jahre lang auszusetzen.

[4] Der damaligen türkischen Regierung wird deshalb von verschiedenen Kreisen immer wieder vorgeworfen, daß sie auf einen Beitrittsantrag verzichtet hat. Dazu Güngör, Für Ankara wie für Europa eine historische Stunde, S. 2; Yesilyurt, Die Türkei und die EU, S. 225 f.

[5] DPT, Türkiye-Avrupa Birligi Özel Ihtisas Komisyonu Raporu, 2000, S. 14.

[6] Vgl. TBMM Tutanak Dergisi (Zeitschrift für Niederschriften der Großen Nationalversammlung der Türkei), Dönem 17, Yasama Yili 4, Cilt 39, B:99, 6.5.1987, O:1, S. 73; vgl. auch Sammland, Türkei und europäische Integration, S. 3 ff.

[7] DPT, Türkiye-Avrupa Birligi Özel Ihtisas Komisyonu Raporu, 2000, S. 14.

Das Beitrittsgesuch der Türkei kann demnach nicht gerade als die logische Konsequenz der Assoziation angesehen werden[8]. Die Assoziation funktionierte nicht gut und war sogar zeitweilig suspendiert. Ferner verloren die der Türkei ursprünglich gewährten Handelserleichterungen insbesondere hinsichtlich der landwirtschaftlichen Erzeugnisse durch die Ausweitung der Außenhandelsbeziehungen der EG an Bedeutung, weil die Türkei damit einem höheren Konkurrenzdruck auf dem EG-Markt ausgesetzt war[9]. Ferner belasteten die politischen Auseinandersetzungen um den Rechtsstatus türkischer Arbeitnehmer die Beziehungen zwischen der EWG und der Türkei stark. Aus diesem Grund dürfte mit einem baldigen Beitritt angestrebt worden sein, einerseits den langwierigen Bemühungen der Türkei um die Integration in Europa eine neue Dimension zu verleihen, andererseits bessere Bedingungen für die Lösung der Probleme der Assozation wie z.B. die Freizügigkeit der türkischen Arbeitnehmer sowie für die Inanspruchnahme finanzieller Mittel der EG, zu schaffen[10]. Darüber hinaus sollte die EG-Mitgliedschaft der Türkei zu einem Gleichgewicht gegenüber Griechenland beitragen[11]. Die zwischen der Türkei und Griechenland existierenden historisch bedingte Probleme hätten nämlich durch den EG-Beitritt Griechenlands von 1981 auf die europäische Ebene übertragen und dort sehr politisiert werden können[12].

Die EG nahm den Beitrittsantrag der Türkei jedoch mit großer Verwunderung zur Kenntnis[13] und reagierte daher darauf mit Zurückhaltung[14]. In ihrer Stellungnahme vom 18. Dezember 1989[15] sprach sich die Kommission gegen die Eröffnung von Beitrittsverhandlungen mit der Türkei in näherer Zukunft aus und stellte auch mittelfristig keine Aufnahme von Beitrittsverhandlungen in Aussicht[16]. Damit wurde zwar das Anliegen der Türkei, Vollmitglied zu werden, grundsätzlich nicht abgelehnt, aber die endgültige Entscheidung der EG auf unbestimmte Zeit verschoben[17]. Nach Auffassung der Kommission wäre es nicht

---

[8] Schön, Der rechtliche Rahmen für Assoziierungen, 1994, S. 96; Yavuz, Das Verhältnis der Türkei zur EU, S. 1.

[9] Aus der Sicht der EWG verlor ebenfalls das Assoziationsverhältnis an Bedeutung, weil sich die Dimensionen ihrer wirtschaftlichen und politischen Beziehungen sowie ihre Interessenbereiche zunehmend ausdehnten. Die Türkei hat für sie nunmehr geringfügiger Bedeutung als in den Jahren des Abschlusses des Abkommens. Siehe dazu unten Kapitel II f.

[10] Bozkurt, Die Beziehungen der Türkei zur EU, S. 103 (245); Ertekin, Der türkische Beitritt zur EG, S. 137; Karluk, Avrupa Birligi ve Türkiye, S. 417 ff.; Yavuz, Das Verhältnis der Türkei zur EU, S. 30 ff.

[11] Birand, in: Özak/Dagyeli (Hrsg.), S. 202.

[12] Vgl. dazu Kramer, Die EG und die Türkei, S. 67 m.w.N.; Ertekin, Der türkische Beitritt zur EG, S. 92 ff.; Yesilyurt, Die Türkei und die EU, S. 224 ff.

[13] Schön, Der rechtliche Rahmen für Assoziierung, S. 96.

[14] Ertekin, Der türkische Beitritt zur EG, S. 133.

[15] Bulletin der EG 12-1989, Ziff. 2.2.37.

[16] Sen, Türkei und europäische Integration, S. 3; Bahadir, Aus Politik und Zeitgeschichte 1997, 37.

[17] Jacops, Aus Politik und Zeitgeschichte 2000, 22.

zweckmäßig gewesen, Verhandlungen mit der Türkei aufzunehmen. Die Türkei sei hinsichtlich ihrer Wirtschaft, ihrer Demokratie sowie im Hinblick auf den Schutz der Menschenrechte noch nicht reif für einen baldigen Beitritt. Die Kommission wies insbesondere darauf hin, daß die Türkei trotz der in den 80er Jahren erzielten Entwicklung ihres wirtschaftlichen Wachstums und ihrer Exportfähigkeiten immer noch nicht in der Lage war, einem freien Wettbewerb im bald zu errichtenden Binnenmarkt standzuhalten. Zur Begründung der Zurückweisung des Beitrittsantrags der Türkei führte die Kommission schließlich aus, daß die Schaffung des vorgesehenen Binnenmarktes höchste Priorität für die EG habe und daher bis zur Verwirklichung des Binnenmarktes, also bis 1993, keine Beitrittsverhandlungen aufgenommen werden könnten[18].

Die Kommission empfahl daher die Verbesserung der Beziehungen unterhalb einer Mitgliedschaft und unterstrich dabei, zunächst alle Mittel und Möglichkeiten des Assoziationsabkommens für die Vertiefung der wirtschaftlichen Beziehungen auszuschöpfen und insbesondere die vorgesehene Zollunion in vollem Umfang zu errichten. In diesem Zusammenhang schlug sie der EG die Wiederaufnahme und Erweiterung der finanziellen Zusammenarbeit, die För-derung der industriellen und technischen Kooperation sowie eine Vertiefung der politischen und kulturellen Bindungen mit der Türkei vor.

B. Ausschluß der Türkei vom anstehenden Erweiterungsprozeß der EU

Im Verlauf des europäischen Einigungsprozesses dehnte sich der Kreis der Mitgliedstaaten durch den Beitritt Dänemarks, Großbritanniens und Irlands (1973), Griechenlands (1981), Portugals und Spaniens (1986) sowie Finnlands, Österreichs und Schwedens (1995) auf 15 Staaten aus. Die EU steht gerade an der Schwelle einer weiteren Erweiterungswelle. Die politische und wirtschaftliche Stabilität in der EU veranlaßt zahlreiche europäische Staaten, die in Art. 49 EUV vorgesehene Möglichkeit eines Beitrittsgesuchs wahrzunehmen.

Aufgrund der anstehenden Erweiterung der EU hatte die Kommission am 15. Juli 1997 eine Mitteilung "Agenda 2000"[19] vorgelegt. In dieser Mitteilung hatte die Kommission ihre vorläufige Stellungnahme zu den Beitrittsanträgen ab-

[18] Weitere Gründe für die Zurückweisung des Beitrittsgesuchs der Türkei konnten auf den in den 80er Jahren auf der EG-Ebene zunehmend politisierten Zypern- und Ägäiskonflikt, den Transformationsprozeß in Ost- und Mitteleuropa sowie auf die Freizügigkeitsproblematik zurückgeführt werden, obgleich sie von der Kommission in ihrer Stellungnahme nicht erwähnt wurde. Die Mitgliedstaaten hatten deshalb wenig Interesse an einer Vollmitgliedschaft der Türkei in der EWG.

[19] Mitteilung der Kommission mit dem Titel "Agenda 2000 - Für eine stärkere und größere Union" - KOM(97)2000 endg. (nicht im Amtsblatt veröffentlicht), Bulletin der EG 7/8-1997, Ziff. I.1, und Beilage 5/97–Bull.

gegeben und ihre Vorschläge über die künftige Gestaltung der EU unterbreitet. Die Türkei wurde im Text der Stellungnahme jedoch nicht zusammen mit den MOE-Staaten genannt. In bezug auf die Türkei fand sich vielmehr ein Sonderabschnitt unter der Überschrift "Beziehungen zur Türkei". Dabei machte die Kommission eine Reihe weiterer Vorschlägen zur Intensivierung der Zusammenarbeit auf der Grundlage der Zollunion. Im Hinblick auf eine Beitrittsperspektive wurden lediglich die in ihrer Stellungnahme zum Beitrittsantrag der Türkei niedergelegten Kernaussagen wiederholt, wobei einerseits die grundsätzliche Fähigkeit der Türkei zur Mitgliedschaft zum Ausdruck gebracht wurde und andererseits gleichzeitig Defizite der Türkei im Bereich der Menschenrechte sowie der Demokratie festgestellt wurden. In diesem Zusammenhang wurde in der "Agenda 2000" insbesondere auf Fälle von Folter, spurlosem Verschwinden und außergerichtlichen Hinrichtungen sowie auf den zu starken Einfluß des Militärs hingewiesen[20]. Die Türkei wurde zur Fortsetzung des Demokratisierungsprozesses, zu einem verbesserten Schutz der Menschenrechte und zur Konsolidierung der politischen Kontrolle über die Streitkräfte, zur Schaffung gut nachbarschaftlicher Beziehungen mit Griechenland und zur Einhaltung der internationalen Rechtsgrundsätze im Hinblick auf die Lösung der Streitfragen in der Ägäis und auf der Insel Zypern aufgefordert. Schließlich stellte die Kommission in der Agenda 2000 das gute Funktionieren der Zollunion fest, aber auch Schwierigkeiten bei der Durchführung der finanziellen Zusammenarbeit und des politischen Dialogs mit der Türkei.

Nach dem Abschluß der Vertragsrevision von Amsterdam hat der Europäische Rat auf dem Gipfel in Luxemburg vom 12. und 13. Dezember 1997[21] ein Verfahren eingeleitet, die EU um die beitrittswilligen Staaten zu erweitern. In diesem Zusammenhang wurden als Beitrittskandidaten die MOE-Staaten und Zypern genannt. Diese Beitrittskandidaten wurden zur Erfüllung bestimmter Bedingungen, welche auf der Tagung des Europäischen Rates von Kopenhagen beschlossen wurden, aufgefordert. Für alle beitrittswilligen MOE-Staaten wurde eine intensivierte Heranführungsstrategie vorgesehen. Diese stützt sich auf die Europaabkommen, die Beitrittspartnerschaften und die nationalen Programme für die Übernahme des Besitzstandes der EU, die Heranführungsshilfe sowie die Öffnung der Europäischen Gemeinschaftsprogramme und Agenturen. Entsprechend der Stellungnahme der Kommission zu den Beitrittsanträgen geht der Europäische Rat dabei allerdings wesentlich anders vor als bei vorherigen Erweiterungen der EU, wobei im Hinblick auf die Integration der beitrittswilligen Staaten differenziert wurde. So wurden die konkreten Beitrittsverhandlungen zunächst mit den Staaten der "ersten Welle" (Estland, Polen, Ungarn, Slowenien, die Tschechische Republik, Zypern) aufgenommen. Am 15. Februar

---

[20] Agenda 2000, S. 63.

[21] Vgl. die Schlußfolgerungen des Vorsitzes des Europäischen Rates (Luxemburg) vom 12. und 13. Dezember 1997 (http://europa.eu.int/council/off/conclu/dec97/htm).

2000 wurden auch mit den Staaten der "zweiten Welle" (Bulgarien, Lettland, Litauen, Malta, Rumänien und die Slowakische Republik) die Beitrittsverhandlungen eingeleitet.

Die Türkei hingegen wurde nicht in den Kreis der Beitrittskandidaten aufgenommen. Der Europäische Rat von Luxemburg berücksichtigte nicht, daß die Türkei während des Kalten Krieges zusammen mit Westeuropa demokratische Werte und Freiheit verteidigte und letztendlich damit zur Befreiung der früher von der Sowjetunion abhängigen Länder beitrug[22]. Vielmehr zog er aus politischen, wirtschaftlichen und kulturellen Gründen die MOE-Staaten der Türkei vor. Im Gegensatz zu den anderen Beitrittsländern war sie weder in eine Heranführungsstrategie einbezogen noch wurden ihr konkrete Beitrittsverhandlungen in Aussicht gestellt. Der Europäische Rat von Luxemburg hat dabei lediglich entsprechend der Auffassung der Kommission folgende Aussagen zum Ausdruck gebraucht[23]. Einerseits bekräftigte er, daß für die Türkei ein Beitritt in Frage kommt und ihr Beitrittsgesuch nach denselben Kriterien wie die der anderen Beitrittskandidaten beurteilt werden würde. Andererseits wies er jedoch darauf hin, daß die politischen und wirtschaftlichen Voraussetzungen für Beitrittsverhandlungen noch nicht gegeben seien und die Union daher eine Strategie zur Vorbereitung der Türkei auf den Beitritt verfolgen müsse.

Der Europäische Rat von Luxemburg gab ferner der Türkei eine lange Liste von "Hausaufgaben", die sich aus den Menschenrechten, der Minderheitenpolitik, der Beilegung von Streitigkeiten mit Griechenland, insbesondere durch den IGH, sowie dem Zypernkonflikt zusammensetzen[24].

Zur Förderung der Fortschritte der Türkei in den wirtschaftlichen und politischen Bereichen forderte der Europäische Rat von Luxemburg die Kommission auf, eine europäische Strategie auszuarbeiten[25]. Zudem bot er der Türkei an, an der Europakonferenz teilzunehmen[26], forderte sie aber zugleich auf, sich zu politischen und wirtschaftlichen Reformen zu bekennen und dazu Fortschritte in den Bereichen der Menschenrechte und der Minderheitenrechte zu machen[27].

C. Reaktion der Türkei

Der Beschluß des Europäischen Rates von Luxemburg löste in der Türkei tiefe Enttäuschung sowie politische Mißstimmung aus. Nach der Vollendung der Zollunion hatte die Türkei mehr von der EU erwartet. Sie hat besonders große

[22] Güngör, Die Türkei muß über ihren Schatten springen, S. 1.
[23] Europäischer Rat von Luxemburg, Rn. 31.
[24] Ebd., Rn. 35.
[25] Ebd., Rn. 32 und 33.
[26] Ebd., Rn. 34.
[27] Ebd. Rn. 35.

Erwartungen an einen EU-Beitritt geknüpft[28]. Für die Türkei sollten zwar die gleichen Beitrittsvoraussetzungen gelten, doch wurde sie nicht in den anstehenden Beitrittsprozeß einbezogen. Für sie wurde im Hinblick auf die Vorbereitung des Beitritts lediglich eine bloße europäische Strategie vorgesehen. Diese Strategie entsprach aber nicht der Heranführungsstrategie für die MOE-Staaten.

Angesichts dieser Situation schien für die Türkei eine Mitgliedschaft in unerreichbare Ferne gerückt zu sein. Als Reaktion auf die harte Entscheidung des Europäischen Rates von Luxemburg distanzierte sie sich stark von der EU und lehnte vorerst die Einladung des Europäischen Rates zur Teilnahme an der Europakonferenz[29] ab. Sie rückte zwar durchaus nicht von ihrem Beitrittswunsch ab, setzte aber den politischen Dialog mit der EU über die sensiblen Themen aus und betonte dabei, daß eine Mitgliedschaft nicht mehr vorrangiges Anliegen ihres Landes sei und sie daher kein Interesse daran habe, die Themen Zypern, Menschenrechte, Demokratisierung und Minderheiten weiter mit der EU zu diskutieren[30].

Die politische Führung der Türkei war der Ansicht, daß der Anspruch der Türkei auf Beitritt zur EU ein Recht sei, das sich aus dem Assoziationsabkommen ergebe, die EU dagegen sich um das langjährige Beitrittsgesuch der Türkei nicht ernsthaft gekümmert habe und schließlich mit den Beschlüssen des Europäischen Rates von Luxemburg ihr Land ganz deutlich diskriminiert habe, weil die Türkei nicht innerhalb des gleichen Rahmens, mit den gleichen guten Vorsätzen und nach den gleichen objektiven Kriterien bewertet worden sei wie andere Beitrittsstaaten, sondern ihr vielmehr ungerechte politische Vorbedingungen gestellt worden seien[31].

---

[28] Vgl. Hürriyet vom 14. Dezember 1995, S. 4; Türkiye vom 14. Dezember 1995, S. 8.

[29] Die Europäische Konferenz trat erstmals am 12. März 1998 in London auf der Ebene der Staats- und Regierungschef zusammen. Die zweite und dritte Sitzung der Konferenz fanden am. 6. Oktober 1998 in Luxemburg und am 19. Juli 1999 in Brüssel auf der Ebene der Außenminister statt. Bei all diesen Sitzungen wies die Türkei jedoch die Einladung zurück. Dagegen nahm sie an der Sitzung vom 23. November 2000 in Sochaux–Montbeliard teil.

[30] Vgl. die Presseerklärung der türkischen Regierung zum Gipfel von Luxemburg am 14. Dezember 1997 in Ankara, abgedruckt in: Internationale Politik 1998, 122 ff.; vgl. auch die Presseerklärung des türkischen Außenministeriums zum Gipfel von Luxemburg am 14. Dezember 1997 (http://www.mfa.gov.tr/Turkce/grupa/aj/06.htm).

[31] Vgl. die Presseerklärung der türkischen Regierung zum Gipfel von Luxemburg am 14. Dezember 1997 in Ankara, (Anm. 30), 122 ff.; vgl. auch Karluk, Avrupa Birligi ve Türkiye, S. 91 ff.

D. Bemühungen um den Wiederaufnahme von Beziehungen

1. Europäische Strategie für die Türkei

Aufgrund der Aufforderung des Europäischen Rates vom 12. Dezember 1997 verabschiedete die Kommission am 4. März 1998 die Mitteilung über eine Europäische Strategie für die Türkei[32], die der umfassenden Annäherung der Türkei an die EU auf dem Weg zum Beitritt dienen sollte. Zu diesem Zweck wurde darin ein Arbeitsprogramm zur Intensivierung der Beziehungen zur Türkei vorgesehen, das sich auf die Entfaltung der Möglichkeiten des Abkommens, die Ausweitung der Zollunion auf die Landwirtschaft und den Dienstleistungssektor sowie den Ausbau der Zusammenarbeit in mehreren Bereichen erstreckte. In diesem Zusammenhang wurde außerdem auf die dringende Notwendigkeit einer Finanzverordnung für die Sonderaktion Türkei hingewiesen.

Der Europäische Rat erklärte auf dem Gipfel in Cardiff am 15. Juni 1998[33], daß die europäische Strategie in ihrer Gesamtheit die Grundlage für eine Entwicklung der Beziehungen zwischen der EU und der Türkei auf einer soliden und auf Weiterentwicklung angelegten Basis darstellt. Er forderte daher die Kommission auf, diese Strategie weiter voranzutreiben und in diesem Zusammenhang auch alle Vorschläge zu unterbreiten, die für eine wirksame Umsetzung erforderlich sind. Dementsprechend erstellte die Kommission am 4. Oktober 1998 ihren ersten Bericht über die Fortschritte der Türkei auf dem Weg zum Beitritt.

Die Türkei hingegen sah die europäische Strategie nur als eine Arbeitsgrundlage an, die gegenüber dem Assoziationsabkommen nichts Neues vorsah und forderte die EU daher auf, daß eine Heranführungsstrategie, die über die von der Kommission festgelegte europäische Strategie hinausgehen müßte, vom Assoziationsrat ausgearbeitet werden sollte. Trotz dieser Aufforderungen zeigte die Türkei aber ihre volle Bereitschaft zur Zusammenarbeit auf der Grundlage der in der europäischen Strategie festgehaltenen Vorschläge. Bezüglich der europäischen Strategie hat die türkische Regierung am 17. Juli 1998 ein Dokument unter der Bezeichnung "Strategie zur Entwicklung der Beziehungen Türkei/EU - Vorschläge der Türkei" (Türkiye-AB iliskilerini Gelistirme Stratejisi - Öneriler) übermittelt[34]. In diesem Dokument äußerte die türkische Regierung einerseits den Wunsch, den politischen Dialog mit der EU wiederaufzunehmen, andererseits definierte es die Position zu den Beziehungen, die die Türkei mit der EU

---

[32] Vgl. die Mitteilung der Kommission an den Rat Europäische Strategie für die Türkei - Erste operative Vorschläge der Kommission, KOM (1998)124endg.

[33] Vgl. die Schlußfolgerungen des Vorsitzes des Europäischen Rates (Cardiff) vom 15. und 16. Juni 1998, Rn. 68, http://europa.eu.int/council/off/conclu/jun98/htm.

[34] Vgl. den regelmäßigen Bericht der Kommission über die Fortschritte der Türkei auf dem Weg zum Beitritt von 1998, KOM(1998)711endg., S. 5.

unterhalten sollte[35]. Zu diesem Zweck hat sie ihrerseits mehrere Vorschläge in verschiedenen Bereichen wie der Zollunion, der Landwirtschaft, dem freien Dienstleistungsverkehr und dem Niederlassungsrecht, der Liberalisierung des Kapitalverkehrs, der Koordinierung der Wirtschaftspolitik und der Freizügigkeit der Arbeitnehmer unterbreitet.

So erfolgten im September 1998 erste technische Gespräche zwischen den Kommissionsdienststellen und den türkischen Behörden, um einen Zeitplan und die Einzelheiten der Umsetzung der europäischen Strategie festzulegen[36]. Währenddessen wurde ein Kontaktausschuß zur Umsetzung dieser Strategie eingerichtet[37].

2. Einbeziehung der Türkei in die anstehende Erweiterung der EU

Trotz der Gespräche zwischen den Kommissionsdienststellen und den türkischen Behörden bezüglich der Europäischen Strategie kam es nach dem Luxemburger Gipfeltreffen zu einer deutlichen Abkühlung der türkisch-europäischen Beziehungen, da wegen des Beschlusses des Europäischen Rates von Luxemburg die Hoffnung der Türkei auf einen Beitritt zur EU schwand. Die nachfolgenden Bestrebungen seitens der EU, die Beziehungen stärker zu beleben, scheiterten diesmal an der ablehnenden Haltung der türkischen Regierung. Aufgrund des völligen Stillstands auf politischer Ebene konnte der Assoziationsrat lange Zeit nicht tagen[38].

Nachdem die Tagungen in Wien[39] und in Köln[40] in bezug auf den Beitritt der Türkei ohne konkrete Ergebnisse verlaufen waren, erreichten die türkisch-europäischen Beziehungen wieder einen Tiefpunkt. Dies führte wiederum zu einer Verschlechterung des gegenseitigen Verständnisses. Die politische Haltung der EU löste in der Türkei eine heftige Diskussion über die Frage aus, warum die Türkei vor den Toren Europas noch warten muß, obwohl die EU gegenüber ihr bislang keine positiven Schritte unternommen hat, die auf den

[35] Vgl. das Themenpapier des EP Nr. 7, Die Türkei und ihre Beziehungen zur Europäischen Union, Dritte Überarbeitung 2000, S. 17.
[36] Vgl. den regelmäßigen Bericht der Kommission über die Fortschritte der Türkei auf dem Weg zum Beitritt von 1998, KOM(1998)711endg., S. 5.
[37] Vgl. den regelmäßigen Bericht der Kommission über die Fortschritte der Türkei auf dem Weg zum Beitritt von 1999, KOM(1999)513endg., S. 8.
[38] Die Vertreter der Türkei und der EU trafen erstmals am 13. September 1999 wieder zusammen. Vgl. den regelmäßigen Bericht der Kommission über die Fortschritte der Türkei auf dem Weg zum Beitritt von 1999, KOM(1999)513endg., S. 6.
[39] Vgl. die Schlußfolgerungen des Vorsitzes des Europäischen Rates (Wien) vom 11. und 12. Dezember 1998, http://europa.eu.int/council/off/conclu/dec1998/htm.
[40] Vgl. die Schlußfolgerungen des Vorsitzes des Europäischen Rates (Köln) vom 3. und 4. Juni 1998, http://europa.eu.int/council/off/conclu/jun1999/htm.

Beitritt der Türkei abzielen würden. Wegen dieser Überlegungen setzte sich die türkische Regierung zunehmend mit der Frage auseinander, ob sie die türkische Außenpolitik neu definieren und dementsprechend die Angelegenheiten der EU den sonstigen Außenbeziehungen der Türkei unterordnen soll[41], und machte infolgedessen die weitere Entwicklung der Beziehungen ihres Landes zur EU von dem Verhalten der Europäer abhängig[42]. Sie kündigte im Juni 1999 nicht nur eine Revision der Zollunion an, sondern drohte auch mit einer Zurückziehung des Beitrittsantrages vom 14. April 1987, wenn ihrem Land nicht der Status eines offiziellen Beitrittskandidaten eingeräumt würde.

Angesichts dieser Lage hat der Europäische Rat auf dem Gipfel vom 11. Dezember 1999 in Helsinki endlich einige konkrete Schritte unternommen. Er nahm die Türkei vorerst in den Kreis der offiziellen Beitrittskandidaten auf und sicherte seinerseits gleichzeitig ausdrücklich eine gleichberechtigte Behandlung der Türkei mit anderen Beitrittsaspiranten zu[43]. Die Türkei wird folglich nicht mehr als "Sonderfall" behandelt, sondern ihr wird der Status eines Beitrittslandes eingeräumt[44]. Sie soll demnach auf der Grundlage derselben Kriterien, die auch für die übrigen beitrittswilligen Länder gelten, Mitglied der Union werden können[45]. Zur Vorbereitung der Türkei auf einen EU-Beitritt wurde ein verstärkter politischer Dialog vorgesehen, dessen Schwerpunkt auf der Erfüllung der politischen Beitrittskriterien, vor allem aber in bezug auf die Menschenrechte, etwaige ungelöste Grenzstreitigkeiten mit Griechenland und den Zypernkonflikt, liegen sollte.

Zu diesem Zweck forderte der Europäische Rat von Helsinki einerseits die Kommission auf, eine Beitrittspartnerschaft sowie einen einheitlichen finanziellen Rahmen auszuarbeiten und geeignete Überwachungsmechanismen einzurichten, um die Kandidatur der Türkei zu unterstützen; andererseits wurde der Türkei die Möglichkeit gegeben, an Programmen und Einrichtungen der Europäischen Union, an der Vorbereitung einer analytischen Untersuchung des gemeinschaftlichen Besitzstandes und an der Ausarbeitung eines Gesamtrahmens für die finanzielle Zusammenarbeit teilzunehmen.

---

[41] Vgl. Steinbach, Orient 1977, 72 ff.

[42] Jacobs, Aus Politik und Zeitgeschichte 2000, 24.

[43] Die Kommission schlug bereits in ihrem Bericht vom 13. November 1999 vor, daß die Türkei als Bewerberland angesehen werden sollte, während das EP keine einheitliche Position vertrat. Vgl. dazu den regelmäßigen Bericht der Kommission über die Fortschritte der Türkei auf dem Weg zum Beitritt von 1999, KOM(1999)513endg.

[44] Zur Kritik des Beschlusses des Europäischen Rates von Helsinki siehe den Nachricht „Ausweitung auf zwölf EU-Kandidaten falscher Weg", in: Spiegel-Online vom 10. Dezember 1999 (http://www.spiegel.de), den Nachricht „Status für Türkei kritisiert", in: Focus-Online vom 12. Dezember 1999 (http://www.focus.de).

[45] Vgl. die Schlußfolgerungen des Vorsitzes des Europäischen Rates (Helsinki) vom 10. und 11. Dezember 1999 (http://europa.eu.int/council/off/conclu/dec1999/htm).

Mit dem Beschluß von Helsinki wurde der Türkei jedoch keine konkrete Beitrittsperspektive gegeben. Insbesondere wurde kein fester Zeitpunkt für den Beginn von Beitrittsverhandlungen vorgesehen. Vielmehr bleibt weiterhin unklar, wann dies geschehen soll, weil die Verhandlungen mit der Türkei erst aufgenommen sollen, wenn sie die politischen Kriterien von Kopenhagen erfüllt hat. Dies unterliegt aber der politischen Bewertung der EU. Die EU hat dagegen mit allen anderen Beitrittsländern schon die Verhandlungen aufgenommen, obwohl gewisse Zweifel daran bestehen, ob alle potentiellen Beitrittskandidaten die Kriterien von Kopenhagen vollständig erfüllt haben. Der Beschluß des Europäischen Rates kann daher nur in strategischer Hinsicht von Bedeutung sein. Die EU hat damit eine eindeutige Positionsbestimmung gegenüber der Türkei vorgenommen, um neue Impulse im Hinblick auf die abgekühlten Beziehungen zu schaffen. So wurde die Diskriminierung der Türkei im anstehenden Erweiterungsprozeß der EU zum Teil zurückgenommen. Die Phase der Unklarheiten und Unsicherheiten in den Beziehungen zwischen beiden Seiten wurde beendet. Seither normalisierten sich die Beziehungen, indem das Zugehörigkeitsgefühl der Türkei zum demokratischen Europa gestärkt wurde. So tagte der Assoziationsrat nach dreijähriger Unterbrechung erstmals wieder am 11. April 2000[46]. Dabei wurden wichtige Entscheidungen zur Umsetzung der Beschlüsse von Helsinki gefällt. Auf dieser Grundlage wurden mehrere Sonderausschüsse eingesetzt, die eine analytische Prüfung des Besitzstandes der EU im Hinblick auf eine Annäherung der Rechtssysteme durchführen sollen[47]. Darüber hinaus wurde der seit 1997 unterbrochene politische Dialog zwischen den Parteien zu sensiblen Themen wie Menschen- und Minderheitenrechten wieder aufgeommen.

Die Verleihung des Kandidadenstatus wurde von seiten der Türkei insgesamt positiv aufgenommen[48]. Dies löste in der türkischen Öffentlichkeit eine breit angelegte Debatte über die Einleitung der innerstaatlichen Reformen aus, die für die Erfüllung der politischen Kriterien von Kopenhagen erforderlich sind[49]. In politischen Kreisen ist es nach wie vor überwiegender Konsens, daß die Verfassung der Türkei von 1982 sowie der gesetzliche Rahmen entsprechend den heutigen demokratischen Normen Europas geändert werden muß[50]. Inzwischen

---

[46] Vgl. den regelmäßigen Bericht der Kommission über die Fortschritte der Türkei auf dem Weg zum Beitritt 2000, KOM(2000)713endg., S. 7.

[47] Volmer, Rede zur Türkeipolitik vom 13. April 2000, Postdamer SEF-Frühjahrsgesprächen 2000, S. 3.

[48] Sen, Aus Politik und Zeitgeschichte 2001, 28.

[49] Vgl. den regelmäßigen Bericht der Kommission über die Fortschritte der Türkei auf dem Weg zum Beitritt 2000, KOM(2000)713endg., S. 12; in diesem Zusammenhang ist ferner anzumerken, daß die Festnahme des PKK-Führers Abdullah Öcalan und die damit verbundenen Schwächung der PKK ebenfalls die Reformen in den Bereichen der Menschenrechte und der Demokratie beschleunigt hat.

[50] Vgl. dazu den Bericht der "Demirok-Kommission", abgedruckt in: Internationale Politik 11/2000, S. 58 ff.; die Vorschlägen von DPT, Türkiye-Avrupa Birligi Özel Ihtisas Komisyonu

wurden in der Türkei mehrere wichtige Schritte unternommen, um die Demokratie sowie die Menschenrechte auf höchstes Niveau zu bringen.

Zur Entspannung der Lage im Südosten des Landes wurde bereits eine Reihe von Maßnahmen ergriffen. Am 26. August 1999 wurde ein Amnestiegesetz[51] erlassen. Nach diesem Gesetz werden PKK-Anhängern strafmildernde Umstände zugestanden werden, wenn sie sich freiwillig stellen und Informationen über die PKK geben. Zudem beschloß die türkische Regierung am 13. Januar 2000, die Vollstreckung der Todesstrafe des PKK-Führers, Abdullah Öcalan solange auszusetzen, bis der Europäische Menschenrechtsgerichtshof (EGMR) über diesen Fall entscheidet. Der Ausnahmezustand wurde in den Provinzen Siirt (im November 1999) und Van (im Juni 2000) aufgehoben. Die staatlichen Behörden haben mittlerweile ihre Bemühungen um eine Verbesserung des Entwicklungsstandes der Region verstärkt[52]. Diese Anstrengungen werden vor allem in den Bereichen Bildung, Gesundheit und Wasservorsorge verstärkt fortgeführt. Zudem wird die Bevölkerung von den Behörden zum Teil gestattet, in die in der Vergangenheit aus Sicherheitsgründen evakuierten Dörfer und Weiler zurückzukehren[53].

Auf dem Weg zum EU-Beitritt wurde auch der institutionelle Schritt bereits vollzogen. Zwei Staatsministerien (Staatsministerium für Menschenrechte und Staatsministerium für EU-Angelegenheiten) sowie ein Generalsekretariat für EU-Angelegenheiten[54] wurden gegründet. Im Justizministerium wurden inzwischen intensive Anstrengungen unternommen, Gesetzesentwürfe entsprechend den politischen Kriterien von Kopenhagen auszuarbeiten. Die EU-Koordinierungsabteilung im Justizministerium wurde personell verstärkt. Die Zahl von Richtern und Staatsanwälten nahm ständig zu[55].

Weitere Reformvorhaben der Türkei wurden von der türkischen Regierung in einem nationalen Programm[56] zur Umsetzung der Prioritäten der Beitrittspartnerschaft gründlich geregelt. Entsprechende Verfassungsänderungen wurden am 3. Oktober 2001 vorgenommen.

Raporu, 2000, S. 147 ff.; den regelmäßigen Bericht der Kommission über die Fortschritte der Türkei auf dem Weg zum Beitritt 2000, KOM(2000)713endg., S. 13.

[51] Gesetz vom 26. August 1999, Nr. 4537.

[52] Vgl. den regelmäßigen Bericht der Kommission über die Fortschritte der Türkei auf dem Weg zum Beitritt 2000, KOM(2000)713endg., S. 7.

[53] Ebd.

[54] Gesetz über die Gründung des "Generalsekretariats für EU-Angelegenheit" vom 23. Juni 2000, Nr. 4587, in: RG vom 4. Juni 200, Nr. 24099

[55] Vgl. den regelmäßigen Bericht der Kommission über die Fortschritte der Türkei auf dem Weg zum Beitritt 2000, KOM(2000)713endg., S. 14.

[56] Zu Einzelheiten des Nationalprogramms der Türkei siehe Avrupa Birligi Genel Sekreterligi (Generalsekretariat für EU-Angelegenheiten, Ulusal Programm 2001 (http://www.abgs.gov.tr).

II. Beitrittsfähigkeit der Türkei

A. Beitrittsvoraussetzungen

In Art. 49 Abs. 1 EUV[57] wurde festgehalten, daß jeder europäische Staat, der die in Art. 6 Abs. 1 genannten Grundsätze achtet, beantragen kann, Mitglied der Union zu werden. Danach können nur europäische Staaten Mitglied der EU werden. Der Wortlaut des Art. 49 Abs. 1 EUV und die bisherige Praxis (etwa die offizielle Begründung bei der Ablehnung des Beitrittsgesuches von Marokko im Jahre 1987) machen deutlich, daß der beitrittswillige Staat geographisch wenigstens zu einem Teil auf dem europäischen Kontinent liegen muß. Dabei stellt sich jedoch die Frage, was genau unter dem Kriterium "europäischer Staat" im Sinne dieser Vorschrift zu verstehen ist. Aus dem Wortlaut des Art. 49 Abs. 1 EUV läßt sich die Frage nicht eindeutig beantworten. Dieses Kriterium läßt sich nämlich nicht nur geographisch, sondern auch kulturell oder politisch deuten[58]. In dieser Hinsicht ist deshalb umstritten, ob die Türkei als ein europäischer Staat im Sinne des Art. 49 Abs. 1 EUV angesehen werden kann[59]. Die Frage nach einer türkischen Mitgliedschaft ist in kultureller Hinsicht bisher nicht ganz klar beantwortet worden[60]. Dabei wird darauf hingewiesen, daß ein EU-Beitritt der Türkei wegen ihrer in geographischer und kultureller Hinsicht fehlenden Zugehörigkeit zu Europa nur bei einer entsprechenden Änderung des Art. 49 EUV möglich sein kann[61]. Dieser Auffassung ist nicht zuzustimmen. Denn es ist vor allem nicht umstritten, daß die Türkei einen europäischen Teil besitzt. Zudem kann der Wortlaut des Art. 49 Abs. 1 EUV nicht dahingehend ausgelegt werden, daß die Türkei in kultureller Hinsicht die Anforderung eines europäischen Staates nicht erfülle. Dabei geht es nämlich keineswegs um eine rechtliche Frage. Aus Art. 49 Abs. 1 EUV ergibt sich lediglich, daß nur europäische Staaten in die Union aufgenommen werden können. Darüber hinaus wurde in dieser Vorschrift nicht festgelegt, welche Staaten in geographischer oder kultureller Hinsicht zu Europa gehören. Außerdem wird der Begriff „europäisch" weder im EU-Vertrag noch im EG-Vertrag definiert. Der Inhalt dieses Kriteriums ist daher offen. Die Frage, ob die Türkei ein europäischer Staat sei, ist

---

[57] Diese Vorschrift ersetzt die Beitrittsklauseln der drei Gemeinschaftsverträge (Art. 237 EWGV, Art. 205 EAGV und Art. 98 EGKS). Ein Beitritt zur Union kann allerdings nur unter gleichzeitigen Beitritt zu allen drei Gemeinschaften (EG, EAG und EGKS) sowie unter Beteiligung an der Gemeinsamen Außen- und Sicherheitspolitik (GASP) und der polizeilichen und justitiellen Zusammenarbeit (PJSZ) erfolgen. Eine Teilmitgliedschaft (etwa nur in der EG) ist daher nicht zulässig. Dem liegt zugrunde, daß die EU aus diesen 3 Säulen besteht.

[58] Luciani, Internationale Politik 3/2002, 27.

[59] Vgl. Oppermann, Europarecht, Rn. 1843; Pechstein/Koenig, Die Europäische Union, Rn. 418; Yesilyurt, Die Türkei und die EU, S. 184.

[60] Zur Zulässigkeit des türkischen EU-Beitritts vgl. Schön, Der rechtliche Rahmen der Assoziierung, S. 97 ff.

[61] Meng, in: G/T/E (Hrsg.), Kommentar zum EWG, 2. Aufl. Art. 237, Rn. 34;

daher nicht juristisch zu bewerten, sondern eher politisch zu betrachten[62]. Die Beurteilung der Erfüllung dieses Kriteriums unterliegt dem politischen Willen der EU. Das türkische Volk ist im tatsächlichen (kulturellen/historischen) Sinne vielleicht kein europäisches Volk; doch wurde von seiten der EU seinem Staat der Status eines europäischen Staates eingeräumt. Der Türkei wurde nämlich schon durch das Assoziationsabkommen EG/Türkei die Möglichkeit eines Beitritts zur EU eröffnet. Die Bestimmung des Art. 28 Ass.Abk. läßt keinen Zweifel an der Zugehörigkeit der Türkei zu Europa. Andernfalls könnte auch die Möglichkeit eines abgestuften Beitritts im Rahmen der Assoziation sonst nicht in Frage kommen. Ihre Zugehörigkeit zu Europa wurde zuletzt auf dem Gipfel von Helsinki ausdrücklich bekräftigt. Damit sollte diese Problematik als geklärt angesehen werden. Der Beitritt zur EU ist kein einfacher Verwaltungsakt, sondern ein Prozeß, welcher mit zahlreichen politischen und wirtschaftlichen Bedingungen verbunden ist. Hinsichtlich des Beitritts eines Staates verweist Art. 49 Abs. 1 EUV neben der kontinentalen Beschränkung auf die Anforderungen des Art. 6 Abs.1 EUV, wonach die EU-Mitgliedstaaten dazu verpflichtet sind, die Grundsätze der Demokratie und die Achtung der Menschenrechte zu wahren[63]. Konsequenterweise müssen auch die Beitrittskandidaten diese Anforderungen bereits bei Aufnahme der Beitrittsverhandlungen erfüllen, d.h. sie müssen die Grundsätze der Union achten und dazu schon über eine tatsächlich praktizierte, rechtsstaatliche und demokratische Staatsform verfügen[64]. Ein beitrittswilliger Staat kann daher erst dann Mitglied werden, wenn er beitrittsreif ist.

Aufgrund der anstehenden Erweiterung der EU präzisierte der Europäische Rat auf dem Kopenhagener Gipfel vom 22. Juni 1993 diese Beitrittsvoraussetzungen und legte einen Katalog politischer und wirtschaftlicher Kriterien fest, die über den in Art. 6 Abs. 1 EUV genannten Voraussetzungen hinausgehen[65]. Als Beitrittsbedingungen wurde folgendes genannt:

- eine institutionelle Stabilität als Garantie für die demokratische und rechtsstaatliche Ordnung, für die Wahrung der Menschenrechte sowie die Achtung und den Schutz von Minderheiten,
- eine funktionsfähige Marktwirtschaft sowie die Fähigkeit, dem Wettbewerbsdruck und den Marktkräften innerhalb der Union standzuhalten[66],

[62] So auch van den Broek, in: Röttinger/Weyringer (Hrsg.), Handbuch der europäischen Integration, S. 445; vgl. auch Rohde/Lorenzmeier, Europarecht, S. 317.
[63] Diese Grundsätze wurden in der auf dem Gipfel vom Dezember 2000 in Nizza veröffentlichen EU-Charta der Grundrechte bekräftigt (ABlEG 2000 Nr. 364, 1).
[64] Koenig/Horutsch, Europarecht, Rn. 860.
[65] Bulletin der EU 6-1993, 13.
[66] Diese Kriterien wurden in der Mitteilung der Kommission über die Agenda 2000 definiert.

- die Fähigkeit, die aus einer Mitgliedschaft erwachsenden Verpflichtungen zu übernehmen und sich die Ziele der politischen Union sowie der Wirtschafts- und Währungsunion zu eigen zu machen.

Art. 49 Abs. 1 EUV begründet für den europäischen Staat aber keinen Rechtsanspruch auf den Beitritt, auch wenn von ihm alle Beitrittsvorausetzungen erfüllt werden. Gemäß dieser Vorschrift können beitrittswillige Staat, die die Beitrittsvoraussetzungen erfüllen, lediglich beantragen, Mitglied in der EU zu werden. Dies bedeutet aber nicht, daß sie dann Mitglied in der EU sein müssen. Die Frage nach einem Beitritt unterliegt allein der endgültigen politischen Entscheidungsgewalt der EU.

Die Türkei weist weitgehend die Merkmale einer Marktwirtschaft auf, die insbesondere durch weit entwickelte Rechts- und Verwaltungsvorschriften und -strukturen, einen dynamischen Privatsektor und eine liberale Handelsregelung gekennzeichnet ist[67]. Ein beträchtlicher Teil der türkischen Wirtschaft besitzt ein großes Wachstumspotential und habe insbesondere im Rahmen der Zollunion eine hohe Anpassungsfähigkeit bewiesen[68]. Die Türkei hat ebenfalls hinsichtlich der Übernahme des gemeinschaftlichen Besitzstandes bewiesen[69], daß sie in der Lage sei, die meisten im Rahmen der Zollunion vorgesehenen Rechtsvorschriften fristgerecht zu verabschieden und durchzuführen[70]. In diesem Zusammenhang betont die Kommission, daß die Türkei bereits begonnen habe, in den meisten in der Europäischen Strategie aufgeführten Bereichen ihre Vorschriften an das Gemeinschaftsrecht anzunähern. Umfangreiche Anstrengungen seien jedoch weiterhin notwendig, um diesen Prozeß zum Abschluß zu bringen[71]. Dies gelte vor allem für den Binnenmarkt (insbesondere das öffentliche Auftragswesen). Schließlich bedürfe es in den Bereichen, die nicht von der Zollunion oder der Europäischen Strategie abgedeckt seien, noch erheblicher Anstrengungen für eine weitere Angleichung an den gemeinschaftlichen Besitzstand[72].

---

[67] Vgl. den regelmäßigen Bericht der Kommission über die Fortschritte der Türkei auf dem Weg zum Beitritt 1998, KOM(1998)711endg., S. 42.

[68] Vgl. den regelmäßigen Bericht der Kommission über die Fortschritte der Türkei auf dem Weg zum Beitritt 2000, KOM(2000)713endg., S. 34; den regelmäßigen Bericht der Kommission über die Fortschritte der Türkei auf dem Weg zum Beitritt 2001, S. 105.

[69] Im Rahmen der Zollunion hat die Türkei bereits große Teile ihrer Wirtschaftsordnung den gemeinschaftsrechtlichen Regelungen zufriedenstellend angepaßt, vor allem mit der Einführung des Wettbewerbsrechts und dem Schutz geistigen Eigentums. Harmonisiert wurden auch die Zollgesetze. Siehe dazu unten Kapitel III.

[70] Das Gesamtdokument der Kommission - Berichte über die von den einzelnen Bewerberländern auf dem Weg zum Beitritt erzielten Fortschritte von 1998, KOM(1998)712endg., S. 25 und 26.

[71] Vgl. den regelmäßigen Bericht der Kommission über die Fortschritte der Türkei auf dem Weg zum Beitritt 2000, KOM(2000)713endg., S. 81.

[72] Zu Forderungen der EU siehe den Beschluß des Rates vom 8. März 2001 über die Grundsätze, Prioritäten, Zwischenziele und Bedingungen der Beitrittspartnerschaft für die türkische Republik (ABlEG 2001 Nr. L 085, 13).

Die Türkei gilt zwar als „dynamisch wachsendes Land"[73], „dessen wirtschaftliche Wachstumsrate (durchschnittlich 4,4 % in den letzten Jahren) doppelt so hoch wie der OECD-Durchschnitt ist."[74]. Sie ist jedoch von der Erfüllung der Kopenhagener Kriterien noch weit entfernt[75]. Es gibt in der türkischen Wirtschaft mehrere strukturelle Probleme, die weiterhin Anlaß zur Sorge geben. Die Türkei ist immer noch auf dem Stand eines Entwicklungslandes, dessen wirtschaftliche Hauptprobleme eine hohe Arbeitslosigkeit, geringe industrielle Produktivität, ein geringes Bruttosozialprodukt und ein Zahlungs- und Außenhandelsbilanzdefizit darstellen. Diese strukturellen Defizite stehen ihrer unzureichend entwickelten Wirtschaft als ernstzunehmende Hindernisse gegenüber.

Der Staatsapparat der Türkei ist überdimensioniert und wenig effizient. „*Ein Handikap für den Standort Türkei stellt nach wie vor die staatliche Bürokratie dar, deren Modernisierung mit den Fortschritten in der Wirtschaft nicht halten konnte.*" [76] Der große Finanzbedarf der öffentlichen Hand führt kontinuierlich zur Vermehrung der Staatsverschuldung. Der Staat hat immer noch einen starken Anteil an der Wirtschaft. Die Privatisierung der staatlichen Betriebe, dessen Subventionsbedarf nach wie vor eine der wesentlichen Ursachen des Staatshaushaltsdefizits darstellt[77], kommt nur außerordentlich langsam voran[78].

Schwierigkeiten bereitet ferner die hohe Inflation (derzeit liegt sie ca. bei 70 %)[79], die kaum kontrollierbar ist. Das durchschnittliche Pro-Kopf-Einkommen liegt bei rund 3050 US-Dollar pro Jahr[80]. Ein weiteres tiefgreifendes Problem ist die hohe Arbeitslosenzahl. Darüber hinaus sind immerhin 42% der Erwerbstätigen im Land in der Landwirtschaft tätig[81]. Nach wie vor existieren starke regionale Strukturunterschiede[82]. Auch die hohe Importabhängigkeit von Energie-Rohstoffen steht einer produktiven Wirtschaft entgegen.

Neben diesen strukturellen Problemen gibt es auch immer noch zahlreiche Fälle von Korruption, Begünstigung und passiver Bestechung[83]. Da die Staatsbanken

---

[73] Vgl. Meral, Südosteuropa Mitteilungen 2000, 345.
[74] Ebd.
[75] Vgl. den regelmäßigen Bericht der Kommission über die Fortschritte der Türkei auf dem Weg zum Beitritt 2000, KOM(2000)713endg., S. 24.
[76] Martin, in: Wehling (Hrsg.), Die Türkei vor den Türen Europas, S. 42.
[77] Gumpel, Die türkische Wirtschaft, S. 7; Sen, Aus Politik und Zeitgeschichte 2001, 31.
[78] Sen, Aus Politik und Zeitgeschichte 2001, 31.
[79] Quelle: Devlet Istatistik Ensitüsü (http://www.die.gov.tr).
[80] Dazu Devlet Planlama Teskilati (http://www.dpt.gov.tr).
[81] Martin, in: Wehling (Hrsg.), Die Türkei vor den Türen Europas, S. 42.
[82] Dazu Devlet Planlama Teskilati (http://www.dpt.gov.tr).
[83] Nach Ansicht der Kommission sind ein wesentlicher Grund für die Bestechlichkeit der Beamten die niedrigen Gehälter im öffentlichen Dienst, die wiederum auf die knappen Haushaltsmittel des Staates zurückzuführen, während die Bestechlichkeit von Abgeordneten in erster Linie damit zusammenhängt, das es keine öffentliche Parteienfinanzierung gibt. Vgl.

nicht vom Staat selbst, sondern von den jeweiligen Regierungsparteien kontrolliert werden, wird die Leitung der Staatsbanken mißbraucht, indem den Anhängern der Partei (bzw. der Klientel) die günstigen Krediten unter Marktbedingungen gewährt werden.

Diese strukturellen Probleme der Volkswirtschaft und Mißstände im politischen System lösten schließlich im November 2000 sowie im Februar 2001 in der Türkei schwere Finanzkrisen aus, die drastische Konsequenzen nach sich zogen. Die beiden Finanzkrisen brachten die wirtschaftliche Wiederbelebung zum Erliegen und beendeten das vom Internationalen Währungsfond (IWF) betreuten Stabilisierungsprogramm. Sie führten und führen noch in der Türkei zu immer stärkeren sozialen Unruhen[84]. Die gesamtwirtschaftliche Stabilität ist ins Wanken geraten und viele makroökonomische Ungleichgewichte sind erneut aufgetreten[85]. Die Finanzkrise vom Februar 2001 löste außerdem eine starke Abwertung der türkischen Währung (Lira) aus. Als Konsequenz befindet sich die Türkei in einer kritischen Lage, da der Inlandswert ihrer relativ großen Außenschuld stark angewachsen ist.

Zur Wiederherstellung der gesamtwirtschaftlichen Stabilität wird derzeit von der türkischen Regierung unter der Überwachung der IWF eine Reihe von Reformmaßnahmen getroffen. Im Mittelpunkt des Reformprogramms stehen die Lösung der dringend erforderlichen Strukturprobleme[86] und die Privatisierung staatlicher Großbetriebe.

Trotz der aufgeführten Bedenken soll dieses Thema aus Platzgründen im folgenden nicht weiter behandelt werden. Die Türkei konnte aufgrund der jüngsten Krisen zwar keine weiteren Fortschritte im Hinblick auf eine funktionierende Marktwirtschaft erzielen[87]. Sie ist aber im Hinblick auf die Übernahme des gemeinschaftlichen Besitzstandes nicht schlechter zu beurteilen als die meisten osteuropäischen Beitrittskandidaten[88]. Große Teile ihrer Wirtschaft stellen sich

---

die regelmäßigen Berichte der Kommission über die Fortschritte der Türkei auf dem Weg zum Beitritt 1998 und 2000, KOM(1998)711endg., S. 8.; KOM(2000)713endg., S. 23 (79).

[84] Axt, Internationale Politik 1/2002, S. 46-47.

[85] Vgl. den regelmäßigen Bericht der Kommission über die Fortschritte der Türkei auf dem Weg zum Beitritt 2001, S. 106.

[86] Etwa die Herstellung einer größeren Transparenz im öffentlichen Beschaffungswesen, der Abbau der hohen Agrarsubventionen, die Neuordnung des Bankensektors, eine verbesserte Politik der Steuereinnahme sowie eine erhebliche Kürzung der Staatsausgaben.

[87] Vgl. dazu Strategiepapier und Bericht der Kommission über die Fortschritte jedes Bewerberlandes auf dem Weg zum Beitritt 2001, S. 20.

[88] Sie haben noch immer Schwierigkeiten bei der Schaffung des vollständigen, für eine funktionierende Marktwirtschaft erforderlichen rechtlichen und institutionellen Rahmens, einschließlich der Durchsetzung der Gerichtsurteilen. Vgl. dazu Strategiepapier und Bericht der Kommission über die Fortschritte jedes Bewerberlandes auf dem Weg zum Beitritt 2001, S. 17; Eichinger, in: SEF (Hrsg.), S. 2.

nämlich bereits im Rahmen der Zollunion dem Wettbewerb auf dem EU-Markt[89]. Dagegen erscheinen die politischen Reformen im Lande, die erforderlich sind, um die politischen Anforderungen von Kopenhagen zu erfüllen, noch schwieriger zu bewerkstelligen zu sein als die Erfüllung der übrigen Beitrittskriterien. Sie bilden einen Schwerpunkt des Beitritts der Türkei zur EU und sind sogar die Voraussetzung für die Aufnahme von Beitrittsverhandlungen[90]. Die gesamte Untersuchung bleibt daher auf die innen- und außenpolitische Lage des Landes beschränkt.

B. Analyse der Verfassungsordnung der Türkei im Lichte der politischen Kriterien von Kopenhagen

1. Grundlagen der türkischen Verfassungsordnung[91]

Die mittlerweile achtzigjährige Geschichte der Republik Türkei ist im wesentlichen durch Bemühungen um die Heranführung des Landes an Westeuropa gekennzeichnet. Sie hat einen tiefgreifenden Wandel staatlicher Institutionen, Prozesse und Normen erfahren. Auf diesem Wege wurden insgesamt deutliche Fortschritte (z.B. eine erfolgreiche Umgestaltung des politischen Systems des Landes nach westlichen demokratischen Vorbildern sowie die Beteiligung an den westlichen Institutionen) erzielt. Die Türkei hat in der islamischen Welt bisher am entscheidensten den Weg des Laizismus eingeschlagen und ein hohes Maß an Modernität und Demokratie erreicht. Noch erfüllt sie jedoch die Kriterien von Kopenhagen nicht. Um die Probleme und Defizite der Türkei richtig verstehen zu können, wird im folgenden kurz auf die Geschichte der jungen Republik eingegangen, bevor die Grundlagen der türkischen Verfassungsord-nung erörtert werden.

a) Geschichtlicher Abriß

Die Republik Türkei entstand als Nachfolgerin des Osmanischen Reiches. Nach der Niederlage des Osmanischen Reiches im Ersten Weltkrieg wurde von den Allierten (dem Vereinigten Königreich, Frankreich, Italien, Rußland sowie Griechenland) aufgrund des Waffenstillstandsabkommens von Mondros am 30. Oktober 1918 fast 3/4 von Anatolien (darunter auch die Hauptstadt des Reiches, Istanbul) besetzt. Die Besetzung von Anatolien hatte zwei wesentliche Folgen: Zum einen ging das Osmanische Reich damit faktisch unter. Zum anderen ent-

---

[89] Vgl. dazu Strategiepapier und Bericht der Kommission über die Fortschritte jedes Bewerberlandes auf dem Weg zum Beitritt 2001, S. 20.

[90] Vgl. den regelmäßigen Bericht der Kommission über die Fortschritte der Türkei auf dem Weg zum Beitritt 2000, KOM(1999)513endg.

[91] Ausführliche Darstellung bei Rumpf, Das türkische Verfassungssystem, S. 94 ff.; ders., in: Scholler/Tellenbach (Hrsg.), S. 72 ff.

standen in Anatolien, insbesondere in den besetzten Gebieten, mehrere Widerstandsbewegungen gegen die Besatzungsmächte, welche später durch die Bemühungen von Atatürk und seinen Mitstreitern unter einem Dach vereinigt wurden. Nach verschiedenen Zusammenkünften in anatolischen Städten wurde am 23. April 1920 in Ankara die Nationalversammlung gegründet, womit dem nationalen Freiheitskampf ein demokratisches Fundament gegeben wurde. Im Zuge dieser Bestrebungen wurde 1921 *„eine provisorische Kurzverfassung"*[92] verabschiedet, die das Prinzip der nationalen Souveränität einführte. Nach dem Ende des Unabhängigkeitskrieges wurde im November 1922 die machtlose Monarchie abgeschafft. Mit dem Lausanner Friedensvertrag von 1923, der den Sèvres-Friedensvertrag von 1920 revidierte, erhielt das türkische Volk seine Freiheit und Unabhängigkeit. Im Anschluß daran wurde am 29. Oktober 1923 die Republik ausgerufen. Entsprechend dieser neuen Staatsform wurde 1924 eine neue Verfassung verkündet, welche u.a. das Gewaltenteilungsprinzip in die türkische Verfassungsordnung einführte[93]. Zudem wurde das Kalifat als Oberhaupt der ganzen islamischen Welt abgeschafft.

Trotz dieses raschen politischen Wandels gab es jedoch infolge der langwierigen Kriege eine Fülle von Problemen in den gesellschaftlichen, wirtschaftlichen und sozialen Bereichen. Auf dem Weg zum Neuaufbau des Landes sahen sich der seit 1923 amtierende Staatspräsident der Türkei, Kemal Atatürk (1881-1938), und seine Mitstreiter vor die Aufgabe gestellt, aus dem multiethnischen Erbe des Osmanischen Reiches in Anatolien einen an westlichen Vorbildern orientierten Nationalstaat zu schaffen und leiteten vor diesem Hintergrund eine Vielzahl wichtiger Reformen ein[94]. *„Er verlieh der Bezeichnung "Türke", im Osmanischen Reich zum Schimpfwort degradiert, einen neuen Inhalt und gab damit seinen türkischen Landsleuten ein neues Eigenwertsgefühl."*[95]

Atatürk hat ferner im Jahre 1931 die sechs Grundprinzipien der Republik Türkei verkündet. Diese bestehen aus sechs Elementen: Republikanismus, Popularismus, Etatismus, revolutionärer Reformismus, Nationalismus und Laizismus. Diese Prinzipien wurden 1935 von der Nationalversammlung als Staatsdoktrin angenommen und durch die Verfassungsänderung von 1937 legitimiert. Sie gelten heute noch als Staatsdoktrin der Republik Türkei, selbst wenn sich einige

---

[92] Rumpf, Einführung in die türkische Verfassung, S. 1.

[93] Rumpf, Das Rechtsstaatsstaatsprinzip in der türkischen Rechtsordnung,, S. 55.

[94] In diesem Zusammenhang kann z.B. folgendes genannt werden: die Einführung der internationalen Jahreszählung, einer europäischen Gesetzgebung, des Frauenstimmrechts und der Einehe (1926); Nicht-Anerkennung des Islams als Staatsreligion, die Einführung des lateinischen Alphabets und die Abschaffung des Fes (1926-1928); die Einführung metrischer Maße (1931), die Einführung der Familiennamen und des Sonntags als wöchentlicher Feiertag (1934).

[95] Franz, in: Wehling (Hrsg.), 2000, S. 27.

von ihnen, insbesondere das Etatismusprinzip, im Laufe der Zeit gewandelt haben[96].

Die Bemühungen in der Türkei, um einen politischen Neubau des Landes hat jedoch gewisse Stillstände und Rückschläge erlitten[97]. *„Die türkische Demok-ratie hat sich nicht aus der europäischen Kultur- und Ideengeschichte ergeben, sondern erst im Gefolge der Tanzimat Periode.“*[98]. Die Staatseliten sahen die Demokratie lediglich als ein Instrument auf dem Weg zum politischen Neubau des Landes an. Die inhaltlichen Komponenten des demokratischen Staates konnten infolgedessen nicht viel entwickelt werden wie die formalen institutionellen Kompenenten[99]. Es bestehen noch zahlreiche Unzugänglichkeiten und Schwächen des Systems. Da der Staat im politischen Selbstverständnis des türkischen Volkes immer Vorrang hatte und der Einzelne eine untergeordnete Position einnahm, war es keine leichte Aufgabe, im Land eine Demokratie zu verankern, in der die Rechte des Einzelnen gewährleistet wurden. Das Volkssouveränitätsprinzip konnte lange Zeit, insbesondere durch einen von 1923 - 1946 herrschenden Einparteienregime, nicht ganz gewährleistet werden. Nach dem Übergang zum parlamentarischen Mehrparteiensystem von 1946 wurde die pluralistische Demokratie durch Militärputsche bislang mehrfach unterbrochen, was schwerwiegende Auswirkungen auf die Entwicklung einer Zivilgesellschaft im Land hatte.

Am 27. Mai 1960 erfolgte in der Türkei der erste Militärputsch. Das Militär warf der Regierung der Demokratischen Partei vor, sich zu einem totalitären Regime wandelt zu haben und ihre Befugnisse aus der Verfassung mißzubrauchen und griff die Macht ein. Es beauftragte zugleich den Universitätsprofessoren, zur *„erneute(n) Errichtung des Rechtsstaats“*[100] einen Verfassungsentwurf auszuarbeiten. In der von der Verfassungskommision unter Anweisung des Militärs ausgearbeiteten neuen Verfassung[101], welche am 9. Juli 1961 in Kraft getreten war, wurden zwar die Grundrechte und -freiheiten weitgehend li-beralisiert und gesichert. In dieser Atmosphäre kam es jedoch in den 70er Jahren aufgrund der ideologischen Auseinandersetzungen zwischen den politischen Strömungen zu einem beinahebürgerkriegsähnlichen Zustand[102]. Dadurch kamen mehr als 5000 Menschen ums Leben[103]. Gewälttätige Auseinandersetzungen führten in den Jahren 1971-1973 zu einer Reihe von Verfassungsänderungen, welche vom Militär angeregt wurden. In diesen politisch und wirtschaftlich schwierigen Zeiten konnten von den damaligen führenden Politikern wegen ihrer gegensätzlichen ideologischen

---

[96] Yesilyurt, Die Türkei und die EU, S. 205.
[97] Dazu Dembinski, Bedingt handlungsfähig, S. 17 ff.
[98] Yesilyurt, Die Türkei und die EU, S. 304.
[99] Ebd., S. 304.
[100] Ebd., S. 206.
[101] Gesetz vom 9. Juli 1961, RG vom 20. Juli 1961, Nr. 10859.
[102] Vgl. Steinbach, Politisches Lektion Nahost Nordafrika, S. 285 und 286.
[103] Yesilyurt, Die Türkei und die EU, S. 53.

Vorstellungen jedoch keine grundlegenden Maßnahmen mehr, die für die Leitung des Staates unabdingbar waren, getroffen werden. Der Zusammenbruch des staatlichen Systems führte am 12. September 1980 zu einem weiteren Militärputsch, in dem das politische Leben faktisch außer Kraft gesetzt wurde[104]. Zwecks einer Entpolitisierung der Gesellschaft sowie zur Verhinderung einer Beteiligung der alten politischen Führungspersonen am neuen politischen System wurden von der Militärregierung mehrere strengere Maßnahmen (Gesetze, Verordnungen, Verfügungen etc.) ergriffen[105]. Schließlich wurde von der Beratenden Versammlung unter Anweisung des Militärs eine neue Verfassung[106] ausgearbeitet, welche am 7. November 1982 in einer Volksabstimmung mit einer Mehrheit von 91,5 Prozent bei einer Beteiligung der Wahlberechtigten angenommen wurde[107].

Die Verfassung von 1982, welche die Grundlage der heutigen Verfassungsordnung der Türkei bildet, ist gemeinhin als Reaktion auf die Verfassung von 1961 angelegt, um *„Fehlentwicklungen der Vergangenheit, die zum Zusammenbruch der staatlichen Ordnung geführt haben, vorzubeugen.“*[108] *„Daher ist der Charakter der Republik Türkei als Staatswesen ein ganz anderer als der der Verfassung von 1961.“*[109]

Die Verfassung von 1982 ist nicht als eine *„Rahmenverfassung“*[110], sondern als eine *„gestaltende Verfassung“*[111] konzipiert. Sie enthält ein umfangreiches Regelungswerk , wodurch die Einzelheiten des Staats- und Gesellschaftslebens konkret festgelegt sind[112]. Darin wurden insbesondere wurden demokratische

---

[104] Der Kommentar Güngör beschreibt die erschreckende Bilanz der nachfolgenden dreijährigen Militärherrschaft folgendermaßen: „650.000 Menschen wurden festgenommen, fast 1,7 Millionen wurden polizeilich als subversiv registriert, 210.000 Verfahren vor Militärgerichten eröffnet, fast 400.000 Menschen wurde die Ausreise verboten, 545 Todesurteile wurden bestätigt und 50 vollstreckt, 25.000 Bürger wurden für immer aus dem Staatsdienst verbannt. Dazu wurde noch unter der Federführung der Armee eine Verfassung ausgearbeitet, die heute noch für die Rückständigkeit der türkischen Demokratie verantwortlich ist.“ Dazu Güngör, Türkische Armee ist immer überproportional mächtig, S. 1 f.

[105] Vgl. Yesilyurt, Die Türkei und die EU, S. 57 f.

[106] Das Gesetz Nr. 2709 vom 18. Oktober 1982 (RG Nr. 17844 vom 10. Oktober 1982 ve RG Nr. 17863 vom 9. November 1982); zum Text der Verfassung in deutscher Übersetzung siehe Oehring, Orient 1983, 316 ff.

[107] Yesilyurt, Die Türkei und die EU, S. 208.

[108] Dahlhof, Das Parteien- und Regierungssystem der Türkei, S. 4.

[109] Yesilyurt, Die Türkei und die EU, S. 208.

[110] Rumpf, Das türkische Verfassungssystem, S. 94 ff.

[111] Ebd.

[112] Die türkische Verfassung enthält neben einer Präambel 177 Artikel, welche in sieben Teile gegliedert sind. Im ersten Teil sind die Leitprinzipien und tragende Grundsätze der Republik festgelegt. Der zweite Teil regelt den Rahmen der Grundrechte und -pflichten. Der dritte Teil bezieht sich auf die Staatsorganisation. Der vierte Teil enthält finanzielle und wirtschaftliche Vorschriften. Im fünften Teil ist ausschließlich Schutz der Reformgesetze behandelt. Die Übergangsvorschriften sind im sechsten Kapitel niedergelegt. Im Schlußteil der Verfassung

Rechte und Freiheiten der Bürger erheblich eingeschränkt und Vereine, Verbände und Gewerkschaften völlig von einer politischen Betätigung ausgeschlossen.

In den folgenden Jahren verbesserte sich trotz der Wiederherstellung der Zivilregierung die Lage im Land nicht wesentlich, sondern geriet die Türkei im Gegenteil, insbesondere seit etwa Mitte der 80er Jahre, in Gefahr, diesmal mit einem ethnisch und religiös motivierten Terrorrismus[113] konfrontiert zu werden. Diese Terrororganisationen waren anders als die in den 70er Jahren existierenden extremistischen Gruppen, welche gegeneinander um die Durchsetzung ihrer politischen Vorstellungen im Lande kämpften, direkt gegen den Staat gerichtet. Aufgrund der terroristischen Aktivitäten der marxistischen Arbeiterpartei Kurdistans (PKK)[114] entwickelte sich die Kurdenfrage im Laufe der Zeit zum schwierigsten Problem des Landes[115]. Die damalige Regierung nahm zunächst die Sache nicht ernst, da sie meinte, daß es sich lediglich um Raubüberfälle handelte. Wegen ihrer Fehleinschätzung hat die Regierung nicht rechtzeitig genug präventive Maßnahmen zur Verhinderung der PKK-Aktivitäten ergriffen. Außerdem waren die staatlichen Sicherheitskräfte nicht taktisch gegen die terroristischen Aktivitäten ausgebildet. Es gelang den Sicherheitskräften deshalb nicht, dieses Problem zu bewältigen. Folge der Konfrontationen war eine heftige Terrorwelle, was wiederum zu innen- und außenpolitischen Krisen führte. Der Kampf gegen die PKK forderte nach staatlichen Angaben bislang insgesamt über 30.000 Opfer. Viele Schulen in dieser Region wurden geschlossen und

---

werden die Themen von Verfassungsänderung, Rechtsgehalt der Präambel und Überschriften sowie Inkrafttreten der Verfassung geregelt.

[113] In diesem Zusammenhang sind u.a. die folgenden Terrororganisation zu nennen: Partiya Karkeren Kurdistan (PKK), Revolutionäre Volksbefreiung-Front (DHKP-C), Türkische Volksbefreiungspartei/-Front-Revolutionäre Linke (THKP/-C-Devrimci Sol), Türkische Kommunistische Partei/Marxisten- Leninisten, (TKP/ML), Marxistisch - Leninistische Kommunistische Partei (MLKP), die Front der islamischen Kämpfer des großen Ostens (IBDA-C) sowie der Kalifatsstaat auch Verband der islamischen Vereine und Gemeinden e.V. (ICCB).

[114] Die PKK, deren Wurzeln auf 1973 zurückgingen, wurde von Abdullah Öcalan und seinen Mitstreiten am 27. Dezember 1978 gegründet. Erklärtes Ziel dieser Organisation ist es, im Südosten der Türkei einen marxistisch orientierten unabhängigen kurdischen Staat zu schaffen. Die PKK ist wesentlich aus der linksextreme Gruppe "Dev-Genc" hervorgangen und war ursprünglich nur eine von den vielen illegalen Organisationen, da es damals bzw. in den 70er Jahren im Lande - wie in vielen Europäischen Ländern - viele ideologisch Marxist orientierte Extreme-Gruppe gab. Bei der Entstehung der PKK wie der anderen marxistisch orientierten Extremen-Gruppen spielten die ehemaligen Ostblock-Staaten aktive Rolle. Diese Unterstützung sollte anscheinend dazu dienen, durch die terroristischen Aktivitäten der PKK das NATO-Land Türkei im Kalten Krieg zu destabilisieren und damit die Südost-Front der NATO zu zerstören. Dazu T.C. Dis Isleri Bakanligi, Was ist die PKK?, 1998 (http://www.mfa.gov.tr/grupe/eh/eh01GER/03.htm); Heinrich, Die kurdische Nationalbewegung in der Türkei, S. 17; Buhbe, Die Türkei, S. 141.

[115] Steinbach, Steinbach, Politisches Lektion Nahost Nordafrika, S. 293.

hunderte Schullehrer ermordet. Viele Kinder der kurdischen Familien in Europa wurden zur Frontausbildung gezwungen. Die Investitionstätigkeiten zur Entwicklung der Region mußten verschoben werden. Die Dörfer mußten aus Sicherheitsgründen von den staatlichen Sicherheitskräften zwangsläufig evakuiert und sogar manche völlig zerstört werden, so daß viele Menschen aus diesen Dörfern unfreiwillig in die großen Städte zogen[116].

Die Eskalation mit der PKK hatte ferner schwerwiegende Auswirkungen auf die Demokratie des Landes sowie auf die Wahrung der Menschenrechte. Die notwendigen Reformen konnten deshalb nicht vollständig durchgeführt werden[117].

Wegen der Verzögerungen beim Übergang in die Demokratie und der Defizite in den Bereichen der Menschen- und Minderheitenrechte stieß die Türkei in Vergangenheit häufig auf Kritiken der EU[118]. Insbesondere wegen der Verhaftungen der PKK zugeneigten Abgeordneten und Journalisten, die in Kontakt mit den Terroristen der PKK standen oder die Aktivitäten der PKK propagierten, wurde der Türkei sehr oft die Verletzung der Meinungsfreiheit vorgeworfen[119]. Die Menschenrechtsverletzungen blieben auch im Europäischen Gerichtshof[120] für Menschenrechte sowie im Europarat[121] nicht ohne Konsequenzen.

Nach langwierigen Bemühungen wurde der Terrorismus weitgehend unter Kontrolle gebracht. Daraufhin hat sich die Sicherheitslage im Land erheblich verbessert. Zur Zeit werden Maßnahmen zur Förderung der sozioökonomischen Entwicklung der Region getroffen[122]. In jedem Fall ist davon auszugehen, daß bald von der türkischen Regierung im Rahmen des nationalen Programms ein Prozeß grundlegender und weitreichender Reformen eingeleitet wird. Die türkische Regierung hat im nationalen Programm sogar in Aussicht gestellt, bis zum Ende des Jahres 2002 die wesentlichen Forderungen der EU zu erfüllen. Dafür sind erste Anzeichnen - wie die Kommission in ihren Berichten festgestellt hat[123] - erkennbar geworden.

---

[116] Dazu. T.C. Dis Isleri Bakanligi, PKK-Terrorismus, 1998 (http://www.mfa.gov.tr/grupe/eh/eh01GER/06.htm).

[117] Axt, Internationale Politik 1/2002, 48.

[118] Vgl. die Entschließung des EP vom 16. Februar 1995 zum Entwurf eines Abkommens über eine Zollunion zwischen der EU und der Türkei, B4- 0171, 0175, 0179, 0180, 0204 und 0259/95/endg.

[119] Vgl. die Entschließung des EP vom 12. Dezember 1996 zur Pressefreiheit und zu den Menschenrechten in der Türkei (EGABl 1997 Nr. C 20, 143).

[120] EGMR, Urteil vom 25. November, Nr. 69/1996/688/880 (Zana-Türkei), ebenso Urteil vom 26. November 1997, Nr. 87/1996/706/898-903 (Sakik-Türkei), Urteil vom 25. September 1997, Nr. 57/1996/676/866 (Aydin-Türkei).

[121] Vgl. die Resolution des Europarates vom 27. Januar 1983.

[122] Vgl. den regelmäßigen Bericht der Kommission über die Fortschritte der Türkei auf dem Weg zum Beitritt 2000, KOM(2000)713endg., S. 7.

[123] Ebd., S.16 ff.

b) Staatsform

Die Staatsform der Türkei ist die Republik. Die Grundentscheidung in Art. 1 der türkischen Verfassung (TV) für republikanische Staatsform ist historisch bedingt und als Abgrenzung zur monarchischen Staatsform zu sehen. Dieses Prinzip ist in der verfassungsrechtlichen Praxis von geringerer Bedeutung, da seine Aussagen (Machtbegrenzung, Legimitation des Staatsoberhauptes durch einen zeitlich begrenzten Berufungsakt des Volkes und Bekenntnis zur Freiheitlichkeit) bereits im Demokratie- und Rechtsstaatsprinzip enthalten sind.

c) Grundsätze der türkischen Verfassung von 1982

In Art. 2 TV[124] wird eine Reihe von politischen Rahmenbedingungen der Republik festgelegt, welche den Staat dazu verpflichten, bei seiner gesetzgeberischen Ausgestaltung zu regelnder Bereiche, bestimmte Grundsätze bzw. Zielrichtungen einzuhalten. Laut dieser Vorschrift ist die türkische Republik ein im Geiste des Friedens, der Gemeinschaft, der nationalen Solidarität und der Gerechtigkeit die Menschenrechte achtender, dem Nationalismus Atatürks verbundener und auf den in der Präambel verkündeten Grundprinzipien beruhender demokratischer, laizistischer und sozialer Rechtsstaat. Sie sind grundsätzlich objektiv rechtlicher Natur, indem sie den Staat verpflichten, auf deren optimale Verwirklichung hinzuwirken.

Die verfassungsgestaltenden Strukturprinzipien der Republik Türkei stehen in einem Verhältnis gegenseitiger Beeinflussung und Wechselwirkung und begrenzen sich zum Teil gegenseitig und stellen die Existenzgrundlagen der Türkei dar und dürfen nicht in Frage gestellt werden, d.h. sie sind der Verfassungsänderung entzogen und gehört damit zum unantastbaren Bestand der Verfassung (Art. 4 TV).

aa) Demokratieprinzip

Laut Art. 2 TV ist die Republik Türkei ein demokratischer Staat. Das Demokratieprinzip bildet eines der fundamantalen Bestimmungen der Verfassung. Eine abschließende Definition des Demokratiebegriffs läßt sich der türkischen Verfassung weder entnehmen, noch in Art. 2 TV hineininterpretieren. Das Demokratieprinzip der türkischen Verfassung wird vielmehr von einzelnen ausdrücklich festgelegten Teilelementen geprägt. Das zentrale Element des Demokratieprinzips, die Volkssouveränität, findet seinen Ausdruck in der Bestimmung des Art. 6 TV, die das Volk als allgemein Träger der Souveränität bezeichnet. Mit Demokratie im Sinne des Art. 2 TV ist ferner nicht irgendein Regierungssystem des demokratischen Zuschnitts gemeint. Darunter ist vielmehr die durch die Verfassung in ihren einzelnen Vorschriften verfaßte parlamentarische De-

[124] Gesetz vom 7. November 1982, Nr. 2709.

mokratie zu verstehen. Art. 2 TV bringt insofern die in der Verfassung zerstreuteren Bestimmungen über Willensbildung des Volkes und das parlamentarischen Regierungssystem auf ein Rechtsformel, ohne selbst Detailregelungen zu enthalten.

Die Staatsgewalt geht uneingeschränkt und bedingungslos vom Volke aus (Art. 6 Abs. 1 TV). Nach der türkischen Verfassung ist unter Demokratie eine repräsentative Demokratie zu verstehen, da das Volk seine Staatsgewalt hauptsächlich mittels der zuständigen Organe nach Maßgabe der in der Verfassung festgelegten Grundsätze ausübt (Art. 6 Abs. 2 TV). Jede Ausübung staatlicher Gewalt muß auf das Volk zurückführbar sein kann und darf keine andere Legitimationsbasis haben. Die demokratische Partizipation an der Staatsgewalt erfolgt durch Wahlen. Die Verfassung enthält allerdings kein Wahlsystem, sondern legt in Art. 67 fünf Grundsätze fest, denen ein Wahlsystem genügen muß: Die Wahlen zur Nationalversammlung müssen allgemein, unmittelbar, frei, gleich und geheim sein.

Die Verfassung geht vom System der parlamentarischen Demokratie aus. Danach ist nur die Nationalversammlung vom Volk gewählt und damit unmittelbar legitimiert. Darüber hinaus sind keine weiteren Staatsorgane direkt durch das Volk legitimiert. Sie müssen daher durch Einschaltung der Nationalversammlung mittelbar demokratisch legitimiert werden. Die Abgeordneten gehören in der Regel verschiedenen Parteien an. Der Ministerrat wird von der Nationalversammlung gewählt und überwacht (Art. 110 und 111 TV). Der demokratischen Partizipation dient auch der hierarchische Aufbau der Verwaltung mit der letztlich parlamentarischen Verantwortlichkeit des Ministerrates. Die Nationalversammlung wählt ebenfalls den Präsidenten der Republik (Art. 102 TV), welcher dafür zuständig ist, hohe Richter und Staatsanwälte zu ernennen (Art. 146, 154-157, 159 TV).

Wie oben erörtert wurde, unterliegt die türkische Demokratie aufgrund der restriktiven Reform der Verfassungsordnung durch die vom Militär bestimmte Verfassung von 1982 erheblichen Einschränkungen. Die Beteiligung der Gesellschaft am politischen Leben des Landes wurde erheblich eingeschränkt. Gewerkschaftliche Aktivitäten waren ganz unterbunden. Diese Beschränkungen wurden durch die Verfassungsänderungen von 1995[125] zum Teil revidiert. Zur Gewährleistung einer Partizipation der Bürger am politischen System wurde eine Reihe von Änderungen vorgenommen. Z.B. wurden in der neuen Fassung des Art. 33 TV Vereinen und Verbänden eine politische Betätigung gestattet. In diesem Zusammenhang wurde das Verbot politischer Betätigungen von Gewerkschaften in Art. 52 TV aufgehoben. Ferner wurde mit Art. 53 TV den Angestellten im öffentlichen Dienst das Recht auf Tarifautonomie gewährt und die

[125] Gesetz vom 23. Juli 1995, Nr. 4121, RG Nr. vom 26. Juli 1995, Nr. 22355.

Bildung von Gewerkschaften gestattet. Das Wahlalter wurde von 21 auf 18 gesenkt (Art. 67 TV). Zugleich ist die Parteimitgliedschaft schon mit 18 Jahren möglich (Art. 68 TV). Demzufolge wurde den Parteien erlaubt, Jugendorganisationen zu bilden. Die Verfassung sieht nunmehr die Zusammenarbeit in Parteien, Gewerkschaften, Verbänden, Stiftungen sowie Berufsverbänden als legal an (Art. 69 TV). Weiterhin wurde die Zahl der Abgeordneten von 450 auf 550 erhöht (Art. 75 TV). Der Parteiwechsel von Abgeordneten wurde deutlich vereinfacht. So wurde eine beachtliche Rückkehr zur pluralistischen Demokratie ermöglicht.

Trotz dieser Verbesserungen ist die türkische Demokratie jedoch weiterhin eingeschränkt. Zwar sind die staatlichen Institutionen insgesamt demokratisch strukturiert, weisen aber tiefgreifende Mängel auf. Dabei sind insbesondere folgende Punkte festzustellen, die einer funktionsfähigen Demokratie entgegenstehen:

Erstens hat das Militär als *„letzte Instanz des Staates“*[126] im Land eine große politische Vormachtstellung[127] und hat bislang viermal[128] in das politischen Le-ben des Landes eingriffen, mit der Begründung, daß es *„Hüter der kemalistischen Prinzipien und des türkischen Staates“*[129] ist. Dabei ist allerdings zu merken, daß das Militär in der Türkei ein positives Ansehen hat und über das größere Vertrauen der Bevölkerung (laut Umfragen von 1991 mit über 90 Prozent der Bevölkerung)[130] verfügt als gewählte Politiker bzw. Abgeordnete[131].

Zweitens ist der demokratische Pluralismus im Lande wegen der Beschränkungen der Meinungs- und Pressefreiheit[132] sowie wegen der Auflösung der po-

---

[126] Siehe dazu den Nachricht: "Türkische Wirtschaftskrise löst Unruhen aus", in: NZZ vom 12. April 2001 (http://www.is-kasel.de/kurd/aktuell/2001/april2001/unruhen.htm).

[127] Dabei weist Yesilyurt darauf hin, daß das Militär in der Türkei ein positives Ansehen hat. Laut Umfragen von 1991 genieße es das größte Vertrauen der Bevölkerung. Demgegenüber vertrauten weniger als 50 Prozent dem parlamentarischen Systems. Dazu Yesilyurt, Die Türkei und die EU, S. 186.

[128] Am 27. Mai 1960, am 12. März 1971, am 12. September 1980 und schließlich am 28. Februar 1997.

[129] Yesilyurt, Die Türkei und die EU, S. 186.

[130] Ebd.

[131] Zu Ursachen der Vertrauen der Bevölkerung auf die Armee siehe Yesilyurt, Die Türkei und die EU, S. 186 f.

[132] Der Meinungs- und Pressefreiheit sind in Art 312 des Strafgesetzbuches und Art. 8 des Antiterrorgesetzes („separatische Propaganda“) erhebliche Schranken gezogen. Der Wortlaut dieser Vorschriften läßt sich weit auslegen. Z.B. definiert Art. 8 des Antiterrorgesetzes „separatische Propaganda auch dann als Straftatbestand, wenn der Angeklagte zu keinem Zeitpunkt Gewalt befürwortet hat. In der Vergangenheit wurden unter Berufung auf diese Vorschriften zahlreiche Journalisten, Schriftsteller und Politiker zu Gefängnisstrafen verurteilt.

litischen Parteien durch das Verfassungsgericht[133] nachhaltig begrenzt[134]. Die Beschränkungen der Meinungs- und Pressefreiheit sowie die Auflösung der politischen Parteien müssen daher an strengere Kriterien gebunden und die Ausnahme sein. Der große Einfluß der Parteiführer auf die Abgeordneten sowie die Bestimmungen der Kandidaten beeinträchtigt die innere demokratische Struktur der Partei selbst.

bb) Rechtsstaatsprinzip

Die Republik Türkei ist ein Rechtsstaat[135]. Dies ergibt sich unmittelbar aus Art. 2 TV. Das Rechtsstaatsprinzip im Sinne der türkischen Verfassung ist kein abstrakter, verschiedenartiger Konkretisierung zugänglicher Rechtsgrundsätze, sondern eine zusammenfassende strukturelle Festlegung. Das Rechtsstaatsprinzip erfordert grundsätzlich einerseits die Gewährleistung der Gerechtigkeit und Rechtssicherheit sowie der Rechtmäßigkeit des Handelns der Staatsorgane und andererseits die Schaffung entsprechender Bedingungen für den Schutz der Bürger gegen rechtswidriges Handeln von Dritten.

In Art. 6 TV ist eine wichtige Ausprägung des Rechtstaatsprinzips verankert: das Prinzip der Gewaltenteilung. Die staatliche Macht teilt sich in die drei Funktionsbereiche der Exekutive, Legislative und Judikative auf; diese Funktionen werden von besonderen voneinander getrennten staatlichen Organen wahrgenommen. Jedes Staatsorgan hat in den Grenzen der ihm zugewiesenen Zuständigkeit zu handeln und darf diese weder überschreiten, noch einem anderen übertragen. Dies führt zu einer wechselseitigen Hemmung und Kontrolle der Staatsgewalten und sichert damit die Freiheit der Bürger.

---

133 Parteien dürfen den Kommunismus, religiösen Fundamentalismus oder Separatismus nicht propagieren. Bisher wurden vom Verfassungsgericht insgesamt 25 Parteien verboten: İşçi-Çiftçi Partisi (1968), Milli Nizam Partisi (am 20. Mai 1971), Türkiye İleri Ülkü Partisi (am 24. Juni 1971), Türkiye İşçi Partisi (am 20. Juli 1971), Büyük Anadolu Partisi (am 19. Dezember 1972), Türkiye Emekçi Partisi (am 8. Mai 1980), Büyük Anadolu Partisi (am 24. November 1992), Sosyalist Parti (am 10. Juli 1992), Yeşiller Partisi (am 10. Februar 1994), Halk Partisi (am 25. September 1991), Türkiye Birleşik Komünist Partisi (am 16. Juli 1991), Halkın Emek Partisi (am 14. Juli 1993), Özgürlük Demokrasi Partisi (am 30. April 1993), Sosyalist Türkiye Partisi (am 30. November 1993), Demokrasi Partisi (am 16. Juni 1994), Demokrat Parti-2 (am 13. September 1994), Demokrasi ve Değişim Partisi (am 19. März 1996), Diriliş Partisi (1996), Emek Partisi (1997), Sosyalist Birlik Partisi (am 7. Juni 1994), Refah Partisi (am 16. Januar 1998), Demokratik Kitle Partisi (am 26. Februar 1999) sowie Fazilet Partisi (am 22. Juni 2001). Deshalb wird der Türkei vorgeworfen, „ein Friedhof für politische Parteien zu sein." Dazu Schönbohm/Tröndle, Das Verbot der Faziletpartei durch das türkische Verfassungsgericht, 2001, S. 1.; vgl. auch Hürriyet vom 22. Juni 2001, S. 1.

134 Vgl. den regelmäßigen Bericht der Kommission über die Fortschritte der Türkei auf dem Weg zum Beitritt 1998, KOM(1998)711endg., S. 7.

135 Ausführliche Darstellung bei Rumpf, Das türkische Verfassungssystem, S. 373 ff.

Die Staatsgewalt ist an die Verfassung, insbesondere an die Grundrechte des Bürgers gebunden. In Art. 11 TV ist die Bindung der Legislative, Exekutive und Judikative, anderer Institutionen sowie des einzelnen Bürgers an die Verfassung festgelegt. Sie dürfen nicht im Widerspruch zur Verfassung handeln. Gemäß Art. 10 TV sind die Staatsorgane und die Verwaltungsorgane bei allen ihren Handlungen zur Beachtung des Grundsatzes der Gleichheit vor dem Gesetz verpflichtet.

Das Rechtsstaatsprinzip garantiert ferner einen allgemeinen Rechtsweg. Art. 40 Abs. 1 TV begründet ein Beschwerderecht des einzelnen Bürgers gegenüber den zuständigen Behörden bei einer Verletzung seiner von der Verfassung zuerkannten Grundrechte[136]. Die Kontrolle der Einhaltung von Rechtsvorschriften erfolgt durch eine unabhängige, mehrstufige Gerichtsbarkeit und unterliegt auch parlamentarischer Aufsicht. In Art. 125 TV wird die Möglichkeit des Rechtsweges gegen jede Art rechtswidrigen Handelns der Verwaltungsorgane gewährleistet. Davon ausgenommen sind die in Art. 174 TV aufgeführten Reformgesetze[137], die das Ziel verfolgen, die türkische Gesellschaft zu modernisieren und den laizistischen Charakter der türkischen Republik zu schützen[138]. Keine Vorschrift der Verfassung darf in der Weise verstanden und ausgelegt werden, daß diese Reformgesetze verfassungswidrig seien. Auch Amtshandlungen, die vom Präsidenten der Republik allein - ohne die verantwortliche Gegenzeichnung durch den Ministerpräsidenten und den jeweils zuständigen Minister - ausgeführt werden sowie Entscheidungen des hohen Militärrates und Entscheidungen

---

[136] Die Türkei hat am 29. Januar 1987 das individuelle Beschwerderechte vor dem Europäischen Gerichtshof für Menschenrechte anerkannt. Die türkische Verfassung sieht jedoch anders als das deutschen Grundgesetz keine Verfassungsbeschwerde wegen Grundrechtsverletzungen zum Verfassungsgericht vor. Vgl. näher Rumpf, ZaöRV 1987, 778 ff.; ders., Orient 1988, 101 ff.

[137] Das Gesetz vom 3. März 1940, Nr. 430 über die Vereinheitlichung des Unterrichts; das Gesetz vom 25. November 1941, Nr. 671 über das Tragen westlicher Kopfbedeckungen; das Gesetz vom 30. November 1941, Nr. 677 über Verbot und Schließung der Derwischorden, der Klöster und Mausoleen, über das Verbot des Berufs der Mausoleenwächter und der Führung und Verleihung einiger Titel; Der durch das Türkische Zivilgesetzbuch vom 17. Februar 1926, Nr. 743 angenommene Grundsatz der Eheschließung vor dem Standesbeamte und die Bestimmung des Artikels 110 des gleichen Gesetzes; das Gesetz vom 20. Mai 1928, Nr. 1288 über die Annahme der international üblichen Ziffern; das Gesetz vom 1. November 1928, Nr. 1953 über die Annahme und Anwendung des türkischen Alphabets; das Gesetz vom 26. November 1934, Nr. 2590 über die Aufhebung der Anreden und Titel "Efendi", "Bey", "Pascha" und dergleichen; das Gesetz vom 3. Dezember 1934, Nr. 2596 über das Verbot, bestimmte Trachten zu tragen.

[138] Gemäß Art. Übergang-Art. 15 TV durfte auch die Verfassungswidrigkeit aller Gesetze, Rechtsverordnungen mit Gesetzeskraft, Beschlüsse sowie Verfügungen, die während der Militärherrschaft von 1980 bis 1983 erlassen wurden, nicht geltend gemacht werden. Dieser Artikel wurde allerdings durch die Verfassungsänderungen vom 3. Oktober 2001 aufgehoben werden. Siehe dazu das Gesetz vom 3. Oktober 2001, Nr. 4709 (RG vom 17. Oktober 2001, Nr. 24556).

des hohen Rates der Richter und Staatsanwälte sind einer gerichtlichen Überprüfung entzogen (Art. 125 Abs. 2, Art. 159 Abs. 4 TV). Schließlich wird der Rechtsweg in den Fällen des Notstandes, der Ausnahmezustandsverwaltung, der Mobilmachung und des Krieges sowie wegen der nationalen Sicherheit, der öffentlichen Ordnung und der allgemeinen Gesundheit nicht gewährleistet (Art. 125 Abs. 6 TV).

cc) Nationalstaatsprinzip

Trotz der uneinheitlichen Mosaiks des Volkes werden - abgesehen von den im Lausanner Friedensvertrag von 1923 aufgeführten religiösen Minderheiten der Juden, Armenier und griechisch-orthodoxen Christen[139] - offiziell keine weiteren Minderheiten[140] anerkannt[141].

Die Republik Türkei ist seit ihrer Gründung als Nationalstaat konstituiert. Laut Art. 2 TV ist sie dem Nationalismus Atatürks verbunden, welcher darauf abzielt, ein Nationalbewußtsein in einer Schicksalsgemeinschaft und einer inneren Einheit des Staates und seines Volkes zu festigen[142]. Die unteilbare Einheit von Staatsgebiet und Staatsvolk[143] ist als oberster Verfassungsgrundsatz verankert. In Art. 3 Abs. 1 TV heißt es: *„Der Staat bildet mit seinem Hoheitsgebiet und seinem Volk eine unteilbare Einheit.“* Meinungsäußerungen und Aktivitäten, die gegen den einheitlichen Charakter des Staates gerichtet sind, sind verboten (Art. 14 TV). In diesem Zusammenhang verbietet auch das Parteigesetz[144] die Bildung von politischen Parteien auf der Grundlage einer ethnischen Zugehörigkeit[145].

---

[139] Vgl. Art. 38 ff. des Lausanner Fridenvertrages von 1923.

[140] Man behauptet, daß es in der Türkei insgesamt über 30 ethnische und religiöse Abstammungen gibt. In diesem Zusammenhang weist Rumpf sogar darauf hin, daß mindestens 47 verschiedene ethnisch, sprachlich und religiös differenzierbare Gruppen mit empirischen Mitteln feststellbar seien. Alle Bevölkerungsgruppe werden aufgrund ihrer gemeinsamen Kultur und der gemeinsamen Geschichte nicht als Minderheiten anerkannt, sondern bilden ohne Sonderrechte Bestandteil des Staatsvolks Dazu Rumpf, in: Frowein et al. (Hrsg.), Das Minderheitenrecht europäischer Staaten, 1993, Teil I, S. 456, 457; Buhbe, Die Türkei, S. 146.

[141] Buhbe stellt dabei fest, daß die Vertragspartner des Lausanner Friedenvertrages sich offenbar am osmanischen Staatsverständnis orientierten, dem Millet-System (Nation-System). Zwischen dem Millet (Nation) der Muslime und dem jeweiligen Millet der christlichen und jüdischen Bevölkerungsteile bestand ein religionsgesetzliches Schutzverhältnis. Vgl. dazu Buhbe, Die Türkei, S. 145 ff.

[142] Ausführliche Darstellung bei Rumpf, VRÜ 1992, 404 ff.

[143] Dieser Verfassungsgrundsatz ist eine logische Konsequenz des Zusammenbruchs des Osmanischen Reiches.

[144] Das Gesetz vom 22. April 1983, Nr. 2820, RG Nr. 18027 vom 24. April 1983.

[145] Art. 81 des türkischen Parteiengesetzes; vgl. auch Art. 5 Ziff. 6 des türkischen Vereinsgesetzes. In diesem Zusammenhang stellt Rumpf zutreffend fest: „Der Grundsatz der unteilbaren Einheit Staatsgebiet und Staatsvolk ist für den zentralistischen Einheitsstaats Türkei so wichtig wie für die Bundesrepublik Deutschland das Föderalismusprinzip.“ Dazu Rumpf, in: Frowein et al. (Hrsg.), Das Minderheitenrecht europäischer Staaten, 1993, Teil I, S. 472.

Das Nationalismusverständnis der Türkei läßt sich in einem Patriotismus zusammenfassen, der seinen Ausdruck in dem von Atatürk in seinem zum zehnten Jahrestag der Republik am 29. Oktober 1933 geäußerten Satz findet: *„Ne Mutlu Türküm Diyene!*" ("Wie glücklich ist der, der sich Türke nennt!")[146]. Dementsprechend enthält die Verfassung von 1982 wie die früheren Verfassungen der Türkei keinerlei Bekenntnis zum Wesen von "Minderheiten". Jeder wird als "Türke" bezeichnet, der durch das Band der Staatsangehörigkeit mit dem Staat verbunden ist (Art. 66 Abs.1 TV). Die Verwendung von "Türke" ist allerdings ein Oberbegriff. Darunter ist im rechtlichen Sinne jeder Staatsangehöriger der Republik Türkei zu verstehen[147]. Der ethnischen oder religiösen Herkunft der Bürger wird dabei keine Bedeutung beigemessen.

Der Staat unterscheidet seine Bürger nicht nach Aspekten ethnischer oder religiöser Herkunft und zwingt ihnen auch keine ethnische und religiöse Identität auf[148]. Alle Bürger sind ungeachtet ihrer ethnischen und religiösen Herkunft vor dem Gesetz gleich (Art. 10)[149]. Niemand ist aufgrund seiner ethnischen oder religiösen Herkunft bei der Beteiligung am politischen und wirtschaftlichen Leben des Landes benachteiligt. Es bestehen auch keine rechtlichen Hindernisse dafür[150].

Amtssprache ist Türkisch, doch werden in privaten Angelegenheiten neben Türkisch auch ungehindert Armenisch, Ladione sowie Griechisch gesprochen; außerdem werden unterschiedliche kurdische Dialekte verwendet. Mit Blick auf ihre einzige Amtssprache stellt die Türkei keinen Ausnahmefall dar. Gleiches gilt auch für manche demokratische Länder (wie Frankreich.).

---

[146] Zutreffend merkt Yesilyurt dabei, daß der Satz "Ne Mutlu Türküm Diyene!" aber nicht so auszulegen ist, "wie glücklich ist der, der Türke ist!". Dazu Yesilyurt, Die Türkei und die EU, S. 196.

[147] Sabuncu, Anayasaya Giris, S. 33.

[148] T.C. Dis Isleri Bakanligi, Gibt es eine „kurdische Frage" in der Türkei? (http://www.mfa.gov.tr/grupe/eh/eh01GER/08.htm).

[149] Dagegen kommentiert Rumpf im Hinblick auf die rechtliche Stellung der ethnischen Abstammungen die Verfassung von 1982 sehr kritisch. Nach seiner Ansicht soll das Prinzip des kemalistischen Nationalismus und das Verständnis des Gleichheitssatzes eindeutig darauf abzielen, den Minderheiten spezifische Minderheitenrechte zu versagen, und stellen die in der Verfassung niedergelegten unbestimmten Begriffe - wie der Grundsatz der unteilbaren Einheit von Staatsgebiet und Staatsvolk und der nationalen Kultur sowie die Sprachregelungen - verfassungsrechtliche Ermächtigungsgrundlage für eine Assimilierungspolitik dar. Auf gesetzlicher Ebene finde sich dann die weitere Konkretisierung. Dazu Rumpf, Frowein et al. (Hrsg.), S. 498; in diesem Sinne vgl. auch Leicht, 75 Jahre Republik Türkei, S. 5.

[150] Vgl. den regelmäßigen Bericht der Kommission über die Fortschritte der Türkei auf dem Weg zum Beitritt 1998, KOM(1998)711endg., S. 15 f.

dd) Einheitsstaatsprinzip

Auch das Einheitsstaatsprinzip gehört zur zentralen Struktur der Republik Türkei. Die Staatsorganisation der Türkei ist im wesentlichen zentralistisch strukturiert[151]. Das Staatsgebiet ist nur in geographischer Hinsicht in sieben Gebiete sowie in verwaltungstechnischer Hinsicht in 84 Provinzen unterteilt (Art. 126 TV). Viele Entscheidungen werden von den Zentralbehörden getroffen, während ihre Umsetzung den lokalen Selbstverwaltungen obliegt. Die Beschlußorgane der lokalen Gebietskörperschaften werden direkt vom Volk gewählt. Sie verfügen zwar auch über weitgehende Zuständigkeiten, aber unterliegen einer starken Kontrolle durch die Zentralverwaltung. Sie sind außerdem hinsichtlich finanzieller Zuwendungen sehr stark von den Zentralbehörden abhängig (Art. 127 1 TV).

ee) Sozialstaatsprinzip

In der Verfassung erscheint das Wort "Sozialstaat" nicht. Die Verfassung bezeichnet die Republik Türkei als "sozialen Rechtsstaat" (Art. 2 TV) und räumt jedem das Recht auf soziale Sicherheit ein, wonach alle staatlichen Stellen dazu verpflichtet sind, für menschenwürdige soziale Verhältnisse zu sorgen (Art. 60 TV). Der Inhalt des Sozialstaatsprinzips der Verfassung ist allerdings zu unbestimmt. Daraus allein können Bürger keine Ansprüche herleiten. Es stellt vielmehr eine reine Staatszielbestimmung dar.

ff) Laizismusprinzip

Die Verfassung geht von der Trennung staatlicher und religiöser Angelegenheiten aus[152]. Die laizistische Ausrichtung der Republik stößt aber in politischen Kreisen auf heftigere Kritik als die übrigen Leitgrundsätze der Verfassung (z.B. das Nationalismusprinzip). Das türkische Laizismusverständnis ist anders als das europäische ausgeprägt. Die Verfassung von 1982 geht von einem strengen Laizismus[153] aus, der selbst zur Begrenzung von demokratischen Freiheiten, insbesondere der Meinungsfreiheit sowie der Religions- und Gewissensfreiheit führt (Art. 68 und 69 TV)[154]. Insbesondere das Verbot, religiöse Trachten in staatlichen Einrichtungen zu tragen, widerspricht dem Grundsatz der freien Religionsausübung.

---

[151] Zur Verwaltungsstruktur der Türkei siehe Gözübüyük, Yönetim Hukuku, S. 70 ff.; Günday, Idare Hukuku, S. 276 ff.; Yoldas, Verwaltung und Moral in der Türkei, S. 123 ff.

[152] Durch die Verfassungsänderung vom 10. April 1928 wurde dem Islam der Status als Staatsreligion aberkannt.

[153] Das türkische Verfassungsgericht hat mit der Begründung, gegen die laizistischen Grundprinzipien der Republik Türkei, die in 68 und 69 TV beschrieben sind, verstoßen zu haben, bereits eine Reihe der politischen Parteien verboten.

[154] Dazu ausführlich Rumpf, VRÜ 1999, 164 ff.

Die Religionsfreiheit wird in der Verfassung nur als individuelles Recht, nicht aber als institutionelle Garantie verankert. Die Verfassung schützt die Gewissens- und Religionsfreiheit des Einzelnen und das gemeinsame Bekenntnis, nicht aber Religionsgemeinschaften als Institutionen. Der Staat ist zwar in Angelegenheiten der Religion zu Neutralität, nicht aber zu völligem Desinteresse gegenüber den Religionsgemeinschaften verpflichtet. Während religiöse Angelegenheiten in Westeuropa vorwiegend nicht staatlich geregelt werden, wird die Religion in der Türkei durch den Staat kontrolliert. Dazu sieht Art. 136 TV die Einrichtung eines staatlichen Amtes für religiöse Angelegenheiten vor. Diese Verfassungseinrichtung soll seine Aufgaben frei von politischen Einflüssen und unter Wahrung des Prinzips des Laizismus zwecks der Förderung nationaler Solidarität und Integration wahrnehmen.

Auch in dieser Hinsicht wird die Verfassung von 1982 nach wie vor kritisiert, weil sie die Einbeziehung der Religionsgemeinschaften in den Staatsaufbau vorsieht. Zudem ist der Staat hier nicht religiös neutral. Die Religionsgemeinschaften sind nicht gleichgestellt. Der sunnitische Islam wird beinahe als *„Quasi-Staatsreligion“*[155] anerkannt, ohne dabei die anderen religiösen Strömungen zu berücksichtigen.

d) Grundrechte und -freiheiten der Verfassung

aa) Schutz der Grundrechte und -freiheiten

Die Verfassung bekennt sich zum Wesen der Grundrechte und -freiheiten. Laut Art. 12 Abs. 1 TV besitzt jeder mit seiner Persönlichkeit verbundene, unantastbare, unübertragbare, unverzichtbare Grundrechte und -freiheiten. Ausgehend davon gewährleistet die Verfassung eine Vielzahl einzelner Grundrechte und -freiheiten[156]. An dieser Stelle ist allerdings darauf hinzuweisen, daß die

[155] Meral, Südosteuropa Mitteilungen 2000, 344.

[156] Die Verfassung sieht einen ausführlichen Katalog von Grundrechten und -freiheiten vor wie es auch in den europäischen Verfassungen der Fall ist: Recht auf körperliche Unversehrtheit (Art. 17 TV),Verbot von Zwangsarbeit (Art. 18 TV), Gleichheit vor dem Gesetz (Art. 19), persönliche Freiheit und Sicherheit (Art. 19 TV), Geheimsphäre des Privatlebens (Art.20 TV), Unverletztlichkeit der Wohnung (Art. 21 TV), Kommunikationsfreiheit (Art. 22 TV), Freiheit von Bewegung und Aufenthalt (Art. 23 TV), Religions- und Gewissensfreiheit (Art. 24 TV), Gedanken- und Meinungsfreiheit (Art. 25 TV), Recht auf freie Meinungsäußerung (Art. 26 TV), Pressefreiheit (Art. 28 TV), Berichtigungsrecht und Entgegnungsrecht (Art. 32), Vereinigungsfreiheit (Art. 33 TV), Versammlungsfreiheit (Art. 34 TV), Eigentumsgarantie (Art. 35 TV), Recht auf den Rechtsschutz (Art. 36 TV), Recht auf den gesetzlichen Richter (Art. 37 TV), Rückwirkungsverbot für Straftaten und Strafen (Art. 38 TV), Recht auf Wahrheitsbeweis (Art. 39 TV), Recht auf Schutz der Grundrechte und Grundfreiheiten (Art. 40 TV), Schutz der Familie (Art. 41 TV), Arbeits- und Vertragsfreiheit (Art. 48 TV), Streikrecht (Art. 54 TV), Recht auf soziale Sicherheit (Art. 60), aktives und passives Wahlrecht und das Recht zur politischen Betätigungen (Art. 67 TV), Recht auf Partei-gründung, Eintritt in

Verfassung von 1982 hinsichtlich der Grundrechte und -freiheiten eine "strenge Verfassung" [157] darstellt. Aus der Verfassung geht nämlich deutlich hervor, daß der Integrität des Staates Vorrang vor den Grundrechten der Bürger eingeräumt ist. Damit ist die Stellung der Bürger gegenüber dem Staat erheblich abgewertet[158]. Laut Art. 2 TV beruht die Verfassungsordnung nicht auf den Menschenrechten, sondern achtet sie nur[159]. *„Die Menschenrechte sind nicht mehr Grundlage des Gemeinwesens, sondern stehen neben bestimmten Komplexen öffentlicher Interessen."*[160] Ferner findet der Bürger als politisches Individuum in den Grundsätzen der Präambel kaum Raum[161]. Die in diesem begrenzten Rahmen gewährleisteten Grundrechte und -freiheiten sind schließlich durch unbestimmte Begriffe der Verfassung weiterhin eingeschränkt[162].

bb) Grenzen des Schutzes der Grundrechte und -freiheiten

(1) Verbot des Mißbrauchs der Grundrechte und -freiheiten[163]

Die Grundrechte und -freiheiten können in der Verfassung nicht schrankenlos garantiert sein. Manche Grundrechte und -freiheiten, wie die Meinungs-, Versammlungs- und Vereinigungsfreiheit können zum Kampf gegen die Grundordnung der Republik oder zu Konflikten mit der Interessen der Allgemeinheit und auch mit den Rechten und Grundrechten jeweils anderer Grundrechtsberechtigter mißbraucht werden. Deshalb wurden in Art. 14 TV einzelne Bestimmungen fixiert, die einem Mißbrauch der Grundrechte und -freiheiten verhindern sollen. Laut Art. 14 TV dürfen die Grundrechte und -freiheiten nicht mißbraucht werden, um die unteilbare Einheit von Staatsgebiet und Staatsvolk zu zerstören, die Existenz des Staates und der republikanischen Regierungsform zu gefährden, die Grundrechte und -freiheiten zu beseitigen[164].

Parteien und Austritt aus Parteien, Recht auf Eintritt in den öffentlichen Dienst (Art. 70 TV) sowie das Petitionsrecht (Art. 74 TV) etc.

[157] Rumpf, Das türkische Verfassungssystem, S. 94.

[158] Probleme bereiten zahlreiche Vorschriften der Verfassung bezüglich des Staatsschutzes, welche häufig dazu benutzt wurden und noch werden können, die Diskussion unbeliebsamer Themen zu begrenzen und damit in die Grundrechte und -freiheiten einzugreifen, zu unterbinden sogar zu bestrafen. So Yesilyurt, Die Türkei und die EU, S. 305.

[159] Rumpf, Das türkische Verfassungssystem, S. 217.

[160] Ebd.

[161] Ebd.

[162] Zur Kritik Ebd., S. 221 ff.

[163] Vgl. Art. 17 EMRK.

[164] In der alten Fassung des Art. 14 TV war der Gebrauch der Grundrechte und -freiheiten weiteren Einschränkungen unterworfen. So durften die Grundrechte und -freiheiten nicht mißbraucht werden, um die Beherrschung des Staates durch eine Person oder eine Gruppe oder die Herrschaft einer sozialen Klasse über andere Klassen herbeizuführen oder Unterschiede in Sprache, Rasse, Religion oder Bekenntnis zu schaffen oder auf sonstigem Wege eine auf diesen Begriffen und Ansichten beruhende Staatsordnung zu gründen.

In diesem Rahmen darf keine Meinung und Ansicht den nationalen Interessen, dem Grundsatz der Unteilbarkeit von Volk, Staat und Staatsgebiet, den geschichtlichen und geistigen Werten des Türkentums und dem Nationalismus, den Prinzipien und Reformen Atatürks entgegenstehen[165].

(2) Einschränkung der Grundrechte und -freiheiten[166]

Dem Grundrechtsgebrauch wurde eine weitere Schranke gezogen. Die förmlichen und materiellen Anforderungen der Verfassung bezüglich eines Grundrechtseingriffs wurden in Art. 13 TV festgelegt. Darin wurde bei jedem dieser Grundrechte und -freiheiten nach Möglichkeit festgelegt, inwieweit der Gesetzgeber berechtigt ist, die Grundrechte und -freiheiten einzuschränken. In diesem Kontext wird in der Verfassung eine Reihe von grundrechtlich geschützten Rechtsgütern als unantastbar oder unverletztlich bezeichnet[167].

Laut Art. 13 TV können die Grundrechte und -freiheiten nur durch Gesetz eingeschränkt werden[168]. Auch Grundrechte mit Gesetzesvorbehalt dürfen nicht unbegrenzt eingeschränkt werden, sie stehen aber nicht zur beliebigen Disposition des Gesetzgebers. Das grundrechtsbeschränkende Gesetz muß in Einklang mit Wort und Geist der Verfassung stehen. Danach kann ein grundrechtseinschränkendes Gesetz nur verfassungsgemäß sein, wenn es allgemein und nicht nur für den Einzelfall gilt.

Die Grundrechte und -freiheiten dürfen nur zur Wahrung eines Interesses begrenzt werden, das durch die Verfassung anerkannt ist. Sie können also nur aus besonderen Gründen, welche in den entsprechenden Artikeln der Verfassung formuliert sind, beschränkt werden[169]. In keinem Fall darf das grundrechtsbegrenzende Gesetz allerdings den Erfordernissen einer demokratischen Gesellschaftsordnung sowie der laizistischen Struktur der Republik entgegenstehen[170] und außerhalb des bestimmungsgemäßen Zweckes gebraucht werden.

---

[165] Vgl. die Präambel der türkischen Verfassung.

[166] Vgl. Art. 8 bis 11 EMRK.

[167] Wie etwa Unantastbarkeit der materiellen und ideeller Existenz der Person, Art. 17 TV.

[168] Die Anforderung "Gesetz" ist aber dahingehend auszulegen, daß jeder Grundrechtseingriff letztlich auf ein Gesetz zurückgeführt werden muß. Das Gesetz muß aber in grundlegenden Bereichen, insbesondere bei der Grundrechtsausübung, alle wesentlichen Bestimmungen enthalten.

[169] Vor der Verfassungsänderung vom 3. Oktober 2001 konnten die Grundrechte und -freiheiten auch zum Schutz der unteilbaren Einheit von Staatsgebiet und Staatsvolk, der nationalen Souveränität, der Republik, der nationalen Sicherheit, der öffentlichen Ordnung, der Sicherheit der Allgemeinheit, des öffentlichen Interesses, des Sittengesetzes und der öffentlichen Gesundheit beschränkt werden.

[170] Im Gegensatz zum Grundgesetz der Bundesrepublik Deutschland (Art. 19 Abs. 2 GG) geht die Verfassung von 1982 nicht von einer Wesensgehaltsgarantie aus.

Bei der Grundsrechtsbeschränkung handelt es sich um eine Kollision von zwei Rechtsgütern der Verfassung. Da alle Normen der Verfassung grundsätzlich von gleichem Rang und gleicher Dignität sind, begrenzen die kollidierenden Bestimmungen einander und müssen zu einem möglichst schonenden Ausgleich gebracht werden. So kann die Einschränkung der Grundrechte und -freiheiten nur insoweit zulässig sein, als sie dem Schutz anderer für das Gemeinwesen wichtiger Rechtsgüter dient. Sie muß einem legitimen Zweck dienen. Die Schrankenbestimmung muß geeignet und erforderlich sein, das Rechtsgut, dessentwegen das Grundrecht eingeschränkt wird, tatsächlich zu schützen. Sie muß zu diesem Zweck erforderlich und auch insoweit verhältnismäßig sein, als der Schutz des anderen Rechtsguts die Einschränkung der Grundrechte über-wiegt. Dazu muß das gesetzgeberische Ziel auf das Wohl der Allgemeinheit ge-richtet sein. Zudem muß der Inhalt des grundrechtsbegrenzenden Gesetzes bestimmt sein, damit der betroffene Bürger in zumutbarer Weise sein Handeln auf die Erfordernisse dieses Gesetzes einstellen kann (Vorhersehbarkeit, Normklarheit).

(3) Aussetzung des Gebrauchs der Grundrechte und -freiheiten[171]

In Fällen des Kriegs, der Mobilmachung, des Ausnahmezustands oder des Notstandes[172] kann gemäß Art. 15 Abs. 1 TV unter der Voraussetzung, daß die sich aus dem Völkerrecht ergebenden Verpflichtungen nicht verletzt werden[173], in dem der Lage erforderlichen Maße der Gebrauch der Grundrechte und -freiheiten teilweise oder vollständig ausgesetzt werden, oder es können Maßnahmen getroffen werden, die den in der Verfassung vorgesehenen Garantien entgegenstehen. Auch in den in Art. 15 Abs. 1 TV aufgeführten Situationen darf, abgesehen von den aus Folgen kriegsrechtsgemäßer Handlungen auftretenden Todesfällen und der Vollstreckung der Todesstrafe, das Recht der Person auf Leben und die Einheit ihrer materiellen und ideellen Existenz nicht angetastet, niemand zur Offenbarung seiner Religion, seines Gewissens, seiner Meinung und seiner Ansichten gezwungen oder ihm aus diesen ein Schuldvorwurf gemacht werden; daneben dürfen Straftaten und Strafen keine Rückwirkung entfalten und darf niemand bis zur Feststellung seiner Schuld durch Gerichts-urteil als schuldig gelten.

---

[171] Vgl. Art. 15 EMRK.

[172] Ausführliche Erläterungen bei Rumpf, ZaöRV 1988, S. 683 ff.

[173] Damit ist das Völkerrecht in der türkischen Rechtsordnung von besonderer Bedeutung. Vgl. dazu Sabuncu, AÜSBF Dergisi 1985, S. 167.

e) Sonderinstitutionen der Verfassung

In der Verfassung sind neben den Verfassungsorganen auch eine Reihe besonderer Institutionen konstituiert: der nationale Sicherheitsrat (Milli Güvenlik Kurulu) in Art. 118 TV, die Staatssicherheitsgerichte (Devlet Güvenlik Mahkemeleri) in Art. 143 TV, der Hohe Richter- und Staatsanwälterat (Hakimler ve Savcilar Yüksek Kurulu) in Art. 159 TV, der Hochschulrat (Yüksekögretim Kurulu) in Art. 131 TV, der Staatskontrollrat (Devlet Denetleme Kurulu) in Art. 108 TV, die Hohe Atatürk-Gesellschaft für Sprache, Kultur und Geschichte (Atatürk Dil, Kültür ve Tarih Yüksek Kurumu) in Art. 134 TV, die Berufsständischen Vereinigungen mit der Natur von Körperschaften des öffentlichen Rechts (Kamusal Mesleki Örgütler) in Art. 135 TV und das Präsidium für Religionsangelegenheiten (Diyanet Isleri Baskanligi) in Art. 136 TV. Von diesen Institutionen stellen der nationale Sicherheitsrat und die Staatssicherheitsgerichte den bisherigen Berichten der Kommission zufolge ein erhebliches Problem für den Beitritt der Türkei dar. Im folgenden werden daher nur diese Institutionen kurz erörtert.

aa) Nationaler Sicherheitsrat

Der nationale Sicherheitsrat wurde als Institution erstmals mit Art. 111 der Verfassung von 1961 eingeführt und wird auch in der Verfassung von 1982 genannt. Das Militär ist in diesem Gremium stärker präsent als die Zivile. Er setzt sich gemäß Art. 118 TV unter dem Vorsitz des Präsidenten der Republik aus dem Ministerpräsidenten, dem Generalstabschef, dem Verteidigungsminister, dem Außenminister, dem Innenminister, dem Justizsminister sowie den Kommandeuren der Land-, See und Luftstreitkräfte und dem Oberkommandeur der Gendarmerie zusammen[174]. Entsprechend der Besonderheiten der Tagesordnung können zu der Sitzung des Rates die betroffenen Minister und Personen herbeigerufen und ihre Ansichten eingeholt werden.

Laut dem Wortlaut des Art. 118 TV hat er im wesentlichen nur beratende Funktion und dient der Beratung und Unterstützung der Regierung in sicherheitspolitischen Angelegenheiten. Doch ist sein Beratungsgebiet sehr umfangreich und weit gefaßt. Ihm obliegt faktisch die Zuständigkeit, die gesamte nationale Sicherheitspolitik des Landes festzulegen, indem er dem Ministerrat zur Fassung von Beschlüssen bezüglich der Bestimmung, Festlegung und Anwendung der nationalen Sicherheitspolitik des Staates und zur Gewährleistung der notwendigen Koordination seine Ansichten mitteilt.

---

[174] Die Tagesordnung des Nationalen Sicherheitsrates wird unter Berücksichtigung der Vorschläge des Ministerpräsidenten und des Generalstabschefs vom Präsidenten der Republik aufgestellt (Abs. 4). Kann der Präsident der Republik nicht teilnehmen, so tritt der Nationale Sicherheitsrat unter dem Vorsitz des Ministerpräsidenten zusammen (Abs. 5). Organisation und Aufgaben des Generalsekretariats des Nationalen Sicherheitsrates werden durch Gesetz geregelt (Abs. 6).

Aufgrund seiner politischen Funktion im Land ist der Nationale Sicherheitsrat nach wie vor ein sehr umstrittenes Organ[175]. Er unterliegt keinerlei parlamentarischen Kontrollen. Die Beschlüsse zu Maßnahmen, die der Rat im Hinblick auf den Schutz der Existenz und Unabhängigkeit des Staates, der Einheit und Unteilbarkeit des Landes, des Wohls und der Sicherheit der Gemeinschaft für notwendig hält, werden vom Ministerrat mit Vorrang berücksichtigt (Art. 118 Abs. 3 TV). Der Ausdruck "*mit Vorrang berücksichtigt*" wurde inzwischen mit der Verfassungsänderung vom 3. Oktober 2001 gestrichen. Stattdessen wurde der Ausdruck "*bewertet*" eingefügt. Damit wurde zwar die vom Militär dominierende und verfassungsrechtlich übergeordnete Stellung des Nationalen Sicherheitsrates, geschwächt, aber nicht völlig in Frage gestellt. Das Militär kann weiterhin durch dieses Gremium die Entscheidungen der demokratisch legitimierten Exutive ganz legal beeinflussen.

bb) Staatssicherheitsgerichte

Die Staatssicherheitsgerichte wurden auf der Grundlage von Art. 143 TV geschaffen und üben seit 1984 ihre Tätigkeit aus. Sie bestehen aus einem Vorsitzenden, zwei ordentlichen Mitgliedern und einem Ersatzmitglied sowie einem Generalstaatsanwalt und einer ausreichenden Anzahl von Staatsanwälten. Der Vorsitzende, zwei ordentliche Mitglieder und das Ersatzmitglied sowie der Generalstaatsanwalt werden aus der Gruppe der Richter und der Staatsanwälte der Republik Erster Klasse rekrutiert; die Staatsanwälte aus der Gruppe der Staatsanwälte der Republik werden gemäß den in den besonderen Gesetzen vorgesehenen Verfahren durch den Hohen Richter- und Staatsanwälterat auf vier Jahre ernannt; diejenigen, deren Amtszeit beendet ist, können von neuem ernannt werden. Die Staatssicherheitgerichte waren früher neben den zivilen Richtern auch mit einem Militärrichter besetzt. Die Militärrichter dieser Gerichte wurden durch die Verfassungsänderung vom 18. Juni 1999[176] entfernt[177]. Seit dieser Teilreform erfolgten keine weiteren Verbesserungen.

---

[175] Nach Auffassung von Skeptikern fordert der Nationale Sicherheitsrat nicht nur die türkische Demokratie heraus, sondern zugleich stellt es ein wesentliches Hindernis für die weitere politische Integration der Türkei in die EU dar. Sie verlangen daher die Auflösung dieser Institution. Bahadir, Aus Politik und Zeitgeschichte 1997, 38; Yesilyurt, Die Türkei und die EU, S. 187 ff. m.w.N.

[176] Gesetz Nr. 4388, in: RG vom 18. Juni 1999, Nr. 23729.

[177] Am 22. Juni 1999 folgte die Änderung des Gesetzes Nr. 2845 über die Staatssicherheitsgerichte entsprechend den Vorgaben der Verfassungsänderung. Die Bestimmungen im Militärrichtergesetz wurden angepaßt. Vor dieser Verfassungsänderung war die EU der Ansicht, daß die Staatssicherheitsgerichte durch die daran beteiligten Militärrichter nicht als unparteiisch und unabhängig gelten konnten und damit gegen die Europäische Menschenrechtskonvention verstießen. Vgl. dazu Themenpapier des Europäischen Parlaments Nr. 7, Die Türkei und ihre Beziehungen zur Europäischen Union, Dritte Überarbeitung, 2000, S. 8.

Die Staatssicherheitsgerichte haben die Aufgabe, Straftaten zu verhandeln, welche gegen die unteilbare Einheit von Staatsgebiet und Staatsvolk, die freiheitliche demokratische Ordnung und die Republik, deren Eigenschaften durch die Verfassung bestimmt sind, begangen werden und die die innere und äußere Sicherheit des Staates betreffen. Die Vorschriften zur Ausnahmezustandsverwaltung und zum Kriegszustand bleiben dabei vorbehalten.

Die Sicherheitsgerichte sind keine Ausnahmegerichte, sondern ein Zweig der ordentlichen Gerichtsbarkeit. Ihre verfassungsrechtliche Institutionsgarantie wurde in Art. 143 TV festgelegt[178]. Die Revisionsinstanz zu den Staatssicherheitsgerichten ist der Kassationshof. Die sonstigen Vorschriften über die Arbeitsweise, Aufgaben und Zuständigkeiten sowie über das Verfahren der Staatssicherheitsgerichte werden durch Gesetz bestimmt.

C. Defizite der Türkei nach den politischen Kriterien von Kopenhagen

In ihren bisherigen Fortschrittsberichten bestätigt die Kommission im wesentlichen ihre Analyse in der Agenda 2000. Sie stellt zwar auch die positiven Entwicklungen in der Türkei fest, weist aber gleichzeitig auf folgende Mängel hin: Im Hinblick auf die institutionelle Stabilität des Landes als Garantie für eine demokratische und rechtsstaatliche Ordnung, für die Wahrung der Menschenrechte sowie für die Achtung und den Schutz von Minderheiten sei sie nicht für einen Beitritt geeignet. Sie wird daher zu weiteren Anstrengungen - insbesondere Verfassungsänderungen - auf dem Weg zu einer Annäherung an die EU aufgefordert. Die Kommission schildert die politische Situation in der Türkei wie folgt:

1. Demokratie und Rechtsstaatlichkeit

Der Nationale Sicherheitsrat verkörpere die führende Rolle des Militärs in innenpolitischen Bereichen des Landes. Entgegen EU-Standards unterstehe der Generalstabschef in hierarchischer Hinsicht nur dem Ministerpräsidenten, nicht aber dem Verteidigungsminister. Durch den Nationalen Sicherheitsrat nehme das Militär auf das politische Leben des Landes weiterhin starken Einfluß. Die Armee unterliege keinerlei zivilen Kontrollen. Sie kontrolliere vielmehr den Nationalen Sicherheitsrat, die Parteien und Regierungen[179]. Die Tätigkeit der Regierung sei durch die Position des Nationalen Sicherheitsrats in der Praxis offenbar stark eingeschränkt, während dem Parlament in Verteidigungs- und

---

[178] Rumpf, Das türkische Verfassungssystem, S. 222.

[179] Vgl. den regelmäßigen Bericht der Kommission über die Fortschritte der Türkei auf dem Weg zum Beitritt 2001., S. 19.

Sicherheitsfragen unzureichend Rechenschaft abgelegt werde[180]. Nach Auffassung der Kommission ist dieser Zustand mit einem demokratischen System sowie einem Rechtsstaat nicht vereinbar. Sie kritisiert daher den Nationalen Sicherheitsrat und fordert die Türkei auf, die starke Stellung des Nationalen Sicherheitsrates, in dem die Militärs das letzte Wort haben, in Frage zu stellen[181].

Die Auflösung der politischen Parteien durch das Verfassungsgericht verstoße keineswegs gegen die Bestimmungen der Verfassung, begrenze aber den demokratischen Pluralismus im Lande[182].

Die Kommission hat zwar in ihrer Mitteilung "Agenda 2000"[183] hervorgehoben, daß die Verwaltung der Türkei über die notwendige Leistungsfähigkeit verfüge, um Gesetze auszuarbeiten und durchzuführen, die mit dem Besitzstand der Gemeinschaft vereinbar seien. Jedoch stellt sie in ihrem Bericht vom November 1998 bestimmte Schwachstellen in der Justizverwaltung fest. Trotz einiger positiver Schritte[184] seien keine bemerkenswerten Maßnahmen ergriffen worden, die auf eine höhere Effizienz des Justizsystems des Landes hätten abzielen könnten. Die wichtigen Gesetzentwürfe über die Funktionsweise des Justizapparats, so der Gesetzentwurf eines Strafgesetzbuchs sowie der Gesetzentwurf zur Änderung der Strafprozeßordnung, seien noch nicht verabschiedet worden[185]. Die Gerichte des Landes seien mit Arbeit überlastet und daher nicht effektiv tätig[186]. Besondere Maßnahmen seien daher notwendig, um ein ordnungsgemäßes und effizientes Funktionieren des Justizsystems zu gewährleisten[187]. In

---

180 Ebd., S. 6.

181 Nach offizieller Ansicht der Türkei heißt es dagegen, daß der Nationale Sicherheitsrat einem demokratischen System nicht widerspricht. Die Rolle des nationalen Sicherheitsrates werde überbewertet und überschätzt. Entgegen der Aufforderung der Unionsseite zur Abschaffung des Nationalen Sicherheitsrates wird in politischen und militärischen Kreisen derzeit nur von der Möglichkeit gesprochen, die Anzahl der zivilen Mitglieder des Nationalen Sicherheitsrates gegenüber den militärischen Mitgliedern zu erhöhen. Vgl. dazu die Äußerungen des türkischen Außenministers Cem, in: Die Türkei sucht Annäherung an die EU, Die Welt vom 2. Februar 2001; vgl. auch den Bericht von TÜSIAD zur Demokratieisierung der Türkei vom 21. Mai 2001, in: Hürriyet vom 22. Mai 2001, S. 1; vgl. auch Sabah vom 27. Februar 2001, S. 1.

182 Vgl. den regelmäßigen Bericht der Kommission über die Fortschritte der Türkei auf dem Weg zum Beitritt 1998, KOM(1998)711endg., S. 7.

183 Vgl. Agenda 2000, KOM(1997)2000endg., S. 47.

184 Über die Strafverfolgung vom Beamten und anderen öffentlichen Bediensteten wurde im Dezember 1999 ein Gesetz erlassen. Es erleichtert insbesondere die strafrechtliche Verfolgung von Angehörigen der Streitkräfte.

185 Vgl. den regelmäßigen Bericht der Kommission über die Fortschritte der Türkei auf dem Weg zum Beitritt 2000, KOM(2000)713endg., S. 14.

186 Vgl. den regelmäßigen Bericht der Kommission über die Fortschritte der Türkei auf dem Weg zum Beitritt 1998, KOM(1998)711endg., S. 9.

187 Ebd., S. 9 f.

diesem Zusammenhang mißt die Kommission insbesondere Maßnahmen zur Gewährleistung der tatsächlichen Unabhängigkeit der Richter und Staatsanwälte sowie zur personell und materiell besseren Ausstattung des Justizapparats und der Verabschiedung von Gesetzen zur Funktionsweise des Justizapparats große Bedeutung bei.

Des weiteren kritisiert die Kommission die Staatssicherheitgerichte, die gegen die Grundsätze der Europäischen Menschenrechtskonvention verstoßen sollen [188]. Die Klagen sind nämlich vor diesen Gerichten mit einem strikten Sonderverfahren verbunden. Die Kommission fordert die Türkei daher auf, Bestimmungen über Funktionsweise, Befugnisse und Zuständigkeiten sowie Verfahren vor diesen Gerichten im Lichte der in der EU geltenden Normen zu reformieren[189].

2. Menschen- und Minderheitenrechte

Trotz einiger Reformen sei bislang keine wesentliche Verbesserung des effektiven Schutzes von Grundrechten und Grundfreiheiten zu erkennen[190]. Im Hinblick auf die Ausübung der Grundfreiheiten seien zahlreiche Beschränkungen erhaltengeblieben[191].

Das Moratorium zur Todesstrafe sei aufrechterhalten worden[192]. Der geänderte Artikel 38 TV beschränke die Todesstrafe nunmehr auf terroristische Verbrechen un Kriegszeiten oder Zeiten drogender Kriegsgefahr. Die Ausnahme für terroristische Verbrechen stehe nicht in Einklang mit dem 6. Protokoll zur EMRK[193].

Die Kommission betrachtet weiterhin die Menschenrechtssituation in vielerlei Hinsicht insgesamt als besorgniserregend, was insbesondere die Meinungsfreiheit, die Pressefreiheit, die Haftbedingungen in den Gefängnissen, sowie die Vereinigungs- und Versammlungsfreiheit betrifft. Wegen des Ausnahmezustan-

---

[188] Vgl. den regelmäßigen Bericht der Kommission über die Fortschritte der Türkei auf dem Weg zum Beitritt 2000, KOM(2000)713endg., S. 14; den regelmäßigen Bericht der Kommission über die Fortschritte der Türkei auf dem Weg zum Beitritt 1998, KOM(1998)-711endg., S. 9.

[189] Vgl. den regelmäßigen Bericht der Kommission über die Fortschritte der Türkei auf dem Weg zum Beitritt 2000, KOM(2000)713endg., S. 14.

[190] Vgl. den regelmäßigen Bericht der Kommission über die Fortschritte der Türkei auf dem Weg zum Beitritt 1998, KOM(1998)711endg., S. 10 ff., den regelmäßigen Bericht der Kommission über die Fortschritte der Türkei auf dem Weg zum Beitritt 1999, KOM(1999)-513endg. S. 12 ff. und den regelmäßigen Bericht der Kommission über die Fortschritte der Türkei auf dem Weg zum Beitritt 2000, KOM(2000)713endg., S. 16 ff.

[191] Vgl. den regelmäßigen Bericht der Kommission über die Fortschritte der Türkei auf dem Weg zum Beitritt 2001, S. 104.

[192] Ebd.

[193] Ebd.

des[194] im Südosten der Türkei sei die gesetzlich garantierte Ausübung der Rechte der Kurden behindert. Neben der Gewährleistung der Menschenrechte bedürfe es weiterer Maßnahmen zur Verbesserung der Wirtschaftslage im Südosten, um das Regionalgefälle zu überwinden und allen Bürgern größere wirtschaftliche, soziale und kulturelle Chancen zu eröffnen[195].

Folterungen und Mißhandlungen seien nicht der Normalfall, aber weit verbreitet und ein systematisches Mittel im Verhör. Zudem existierten weiterhin außergerichtliche Hinrichtungen und Verschleppungen im Lande. Die Kommission weist ferner darauf hin, daß bestimmte Rechtsvorschriften, insbesondere was den Polizeigewahrsam anbetrifft, in der Praxis nicht rechtmäßig angewandt würden, so daß immer wieder Menschenrechtsverletzungen (insbesondere Folter) geschähen. Trotz der Verfassungsänderungen[196] seit 1995 bleibe die Situation hinsichtlich der Wahrung des Rechts auf freie Meinungsäußerung bedenklich[197]. Das Antiterrorgesetz mit seinen strengen Bestimmungen sei noch in Kraft. Durch die regelmäßige Anwendung dieses Gesetzes seien die Freiheitsrechte (Meinungsäußerungs- und Pressefreiheit) erheblich eingeschränkt. Vor allem Journalisten seien danach unter dem Vorwand separatistischer Propaganda inhaftiert worden.

Bezüglich der Religionsfreiheit stellt die Kommission fest, daß immer noch keine Gleichbehandlung zwischen den anerkannten religiösen Minderheiten im Sinne des Vertrages von Lausanne und den anderen religiösen Minderheiten gewährleistet sei[198].

Die Einhaltung der Urteile des EMRK gebe weiterhin Anlaß zur Sorge[199].

---

[194] Über vier Provinzen (Diyarbakir, Hakkari, Sirnak sowie Siirt) ist heute noch der Ausnahmezustand verhängt. Es handelt sich dabei allerdings um keinen der militärisch verwalteten Ausnahmezustand, sondern um einen politischen Notstand, in dem die Zivilverwaltung Sonderkompetenzen ausübt, wobei aufgrund von Art. 15 der Verfassung von 1982 auch erhebliche Einschnitte in die Grundrechte der Bürger möglich sind. Dazu Rumpf, Das türkische Verfassungssystem, S. 80.

[195] Vgl. den regelmäßigen Bericht der Kommission über die Fortschritte der Türkei auf dem Weg zum Beitritt 2001, S. 105.

[196] Gesetz Nr. 4121 vom 23. Juli 1995, RG Nr. 22355 vom 26. Juli 1995.

[197] Vgl. den regelmäßigen Bericht der Kommission über die Fortschritte der Türkei auf dem Weg zum Beitritt 1998, KOM(1998)711endg., S. 11 ff.; den regelmäßigen Bericht der Kommission über die Fortschritte der Türkei auf dem Weg zum Beitritt 1999, KOM(1999)-513endg., S. 13.

[198] Vgl. den regelmäßigen Bericht der Kommission über die Fortschritte der Türkei auf dem Weg zum Beitritt 1999, KOM(1999)513endg., S. 14.

[199] Vgl. den regelmäßigen Bericht der Kommission über die Fortschritte der Türkei auf dem Weg zum Beitritt 2001, S. 105.

Schließlich unterstreicht die Kommission, daß die Türkei die wichtigsten Übereinkommen über den Schutz der Menschenrechte[200] ratifiziert habe. Doch müßten noch weitere Menschenrechtsinstrumente ratifiziert werden[201].

D. Allgemeine Bewertung

Aus der obigen Analyse der türkischen Verfassungsordnung sind folgende Ergebnisse festzuhalten: Die Türkei besitzt die wesentlichen Strukturen einer demokratischen Rechtsordnung und verfügt über demokratische Institutionen sowie unabhängige Gerichte, so daß die verschiedenen staatlichen Behörden normal funktionieren können. Der Schutz der Grundrechte und -freiheiten wird durch eine ganze Bandbreite an Rechtsvorschriften mit internen und externen Normen gewährleistet.

Dennoch sind die demokratische und rechtstaatliche Ordnung und die politische Lage in der Türkei insgesamt als nicht zufriedenstellend zu bewerten. Denn sie weist trotz ihrer demokratischen und rechtsstaatlichen Struktur bisher grundsätzlich kein stabiles politisches System auf. Hinsichtlich der politischen Struktur des Landes bedarf es einer grundlegenden Reform. Noch viele grundlegende Fragen warten auf wirksame Lösung. Die Unterordnung des Militärs unter die Zivilkontrolle konnte bisher nicht verwirklicht werden. Probleme bereitet ferner die mit den Verfassungsgrundsätzen[202] der Verfassung verbundene mangelhafte Gewährleistung der Grund- und Freiheitsrechte, deren Wahrnehmung wegen des Verdachts des Separatismus und des fundamentalistischen Islamismus erheblichen eingeschränkt ist[203]. Zur Schaffung eines demokratischen Rechtsstaats ist zwar notwendig, *„ein besseres Gleichgewicht zwischen der Tendenz zum Schutz des Staates und seiner Interessen und der vollständigen Gewährleistung von Meinungsfreiheit,*

---

[200] Dies sind u.a. die UN-Konvention gegen Folter, das Europäische Übereinkommen zur Verhütung von Folter und unmenschlicher oder erniedrigender Behandlung oder Strafe und die Europäische Konvention zum Schutze der Menschenrechte mit Ausnahme der Protokolle 4, 6 und 7.

[201] Vgl. den regelmäßigen Bericht der Kommission über die Fortschritte der Türkei auf dem Weg zum Beitritt 1998, KOM(1998)711endg., S. 10 und 11. Die Kommission hat im Anhang zu ihrem regelmäßigen Bericht 2000 die von der Türkei noch nicht ratifizierten Menschenrechtsübereinkommen wie folgt ausgeführt: Protokoll Nr. 6 zur EMRK (Abschaffung der Todesstrafe), Protokoll Nr. 4 zur EMRK (u.a. Freizügigkeit), Protokoll Nr. 7 zur EMRK, Europäische Sozialcharta (revidierte Fassung), Zusatzprotokoll zur Europäischen Sozialcharta (System kollektiver Beschwerden), Rahmenübereinkommen zum Schutz nationaler Minderheiten, ICCPR (Internationaler Pakt über bürgerliche und politische Rechte), Fakultativprotokoll zum ICCPR (Recht auf individuelle Kommunikation), Zweites Fakultativprotokoll zum ICCPR (Abschaffung der Todesstrafe), ICESCR (Internationaler Pakt über wirtschaftliche, soziale und kulturelle Rechte) und CERD (Übereinkommen zur Beseitigung jeder Form von Rassendiskriminierung).

[202] Insbesondere das eingeschränkte Demokratieverständnis, das kemalistische Nationalstaatskonzept sowie das strenge Laizismusprinzip.

[203] Yesilyurt, Die Türkei und die EU, S. 190.

Versammlungsfreiheit, Organisationsfreiheit auch mit Verfassungsänderungen (zu) finden“[204]. Die wirtschaftliche und politische Instabilität der Türkei begrenzt jedoch ihre Handlungsfähigkeit in hohem Maße.

III. Rahmen des Beitrittsprozesses

Der Beitrittsprozeß der Türkei zur EU umfaßt eine Heranführungsstrategie, ein entsprechendes Nationalprogramm, Beitrittsverhandlungen, ein sogenanntes “Screening“ der Gesetzgebung der Union sowie ein Überprüfungsverfahren. Wietere Themen von gemeinsamem Interesse, wie die Außen- und Sicherheitspolitik, Justiz und Inneres, regionale Zusammenarbeit oder wirtschaftliche Angelegenheiten sollen ergänzend im Rahmen der Europäischen Konferenz, die als ein multilaterales Forum der EU angelegt ist, diskutiert werden.

A. Heranführungsstrategie

Die Heranführungsstrategie für die Türkei bildet einen zentralen Bestandteil des Beitrittsprozesses der Türkei zur EU. Diese ist im wesentlichen auf der “europäischen Strategie“ aufgebaut und soll insbesondere die notwendigen Bedingungen schaffen, wobei die Türkei in die Lage zu versetzen ist, so bald wie möglich der EU beizutreten und zu diesem Zweck vorher so gut wie möglich den gemeinschaftlichen Besitzstand zu übernehmen. Die Heranführungsstrategie für die Türkei umfaßt über die Umsetzung des Abkommens im Rahmen der europäischen Strategie hinaus die Beitrittspartnerschaft, Heranführungshilfe sowie die Beteiligung der Türkei an Programmen und Einrichtungen der EU[205].

1. Beitrittspartnerschaft

Die Beitrittspartnerschaft, welche der Intensivierung der Bemühungen um die Annäherung an die EU-Normen dienen soll, ist das wichtigste Instrument der Heranführungsstrategie. Ausgehend von der Analyse der regelmäßigen Berichte sind kurz- und mittelfristige Prioritäten und allgemeine Bedingungen für die Übernahme des Besitzstandes sowie die Erfüllung der Beitrittskriterien durch die Türkei wurden in einem von der Kommission am 8. November 2000 verabschiedeten Dokument über die Beitrittspartnerschaft zwischen der EU und der Türkei[206] festgehalten. damit ein einheitlicher Rechtsrahmen zur Untermauerung der Heranführungstrategie für die Türkei geschaffen wird. Im poli-

[204] Ebd., S. 305.

[205] Vgl. den Vorschlag der Kommission für eine Verordnung des Rates über die Hilfe für die Türkei im Rahmen der Heranführungsstrategie, und insbesondere über die Errichtung einer Beitrittspartnerschaft, KOM(2000)502, Bull. EU 7/8-2000, Ziff. 1.5.6.

[206] Vgl. den Beschluß des Rates vom 8. März 2001 über die Grundsätze, Prioritäten, Zwischenziele und Bedingungen der Beitrittspartnerschaft für die türkische Republik (ABlEG 2001 Nr. L 85, 15).

tischen Teil des Dokuments werden grundlegende und weitreichende politische Reformen beschrieben, die notwendig sind, um die politischen Kriterien von Kopenhagen zu erfüllen. Diese schließen verfassungsmäßige Garantien der Meinungs-, Versammlungs- und Religionsfreiheit, die Abschaffung der Todesstrafe, die Unterbindung aller Folterpraktiken, die Anpassung der Rolle des Militärs an die Spielregeln einer demokratischen Gesellschaft, die Aufhebung des Ausnahmezustandes im Südosten des Landes sowie die Gewährleistung kultureller Rechte für ethnische Minderheiten ein[207]. Die Umsetzung des gemein-

---

[207] Kurzfristige Prioritäten für das Jahr 2001:

- „Im Einklang mit den Schlußfolgerungen von Helsinki sind im Rahmen des politischen Dialogs die Bemühungen des VN-Generalsekretärs, die Suche nach einer umfassenden Lösung des Zypern-Problems zu einem erfolgreichen Abschluß zu bringen, nachdrücklich zu unterstützen, wie dies unter Nummer 9 Buchstabe a) der Schlußfolgerungen von Helsinki vorgesehen ist.
- Stärkung der gesetzlichen und verfassungsrechtlichen Garantien für das Recht auf Meinungsfreiheit gemäß Art. 10 der Europäischen Menschenrechtskommission. In diesem Zusammenhang muß das Problem von Häftlingen angegangen werden, die wegen friedlicher Meinungsäußerung verurteilt werden.
- Ausbau der gesetzlichen und verfassungsrechtlichen Garantien für das Recht auf Vereinigungsfreiheit und das Recht, sich friedlich zu versammeln, sowie Förderung der Entwicklung der Zivilgesellschaft.
- Stärkung der Rechtsvorschriften und die Einleitung aller erforderlichen Maßnahmen für die verstärkte Bekämpfung der Folterpraktiken und Gewährleistung der Einhaltung des Europäischen Übereinkommens zur Verhütung von Folter.
- Weitere Angleichung der rechtlichen Verfahren im Zusammenhang mit der Untersuchungshaft an die Europäische Menschenrechtskonvention und die Empfehlung des Ausschusses zur Verhütung von Folter.
- Ausbau der Möglichkeiten, gegen Menschenrechtsverletzungen vor Gericht zu klagen.
- Intensivierte Ausbildung der mit der Rechtsdurchsetzung betrauten Beamten in Menschenrechtsfragen in Zusammenarbeit mit einzelnen Ländern und internationalen Organisationen.
- Verbesserung von Arbeitsweise und Effizienz der Gerichte, einschließlich des Staatssicherheitsrates im Einklang mit internationalen Normen. Insbesondere bessere europarechtliche Ausbildung der Richter und Strafverfolger, einschließlich im Bereich der Menschenrechte.
- Aufrechterhaltung der faktischen Aussetzung der Todesstrafe.
- Aufhebung aller rechtlichen Vorschriften, die türkischen Staatsangehörigen der Gebrauch ihrer Muttersprache in Fernsehen und Radio verbieten.
- Erarbeitung eines umfassenden Konzepts für den Abbau des Regionalgefälles und insbesondere zur Verbesserung der Lage im Südosten im Hinblick auf die Verbesserung der wirtschaftlichen, sozialen und kulturellen Möglichkeiten aller Bürger."

Mittelfristige Prioritäten:

- „Im Einklang mit den Schlußfolgerungen von Helsinki ist im Rahmen des politischen Dialogs nach dem Grundsatz einer friedlichen Beilegung von Streitigkeiten gemäß der Charta der Vereinten Nation alles daran zu setzen, um etwaige ungelöste Grenzstreitigkeiten und andere damit zusammenhängende Fragen zu lösen, wie dies unter Nummer 4 der Schlußfolgerungen von Helsinki vorgesehen ist.

schaftlichen Besitzstands in nationale Vorschriften der Türkei reiche jedoch nicht aus. Vielmehr müsse darüber hinaus sichergestellt werden, daß das übernommene Gemeinschaftsrecht entsprechend der in der Gemeinschaft geltenden Kriterien tatsächlich angewandt werde[208]. Als kurzfristig werden von der Kommission Ziele eingestuft, von denen realistischerweise anzunehmen ist, daß die Türkei in der Lage ist, sie bis Ende 2001 zu erreichen oder sich ihnen erheblich anzunähern. Dagegen wird hinsichtlich mittelfristiger prioritäter Ziele davon ausgegangen, daß deren Verwirklichung länger als ein Jahr dauert. Die mittelfristigen Prioritäten sollten jedoch - wenn möglich - bereits im Jahre 2001 in Angriff genommen werden[209]. Dazu wurde die Türkei aufgefordert, ein nationales Programm zur Übernahme des gemeinschaftlichen Besitzstandes zu erarbeiten. Das nationale Programm der Türkei soll einen Zeitplan für die Verwirklichung der Prioritäten und Zwischenziele der Beitrittspartnerschaft sowie die notwendigen Verwaltungsstrukturen enthalten.

Auf dem EU-Gipfels vom Dezember 2000 in Nizza wurde der Vertrag über die Beitrittspartnerschaft zwischen der EU und der Türkei unterzeichnet. Im Anschluß daran hat der Rat am 26. Februar 2001 eine Verordnung über die Er-

---

- Vollständige Garantie aller Menschenrechte und Grundfreiheiten für alle Individuen, ohne jede Art von Diskriminierung und unabhängig von deren Sprache, Rasse, Hautfarbe, Geschlecht, politischer Meinung, Weltanschauung oder Religion. Weiterentwicklung der Voraussetzungen für Wahrnehmung des Rechts auf Gedanken- und Gewissens- und Religionsfreiheit.
- Überprüfung der türkischen Verfassung und anderer einschlägiger Rechtsvorschriften dahingehend, daß allen türkischen Bürgern jene Rechte und Freiheiten garantiert werden, die in der Europäischen Konvention zum Schutz der Menschenrechte und Grundfreiheiten festgelegt sind; Gewährleistung der Durchführung entsprechender rechtlicher Reformen und der Übereinstimmung mit den Praktiken in den Mitgliedstaaten der Europäischen Union.
- Abschaffung der Todesstrafe und Ratifizierung des Protokolls zur Europäischen Menschenrechtskonvention.
- Ratifizierung des Internationalen Pakts über bürgerliche und politische Rechte und dessen fakultatives Protokolls sowie des internationalen Pakts über wirtschaftliche, soziale und kulturelle Recht.
- Anpassung der Haftbedingungen in den Gefängnissen an die Standardmindestregeln der Vereinten Nation für die Behandlung Gefangener und andere internationale Normen.
- Umwandlung des Nationalen Sicherheitsrats in ein Beratungsorgan der Regierung im Einklang mit den Praktiken in den Mitgliedstaaten der Europäischen Union.
- Aufhebung des Aufnahmezustands im Südosten.

  Gewährleistung der kulturellen Vielfalt und Garantie der Menschenrechte für alle Bürger, unabhängig von ihrer Abstammung. Alle Rechtsvorschriften, die die Wahrnehmung dieser Rechte behindern, einschließlich im Bildungsbereich, sollten abgeschafft werden."

[208] Ebd., Rn. 4.

[209] Vgl. dazu die Prioritäten und Zwischenziele der Beitrittspartnerschaft EG/Türkei 2000, Rn. 4.

richtung einer Beitrittspartnerschaft mit der Türkei und die Schaffung eines einheitlichen Rahmens für die Koordinierung der gesamten finanziellen Heranführungshilfe der EU für die Türkei erlassen[210]. Auf der Grundlage dieser Verordnung hat der Rat am 8. März 2001 einen Beschluß über die Beitrittspartnerschaft mit der Türkei erlassen[211].

2. Heranführungshilfe

Die Türkei wird im Rahmen einer Heranführungsstrategie mit Finanzmitteln unterstützt, um ihr die Anpassung zu erleichtern. Die Kommission hat bereits am 21. Oktober 1998 eine Mitteilung über eine finanzielle Unterstützung der Umsetzung der Europäischen Strategie für die Türkei verabschiedet. Diese Mitteilung[212] enthält zwei Rahmenverordnungen zur Freigabe der Finanzhilfe der EU für die Türkei: Die Verordnung über die "Durchführung von Aktionen zur Vertiefung der Zollunion" und die Verordnung zur "Durchführung von Aktionen zur Förderung der wirtschaftlichen und sozialen Entwicklung in der Türkei".

Die erste Verordnung sieht 15 Mio. ECU für die nächsten drei Jahre vor. Diese Summe soll dazu verwendet werden, der Türkei bei der Angleichung ihrer Vorschriften an die der Gemeinschaft zu helfen, ihre Umstellung auf das europäische System der Herkunftsbezeichnungen, ihre Beteiligung an den Transitvereinbarungen etc. zu fördern. Die Verordnung zur "Durchführung von Aktionen zur Förderung der wirtschaftlichen und sozialen Entwicklung in der Türkei" dagegen sieht 135 Mio. ECU für denselben Zeitraum vor. Diese Geldsumme soll dazu verwendet werden, die Infrastruktur in den Bereichen Umwelt, Energie, Telekommunikation und Verkehr zu finanzieren, sowie die Zusammenarbeit beim Gesundheitsschutz zu fördern. Ferner sollte jede Form der Zusammenarbeit, deren Ziel die Förderung der Demokratie, der Rechtsstaatlichkeit, der Menschenrechte und des Minderheitenschutzes ist, unterstützt werden.

Die drei bestehenden Finanzierungsinstrumente (MEDA II, Verordnung zur Förderung der wirtschaftlichen und sozialen Entwicklung in der Türkei, Verordnung zur Intensivierung der Zollunion EU-Türkei) wurden später zu einem einzigen Programm zusammengefaßt, das auf einheitlichen Verfahren beruht[213]. Diese Rahmenverordnung bildet die Rechtsgrundlage der gesamten Heranführungsstrategie und soll die Türkei bei der Durchführung der während der Heranführung als prioritär definierten Maßnahmen unterstützen. Die finanzielle Hilfe

---

[210] Verordnung (EG) Nr. 390/2001 des Rates vom 26. Februar 2001 über die Hilfe für die Türkei im Rahmen der Heranführungsstrategie (ABlEG) 2001 Nr. L 58, 1 ff.

[211] ABlEG 2001 Nr. L 85, S. 13 und 14.

[212] Vgl. KOM(1998)600 (ABlEG 1998 Nr. C 408, 14 ff.).

[213] Vgl. die Verordnung (EG) Nr. 390/2001 des Rates vom 26. Februar 2001 über die Hilfe für die Türkei im Rahmen der Heranführungsstrategie (ABlEG 2001 Nr. L 58, 1 ff).

zugunsten der Türkei liegt für 2001 und 2002 jeweils bei einem Betrag von 177 Mio. Euro[214].

Die Finanzierung türkischer Projekte im Rahmen der Beitrittspartnerschaft wird allerdings mit einer Reihe von Bedingungen verbunden: Die Türkei muß ihre Verpflichtungen aus dem Assoziationsabkommen, der Zollunion und den damit zusammenhängender Entscheidungen des Assoziationsrates EG/Türkei, beispielsweise die Handelsregelung Agrarzeugnisse, erfüllen. Ferner hat sie die Erfüllung der Kopenhagener Kriterien voranzutreiben und insbesondere bei der Erreichung der spezifischen Prioritäten aus der Beitrittspartnerschaft im Jahr 2001 Fortschritte zu erzielen[215].

3. Teilnahme an den Gemeinschaftsprogrammen

Die Gemeinschaftsprogramme fördern die Zusammenarbeit zwischen den Mitgliedstaaten in bestimmten Politikbereichen, wie etwa dem Bereich der öffentlichen Gesundheit, der Umwelt, der Forschung und der Energie und tragen zum Studenten- und Jugendaustausch über Programme wie "Sokrates", "Leonardo da Vinci" und "Jugend für Europa" bei. Der Grundsatz der Öffnung der Gemeinschaftsprogramme für die Türkei wurde im Dezember 1999 vom Europäischen Rat von Helsinki beschlossen. Auf diesem Gipfel wurde auch die Bedeutung der Teilnahme an den Gemeinschaftsprogrammen als Teil der Heranführungsstrategie unterstrichen. So soll die Türkei mit der praktischen Umsetzung der Gemeinschaftspolitiken und -instrumente vertraut gemacht und der Austausch von Studenten und Jugendlichen erleichtert werden[216]. Nach der Verabschiedung der Beschlüsse kann die Türkei an Gemeinschaftsprogrammen teilnehmen, und zwar vor allem in den Bereichen Bildung und berufliche Bildung, Jugend, Kultur, Forschung, Energie, Umwelt sowie kleinerer und mittlerer Unternehmen[217]. Eine Teilnahme der Türkei an den Gemeinschaftsagenturen, insbesondere der Umweltagentur und der Drogenbeobachtungsstelle, ist ebenfalls vorgesehen. Im Gegensatz zu den anderen Beitrittskandidaten nimmt die Türkei bisher nicht in vollem Umfang an Programmen der Gemeinschaft teil, beginnt jedoch mit der Vorbereitung ihrer Teilnahme an den Programmen Socrates, Leonardo da vinci

---

[214] Im Rahmen der Strukturanpassungsfazilität für die Türkei wurde am 7. Dezember 2001 eine Zahlung in Höhe von 75 Mio. Euro genehmigt. Vgl. dazu die Pressemitteilung der Kommission, "Turkey: European Commission approves EUR 75 million payment under Structural Adjustment Facility", Rapid-Datenbank vom 7. Dezember 2001, Nr. DN: IP/01/1770.

[215] Vgl. dazu die Beitrittspartnerschaft mit der Türkei 2000, Rn. 6.

[216] Die Europäische Kommission hat im Rahmen des MEDA-Programms ein Stipendienprogramm in Höhe von 10 Mio. Euro für die Türkei genehmigt. Rapid-Datenbank vom 7. Dezember 2000, Nr. DN: IP/00/1421.

[217] Vgl. die Beschlüsse Nr. 68/2000/EG und Nr. 69/2000/EG des Europäischen Parlaments und des Rates über die Änderung der Grundbeschlüsse bezüglich der Programme Sokrates bzw. Jugend für Europa III zwecks Beteiligung der Türkei (ABlEG 2000 Nr. L 10, 1).

und Jugend. Sie hat außerdem ihr Interesse an der Teilnahme an einer weiteren Programm bekundet.

B. Nationalprogramm der Türkei und dessen Umsetzung

Die Forderungen der EU in der Beitrittspartnerschaft vom 9. November 2000 wurden von der türkischen Regierung in ihrer Stellungnahme zur Beitrittspartnerschaft[218], abgesehen von den Formulierungen zum Thema Zypern[219], im wesentlichen als positiv bewertet[220]. So wurde von ihr am 19. März 2001 ein entsprechendes Nationalprogramm[221] zur Konkretisierung und Umsetzung der Beitrittspartnerschaft verabschiedet, wobei die entsprechenden Reformvorhaben der Türkei gründlich dargelegt werden sollen. Damit wurden die Rahmenbedingungen für die Vorbereitung auf einen EU-Beitritt der Türkei geschaffen. In diesem Programm ist ausführlich erläutert worden, wie die Türkei gedenkt, die Prioritäten der Beitrittspartnerschaft zu verwirklichen und ihre Integration in die EU vorzubereiten. Dabei geht es in erster Linie um die Planung der Übernahme des gesamten Besitzstandes der EU. Neben dieser umfangreichen Rechtsangleichung sieht das Programm die Wirtschaftsreformen, die Privatisierung von Staatsbetrieben und die Bekämpfung der Inflation vor. In diesem Rahmen unternimmt die Türkei trotz der anhaltend schwierigen Wirtschaftslage erhebliche Anstrengungen, um ihre Wirtschaft umzustrukturieren und zu reformieren. Der Europäische Rat (Göteborg) hat die Vorstellung des nationalen Programms für die Annahme des Besitzstandes durch die Türkei als eine begrüßenswerte Entwicklung bewertet[222].

Des weiteren wurden im Programm zwecks Demokratisierung des Landes sowie der Gewährleistung der Menschen- und Minderheitenrechte grundlegende Reformen vorgesehen. Darin wurden alle wesentlichen Punkte zur Stärkung der Menschenrechte, zum Ausbau der Demokratie, zur Verhinderung von Folter, zur Festigung des Rechtsstaates und zur Reform des Strafvollzugs festgelegt. Zudem soll die Aufhebung des Ausnahmezustandes in vier Provinzen Südostanatoliens herbeigeführt werden. Neben einer Reihe von Verfassungsänderungen sollen

---

[218] http://www.abgs.gov.tr/Turk-%20AB/hukumet_acikkkob.htm.

[219] Die Forderungen der EU bezüglich Zyperns stößen auf türkischer Seite auf Kritik. Die türkische Regierung bezeichnet die Verbindung der EU-Mitgliedschaft der Türkei mit der Zypernfrage als inakzeptabel. Vgl. dazu Schönbohm, Türkische Reaktionen auf den Türkei-Bericht der EU - Die Regierung will bis 2002 alle wichtigen EU-Forderungen umsetzen, 2000, S. 2 f.

[220] Vgl. dazu Sen, Aus Politik und Zeitgeschichte 2001, 28.

[221] Zu Einzelheiten des Nationalprogramms der Türkei siehe Avrupa Birligi Genel Sekreterligi (Generalsekretariat für EU-Angelegenheiten), Ulusal Programm 2001 (http://www.abgs.gov.tr).

[222] Vgl. die Schlußfolgerungen des Vorsitzes des Europäischen Rates (Göteborg) vom 15. und 16. Juni 2001, Rn. 10.

auch mehrere Gesetze geändert werden, dazu gehört auch eine Überprüfung des Zivil- und des Strafgesetzbuches.

Das Programm enthält jedoch im Hinblick auf die europäischen Erwartungen einige Schwachpunkte[223]. Erstens setzt es keinen genauen Zeitraum für die Umsetzung der Reformvorhaben. Zweitens entspricht das Programm in einigen wichtigen Themenbereichen nicht den zentralen Forderungen der EU. Die Reformabsichten der Türkei im politischen Bereich, was die Anpassung der Türkei an die sogenannten Kopenhagener Kriterien betrifft, sind eher vage formuliert. Im Hinblick auf die türkisch-griechischen Konflikte sowie auf das Zypernproblem wurde nichts neues als die bisherige Haltung der Türkei angesprochen. Trotz der noch bestehenden Differenzen zwischen europäischen Erwartungen und türkischen Realitäten stellen die von der türkischen Regierung beschlossenen Reformvorhaben einen radikalen Schritt des Landes auf dem Weg zum EU-Beitritt dar.

Die Türkei steht gerade vor einem grundlegenden politischen Modernisierungsschub. Am 3. Oktober 2001 wurden die Präambel und 34 Artikel der Verfassung geändert[224], um wesentliche Forderungen der EU zu erfüllen. Diese weitreichenden Verfassungsänderungen stellen einen grundlegenden Schritt hin zum Ausbau der Garantien im Bereich der Menschenrechte sowie zur Demokratisierung des Landes dar[225]. In der reformierten Fassung der Verfassung ist die Privatsphäre stärker als bisher geschützt. Die Beschränkungen der freien Meinungsäußerungen werden beseitigt. Die Todesstrafe wird zwar nicht gänzlich abgeschafft. Die Todesstrafe darf künftig nur noch in Kriegszeiten, bei Kriegsgefahr sowie bei Terrordelikten verhängt werden. Die Polizeihaft wird neu geregelt. Festgenommen werden mehr Rechte eingeräumt. Die Gleichheit von Mann und Frauen wird festgeschrieben. Das Verbot von Parteien wird erschwert. Die Bildung von Parteien und Gewerkschaften wird erleichtert. Die Stellung des Staatspräsidenten wird gestärkt, dem in bestimmten Fällen ein weiteres Vetorecht eingeräumt wird. Beschlüsse des Nationalen Sicherheitsrates sollen künftig keinen bindenden Charakter haben. Der Nationale Sicherheitsrat soll nicht mehr von den Militärs dominiert werden. Die Zahl der ständigen Vertreter der Regierung soll künftig die Zahl der Generale übersteigen. Gesetze, die in der Zeit der Militärherrschaft nach dem Putsch vom 12. September 1980 erlassen wurden, können künftig vor Gericht angefochten werden. Radio- und Fernsehsendungen dürfen künftig mit Einschränkungen auch in kurdischer Sprache ausgestrahlt werden. Die Freiheit, Radio und Fernsehen auch in der kürdischer Sprache zu veranstalten, wurde dahingehend eingeschränkt, daß die nationale

[223] Ebd.
[224] Gesetz vom 3. Oktober 2001, Nr. 4709 (RG vom 17. Oktober 2001, Nr. 24556).
[225] Vgl. Declaration by the Presidency on behalf of the European Union concerning constitutional reform in Turkey, Rapid-Datenbank vom 23. Oktober 2001, DN: PESC/01/167.

Sicherheit, die öffentliche Ordnung und die republikänischen Grundsätze nicht tangiert werden dürfen. Auch Separatismus wird nicht geduldet.

Da die Grundrechte und -freiheiten auch durch gesetzliche Vorschriften und Praktiken behindert werden können, muß ebenfalls die wirksame Umsetzung dieser bedeutenden Verfassungsänderungen auf gesetzlicher Ebene sowie in den Praktika erfolgen. Die EU appelliert daher an die Türkei, an diesem Reformkurs festzuhalten, und erwartet, daß die Türkei im Sinne der Beitrittspartnerschaft weitere Maßnahmen insbesondere gesetzgeberischer Art ergreift, um eine konkrete Umsetzung in der Praxis zu gewährleisten[226].

Die türkische Regierung arbeitet derzeit ein Paket mit Entwürfen für neue Rechtsvorschriften aus, das der Umsetzung dieser Verfassungsänderungen dienen soll. Trotz dieser Anstrengungen muß auf dem Weg zur pluralistischen Demokratisierung des Landes mit einigen Schwierigkeiten gerechnet werden. An dieser Stelle ist insbesondere auf die folgenden Punkte hinzuweisen, in denen die Reformen schwierig sein könnten: Erstens sind die Leitprinzipien und tragenden Grundsätze der türkischen Verfassungsordnung von einem mit militärischen Disziplin- und Staatssicherheitsvorstellungen gemischten formalen Demokratieverständnis geprägt sind. Zweitens ist die Türkei trotz des uneinheitlichen Mosaiks ihres Volkes als Nationalstaat konstituiert. Abgesehen von den im Lausanner Friedensvertrag von 1923 aufgeführten religiösen Minderheiten der Juden, Armenier und griechisch-orthodoxen Christen werden offiziell keine weiteren Minderheiten anerkannt. Wie die früheren Verfassungen der Türkei enthält die Verfassung von 1982 keinerlei Bekenntnis zum Wesen von "Minderheiten". Vielmehr wird jeder ungeachtet seiner ethnischen Abstammung als "Türke" bezeichnet, der durch das Band der Staatsangehörigkeit mit dem Staat verbunden ist (Art. 66 Abs. 1 TV). Schließlich ist die türkische Verfassungsordnung maßgeblich von einer kemalistischen Staatsideologie geprägt[227]. Die kemalistischen Prinzipien schlagen sich in zahlreichen Vorschriften der Verfassung nieder und beeinflussen damit das gesamte Rechtssystem und das politische Leben des Landes stark[228].

C. Durchsicht des gemeinschaftlichen Besitzstandes

Alle Beitrittskandidaten müssen vom Augenblick seines Beitritts an den gemeinschaftlichen Besitzstand der EU ("acquis communautaire") übernehmen und innerstaatlich anwenden und durchsetzen. Vor dem Beitritt wird deshalb von der Kommission in einem "Screening" genannten Verfahren geprüft, ob der bei-

[226] Declaration by the Presidency on behalf of the European Union concerning constitutional reform in Turkey, Rapid-Datenbank vom 23. Oktober 2001, DN: PESC/01/167.
[227] Rumpf, Das türkische Verfassungssystem, S. 73 (81); Meral, Südosteuropa Mitteilungen 2000, 347.
[228] Rumpf, Das türkische Verfssungssystem, S. 80.

trittswillige Staat den Grundsätzen entspricht, die allen EU-Mitgliedstaaten gemeinsam sein müssen, und in welchen Bereichen seine Gesetzgebung noch nicht dem Stand der EU entspricht.

In seiner Sitzung vom 11. April 2000 beschloß der Assoziationsrat EG/Türkei, die Vorbereitung der Beitrittsverhandlungen durch eine analytische Prüfung über verschiedene Kapitel des gemeinschaftlichen Besitzstandes[229] zu beschleunigen. Zu diesem Zweck wurden mit dem ARB 3/2000[230] im Rahmen des Assoziationsausschusses acht Unterausschüsse eingesetzt, die jeweils für einen speziellen Bereich der Rechtsvorschriften zuständig sind und die technischen Vorbereitungen zur Einleitung der analytischen Untersuchung des gemeinschaftlichen Besitzstandes treffen sollen. Im Rahmen dieser Unterausschüsse soll überdies auch die Umsetzung der Prioritäten der Beitrittspartnerschaft überwacht werden. Im Juni 2000 wurde ein Analyseprozeß zur Prüfung der Angleichung der Rechtsvorschriften und Praktiken der Türkei an den gemeinschaftlichen Besitzstand eingeleitet[231].

D. Europakonferenz

Die Europakonferenz wurde als Forum für politische Konsultationen zu Fragen von gemeinsamem Interesse für die EU-Mitgliedstaaten und die Bewerberländer eingerichtet. Die Türkei nimmt an der Europakonferenz seit einem Treffen auf Ministerebene in Sochaux vom 23. November 2000 teil.

E. Überprüfungsverfahren

Seit der Veröffentlichung der Agenda 2000 hat die Kommission bislang insgesamt vier regelmäßige Berichte über die Fortschritte der Türkei auf dem Weg zum Beitritt verabschiedet. Die Berichte der Kommission beruhen auf Art. 28 Ass.Abk. und den Schlußfolgerungen des Europäischen Rates und dienen dem Rat als Grundlage für Entscheidungen bezüglich der Aufnahme der Beitrittsverhandlungen mit der Türkei. Die Analyse der Kommission stützt sich zunächst auf Auskünfte der Türkei. Die Kommission zieht ferner im Rahmen der Heranführungsstrategie sowie im Züge des Assoziationsabkommens übermittelte Informationen heran. In diesen Berichten hat die Kommission auf Grundlage der Kopenhagener Kriterien eine objektive Analyse der aktuellen Situation in der Türkei vorgenommen, die über eine beschreibende Darstellung von Institutionen hinausgeht, um das wirkliche Funktionieren der demokratischen Ordnung und

[229] Er ist in 31 Kapitel eingeteilt.
[230] ABlEG 2000 Nr. L 138, 1 ff.
[231] Vgl. die Pressemitteilung der Kommission vom 22. Juni 2000 "EU and Turkey open contacts on harmonising Turkish law", Rapid-Datenbank vom 22. Juni 2000, Nr. DN: IP/00/649.

Wirtschaftsordnung in der Praxis einzuschätzen, weshalb auch den Fähigkeiten von Verwaltung und Justiz Bedeutung beigemessen wird.

F. Beitrittsverhandlungen

Die Erfüllung der politischen Kriterien von Kopenhagen ist für die Aufnahme von offiziellen Beitrittsverhandlungen Grundvoraussetzung. Die Türkei hat der offiziellen Auffassung der EU[232] zufolge Fortschritte auf dem Weg zur Erfüllung der politischen Beitrittskriterien gemacht, indem sie insbesondere am 3. Oktober 2001 die Verfassung entsprechend der europäischen Maßgaben grundlegend geändert hat. Damit ist die Aussicht auf Eröfffnung von Beitrittsverhandlungen näher gerückt. Sie muß jedoch weitere Reformen insbesondere bezüglich der Menschenrechte durchführen. Daher werden noch keine offi-ziellen Beitrittsverhandlungen mit ihr eingeleitet.

IV. Aussichten für einen EU-Beitritt der Türkei

Die in Art. 28 Ass.Abk. vorgesehene abgestufte Beitrittskonzeption hat mehr und mehr an Bedeutung verloren. Wie das Assoziationsverhältnis selbst, ist das Beitrittsgesuch der Türkei bisher im wesentlichen von Rückschlägen gekennzeichnet. Die bisherigen Entwicklungen lassen den Schluß zu, daß das Vorhaben einer schrittweisen Realisierung eines türkischen Beitritts zur EU im Rahmen des bestehenden Assoziationsverhältnisses gescheitert ist, weil das Abkommen bisher nicht zielgerichtet umgesetzt wurde. Nach den ursprünglichen Absichten sollte die Assoziation den geeigneten Rahmen zur Förderung der türkischen Wirtschaft bilden und damit die Türkei im Assoziationsverhältnis auf eine spätere Mitgliedschaft in der EU vorbereitet werden. Von einer solchen Funktion der Assoziation kann jedoch derzeit nur schwerlich gesprochen werden. Der gegenwärtige Rechtszustand der Assoziation legt nämlich die Vermutung nahe, daß die EU nicht bereit ist, der Türkei eine Mitgliedschaft zu ermöglichen. Die Türkei ist ihren Verpflichtungen aus dem Abkommen, u.a. der Herstellung der Zollunion und der Übernahme des damit zusammenhängenden Besitzstandes der Gemeinschaft, weitgehend nachgekommen[233]. Dagegen hat die EU bisher, abgesehen von der Zollunion sowie von den flankierenden Bereichen, keine Umsetzung der weiteren Vorgaben der Assoziation angestrebt und daher ihre fälligen Gegenleistungen (etwa ihre finanziellen Verpflichtungen) nur unzureichend erfüllt[234]. Des weiteren steht die Freizügigkeit der Arbeitnehmer, die schon 1986 hergestellt werden sollte, - entsprechend der Interessen der EU-

[232] Vgl. zuletzt die Schlußfolgerungen des Vorsitzes des Europäischen Rates (Laeken) vom 15. Dezember 2001.

[233] Vgl. den regelmäßigen Bericht der Kommission über die Fortschritte der Türkei auf dem Weg zum Beitritt 2000, KOM(2000)713endg., S. 34 f.

[234] Vgl. Langen, Rede in der Sitzung des EP vom 14. Februar 2001.

Mitgliedstaaten - nicht mehr auf der Tagesordnung[235]. Die Mitgliedstaaten beharren seit Anfang der 80er Jahre auf einer Nichtumsetzung der Freizügigkeitsregelungen des Abkommens, weil sie negative Auswirkungen der vollen Freizügigkeit auf ihre Länder fürchten. Daher interpretieren sie diese Regelungen lediglich als Grundsatzbestimmungen, die demzufolge im Rahmen des Assoziation nicht unbedingt umgesetzt werden müssen[236]. Es stellt sich in diesem Zusammenhang die Frage, wie ein solches Verhalten seitens der EU in Einklang mit der Funktion des Abkommens (eine Vorbereitungsphase zum Beitritt) zu bringen ist.

Aus dieser Lage ist zu schließen: Die Aufnahme der Türkei in die EU kann, anders als bei der Integration der anderen beitrittwilligen Staaten, negative wirtschaftliche, und soziale Auswirkungen auf die EU-Mitgliedstaaten mit sich bringen. Deshalb haben die Mitgliedstaaten derzeit ernsthafte Besorgnisse wegen der Auswirkungen eines Beitritts der Türkei auf ihre Länder[237], da die Türkei damit das Recht erwerben könnte, die Vergünstigungen der Gemeinschaft, die ihr im Rahmen der Assoziation nicht gewährt werden, in Anspruch zunehmen. In diesem Kontext ist im Hinblick auf die Akzeptanz einer Mitgliedschaft der Türkei die Frage zu stellen, wann die volle Umsetzung des Abkommens durch die EU-Mitgliedstaaten zu erwarten ist.

Die Chancen des EU-Beitritts der Türkei wurden nach dem Zusammenbruch des Ostblocks und der damit verbundenen Annäherung der MOE-Staaten an die EU immer geringer[238]. Die Mitgliedstaaten bevorzugen nun aus politischen und ökonomischen Gründen den Beitritt dieser Länder und versuchen damit, die Teilung Europas und ihre negativen Folgen dauerhaft zu überwinden. Diese Erweiterung stellt jedoch im Gegensatz zu früheren Erweiterungen schon allein aufgrund der Zahl der beitrittswilligen Länder eine große Herausforderung für die EU selbst dar[239].

---

235 Yilmaz, Internationale Politik 1999, 68.

236 Hirsch interpretiert diese Situation wie folgt: „Nationale Argumentation im Zusammenhang mit der Auslegung und Anwendung von Assoziierungsabkommen erwecken zum Teil den Eindruck, daß man das, was man mit der einen Hand gegeben hat, mit der anderen wieder nehmen möchte." Dazu Hirsch, BayVBl. 1997, 453.

237 Vgl. dazu Van Orden, Rede in der Sitzung des EP vom 14. November 2000.

238 Buhbe, Die Türkei, S.131.

239 Die Erweiterung der EU um die MOE-Länder ist zwar für Europa von großer Bedeutung und auch eine historische Chance, eine frühere Teilung zu überwinden. Allerdings dürfen auch die Schwierigkeiten dieses Versuchs nicht unterschätzt werden. In wirtschaftlicher, technischer und verwaltungstechnischer Hinsicht befinden sich die MOE-Länder noch in einem großen Entwicklungsrückstand gegenüber den EU-Ländern. Ferner würde sich die Zahl der Mitgliedstaaten der Union durch die geplanten Beitritte fast verdoppeln. Angesichts dieser Lage ist es nach alledem damit zu rechnen, daß die Zahl der Beitrittskandidaten und ein damit verbundenes großes wirtschaftliches und soziales Gefälle eine wirtschaftliche, institutionelle und politische Herausforderung für die EU mit sich bringen. Besorgnis besteht insbesondere

Aufgrund der bisherigen Gipfelbeschlüsse des Europäischen Rates gilt die Türkei nicht als einer der Beitrittskandidaten, sondern als dreizehnter bzw. letzter Beitrittskandidat. Dies bedeutet, daß zunächst alle beitrittswilligen Länder der EU beitreten und erst dann ein Beitritt der Türkei in Betracht gezogen werden könnte, selbst wenn neue Beitrittsgesuche von den übrigen europäischen Ländern (z.B. Kroaten, Albanien, Jugoslawien etc.) angestrebt würden. In europäischen Kreisen wird immer noch nur von der "Möglichkeit" eines Beitritts der Türkei zur EU gesprochen. Die Bedeutung solcher Erklärungen scheint sehr gering sein. Denn diese Aussagen sind nicht neue, verglichen mit dem Wortlaut des Art. 28 Ass.Abk., in dem das Ziel festgelegt ist, die Türkei als Mitglied in die Gemeinschaft zu integrieren. Entgegen ihres in diesem Artikel festgelegten Beitrittsrechts hat die Türkei zur Zeit eine schlechtere Position als die anderen Beitrittskandidaten, die erst seit zehn Jahren eine EU-Mitgliedschaft anstreben. Die EU gibt der Türkei zwar weiterhin eine Beitrittsperspektive, behandelt aber ihren Beitrittsfall unterschiedlich von den anderen Beitrittsländern. Die EU gibt diesen Ländern eine klare Antwort: *„Der Beitritt wird stattfinden, sobald ein assoziiertes Land in der Lage ist, die Verpflichtungen der Mitgliedschaft zu übernehmen, indem es die wirtschaftlichen und politischen Voraussetzungen erfüllt."* Hier handelt es sich um eine ausdrückliche Zusage. Gegenüber der Türkei äußerst sich die EU jedoch zurückhaltend: *„Ein EU-Beitritt der Türkei kommt in Frage. (...) Sie hat die politische Voraussetzungen immer noch nicht erfüllt."*[240] Diese Formulierung drückt keine Garantie, sondern vielmehr einen Wunsch bzw. eine Möglichkeit aus. Die EU hat den Beitrittsprozeß am 30. März 1998 für alle zehn mittel- und osteuropäischen Länder und Zypern sowie wenig später für Malta gestartet, während die Türkei erst auf dem Gipfel des Europäischen Rates in Helsinki offiziell in den Beitrittsprozeß einbezogen wurde. Allerdings wurden noch keine Beitrittsverhandlungen mit der Türkei eingeleitet.

Nach alledem wird deutlich, daß die Türkei der EU überhaupt nicht beitreten kann, solange sie die Kriterien von Kopenhagen nicht erfüllt hat. Dies wiederum liegt ausschließlich in der politischen Verantwortung der Türkei. Sie soll unter Beweis stellen, daß es die Grundwerte und Normen der EU zu teilen vermag. Sie soll folglich vor allem die demokratischen und rechtsstaatlichen Strukturen stärken und den Schutz der Menschen- und Minderheitenrechte weiter verbessern.

Was die Gleichbehandlung anbelangt, so befindet sich die Türkei grundsätzlich nicht in derselben Startposition wie die anderen Beitrittskandidaten. Neben den Kopenhagener Kriterien wird ein EU-Beitritt der Türkei jedoch mit zahlreichen Auflagen verbunden, wie etwa der Herstellung guter nachbarschaftlicher Beziehungen zu Griechenland und einem Beitrag zur Konfliktlösung auf der Insel

---

darin, daß die geplanten Beitritte sich auch auf die Homogenität und die Arbeitsweise der Union selbst auswirken werden.

[240] Europäischer Rat von Luxemburg, Rn. 31.

Zypern, was die EU-Mitgliedschaft der Türkei aussichtslos machen könnte. Die EU fordert die Türkei zwar zu Recht auf, ihre politischen Probleme friedlich zu lösen. Solche Forderungen sind für einen Beitrittskandidaten richtig und erforderlich, weil die Mitgliedstaaten Probleme eines beitrittswilligen Landes nicht in die EU hineintragen und damit die innere Struktur der EU bewahren wollen. Nicht nachzuvollziehen ist diese Position aber insbesondere, wenn Zypern trotz des ungelösten Konflikts in die EU aufgenommen werden sollte. Aufgrund dieser doppelten Strategie der EU ist es denkbar, daß die gegenüber der Türkei artukulierten strengen Forderungen lediglich als taktisches Mittel eingesetzt sind. In diesem Kontext wirft die Türkei der EU Schein-heiligkeit vor[241].

Wie im Kapitel II ausführlich erläutert wurde, waren auf der Seite der Gemeinschaft für die Gründung der Assoziation vor allem sicherheitspolitische Interessen der damaligen Mitgliedstaaten ausschlaggebend, während die sozial- und handelspolitischen Interessen der Mitgliedstaaten an einer Assoziation EWG/-Türkei jeweils unterschiedlich ausgeprägt waren, was ein gemeinsames Handeln der Gemeinschaft erheblich erschwerte. Dies führte vor allem dazu, daß die Assoziationsvorgaben von seiten der Gemeinschaft nur mangelhaft umgesetzt wurden, und daß die bisherige Türkeipolitik der Gemeinschaft einigen Schwankungen unterworfen war. Nach dem Ende des Kalten Krieges hat die Türkei für die westlichen Staaten ihre sicherheitspolitische Bedeutung als NATO-Eckpfeiler Südost weitgehend verloren[242]. Die Mitgliedstaaten gehen wohl davon aus, daß sie auch ohne die Türkei leben können[243]. Es mangelt gerade deshalb an einem gemeinsamen politischen Willen der Mitgliedstaaten im Hinblick auf den türkischen Beitritt. Dafür wurde bislang kein konkretes Konzept ausgearbeitet, worin die Parameter des Beitritts festgeschrieben sind. In diesem Zusammenhang ist sogar derzeit von einigen Staaten zu sprechen, die sich direkt gegen einen EU-Beitritt der Türkei wenden[244].

Dazu zählt vor allem Griechenland. Griechenland steht offenbar nicht nur einer Vollmitgliedschaft der Türkei entgegen, sondern behindert auch die finanzielle Zusammenarbeit zwischen der EU und der Türkei[245]. Dieses Land will die Annäherung der Türkei an die EU zum eigenen politischen Vorteil nutzen[246] und versucht zu diesem Zweck durch Blockierung der Beziehungen zwischen der

---

[241] Axt, Internationale Politik 1/2002, 45.
[242] Franz, in: Wehling (Hrgs.), S.29; Dembinski, Bedingt handlungsfähig, S. 15.
[243] Sen, Türkei und europäische Integration, S. 4.
[244] Nach dem Gipfel des Europäischen Rates von Luxemburg wurden von der Türkei eine Reihe der EU-Mitgliedstaaten offiziell für hauptverantwortlich im Hinblick auf ihren Ausschluß von der anstehenden Erweiterung der EU gehalten. Dazu eingehend Bagci, Türkische Außenpolitik nach dem Luxemburger EU-Gipfel vom Dezember 1997, in: Reiter (Hrsg.), Jahrbuch für internationale Sicherheitspolitik, 1999, S. 582 ff.
[245] Gsänger, Türkei-Europäische Gemeinschaft, S. 10.
[246] Middel, EU: Athen bremst beim Thema Türkei in: Die Welt vom 7. Dezember 1999.

EU und der Türkei die bilateralen Probleme um Zypern und in der Ägäis entsprechend ihren nationalen Interessen zu lösen und damit die Türkei dazu zu zwingen, entsprechende Zugeständnisse zu machen[247]. Die türkische Regierung kann jedoch nicht zuletzt wegen des Drucks der türkischen Öffentlichkeit, sondern auch wegen der sicherheitspolitischen Interessen des Landes Griechenland in den Fragen der Ägäis und Zyperns keinerlei einseitige Zugeständnisse machen. Die türkisch-griechischen Probleme, deren Lösung äußerst schwierig und komplex erscheint, wirken sich unmittelbar auf einen EU-Beitritt der Türkei aus[248]. Dieser Punkt wird sogar in offiziellen Kreisen der EU als Haupthinderungsgrund für einen EU-Beitritt der Türkei genannt[249]. Griechenland könnte als EU-Mitglied nämlich einen türkischen Beitritt ablehnen.

Ohne eine ernsthafte Unterstützung der Bundesrepublik Deutschland kann eine EU-Mitgliedschaft der Türkei kaum erfolgen[250]. Dieser These liegt nicht nur die Tatsache der führenden Position der Bundesrepublik Deutschland in der EU zugrunde, sondern auch seine Mission für die Türkei. Im Vergleich zu anderen Mitgliedstaaten hat sich allein die Bundesrepublik Deutschland für die Türkei

[247] Vgl. die Entschließung des Europäischen Parlaments zur Provokation und zur Anfechtung der Hoheitsrechte eines Mitgliedstaats der Union durch die Türkei vom 15. Februar 1996 (EGABl. 1996 C 65, 1); die Erklärung der Kommission zu den Beziehungen zwischen Griechenland und der Türkei vom 7. Februar 1996, in: Bulletin der EG 1/2 996.

[248] Nach den in den in beiden Ländern im Jahre 1999 vorkommenden Erdbeben kam es in den türkisch-griechischen Beziehungen zu einer spürbaren Annäherung. In einer freundlichen und solidarischen Atmosphäre begannen die Regierungen beider Länder, die Zusammenarbeit miteinander in bestimmten Feldern gemeinsamen Interesses, wie etwa in den Bereichen der Bekämpfung von Kriminalität, Terrorismus sowie Umweltschutz und Wirtschaftsförderung, zu intensivieren. Darüber hinaus gab Griechenland auf dem Gipfel des Europäischen Rates von Helsinki seinen langjährigen Widerstand gegen den Beitrittskandatenstatus der Türkei auf. Im Gegenzug scheint der Vorwurf einer Verbindung Griechenlands mit der PKK von türkischer Seite nicht aufrechterhalten zu werden. Es gibt Hoffnungen für eine weitere Annäherung beider Staaten. Trotz dieser politischen Anstrengungen ist das Verhältnis zwischen beiden Seiten nach wie vor gespannt, weil schwierige territoriale Streitfragen in der Ägäis und auf Zypern sowie der Vorwurf einer Mißachtung der Rechte der türkischen Minderheiten in Westtrakien noch nicht beigelegt sind. Darüber hinaus hat sich nichts an der Lage geändert, daß eine Vielzahl der griechischen Inseln in der östlichen Ägäis unter dem Verstoß gegen bestehende völkerrechtliche Verträge militarisiert wurden. Diese bislang ungelöst gebliebenen Probleme drohen weiterhin, zu schweren Spannungen zwischen den beiden NATO-Ländern zu führen.

[249] Vgl. den regelmäßigen Bericht der Kommission über die Fortschritte der Türkei auf dem Weg zum Beitritt 2000, KOM(2000)713endg.; den regelmäßigen Bericht der Kommission über die Fortschritte der Türkei auf dem Weg zum Beitritt 1999, KOM(1999)513endg.; den regelmäßigen Bericht der Kommission über die Fortschritte der Türkei auf dem Weg zum Beitritt 1998, KOM(1998)711endg.; die Entschließung des EP zu der Mitteilung der Kommission über die weitere Entwicklung der Beziehungen zur Türkei und zu der Mitteilung der Kommission über eine europäische Strategie für die Türkei - Erste operative Vorschläge der Kommission, A4-0432/98.

[250] Vgl. dazu die Erklärung des türkischen Außenministers Cem, in: Deutsche Welle Aktuelle Berichte vom 11. Dezember 2000.

stark engagiert. Lange Zeit war es Fürsprecher der Türkei in Europa[251] und spielte als treibende Kraft eine aktive Rolle in den türkisch-europäischen Beziehungen, vor allem bei der Gründung einer Assoziation sowie bei der Vollendung der Zollunion, während sich die übrigen Mitgliedstaaten gegenüber der Türkei eher zurückhaltend verhielten. Des weiteren halten sich ca. 2,5 Millionen türkische Staatsangehörige in Deutschland auf. Von türkischer Seite werden daher im Beitrittsprozeß besondere Erwartungen an die Bundesrepublik Deutschland geknüpft. In den letzten 20 Jahren haben sich die deutsch-türkischen Beziehungen jedoch zunehmend abgekühlt. Als mögliche Gründe dafür lassen sich die veränderten Umstände der nationalen Interessen der beiden Nationen nennen. Die deutsch-türkischen Beziehungen wurden in den 80er Jahren insbesondere durch die Problematik der Freizügigkeit der türkischen Arbeitnehmer erheblich belastet. Jetzt steht der Streit aufgrund der Rolle Deutschlands für den Ausschluß der Türkei von der anstehenden Erweiterung im Vordergrund[252]. Derzeit ist schwerlich davon zu sprechen, daß die Bundesrepublik Deutschland einen EU-Beitritt der Türkei befürwortet. Dies hat mehrere Gründe: die Bundesrepublik Deutschland könnte aus einer EU-Mitgliedschaft der Türkei keine weiteren wirtschaftlichen Vorteile erzielen, sondern dürfte in umgekehrter Weise kurzfristig damit verbundene finanzielle Nachteile hinnehmen. In wirtschaftlicher Hinsicht bedeutet eine EU-Mitgliedschaft der Türkei für die Bundesrepublik Deutschland keine Veränderungen. Die Bundesrepublik Deutschland wird durch die Aufnahme der Türkei in die EU seinen Export in dieses Land nicht oder nur wenig steigern. Es besteht sowieso seit 1996 eine Zollunion zwischen der EU und der Türkei. Dagegen müßte sie als wichtigste Finanzkraft der EU die Finanzierung der Entwicklung der Türkei wohl weitgehend tragen[253]. Außerdem besteht für sie die Gefahr einer quantitativ hoch anzusiedelnden Arbeitsmigration türkischer Staatsangehöriger[254].

Die Mitgliedstaaten und die Organe der EU sprechen zwar immer wieder davon, daß für die Türkei dieselben Kriterien wie für die anderen Beitrittskandidaten gelten. In gewisser Weise bleibt es aber unübersehbar, daß in der Praxis von unterschiedlichen Maßstäben ausgegangen wird. Dabei werden mittel- und osteuropäische Demokratien unterstützt, damit sich ihre Demokratien konsolidieren und sie damit westeuropäisches Niveau erreichen[255]. Dagegen beklagen sich die Mitgliedstaaten und die Organe der EU über Defizite der Türkei im Hinblick auf Demokratie und Menschenrechte und akzeptieren mit dieser Begründung den Beitrittsantrag der Türkei nicht.

---

[251] Dazu von Stechow, in: Sen (Hrsg.), S. 102 f.
[252] Vgl. dazu Vaner, Europäische Rundschau 1999, S. 103.
[253] Yavuz, Das Verhältnis der Türkei zur EU, S. 17.
[254] Ebd.
[255] Die gleichen Überlegungen galten auch für die Beitritte Griechenlands, Spaniens sowie Portugals. Vgl. dazu näher Schön, Der rechtliche Rahmen der Assoziierung, S. 1 f.

Es hat den Anschein, daß eine Mitgliedschaft der Türkei in der EU derzeit nicht erwünscht ist[256]. Die Frage, wann bzw. ob die Türkei überhaupt EU-Mitglied werden könnte, bleibt völlig offen, auch wenn sie die Beitrittsvoraussetzungen von Kopenhagen vollständig erfüllt[257]. In diesem Zusammenhang wird neben einer Mitgliedschaft auch von einer besonderen Form der Zusammenarbeit in wirtschaftlicher, politischer und sicherheitspolitischer Hinsicht gesprochen, in der die Türkei die gleichen Verpflichtungen übernimmt, die für die Union als Wertegemeinschaft prägend sind[258]. So bleibt die Türkei gegenwärtig deshalb ein Beitrittsland, dessen Vollmitgliedschaft in der EU nicht gewährleistet ist[259].

Die Türkei ist kein gewöhnlicher Beitrittskandidat[260]. Vielmehr erscheint ihre Kandidatur schon allein deswegen problematisch, weil sie die EU vor allem dazu auffordert, ihre Identität in politischer, historischer und kultureller Hinsicht neu zu definieren[261]. Bei der Überlegung, ob der Beitritt eines islamisch gepräg-

---

[256] Yilmaz, Internationale Politik 1999, 69; vgl. auch Nachweise bei Gür, Das Türkeibild, S. 124 f.

[257] In diesem Sinne äußerte der damalige türkische Ministerpräsident Mesut Yilmaz nach dem Gipfel des Europäischen Rates von Luxemburg die folgende Aussage: „Wir haben verstanden, daß sich die diskriminierende Haltung der EU auch dann nicht ändern würde, wenn wir die Anforderungen für den Beitritt vollständig erfüllt haben." Dazu Karluk, Avrupa Birligi ve Türkiye, S. 91.

[258] Langen, Rede vom 14. Februar 2001, (EVP-ED/CDU) : EU - TÜRKEI - "Intensivierung der Partnerschaft mit der Türkei unterhalb eines Beitritts zur Europäischen Union wäre der richtige Weg" (ttp://www.europarl.eu.int/ppe/cdu-csu/aktuelles/press02-09.2001.htm); vgl. auch Verheugen, Gastkommentar in: Die Welt vom 4. Dezember 1999, S. 8.

[259] Nach Auffassung von Klose könnte die Türkei auch dann der EU nicht beitreten, wenn sie alle offiziell genannten Kriterien für den Beitritt erfüllt. Seine Begründung wird hier zitiert: „Die Europäer in der EU fürchten das außenpolitische Konfliktpotential, das mit der Türkei in die EU kommen könnte. Das kann man relativ einfach klarmachen, indem wir als Deutsche uns die Frage stellen, ob wir als Mitglied der EU eigentlich Interesse daran haben, plötzlich Nachbarn des Irans zu werden. (...) Ein weiterer Grund für die Ablehnung ist, daß niemand in der Europäischen Union der Türkei das Recht auf Freizügigkeit innerhalb der Europäischen Union zubilligen will. Niemand! Und warum nicht? Nun, im Vergleich mit der Türkei haben wir innerhalb der Europäischen Union eine höchst ungleichgewichte demographische Entwicklung. Die einheimische Bevölkerung der EU wird geringer, während in der Türkei die Bevölkerung wächst. Des weiteren fürchten alle Länder der Europäischen Union den anhaltenden Migrationsdruck aus der Türkei. Ich sage bewußt „fürchten", weil wir festgestellt und gelernt haben, daß wir mit den tatsächlichen Konsequenzen der Migration nicht fertig geworden sind. Wir haben es nicht geschafft. Im Augenblick wissen wir auch nicht, ob wir es jemals schaffen werden, weil es möglicherweise auch philosophisch-kulturelle Unterschiede geben könnte, die sich am Ende als nicht überbrückbar erweisen. Jedenfalls haben wir den Weg, sie zu überbrücken, bisher nicht gefunden." Dazu Klose, in: Bücher-Dinc (Hrsg.), S. 105-106.

[260] Katiforis, Rede in der Sitzung des EP vom 14. Februar 2001.

[261] Skeptiker behaupten sogar, daß der türkische Beitritt sogar für die EU nicht nur eine Herausforderung darstelle, sondern sie auch überfordere. Vgl. dazu Steinbach, Die Identitätskrise der Türkei, in: Gumpel (Hrsg.), S. 190 ff.; Luciani, Internationale Politik 3/2002, 27; Yavuz, Das Verhältnis der Türkei zur EU, S. 26.

ten Landes zur EU in Frage kommt, spielen selbstverständlich neben den politischen und wirtschaftlichen Maßgaben auch nicht klar definierbare Identitätsfragen eine mehr oder weniger große Rolle[262]. In diesem Zusammenhang wurde zwar von den offiziellen Kreisen der EU häufig erklärt, das die EU kein "exklusiver christlicher Klub", sondern eine "Wertegemeinschaft" sei[263]. Die Zugehörigkeit der Türkei zum europäischen Kulturkreis wurde jedoch schon von den Christdemokraten in Frage gestellt[264], indem sie die religiöse und kulturelle Andersartigkeit der Türkei betonten[265]. Sie sehen den Beitrittskandidatenstatus der Türkei als "unerfüllbare Hoffnung"[266]. Im deutschen Schrifttum wird ebenfalls zum Teil ein Beitritt der Türkei zur EU aus diesem Grund abgelehnt[267].

Sie behaupten, daß die Türken aufgrund ihrer religiösen und kulturellen Unterschiede nicht integrierbar sind und dieser Zustand den Vereinigungsprozeß in Europa erschweren würde. Zur Begründung wird angeführt, daß nur ein kleiner Teil der in Deutschland lebenden ca. 2 Mio Türken sich in die deutsche Gesellschaft integriert habe. Es sei dann fraglich, ob oder ggf. wie 65 Mio. Türken integriert werden könnten.

Die Aufnahme der Türkei in die EU kann höchstwahrscheinlich eine Reihe großer Probleme mit sich bringen. Die Türkei weist nämlich im Gegensatz zu den anderen beitrittswilligen Staaten weitere Besonderheiten auf, die einem Beitritt in die EU entgegenstehen. Im Gegensatz zu den anderen Beitrittsländern scheint die Türkei für die EU ein viel zu großes und problematisches Land zu sein[268]. In politischer und ökonomischer Hinsicht liegt die heutige Türkei sehr weit hinter den Mitgliedstaaten zurück. Das Wohlstandsgefälle zwischen den Regionen in der EU würde sich bei einem türkischen Beitritt noch wesentlich vergrößern. Dies würde eine beträchtliche Aufstockung der Mittel für die EU-

---

262 In diesem Sinne auch Verheugen. Dazu Sabah vom 3. Februar 2001; vgl. zur Gegenansicht die Erklärung des damaligen deutschen Außenministers Kinkel in: Weltpolitik vom 16. Dezember 1997.

263 Morillon-Bericht des EP vom 19. Oktober 2000 über den regelmäßigen Bericht 1999 der Kommission über die Fortschritte der Türkei auf dem Weg zum Beitritt, A5-0297/2000, S. 6; vgl. auch die Rede von Morillon in der Sitzung des EP vom 14. Oktober 2000.

264 Der Ministerpräsident von Mecklenburg-Vorpommern, Bernd Seite, erklärte, die Türkei könne nie Mitglied der EU werden, weil sie islamisch geprägt sei und weil es dort Menschenrechtsprobleme gebe. Vgl. hierzu Krause, Bernd Seite gegen EU-Mitgliedschaft der Türkei vom 19. Dezember 1998. In diesem Sinne auch Lang, Rede in der Sitzung des EP vom 14. Dezember 2000; vgl. auch den Nachricht „Kampagne gegen EU-Beitritt der Türkei", in: Die Welt vom 3. Januar 2001.

265 Jacops, Aus Politik und Zeitgeschichte 2000, 26; Karluk, Avrupa Birligi ve Türkiye, S. 490.

266 Dazu Status für Türkei kritisiert, News in: Focus-Online vom 12. Dezember 1999 (http://www.focus.de).

267 Vgl. Meier, RIW 1986, 193; Blome, Ehrlichkeit für die Türkei, Leitartikel in: Die Welt vom 30. November 1999.

268 Birand, in: Bücher-Dinc (Hrsg.), S.105.

Strukturfonds erfordern[269]. Zudem weist sie eine rasch wachsende Bevölkerung auf. In einer Vollmitgliedschaft hat die Türkei ebensoviel Stimmgewicht wie die Bundesrepublik Deutschland, Frankreich, das Vereinigte Königreich Großbritannien sowie Italien. Aus europäischer Sicht lassen diese Tatsachen daher die Aufnahme der Türkei in die EU in naher Zukunft nicht zu. Vielmehr stellt eine Mitgliedschaft der Türkei für die EU eine große Herausforderung dar. Die EU ist derzeit daher nicht bereit, ein solches Land als Mitglied aufzunehmen und folglich die Finanzierung großer und längst überfälliger Reformen in diesem Land zu übernehmen[270].

Neben diesen wirtschaftspolitischen Gesichtspunkten liegen den Sorgen skeptischer Kreise um eine türkische Mitgliedschaft grundsätzlich zwei weitere Befürchtungen zugrunde[271]: Erstens liegt die Türkei in einer Krisenregion, in der es permanent zu Spannungen kommt[272]. Zweitens wird befürchtet, daß eine türkische Mitgliedschaft die Einflüsse der USA auf die EU verstärken könnte, wie es bei der Mitgliedschaft des Vereinigten Königreiches der Fall ist. Die Türkei ist nämlich ein "wichtiger strategischer Partner" der USA. Es ist daher von der EU schwerlich zu erwarten, sich nach einem Beitritt der Türkei mit potentiellen regionalen Konflikten zu beschäftigen und amerikanische Einflüsse auf ihre Entscheidungen hinzunehmen.

Es läßt sich daher der Schluß ziehen, daß ein türkischer EU-Beitritt in absehbarer Zeit unmöglich erscheint[273], obwohl die Türkei berechtigte Erwartungen darauf hat. Seit ihrer Gründung von 1923 bekundet sie ihren Willen, integraler Bestandteil der europäischen Wertegemeinschaft zu werden. Doch haben die Mitgliedstaaten bisher keinerlei ernsthafte Anstrengungen unternommen, um der Türkei einen Beitritt zu ermöglichen. Im Gegensatz zu den anderen Beitrittskandidaten ist eine baldige Mitgliedschaft der Türkei wenig konkret in Aussicht gestellt worden. Wie aus der bisherigen Haltung der EU ersichtlich ist, will sie, so läßt sich vermuten, die Türkei gar nicht als Mitglied aufnehmen, bevor die Osterweiterung vollendet ist. Diese Aussage läßt sich zuletzt auf die Erklärung der Mitgliedstaaten zur Erweiterung der EU[274] zurückführen, die dem Vertrag von Nizza als Anlage beigefügt ist. In dieser Erklärung wurden, abgesehen von der Türkei, alle Beitrittskandidaten hinsichtlich der künftigen Gestaltung der institutionellen Struktur der EU, insbesondere hinsichtlich der Verteilung der

---

[269] Anders jedoch Sen/Akkaya, Die Auswirkungen eines türkischen EU-Beitritts auf den EU-Haushalt, 1998 (http://www.turkinfo.de/forumonline/text/text1.htm).
[270] Vgl. dazu Hans-Joachim, in: Bücher-Dinc (Hrsg.), S.108; Birand, in: Özak/Dagyeli (Hrsg.), S. 206.
[271] Vgl. SEF NEWS Nr. 8. Juni 2000.
[272] Dazu Dembinski, Bedingt handlungsfähig, S. 15 ff.; so auch Queiró, Rede in der Sitzung des EP vom 14. November 2000.
[273] Im Ergebnis auch Raschoffer, Rede in der Sitzung des EP vom 14. November 2000.
[274] ABlEG 2001 Nr. C 80, 80.

Sitze im EP, der Stimmengewichtung im Rat, der Zusammensetzung des Wirtschafts- und Sozialausschusses und der Zusammensetzung des Ausschusses der Regionen berücksichtigt. Die Türkei fand dabei keine Erwähnung.

Die derzeitigen politischen Beziehungen zwischen der EU und der Türkei befinden sich in einer kritischen Phase. Die zwischen der Türkei und Griechenland existierenden ungelösten bilateralen Problemen stehen auf der Tagesordnung der EU[275]. Weitere aktuelle Probleme in den türkisch-europäischen Beziehungen sind die Problematik des rechtlichen Schutzes der Kurden als nationale Minderheit der Türkei sowie der Vorwurf eines Völkermords an den Armeniern[276]. Insbesondere der Zypernkonflikt und die Behandlung der Kurdenfrage[277] sind

---

[275] In diesem Zusammenhang beschloß der Europäische Rat (Helsinki), die Situation hinsichtlich ungelöster Streitigkeiten, insbesondere im Hinblick auf die Auswirkungen auf den Beitrittsprozeß und mit dem Ziel, ihre Beilegung durch den internationalen Gerichtshof zu fördern, spätestens Ende 2004 zu überprüfen. Vgl. die Schlußfolgerungen des Europäischen Rates Helsinki (1999), Rn. 4; vgl. auch die Erklärung der EU auf der Tagung des Rates „Allgemeine Angelegenheiten" am 15. Juli 1996 (Bull. EU 7/8 - 1996); die Entschließung des EP zur Provokation und zur Anfechtung der Hoheitsrechte eines Mitgliedstaats durch die Türkei (ABlEG 1996 Nr. C 65, 1); das Themenpapier Nr. 7 des EP, 2000, S. 10; KOM(1998)-711endg., S. 16; den Morillon-Bericht, Dokument des EP Nr. A5-0297/2000, S. 10; die Entschließung des EP zu dem Regelmäßigen Bericht der Kommission über die Fort-schritte der Türkei auf dem Weg zum Beitritt von 1999 (Bull. EG 11-2000, Erweiterung (2/12) 1.5.2).

[276] Das EP hat bereits im Jahre 1987 diese geschichtlichen Ereignisse, zu denen es zwischen den Muslimen und Armeniern in den Jahren 1889-1919 kam, als einen Völkermord an den Armeniern bewertet und fordert jetzt die Türkei auf, den Völkermord anzuerkennen und ihre Beziehungen zu Armenien zu verbessern. Diese Ereignisse wurden auch vom französischen Parlament im Rahmen eines Gesetzes vom 18. Januar 2001 explizit als Völkermord an den Armeniern bezeichnet und in den nationalen Parlamenten mancher EU-Mitgliedstaaten debattiert. Vgl dazu Morillon, Rede in der Sitzung des EP vom 14. Oktober 2000; ders., Bericht des EP vom 19. Oktober 2000, Rn. 18, Sitzungsdokument Nr. A5-0297/2000endg.; Bericht des EP vom 28. Januar 2002, Rn. 15, Sitzungsdokument Nr. A5-0028/2002/endg., Berichterstatter: Per Gahrton; vgl. auch Gottschlich, Die Türkei und der Genozid an den Armeniern, S. 2 f.

[277] Hierbei besteht ein ernsthaftes Problem darin, daß die Parteien unterschiedliche Vorstellungen haben. Die EU bewertet die Problematik ganz anders als die Türkei. Die EU wirft der Türkei ein Leugnen von Minderheiten vor und stellt sie damit vor das schwer zu lösende Problem, einen annehmbaren Weg zwischen Integration und Bewahrung der kulturellen Eigenständigkeit der Kurden zu finden. Nach ihrem offiziellen Standpunkt ist dieses Problem kein internes Problem der Türkei, das mit militärischen Mitteln gelöst werden könne. Die EU erkennt zwar die Tatsache an, daß die Türkei äußerst gravierenden Terrorismusproblemen gegenübersteht, konzentriert sich aber hauptsächlich auf die Frage der Menschenrechte sowie den Schutz von Minderheiten (Kurden) in der Türkei. Zu diesem Zweck hat sie die Türkei aufgefordert, die Kurdenfrage und die damit zusammenhängenden Menschenrechtsverletzungen ausschließlich auf demokratischem Wege und unter Einhaltung rechtsstaatlicher Regeln zu lösen. Vgl. dazu die Erklärung der EU zur Türkei vom 11. April 1995, Rat der EU Press Office Newsroom, Press: 118 - Nr: 6323/95; vgl. auch die Zustimmung des EP vom 13. Dezember 1995 zu dem Gemeinsamen Standpunkt der Gemeinschaft im Assoziationsrat EG-Türkei betreffend die Durchführung der Zollunion (ABlEG 1996 Nr. C 17, 43).

Nach türkischer Auffassung hingegen ist die Kurdenfrage in Europa stark politisiert und sogar zum Teil übertrieben worden. Es sei für die Türkei weder nachvollziehbar noch akzeptabel, die Achtung der sozialen, wirtschaftlichen und legitimen politischen Bestrebungen der Kurden zu diskutieren, als ob die türkischen Bürger kurdischer Abstammung eine andere und gesonderte Gemeinschaft darstellen würden. Sie seien Bürger einer Nation, die seit Jahrhunderten dieselben Werte geteilt habe, was Sprache, Religion, Kultur und patriotische Iden-tität, gemeinsame Geschichte und den Willen zu einer gemeinschaftlichen Zukunft anbelange. Nach türkischen Angaben weist der Kampf im Südosten des Landes über die Kurden hinausgehende internationale Dimensionen auf. Die PKK habe erhebliche Unterstützung von außen gefunden. Aus verschiedenen Gründen sei die PKK von einigen Nachbarländern der Türkei sowie auch von einigen Ländern außerhalb dieser Region unterstützt und beschützt worden. Sie finde sogar noch seitens mancher europäischer Staaten politische Unterstützung. Die türkische Seite wirft den EU-Mitgliedstaaten vor, den Kampf gegen den Terrorismus nicht ernst zunehmen. Die europäischen Regierungen hätten nämlich zugelassen, daß von ihrem Boden aus die terroristischen Attacken auf die Türkei geplant worden seien. Sie sieht daher in der EU keinen ernsthaften Ansprechpartner und empfindet es sogar als sinnlos, mit ihr über diese Themen weiterhin zu diskutieren, auch wenn es um den Beitritt des Landes zur EU geht. Es handele sich dann um Terrorismus, wenn sich ein Anschlag gegen die USA oder ihre Politik richte; werde ein Anschlag in der Türkei verübt, zum Beispiel von der PKK, so werde lediglich als „politischer Widerstand“ gewertet, Dazu T.C. Dis Isleri Bakanligi, Gibt es eine „kurdische Frage“ in der Türkei? (http://www.mfa.gov.tr/grupe/eh/eh01GER/08.htm); ders., T.C. Dis Isleri Bakanligi, Was ist die PKK?, 1998 (http://www.mfa.gov.tr/grupe/eh/eh01GER/03.htm); vgl. auch Axt, Internationale Politik, 1/2002, S. 47 ff.; Gürbey, Südosteuropa Mitteilungen 2000, 118 ff.

Ministerpräsident Ecevit machte in einem Interview vom 25. März 1999 die türkische Position deutlich: „Bei der Anwendung dieser Kriterien (von Kopenhagen) auf die Türkei müssen bestimmte Merkmale der türkischen Gesellschaft und der besondere Lage des Landes in Betracht gezogen werden. Dazu gehört die Beschränkung gewisser Freiheiten im Angesicht des separatistischen Terrors - wie dies die Briten in Nordirland, die Spanier gegenüber den Basken, die Franzosen gegenüber den separatistischen Korsen ja nicht anders gehandhabt haben. Dem Kopenhagener Minderheitenkonzept können wir nicht anschließen. Eine Minderheit in diesem Sinne gibt es bei uns nicht; wir kennen nur türkische Staatsbürger.“ Zitiert nach Reuter, Südosteuropa Mitteilungen 2000, 50 (Fn. 13).

Auf völkerrechtlicher Ebene gibt es allerdings keine allgemein akzeptierte, rechtstechnisch präzise Definition des Begriffes “Minderheit“. Nach dem OSZE-Prinzip führen nicht alle ethnischen, kulturellen, linguistischen oder religiösen Unterschiede zwangsläufig zu der Schaffung nationaler Minderheiten. Vgl. dazu Oeter, in: Matscher (Hrsg.), S. 229-230; Sarah, Der völkerrechtliche Minderheitenschutz, S. 32 ff.

Bei der Suche nach einer angemessenen Balance zwischen Integration und Wahrung der besonderen Identität der Kurden muß insbesondere zwei Gesichtspunkten die Bedeutung beigemessen werden. Erstens sollte aufgrund des uneinheitlichen Mosaiks des türkischen Volkes vom Begriff der “nationalen Minderheit“ vermieden werden; anstattdessen sollte der Ausdruck “Volksgruppe“ verwendet werden. Neben den Kurden gibt es im Land mindestens über 30 in ethnischer und religiöser Hinsicht anders einzuordnende Volksgruppen (und ihre Untergruppen) wie Araber, Lasen, Tscherkessen, Zigeuner, Georgier, Albaner, Pomaken, Kasachen, Aseris, Tartaren, Uyguren, Turkmenen, Afghanen, Alevitin etc. Vgl. hierzu Zentrum für Türkeistudien (Hrsg.), Das ethnische und Religiöse Mosaik der Türkei und seine Reflexionen auf Deutschland, S. 1 ff.

mittlerweile ein erheblicher Belastungsfaktor für die politischen Beziehungen zwischen der EU und der Türkei geworden.

Trotz der gegenwärtigen Schwierigkeiten im Verhältnis zwischen der EU und der Türkei muß davon ausgegangen werden, daß beide Seiten an einer Fortsetzung und Verbesserung der Beziehungen großes Interesse haben[278]. Es ist nicht nur im türkischen, sondern auch im europäischen Interesse, die Türkei fest in die künftige Architektur Europas einzubinden[279]. Trotz des Endes des Kalten Krieges bleibt die besondere strategische Bedeutung der Türkei und ihre Rolle als verläßlicher Partner in den Krisenregionen des Nahen und Mittleren Ostens, des Kaukasus sowie des Balkans weiterhin unbestritten[280]. Darüber hinaus ist sie das einzige NATO-Land, welches Mitglied der Organisation islamischer Staaten ist, und hat aufgrund ihrer kulturellen und religiösen Gemeinsamkeiten enge Bindungen zu Zentralasien.

Es ist allerdings nicht zu unterschätzen, daß sich ein türkischer Beitritt zur EU relativ lang und kompliziert gestalten würde[281]. Zu dessen Realisierung müssen die Parteien noch große Anstrengungen unternehmen. Wenn die Türkei Mitglied der EU werden möchte, muß sie vor allem lernen, die europäischen Grundwerte zu respektieren und sich an diese anzupassen. Aus den obigen Ausführungen geht hervor, daß der Institutionalisierung eines demokratischen Rechtsstaats in der Türkei schwierige strukturelle Probleme entgegenstehen. Daher werden enorme Fortschritte insbesondere in den Fragen der Menschenrechte, der Rechtsstaatlichkeit und des Gerichtssystems erwartet. Die erforderlichen Maßnahmen müssen umgehend eingeleitet werden.

An dieser Stelle ist allerdings anzumerken: Die EU-Mitgliedschaft wird zweifellos einen Souveränitätsverzicht der Türkei mit sich bringen. Die EU verfügt auf

---

Zweitens sollte zwecks einer Assimilierung oder eines Leugnens der kurdischen Abstammung das Bekenntnis zur Gemeinsamkeit, zur Integration nicht mißbraucht werden. In diesem Rahmen können den Kurden kulturelle Sonderrechte eingeräumt werden.

278 Gsänger, Türkei-Europäische Gemeinschaft, S. 116.

279 Verheugen, Rede in der Sitzung des EP vom 14. Februar 2001; Brok, Gebt der Türkei eine andere Chance, Gastkommentar in: Die Welt vom 12. Dezember 1999, S. 8.

280 Vgl. Axt, Internationale Politik, 1/2002, S. 45 f., Öymen, Türkiyenin Gücü, S. 1 ff.; Brok, Gebt der Türkei eine andere Chance, Gastkommentar in: Die Welt vom 12. Dezember 1999, S. 8; in diesem Zusammenhang hob ebenfalls der EU-Kommissar Verheugen hervor. „Wir brauchen die Türkei als verläßlichen Partner in der Außen- und Sicherheitspolitik.(...) Es liegt in unserem Interesse, daß die Türkei eine konstruktive Rolle in unseren gemeinsamen Bemühungen um einen Beitrag zu Frieden und Stabilität in der Region spielt.“ Dazu die Pressemitteilung der Kommission, EU-Kommissar Verheugen ermuntert Türkei zur Fortsetzung der politischen Reformen, DN: IP/00/246, Ankara, 10. März 2000; Verheugen, Kann die Türkei europäisch gelten? in: Die Welt vom 4. Dezember 1999, S. 7.

281 Vgl. den Nachricht „EU-Beitritt der Türkei: Laut Verheugen nicht so bald“, in: Focus-Online vom 8. Dezember 1999 (http://www.focus.de).

vielen Gebieten über mehr Befugnisse und Vollmachten. Ihr Integrationsprozeß hat sein Ende noch nicht erreicht und wird daher künftig weiterhin die Aufgabe nationaler Souveränitätsrechte der Mitgliedstaaten erfordern. Art. 6 der türkischen Verfassung steht eine Übertragung der Souveränitätsrechte auf zwischenstaatliche Einrichtungen entgegen. Deshalb sollte im Rahmen der Vorbereitungen in der Türkei auf eine EU-Mitgliedschaft nicht nur diskutiert werden, ob oder inwieweit die Beitrittskriterien von Kopenhagen schon erfüllt sind, son-dern auch die Frage, was eine EU-Mitgliedschaft für die Türkei bedeuten würde, um im Fall eines Beitritts mögliche Anpassungsprobleme zu verhindern.

Demgegenüber sollte die EU die Europäisierung der Türkei ernster nehmen als bisher und die Dimensionen ihrer Probleme erkennen und in diesem Zusammenhang sensibler vorgehen. Anderenfalls wird sich weiterhin die bisherige problematische Struktur der Beziehungen zwischen der EU und der Türkei nicht ändern. Auf diese Weise würde die bestehende Distanz zwischen der EU und der Türkei größer, was zur Abkoppelung der Türkei von der EU führen könnte[282]. Heftige Kritiken und Aufforderungen der EU bezüglich Demokratie und Menschenrechte erschüttern das Vertrauen der Türkei zur EU. Sie werden überwiegend skeptisch aufgenommen[283], wobei sie von manchen Kreisen als eine indirekte Absage an den türkischen Beitrittsantrag interpretiert werden[284].

Die EU hat in der türkischen Öffentlichkeit ihre Überzeugungskraft weitgehend eingebüßt. Die Probleme der Türkei müssen daher unter Berücksichtigung der besonders schwierigen Lage des Landes diskutiert werden[285]. Die demokratische und rechtsstaatliche Ordnung der Türkei wird nämlich nach wie vor durch die Terroristen der PKK sowie durch extremistische Bewegungen gefährdet. Angesichts dieser bedrohenden Lage ist es nicht eine leichte Aufgabe, subversive Handlung sowie Propaganda von der Meinungsfreiheit zu unterscheiden und

[282] So auch Lamers, Für Türken bedeutet EU Hoffnung auf..., Online-Informationen der CDU/CSU-Bundesfraktion 1999, http://www.cducsu.bundestag.de/texte/lamer59i.htm.; vgl. auch Luciani, Internationale Politik 3/2002, 31 f.

[283] In diesem Zusammenhang äußerte sich der türkische Journalist, Cüneyt Arcayürek sehr kritisch: „Europa kommt auf seinem Weg, der die Türkei zu einer möglichen Teilung führen könnte, Schritt für Schritt voran." Dazu Cumhuriyet vom 10. November 2000, S. 1.

[284] Hierzu eingehend SESAR-Kamuoyu Arastirmasi (SESAR-Umfrage), in: Aksam vom 5. Februar 2001, S. 4.

[285] In diesem Zusammenhang äußert der türkische Abgeordneter, Uluc Gürkan seine Meinung: „(...) Dabei muß aber die besondere Stellung der Türkei verstanden werden. Die Türkei wird ihre Demokratie in der Weise schützen, wie es jedes andere europäische Land auch tut. Nehmen Sie als Beispiel Deutschland: Hier haben Mitglieder bestimmter Parteien nicht das Recht, bestimmte Positionen im öffentlichen Dienst zu bekleiden, und vor ein Paar Jahren wurden einige Musikgruppen wegen neonazistischer Propaganda verboten. Die kommunistische oder neonazistische Gefahr ist aber nicht größer als die Gefahr durch den politischen Islam oder Terror in der Türkei." Gürkan, in: Bücher-Dinc, (Hrsg.), S. 139.

zwischen ihnen klare Grenzen zu ziehen[286]. Zudem liegt die Türkei in geographischer Hinsicht, anders als die EU-Mitgliedstaaten, im Schnittpunkt der Krisenregionen des Nahen und Mittleren Ostens, des Kaukasus sowie des Bal-kans. *„Sie liegt in unmittelbarer Nähe von 13 der 16 von der NATO ausgemachten Konfliktherde (...).“*[287] In dieser Region sind ihre Beziehungen zu den Nachbarländern Griechenland, Syrien, Irak, Iran, Rußland und Armenien[288] nach wie vor problematisch[289]. Sie hat keine Nachbarn außer Griechenland und seit kurzem auch Bulgarien, der ein demokratisches System hat. *„Ihre schwierige geographische Lage verleiht den Türken das Gefühl, von feindlichen Nationen umgeben zu sein, die die Einheit, Integrität und Souveränität der türkischen Nation unterminieren wollen. Aus diesem Grund mißt sie ihrer Nationen und Souveränität so großen Wert.“*[290]

Die oben beschriebene Einseitigkeit der Interessenlage im Assoziationsverhältnis zuungunsten der Türkei darf nicht mehr länger in dieser Form bestehen. Um künftige Beziehungen auf tragfähige Grundlagen zu stellen, sollte die EU ihren Verpflichtungen aus dem Assoziationsabkommen in finanzieller und wirtschaftlicher Hinsicht nachkommen und bereit sein, die Türkei bei den Wirtschaftsreformen und der Übernahme des gemeinschaftlichen Besitzstandes finanziell zu unterstützen. Es ist auch notwendig, der Türkei eine klare und verbindliche Beitrittsperspektive zu geben, um die Anstrengungen um die Annäherung des Landes an Europa zu unterstützen[291]. Dabei sollten insbesondere die konkreten Bedingungen und die Gestaltung des Aufnahmeprozesses genau festgelegt werden.

Die künftigen Beziehungen werden in erster Linie durch die politische Haltung der EU geprägt. Seit der Gründung der Republik ist die Westorientierung des Landes Staatsziel. Dementsprechend nahm die Türkei in vielfacher Hinsicht ihren Platz mitten in Europa ein, und zwar als Mitglied des Europarats, der NATO und der OSZE. Sie hat für sich ebenso schon entschieden, sich in die europäische Wertegemeinschaft zu integrieren. Folgerichtig verfolgte sie vom Beginn des europäischen Integrationsprozesses an das Ziel der Mitgliedschaft in der EU. Es bleibt daher vorrangig eine eigene Angelegenheit der Europäer, ob die Türkei als gleichberechtigtes Mitglied in die europäische Familie aufgenommen wird. Mit ihrer Entscheidung wird die EU zugleich einen großen Einfluß auf den künftigen Status der Türkei in Europa nehmen.

---

[286] Yesilyurt, Die Türkei und die EU, S. 189.
[287] Axt, Internationale Politik 1/2002, 45.
[288] Die Türkei hat mit Armenien sogar bislang noch keine diplomatischen Beziehungen aufgenommen.
[289] Sie liegt in unmittelbarer Nähe von 13 der 16 von der NATO ausgemachten Konfliktherde. So Axt, Internationale Politik, 1/2002, S. 45.
[290] Yesilyurt, Die Türkei und die EU, S. 305.
[291] Luciani, Internationale Politik 3/2002, 30.

Schlußbetrachtung

Gegenstand der vorliegenden Arbeit war es, das mit dem Assoziationsabkommen von 1963 eingeleiteten Beitrittsverfahren der Türkei zur E(W)G/EU aus juristischer Sicht zu analysieren. Die wesentlichen Ergebnisse der Untersuchung können folgendermaßen zusammengefaßt werden:

1. Die Gründung der Assoziation zwischen der E(W)G und der Türkei war primär politisch motiviert und ausgerichtet und fand unter bestimmten politischen und wirtschaftlichen Rahmenbedingungen statt. Vor diesem Hintergrund wurde im Jahre 1963 unter Beteiligung der Mitgliedstaaten ein Abkommen zwischen der EWG und der Türkei unterzeichnet, das dem Annäherungsprozeß der Türkei zur EWG einen rechtlichen Rahmen verleihen sollte. Es sieht eine immer engere Assoziation zwischen der EWG und der Türkei bis hin zur Vollmitgliedschaft der Türkei vor. Trotz des Fehlens einer ausdrücklichen Beitrittszusage ist das gesamte Assoziationsverhältnis als Vorstufe für eine Vollmitgliedschaft der Türkei in der E(W)G/EU zu betrachten, weil Art 28 Ass.Abk. der Türkei eine konkrete Beitrittsperspektive eröffnet. Diese ruft auf türkischer Seite aber auch unberechtigte hohe politische Erwartungen und Hoffnungen hervor.

2. Im Abkommen wurde eine besondere Form der wirtschaftlichen Beziehungen angelegt, die sich weitgehend in Anlehnung an die Grundsätze des EWG-Vertrages entwickeln und die es der Türkei ermöglichen sollte, ihre Wirtschaft in die EWG zu integrieren[292]. Entsprechend seiner Zielsetzung schließt das Assoziationsabkommen mit seinem nachfolgenden Zusatzprotokoll von 1970 die Sachbereiche des EWG-Vertrages weitgehend in die Assoziation mit ein. Dies sollte einerseits durch die Übergangsregelungen asymmetrisch und schrittweise in die Rechtsordnung der Türkei integriert werden, andererseits war daran gedacht, mit Hilfe von Organen der Assoziation eine Konkretisierung und Weiterentwicklung der Assoziation herbeizuführen. Im Rahmen der Durchführung der Assoziation sollte versucht werden, die Türkei mit der EWG in wirtschaftlicher Hinsicht enger zu verbinden, in der Hoffnung, daß diese eine politische Integration nach sich ziehen würde. Der Anreiz dafür ist die oben erwähnte Beitrittsperspektive.

3. Im Abkommen wurden im wesentlichen keine konkreten Verpflichtungen vorgesehen, sondern eher Grundsätze und vage Formulierungen, wie *„sich leiten lassen" oder „nach den Grundsätzen des EWG-Vertrages"*, niedergelegt. Damit wurde den Parteien ein erheblicher Interpretationsspielraum für die Durchführung der Assoziation gelassen. Dieses Konzept entsprach zwar durchaus der anfänglichen Interessenlage beider Seiten. Die Durchführung der Assoziation wurde jedoch später von der politischen Konjunktur erheblich beeinflußt. Nach der Änderung der politischen Umfeldbedingungen gestalteten sich die Be-

---

[292] Vgl. Esen, Die Beziehungen EG/Türkei, S. 35.

ziehungen zwischen beiden Seiten immer wieder problematisch, vor allem dann, wenn es um die Erfüllung von Verpflichtungen aus dem Abkommen ging. Die Verwirklichung der im Abkommen festgelegten Ziele und die Umsetzung diesbezüglicher Bestimmungen, insbesondere die Errichtung der Zollunion, die Herstellung der Freizügigkeit im Personenverkehr sowie die finanzielle Zusammenarbeit stießen auf erhebliche Schwierigkeiten. Die Assoziation verband sich im Laufe ihrer Durchführung mit einer Fülle von Problemen und konnte deshalb den erwarteten Beitrag zur wirtschaftlichen Entwicklung der Türkei nicht leisten. Mit der Vollendung der Zollunion von 1996 wurde die Integration der Türkei in die EU zwar auf eine neue Stufe gehoben. Die weiteren Vorgaben des Abkommens, insbesondere der Personenverkehr sowie die finanzielle Zusammenarbeit konnten bislang nicht zielgerichtet umgesetzt werden.

4. Derzeit verfügt die EG über die weitreichendsten vertraglichen Beziehungen zur Türkei. In ihrer bisherigen völkerrechtlichen Praxis hat die EG – abgesehen von Beitrittsfällen in Form einer vollen Zollunion - bei einer Beziehung zu anderen Drittstaaten einen solchen Integrationsstand nicht erzielt. Im Regelfall erfolgt die Zollunion mit der EG für einen Drittstaat erst dann, wenn dieser die Vollmitgliedschaft erwirbt, wobei der beitretende Staat in einer Übergangsphase die eventuellen Nachteile der Zollunion durch die Nutzung verschiedener Fonds der Gemeinschaft für die Umstruktierung oder Entwicklung der Infrastrukturen ausgleichen kann. Eine solche Möglichkeit steht der Türkei im Rahmen der bestehenden Zollunion nicht zur Verfügung. Ihr wurde von Seiten der Gemeinschaft lediglich geringe Finanzhilfen zugesagt.

5. Das Assoziationsverhältnis würde, wenn von Teilbereichen, wie der Arbeitnehmerfreizügigkeit abgesehen wird, unter den gegenwärtigen Bedingungen der Türkei größere Schwierigkeiten bereiten als den EU-Mitgliedstaaten. Denn vor allem wäre die türkische Wirtschaft mit der starken Konkurrenz im gemeinsamen Markt konfrontiert. Dabei bestehen insbesondere daran Zweifel, ob die türkische Wirtschaft diesem Wettbewerb standhalten kann. Der gegenwärtige Zustand, daß die Türkei gegenüber der Gemeinschaftsseite im bestehenden Assoziationsverhältnis im Nachteil ist, stößt auf türkischer Seite auf Kritik, weil die Türkei ihren wesentlichen Verpflichtungen aus dem Abkommen, insbesondere der Übernahme des gemeinschaftlichen Besitzstandes in den Bereichen Zoll, Außenhandelspolitik, Wettbewerb etc., weitgehend nachgekommen ist, während die Gemeinschaftsseite ihre Verpflichtungen nicht vollständig erfüllt hat. Sie hält sich insbesondere weiterhin nicht an die Freizügigkeitsbestimmungen des Abkommens. Darüber hinaus wurden von ihr ihre finanziellen Verpflichtungen mit zusätzlichen Bedingungen (die Gewährleistung der Menschenrechte, die Lösung des Zypernkonflikts etc.) verbunden, welche nicht im Abkommen vorgesehen sind.

6. Da eine institutionalisierte Zusammenarbeit im finanziellen Bereich zwischen den Vertragsparteien nicht vorgesehen ist, entstehen Probleme nicht nur beim Abschluß von Finanzprotokollen, sondern auch bei deren Durchführung.

7. Im Abkommen haben die Parteien keinerlei Gesetzgebungsbefugnis auf supranationale Instanzen übertragen, sondern die souveräne Gleichheit der Vertragsparteien aufrechterhalten. Infolgedessen besitzt die Assoziation einen bilateral und paritätisch geprägten Charakter. Die Gemeinschaft und die Mitgliedstaaten sind als einheitliche Vertragspartei nur mit einer Stimme in den Organen der Assoziation ausgestattet, d.h. die Gemeinschaftsseite einerseits und die Türkei andererseits treffen einvernehmlich Maßnahmen zur Durchführung der Assoziation.

8.a) Durch das Abkommen wurde eine neue Form der internationalen Zusammenarbeit hergestellt. Aus rechtsdogmatischer Sicht kann die Assoziation als internationale Organisation, und zwar im weiteren Sinne, eingestuft werden, obgleich sie im Abkommen nicht als (internationale) Organisation bezeichnet wird, weil sie eine institutionell verfestigte, dichte Struktur besitzt. In diesem Rahmen steht der Assoziation eine Rechtspersönlichkeit zu. Diese ergibt sich jedoch nicht ausdrücklich aus einer Vertragsbestimmung, sondern implizit aus den durch das Assoziationsabkommen und durch das Zusatzprotokoll beschriebenen und eingegrenzten Aufgaben- und Zuständigkeitsbereichen des Assoziationsrates. Die Assoziation kann in diesem Rahmen einen Willen zum Ausdruck bringen, der nicht notwendigerweise mit dem Willen jeder einzelnen Vertragsparteien identisch ist.

b) Die institutionelle Struktur der Assoziation hat bisher keine gute Funktion ausgeübt. Ein wesentlicher Mangel im Assoziationsverhältnis war und ist heute noch die fehlende Kompetenz eines gemeinsamen Organs. Im Abkommen wurde z.B. kein eigener institutionalisierter Mechanismus für die gerichtliche Überprüfung der Erfüllung vertraglicher Verpflichtungen bei Interessenkonflikten vorgesehen. Die Lösung der auftretenden Probleme bleibt nach Treu und gutem Glauben den Vertragsparteien überlassen, zumal der Assoziationsrat nur einstimmig Beschlüsse fassen kann. Da das Verhalten der Vertragsparteien im wesentlichen von ihren nationalen Selbstinteressen bestimmt wird, konnte das Streitbeilegungsverfahren bisher nicht in Gang setzen. Zahlreiche Anwendungsprobleme wurden zwischen den Vertragsparteien im Sinne des Art. 25 Ass.Abk. nicht gelöst. Zur wirksamen Umsetzung des Abkommens ist es daher unerläßlich, den insitutionellen Rahmen der Assoziation zu reformieren.

9. Es scheint derzeit problematisch wie widersprüchlich, ja sogar ungerecht, solange das Assoziationsverhältnis durchaus vom Gemeinschaftsverhältnis unterschieden wird, während die Türkei im Rahmen dieses Assoziationsverhält-

nisses die Verpflichtungen hat, die gemeinschaftsrechtlichen Grundlagen anzuerkennen, sie in ihre Rechtsordnung umzusetzen und anzuwenden, ohne dabei mitzuwirken. Sie ist einseitig an die wirtschafts- und handelspolitischen Entscheidungen der Gemeinschaft gebunden und nimmt in diesem Ausmaß eine Fremdregelung und damit ein gewisses Abhängigkeitsverhältnis von den EG-Organen hin. Zur ordnungsgemäßen Durchführung der Assoziation ist es daher notwendig, eine rechtliche Lösung für die institutionellen Fragen der Assoziation zu finden. Dabei ist insbesondere eine kontinuierliche Beteiligung der Türkei am Rechtssetzungsverfahren der Gemeinschaft von großer Bedeutung.

10. Die Vorschriften des Abkommens und dessen Zusatzprotokolls weisen überwiegend einen hohen Grad an Unbestimmtheit auf. Sie sind zumeist konkretisierungsbedürftig und enthalten zahlreiche Lücken, welche Schwierigkeiten in der Anwendung des Assoziationsrechts bereiten. Das Assoziationsrecht und das Gemeinschaftsrecht bilden aus völkerrechtlicher Sicht zwar zwei getrennte Rechtskreise und muß in diesem Sinne nicht unbedingt geleichbedeutend miteinander sein, müssen aber auch nicht unverbunden nebeneinanderstehen. Da das Assoziationsabkommen sich in seinen Zielen und konzeptionell erheblich an die Grundsätze des EG-Vertrages anlehnt und mit seinem Gesamtkonzept in erster Linie auf eine wirtschaftliche Integration der Türkei mit der EG durch die Errichtung eines gemeinsamen Marktes abzielt, wie sie sich zwischen den Mitgliedstaaten vollzieht, ergibt sich bei der Auslegung der assoziationsrechtlicher Vorschriften die Notwendigkeit, die gemeinschaftsrechtlichen Vorgaben zu berücksichtigen. Nach dem gegenwärtigen Stand der Entwicklung des Assoziationsrechts ist es unabdingbar, im Assoziationsrecht enthaltene Lücken zweckmäßig durch das Gemeinschaftsrecht zu ergänzen.

11. Der EuGH stellt sich unstreitig als ein Garant des Assoziationsrechts in der Gemeinschaftsrechtsordnung sowie in den nationalen Rechtsordnungen der Mitgliedstaaten dar. Das Assoziationsabkommen EG/Türkei wird infolge der Rechtsprechung des EuGH mit seinem Inkrafttreten für die EG und deren Mitgliedstaaten wirksam und bildet einen integrierenden Bestandteil der Gemeinschaftsrechtsordnung. Der EuGH macht es sich ferner zur Aufgabe, die Wahrung des Rechts bei der wirksamen und gleichförmigen Anwendung des Assoziationsabkommens EG/Türkei und dessen Zusatzprotokolls sowie der von dem Assoziationsrat erlassenen Durchführungsvorschriften im Rahmen der Gemeinschaftsrechtsordnung zu sichern und mit seiner Auslegung zu verhindern, daß die Unterschiede zwischen den für die einzelnen nationalen Gerichte geltenden Auslegungsregeln zu einer divergierenden Interpretation des Assoziationsrechts führen. Der EuGH hat insbesondere den persönlichen und sachlichen Anwendungsbereich des ARB 1/80 sowie des ARB 3/80 grundsätzlich zugunsten der einzelnen Personen gewährleistet und ausgedehnt, womit er einen großen Beitrag zur Verwirklichung der Assoziationsfreizügigkeit entsprechend dem Regelungszweck der Bestimmungen des Abkommens geleistet hat. Schließlich ob-

liegt die Auslegung der Zollunionsbestimmungen des ARB 1/95 dem EuGH (Art 66 ARB 1/95).

12. Was einen eventuellen EU-Beitritt der Türkei anbelangt, ist folgendes festzuhalten:

a) Die Türkei zeigt von Anfang an ihr Interesse für die institutionelle Eingliederung in die europäischen Institutionen. Sie fühlt sich nach wie vor den europäischen Werten verbunden und hat bisher gewaltige Anstrengungen in diese Richtung unternommen. Die Türkei ist jedoch nach dem dritten Eingreifen des Militärs in das politischen Leben vom 12. September 1980 mit einer ständigen Kritik europäischer Kreise an undemokratischer Zuständen und andauernder Menschenrechtsverletzungen konfrontiert. Daran hat auch die Rückkehr zur parlamentarischen Demokratie seit 1983 nichts geändert. Die demokratische und rechtsstaatliche Ordnung und die politische Lage sind weiterhin nicht ganz zufriedenstellend. Die Türkei ist nach offizieller Auffassung der EU insbesondere im Hinblick auf die Standards der Menschen- und Minderheitenrechte, das Verhältnis des Militärs zum Staat, die erforderliche Staatsmodernisierung und die wirtschaftliche Lage noch weit von den Beitrittsbedingungen entfernt, welche in Kopenhagen formuliert wurden. Diese Defizite stellen die Förderfähigkeit der Türkei als zukünftiges Mitglied der EU zwar nicht in Frage, stehen aber der Aufnahme von Beitrittsverhandlungen entgegen. Daraus ergibt sich, daß die Türkei der EU überhaupt nicht beitreten kann, solange sie die Kriterien von Kopenhagen nicht erfüllt hat. Dies wiederum liegt ausschließlich in ihrer politischen Verantwortung. Deshalb sollte sie ihre demokratischen und rechtsstaatlichen Strukturen stärken und den Schutz der Menschen- und Minderheitenrechte weiter verbessern. Darüber hinaus müßte sie auch ihre Wirtschaftssystem und -struktur reformieren.

b) Die EU hat sich bisher nicht ernsthaft auf einen türkischen Beitritt vorbereitet. Im Hinblick auf den türkischen Mitgliedschaftswunsch erfolgten bereits mehr oder weniger eindeutige Ablehnungen seitens der EU. Auf dem Gipfel des Europäischen Rates vom 12. Dezember 1999 in Helsinki wurde die Türkei zwar auf derselben Grundlage wie alle übrigen Beitrittsstaaten in die Heranführungsstrategie einbezogen, was den Beziehungen zwischen der EU und der Türkei eine neue Dynamik verliehen hat. Seitdem haben die Beziehungen bemerkenswerte Fortschritte gemacht. Die Umsetzung der Heranführungsstrategie ist in vollem Gange. Aus europäischer Sicht stellt die Akzeptanz einer türkischen Mitgliedschaft in der EU jedoch weiterhin ein großes Fragezeichen dar, was die Frage nach einem türkischen Beitritt zur EU nicht allein nach den Kopenhagener Kriterien bewerten läßt. Diese These läßt sich letztendlich auf die zwei Bedenken zurückführen, obwohl diese von den offiziellen Kreisen der EU nicht offen geäußert werden. Erstens stellt eine türkische Mitgliedschaft aufgrund ihrer Dimensionen die EU gegenwärtig vor eine große Herausforderung. Zweitens wird ein türkischer Beitritt mit einer nicht klar definierbaren Frage verbunden, wo die Außengrenzen Europas enden (sollten). Die Türkei hat zwar mit ihrer Bewerbung um einen Beitritt zur EU deutlich gemacht, daß sie auch offiziell zur europäischen Familie gezählt werden will, es bleibt aber aus europäischer Sicht unklar, inwiefern sie sich die in dieser Familie vertretenen Werte und Überzeugungen in letzter Konsequenz zu eigen machen kann.

c) Es gibt zahlreiche Hindernisse, die einer Vollmitgliedschaft der Türkei in der EU entgegenstehen. Ein baldiger Beitritt der Türkei zur EU erscheint daher illusorisch. Vielmehr bleibt die Frage nach dem Ausgang des Beitrittsprozesses der Türkei zur EU, der 1963 mit dem Assoziationsabkommen begonnen hatte, wegen zahlreicher von der EU als kritisch eingestufter politischer Entwicklungen und Unklarheiten in den Beziehungen weiterhin offen. Aus grundsätz-lichen Interessen der EU ist zwar eine generelle Absage an den türkischen Beitrittswunsch auch in der Zukunft nicht zu erwarten. Trotz des Endes des Kalten Kriegs bleibt die "strategische Bedeutung" der Türkei als "Südostflanke des europäischen Kontinents" weiterhin unbestritten und wird damit künftig auch die Funktion eines Katalysatorfaktors in den türkisch-europäischen Beziehungen ausüben. Demzufolge haben die EU-Mitgliedstaaten zweifellos daran Interesse, daß die Türkei europäisch ausgerichtet ist, was aber nicht unbedingt bedeutet, daß die Türkei Mitglied in der EU werden muß. Das türkische Beitrittsgesuch könnte daher einer strengeren Prüfung unterzogen werden, d.h. ein türkischer Beitritt zur EU ist unabhängig von der Frage, ob die Türkei die Kopenhagener Beitrittskriterien erfüllt oder nicht, noch nicht in Aussicht. Beide Seiten haben dabei noch einen langen Weg vor sich.

LITERATURVERZEICHNIS

Akkaya, Cigdem, Auswirkungen der Zollunion auf die türkische Wirtschaft, 2000, (http://www.turkinfo.de/forumonline/text/text2.htm).

Amnesty international, Zur Menschenrechtslage in der Türkei - Anliegen Amnesty internationals, Bonn 1998.

Arat, Tugrul, Avrupa Birligi iliskileri ve Gümrük Birliginin Yeri (Die Beziehungen zur Europäischen Union und die Bedeutung der Zollunion), AÜHFD 1995, 1 ff.

Arnold, Rainer, Der Abschluß gemischter Verträge durch die Europäische Gemeinschaft, Mohr Verl., Tübingen 1981.

Arslan, Riza, Die Europäische Union und die Türkei, in: Südost-Institut (Hrsg.), Südosteuropa, Zeitschrift für Gegenwartsforschung, 2000, 325 ff.

Axt, Heinz-Jürgen, Selbstbewusstere Türkei - Worauf sich die EU einstellen muss, Internationale Politik 1/2002, S. 45 ff.

Ders., Griechenland : wirtschaftliche Erholung, proeuropäische Politik und Konflikte mit der Türkei, Friedrich-Ebert-Stiftung, Bonn 1997.

Bachl, Thomas, Streitschlichtungsmechanismen im Rahmen von Assoziationsverträgen zwischen den Europäischen Gemeinschaften und Drittstaaten, Diss., Regensburg 1996.

Bagci, Hüseyin, Türkische Außenpolitik nach dem Luxemburger EU-Gipfel vom Dezember 1997, in: Reiter (Hrsg.), Jahrbuch für internationale Sicherheitspolitik, 1999, S. 582 ff.

Bahadir, Sefik Alp, Die Zollunion der Türkei mit der Europäischen Union - ein Schritt auf dem Weg zur Vollmitgliedschaft?, Aus Politik und Zeitgeschichte B 11 - 12/1997, 37 ff.

Barwig, Klaus (Hrsg.), Sozialer Schutz von Ausländern in Deutschland, Nomos Verl., Baden-Baden 1997.

Baumgartner, Dirk, Institutionelle Aspekte des AKP-EWG-Abkommens von Lomé, EuR 1978, 105 ff.

Beck, Heiko, Abgestufte Integration im europäischen Recht unter besonderer Berücksichtigung des Umweltsrechts, Lang, Frankfurt am Main (u.a.) 1998.

Behringer, Ruprecht, Die Mitwirkung der Gemeinsamen Versammlung und des Europäischen Parlaments auf dem Gebiet der Assoziierung, Diss., Bielefeld, 1967.

Benassi, Günter, ARB 1/80 - Aktuelle Stand der Rechtsprechung, InfAuslR 1998, 473 ff.

Ders., Die aufenthaltsrechtliche Bedeutung des Assoziationsratsbeschlusses 1/80 im Lichte der neuen Rechtsprechung, InflAuslR 1995, 89 ff.

Ders., Ausweisung türkischer Arbeitnehmer, InfAuslR 1993, 205 ff.

Beyerlin, Ulrich (Hrsg.), Recht zwischen Umbruch und Bewahrung, Festschrift für Rudolf Bernardt, Springer Verl., Berlin (u.a.) 1995.

Ders., Umweltvölkerrecht, C.H. Beck, München 2000.

Binswanger, Hans C., Die institutionelle Aspekte einer Assoziation, Außenwirtschaft 1962, Band 17, 289 ff.
Birand, Mehmet Ali, Türkiyenin Ortak Pazar Macerasi 1959-1990 (Das Abenteuer der Türkei im Binnenmarkt 1959-1990), 8. Aufl. Milliyet Yayinlari, Istanbul 1990.
Ders., Die Beziehungen der Türkei zur EG, in: Özak, Halil/Dagyeli, Yildirim (Hrsg.), Die Türkei im Umbruch, Frankfurt am Main 1989, S. 187 ff.
Bleckmann, Albert, Völkerrecht, 1. Aufl., Nomos Verl., Baden-Baden 2001.
Ders., Europarecht, 6.Aufl., Carl Heymanns, Köln (u.a.) 1997.
Ders., Die Kompetenzen der Europäischen Gemeinschaft zum Abschluß völkerrechtlicher Verträge, EuR 1977, 109 ff.
Ders., Der gemischte Vertrag im Europarecht, EuR 1976, 109 ff.
Bormann, Axel/Bormann, Christine/Stegger, Manfred, Das Allgemeine Zollpräferenzsystem der EG, Weltarchiv Verl., Hamburg 1979.
Bothe, Michael, Die Stellung der Europäischen Gemeinschaften im Völkerrecht, ZaöRV 1977, 122 ff.
Bozkurt, Mahmut, Die Beziehung der Türkei zur Europäischen Union, Lang, Frankfurt am Main (u.a.) 1995.
Brey, Hansjörg, Zypern: Der heikelste Konflikt im Mittelraum, Zeitgeschichtliche Hintergründe aktueller Konflikte VII – Vortagsreihe an der ETH Zürich Sommersemester 1999.
Brok, Elmar, Gebt der Türkei eine andere Chance, Gastkommentar in: Die Welt vom 12. Dezember 1999.
Bucher-Dinc, Gabriele (Hrsg.), Grenzfall Europa = Avrupanin ince Esiginde, Deutsch-Türkisches Symposium, Körber-Stiftung, Hamburg 1999.
Buchs, Gaby, Die unmittelbare Anwendbarkeit völkerrechtlicher Vertragsbestimmungen am Beispiel der Gerichte Deutschlands, Österreichs, der Schweiz und Vereinigten Staaten von Amerika, Nomos Verl., Baden-Baden 1993.
Buhbe, Matthes, Türkei: Politik und Zeitgeschichte, Leske und Budrich, Opladen 1996.
Bundesministerium des Innern, Allgemeine Anwendungshinweise zum Beschluß 1/80 des Assoziationsrats EWG/Türkei, InfAuslR 1999, 13 ff.
Busse, Christian, Die völkerrechtliche Einordnung der Europäischen Union, Carl Heymanns, Köln (u.a.) 1999.
Calliess, Christian/Ruffert, Matthias (Hrsg.), Kommentar des Vertrages über die Europäische Union und des Vertrages zur Gründung der Europäischen Gemeinschaft: EUV/EGV, Luchterhand Verl., Neuwied 1999 (Zitierweise: C/R (Hrsg.) EUV/EGV, Kommentar).
Caroni, Martina, Privat- und Familienleben zwischen Menschenrecht und Migration - Eine Untersuchung zu Bedeutung, Rechtsprechung und Möglichkeiten von Art. 8 EMRK im Ausländerrecht, Dunckler & Humblot, Berlin 1999.
Cimen, Ahmet, Gümrük Birligi ve Avrupa Toplulugu Türkiye iliskileri (Die Zollunion und die Beziehungen EG/Türkei), Ankara 1996.

Cremer, Wolfram, Aufenthaltsbeendende Maßnahmen der Mitgliedstaaten der EU gegenüber türkischen Staatsangehörigen im Lichte des Assoziationsratsbeschlusses EWG/Türkei Nr. 1/80, InfAuslR 1995, 138 ff.
Ders., Ausbildungsrechtliche Ansprüche türkischer Kinder aufgrund des ARB EWG/Türkei Nr. 1/80, InfAuslR 1995, 45 ff.
Cubukcu, Tugrul, Gümrük Birliginin iki yili ve sonrasi (Zwei Jahre der Zollunion und deren Zukunft), Dis Politika Universitesi, Ankara 1996.
Dahlhof, Lars, Das Parteien- und Regierungssystem der Türkei, Bonn 1997 (http://www.klausuraufgaben.de/referate/reflarsd.htm).
Dembinski, Matthias, Bedingt handlungsfähig, Eine Studie zur Türkeipolitik der Europäischen Union, Hessische Stiftung Friedens- und Konfliktforschung, Report 5/2001.
Deutsche Welle, Türkische Armee ist immer überproportional mächtig, Aktuelle Berichte vom 12. September 1999.
Dingemann, Rüdiger, Krisenherde der Welt - Konflikte und Kriege seit 1945 - Westermann Verl., Braunschweig 1996.
Dimakopulos, Kostas, Wanderarbeiter aus der Türkei in der Europäischen Gemeinschaft - Zur Zukunft der Gastarbeiterfrage in Europa, Centaurus Verl., Pfaffenweiler 1988.
Doehring, Karl, Völkerrecht, C.F. Müller, Heidelberg 1999.
Dörr, Dieter, Das Schenger Durchführungsübereinkommen - ein Fall des Art. 24 Abs. 1 GG, in: DÖV 1993, 696 ff.
DPT, Türkiye-Avrupa Birligi Iliskileri Özel Ihtisas Komisyonu Raporu (Bericht des Sonderausschusses für die Beziehungen zwischen der Türkei und Europäischen Union), Ankara 2000 (http://ekutup.dpt.gov.tr).
Ders., Sekizinci Bes Yillik Kalkinma Plani Öncesinde Avrupa Birligi ve Dis Ekonomik Iliskilerde Gelismeler 1996-2000 (Die Entwicklungen in den Beziehungen zur EU sowie in den Außenwirtschaftsbeziehungen 1996-2000 vor dem 8. fünfjährigen Entwicklungsplan), Ankara 2000.
Ders., Türkiye Avrupa Topluluklari iliskileri (Die Beziehungen zwischen der Türkei und der Europäischen Gemeinschaft), Ankara 1990.
Dollinger, Franz-Wilhelm/Speckmaier, Sabine; Einführung in das Ausländerrecht, C.F. Müller, Heidelberg 1997.
Eichinger, Franz, Rede in: Die Türkei antre portas - Der EU-Beitritt als Chance und Problem, Postdamer SEF-Frühjahrsgespräche 2000 (http://wwwbicc.de/sef/veranst/2000pots2000/post-wt.html).
Endruweit, Günter, Kulturelle Aspekte eines EG-Beitritts der Türkei, in: Werner Gumpel (Hrsg.), Die Türkei und die Europäische Gemeinschaft, Südosteuropagesellschaft, München 1988.
Ergün, Ismet, Der Ausbau der Wirtschaftsbeziehungen zum COMECON, in: Werner Gumpel (Hrsg.), Die Türkei auf dem Weg in die EG, R. Oldenbourg Verl., München (u.a.) 1979, 203 ff.
Ertekin, Kemal, Der türkische Beitritt zur Europäischen Gemeinschaft - Auswirkungen auf die Entwicklung der Türkei am Beispiel der Chemieindustrie

und außenpolitischen und wirtschaftlichen Alternativen, Lang, Frankfurt am Main (u.a.) 1989.

Esen, Erol, Die Beziehungen zwischen der Türkei und der Europäische Gemeinschaft unter besonderer Berücksichtigung der innertürkischen Kontroversen um die Assoziation 1973-1980, Bonn 1990.

Eski, Hasan, Wirtschaftspolitische Probleme der Assoziierung der Türkei an die Europäischen Gemeinschaft, Diss., Köln 1977.

Esmerten, Münih Kemal, Die Europäische Gemeinschaft und Problematik der Vollmit-gliedschaft der Türkei, Diss., München 1984.

Ete, Muhlis, Probleme der Assoziierung der Türkei mit der Europäischen Gemeinschaft, Südosteuropa Verl., München 1963.

Ettl, Günter, Der Europäische Wirtschaftsraum, in: Röttinger, Moritz/Weyringer Claudia (Hrsg.), Handbuch der europäischen Integration, 2. Aufl., Manzsche Verl., Wien 1996, S. 453 ff.

Everling, Ulrich, Die Neuregelung des Assoziationsverhältnisses zwischen der Europäischen Wirtschaftsgemeinschaft und den afrikanischen Staaten und Madagaskar sowie den überseeischen Ländern und Hoheitsgebieten, ZaöRV 1964, 472 ff.

Evtimov, Erik, Rechtsprobleme der Assoziierung der mittel- und osteuropäischen Länder und der Voraussetzungen für ihren Beitritt zur Europäischen Union, Lang, Frankfurt am Main (u.a.) 1999.

Faßbender, Bardo, Die Völkerrechtssubjektivität internationaler Organisationen, ÖZöRV 1986, 130 ff.

Fastenrath, Ulrich/Müller-Gerbes,Maile, Europarecht: Grundlagen und Schwerpunkte, Nomos Verl.,1. Aufl., Baden-Baden 2000.

Feik, Rudolf C., Das Aufentshaltsrecht türkischer Arbeitnehmer – europarechtliche Vorgaben und innerstaatliche Konsequenzen, ZfV 1995, 4 ff.

Ders., Die Freizügigkeit der Arbeitnehmer nach EG-Recht, VWGÖ Verl., Wien 1993.

Fischer, Peter/Kick, Heriber Franz, Europarecht - einschließlich des Rechtes supro-nationaler Organisationen, 2. Aufl., Linde Verl., Wien 1995.

Fischer, Roger A., Das Assoziationsrecht der Europäischen Gemeinschaften, Diss., Bonn 1994.

Franz, Eberhard, Wie demokratisch ist die Türkei, in: Hans-Georg Wehling (Hrsg.), Die Türkei vor den Toren Europas, 2000, S. 25 ff.

Fritz, Roland (Hrsg.), Gemeinschaftskommentar zum Ausländerrecht, Luchterhand, Neuwied (u.a.), Losebl. Ausg. 2000.

Frowein, Jochen Abr.(Hrsg.), Das Minderheitenrecht europäischer Staaten, zwei Bände, Springer Verl., Berlin (u.a.)1993.

Frowein, Jochen Abr./Peukert, Wolfgang, EMRK-Kommentar, 2. Aufl., Engel Verl., Kehl (u.a.) 1996

Fuchs Maximilian (Hrsg.), Kommentar zum Europäischen Sozialrecht, 2. Aufl., Nomos Verl., Baden-Baden 2000.

Geiger, Rudolf, EUV/EGV Kommentar, 3. Aufl., Beck, München 2000.

Gilsdorf, Peter, Die Rechtswirkungen des im Rahmen von Gemeinschaftsabkommen erlassener Organbeschlüsse, EuZW 1991, 460 ff.

Gittermann, Martin, Das Beschlußverfahren des Abkommens über den Europäischen Wirtschaftsraum, Nomos Verl., Baden-Baden 1998.

Gökdere Ahmet, Gümrük Birligi acisindan Avrupa Toplulugu ve Türkiye iliskileri (Die Beziehungen EG/Türkei im Hinblick auf die Zollunion), Ankara Üniversitesi Avrupa Toplugu Arastirma ve Uygulama Merkezi (Forschungs- und Anwengungszentrum der Universität Ankara für die Europäische Gemeinschaft), Ankara 1989.

Gottschlich, Jürgen, Die Türkei und der Genozid an den Armeniern, in: Tageszeitung vom 13. Februar 20001 (http://www.is-kassel.de/kurd/aktuell/2001/feb2001/armenier-genozid.htm).

Gözübüyük, Seref A., Yönetim Hukuku (Verwaltungsrecht), Turhan Kitabevi Ankara 1997.

Grabitz, Eberhard, Die Stellung der Gemeinschaft und ihre Organe in internationalen Organisation, in: Wissentschaftliche Gesellschaft für Europarecht (Hrsg.), Die Außenbeziehungen der Europäischen Gemeinschaft, Wissentschaftliches Kolloquium, 1974, 44 ff.

Grabitz, Eberhard/Hilf, Meinhard (Hrsg.), Das Recht der Europäischen Union, Kommentar, C.H. Beck, München, Losebl. Ausg. 1999 (Zitierweise: G/H, EUV, Kommentar, Losebl. Ausg. 2001).

Griechische Botschaft Bonn, Griechenland in der Welt - Eine Gesamtdarstellung der außenpolitischen Beziehungen als Mitgliedstaat der EU, 1998 (http://www.griechische-botschaft.de/aktuell).

Groeben, Hans von der/Thiesing, Jochen/Ehlermann, Claus-Dieter (Hrsg.), Kommentar zu EU-/EG-Vertrag, Band 5, 5. Aufl., Nomos Verl., Baden-Baden 1999 (Zitierweise: G/TE (Hrsg.), EUV/EGV, Kommentar).

Groeben, Hans von der/Thiesing, Jochen/Ehlermann, Claus-Dieter (Hrsg.), Kommentar zum EWG-Vertrag, Band 2, 4. Aufl., Nomos Verl., Baden-Baden 1991 (Zitierweise: G/T/E (Hrsg.), Kommentar zum EWG-Vertrag).

Groeben, Hans von der/Boeckh, Hans von/Thiesing, Jochen/Ehlermann, Claus-Dieter, Kommentar zum EWG-Vertrag, 3. Aufl., Nomos Verl., Baden-Baden 1983 (Zitierweise: G/B/T/E (Hrsg.), Kommentar zum EWG-Vertrag).

Groben, Hans von der/Boeckh, Hans von/Thiesing/Ehlermann, Claus-Dieter (Hrsg.), Kommentar zum EWG-Vertrag, 2. Aufl., Nomos Verl., Baden-Baden 1974 (Zitierweise: G/B/T/E (Hrsg.), Kommentar zum EWG-Vertrag).

Gsänger, Hans, Die Türkei und die Europäische Gemeinschaft, in: Klaus-Detlev Grothusen (Hrsg.) Türkei, Südosteuropa Handbuch, Göttingen 1985.

Ders., Türkei-Europäische Gemeinschaft, Nationale Entwicklungspolitik und Annäherungsprozeß, Deutsches Institut für Entwicklungspolitik, Berlin 1978.

Ders., Die Vollmitgliedschaft der Türkei im Lichte der Problematik unterschiedlicher Wirtschaftssysteme, in: Werner Gumpel (Hrsg.), Die Türkei auf dem Weg in die EG, R. Oldenbourg Verl., München (u.a.) 1979.

Gumpel, Werner, Die türkische Wirtschaft - Verfall oder Neubeginn: Die türkische Wirtschaft am Ende des 20. Jahrhunderts - eine traurige Bilanz, Konrad Adenauer Stiftung, 1997.
Ders., Die Türkei zwischen EG und RWG; in: Zieger, Gottfried (Hrsg.), Rechtliche und wirtschaftliche Beziehungen zwischen dem Integrationsräumen West- und Osteuropa, 1. Aufl., Nomos Verl., Baden-Baden 1980, 629 ff.
Ders. (Hrsg.), Die Türkei auf den Weg in die EG, R. Oldenbourg Verl., München (u.a.) 1979.
Günday, Metin, Idare Hukuku (Verwaltungsrecht), Imaj Yayincilik, Ankara 1998.
Güngör, Baha, Für Ankara wie für Europa eine historische Stunde, Deutsche Welle Aktuelle Berichte vom 11. Dezember 1999.
Ders., Die Türkei muß über ihren Schatten springen, Deutsche Welle Aktuelle Berichte vom 11. Dezember 1999.
Gür, Gürsel, Das Türkeibild in der deutschen Presse unter Berücksichtung der EU-Türkei-Beziehungen, Lang, Frankfurt am Main (u.a.) 1998.
Gürbey, Gülistan, Im Blickpunkt: Umkehr bei der PKK, Wandel in der türkischen Kurdenpolitik?, Südosteuropa Mitteilungen Nr. 2/2000, 104 ff.
Dies., Der Fall Öcalan und die türkisch-griechische Krise: Alte Drohungen oder neue Eskalationen, Südosteuropa Mitteilungen Nr. 2/1999, 123 ff.
Dies., Zypern: Hoffnung auf eine baldige Konfliktlösung?, Südosteuropa Mitteilungen Nr. 2/1997, 301 ff.
Gutmann, Rolf, Die Assoziationsfreizügigkeit türkischer Staatsangehöriger: Ihre Entdeckung und ihr Inhalt, 2. Aufl., Nomos Verl., Baden-Baden 2000.
Ders., Zur Struktur des Art. 7 ARB 1/80, InflAuslR 1997, 429 ff.
Ders., Die aufenthaltsrechtliche Bedeutung des Beschlusses Nr. 1/80 des Assoziationsrats EWG-Türkei, VBlBW 1997, 409 ff.
Ders., Aufenthaltsrecht türkischer Arbeitnehmer, InfAuslR 1991, 33 ff.
Hailbronner, Kay, Ausländerrecht, Kommentar, C.F. Müller, Heidelberg, Losebl. Ausg. 2000.
Ders., Die Freizügigkeit türkischer Staatsangehöriger nach dem Assoziationsabkommen EWG/Türkei, EuR 1984, 54 ff.
Ders. et al. (Hrsg.), Handkommentar zum Vertrag über die Europäische Union (EUV/EGV), Carl Heymanns, Köln (u.a.), Losebl. Ausg. 1998.
Hands, Helping (Hrsg.), Fremdenrecht in der EU, Wien Verlag Österreich 1998.
Hänlein, Andreas, Die Anwendung der Systeme der sozialen Sicherheit der EG-Mitglied-staaten auf türkische Arbeitnehmer nach dem Beschluß Nr. 3/80 des Assoziationsrats, ZAR 1998, 21 ff.
Ders., Die rechtliche Stellung der in Deutschland tätigen Werkvertragsarbeitnehmer aus der Türkei, ZIAS 1996, 21ff.
Hartwig, Matthias, Die Haftung der Mitgliedstaaten für internationale Organisationen, Springer Verl., Berlin (u.a.) 1993.

Häußer, Otto, Zur europäischen Dimension des deutschen Ausländerrechts, VerwArch. 1996, 241 ff.
Heinrich, Luther A., Die kurdische Nationalbewegung in der Türkei, Orient-Institut, Hamburg 1989.
Heinz, A. Richter, Griechenland und sein türkischer Nachbar: Geschichte und Politik, in: Bernd Rill (Hrsg.), Griechenland: Politik und Perspektiven, Akademie für Politik und Zeitgeschehen Verl., München 1999, 64 ff.
Heldmann, Hans Heinz, Familiennachzug für Türken in Deutschland, InfAuslR 1995, 1 ff.
Hempel, Michael, Die Völkerrechtssubjektivität internationaler nichtstaatlicher Organisationen, Duncker & Humblot, Berlin 1999.
Henze, Karl Otto, Die EG-Mitgliedschaft der Türkei aus der Sicht der Bundesrepublik Deutschland, in: Werner Gumpel (Hrsg.), Die Türkei auf dem Weg in die EG, R. Oldenbourg Verl., München (u.a.) 1979, 169 ff.
Herdegen, Matthias, Europarecht, 3. Aufl., C.H. Beck, München 2001.
Ders., Völkerrecht, C.H. Beck, München 2000.
Hermann, E. Ott, Umweltregime im Völkerrecht, Nomos Verl., Baden-Baden, 1998.
Hermann, Jürgen, Das Institut der Assoziierung im Recht der Europäischen Gemeinschaft, Diss., Frankfurt a.M. 1976.
Hermann, Rainer, Türkei : wirtschaftliche Perspektiven nach dem Erdbeben, Friedrich-Ebert-Stiftung, Bonn 1999.
Heyer, Jörg, Diskriminierungs- und Beschränkungsverbot im Rahmen der gemeinschaftsrechtlichen Arbeitnehmerfreizügigkeit, Diss., Köln 1996.
Hilf, Meinhard, Europäische Gemeinschaften und internationale Streitbeilegung, in: Rudolf Bernhardt (Hrsg.), Festschrift für Mosler Hermann, Völkerrecht als Rechtsordnung, internationele Gerichtsbarkeit, Menschenrechte, 1983, 396 ff.
Ders., Die Organisationsstruktur der Europäischen Gemeinschaften, Springer Verl., Berlin (u.a.) 1982.
Hirsch, Günter, Die Rechtsprechung des Europäischen Gerichtshofs zu Assoziierungsabkommen, BayVBl. 1997, 449 ff.
Hochbaum, Ingo, Die Assoziierung der Türkei mit der Europäischen Gemeinschaft, DAR 1963, 167 ff.
Hollenweger, Peter, Die Assoziation von Staaten mit internationalen Organisationen, Polygraph Verl., Zürich 1967.
Huber, Bertold (Hrsg.), Handbuch des Ausländer- und Asylrechts, C.H. Beck, München, Losebl. Ausg. 2000.
Ders., Das Kus-Urteil des EuGH: Weitere aufenthaltsrechtliche Sicherungen für türkische Arbeitnehmer, NVwZ 1993, 246 ff.
Ders., Das Sevince-Urteil des EuGH: Ein neues Aufenthaltsrecht für türkische Arbeitnehmer, NVwZ 1991, 242 ff.
Hummer, Waldemar, Der EWR und seine Auswirkungen auf Österreich, EuZW 1992, 361 ff.

Ihnen, Hans-Jürgen, Grundzüge des Europarechts: eine Einführung, Vahlen Verl., 2. Aufl., 2000 München.
IKV (Hrsg.), Gümrük Birliği'nin Türkiye Ekonomisine Etkileri (Die Auswirkungen der Zollunion auf die türkische Wirtschaft); März 2000; B. 159.
Inanc, Tura, Doppellmoral der Europäer -Menschenrechtler Akin Birdal in der Türkei angeklagt, SZ vom 9. Februar 2001.
Ipsen, Knut, Völkerrecht, 4. Aufl., C.H. Beck, München 1999.
Jakober, Hans et al. (Hrsg.), Aktuelles Ausländerrecht, Vorschriftensammlung mit Kommentar, 3 Bände, 1. Aufl., Verlag für Verwaltung und Behörden, Karlsfeld 1991.
Jacobs, Adam S., Die Beziehungen der Türkei zur Europäischen Union und die Frage des türkischen Beitritts, Aus Politik und Zeitsgeschichte 2000, Bd. 29/30, 22 ff.
Kadelbach, Stefan, Zwingendes Völkerrecht, Dunckler & Humblot, Berlin 1992.
Kalbe, Peter/Bachmann Ingrid, Die Beziehungen der EG zu den osteuropäischen Staaten, in: Röttinger, Moritz/Weyringer, Claudia (Hrsg.), Handbuch der europäischen Integration, 2. Aufl. Manz Verl., Wien 1996, S.484 ff.
Kälin, Walter/Caroni,Martina, Diskriminierungsverbot und Familiennachzug, Eine Studie des Schweizerissichen Forums für Migrationsstudien im Auftrag der Eidgenössischen Kommission gegen Rassismus, Bern 1998.
Karaca, Ahmet Ali, Die Problematik des Beitritts der Türkei zur EG unter besonderer Berücksichtigung der Assoziierung mit der EG, Diss., Frankfurt am Main 1986.
Karluk, Ridvan, Avrupa Birligi ve Türkiye (Die Europäische Union und die Türkiye), Beta, Istanbul 1998.
Kazgan, Gülten, 100 Soruda ortak pazar ve Türkiye (Der gemeinsame Markt und die Türkei in 100 Fragen), 3. Aufl., Istanbul 1975.
Kemper, Gerd-Heinrich, Auswirkungen des Assoziationsratsbeschlusses EWG/Türkei auf das Aufenthaltsrecht türkischer Staatsangehöriger, ZAR 1995, 114 ff.
Keskin, Hakki, Die Türkei - vom osmanischen Reich zum Nationalstaat – Werdegang einer Entwicklung, Olle & Wolter, Berlin 1978.
Kilinc, Uygur, Türkiye-AT iliskileri (Die Beziehungen Türkei/EG), Istanbul 1990.
Kimminich, Otto, Einführung in das Völkerrecht, 6. Aufl., A. Franke Verl., Tübingen 1997.
Kimminich, Otto/Hobe, Stephan, Einführung in das Völkerrecht, 7. Aufl., A. Franke Verl., Tübingen 2000.
Kingreen, Torsten, Die Struktur der Grundfreiheiten des Europäischen Gemeinschaftsrechts, Dunckler & Humblot, Berlin 1999.
Klinge, Gabriele, Niederlassungs- und Dienstleistungsrecht für Handwerk- und andere Gewerbetreibende in der EG, Anst. Handwerk Verl., Düsseldorf 1990.
Kogler, Matthias, Der Zypernkonflikt und seine Folgen, 2000

(http://www.krref.krefeld.schulen.net/referate/erdkunde/r0629t00.htm).
Kohler, Joachim, Abgaben Zollgleicher Wirkung im Recht der Europäischen Gemeinschaften, Duncker & Humblot, Berlin 1978.
Koller, Arnold, Die unmittelbare Anwenbarkeit völkerrechtlicher Verträge und des EWG-Vertrages im innerstaatlichen Bereich, Staempfli Verl., Bern 1971.
Kohlmann, Harald, Die Europaabkommen zwischen den VisegradStaaten und der Europäischen Union, Diss., Köln, 1997.
Koenig, Christian/Haratsch, Andreas, Europarecht, 3. Aufl., Mohr Siebeck Verl., Tübingen 2000.
Kramer, Heinz, Entspannung im Ägäiskonflikt? Griechisch-türkische Beziehungen nach Davos, Nomos Verl., Baden-Baden 1990.
Ders., Die Europäische Gemeinschaft und die Türkei - Entwicklung, Probleme und Perspektiven einer schwierigen Partnerschaft, Nomos Verl., Baden-Baden 1988.
Ders., Die Assoziation E(W)G-Türkei und ihre politische Umwelt; in: TOBB (Hrsg); Türkische Wirtschaftswelt, Sonderbeilage, Februar 1988, S. 9 ff.
Ders., Für und Wider einer türkischen EG-Mitgliedschaft, Integration 1987, 151 ff.
Krück, Hans, Erwiderung auf das Referat Strate, in: Michael R. Will (Hrsg.) EG-Türkei Kolloquium, Europa Institut, Saarbrücken 1989, 61 ff.
Ders., Völkerrechtliche Verträge im Recht der Europäischen Gemeinschaften, Springer Verl., Berlin (u.a.) 1977.
Ders., Die Freizügigkeit der Arbeitnehmer nach dem Assoziierungsabkommen EWG/Türkei, EuR 1984, 289 ff.
Laffert, Gerd von, Die völkerrechtliche Lage des geteilten Zypern und Fragen staatlichen Reorganisation, Schriften zum Staats- und Völkerrecht, Lang, Frankfurt am Main (u.a.)1995.
Lamers, Karls, Für Türken bedeutetet EU Hoffnung auf..., Online-Informationen der CDU/CSU-Bundesfraktion 1999 (http://www.cducsu.bundestag.de/texte/lamer59i.htm).
Lang, Gernot, Das europäische Aufenthaltsrecht türkischer Kinder, in ZAR 1999, 69 ff.
Langner, Dirk, Technische Vorschriften und Normen, in: Manfred Dauses (Hrsg.) Handbuch EU-Wirtschaftsrecht, C.H. Beck, München 2000, C.VI.
Leicht, Justus, 75 Jahre Republik Türkei, Eine Bilanz des Kemalismus, Internationale Komitee der Vierten Internationale, 1998 (http://www.wsws.org/de/1998/nov1998/kema-n07.shtml).
Lichtenberg, Hagen et al. (Hrsg.): Einreise, Aufenthalt und Beschäftigung türkischer Arbeitnehmer in der EU im Lichte der Rechtsprechung des EuGH zum Assoziationsrecht, Gastarbeiter - Einwanderer - Bürger? Die Rechtsstellung der türkischen Arbeitnehmer in der Europäischen Union, 1. Aufl., Nomos Verl., Baden-Baden 1996.

Loch, Theo M./Hasenpflug, Hajo (Hrsg.), Die Assoziierungs- und Präferenzpolitik der EG: Ein Beitrag zur Entwicklungshilfe?, Europa Union Verl., Bonn 1974.
Lörcher, Klaus, Die Rechte der türkischen Arbeitnehmer/Innen nach der Ratifizierung der Europäischen Sozialcharta durch die Türkei und dem Sevince Urteil des Europäischen Gerichtshofs, EuZW 1991, 395 ff.
Lohrmann, Astrid-Marina, Handels- und Entwicklungseffekte der Zollunion zwischen der EU und der Türkei, Lang, Frankfurt am Main (u.a.) 1997.
Luciani, Giocoma, Die Türkei und der Islam, Internationale Politik 3/2002, 27 ff.
Mallman, Otto, Neue Rechtsprechung zur aufenthaltsrechtlichen Bedeutung des Assoziationsratsbeschlusses EWG/Türkei, NVwZ 1998, 1025 ff.
Ders., Zur aufenthaltsrechtlichen Bedeutung des Assoziationratsbeschlusses EWG/Türkei, JZ 1995, 916 ff.
Manisali, Erol, Gümrük Birliği'nin Siyasal ve Ekonomik Bedeli (Die Zollunion und ihre politische und wirtschaftliche Kosten), Istanbul 1996.
Martickle, Hans Ulrich, Anmerkungen zum Demirel-Urteil, in: Michael R. Will (Hrsg.) EG-Türkei Kolloquium, Europa Institut, Saarbrücken 1989, 139 ff.
Maurer, Harmut, Staatsrecht, C.H. Beck, München (u.a.) 1999.
Meessen, Karl Matthias, Das Abkommen von Lomé als gemischter Vertrag, EuR 1980, 36 ff.
Meral, André, Die Türkei – langer Weg zu Europäischen Union, Südosteuropa Mitteilungen Nr. 4/2000, 340 ff.
Meng, Werner, Das Recht der internationalen Organisationen - eine Entwicklungsstufe des Völkerrechts, Nomos Verl., Baden-Baden 1979.
Meier, Gert, Keine Freizügigkeit für türkische Arbeitnehmer in der EG ab 1.12.1986 und kein türkischer Beitritt, RIW 1986, 192 ff.
Middel, Andreas, EU: Athen bremst beim Thema Türkei. in: Die Welt vom 07. Dezember 1999, S. 7.
Morgil, Orhan, Avrupa Birligi ile Türkiye Arasinda Gümrük Birligi Kurulmasi (Die Errichtung der Zollunion zwischen der Europäischen Union und der Türkei), in: Yeni Forum (Neues Forum), Ankara 1995, S. 2 ff.
Mumcu, Ahmet, Siebzig Jahre westliches Recht in der türkischen Republik, in: Scholler, Heinrich/Tellenbach, Silvia (Hrsg.), Westliches Recht in der Republik Türkei 70 Jahre nach der Gründung, Nomos Verl, Baden Baden 1996, S. 17 ff.
ders., Atatürk Ilkeleri ve Inkilap Tarihi (Prinzipien von Atatürk und Geschichte der Republik Türkei), Eskisehir,1984.
Nachbaur, Andreas, VGH Mannheim versus Europäischer Gerichtshof?, JZ 1992, 351 ff.
Nicolaysen, Gerd, Europarecht II, Nomos Verl., Baden-Baden 1996.
Nolte, Georg, Freizügigkeit nach dem Assoziationsvertrag EWG-Türkei: Auslegungskompetenz unmittelbare Anwendbarkeit und Familiennachzug. Anmerkungen zum Urteil des EuGH in der Rechtssache 12/86 Demirel gegen Stadt Schwäbisch Gmünd, ZaöRV 1987, 755 ff.

Oehmichen, Alexander, Die unmittelbare Anwendbarkeit der völkerrechtlichen Verträge der EG, Lang, Frankfurt am Main (u.a.) 1992.
Oehring, Otmar, Die Verfassung der Dritten Türkischen Republik. Eine kritische Einführung, Orient 1983, 301 ff.
Oppermann, Thomas, Europarecht, 2. Aufl., C.H. Beck, München 1999.
Ders., Die Assoziierung Griechenlands mit der Europäischen Gemeinschaft, ZaöRV 1962, 482 ff.
Oeter, Stefan, Überlegungen zum Minderheitenbegriff und zur Frage der neuen ‚Minder-heiten', in: Franz Matscher (Hrsg.), Wiener Internationale Begegnung zu Aktuellen Fragen Nationaler Minderheiten, Schriften des Österreichischen Instituts für Menschenrechte, Wien 1997, S. 225 ff.
Özbudun, Ergun, Türk Anayasa Hukuku (Die Verfassungsrecht der Türkei), Yetkin Kitabevi, Ankara 1989.
Palm-Risse, Martina, Der völkerrechtliche Schutz von Ehe und Familie, Duncker & Humblot, Berlin 1990.
Pechstein, Matthias/Koenig,Christian, Die Europäische Union, 3. Aufl., Mohr Siebeck, Tübingen 2000.
Pescatore, Pierre, Die Rechtsprechung des Europäischen Gerichtshofs zur innergemeinschaftlichen Wirkung völkerrechtlicher Abkommen, in: Rudolf Bernhardt (Hrsg.), Festschrift für Hermann Mosler, Völkerrecht als Rechtsordnung , internationale Gerichtsbarkeit, Menschenrechte, Berlin 1983, 661 ff.
Petersmann, Ernst U., Struktur und aktuelle Fragen des Assoziationsrechts, ZaöRV 1973, 266 ff.
Reinisch, Armin, Zur unmittelbaren Anwendbarkeit von EWR-Recht, ZfRP 1993, 11 ff.
Rengeling, Hans Werner, Europäisches Gemeinschaftsrecht als Ordnungsrahmen für staatliche Subventionen, JZ 1984, 795 ff.
Renner, Günter, Ausländerrecht, Kommentar 7 Aufl., C.H. Beck, München 1999.
Ders., Ausländerrecht in Deutschland: Einreise und Aufenthalt, C.H. Beck, München 1998
Ress, Georg, Die Auswirkungen des europäischen Gemeinschaftsrechts auf die deutsche Rechtsordnung, in: Rüther,Günter/Pawlik, Armin D. (Hrsg.), Der Beitrag des Rechts zum europäischen Einigungsprozeß, Forschungsbericht 32, Konrad-Adenauer-Stiftung1984, S. 43ff.
Ress, Hans-Konrad, Die Zulässigkeit territorialer Beschränkungen bei der Anerkennung der Zuständigkeit des Europäischen Gerichtshofs für Menschenrechte: Anmerkungen zum Urteil des Europäischen Gerichthofs für Menschenrechte im Fall Loizidou gegen die Türkei vom 23. März 1993, ZaöRV 1996, 427 ff.
Reuter, Jürgen, Athens Türkeipolitik im Wandel - Griechisch-türkische Beziehungen vor und nach dem EU-Gipfel von Helsinki, Südosteuropa Mitteilungen Nr. 1/2000, 47 ff.

Richter, Stefan, Die Assoziierung osteuropäischer Staaten durch die Europäischen Gemeinschaft, Springer Verl., Berlin (u.a.) 1993.

Rittstieg, Helmut, Aufenthaltsrechtliche Bedeutung des Assoziationsratsbeschlusses 1/80 für türkische Staatsangehörige, InfAuslR 1991, 1 ff.

Rohde, Christian/Lorenzmeier, Europarecht: schnell erfaßt, 2. Aufl., Springer Verl., Berlin (u.a.) 1999.

Röhl, Klaus F., Allgemeine Rechtslehre, Carl Heymanns, Köln (u.a.) 1995.

Rudolf, Hermann, Das Abschlußverfahren völkerrechtlicher Verträge der Europäischen Wirtschaftsgemeinschaft, Duncker & Humblot, Berlin 1973.

Rumpf, Christian, Die Europäisierung der türkischen Verfassung, in: Scholler/-Tellenbach (Hrsg.), Westliches Recht in der Republik Türkei 70 Jahre nach der Gründung, 1996, S. 51 ff.

Ders., Die Verfassungsänderungen in der Türkei: Ein Schritt nach Europa?, Stiftung Wissenschaft und Politik (SWP), Ebenhausen/Isartal 1995.

Ders. Das Rechtsstaatsprinzip in der türkischen Rechtsordnung, Bouvier Verl., Bonn (u.a.) 1992.

Ders., Laizismus, Fundamentalismus und Religionsfreiheit in der Türkei in Verfassung, Recht und Praxis, VRÜ 1999, 164 ff.

Ders., Die Zollunion EU-Türkei, RIW 1997, 46 ff.

Ders., Zur Staats- und völkerrechtlichen Lage Zyperns, EuGRZ 1997, 533 ff.

Ders., Das türkische Verfassungssystem - Einführung mit vollständigem Verfassungstext, Harrassowitz Verl., Wiesbaden 1996.

Ders., Höchstrichterliche Anwendung von menschenrechtlichen Verträgen im türkischen Recht, EuGRZ 1995, 147 ff.

Ders., Zur Ausweitung der Freizügigkeit türkischer Arbeitnehmer durch die Rechtsprechung des EuGH, RIW 1995, 764 ff.

Ders., Die rechtliche Stellung der Minderheiten in der Türkei, in: Jochen Abr. Frowein et al. (Hrsg.), Das Minderheitenrecht europäischer Staaten, 1993, Teil I, 448 ff.

Ders., Die Freizügigkeit der Arbeitnehmer und Assoziation EG-Türkei, RIW 1993, 214 ff.

Ders., Das Nationalismusprinzip in der türkischen Verfassung, VRÜ 1992, 404 ff.

Ders., Das türkische Gesetz zur Bekämpfung des Terrors (Antiterrorgesetz), InfAuslR 1991, 285 ff.

Ders., Der Not- und Ausnahmezustand im türkischen Verfassungsrecht, ZaöRV 1988, 683 ff.

Ders., Die türkische Rechtsordnung im Lichte der Anerkkennungserklärung gemäß Art. 25 EMRK durch die Türkei, Orient 1988, 101 ff.

Ders., Die Anerkennung des Individuellbeschwerderechts gemäß Art. 25 EMRK durch die Türkei, ZaöRV 1987, 778 ff.

Sabuncu, Yavuz, Anayasaya Giris - Ek: 1982 Anayasasi (Einführung in die Verfassung - Anlage: Verfassung von 1982), 5. Aufl., Imaj Yayinevi, Ankara 1997.

Ders., Grundrechte und -freiheiten in der neuen Verfassung der Türkei, AÜSBF Dergisi (Zeitschrift der politikwissenschaftlichen Fakultät der Universität Ankara), 1985, 155 ff.
Samland, Detlev, in: Türkei und Europäische Integration, Zentrum für Türkeistudien (Hrsg.), Bonn 1990, S. 3 ff.
Sarah, Pritschard, Der völkerrechtliche Minderheitenschutz, Duncker & Humblot, Berlin 2001.
Saracoglu, Tevfik, Türkiye ile Avrupa Ekonomik Toplulugu arasinda Bir Ortaklik Yaratan Anlasma (Ein Assoziationsabkommen zwischen der Türkei und der Europäischen Wirtschaftsgemeinschaft), Band I: Müzakereler 1959-1963 (Die Verhandlungen 1959-1963), Istanbul 1981.
Schäfer, Peter, Studienbuch Europarecht - Das Wirtschaftsrecht der EG, Boorberg Verl. Weimar (u.a), 2000.
Scheer, Ralph, Der Ehegatten- und Familiennachzug von Ausländern, Diss., Heidelberg 1992.
Schiedermair, Rudolf/Wollenschläger, Michael (Hrsg.), Handbuch des Ausländerrechts der Bundesrepublik Deutschland, Neuwied, Losebl-Ausg., 18. Lfg. 1995.
Schlegel, Dietrich, Pragmatismus zwischen der Türkei und Europa, Außen-politik 1986, 283 ff.
Ders., Die Verträge zwischen der Europäischen Gemeinschaft und der Türkei - Inhalt und Interpretation, in: Werner Gumpfel (Hrsg.) Die Türkei und die EG, 1979, 283 ff.
Schmieder, Barbara, Die Entwicklung der Friedensicherungskonzeption der Vereinten Nationen: Erfahrungen am Beispiel Zypern, Freund Verl., München 1994.
Schmidt-Bleibtreu, Bruno/Klein, Franz (Hrsg.), Kommentar zum Grundgesetz,, 9. Aufl., Luchterhand, Neuwied (u.a.) 1999.
Scholler, Heinrich/Tellenbach, Silvia (Hrsg.), Westliches Recht in der Republik Türkei 70 Jahre nach der Gründung, Nomos Verl., Baden-Baden 1996.
Schön, Cordula, Der rechtliche Rahmen für Assoziierungen der Europäischen Gemeinschaft, Lang, Frankfurt am Main (u.a.) 1994.
Schönbohm, Wulf, Türkische Reaktionen auf den Türkei-Bericht der EU - Die Regierung will bis 2002 alle wichtigen EU-Forderungen umsetzen, Ankara 2000.
Schönbohm, Wulf /Tröndle, Dirk, Das Verbot der Faziletpartei durch das türkische Verfassungsgericht, Ankara 2001.
Schröder, Dieter, Europa und die Assoziierten in Übersee - Zum völkerrechtlichen Begriff der Assoziation, VRU 1977, 125 ff.
Ders., Die Kodifikation des Vertragsrechts Internationaler Organisationen, AVR 1985, 407 ff.
Schumacher, Christoph, Die soziale Sicherheit von Drittstaatsangehörigen in der Europäischen Union unter besonderer Berücksichtigung der Abkommen des Europarates und der Assoziierungs-, Kooperations- und Europaabkommen, in:

Klaus Bartwig et al. (Hrsg.) Sozialer Schutz von Ausländern in Deutschland, Nomos Verl., Baden-Baden 1997, 135 ff.
Schwarze, Jürgen (Hrsg.), EU-Kommentar, Nomos Verl., Baden-Baden 2000.
Schweitzer, Michael, Staatsrecht III, C.F. Müller, Heidelberg 1995.
Schweitzer, Michael/Hummer, Waldemar, Europarecht, 5. Aufl. Luchterhand 1996.
Seidl-Hohenvelder, Ignaz, Der Rückgriff auf die Mitgliedstaaten in Internationalen Organisationen, in: Rudolf Bernhardt (Hrsg.), Festschrift für Hermann Mosler, 1983, 887 ff.
Seidl-Hohenveldern, Ignaz/Loibl, Das Recht der Internationalen Organisationen einschließlich der supranationalen Gemeinschaften, 7. Aufl., Carl Heymanns, Köln (u.a.) 2000.
Seidl-Hohenveldern, Ignaz/Stein, Torsten, Völkerrecht, 10. Aufl., Carl Heymanns, Köln (u.a.) 2000.
Sen, Faruk (Hrsg.), Türkei und die EG - eine eventuelle EG-Vollmitgliedschaft der Türkei und ihre Alternativen, Zentrum für Türkeistudien 1989.
Ders., Die Türkei zu Beginn der EU-Beitrittspartnerschaft : Politik, Wirtschaft und Gesellschaft im Wandel, Aus Politik und Zeitgeschichte, (2001), Bd. 13/14, S. 27-38.
Sen, Faruk/Akkaya, Cigdem, Die Auswirkungen eines türkischen EU-Beitritts auf den EU-Haushalt, 1998
(http://www.turkinfo.de/forumonline/text/text1.htm).
Sieveking, Klaus, Soziale Rechte von Türken nach dem Assoziationsratsbeschluß Nr, 3/80?, in: Klaus Barwig et al. (Hrsg.), Sozialer Schutz von Ausländern in Deutschland, Nomos Verl., Baden-Baden 1996.
Ders., Die Rechtsstellung von Drittstaatsangehörigen nach Assoziationsrecht, ZIAS 1995, 277 ff.
Ders., Die Anwendung des Assoziationsratsbeschlusses Nr. 3/80 auf die türkischen Staatsangehörige in Deutschland NZS, 213 ff.
Simma, Bruno (Hrsg.), Charta der Vereinten Nationen, Kommentar, C.H. Beck, München 1991.
Soguk, Handan, Gümrük Birligi´nin Türkiye ekonomisine etkileri (Die Auswirkungen der Zollunion auf die türkische Wirtschaft), Istanbul 2000.
Sonnenhol, Gustav A. (Hrsg.), Die Türkei - Land zwischen zwei Welten, Leske und Budrich, Opladen 1990.
Stechow, Andreas von, Der Beitrittsantrag der Türkei aus der Sicht der Bundesrepublik Deutschland, in: Faruk Sen et al. (Hrsg.), Türkei und Europäische Integration, Zentrum für Türkeistudien, 1989, 102 ff.
Stein, Klaus D., Der gemischte Vertrag im Recht der Außenbeziehungen der Europäischen Wirtschaftsgemeinschaft, Duncker & Humblot, Berlin 1986.
Steinbach, Udo, Die Türkei im 20. Jahrhundert: schwieriger Partner Europas, Lübbe, Bergisch Gladbach 1996.
Ders.(Hrsg.), Politisches Lexion Nahost Nordafrika, 3. Aufl., C.H. Beck, München 1994.

Ders., Die Identitätskrise der Türkei, in: Werner Gumpel (Hrsg.), Die Türkei auf dem Weg in die EG, 1979, 190 ff.
Ders., Auf dem Weg nach Europa? Die Beziehungen zwischen der Türkei und der Europäischen Gemeinschaft durchlaufen in eine kritische Phase, Orient 1977, 72 ff.
Stephen, Michael, Avrupa Insan Haklari Mahkemesi - Adaletin Acikli Bir Görünümü (Der Europäische Gerichtshof für Menschenrechte - die schmerzhafte Erscheinung der Gerechtigkeit), Turkish Foreign Policy Institute, 2001 (wysi://www.foreignp...org.tr/tr/makale/mstephen_01.html).
Stiftung Entwicklung und Frieden (Hrsg.), Die Türkei ante portas - Der EU-Beitritt als Chance und Problem, Frühjahrsgespräche 2000 (http://sef-bonn.org/sef/veranst/2000/pots2000/html).
Strate, Gerhard, Freizügigkeit für türkische Arbeitnehmer - Die Gegenposition - in: Michael R. Will (Hrsg.) EG-Türkei, Kolloquium, Europa Institut 1989, 51 ff.
Streinz, Rudolf, Europarecht, 4. Aufl., C.F. Müller, Heidelberg 1999.
T.C. Dis Isleri Bakanligi (Das Außenministerium der Republik Türkei), PKK-Terrorismus, Ankara 1998 (http://www.mfa.gov.tr).
T.C. Genelkurmay Baskanligi (Das Präsidium des Generalstabs der Republik Türkei), Ermeni Sorunu (Armenie-Problem), 2001 (http://tsk.mil.tr/genelkurmay/uluslararasi/ermenisorunu.htm).
ders., Ege´nin Uluslararasi Yasal Statüsü, Türk-Yunan ve Kibris Sorunlari (Der rechtliche Status der Ägäis, türkisch-griechische Probleme und Zypernproblem), 1999 (http://www.tsk.mil.tr/basin/bbm/merkez1999/gnkur/g26.html).
Trautman, Günter, Chancen und Grenzen der Osterweiterung, in: Gabriele Clemens (Hrsg.) Die Integration der MOEL in die EU, LIT Verl., Münster 1999, 43 ff.
Türkische Botschaft Berlin, Fragen der türkischen Außenpolitik Hintergrund-informationen über den Ägäis-Konflikt, Online-Informationen, 2001 (http://www.tcberlinbe.de/de/aussenpolitik/aegaeiskonflikt.htm).
ders., Das Zypern-Problem, Online Informationen, 2001 (http://www.tcberlinbe.de/de/aussenpolitik/zypern.htm).
Ungerer, Werner, Die Assoziierungspolitik der EWG, Außenpolitik 1964, 585 ff.
Ürgüplü, Suat Hayri, Die Auswirkungen einer Assoziierung der Türkei mit der Europäischen Wirtschaftsgemeinschaft auf die türkische Wirtschaft, Diss., Köln 1963.
Van den Broek, Hans, Die Herausforderung eines erweiterten Europa, in: Röttinger, Moritz/Weyringer Claudia (Hrsg.), Handbuch der europäischen Integration, 2. Aufl., Manz Verl., Wien 1996, S. 445 ff.
Vaner, Semih, Die Türkei: Die Größe Einsamkeit, Europäische Rundschau 1999, 95 ff.

Ders., Zyperns Aufnahme in die Europäische Gemeinschaft, Europäische Rundschau 1996, 24 ff.
Vedder, Christoph, Rechtswirkung von Assoziationsratsbeschlüssen, EuR 1994, 212 ff.
Ders., Ausländerrecht für türkische Arbeitnehmer, Die Demirel-Entscheidung des EuGH, das Bundesverfassungsgericht und die Folgen, EuR 1988, 50 ff.
Vitzthum, Wolfgang Graff (Hrsg.), Völkerrecht, de Gruyter Verl., Berlin (u.a.) 1997.
Volmer, Ludger, Rede zur Türkeipolitik, Postdamer SEF-Frühjahrsgesprächen 2000 (http://sef-bonn.org/sef/veranst/2000/pots2000/pots-volmer.html).
Von Arnim, Christof, Der Stand der Assoziationsverhältnisse der EWG mit außereuropäischen Ländern, ZaöRV 1970, 482 ff.
Von Heinegg, Wolff Heintschel, Der Ägäiskonflikt - Die Abgrenzung des Festlandssockels zwischen Griechenland und der Türkei und das Problem der Inseln im Völkerrecht, Duncker & Humblot, Berlin 1989.
Yavuz, Mehmet, Das Verhältnis der Türkei zur EU: Von der Assoziierung über Zollunion zur Vollmitgliedschaft, unveröffentlichte Diplomarbeit, Bergische Universität - Gesamthochschule Wuppertal, 1995.
Yesilyurt, Zuhal, Die Türkei und die Europäische Union: Chancen und Grenzen der Integration, Der Andere Verl., Osnabrück 2000.
Yiallourides, Christodoulos K., Minderheitenschutz und Volksgruppenrecht im 20. Jahrhundert unter besonderer Berücksichtigung der Verhältnisse auf Zypern, Diss., Bochum 1981.
Yilmaz, Bahri, Kranker Mann am Bosporus?, Internationale Politik 1999, 68 ff.
Yoldas, Yunus, Verwaltung und Moral in der Türkei, Lang, Frankfurt am Main (u.a.) 2000.
Yüksel, Ali Sait, Assoziierung im europäischen Recht unter besonderer Berücksichtigung des Wettbewerbsrechtes, Diss., Frankfurt am Main 1965.
Weber, Claus, Der assoziationsrechtliche Status Drittstaatsangehöriger in der EU, Nomos Verl., Baden-Baden 1997.
Ders., Der Status arbeitssuchender türkischer Staatsangehöriger nach europäischen Recht- Die Entscheidung des EuGH in der Rechtssache "Tetik", NVwZ 1997, 652 ff.
Ders., Die Rechte erwerbsunfähiger türkischer Arbeitnehmer nach dem Assoziationsratsbeschluß EWG-Türkei Nr. 1/80, NVwZ 1995, 1080 ff.
Wedekind, Rudolf, Die türkische Verfassung 1982, Leuenhagen & Paris, Hannover 1984.
Weh, Wilfrid Ludwig, Vom Stufenbau zur Relativität - Das Europarecht in der nationalen Rechtsordnung, Verl. Österreich, Wien 1997.
Weidenfeld, Werner (Hrsg.), Europa von A bis Z, Bundeszentrale für politische Bildung, 7. Aufl., Bonn 2000.
Weiß, Wolfgang, Zur Wirkung des arbeitsrechtlichen Gleichbehandlungsgebots in den Assoziationsabkommen der EG mit Drittstaaten insbesondere auf Ausländerklauseln, InfAuslR 1998, 313 ff.

Welte, Hans-Peter, Der Beschluß Nr. 1/80 des Assoziationsrats EWG-Türkei, InfAuslR 1993, 285 ff.

Wentruris, Nikolaus, Griechenlands Sicherheit nach dem Ende des Kalten Krieges, in: Bernd Rill et al. (Hrsg.), Griechenland: Politik und Perspektiven, Akademie für Politik und Zeitgeschehen, München 1999, 155 ff.

Wichard, Johannes Christian., Wer ist Herr im europäischen Haus? Zur Struktur und der Rechtsnatur der Europäischen Union nach Amsterdam, EuR 1999, 170 ff.

Will, Michael R. (Hrsg.), EG-Türkei: Kolloquium über Freizügigkeit und Familiennachzug, Europa Institut, Saarbrücken 1989.

Wollenschläger, Michael/Weickhardt, Wolfgang (Hrsg.), Entscheidungssammlung zum Ausländer- und Asylrecht (EZAR), Nomos Verl., Baden-Baden, Losebl. Ausg. 2000.

Wölker, Ulrich, Kommentar zum EuGH-Urteil vom 30. September 1987, Meryem, Demirel gegen Stadt Schwäbisch Gmünd, Rechtssache 12/86, in: Michael R. Will (Hrsg.), EG-Türkei: Kolloquium über Freizügigkeit und Familiennachzug, 1989, 11 ff.

Zemanek, Karl, Internationale Organisationen als Handlungseinheiten in der Völkergemeinschaft, ÖZöRV 1956, 349 ff.

Zentrum für Türkeistudien (Hrsg.): Das ethnische und religiöse Mosaik der Türkei und seine Reflexion auf Deutschland, LIT Verl., Münster 1998

Ders., Türkei und Europäische Gemeinschaft, Leske + Budrich, Opladen 1992.

Zieger, Gottfried (Hrsg.), Rechtliche und wirtschaftliche Beziehungen zwischen den Integrationsräumen in West- und Osteuropa, Nomos Verl., Baden-Baden, 1980.

Zotschew, Theoder D., Die Türkei und die Europäische Gemeinschaft, in: Klaus Detlev Grothusen (Hrsg.), Die Türkei in Europa, Vandenhoeck & Ruprecht, Göttingen 1979, 203 ff.

Peter Lang · Europäischer Verlag der Wissenschaften

Wolfgang Breidenbach

Die Auswirkungen des Assoziationsrechts EG/Türkei auf das deutsche Arbeitsgenehmigungsrecht

Frankfurt/M., Berlin, Bern, Bruxelles, New York, Oxford, Wien, 2001. XXXVIII, 200 S.
Europäische Hochschulschriften: Reihe 2, Rechtswissenschaft. Bd. 3129
ISBN 3-631-37717-7 · br. € 37.80*

Der Zugang von türkischen Arbeitnehmern und deren Familien zum nationalen Arbeitsmarkt besitzt auch eine gemeinschaftsrechtliche Dimension. Dies wurde über Jahrzehnte hinweg von den Mitgliedstaaten der EG, insbesondere von der Bundesrepublik Deutschland, bestritten. Die Arbeit versucht zu klären, ob und unter welchen Voraussetzungen die genannte Personengruppe einen Anspruch auf Zugang zum Arbeitsmarkt nach dem Assoziationsrecht EG/Türkei hat und in welchem Umfang dabei nationales Recht verdrängt wird. Aus rechtspolitischer Sicht wird erörtert, daß es im geltenden deutschen Arbeitsgenehmigungsrecht an klaren Regelungen fehlt, die auf die im Assoziationsrecht EG/Türkei enthaltenen subjektiven Rechte hinweisen.

Aus dem Inhalt: Entwicklung und Stand der Assoziierung mit der Türkei · Die Einordnung des Assoziationsrechts EG/Türkei in die Gemeinschaftsrechtsordnung · Umfang der innerstaatlichen Wirkung der beschäftigungsrechtlichen Bestimmungen des Assoziationsrechts EG/Türkei in der Bundesrepublik Deutschland · Rechtspolitische Folgerungen

Frankfurt/M · Berlin · Bern · Bruxelles · New York · Oxford · Wien
Auslieferung: Verlag Peter Lang AG
Moosstr. 1, CH-2542 Pieterlen
Telefax 00 41 (0) 32 / 376 17 27

*inklusive der in Deutschland gültigen Mehrwertsteuer
Preisänderungen vorbehalten

Homepage http://www.peterlang.de